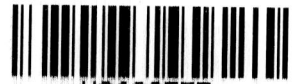

清代職官年表

第四册

錢實甫 編

中華書局

學　政　年　表

附：提學使——光緒三二(1906)年改設

順治元年至光緒三二年

(1644—1906)

年代	順治元年　甲申(1644)	順治二年　乙酉(1645)
順天	(提督) **曹　溶** 六、戊寅、廿二,7.25;河南道差。 *	**曹　溶** △十二月,回任。 **張鳴駿** * 十二、壬寅、廿四,2.9;江西道差。
江南	(提督) *	**陳昌言** * 六、庚申、九,7.2;浙江道差。
蘇松	(提督) *	
江北	(提督) *	**高去奢** * 五、庚子、十九,6.12;湖廣道差。
浙江	(提調)	**李際期** 十一、壬子、四,12.21;户主改按僉。
山東	(提調) **房之騏** 十、丙寅、十二,1i.10;禮郎改按僉。	**房之騏**
山西	(提調)	**孫肇興** 二、庚辰、廿七,3.24;天津道參議遷按副。
河南	(提調)	**劉慶藩** 二、庚辰;户郎改按僉。
陝西	(提調)	**楊　璥** 四、丙辰、四,4.29;禮主改按僉。
福建	(提調)	
江西	(提調)	**張嶙然** 十一、壬子;天津道副使改按副。
湖北	(提調)	**徐養元** 十、辛巳、三,11 20;陝清軍道僉改按僉。
湖南	(提調)	**趙　漁** 十、辛巳;督糧道僉改按僉。

年代	順治三年　丙戌(1646)	順治四年　丁亥(1647)
順天	**張鳴駿** *	**張鳴駿** 正、庚戌、八,2.12;降二調。 **王昌允** 二、癸酉、二,3.7;福建道差。 *
江南	**魏　琯** 十二、癸巳、廿一,1.26;湖廣道差。 *	*
蘇松	**蘇　銓** 十二、癸巳;山西道差。 *	*
江北		
浙江		[六年、五、壬午、廿四,1649.7.3;改布參議兼按僉,分巡金衢道。]
山東	**房之騏** 四、壬寅、廿六,6.9;改魯右布。 **吴臣輔** 五、甲子、十九,7.1;禮主改按僉。	
山西	**孫肇興** 四、壬寅;改江南右布。 **孫啓賢** 五、甲子;兵員改按僉。	[六年、六、辛丑、十三,1649.7.22;改陝布參議兼按僉,西寧道。]
河南	**劉慶蕃** 八、己卯、六,9.14;降三調。 **李震成** 九、乙卯、十二,10.20;刑員改按僉。	
陝西		**吕雲藻** 四、乙亥、四,5.8;禮郎改布參議兼按僉。
福建		**閔　度** 二、戊戌、廿七,4.1;按僉。
江西	**張嶙然**	**張嶙然** 七、丁巳、十八,8.18;改閩布參漳南道。 **吕翕如** 十、壬申、五,11.1;户員改按僉。
湖北	**王爾禄** 六庚寅、十五,7.27;武昌道僉改布參議。	**王爾禄** [六年、五、壬午;改浙按副、寧紹兵備道。]
湖南	**趙　漁** 六、戊寅、三,7.15;降二調。 **黄　澍** 六、庚寅;九江道參議改布參議。	**黄　澍** [六年、五、壬午;改閩按副、分巡興泉道。]
廣東		**袁彭年** 五、癸丑、十三,6.15;給改按僉。

年代	順 治 六 年　己丑(1649)	順 治 七 年　庚寅(1650)
順天	**朱鼎延** * 四、己亥、十一,5.21;雲南道差。	*
江南	**李嵩陽** * 四、己亥;廣東道差。	*
蘇松	**李允岳** * 六、戊戌、十,7.19;山東道差。	[七、丙子、廿五,8.21; 裁蘇松,改併江寧。]
浙江	**翟文賁** 七、乙丑、八,8.15;刑郎改布參議兼按僉。	
山東	**鍾性樸** 七、乙丑;禮郎改布參議兼按僉。	
山西	**張四教** 七、乙丑;兵員改按僉。	
河南	**李震成** (原任)	**李震成** 四、己丑、六,5.6; 改陝布參議關西道。 **黄日祚** 九、乙亥、廿四,10.19; 兵員改按僉。
陝西	**呂雲藻** 七、乙酉、廿八, 9.4;革。 **田厥茂** 十二、丁亥、三,1.4; 刑郎改布參議。	
福建	**閔　度** (原任)	**閔　度** 八、壬寅、廿一,9.16; 改湖廣布參議靖州道。 **宋徵輿** 九、乙亥;刑郎改按遷。
江西	**樊　鑽** (五年、十二、癸丑、廿三,2.4;禮郎改按僉。)	
湖北	**李承尹** 七、乙丑;兵主改湖廣按僉。	
湖南	**李棠馥** 七、乙丑;刑郎改布參議兼按僉。	[七、癸丑、二,7.29; 裁併湖北]
四川		**陳　卓** 九、乙亥;刑郎改按僉。
廣東	**袁彭年** (原任)	

年代	順治九年　壬辰(1652)	順治十年　癸巳(1653)
順天	**宗敦一** * 六、戊申、八,7.13;江南道差。	**程芳朝** * 閏六、乙亥、十二,8.4;左諭德差。
江安		**藍　潤** 閏六、乙亥;弘文侍讀差。
淮陽		**石　申** 閏六、乙亥;國史侍講差。
浙江	**張安茂** 十二、戊午、廿,1.19;工主改按僉。	
山東	**張習孔** 七、乙未、廿六,8.29;刑郎改按僉。	**戴京曾** 七、乙未、二,8.24;禮主改按僉。
山西		**孫　籀** 五、己巳、四,5.30;刑郎改按僉。
河南		**李　㦤** 七、乙未;禮主改按僉。
陝西		**諸舜發** 七、乙未;户主改按僉。
福建		**孔自洙** 七、乙未;兵主改按僉。
江西	**趙函乙** 三、癸巳、廿二,4.29;户主改按僉。	
湖廣		**郜焕元** 七、乙未;刑主改按僉。
四川	**陳　卓**	**陳　卓** 五、壬申、七,6.2;改陝按副臨鞏道。
廣東	**錢朝鼎** 三、癸巳;刑郎改按副。	
廣西	**錢王任** 四、戊辰、廿七,6.3;工主改按僉。	

年代	順治十一年　甲午(1654)	順治十二年　乙未(1655)
順天		
上江	**李來泰** 十一、庚戌、廿四,1.1;工主改按僉。	
下江	**張能鱗** 十一、庚戌;禮員改按僉。 [九月,江南改設上、下江提學道。]	
浙江		
山東		
山西		
河南	**張天植** 九、丁未、廿一,10.30;編修改按僉。	**張天植** 十、壬戌、十二,11.9;改常少,提督四譯館。
陝西		
福建		
江西		**楊兆魯** 九、己酉、廿八,10.27;刑郎改按僉。
湖北		**狄　敬** 正、戊申、廿三,2.28;工員改按僉。
湖南	**郜煥元** △革。	**黄自起** 九、己酉;刑郎改按僉。
四川	**陳　卓**	
廣東		
廣西		
雲南		
貴州		

順治十三年　丙申(1656)	順治十四年　丁酉(1657)
姜元衡 * 七、甲子、十八,9.6;弘文侍讀差。	**熊伯龍** * 十、庚辰、十一,11.16;秘書侍讀差。
谷應泰 五、壬午、四,5.27;户郎改按僉。	
施閏章 七、癸酉、廿七,9.15;刑主改按僉。	
錢受祺 七、癸酉;工員改按僉。	
王　緦 五、壬午;檢討改按副。	**朱延瑞** 四、乙未、廿三,6.4;禮郎改按僉。
秦才管 五、壬午;户郎改按僉。	
	陳　璡 正、癸亥、廿,3.4;禮員改按僉。
劉果遠 十、甲申、十,11.25;户郎改按僉。	
王廷璧 七、癸酉;禮郎改按僉。	

年代	順治十五年　戊戌(1658)	順治十六年　己亥(1659)
順天		
上江	**王同春** 十二、戊寅、十六,1.8;户主改按僉。	
下江	**胡在恪** 十二、戊寅;刑員改按僉。	
浙江		**王康侯** 十一、甲申、廿七,1.9;閩汀州知府改按僉。
山東		**劉昌臣** 十一、甲申;刑郎改按僉。
山西		**羅　森** 十一、甲申;陝督糧道參議改按副。
河南		**汪永瑞** 十一、甲申;川順慶知府改按副。
陝西		**馬之腴** 四、壬辰、二,5.22;兵主改按僉。
福建		**宋祖法** 十一、甲申;兵郎改按僉。
江西	**李馥蒸** 十二、戊寅;督捕主事改按僉。	
湖北	**王發祥** 十二,戊寅;刑員改按僉。	**楊藻鳳** 十一、甲申;陝慶陽知府改按副。
湖南		
四川		**席教事** 十一、甲申;刑郎改按僉。
廣東		**顧　鏞** 十一、甲申;閩興化知府改按副。
廣西		**尚金章** 十一、甲申;刑郎改按僉。
雲南		**李光座** 八、乙未、七,9.22;湘衡州知府改按副。
貴州	**趙　灝** 九、戊午、廿四,10.20;道僉改按副。	

順治十七年　庚子(1660)	順治十八年　辛丑(1661)
	汪燫南　* 三、戊午、九,4.7;編修差。
胡尚衡 十一、辛未、廿,12.21;工郎改按僉。	
	孔印樾 九、癸巳、十七,11.8;禮郎改按僉。
	王成功 九、癸巳;兵郎改按僉。
	李可喬 九、癸巳;刑郎改按僉。
周起岐 六、丁亥、四,7.10;户郎改按僉。	**孫允驥** 九、癸巳;刑郎改按僉。
	侯良翰 九、癸巳;刑郎改按僉。
衛紹芳 十、戊戌、十六,11.18;川北道改按副。	

年代	康熙元年　壬寅(1662)	康熙二年　癸卯(1663)
順天		
江南	**孫允曬** 五、辛卯、十九,7.4;湖廣學政改。［正、辛丑、廿七,3.16;上、下江歸併江南。］	
浙江		**王象天** 十二、辛酉、廿八,1.25;户郎改按僉。
山東		
山西	**史允琦** 五、辛卯;户郎改按僉。	
河南		
陝西		
福建	**陸求可** 五、乙酉、十三,6.28;刑郎改按僉。	
江西		
湖廣	［正、辛丑;湖北、湖南歸併湖廣。］	
四川	**張光祖** 五、乙酉;兵郎改按僉。	
廣東		
廣西		
雲南	**孟述緒** 五、乙酉;刑郎改按僉。	
貴州		

康熙三年　甲辰(1664)	康熙四年　乙巳(1665)	康熙五年　丙午(1666)
蕭惟豫 * 正、壬辰、廿九，2.25；國史侍讀差。		
李如桂 十、戊寅、廿，12.7；刑郎改按僉。		**金　鋐** 十二、乙丑、十九，1.13；刑郎改按僉。
王　鑨 十、戊寅；刑郎改按僉。		**周龍甲** 十二、乙丑；户郎改按僉。
張九徵 三、乙亥、十三，4.8；吏郎改按僉。		
徐明弼 正、丁亥、廿四，2.20；户郎改按僉。		**吕和鐘** 十二、乙丑；户郎改按僉。
		沈令式 十二、乙丑；禮郎改按僉。
	梁　儒 十、庚申、八，11.14；户郎改按僉。	**吴　偉** 十二、乙丑；兵郎改按僉。
王自新 正、丁亥；刑郎改按僉。		**李可汧** 八、辛酉、十三，9.11；刑郎改按僉。
何起鵬 十、戊寅；雲南府同知改按僉。		
吉允迪 十、戊寅；滇屯田道改布參議。		**張純熙** 八、己巳、廿一，9.19；滇參議道改按副。

年代	康熙六年　丁未(1667)	康熙七年　戊申(1668)
順天	**蔣　超** * 正、癸卯、廿八,2.20;弘文修撰差。	
江南		**簡　上** 八、乙酉、十九,9.24;吏郎改按僉。
浙江		
山東		
山西		
河南	**鄔景從** 正、癸卯;户郎改按僉。	**史逸裘** 八、乙酉;督捕郎中改按僉。
陝西		
福建	**田本沛** 五、丁巳、十四,7.4;吏郎改按僉。	
江西		
湖廣		
四川	**孫允恭** 正、癸卯;工郎改按僉。	**張含輝** 十二、癸未、十九,1.20;吏郎改按僉。
廣東	**馮　標** 正、癸卯;户郎改按僉。	
廣西	**盧　易** 正、癸卯;刑郎改按僉。	
雲南	**壽以仁** 六、戊寅、五,7.25;刑郎改按僉。	
貴州		

康熙八年　己酉(1669)	康熙九年　庚戌(1670)
	胡簡敬 * 二、丙寅、八,2.27;國史侍讀差。
	崔爾仰 二、丁卯、九,2.28;户郎改按僉。 (△十年,死。)
	楊毓蘭 正、乙卯、廿七,2.16;刑郎改按僉。
	董朱衮 正、乙卯;工郎改按僉。
	鍾　朗 正、乙卯;刑郎改按僉。
	王震生 正、乙卯;刑郎改按僉。
魏學渠 九、辛丑、十一,10.5;兵郎改按僉。	
	沈令式 二、丁卯;原福建任。
	王震起 正、乙卯;户郎改按僉。
	陳必成 二、丁卯;刑郎改按僉。
張純熙 △死。	**鄭　端** 閏二、辛卯、四,3.24;户郎改按僉。

年代	康熙十年　辛亥(1671)	康熙十一年　壬子(1672)
順天		**王澤宏** * 正、壬申、廿五,2.23;翰侍講差。
江南		
浙江	**劉元琬** 七、戊午、九,8.13;工郎改按僉。	
山東		
山西		
河南		
陝西		
福建		
江西		**黄虞再** 四、壬午、七,5.3;禮郎改按僉。
湖廣		
四川		
廣東		(滿)**遲煊** 八、丁巳、十五,10.5;户郎改按僉。
廣西		
雲南		
貴州	**洪啓槐** 六、壬寅、廿三,7.28;户郎改按僉。	

康熙十二年　癸丑(1673)	康熙十三年　甲寅(1674)
虞二球 正、庚寅、十九,3.7;户郎改按僉。	**解幾貞** 八、丁未、十六,9.15;户郎改按僉。
陸　舜 正、庚寅;刑郎改按僉。	**祖澤溍** 十、乙巳、十五,11.12;刑郎改按僉。
蔣印修 正、庚寅;黔平越知府改按僉。	**錢　江** 六、壬寅、九,7.12;兵郎改按僉。
謝　觀 正、庚寅;冀寧道改按副。	
張好奇 正、庚寅;刑郎改按僉。	
洪　琮 正、庚寅;禮郎改按僉。	
張文韜 正、庚寅;户郎改按僉。	
鄭崑璧 正、庚寅;户郎改按僉。	
張　萃 正、庚寅;户郎改按僉。	
	張禹仁 八、戊戌、七,9.6;刑郎改按僉。
蘇汝霖 正、庚寅;户郎改按僉。	
郭　昌 正、庚寅;户郎改按僉。	
程汝璞 正、庚寅;户郎改按僉。 **張　易** 四、癸丑、十四,5.29;禮郎改按僉。	

年代	康熙二一年　壬戌(1682)	康熙二二年　癸亥(1683)
順天	**董　訥** 正、丁卯、十九,2.25;翰侍講差。	*
江南		
浙江	**張　衡** 十一、己巳、廿六,12.24;工郎改按僉。	
山東		
山西		
河南		
陝西		
福建		
江西		
湖廣	**蔣永修** △死。	**姚淳燾** 八、戊午、十九,10.9;刑郎改按僉。
四川		
廣東		
廣西		**李棠質** 八、丁巳、十八,10.8;刑郎改按僉。
雲南	**焦　榮** 二、庚子、廿二,3.30;冀寧道改按副。 **鄒　嶧** 五、庚戌、三,6.8;贛建昌知府改按副。	
貴州		**裘時中** 八、乙卯、十六,10.6;禮郎改按僉。

康熙二三年　甲子(1684)	康熙二四年　乙丑(1685)
王項齡 * 十二、庚子、九,1.13;翰侍講差。	
李振裕 * 十二、庚戌、十九,1.23;翰侍講差。	
王　掞 * 十二、庚戌;右贊善差。	
宮夢仁 十二、庚戌;湖廣驛鹽道改按副。	
高龍光 十二、庚戌;江南鎮江知府改按副。	
蔣　伊 十二、庚戌;粵糧道改按副。	
許孫荃 五、癸巳、廿八,7.10;吏郎改按僉。	
趙　隨 十二、庚戌;禮郎改按僉。	
何　� 十二、庚戌;禮郎改按僉。	
江　皐 十二、庚戌;桂柳州知府改按副。	
裴憲度 十二、庚戌;工郎改按僉。	
	申　樾 七、壬午、廿四,8.23;禮郎改按僉。
毛漪秀 十二、庚戌;户郎改按僉。	
	畢忠吉 二、甲午、四,3.8;工郎改按僉。

年代	康熙二五年　丙寅(1686)	康熙二六年　丁卯(1687)
順天	**王項齡** △三月,憂免。 **李應薦** * 四、己酉、廿五,5.17;洗馬差。	**李應薦** * 十一、己亥、廿四,12.28;留任。
江南		**高　裔** * 十二、辛亥、七,1.9;翰侍講差。
浙江		**周清源** * 十二、辛亥;左贊善、檢討差。
山東		**任　塾** 十二、庚戌、六,1.8;禮郎改按僉。
山西		**朱　雯** 十二、庚戌;江南松江知府改按副。
河南		**王際有** 二、辛未、廿三,4.4;粤高州知府改按副。
陝西		**張光豸** 十二、庚戌;禮郎改按僉。
福建		**高曰聰** 十二、庚戌;户郎改按僉。
江西		**邵延齡** 十二、庚戌;刑郎改按僉。
湖廣		**鄭僑生** 十二、庚戌;晉太原知府改按副。
四川	**周　燦** 閏四、甲戌;贛南康知府改按副。	**周　燦** (原任)
廣東	**趙濟美** 閏四、甲戌;陝平涼知府改按副。	**黄雲企** 十二、庚戌;禮郎改按僉。
廣西		**陸祚蕃** 二、辛未;登萊道改按副。
雲南	**謝于道** 閏四、甲戌、廿一,6.11;户郎改按僉。	**吴自肅** 十二、庚戌;刑郎改按僉。
貴州		**張顧行** 十二、庚戌;禮郎改按僉。

康熙二九年　庚午(1690)	康熙三十年辛未(1691)
顧　藻 * 十二、庚申、四,1.2;翰侍講差。 (卅二年、八,丁酉、廿六,1693.9.25;遷閣學。)	
許汝霖 * 十二、丁卯、十一,1.9;右贊善差。	
鄭開極 * 十二、丁卯;右諭德差。	
朱　雯 十二、戊午、二,12.31;晉學政改(按副)。	
胥　琬 十二、戊午;黔石阡知府改按副。	
黄　軒 十二、戊午;禮郎改按僉。	**張潤民** 二、丁巳、一,2.28;户郎改按僉。
高爾公 十二、戊午;户郎改按僉。	
徐孺芳 十二、戊午;川遵義知府改按副。	
王　謙 十二、戊午;户郎改按僉。	
邱園卜 十二、戊午;工郎改按僉。	
王家棟 十二、戊子;川保寧知府改按副。	
蔣宏緒 十二、戊子;禮郎改按僉。	
王承露 十二、戊午;户郎改按僉。	
孫起綸 十二、戊午;工郎改按僉。	
華章志 十二、戊午;刑郎改按僉。　(△卅二年死。)	

年代	康熙三三年　甲戌(1694)	
順天	**李光地** 正、甲子、廿六,2.19;兵右差。 五月,憂免。	**朱　皐** 五、壬子、十五,6.7;少詹差。 *
江南	**邵嗣堯** 正、丙寅、廿八,2.21;直守道差。	**張鵬翮** 十、戊寅、十四,12.30;兵右差。 *
浙江	**顏光斅** 正、丙寅;檢討差。	*
山東	**劉謙吉** 正、丁卯、廿九,2.22;黔思南知府改按副。	
山西	**劉　滋** 正、丁卯;禮郎改按僉。	
河南	**陳羲暉** 正、丁卯;刑郎改按僉。	
陝西	**武之亨** 正、丁卯;浙嚴州知府改按副。	
福建	**史陸輿** 正、丁卯;禮郎改按僉。	
江西	**王　綡** 正、丁卯;户郎改按僉。	
湖廣	**岳宏譽** 正、丁卯;刑郎改按僉。	
四川	**曾王孫** 正、丁卯;刑郎改按僉。	
廣東	**王　郴** 正、丁卯;禮郎改按僉。	
廣西	**朱大任** 正、丁卯;兵郎改按僉。	
雲南	**張　倬** 正、丁卯;晉冀寧道改按副。	
貴州	**林麟焻** 正、丁卯;禮郎改按僉。	

康熙三五年　丙子(1696)	康熙三六年　丁丑(1697)
張榕端 * 十二、壬寅、廿,1.12;閣學差。	
李　柟 * 十二、壬寅;工右差。	**李　枏** 四、丙辰、七,5.26; 憂免。 **張希良** * 五、丁亥、八,6.26; 翰侍講差。
	陸鳴珂 正、辛巳、廿九,2.20;户郎改按僉。
	賽　璋 正、辛巳;户郎改按僉。
	張仕可 正、辛巳;刑郎改按僉。
	陸德元 正、辛巳;户郎改按僉。
	汪　薇 正、辛巳;户郎改按僉。
	周爰舫 正、辛巳;禮郎改按僉。
	王　琯 二、甲申;滇永昌道改按副。
	左　峴 正、辛巳;工郎改按僉。
	劉體元 二、甲申、三,2.23;刑郎改按僉。
	歐陽旭 正、辛巳;工郎改按僉。
	卜景超 正、辛巳;禮郎改按僉。

年代	康熙三七年　戊寅(1698)	康熙三八年　己卯(1699)
順天	**楊大鶴** * 十二、戊申、八,1.8;左諭德差。	**楊大鶴** * (原任)
江南		**張泰交** * 十二、壬午、十八,2.6;僕少差。
浙江		**姜　橚** * 十二、壬午;鴻少差。
山東		**徐　炯** 十二、壬申、八,1.27;工郎改按僉。
山西	**于漢翔** 十二、己未、十九,1.19;禮郎改按僉。	**于漢翔** (原任)
河南	**胡世藻** 八、癸丑、十二,9.15;兵郎改按僉。	**陳朝君** 十二、壬申;刑郎改按僉。
陝西		**秘丕笈** 十二、壬申;工郎改按僉。
福建		(?)**百職** 十二、壬申;户郎改按僉。
江西		**喬士容** 十二、壬申;禮郎改按僉。
湖廣		**王祚興** 十二、壬申;户郎改按僉。
四川		**萬　懷** 十二、壬申;户郎改按僉。
廣東		**臧大受** 十二、壬申;刑郎改按僉。
廣西		**高聯璧** 十二、壬申;刑郎改按僉。
雲南	**趙之隨** 五、癸巳、廿,6.27;户郎改按僉。	**張孟球** 十二、壬申;禮郎改按僉。
貴州		**陳正直** 十二、壬申;禮郎改按僉。

康熙四十年　辛巳(1701)	康熙四一年　壬午(1702)
	楊名時 * 正、戊申、廿六,2.22;翰檢討差。
張泰交 * 三、乙卯、廿八、5.5;遷大理,仍留。	**張泰交** 六月,遷左副、刑右,仍任。十二月,改浙撫 **張廷樞** * 十二、壬辰、十六,2.1;翰讀學差。
	文志鯨 * 十二、壬辰;翰檢討差。
	顧悅履 * 十二、丁酉、廿一,2.6;編修差。
汪　灝 * 三、己亥、十二,4.19;翰侍讀差。	**汪　灝** * (原任)
	張　瑗 * 十二、丁酉;山東道差。
	胡作梅 * 六、乙卯、五,6.29;翰侍講差。
	沈　涵 * 十二、丁酉;右庶子差。
	劉　琰 十二、丁酉;江南江寧知府改按副。
	潘宗洛 * 十二、丁酉;檢討差。
	劉　謙 十二、丁酉;禮郎改按僉。
	翁嵩年 十二、丁酉;刑郎改按僉。
	靳　讓 十二、丁酉;直隸通州知州改按僉。
王之樞 * 五、己酉、廿三,6.28;翰侍講差。	**孫纘功** 十二、丁酉;刑郎改按僉。
柴廷望 十一、戊戌、十五,12.14;吏郎改按僉。	**柴廷望** (原任)

年代	康熙四二年　癸未(1703)	康熙四三年　甲申(1704)
順天		
江南		
浙江		**文志鯨** 三、甲辰、五,4.8;召京。 **靳　讓** 三、甲辰;廣西改。
山東		
山西		**汪　灝** 九、丙寅、廿九,10.27;讀學遷閣學。
河南		**徐汝嵲** 六、丁丑、九,7.10;户郎改按僉。
陝西		
福建		
江西		
湖廣		
四川		
廣東		
廣西		**靳　讓** 三、甲辰;改浙江。 **張豫章** 三、甲辰;貴州兼
雲南		
貴州	**張豫章** * 四、庚子、廿五,6.9;洗馬差。	**張豫章** * 三、甲辰;兼廣西。

康熙四四年　乙酉(1705)		康熙四五年　丙戌(1706)
	梅之珩 * 十二、辛亥、廿一，2.4；翰侍讀差。	
張廷樞 五、辛巳、十九，7.9；遷閣學。	**魏學誠** * 十二、辛亥；左諭德差。	
	彭始摶 * 十二、辛亥；右諭德差。	
	趙申季 * 十二、戊午、廿八，2.11；編修差。	
汪　灝 十一、庚辰、廿，1.4；改豫撫。	**李紳文** * 十二、戊午；山東道差。	**鄒士璁** * 五、癸亥、六，6.16；翰侍讀差。
	湯右曾 * 十二、戊午；户給差。	
	趙　晉 * 十二、戊午；編修差。	
	楊篤生 * 十二、戊午；陝西道差。	
	楊　顒 * 十二、戊午；四川道差。	
	顧圖河 * 十二、戊午；編修差。	**吴　昺** * 十、甲辰、廿，11.24；翰侍讀差。
	宋　衡 * 十二、戊午；編修差。	
	樊澤遠 * 十二、戊午；檢討差。	
	閻錫爵 * 十二、戊午；檢討差。	
	魏方泰 * 十二、戊午；檢討差。	
	(滿)**文岱** * 十二、戊午；編修差。	

年代	康熙四六年　丁亥(1707)	康熙四七年　戊子(1708)
順天		
江南		
浙江		
山東		**黄叔琳** * 十、甲寅、十二,11.23;翰侍讀差。
山西		
河南		
陝西	**汪鼎金** 六、乙酉、四,7.3;刑郎改按僉。	
福建		
江西		
湖廣	**蔣德昌** 十二月,刑郎改按僉(憂)。	**袁乃澔** 正、壬申、廿四,2.15;刑郎改按僉。
四川	**王奕清** * 六、癸未、二,7.1;洗馬差。	
廣東		
廣西	**張　慷** 十、壬寅、廿四,11.17;户郎改按僉。	
雲南		
貴州		

康熙四八年　己丑(1709)	康熙四九年　庚寅(1710)
戴　綖 * 正、丁酉、廿五,3.6;翰侍講差。	**周起渭** * 五、乙丑、一,5.28;翰侍讀差。
楊中訥 * 正、丁酉;右中允差。	**楊中訥** 十、丙寅、五,11.25;革。 **張元臣** * 十、丙寅;左諭德差。
吴　垣 * 正、丁酉;右贊善差。	
黄叔琳 (原任)	
高其倬 * 二、丙辰、十五,3.25;翰侍講差。	
陳至言 * 二、丙辰;編授差。	**趙　珣** 三、己丑、廿四,4.22;吏郎改按僉。
朱　軾 二、丙辰;刑郎改按僉。	
范光宗 * 二、丙辰;左贊善差。	
董佩笈 二、丙辰;吏郎改按僉。	**冀　霖** 十、丙寅、五,11.25;户郎改按僉。
董思凝 四、甲子、廿三,6.1;吏郎改按僉。	
王奕清 (原任)	
季　愈 * 二、丙辰;編修差。 **張明先** * 十、辛丑、四,11.5;左中允差。	**王　俊** 四、壬子、十七,5.15;户郎改按僉。
張　愫 (原任)	
馮佩賓 二、丙辰;户郎改按僉。	
孫　勷 * 二、丙辰;檢討差。	

年代	康熙五十年 辛卯(1711)	康熙五一年 壬辰(1712)
順天		**李鳳翥** * 正、戊申、廿四,3.1;洗馬差。 **陳璋** * 三、辛亥;翰講學差。
江南		**胡潤** * 四、丙子、廿四,5.28;左庶子差。
浙江		**宋至** * 三、辛亥、廿八,5.3;編修差。
山東		**陳恂** * 二、己未、六,3.12;編修差。
山西		**孔尚先** * 二、己未;檢討差。
河南		**吳卜雄** 二、己未;禮郎改按僉。
陝西	**潘從津** * 四、戊子、卅,6.15;翰侍讀差。	**潘從津** (原任)
福建		**張爲經** 二、己未;吏郎改按僉。
江西		**冀霖** (原任)
湖廣		**蔣德昌** 二、己未;原湖學改按僉。
四川		**王誥** * 二、己未;編修差。
廣東		**史貽直** * 二、己未;檢討差。
廣西		**龔鐸** * 二、己未;編修差。
雲南	**李其昌** 四、庚辰、廿二,6.7;户郎改按僉。	**李其昌** (原任)
貴州		**蔡珽** * 二、己未;左諭德差。

康熙五二年　癸巳(1713)	康熙五三年　甲午(1714)
	查嗣瑮 * 七、甲子、廿五,9.3;翰侍講差。
	余正健 * 八、壬辰、廿三,10.1;祭酒差。
汪　灝 * 十二、甲午、廿一,2.5;翰讀學差。	**汪　灝** (原任)
	王　傳 * 八、壬辰;檢討差。
	黄叔琬 正、戊辰、廿六,3.11;禮郎改按僉。
	劉師恕 * 八、壬辰;檢討差。
	王雲錦 * 正、戊辰;修撰差。
	車鼎晉 * 八、壬辰;編修差。
	魚鸞翔 八、壬辰;吏郎改按僉。
薄有德 * 四、乙亥、廿八,5.22;左贊善差。	**李周望** * 八、壬辰;侍講差。
	廖賡謨 * 八、壬辰;編修差。
史貽直　　**鄭　晃** △憂免。	**鄭　晃** (原任)
	叢　澍 * 八、壬辰;編修差。
(滿)**海寶** * 正、乙巳、廿七,2.21;檢討差。	**郝士錞** 八、壬辰;漢陽知府改按副。
	萬　經 * 八、壬辰;編修差。

年代	康熙五四年　乙未(1715)	康熙五五年　丙申(1716)
順天	**張逸少** * 十一、甲午、二,11.27;翰讀學差。	**張逸少** 十一、丁卯、十一,12.24;革。
江南		**余正健** 二月,改順尹。 **林之濬** * 三、甲寅、廿三,4.15;左中允差。
浙江		
山東		**陳沂震** * 閏三、甲申、廿四,5.15;吏給差。
山西		
河南		
陝西		
福建		
江西		
湖廣		
四川		
廣東		
廣西		
雲南	**蔣　泂** 十一、甲午;工郎改按僉。	
貴州		

康熙五六年　丁酉(1717)

吴士玉 *
二、丙戌、一,3.13;翰侍讀差。

謝履厚 *
九、丙子、廿五,10.29;檢討差。

汪　漋 *
九、辛未、廿,10.24;留任三年。

陳沂震 *
九、辛未;留任三年。

嵇曾筠 *
九、癸酉、廿二,10.26;編修差。

查嗣庭 *
九、癸酉;編修差。

(覺羅)**逢泰** *
九、癸酉;檢討差。

李鍾峩 *
九、癸酉;檢討差。

王思訓 *
九、癸酉;檢討差。

繆　沅 *
九、癸酉;編修差。

廖賡謨 *
九、辛未;留任三年。

陳　均 *
九、癸酉;檢討差。

鄒奕鳳 *
九、癸酉;檢討差。

余正健 *
三月,祭酒差。八月,病免。

張學庠
八、丙戌、五,9.9;工郎改按僉。

沈翼機 *
九、癸酉;編修差。

年代	康熙五七年　戊戌(1718)	康熙五八年　己亥(1719)
順天		
江南	**林之濬** 三、戊辰、十九,4.19;革。	
浙江		
山東		
山西		
河南		
陝西	**王雲錦** 三、戊辰;革。	
福建	**車鼎晉** 三、戊辰;革。	
江西	**魚鸞翔** 三、戊辰;革。	
湖廣		
四川		
廣東	**鄭　晃** 三、戊辰;革。	
廣西	**叢　澍** 三、戊辰;革。	**徐樹屏** 十、乙卯、十六,11.27;刑郎改按僉。
雲南		
貴州	**萬　經** 三、戊辰;革。	

康熙五九年　庚子(1720)	康熙六一年　壬寅(1722)
陳世倌 * 九、丙寅、二,10.3;翰侍讀差。	**陳世倌** △憂免。
鄭任鑰 * 三、戊辰、一,4.8;翰侍講差。	**鄭任鑰**
馬　豫 * 十一、甲子、一,11.30;翰侍講差。	**馬　豫**
彭維新 * 十一、甲子;左諭德差。	
彭廷訓 * 十一、甲子;右贊善差。	
蔣　漣 * 十一、甲子;右中允差。	**楊萬春** 二、乙酉、卅,4.15;吏郎改按僉。
王　蓍 * 十一、甲子;編修差。	
(?)**阿珥賽** * 十一、甲子;檢討差。	
徐昂發 * 十一、甲子;編修差。	
黎致遠 * 十一、甲子;檢討差。	
方　覲 * 十一、甲子;編修差。	
惠士奇 * 十一、甲子;編修差。	
徐樹屏 (原任)	
汪　份 * 十一、甲子;編修差。 △未任,死。 **張　謙** 十二、癸丑、廿一,1.18;刑郎改按僉。	**張　謙**
張大受 * 十一、甲子;檢討差。	

年代	雍正元年　癸卯(1723)　[全部俱稱提督學政]
順天	**吴　襄** 二、丙子、廿六,4.1;翰侍讀差。
江南	**鄭任鑰** 三、辛丑、廿二,4.26;改湘布。 (滿)**法海** 五、甲午、十六,6.18;原粤撫差。
浙江	**馬　豫** 六、丙申、十九,8.19;革。 **何世璂** 六、丙申;山西道差。
山東	**吕文櫻** 九、己亥、廿三,10.21;禮郎差。
山西	**劉於義** 九、己亥;翰侍讀差。
河南	**張廷璐** 九、己亥;講學差。
陝西	**王　蓍** 九、己亥;留任三年。
福建	**黄之雋** 九、己亥;編修差。
安徽	
江西	**沈翼機** 十一、壬午、六,12.3;翰讀學差。
湖廣	**吴家麒** 九、己亥;編修差。
湖南	
四川	**任蘭枝** 九、己亥;編修差。
廣東	**惠士奇** 九、己亥;留任三年。
廣西	**陸紹琦** 九、己亥;檢討差。
雲南	**張　謙** 五、甲午、十六,6.18;改按。 **蔡　嵩** 五、甲午;右中允差。
貴州	**張大受** 九、己亥;留任三年。　△死。

雍正二年　甲辰(1724)	雍正三年　乙巳(1725)
(滿)**法海** 十一、甲寅、十四，12.29；改浙撫。 **俞兆晟** 翰侍讀差。	
彭維新 七、戊辰、廿七，9.14；左諭德差。	
	王希曾 二、乙亥、七，3.20；編修差。 **王世琛** 十二、甲申、廿一，1.23；侍講差。
(漢)**王國棟** 十、庚辰、十，11.25；右通政差。	(漢)**王國棟**
	孫嘉淦 四、庚午、三，5.14；司業差。 [三、戊申、十，4.22；增設。]
[十二、辛卯、廿二，2.4；增設。]	**黄鴻中** 二、乙亥；講學差。
王奕仁 二、丁巳、十三，3.7；編修差。	

年代	雍正四年　丙午(1726)	
順天	**劉於義** 六、丁卯、六,7.5;晉學改。	**孫嘉淦** 十、癸亥、五,10.29;皖學改。
江南	**鄧鍾岳** 正、戊午、廿五,2.26;修撰差。	
浙江	**李鳳翥** 七、戊戌、八,8.5;通右參差。 十、癸亥;改皖學。	**王蘭生** 十、癸亥;司業差。
山東	**王世琛** (原任)	
山西	**劉於義** 六、丁卯;改順學。	**沈錫輅** 六、丁卯;編修差。
河南	(漢)**王國棟** 十、甲子、六,10.30;改浙觀風使。	**于　廣** 十、甲子;理少差。
陝西	**楊超曾** 十一、辛卯、三,11.26;編修差。	
福建	**程元章** 二、癸未、廿,3.23;編修差。	
安徽	**孫嘉淦** 十、癸亥;改順學。	**李鳳翥** 十、癸亥;浙學改。
江西	**李鍾僑** 十一、辛卯;編修差。	
湖北	**于　振** 十一、辛卯;修撰差。	
湖南	**習　寯** 十一、辛卯;編修差。	
四川	**宋在詩** 十一、辛卯;吏郎加檢討差。	
廣東	**楊爾德** 九、甲寅、廿五,10.20;禮給差。	
廣西	**衛昌績** 十一、辛卯;江南道差。	
雲南	**蔡　嵩** 十、乙酉、廿七,11.20;改鄂按。	**鞏建豐** 十一、辛卯;右中允差。
貴州	**王奕仁** 十一、辛卯;留任。	

雍正五年　丁未(1727)	雍正六年　戊申(1728)
	楊超曾 六、丙戌、七,7.13;陜學改。
鄧鍾岳	**鄧鍾岳**
勵宗萬 十二、壬辰、十一,1.21;編修差。	
	楊超曾 六、丙戌;改順學。　**朱曙蓀** 六、丙戌;侍講銜差。
	管式龍 七月,檢討差。　**凌如焕** 十一、丁巳、十一,12.11;侍講銜差。
顧　仔 九、己卯、廿六,11.9;編修差。	
徐　本 七、辛巳、廿七,9.12;翰侍讀差。	

年代	雍正七年　己酉(1729)		
順天	**楊超曾** 九、己亥、廿八,11.18;留任。		
江南	**鄧鍾岳** 九、己亥;改粵學。		**張廷璐** 九、己亥;詹事差。
浙江	**王蘭生** 九、己亥;改皖學。		**顧　仔** 九、己亥;粵學改。
山東	**蔣　蔚** 三、甲寅、廿二,4.19;户主加檢討差。		
山西	**勵宗萬** (原任)		**朱曙蓀** 九、己亥;陜學改。
河南	**于　廣** 九、己亥;改滇學。		**吴應棻** 九、己亥;編修差。
陜西	**朱曙蓀** 九、己亥;改晉學。	**王圖炳** 九、己亥;原詹事差。	**潘允敏** 十、戊午、十七,12.7;户郎加編修差。
福建	**程元章** 七、丙午、三,7.28;署浙布。		**戴　瀚** 七、丁未、四,7.29;左庶子差。
安徽	**李鳳翥** (原任)		**王蘭生** 九、己亥;浙學改。
江西	**傅王露** 三、甲寅;工主加編修差。		
湖北	**凌如焕** (原任)		
湖南	**習　寯** 九、己亥;留任。		
四川	**周人驥** 五、丁未、三,5.30;禮主加編修差。		
廣東	**顧　仔** 九、己亥;改浙學。	**鄧鍾岳** 九、己亥;蘇學改。	**陳悳華** 十二、甲寅、十四,2.1;修撰差。
廣西	**衛昌績** 九、己亥;留任。		
雲南	**鞏建豐** (原任)		**于　廣** 九、己亥;豫學改。
貴州	**徐　本** 九、戊子、十七,11.7;改按。		**晏斯盛** 九、己丑、十八,11.8;山西道差。

雍正八年　庚戌(1730)	雍正九年　辛亥(1731)
	楊超曾 七月，改奉尹。 **吳應棻** 八、壬寅、十二，9.12；少詹差。
李清植 十一、壬申、七，12.16；翰侍講差。	
羅鳳彩 十一、己卯、十四，12.23；户給差。	
	王雲銘 四、丁巳、廿五，5.30；編修差。
	王蘭生 二、癸丑、廿，3.27；翰讀學遷閣學。
	姚世榮 十、丙辰、廿六，11.25；江西道差。
	趙　晃 四、丁巳；編修差。
	吳延熙 四、丁巳；編修差。

年代	雍正十年　壬子(1732)
顺天	**吴應棻** 十一、庚寅;留任。
江南	**張廷璐** 六月,浙江鄉試主考。十一、庚寅;留任。
浙江	**李清植** (原任)
山東	(?)**喀爾欽** 十一、庚寅;翰侍講差。
山西	**范　咸** 十一、庚寅;右中允差。
河南	**俞鴻圖** 五、戊午、二,5.25;翰侍講差。
陝西	**王蘭生** 十一、庚寅、七,12.23;皖學(閣學)改。
福建	**楊　炳** 十一、庚寅;侍讀差。　七月,江南鄉試主考。
安徽	**王蘭生** 閏五、癸卯、十八,7.9;留任三年。 七月,江南鄉試主考。十一、庚寅;改陝。 **姚三辰** 十一、庚寅;少詹差。
江西	**姚世榮** (原任)
湖北	**凌如焕** 十一、庚寅;留任。
湖南	**吴大受** 十一、庚寅;檢討差。
四川	**隋人鵬** 十一、庚寅;司業差。
廣韶	**陳惠華** 十一、庚寅;粤學任。
肇高	**繆白藻** 十一、庚寅;洗馬差。
廣西	**徐以升** 十一、庚寅;編修差。
雲南	**吴應枚** 十一、庚寅;編修差。
貴州	**晏斯盛** 十一、庚寅;留任。

雍正十一年　癸丑(1733)	雍正十二年　甲寅(1734)
張廷璐 六、丁巳、八,7.18;詹事遷禮右。九月,改禮左。	
帥念祖 五、乙巳、廿五,7.6;禮給差。	
俞鴻圖 九月,革。(十二年斬) **鄒升恒** 九、戊戌;右贊善差。	
	蔣　蔚 二、己未、十三,3.17;户員加檢討差。
王丕烈 九、戊戌、廿,10.27;吏給差。	
	王安國 九、壬午、十,10.6;翰侍讀差。

年代	雍正十三年　乙卯(1735)
順天	**錢陳群** 正、壬辰、廿一,2.13;翰講學差。
江南	**張廷璐** (禮左)
浙江	**帥念祖** (原任)
山東	**李光墺** 十一、己亥、四,12.17;檢討差。
山西	**沈文鎬** 閏四、壬申、三,5.24;編修差。
河南	**張　考** 十一、己亥;御史差。
陝西	**周　霽** 十一、己亥;修撰差。
福建	**周學健** 十一、己亥;編修差。
安徽	**鄭　江** 十一、己亥;侍講差。
江西	**于　辰** 十一、己亥;編修差。
湖北	**蔣　蔚** (原任)
湖南	**張仕遇** 十一、己亥;御史差。
四川	**陳象樞** 十一、己亥;户員差。
廣韶	**王丕烈** 十一、己亥;留任。
肇高	**王安國** (原任)
廣西	**潘允敏** 十一、己亥;户郎差。
雲南	**孫人龍** 十一、己亥;編修差。
貴州	**鄒一桂** 十一、己亥;御史差。

乾隆元年　丙辰(1736)	乾隆二年　丁巳(1737)
崔　紀 三月,祭酒差。 十一月,改倉場。 **劉吳龍** 光禄差。	
鄧鍾岳 七、壬寅、十,8.16;差。	
	蔣　蔚 二、戊寅、廿,3.20;憂免。 (滿)**開泰** 二、戊寅;司業差。

年代	乾隆三年　戊午(1738)	
顺天	**劉吴龍** 十、庚寅、十一,11.22;改蘇學。	**錢陳群** 十、庚寅;原右通差。
江南	**張廷璐** 十、庚寅;回禮左任。	**劉吴龍** 十、庚寅;直學改。
浙江	**鄧鍾岳**	
山東	**徐　鐸** 十一、丙子、廿八,1.7;編修差。	
山西	(?)**喀爾欽** 十一、丙子;侍講差。	
河南	**張　考** 十、丙申、十七,11.28;桂學互改。	**潘允敏** 十、丙申;桂學改。
陝西	**周　霨** 四、辛丑、十九,6.6;病免。	(滿)**嵩壽** 四、辛丑;翰侍讀差。
福建	**黄　祐** 十一、丙子;刑給差。	
安徽	**鄭　江** (留任)	
江西	**趙大鯨** 十一、丙子;洗馬差。	
湖北	(滿)**開泰**	
湖南	**張仕遇** 十、丙申;川學互改。	**陳象樞** 十、丙申;川學改。
四川	**陳象樞** 十、丙申;湘學互改。	**張仕遇** 十、丙申;湘學改。
廣韶	**張　灝** 十一、丙子;侍讀差。	
肇高	**沈昌宇** 十一、丙子;編修差。	
廣西	**潘允敏** 十、丙申;豫學互改。	**張　考** 十、丙申;豫學改。
雲南	**孫人龍** 七、丙辰、六,8.20;留任。	
貴州	**鄒一桂** 十、丙申;留任。	

乾隆四年　己未(1739)	乾隆五年　庚申(1740)
	張廷瑑 十一、壬午、十五,1.2;工左差。
鄧鍾岳 七、丙午、二,8.5;留任三年。	
	陳其凝 六、壬午、十三,7.6;河南道差。
于　辰 四、乙未、十九,5.26;編修差。	
(滿)**開泰** 三、壬子、六,4.13;鄂學改。	
(滿)**開泰** 三、壬子;改皖學。 **張映辰** 三、壬子;翰侍講差。	
	倪國璉 七、壬午、十四,9.4;吏給差。

年代	乾隆六年　辛酉(1741)
順天	**林令旭** 十二、庚戌、十九,1.25;右通差。
江南	**劉　藻** 十二、庚戌;閣學差。
浙江	**彭啓豐** 十二、庚戌;左僉差。
山東	**李治運** 十二、庚戌;禮郎差。
山西	(?)**喀爾欽** 三、癸酉、八,4.23;革。(七月殺) **蘇霖渤** 三、癸酉;御史差。
河南	**林枝春** 十二、庚戌;翰侍講差。
陝西	(滿)**介福** 十二、庚戌;翰侍讀差。
福建	**吴華孫** 十二、庚戌;編修差。
安徽	(滿)**嵩壽** 十二、庚戌;大理差。
江西	**金德瑛** 十一、己丑、廿八,1.4;修撰差。
湖北	**吴嗣爵** 十二、己酉、十八,1.24;吏郎差。
湖南	**倪國璉**
四川	**沈榮仁** 七、乙酉、廿三,9.2;編修差。
廣韶	**梁文山** 十二、庚戌;左諭德差。
肇高	**金洪銓** 十二、庚戌;吏郎差。
廣西	**沈慰祖** 十一、己丑;編修差。
雲南	**楊廷楝** 十二、庚戌;編修差。
貴州	(滿)**佟保** 十二、庚戌;洗馬差。

乾隆七年　壬戌(1742)	乾隆八年　癸亥(1743)
	林令旭 二、丁未、廿三,3.18; 病免。 **趙大鯨** 左副差。
	劉　藻 二月,降三調。 (閣學) (滿)**開泰** 二、乙巳、廿一,3.16; 祭酒差。
	(滿)**介福** 六、癸酉、廿二,8.11; 皖學互改。 (滿)**嵩壽** 六、癸酉;皖學改。
	(滿)**嵩壽** 六、癸酉;陝學互改。 (滿)**介福** 六、癸酉;陝學改。
阮學浩 二、戊午、廿八,4.3;檢討差。	
蔣　蔚 二、戊午;工郎差。	

年代	乾隆九年　甲子(1744)	
順天	**葉一棟** 九、庚辰、六,10.11;閣學差。	**吕　熾** 九、庚辰;工右署。十一、庚辰、七,12.10;差。
江南		**崔　紀** 十二、庚戌、七,1.9;祭酒差。
浙江		**陳其凝** 十二、庚戌;僕少差。
山東		**于敏中** 十二、辛亥、八,1.10;左中允差。
山西	**蘇霖渤** 五、甲辰、廿七,7.7;乞養。	**夏廷芝** 六、丙辰、十,7.19;編修差。
河南		**汪士鍠** 十二、辛亥;編修差。
陝西		**胡中藻** 二、丁丑、廿九,4.11;檢討差。
福建		**吴嗣爵** 十二、辛亥;檢討差。
安徽		(滿)**覲保** 十二、庚戌;翰侍講差。
江西	**金德瑛** 十一、辛卯、十八,12.21;留任。	
湖北		**宋邦綏** 十二、辛亥;翰侍讀差。
湖南	**吴嗣爵** (原任)	
四川	**蔣　蔚** (原任)	
廣韶		**夏之蓉** 十二、壬戌、十九,1.21;檢討差。
肇高		**孫人龍** 十二、壬戌;編修差。
廣西		**官獻瑶** 十二、辛亥;編修差。
雲南		**張鳳儀** 九、壬午、八,10.13;編修差。
貴州	(滿)**佟保** 十一、辛丑、廿八,12.31;留任。	

乾隆十年　乙丑(1745)	乾隆十一年　丙寅(1746)
吕　熾 五、己亥、廿八,6.27;工右改户右。	
崔　紀 △憂免。	**尹會一** 十、己卯、十七,11.29;工右差。
	汪士鍠 八月,解(革)。 **王應綵** 八、甲申、廿一,10.5;御史差。
	陳豫明 閏三、戊戌、二,4.22;禮郎授。旋免。 **吴嗣富** 編修差。
張爲儀 五、乙亥、四,6.3;死。 **沈慰祖** 五、乙亥;差。	

年代	乾隆十二年　丁卯(1747)		
順天	**吕　熾** (户右)十、丙子、十九,11.21;留任。		
江南	**尹會一** (工右)十、丙子;留任。		
浙江	**陳其凝** 十、丙子;山東互改。		**于敏中** 十、丙子;山東改。
山東	**于敏中** 十、丙子;浙江互改。		**陳其凝** 十、丙子;浙江改。
山西	**夏廷芝** 十、丙子;湖北互改。	**宋邦綏** 十、丙子;湖北改。十一月,仍回。	(滿)**德保** 十一、辛卯、五,12.6;差。
河南	**蔡　新** 侍講授。		
陝西	**胡中藻** 十、丙子;廣西互改。		**官獻瑶** 十、丙子;廣西改。
福建			**葛德潤** 十、丙子;福建道差。
安徽	(滿)**觀保** 十、丙子;留任。		
江西			**林枝春** 十、丙子;右通差。
湖北	**宋邦綏** 十、丙子;山西互改。十一月,仍留。		**夏廷芝** 十、丙子;山西改。十一、辛卯;召京。
湖南	**吴嗣富** 十、丙子;廣韶互改。		**夏之蓉** 十、丙子;廣韶改。
四川			**朱　荃** 十、丙子;編修差。
廣韶	**夏之蓉** 十、丙子;湖南互改。		**吴嗣富** 十、丙子;湖南改。
肇高			(滿)**興泰** 十、丙子;左諭德差。
廣西	**官獻瑶** 十、丙子;陝西互改。		**胡中藻** 十、丙子;陝西改。
雲南			**何其睿** 十、丙子;編修差。
貴州			**葉　酉** 十、丙子;編修差。

乾隆十三年　戊辰(1748)	乾隆十四年　己巳(1749)
莊有恭 閏七、己未、七,8.30;兵右差。	
陳其凝 八月,解、勘。 **李培因** 八、辛亥、廿九,10.21;翰講學差。	
程　巖 六、癸酉、廿,7.15;檢討差。	
	胡中藻 六、己亥、廿三,8.5;召京。 **羅源漢** 六、丙午、卅,8.12;左諭德差。

年代	乾隆十五年　庚午(1750)	
順天		**張泰開** 八、丙戌、十六,9.16;禮右改。
江南	**莊有恭** 正、癸丑、九,2.15;兵右改户右,卸。 八、己丑、十九,9.19;户右差。	**崔　紀** 正、癸丑;魯布加右副銜差。 八月,病免(死)。
浙江		**雷　鋐** 八、丙戌;通政差。
山東		(滿)**德保** 八、丙戌;内務府大臣差。 九月,工右。十一月,革工右。
山西		**蔡揚宗** 八、丙戌;差。
河南		(蒙)**夢麟** 八、丙戌;差。
陝西		**吴嗣富** 八、丙戌;差。
福建		**馮　鈐** 八、丙戌;差。
安徽	(滿)**雙慶** 八、丙戌;仍留。	
江西		**湯　聘** 八、丙戌;差。
湖北		**葛德潤** 八、丙戌;差。
湖南		**葉　酉** 八、丙戌;差。
四川	**朱　荃** 憂,三月,途死。	**葛　峻** 二、甲午、廿一,3.28;給差。
廣韶		**程　巖** 八、丙戌;差。
肇高		**王際華** 八、丙戌;差。
廣西	**羅源漢** 八、丙戌;仍留。	
雲南		**王　宬** 八、丙戌;差。
貴州		**周　渼** 八、丙戌;差。

乾隆十六年　辛未(1751)	乾隆十七年　壬申(1752)
張泰開 九、壬申、九,10.27;授工右,仍任。	
莊有恭 (户右)八、辛酉、廿八,10.16;改浙撫。 **雷　鋐** 八、辛酉;浙學改(通政)。	
雷　鋐 八、辛酉;改蘇學。 **彭啓豐** 八、辛酉;吏左差。	
	(滿)**德保** 四、甲午、三,5.16;召京。 **金德瑛** 四、甲午;太常差。
	李師中 八、壬子、廿四,10.1;京畿道差。
	竇光鼐 八、乙未、七,9.14;閣學差。
	陳大晗 十二、己亥、十三,1.16;翰讀學差。
程　巖 九、丙寅;改廣東學政,仍任。	
[四、庚辰、十三,5.8;併入廣韶。 九、丙寅、三,10.21;改廣東學政。]	
周　渼 十、乙未、二,11.19;死。 **歐堪善** 十、乙未;御史差。	

年代	乾隆十八年　癸酉(1753)		
順天		徐以烜 九、戊辰、十六,10.12;授。	
江南	雷　鋐 (四月,通政改左副)九、戊辰;改浙江。	(蒙)夢麟 九、戊辰;閣學差。	
浙江		雷　鋐 九、戊辰;江南改。	
山東		于敏中 九、戊辰;授。	
山西	李師中 九、戊辰;貴州互改。	歐堪善 九、戊辰;貴州改。	蔣元益 九、庚午、十八,10.14;陝西道差。
河南	孫　灝 六、戊戌、十四,7.14;通政差。九、戊辰;仍任。		
陝西		張拜賡 九、戊辰;差。	
福建		汪廷璵 九、戊辰;差。	
安徽	(宗室)良誠 四、甲辰、十九,5.21;翰侍讀差。九、戊辰;仍任。		
江西		張映宸 九、戊辰;差。	
湖北	陳　浩 九、甲子、十二,10.8;少詹差。九、戊辰;仍任。		
湖南		莊存與 九、戊辰;差。	
四川	葛　峻 九、戊辰;雲南互改。	王　宬 九、戊辰;雲南改。	
廣東		陳桂洲 九、戊辰;差。	
廣西		許道基 九、戊辰;差。	
雲南	王　宬 九、戊辰;四川互改。	葛　峻 九、戊辰;四川改。	
貴州	歐堪善 九、戊辰;山西互改。	李師中 九、戊辰;山西改。	

乾隆十九年　甲戌(1754)	乾隆二十年　乙亥(1755)
	(蒙)**夢麟** 五、己亥、廿六,7.5;遷工右。 **李培因** 五、己亥;光禄差。
(滿)**富德** 二、癸未、三,2.24;翰講學差。	**謝溶生** 七、己丑、十七,8.24;翰讀學差。
金　甡 四、辛巳、二,4.23;翰講學差。	
	溫如玉 七、己丑、十七,8.24;禮給差。
劉星煒 六、甲子、十六,8.4;翰侍講差。	
	眭朝棟 十二、壬戌、廿三,1.24;刑員差。

年代	乾隆二一年　丙子(1756)	乾隆二二年　丁丑(1757)
順天	**莊存與** 九、壬辰、廿七，10.20；差。	
江南	**李培因** 九、壬辰；留任。	
浙江	**雷鋐** 五、乙亥、八，6.5；乞養。(左副) **竇光鼐** 五、乙亥；左副差。九、壬辰；留任。	
山東	**謝溶生** 九、壬辰；留任。	
山西	**蔣元益** 九、壬辰；留任。	
河南	**李宗文** 九、壬辰；差。	
陝西	**張映宸** 九、壬辰；江西改。	
福建	**李友棠** 七、己巳、三，7.29；差。九、壬辰；留任。	**李友棠** 十一、辛丑、十三，12.23；解。 **范思皇** 十一、辛丑；差。
安徽	**劉墉** 九、壬辰；差。	
江西	**張拜賡** 九、壬辰；陝西改。	
湖北	**毛永燮** 九、壬辰；差。	
湖南	**毛輝祖** 四、辛亥、十四，5.12；御史差。九、壬辰；留任。	
四川	**史貽謨** 九、壬辰；差。	
廣東	**陳顧㴒** 五、乙未、廿八，6.25；給差。九、壬辰；留任。	**吴鴻** 正、丁酉、五，2.22；右中允差。
廣西	**陳桂洲** 九、壬辰；廣東改。	
雲南	**葉觀國** 九、壬辰；差。	
貴州	**睦朝棟** 九、壬辰；留任。	

乾隆二三年　戊寅(1758)	乾隆二四年　己卯(1759)
金德瑛 二、乙亥、十九，3.27；禮右差。四月，改禮左。 (**莊存與** 二月，罷，旋死。)	**金德瑛** 九、丁卯、廿，11.9；留任。(禮左)
	李培因 九、丁卯；改浙江。 **劉　墉** 九、丁卯；安徽改。
	李培因 九、丁卯；江南改。
	謝溶生 九、丁卯；改江西。 **閔鶚元** 九、丁卯；差。
	邵樹本 九、丁卯；差。
	湯先甲 九、丁卯；鴻少差。
	鍾蘭枝 九、丁卯；差。
莊培因 二、丁丑、廿一，3.29；翰講學差。	**汪廷璵** 閏六、丁亥、九，8.1；翰講學差。九、丁卯；留任。
	劉　墉 九、丁卯；改江南。 **劉星煒** 九、丁卯；差。
	謝溶生 九、丁卯；山東改。
	温如玉 九、丁卯；差。
鄭虎文 二、戊午、二，3.10；左贊善差。	**鄭虎文** 九、丁卯；廣東互改。 **吴　鴻** 九、丁卯；廣東改。
	陳　筌 九、丁卯；差。
	吴　鴻 九、丁卯；湖南互改。 **鄭虎文** 九、丁卯；湖南改。
	鞠　愷 二、庚午、十九，3.17；編修差。九、丁卯；留任。
	李中簡 九、丁卯；差。
	馮成修 九、丁卯；差。

年代	乾隆二五年　庚辰(1760)	乾隆二六年　辛巳(1761)
順天		**金德瑛** 五、丁未、九，6.11；禮左遷左都。　**張泰開** 五、己酉、十一，6.13；左副差。七月，改刑右。
江南		
浙江		
山東		
山西		
河南	**湯先甲** 十、丙子、五，11.12；改黔學。　**秦百里** 十、丙子；編修差。	
陝西		
福建		
安徽		
江西		**謝溶生** 九、丙午、十一，10.8；降二調。　**周煌** 九、戊午、廿三，10.20；閣學差。
湖北		
湖南		
四川		
廣東		
廣西	**朱佩蓮** 十一、庚午、卅，1.5；編修差。	
雲南		
貴州	**湯先甲** 十、丙子；豫學改。	

乾隆二七年　壬午(1762)

張泰開
（原任）四、辛巳、十八，5.11；刑右改禮右。

李培因
（閣學）九、壬戌、三，10.19；浙學改。

錢維城
九、壬戌；刑左差。

蔣元益
二、丁卯、三，2.26；兵給差。

(滿)**景福**
九、壬戌；詹事差。

盧明楷
九、壬戌；差。

鍾蘭枝
（原任）

紀　昀
九、壬戌；差。

梁國治
九、壬戌；左副差。十二、丁未、十九，2.1；改吏左。

周　煌
閣學（原任）

朱丕烈
九、壬戌；差。

李　綬
九、壬戌；差。

(?)**博卿額**
九、壬戌；差。

張　模
九、壬戌；差。

葉觀國
九、壬戌；差。

周日贊
九、壬戌；差。

李敏行
九、壬戌；差。

年代	乾隆二八年　癸未(1763)	乾隆二九年　甲申(1764)
順天	**張泰開** 六、壬寅、十六,7.26;遷左都。 **程　巖** 六、壬寅;吏右差。	
江南	**李培因** 六、壬寅;遷禮右。	**李培因** 十二、丁酉、廿,1.11;改倉侍,卸。
浙江		
山東		
山西		
河南		
陝西		
福建		**王　杰** 十、丁未、廿九,11.22;修撰差。
安徽		
江西		
湖北		
湖南		
四川		
廣東	**邊繼祖** 十一、庚申、七,12.11;翰侍讀差。	**翁方綱** 七、庚申、十,8.7;翰侍讀差。
廣西		
雲南		
貴州		

乾隆三十年　乙酉(1765)

(滿)**德保**
九、庚辰、七,10.21;吏左差。

梁國治
(吏左)　正、丙子、卅,2.19;皖學改。九、己卯、六,10.20;革。

曹秀先
九、庚辰;祭酒差。

李宗文
九、庚辰;工左差。

張若溎
九、庚辰;差。

吕光亨
九、庚辰;差。

李宗寶
九、庚辰;差。

吴綬詔
九、庚辰;差。

王　杰
(原任)

梁國治
(吏左)　正、丙子;改江南。

(滿)**全魁**
正、丙子;閣學差。

金　甡
九、庚辰;詹事差。

胡紹南
九、庚辰;差。

童鳳三
九、庚辰;差。

羅　典
九、庚辰;差。

翁方綱
(原任)

梅立本
八、丁未、四,9.18;編修差。

于雯峻
九、庚辰;差。(卅四年、十二、丁巳、九,1770.1.4;降四調。)

陳　筌
九、庚辰;差。

年代	乾隆三一年　丙戌(1766)	乾隆三二年　丁亥(1767)
順天		(滿)**德保** 九、丁未、十六, 11.7;吏左差。 **蔡　新** 十二、壬戌、二, 1.21;刑右差。
江南		
浙江		
山東		**張若溎** 二、癸卯、九,3.8;留任。
山西		
河南		**周曰贊** 正月,户員差。 八月,解、議。 (滿)**嵩貴** 八月,少詹差。
陝西		
福建		
安徽		
江西	**金　甡** 三、辛未、二,4.10;詹事遷閣學。	**金　甡** 正、戊辰、三,2.1;閣學遷禮右。
湖北		
湖南	**盧文弨** 四、癸卯、四,5.12;翰讀學差。	**陳科捷** 十二、丁丑;十七, 2.5;禮給差。
四川		
廣東		
廣西		
雲南		
貴州		

乾隆三三年　戊子(1768)

蔡　新
八、壬申、十七，9.27；刑右遷工尚。

倪承寬
八、壬申；禮右差。

(滿)**景福**
九、癸巳、八，10.18；左副差。

李宗文
(工左)

周　煌
六、丙子、廿，8.2；兵左差。

韋謙恒
九、癸巳；差。

吳　巖
九、癸巳；差。

(呂光亨)
原任：九、癸丑、廿八，11.7；降三調。

(滿)**嵩貴**
九、癸巳；留任。

劉　嶟
九、癸巳；授。

(滿)**阿肅**
九、癸巳；詹事差。

(滿)**德風**
九、癸巳；差。

汪廷璵
九、癸巳；差。

戴第元
九、癸巳；差。

陳科捷
(原任)

孟超然
九、癸巳；差。

翁方綱
九、癸巳；留任。

梅立本
六、癸酉、十七，7.30；革。

朱丕烈
六、甲戌、十八，7.31；工給差。

童鳳三
十一、戊子、四，12.12；編修差。

李敏行
九、癸巳；差。

陳　筌
九、癸巳；留任。

年代	乾隆三四年　己丑(1769)	乾隆三五年　庚寅(1770)
順天		
江南		
浙江		
山東		
山西		
河南		
陝西		
福建		(滿)**阿肅**(詹事)△十一月,召(降)。　**汪新**　十一、乙巳、三,12.19;給事中差。
安徽		
江西		
湖北		
湖南		
四川		
廣東		
廣西		
雲南	**李敏行**　十二、丁巳、九,1.5;降四調。　**李廷揚**　工員差。	
貴州	**陳筌**　七、壬午、二,8.3;乞養。　**王士棻**　七、壬午;差。	**孫士毅**　十、辛卯、十九,12.5;户郎差。

乾隆三六年　辛卯(1771)	乾隆三七年　壬辰(1772)
李宗文 九、己亥、二,10.9;署兵左差。	
彭元瑞 九、己亥;差。	
王　杰 九、己亥;差。	
李中簡 九、己亥;差。	
曹錫寶 九、己亥;刑郎差。	
沈　初 九、己亥;差。　**徐光文** 十、甲戌、七,11.13;右中允差。	
楊嗣曾 九、己亥;差。	
汪　新 九、己亥;留任。	
朱　筠 九、己亥;差。	
曹文植 九、己亥;差。	
邊繼祖 三、庚午、廿九,5.13;講學差。九、己亥;留任。	
褚廷璋 九、己亥;留任。	
馮應榴 九、己亥;差。	**吴省欽** 十二、癸亥、三,12.26;翰侍讀差。
金士松 九、己亥;差。	
范　栻 九、己亥;差。	
郭元灝 九、己亥;差。	
孫士毅 九、己亥;留任。	

年代	乾隆三八年　癸巳(1773)	乾隆三九年　甲午(1774)
順天		**羅源漢** 九、辛亥、一,10.5;左副差。
江南		**謝　墉** 九、辛亥;工左差。
浙江		**李友棠** 九、辛亥;工右差。
山東		**莊存與** 九、辛亥;差。 九、丙寅、十六,10.20;豫學互調。 **黄登賢** (左副)九、丙寅;豫學改。
山西		(滿)**國柱** 九、辛亥;差。
河南		**黄登賢** 九、辛亥;左副差。 九、丙寅;魯學互調。 **莊存與** 九、丙寅;魯學改。
陝西		**嵇承謙** 九、辛亥;差。
福建		**吉夢熊** 九、辛亥;太僕差。
安徽	**秦　潮** 九、癸酉、十七,11.1;編修差。	**秦　潮** 九、辛亥;留任。
江西		**蔣元益** 九、辛亥;差。
湖北		**胡高望** 九、辛亥;差。
湖南		**李汪度** 九、辛亥;差。
四川		**吴省欽** 九、辛亥;留任。
廣東		**錢大昕** 九、辛亥;差。
廣西		**王懿修** 九、辛亥;差。
雲南		**孫嘉樂** 九、辛亥;留任。
貴州		**劉校之** 九、辛亥;差。

乾隆四十年　乙未(1775)	乾隆四一年　丙申(1776)
李友棠 △革。 **曹文埴** 十一、甲申、十一,1.1;翰讀學差。	**王　杰** 正、庚寅、十八,3.7;刑右差。
	黃登賢 △死。 **錢　載** 五、壬辰、廿二,7.7;閣學差。
	邵庚曾 五、癸巳、廿三,7.8;刑給差。
湯先甲 六、丙戌、十,7.7;編修差。	

年代	乾隆四二年　丁酉(1777)	
順天	**汪廷璵** 八、壬子、十九,9.20;閣學差。	
江南	**劉　墉** 八、壬子;閣學差。十一、甲戌、十二,12.11;遷户右。	
浙江	**彭元瑞** 八、壬子;閣學署工左差。	
山東	**姚　梁** 八、壬子;差。	
山西	(漢)**百　齡** 八、壬子;差。	
河南	**王大鶴** 八、壬子;差。	
陝西	**祝德麟** 八、壬子;御史差。	**童鳳三** 十一、戊寅、十六,12.15;翰侍讀差。
福建	**沈　初** 八、壬子;差。	
安徽	**劉權之** 八、壬子;差。	
江西	**汪永錫** 八、壬子;差。	
湖北	**洪　朴** 八、壬子;差。	
湖南	**唐　淮** 八、甲寅、廿一,9.22;病免。八、壬子;差。	**姚　頤** 八、甲寅;侍講差。
四川	**劉錫嘏** 八、壬子;差。	
廣東	**李調元** 八、壬子;差。	
廣西	**李殿圖** 八、壬子;差。	
雲南	**戚蓼生** 八、壬子;差。	
貴州	**蕭廣運** 八、壬子;差。	

乾隆四三年　戊戌(1778)	乾隆四四年　己亥(1779)
	汪廷璵 三月,遷工右。十二、甲戌、廿四,1.30;憂。 **羅源漢** 十二、甲戌;兵右差。
	彭元瑞 二、丙子、廿一,4.7;遷户右。
	朱　筠 八、甲寅、三,9.12;編修差。
劉權之 △憂免。 **戴第元** 十二、己未、三,1.20;禮給差。	
	戈　岱 五、壬辰、九,6.22;御史差。
呂光亨 五、己巳、十,6.4;差。	

年代	乾隆四五年　庚子(1780)	
順天	**羅源漢** 三、癸巳、十四,4.18;遷左都。	**金士松** 三、癸巳;詹事差。八、己巳、廿三,9.21;仍任。
江南	**劉　墉** (吏右)　三、壬辰、十三,4.17;改湘撫。	**彭元瑞** (户右)　三、癸巳;浙學改。八、己巳;仍任。
浙江	**彭元瑞** (户右)　三、癸巳;改蘇學。	**王　杰** 三、癸巳;吏左差。八、己巳;仍任。
山東	**程世淳** 八、己巳;御史差。	
山西	**劉權之** 八、己巳;差。	
河南	**張虎拜** 八、己巳;差。	
陝西	**汪　鏞** 八、己巳;差。	
福建	**朱　珪** 八、己巳;差。	
安徽	**徐立綱** 八、己巳;差。	
江西	**胡高望** 八、己巳;工右差。	
湖北	**吴省欽** 八、己巳;差。	
湖南	**祝雲棟** 八、己巳;差。	
四川	**劉　烒** 八、己巳;差。	
廣東	**史夢琦** 八、己巳;差。	
廣西	**査　瑩** 八、己巳;差。	
雲南	**王士棻** 八、己巳;差。	
貴州	**潘曾起** 八、己巳;差。	

乾隆四六年　辛丑(1781)	乾隆四七年　壬寅(1782)
	王　杰 四、甲午、廿八,6.8;遷左都。 **竇光鼐** 五、丁酉、一,6.11;府丞差。
趙　佑 十一、戊申、十,12.24;太僕差。	
	李　棨 十二、己巳、七,1.9;户員差。

年代	乾隆四八年　癸卯(1783)
順天	**金士松** （禮左） 七、癸丑、廿四，8.21；留任。
江南	**謝　墉** 八、己卯、廿，9.16；吏左差。
浙江	**竇光鼐** （府丞） 七、癸丑；留任。
山東	**趙　佑** △六月，太僕改太常。七、癸丑；留任。
山西	**張姚成** 九、庚寅、二，9.27；閣中書差。　　**項家達** 十、庚辰、廿二，11.16；山東道差。
河南	**李　棨** 七、癸丑；留任。
陝西	**温常綬** 八、己卯；差。
福建	**吴玉綸** 八、己卯；左副差。
安徽	**葉觀國** 七、癸丑；差。
江西	**李　綬** 八、己卯；閣學差。
湖北	**王懿修** 七、癸丑；差。
湖南	**錢　灃** 七、癸丑；差。
四川	**錢　樾** 七、癸丑；差。
廣東	**平　恕** 七、癸丑；差。
廣西	**于　鼎** 七、癸丑；差。
雲南	**曹錫齡** 七、癸丑；差。
貴州	**陳本忠** 七、癸丑；差。

乾隆四九年　甲辰(1784)	乾隆五十年　乙巳(1785)
	金士松 (兵左) 八、丁亥、十,9.13;病,解。 **沈　初** 八、丁亥;兵右差。
戴衢亨 八、庚戌、廿七,10.11;修撰差。	
李　綬 (閣學) 四、壬寅、十八,6.5;改贛撫。 **劉躍雲** 四、壬寅;詹事差。(閣學)	

年代	乾隆五一年　丙午(1786)	
順天	**金士松** 九、辛未、一,10.22;吏右差。	
江南	**沈　初** 九、辛未;兵右差。	
浙江	**竇光鼐** 正月,遷吏右。 閏七、己丑、十八,9.10;革。　布政顧學潮暫署。	**朱　珪** 九、辛未;禮右差。
山東	**胡翹元** 九、辛未;差。	
山西	**童鳳三** 九、辛未;差。	
河南	**劉權之** 九、辛未;差。	
陝西	**芮永肩** 九、辛未;差。	
福建	**陸錫熊** 九、辛未;光禄差。	
安徽	**徐立綱** 九、辛未;差。	
江西	**翁方綱** 九、辛未;差。	
湖北	**張　燾** 九、辛未;差。	
湖南	**錢　灃** 九、辛未;通副差。	
四川	**邵　洪** 九、辛未;差。	
廣東	**曹仁虎** 九、辛未;差。	
廣西	**潘曾起** 九、辛未;差。	
雲南	**吴　俊** 九、辛未;差。	**汪如洋** 十二、辛亥、十二,1.30;修撰差。
貴州	**吴壽昌** 九、辛未;差。	

乾隆五二年　丁未(1787)	乾隆五三年　戊申(1788)
沈　初 二、甲辰、六,3.24;兵右改兵左。	
劉權之 五、丙戌、廿,7.4;左副差。	
鄭際唐 九、丙子、十二,10.22;侍講差。	
	邱庭漋 八、甲寅、廿五,9.24;差。
陸錫熊 二、庚申、廿二,4.9;光禄遷左副。	
戴心亨(未任) 十二、丙辰、廿三,1.30;編修差。(乞養留京)	**吴省三** 五、庚午、九,6.12;編修差。
關　槐 七、壬辰、廿七,9.8;編修差。	

年代	乾隆五四年　己酉(1789)
順天	**劉　墉** 八、己巳、十六,10.4;禮右差。
江蘇	**胡高望** 八、己巳;閣學差。　(五五年、七、己亥、廿一,8.30;遷兵右。)
浙江	**竇光鼐** 八、己巳;禮左差。
山東	**鄒炳泰** 八、己巳;少詹差。十二、丙寅、十五,1.29;遷詹。 (五五年、十、戊辰、廿一,11.27;遷閣學。)
山西	**茹　棻** 八、己巳;差。
河南	**茅元銘** 八、己巳;差。
陝西	**周兆基** 八、己巳;差。
福建	**劉躍雲** 八、己巳;禮右差。九、丁酉、十四,11.1;憂。 **吉夢熊** 九、丁酉;通政差。
安徽	**徐立綱** 七、丁亥、三,8.23;降。 **吴　璥** 差。旋開開歸陳許道。 **秦　潮** 十、丙申、十二,9.1;差。
江西	**趙　佑** 八、己巳;大理差。
湖北	**李長森** 八、己巳;差。
湖南	**錢　灃** △憂免。 **張姚成** 五、己未、三,5.27;閣侍讀差。
四川	**戴均元** 八、己巳;差。
廣東	**陳桂森** 八、己巳;理少差。
廣西	**費振勳** 八、己巳;户給差。
雲南	**蕭九成** 八、己巳;差。
貴州	**陸　湘** 八、己巳;差。

乾隆五六年　辛亥(1791)

劉　墉
正、戊戌、廿三,2.25;遷左都,卸。

吴省欽
正、戊戌;禮右差。四、癸丑、九,5.11;病,卸。

吴省蘭
四、癸丑;詹事差。(閣學)

鄒炳泰
△八月,憂免。

鄒奕孝(未任)
九、壬午、十,10.7;工左差。九、戊子、十六,10.13;改閣學。

翁方綱
九、戊子;差。

吉夢熊
(通政)　九、戊子;病,卸。

鄒奕孝
(工左)　九、戊子;未任魯學改。

年代	乾隆五七年　壬子(1792)	乾隆五八年　癸丑(1793)
順天	**吴省蘭** (閣學)　八、丁丑、十一,9.26;仍。	
江蘇	**胡高望** (兵右)　八、丁丑;留一任。	
浙江	**李　潢** 八、丁丑;差。	
山東	**翁方綱** 八、丁丑;仍。	**翁方綱** 六、甲申、廿三,7.30;召京。 **阮　元** 六、甲申;詹事差。
山西	**戈　源** 正、丁丑、七,1.30;僕少差。	
河南	**曹振鏞** 八、丁丑;差。	
陝甘	**吴蔭暄** 八、丁丑;差。	**章　煦** 十、癸未、廿三,11.26;刑郎差。
福建	**鄒奕孝** (工左)　八、丁丑;仍。	**鄒奕孝** (工左)　八、癸未、廿三,9.27;病,卸(死)。 **趙　佑** (左副)　八、癸未;皖學改。
安徽	**趙　佑** 八、丁丑;左副差。	**趙　佑** (左副)　八、癸未;改閩學,皖撫朱珪暫署。 **吴廷選** 八、癸未;差。
江西	**沈　初** 八、丁丑;吏右差。	
湖北	**查　瑩** 八、丁丑;差。	**初彭齡** 七、壬寅、十一,8.17;光少差。
湖南	**石韞玉** 八、丁丑;差。	
四川	**吴樹萱** 八、丁丑;差。	
廣東	**戴衢亨** 八、丁丑;差。	
廣西	**劉鳳誥** 八、丁丑;差。	
雲南	**李傳熊** 八、丁丑;差。	
貴州	**洪亮吉** 八、丁丑;差。	

年代	乾隆六十年　乙卯(1795)	
順天	**吴省欽** 八、丙申、十八,9.30;工左差。	
江蘇	**劉權之** 八、丙申;禮左差。	
浙江	**阮　元** 八、丙申;詹事差。 (九、庚申、十二,10.24;遷閣學。)	
山東	**程昌期** 八、丙申;講學差。(旋死)	**曹　城** 十、庚寅、十三,11.23;少詹差。
山西	(滿)**瑚圖禮** 八、丙申;差。	
河南	**盧蔭溥** 八、丙申;差。	
陝西	**陳萬青** 八、丙申;差。	
福建	**陳嗣龍** 八、丙申;光禄差。	
安徽	**戴均元** 八、丙申;差。	
江西	**鄒炳泰** 八、丙申;閣學差。	
湖北	**施朝幹** 八、丙申;太常差。	
湖南	**范　鏊** 八、丙申;差。	
四川	**李　鑾** 四、乙巳、廿五,6.11;吏給差。	
廣東	(滿)**恭泰** 二、甲戌、廿二,3.12;詹事差。 四、癸卯、廿三,6.9;遷閣學。	
廣西	**蔣攸銛** 八、丙申;差。	
雲南	**錢開仕** 八、丙申;差。	
貴州	**談祖綬** 八、丙申;差。	

年代	嘉慶元年　丙辰(1796)	嘉慶二年　丁巳(1797)
順天		**吴省欽** 八、丙辰、廿,10.9;工左改吏右。十二月,改吏左。
江蘇		
浙江		
山東		
山西		
河南		
陝西		
福建		**陳嗣龍** 五、己未、廿,6.14;光禄改太常。
安徽		
江西		**鄒炳泰** △正月,憂免。 **李　潢** 二、丙子、五,3.3;兵右差。
湖北		**施幹廷** 三、甲子、廿四,4.20;改府丞。△死。 **陳崇本** 十一、戊子、廿三,1.9;祭酒差。
湖南		
四川		
廣東		
廣西	**錢　樾** 二、庚寅、十四,3.22;左庶子差。	
雲南		
貴州		

年代	嘉慶三年　戊午(1798)
順天	**趙　佑** 八、壬寅、十一,9.20;吏左差。
江蘇	**平　恕** 八、壬寅;閣學差。
浙江	**吴省蘭** 七、丁亥、廿五,9.5;工右差。
山東	**胡長齡** 八、壬寅;署祭酒差。
山西	**莫　晉** 八、壬寅;翰侍講差。
河南	**王宗誠** 八、壬寅;編修差。
陝甘	**宋　澍** 七、丙戌、廿四,9.4;京畿道差。
福建	**初彭齡** 八、壬寅;通政差。
安徽	**陳霞蔚** 八、壬寅;常少差。
江西	**童鳳三** 八、壬寅;太常差。
湖北	**陳崇本** (原任)
湖南	**陳　琪** 八、壬寅;講學差。
四川	**陳希曾** 八、壬寅;右贊善差。
廣東	**曹振鏞** 八、壬寅;少詹差。 九、甲申、廿四,11.1;遷詹事。△十二月,憂免。 **李光雲** 十二、丙申、七,1.12;太僕差。
廣西	**錢　楷** 八、壬寅;户員差。
雲南	**錢　棨** 七、庚辰、十八,8.29;翰講學差。
貴州	**彭希濂** 八、壬寅;差。

年代	嘉慶四年　己未(1799)	嘉慶五年　庚申(1800)
順天	**趙　佑**（吏左）十、壬寅、十七，11.17；遷左都。 **童鳳三** 十、壬寅；吏右差。	**童鳳三** 正、甲子、十一，2.4；改吏左。
江蘇	**平　恕**（閣學）八、丁亥、一，8.31；召，降。 **錢　樾** 八、丁亥；禮左差。	
浙江	**吴省蘭**（禮左）正、丁丑、十八，2.22；降。 **劉鐶之** 正、丁丑；讀學差。	
山東	**蔣曰綸** 十一、甲子、十，12.6；左副差。	**蔣曰綸**（工右）正、己卯、廿六，2.19；召。 **戴均元** 正、己卯；理少差。
山西		
河南		
陝甘		
福建	**初彭齡**（兵右）三、壬申、十四，4.18；召。 **錢福胙** 三、壬申；編修差。	
安徽	**陳霞蔚**（通政）二、甲辰、十六，3.21；召。 **王　綬** 二、甲辰；侍讀差。	
江西	**童鳳三**（太常）二、甲午、六，3.11；召。 **吴　烜** 二、甲午；編修差。	
湖北		
湖南	**吴省蘭** 五、戊寅、廿一，6.23；右中允差。	
四川		
廣東	**李光雲**（太僕）正、丁丑；老休。 **萬承風** 正、辛未、十二，2.16；檢討差。	
廣西		
雲南	**潘世恩** 八、庚戌、廿四，9.23；詹事差。	
貴州		**周　鍔** 六、戊寅、廿七，8.17；吏郎差。

年代	嘉慶六年　辛酉(1801)	
奉天	[五、辛卯、十六，6.26；仍府丞兼，定三年一任。]	**胡長齡** 八、壬子、八，9.15；任。
順天	**董鳳三** （吏左）　正、乙酉、八，2.20；病免。	**曹　城** 正、乙酉；禮左差。（吏右）
江蘇		**平　恕** 八、壬子；兵右差。
浙江		(滿)**文寧** 八、壬子；吏左差。
山東		**劉鳳誥** 八、壬子；太常差。
山西		**陳霞蔚** 八、壬子；通政差。
河南		**吴芳培** 八、壬子；翰侍讀差。
陝甘		**康綸鈞** 八、壬子；吏郎差。
福建		(蒙)**恩普** 八、壬子；左副差。（禮右）
安徽		**湯　藩** 八、壬子；户員差。
江西		**李鈞簡** 八、壬子；閣學差。
湖北	**茹　棻** 二、乙亥、廿九，4.11；左贊善差。	
湖南		**何學林** 八、壬子；山西道差。
四川		**錢　栻** 八、壬子；河南道差。
廣東		**姚文田** 八、壬子；修撰差。
廣西		**張　綬** 八、壬子；翰讀學差。
雲南		**葉紹楏** 八、壬子；江西道差。
貴州		**陸以莊** 八、壬子；編修差。

年代	嘉慶七年　壬戌(1802)	嘉慶八年　癸亥(1803)
奉天		
順天	**曹　城** 七、戊戌、卅,8.29;改吏左。	**曹　城** (吏左)　十二月,病免。 **王懿德** 十二、癸亥、二,1.14;禮右差。(禮左)
江蘇	**平　恕** 正、壬午、十,2.12;改户右。 七、戊戌;改户左。	
浙江		
山東	**劉鳳誥** 正、庚子、廿八,3.2;遷閣學。	**劉鳳誥** 九年、六、戊辰、十一,7.17;遷兵右。
山西	**陳霞蔚** 五、辛未、二,6.1;改左副。	
河南		
陝甘		
福建		(蒙)**思普** 七、乙巳、十三,8.29;改禮左。 九年、六、戊辰、十一,7.17;改吏右。
安徽	**汪廷珍** 三、癸未、十三,4.14;翰講學差。	
江西	**李鈞簡** 正、壬午;遷兵右。旋改兵左。 七、戊戌;改吏右。	**李鈞簡** 十二、甲子、三,1.15;改吏左。
湖北		
湖南		
四川		
廣東		
廣西		**帥承瀛** 正、戊子、廿二,2.13;編修差。
雲南		
貴州		

嘉慶九年　甲子(1804)

梁上國
八、甲子、八,9.11;任。

王懿德
（禮左）　八、庚申、四,9.7;仍。

平　恕
（户左）　正月,死。

劉鐶之
正、庚戌、廿,3.1;兵左差。吏右。
十二月,召。

莫　晉
十二、庚辰、廿五,1.25;太常差。

潘世恩
八、庚申;户右差。

萬承風
八、庚申;詹事差。
十年、三月,遷閣學。六月,遷禮右。

陳霞蔚
（左副）　七、壬寅、十六,8.20;召。

陳希曾
七、壬寅;翰讀學差。

王麟書
八、甲子;禮給差。

馬履泰
八、甲子;光少差。

邵自昌
八、甲子;大理差。

周兆基
八、甲子;閣讀學差。

曹振鏞
八、甲子;工右差。

吴　烜
八、甲子;右中允差。

吴廷琛
八、庚申;差。

周廷棟
八、甲子;左副差。

茅元銘
八、庚申;差。

祁　墳
八、甲子;刑員差。

譚光祥
八、甲子;禮郎差。

顧　皋
八、甲子;修撰差。

年代	嘉慶十年　乙丑(1805)	嘉慶十一年　丙寅(1806)
奉天		
順天	**王懿德** 五、己亥、十六,6.13;遷左都。 **陳嵩慶** 五、己亥;翰讀學差。	**陳嵩慶** 正、乙亥、廿七,3.16;改粵學。 **周兆基** 正、丙子、廿八,3.17;皖學改。
江蘇	**莫晉** 五、庚戌、廿七,6.24;改通政。	**莫晉** 十、甲申、十一,11.20;遷左副。
浙江		**潘世恩** 五、甲寅、七,6.23;改吏右。 六、庚寅、十四,7.29;改吏左。
山東	**萬承風** (禮右) 閏六、壬辰、十一,8.5;召。 **錢樾** 閏六、壬辰;編修差。	
山西		
河南	**鮑桂星** 十、乙巳、廿六,12.16;左中允差。	
陝甘		
福建	**邵自昌** 十二、辛巳、二,1.21;改左副。	**邵自昌** 十、甲申、一,11.20;遷兵右,召。 **葉紹本** 十、甲申;編修差。
安徽		**周兆基** 正、丙子;改順學。 **戴聯奎** 正、丙子;兵左差。
江西	**曹振鏞** 十一年,六、庚寅、十四,7.29;遷吏右。	**曹振鏞** 十、甲申;遷工尚,召。 **汪廷珍** 十、甲申;翰讀學差。
湖北		
湖南		
四川	**周廷棟** 十一、丙辰、七,12.27;改刑右,召。 **周系英** 十一、丙辰;侍講差。	
廣東		**茅元銘** 正、乙亥;降。 **陳嵩慶** 正、乙亥;順學改。
廣西		
雲南		
貴州		

嘉慶十二年　丁卯(1807)	嘉慶十三年　戊辰(1808)
茹　棻 八、庚寅、廿一,9.22;少詹任。	
劉鐶之 八、庚寅;户右差。	**劉鐶之** 十四年、二、丙午、十六,3.31;乞養。
萬承風 八、庚寅;禮右差。十一、丙寅、廿九,12.27;改禮左。	**萬承風** 十二、乙巳、十四,1.29;改兵右。
劉鳳誥 八、庚寅;吏右差。	
王宗誠 八、庚寅;詹事差。	**王宗誠** (詹事)　二、辛巳、十五,3.11;省假。 **帥承瀛** 二、辛巳;祭酒差。
黄　鉞 八、庚寅;翰侍講差。	
王引之 八、庚寅;右庶子差。	
汪　鏞 八、庚寅;通參差。	
葉紹本	
(滿)**玉麟** 八、庚寅;吏左差。	
汪廷珍	
涂以輈 八、庚寅;山東道差。	
李宗瀚 八、庚寅;翰讀學差。	
史致儼 八、庚寅;編修差。	
胡長齡 八、庚寅;太常差。	
陳蘭疇 八、庚寅;湖廣道差。	**沈學厚** 八、乙未、二,9.21;編修差。
汪潤之 八、庚寅;編修差。	
錢學彬 八、庚寅;户員差。	

年代	嘉慶十四年　己巳(1809)
奉天	
順天	**戴均元** 二、丙午;左副差。五、庚申、一,6.13;改倉侍。　**吴芳培** 五、庚申;詹事差。(閣學)
江蘇	**萬承風** (兵右)　六、壬辰、三,7.15;皖學互調。　(滿)**玉麟** (吏左)　六、壬辰;皖學改。
浙江	**劉鳳誥** (吏右)　六、甲寅、廿五,8.6;解。　**周兆基** 六、甲寅;署。八月,吏右差。
山東	
山西	
河南	
陝甘	**温汝适** 正、丁亥、廿七,3.12;通政差。六、壬辰、三,7.15;遷左副。
福建	
安徽	(滿)**玉麟** (吏左)　六、壬辰;蘇學互調。　**萬承風** (兵右)　六、壬辰;蘇學改。
江西	
湖北	
湖南	
四川	
廣東	**胡長齡** 七、戊辰、十,8.20;改左副。
廣西	
雲南	
貴州	

嘉慶十五年　庚午(1810)

		汪守和 八、甲辰、廿二,9.20;少詹任。
		吴　烜 八、甲辰;詹事差。十、己酉、廿八,11.24;改通政。
		劉鐶之 八、甲辰;户右差。
周兆基 (吏右)		
		張鵬展 八、甲辰;太常差。
		周系英 八、甲辰;光禄差。十二、戊戌、十八,1.1;改大理。
		姚文田 八、甲辰;右中允差。
温汝适 (左副)　正、辛巳、廿六,3.1;乞養。	**陸以莊** 正、辛巳;左庶子差。	
		方　振 八、甲辰;左庶子差。
		顧德慶 八、甲辰;工右差。
		潘世恩 八、甲辰;吏左差。
		鮑桂星 八、甲辰;輸講學差。
		徐　松 八、甲辰;編修差。
		趙佩湘 八、甲辰;禮給差。
		程國仁 八、甲辰;福建道差。
		汪彦博 八、甲辰;江西道差。
		程壽齡 八、甲辰;編修差。
		胡　枚 八、甲辰;户主差。

年代	嘉慶十六年　辛未(1811)	嘉慶十七年　壬申(1812)
奉天		**蔣祥墀** 八、戊辰、廿八,10.3;少詹任。
順天		**吳烜** 十一、辛巳、十二,12.15;遷兵右。
江蘇	**劉鐶之**（户右） 五、辛巳、四,6.24;遷兵尚。 (滿)**文寧** 五、辛巳;閣學差。	
浙江		**周兆基** 十二、壬子、十三,1.15;改吏左。
山東		
山西		
河南		
陝甘		
福建		
安徽	**顧德慶** 七月,工左。十一、辛卯、十六,12.31;卸。 **聶鎬敏** 十一、辛卯;左中允差。	**徐頲** 四、乙巳、三,5.13;翰讀學差。
江西		**潘世恩** 十二、壬子、十三,1.15;遷工尚。 **王鼎** 十二、壬子;詹事差。
湖北		
湖南	**徐松** 十一、丙申、廿一,1.5;解、勘。 **湯金釗** 十一、丙申;翰侍讀差。	
四川		
廣東		
廣西		
雲南		**顧蒓** 六、乙巳、四,7.12;翰侍讀差。
貴州		

嘉慶十八年　癸酉(1813)

		徐如澍 八、甲辰、十,9.4;順天府丞任。
		戴聯奎 八、癸卯、九,9.3;吏右差。八、甲辰;魯學互調。 **吴芳培** (閣學)　八、甲辰;魯學改。
		陳希曾 八、癸卯;工右差。
		汪廷珍 八、癸卯;禮右差。
張鵬展 二、甲辰、六,3.8;改通政。	**吴芳培** 八、癸卯;閣學差。八、甲辰;順學互調。	**戴聯奎** (吏右)　八、甲辰;順學改。(憂免) **黄　鉞** 八、辛酉、廿七,9.21;講學差。
		陳嵩慶 八、癸卯;翰講學差。
	葛方晋 二、甲辰;編修差。	
		韓鼎晋 八、癸卯;光少差。
		汪潤之 八、癸卯;右中允差。
		白　鎔 八、癸卯;左贊善差。
王　鼎 四、己亥、二,5.2;詹事遷閣學。八、癸卯;仍差。		
		朱士彦 八、癸卯;翰侍講差。
		劉彬士 八、癸卯;兵給差。
	毛　謨 正、乙亥、七,2.7;翰侍讀差。	
		彭邦疇 八、癸卯;翰侍講差。
		梁上國 八、癸卯;僕少差。
顧　蒓		
		李宗昉 八、癸卯;右贊善差。

年代	嘉慶十九年　甲戌(1814)	嘉慶二十年　乙亥(1815)
奉天		
順天		**吴芳培** 六月，憂免。 **杜堮** 六、丙辰、二，7.8；翰讀學差。
江蘇	**陳希曾** 三、癸卯、十二，5.1；改刑右，召。 **王以銜** 三、癸卯；詹事差。 四、己丑、廿八，6.16；詹事遷閣學。 八、乙亥、十七，9.30；閣學遷工左。	
浙江		
山東	**黄鉞** （閣學）三、甲寅、廿三，5.12；召。 **王引之** 三、甲寅；大理差。	
山西		
河南	**姚元之** 五、癸卯、十三，6.30；編修差。	
陝甘		
福建		
安徽		
江西	**王鼎** 十二、乙丑、九，1.18；遷工右。	
湖北		
湖南		
四川		
廣東		
廣西		**朱方增** 六、辛未、十七，7.23；翰侍講差。
雲南		
貴州	**程德楷** 七、辛卯、三，8.17；編修差。	

嘉慶二一年　丙子(1816)		
		申啓賢 八、丁亥、十一,10.1;鴻臚任。
杜　堮		
		湯金釗 八、丁亥;閣學差。
		李宗昉 八、丁亥;翰講學差。
		辛從益 八、丁亥;通參差。
		賀長齡 八、丁亥;編修差。
		史致儼 八、丁亥;右庶子差。
		蘇兆登 八、丁亥;户員差。
		吴　椿 八、丁亥;光少差。
		賈允升 八、丁亥;宗人府丞差。
		顧德慶 八、丁亥;兵左差。
		沈維鐈 八、丁亥;洗馬差。
		謝階樹 八、丁亥;編修差。
		俞恒澤 八、丁亥;工員差。
		傅　棠 八、丁亥;刑給差。
朱方增		
		牛　坤 八、丁亥;户主差。
	張　輶 六、戊寅、卅,7.24;吏員差。	

年代	嘉慶二二年　丁丑(1817)	嘉慶二三年　戊寅(1818)
奉天		
順天		
江蘇	**湯金釗** 三、戊辰、廿五,5.10;遷禮右。	
浙江		
山東		
山西		
河南		
陝甘		
福建		
安徽	**賈允升** 四、甲午、廿一,6.5;遷左副。	
江西		
湖北		
湖南		
四川		
廣東		
廣西		**潘錫恩** 七、癸丑、十七,8.18;翰侍讀差。
雲南		
貴州		

嘉慶二四年　己卯(1819)
(漢)**桂　齡** 九、甲子、五,10.23;常少任。
吴其彦 九、甲子;閣學差。九、戊子、廿九,11.16;遷兵右。
姚文田 户右　(時間下同)
汪守和 閣學
李振祜 通參
陳官俊 翰侍講
盧　浙 光少
(蒙)**德寧** 講學
韓鼎晉 左副
胡　敬 左贊善
王宗誠 署禮右(候三京)
楊懌曾 理少
許邦光 左中允
聶銑敏 編修
顧元熙 侍講
熊常錞 編修
楊邦殿 編修
裘元善 編修

年代	嘉慶二五年　庚寅(1820)	道光元年　辛巳(1821)
奉天		
順天		**吴其彦** 七、己巳、廿一，8.18；憂免。 **毛　謨** 七、己巳；開學差。
江蘇		
浙江	**戴聯奎** 六、己亥、十五，7.24；太常差。	**戴聯奎** 八、癸巳、十六，9.11；遷禮右，卸。 **杜　堮** 八、癸巳；兵右差。
山東		
山西		**陳官俊** 八、辛卯、十四，9.9；解(降)。 **龍元任** 八、辛卯；編修差。
河南		
陝甘		
福建		
安徽		
江西	**王宗誠** 三、戊辰、十二，4.24；授禮左。	
湖北		**楊懌曾** 十一、乙卯、八，12.2；理少遷光禄。
湖南		
四川		
廣東		**朱階吉** 七、甲戌、廿六，8.23；編修差。
廣西		
雲南		
貴州		**戚人鏡** 四、己丑、九，5.10；右中允差。 **錢寶琛** 十二、戊子、十二，1.4；編修差。

道光二年　壬午(1822)		
		程同文 八、甲寅、十三,9.27;理少任。
毛式郇 正、甲寅、八,1.30;府丞差。八、甲寅;留任。		
		周系英 八、甲寅;工左差。(原讀學)(時間下同)
杜　堮 八、甲寅;留任。三、庚戌、五,3.27;兵右改吏右。		
		何凌漢 翰讀學
		鄒植行 翰侍講
		吴慈鶴 編修
		張岳崧 編修
		沈維鐈 翰講學
		徐　頲 閣學
王宗誠 二、壬辰、十六,3.9; 遷兵尚,卸。	**周系英** 二、丙辰;工左差。	**李宗昉** 禮左
		李　浩 編修
		沈巍皆 編修
		吴　傑 山東道
伍長華(未任) 四、壬子、八,5.28;編修差。		**白　鎔** 五、己亥、廿六,7.14;少詹差。八、甲寅;留任。
		祝慶蕃 編修
尹濟源 閏三、辛巳、六,4.27;江南道差。旋留原任。		**陳　鴻** 閏三、壬午、七,4.28;兵給差。
錢寶琛 八、甲寅;留任。		

年代	道光三年　癸未(1823)	
奉天	**程同文** 五、辛卯、廿三,7.1;病免。	**彭　浚** 五、辛卯;僕少任。
順天		
江蘇		
浙江		
山東		
山西		
河南		
陝甘		
福建		
安徽	**徐　頲** 十、癸丑、十八,11.20;病免。	**張　鱗** 十、癸丑;僕少差。
江西		
湖北		
湖南		**祁寯藻** 五、庚午、二,6.10;編修差。
四川		
廣東		
廣西		
雲南		
貴州		**程恩澤** 二、癸卯、三,3.15;右中允差。

道光四年　甲申(1824)

卓秉恬
三、癸未、廿,4.18;順丞任。

陳廷桂
五、辛卯、廿九,6.25;僕少任。

周系英
七、丁丑、十六,8.10;工左改户左。
十一、丙辰、廿八,1.16;病免。

辛從益
十一、丙辰;禮左差。
十二、戊辰、十,1.28;禮左改工左。

李宗昉
十一、丙辰、廿八,1.16;禮左改户左。

年代	道光五年 乙酉(1825)	
奉天	**陳廷桂** 八、丁巳、三,9.14;留任。	
順天		**彭邦疇** 八、丁巳;翰讀學差。(時間下同)
江蘇	**辛從益** (工左) 八、丁巳;留任。	
浙江		**朱士彦** 兵左
山東		**吴慈鶴** 編修
山西	**蔡賡颺** 七、庚戌、廿五,9.7;編修差。八、丁巳;留任。	
河南	**吴慈鶴** 八、丁巳;改魯學。	**朱　襄** 編修
陝甘		**馮贊勳** 編修
福建		**史致儼** 刑右
安徽		**汪守和** 禮左
江西		(滿)**福申** 大理
湖北		**王贈芳** 河南道
湖南		**程恩澤** 右中允
四川		**潘光藻** 編修
廣東		**翁心存** 右中允
廣西		**周作楫** 編修
雲南		**李棠階** 編修
貴州	**程恩澤** 八、丁巳;改湘學。	**許乃普** 洗馬

道光六年　丙戌(1826)	道光七年　丁亥(1827)
	陳廷桂 十二、己丑、十八,2.3;病免。 **彭　浚** 十二、己丑;服闋府丞任。
	辛從益 十、丙戌、十四,12.2;工左改吏右。十二、己亥、廿八,2.13;病免。 **朱方增** 十二、己亥;閣學差。
龔守正 八、辛未、廿二,9.23;詹事差。	**龔守正** 八、甲午、廿一,10.11;遷閣學。
	李　煌 七、己未、十六,9.6;編修差。
史致儼 正、甲午、十二,2.18;刑右改禮右。	
(滿)**福申** 三、己酉、廿八,5.4;大理改左副。	(滿)**福申** 二、乙丑、十九,3.26;左副改閣學。

年代	道光八年　戊子(1828)
奉天	**彭　浚** 八、庚午、三,9.11;留任。
順天	**沈維鐈** 八、庚午;理少差。(時間下同)
江蘇	**申啓賢** 工右
浙江	**李宗瀚** 工左
山東	**何彤然** 祭酒
山西	**李　煌** 八、庚午;留任。
河南	**吴文鎔** 編修
陝甘	**周之楨** 編修
福建	**陳用光** 閣學
安徽	**胡開益** 詹事
江西	(滿)**福申** 正、戊申、八,2.22;解。　**吴孝銘** 正、戊申;光少差。八、庚午;留任。
湖北	**王贈芳** 六、辛未、三,7.14;召京。　**賀熙齡** 六、辛未;京畿道差。八、庚午;留任。
湖南	**程恩澤** 五、戊午、廿,7.1;召京。　**汪世樽** 五、戊午;編修差。八、庚午;留任。
四川	**郭尚先** 編修
廣東	**徐士芬** 編修
廣西	**曾元海** 編修
雲南	**王　煜** 編修
貴州	**胡達源** 司業

道光九年　己丑(1829)	道光十年　庚寅(1830)
	沈維鐈 八、辛亥、廿六,10.12;理少遷太僕。
	申啓賢 (工右)　九、戊寅、廿三,11.8;召京。 九、戊寅;差左副吳椿:迴避寄籍。 **白　鎔** 九、己卯;吏右差。
	周之楨 五、戊午、二,6.21;召京。 **戴蘭芬** 五、戊午;修撰差。
	胡開益 二、丁丑、十八,3.12;降。 二、丁丑;差兵左朱士彦: 九、戊寅;遷左都。 (滿)**鄂木順額** 九、戊寅、廿三, 11.8;少詹差。
程德楷 三、庚申、廿六,4.29;常少差。	
	賀熙齡 十一、壬午、廿八,1.11;乞養。 **許應藻** 十一、壬午;編修差。
邵甲名 七、辛丑、九,8.8;陝西道差。	

年代	道光十一年　辛卯(1831)
奉天	**龔　鏜** 八、辛巳、二,9.7;順丞任。
順天	**劉彬士** 八、辛巳;光禄差。(時間下同) 十一、壬戌;光禄改左副。
江蘇	**白　鎔** 五、丙寅、十五,6.24;遷左都。 **汪守和** 五、丙寅;户左差。 八、辛巳;留任。
浙江	**李宗瀚** 憂免,旋死。 **吴　椿** 正、丙子、廿二,3.6;兵右差。 **何凌漢** 工右
山東	**盛思本** 光少
山西	**俞東枝** 編修
河南	**周作楫** 江南道
陝甘	**戴蘭芬** 八、辛巳;留任。
福建	**張　鱗** 兵左
安徽	(滿)**鄂木順額** 三、癸酉、廿一,5.2;少詹遷光禄。八、辛巳;留任。 九、乙亥、廿六,10.31;光禄改大理。十一、壬戌、十四,12.17;大理改左副。
江西	**鄭瑞玉** 福建道
湖北	**許應藻** 八、辛巳;留任。
湖南	**岳鎮南** 江西道
四川	**黄　琮** 編修
廣東	**李泰交** 編修
廣西	**錢福昌** 編修
雲南	**李品芳** 編修
貴州	**陳憲曾** 編修

道光十二年　壬辰(1832)	道光十三年　癸巳(1833)
	龔　鐙 九、甲申、十七,10.29;改太僕。 **田萬年** 翰講學任。
劉彬士 (左副) 正、戊辰、廿,2.21;召京。 **帥承瀚** 正、戊辰;少詹差。四、甲午、十八,5.17;少詹遷太常。	**帥承瀚** 五、己亥、廿九,7.16;太常改通政。
汪守和 正、癸酉、廿五,2.26;遷禮尚。 **廖鴻荃** 正、癸酉;閣學差。	**廖鴻荃** 三、己亥、廿八,5.17;遷工右。
	何凌漢 (工右) 正、丁丑、五,2.24;召京。 **陳用光** 正、丁丑;禮右差。
盛思本 九、甲子、廿一,10.14;召京。 **王　丙** 九、甲子;閣讀學差。	**季芝昌** 十二、甲辰、八,1.17;翰侍讀差。
	羅文俊 七、己丑、廿一,9.4;候補庶子差。八、丙辰、十八,10.1;陝甘互調。 **杜受田** 八、丙辰;陝甘改。
	杜受田 八、甲寅、十六,9.29;編修差。八、丙辰;山西互調。 **羅文俊** 八、丙辰;山西改。
	張　鱗 四、己酉、九,5.27;兵左改户右。
(滿)**鄂木順額** △八月,死。 **沈維鐈** 七、戊辰、廿四,8.19;左副差。	
鄭瑞玉 十一、己丑、十七,1.7;降三調。 **翁心存** 十一、己丑;翰侍講差。	
吳其濬 二、己亥、廿二,3.23;修撰差。	
	池生春 二、戊午、十七,4.6;編修差。

年代	道光十四年　甲午(1834)
奉天	**田嵩年** 八、甲午、二,9.4;留任。
順天	**吴文鎔** 八、甲午;翰讀學差。(時間下同)
江蘇	**龔守正** 十一、壬申、十一,12.11;兵右改兵左。 十一、丁亥、廿六,12.26;兵左改户左。
浙江	**史　評** 閣學
山東	**季芝昌** 八、甲午;留任。
山西	**杜受田** 八、甲午;留任。
河南	**趙　光** 户給
陝甘	**羅文俊** 八、甲午;留任。
福建	**張　鱗** 二、辛酉、廿六,4.4;户右改户左。 **吴孝銘** 太僕
安徽	**沈維鐈** 八、甲午;留任。十一、丁亥;遷工左。
江西	**許乃普** 翰講學
湖北	**朱　蘭** 編修
湖南	**龔維琳** 編修
四川	**李振庸** 兵給 八、己未、廿七,9.29;耳聾,解。 **王　篤** 八、己未;編修差。
廣東	**李秦交** 正、十八,2.26;自縊。 **王　植** 二、戊申、十三,3.22;翰侍講差。(高廉道許乃濟代) 八、甲午;留任。
廣西	**池生春** 八、甲午;留任。
雲南	**李嘉瑞** 編修
貴州	**賈克慎** 編修

道光十五年　乙未(1835)	道光十六年　丙申(1836)
田嵩年 九、辛亥、廿五,11.15;改順尹。 **翁心存** 九、辛亥;祭酒任。	**翁心存** △改理少,卿。 **侯　桐** 十、戊寅、廿八,12.6;翰講學任。
	吴文鎔 三、庚寅、七,4.22;翰讀學遷詹事。六、丁丑;召京,遷閣學。 **潘錫恩** 六、丁丑;左副差。九月,改兵右。
龔守正 四、壬寅、十三,5.10;户左改吏右。	
	史　評 五、戊戌、十六,6.29;閣學遷禮右。七月,改禮左。
杜受田 七、戊戌、十一,9.3;召京。 **汪振基** 七、戊戌;編修差。	
吴孝銘 四、己酉、廿,5.17;太僕改太常。	**吴孝銘** 十、癸亥、十三,11.21;太常改府丞。
	龔維琳 正、乙巳、廿一,3.8;革。 **蔡錦泉** 正、乙巳;編修差。
王　植 閏六、癸酉、十五,8.9;召京。 **李星沅** 閏六、癸酉;編修差。	
	丁善慶 七、己酉、廿八,9.8;右中允差。

學政年表

年代	道光十七年　丁酉(1837)
奉天	**侯　桐** 八、丁未、二,9.1;留任。
順天	**潘錫恩** (兵右)　八、丁未;留任。
江蘇	**祁寯藻** 八、丁未;户右差。(時間下同) 十二、己巳、廿六,1.21;户右改户左。
浙江	**卓秉恬** 十二、己巳;遷左都。 **姚元之** 十二、己巳;刑右差。
山東	**劉　繹** 修撰
山西	**張　琴** 工給
河南	**錢福昌** 江西道
陝甘	**周祖培** 翰講學
福建	**吳鍾駿** 修撰
安徽	**王　植** 十、乙卯、十一,11.8;禮右改禮左。
江西	**吳其濬** 十二、己巳;兵左改户右。
湖北	**方　鍇** 編修
湖南	**蕭良城** 編修
四川	**羅惇衍** 編修　八、辛亥、六,9.5;年齡過輕,留京。 **何桂馨** 八、辛亥;閣中書差。
廣東	**蔡廣颺** 刑給
廣西	**丁善慶** 八、丁未;留任。
雲南	**李品芳** 二、丙辰、八,3.14;編修差。 八、丁未;留任。
貴州	**王慶雲** 編修

道光十八年　戊戌(1838)	道光十九年　己亥(1839)
	祁寯藻 九、戊申、十六，10.22；户左改吏右。 十二、戊子、廿六，1.30；遷左都。 **毛式郇** 十二、戊子；禮左差。
姚元之 閏四、戊戌、廿七，6.19；刑右改刑左。 五、癸丑、十三，7.4；遷左都。 **廖鴻荃** 五、癸丑；工右差。 六、丙戌、十七，8.6；工右改工左。 十二、乙未、廿八，2.11；工左改吏右。	**廖鴻荃** 三、辛丑、五，4.18；遷左都。 **李國杞** 三、辛丑；翰講學差。
孫瑞珍 六、己卯、十，7.30；編修差。	
	王　植 (禮左) 四、庚午、五，5.17；召京。 **車克慎** 四、庚午；右贊善差。
	吳其濬 九、戊申、十六，10.22；户右改户左。
	方　鍇 十二、辛巳、十九，1.23；病免。 **朱鳳標** 十二、辛巳；編修差。
戴　熙 七、丙辰、十七，9.5；右中允差。	
	李品芳 二、丁卯、一，3.15；少詹遷閣學。

年代	道光二十年　庚子(1840)
奉天	**劉　誼** 八、己未、二,8.28;常少任。
順天	**馮　芝** 八、己未;禮右差。(時間下同)
江蘇	**毛式郇** (禮左)　八、己未;仍任。
浙江	**李國杞** 正、己酉、十八,2.20;召京。 **季芝昌** 正、己酉;詹事差。八、己未;仍任。八、戊辰、十一,9.6;詹事遷閣學,憂免。 **羅文俊** 八、丁卯、十,9.5;翰講學差。
山東	**李汝嶠** 編修
山西	**焦友麟** 湖廣道
河南	**許乃釗** 編修
陝甘	**沈兆霖** 編修
福建	**陶恩培** 編修 **温葆淳** 八、戊辰;翰侍讀差。
安徽	**車克慎** 八、己未;仍任。
江西	**成觀宣** 通參
湖北	**朱鳳標** 八、己未;仍任。
湖南	**張　鑅** 編修
四川	**何裕承** 侍講
廣東	**單懋謙** 洗馬
廣西	**鈕福保** 修撰
雲南	**葉覲儀** 編修
貴州	(漢)**鍾　裕** 户員

道光二一年　辛丑(1841)	道光二二年　壬寅(1842)
	駱秉章 五、庚戌、二,6.10;鴻少任。
馮　芝 閏三、戊辰、十四,5.4;禮右改禮左。	
毛式郇 閏三、戊辰;禮左改吏右。	
	溫葆淳 四、辛丑、廿三,6.1;病免。 **李嘉端** 四、辛丑;翰侍讀差。
李　菡 九、己卯、廿八,11.11;翰讀學差。	
單懋謙 十一、丁丑、廿七,1.8;病免。 **高人鑑** 十一、丁丑;廣東道差。	**李棠階** 二、壬寅、廿三,4.3;翰侍讀差。

年代	道光二三年　癸卯(1843)
奉天	**駱秉章** △三月,革。 **李　菡** 四、癸未、十,5.9;閣讀學任。八、壬寅、二,9.25;仍任。
順天	**王廣蔭** 八、壬寅;詹事差。(時間下同) 十二、己未、廿一,2.9;詹事遷閣學。
江蘇	**王　植** (刑左)　十一、辛巳、 十三,1.2;改浙撫。 **張　芾** 十一、辛巳;皖學調。
浙江	**吳鍾駿** 閣學
山東	**殷壽彭** 翰講學
山西	**沈祖懋** 編修
河南	**劉定裕** 編修
陝甘	**金國均** 左中允
福建	**李嘉端** 八、壬寅;仍任。
安徽	**張　芾** (少詹)　十一、辛巳;調蘇學。 **季芝昌** 十一、辛巳;禮右差。 十二、戊午、廿,2.8; 禮右改吏右。
江西	**孫瑞珍** 正、庚戌、七,2.5;太僕差。 四、丁酉、廿四,5.23;太僕遷閣學。八、壬寅;仍任。
湖北	**王履謙** 編修
湖南	**陳　壇** 福建道
四川	**蔡振武** 江南道
廣東	**李棠階** 八、壬寅;仍任。
廣西	**李承霖** 修撰
雲南	**吳承義** 編修
貴州	**胡家玉** 編修

道光二四年　甲辰(1844)	道光二五年　乙巳(1845)
黄贊湯 六、庚子、五,7.19; 吏給差。	**汪本銓** 十二、癸卯、十六,1.13; 候四五京任。 **龔文齡** 十二、乙巳、十八,1.15; 順丞調。
	王廣蔭 十二、丁酉、十,1.7; 閣學遷工左。
張　芾 五、丙戌、廿,7.5; 少詹遷閣學。	**張　芾** 十、壬寅、十四,11.13; 閣學遷工右。
吴鍾駿 三、癸巳、廿六,5.13; 閣學遷禮右。	
季芝昌 二、壬子、十五,4.2; 吏右改吏左。	
孫瑞珍 二、壬子; 閣學遷兵右。	**孫瑞珍** 四、丁巳、廿七,6.1; 兵右改兵左。
	載　熙 五、壬戌、二,6.6; 候翰講學差。 十二、甲辰、十七,1.14; 授光禄。

年代	道光二六年　丙午(1846)
奉天	**龔文齡** 八、丙辰、四,9.23;仍任。
順天	**徐士芬** 八、丙辰;户右差。(時間下同) 十二、己未、八,1.24;病免。 **朱　嶟** 十二、己未;閣讀學差。
江蘇	**李　煌** 署吏左 十二、己未;授户右,旋改户左。
浙江	**趙　光** 兵右
山東	**何桂清** 太常
山西	**龍元僖** 編修
河南	**葛景萊** 編修
陝甘	**王祖培** 編修
福建	**彭蘊章** 府丞 十二、乙丑、十四,1.30;遷左副。
安徽	**羅惇衍** 太僕
江西	**孫葆元** 詹事
湖北	**梁同新** 編修 **江國霖**
湖南	**江國霖** 編修 **梁同新**
四川	**徐士穀** 編修
廣東	**戴　熙** 二、甲辰、十八,3.15;光禄遷閣學。 (滿)**全慶** 十二、庚午、十九,2.4;閣學遷刑右。
廣西	**周學濬** 編修
雲南	**王恩祥** 編修 **孫毓溎** 修撰
貴州	**何桂珍** 編修 **丁嘉葆** 左庶子

道光二七年　丁未(1847)	道光二八年　戊申(1848)
	朱　嶟 十二、辛亥、十一,1.5;通副遷閣學。
	李　煌 (户右)　二、己酉、五,3.9;死。 (滿)**青麐** 二、己酉;光禄差。
趙　光 三、丙午、廿七,5.11;兵右改兵左。	**趙　光** 二、己酉;兵左改户左。
	何桂清 二、己酉;遷兵右。憂免。 **馮譽驥** 八、丙寅、廿五,9.22;編修差。
蕭時馥 正、辛丑、廿一,3.7;編修差。	**俞長贊** 四、丁卯、廿四,5.26;翰講學差。
	彭蘊章 八、丙寅;左副改工右。
孫葆元 四、己巳、廿一,6.3;詹事遷閣學。	**孫葆元** 八、丙寅;閣學遷兵右。九、辛巳、十一,10.7;改兵左。
龍啓瑞 九、庚子、廿四,11.1;翰侍講差。	
	徐士穀 二、丁卯、廿三, 3.27;召京。 **支清彥** 二、丁卯;右庶子差。
	(滿)**全慶** 十二、丙寅、廿六,1.20;刑右改刑左。
	翁同書 七、壬辰、廿一,8.19;編修差。

年代	道光二九年　己酉(1849)	
奉天		**雷以諴** 八、丙寅、一,9.17;理少任。
順天	**朱　嶟** 五、己未、廿三,7.12;閣學遷倉侍。	**程廷桂** 八、丙寅;通政差。(時間下同) 八、辛巳、十六,10.2;改左副。
江蘇	(滿)**青麐** 三、癸未、十五,4.7;光禄改太常。 五、癸丑、十七,7.6;改閣學。八、丙寅;仍任。	
浙江	**趙　光** 户左	**吴鍾駿** 禮左
山東	**馮譽驥** 八、丙寅;仍任。	
山西		**胡瑞瀾** 編修
河南	**俞長贊** 八、丙寅;仍任。	
陝甘		**吴福生** 編修
福建		**黄贊湯** 兵右 十二、丙寅、三,1.15;改刑右。
安徽		**李嘉端** 閣學
江西		**張　芾** 吏右
湖北	**龍啓瑞** 八、丙寅;仍任。憂免。	**杜　翰** 十一、癸丑、廿,1.2;檢討差。
湖南		**車順軌** 編修
四川	**支清彦** 八、丙寅;仍任。	
廣東		**許乃釗** 左庶子
廣西		**孫鏘鳴** 編修
雲南		**陳慶松** 編修
貴州	**翁同書** 八、丙寅;仍任。	

道光三十年　庚戌(1850)	咸豐元年　辛亥(1851)
	俞長贊 十二、乙未、十四,2.3;翰讀學遷詹事。
	車順軌 九、丁巳、五,10.28;病免。　**劉　崐** 九、丁巳;編修差。
	楊式穀 三、己丑、二,4.3;翰侍講差。

年代	咸豐二年　壬子(1852)
奉天	**張　鑅** 八、甲申、六,9.19;常少任。(時間下同)
順天	**龔文齡** 八、甲申;大理差。
江蘇	**何桂清** 户右
浙江	**吴鍾駿** (禮左)　八、甲申;調閩學。 **萬青藜** 禮右
山東	**徐樹銘** 編修
山西	**孫蕃墀** 檢討
河南	**俞長贊** 七、丁卯、十九,9.2;詹事遷閣學。 **張之萬** 修撰
陝甘	**沈桂芬** 右庶子
福建	**吴鍾駿** 禮左(浙學調)
安徽	(宗室)**錫齡** 工右
江西	**張　芾** 正、甲戌、廿三,3.13;吏右改吏左。 三、戊寅、廿八,5.16;吏左改刑左。 **沈兆霖** 吏右
湖北	**杜　翰** 七、丙寅、十八,9.1;憂免。 **馮培元** 七、丙寅;光禄差。八、甲申;仍任。
湖南	**劉　崐** 八、甲申;仍任。
四川	**何紹基** 編修
廣東	**吴保泰** 侍講
廣西	**胡　倬** 侍讀
雲南	**楊式穀** 八、甲申;仍任。
貴州	**黄　統** 編修

咸豐三年　癸丑(1853)	咸豐四年　甲寅(1854)
龔文齡 十二、乙酉、十五，1.13；大理改左副。 十二、丙申、廿六，1.24；左副改工右。	
何桂清 十一、癸卯、二，12.2；户右改禮左。	**何桂清** 三、辛亥、十二，4.9；禮左改吏右。 四、丙戌、十八，5.14；改倉侍，卸。 (?)**奎章** 四、丙戌；詹事差。
	萬青藜 四、己丑、廿一，5.17；改吏左。 十、己未、廿四，12.13；憂免。 **吳式芬** 十、己未；鴻臚差。
吳鍾駿 (禮左)　七、丙午、三，8.7；病免。 **李聯琇** 七、丙午；翰讀學差。	**李聯琇** 二、癸未、十四，3.12；翰讀學遷大理。
(宗室)**錫齡** (工右)　四、壬午、八，5.15；召京。 **孫銘恩** 四、壬午；兵右差。	**孫銘恩** (兵右)　三、癸卯、四，4.1；降。 **沈祖懋** 三、癸卯；司業差。
沈兆霖 (吏右)　十二、壬午、十二，1.10；病免。 **吳若準** 十二、壬午；閣讀學差。	**吳若準** 五、庚戌、十二，6.7；遷太僕。 **廉兆綸** 八、庚子、四，9.25；翰講學差。
馮培元 (光禄)　二、丙子、一，3.10；死。 (滿)**青麐** 二、丙子；户右差。 九、丁未、五，10.7；户右改禮右。	(滿)**青麐** (禮右)　二、甲午、廿五，3.23；改鄂撫。 **馮譽驥** 二、甲午；翰講學差。
	劉　崐 七、戊申、十一，8.4；翰讀學遷閣學。
袁泳錫 正、辛亥、六，2.13；檢討差。 **吳福年** 五、癸亥、十九，6.25；編修差。	
	鮑源深 十一、戊子、廿三，1.11；編修差。

年代	咸豐五年　乙卯(1855)
奉天	**張　煒** 八、壬辰、二,9.12;常少任。
順天	**龔文齡** 正、甲申、廿,3.8;解。 **張祥河** 正、甲申;吏左差。 八、壬辰;仍任。
江蘇	(?)**奎章** 五、乙亥、十四,6.27;詹事改通政。 八、壬辰;仍任。十一、壬申、十三,12.21;病免。 **李聯琇** 十一、壬申;大理差。
浙江	**吳式芬** 八、壬辰;仍任。 十二、丁酉、八,1.15;病免。 **周玉麒** 十二、丁酉;太常差。
山東	**徐樹銘** 三、丙子、十四,4.29;翰讀學遷閣學。 **呂序程** 八、壬辰;編修差。(時間下同)
山西	**岳世仁** 編修
河南	**俞　樾** 編修
陜甘	**孫如僅** 修撰
福建	**吳保泰** 祭酒
安徽	**沈祖懋** 八、壬辰;仍任。
江西	**廉兆綸** 正、甲申;閣學遷工右。 八、壬辰;仍任。
湖北	**馮譽驥** 八、壬辰;仍任。
湖南	**張金鏞** 編修
四川	**鄭瓊詔** 四、丙午、十四,5.29;翰侍讀差。八、壬辰;仍任。
廣東	**龔寶蓮** 詹事
廣西	**沈炳垣** 右中允
雲南	**吳存義** 翰侍講
貴州	**鮑源深** 八、壬辰;仍任。

咸豐六年 丙辰(1856)	咸豐七年 丁巳(1857)
張祥河 **李清鳳** (吏左) 正、丁丑、十九,2.24;病免。 正、丁丑;左副差。八、戊子、四,9.2;左副改刑右。	
周玉麒 二、丁未、十九,3.25;太常遷閣學。	
	俞 樾 **李鴻藻** 七、乙酉、六,8.25;革。 七、乙酉;編修差。
廉兆綸 **龍啓瑞** (工右) 十、乙未、十一,11.8;病免。 十、乙未;通副差。	**龍啓瑞** **單懋謙** 三、丁卯、十五,4.9;改贛布。 三、丁卯;右庶子差。
	胡瑞瀾 九、壬寅、廿四,11.10;編修差。
殷壽彭 五、乙亥、十九,6.21;左庶子差。	
	沈炳垣 **李載熙** 十一、乙酉、八,12.23;死。 十一、乙酉;左贊善差。

年代	咸豐八年　戊午(1858)
奉天	**梁敬事** 八、乙巳、三,9.9;仍任。
順天	**萬青藜** 八、乙巳;兵左差。 十一、庚辰、九,12.13;兵左改吏右。
江蘇	**孫葆元** 八、乙巳;禮左差。(時間下同)
浙江	**周玉麒** 六、庚申、十六,7.26;省假。 **張錫庚** 六、庚申;左副差。八、乙巳;仍任。
山東	**鄭敦謹** 常少
山西	**彭瑞毓** 編修
河南	**李鴻藻** 八、乙巳;仍任。
陝甘	**翁同龢** 修撰 病免。 **景其濬** 十二、己巳、廿八,1.31;右中允差。
福建	**徐樹銘** 七、乙酉、十二,8.20;兵右差。 八、乙巳;仍任。十一、庚辰、九,12.13;改兵左。
安徽	**邵亨豫** 右贊善
江西	**單懋謙** 八、乙巳;仍任。
湖北	**俞奎垣** 編修
湖南	**胡瑞瀾** 八、乙巳;仍任。
四川	**李德儀** 講學
廣東	**殷壽彭** 八、乙巳;仍任。
廣西	**李載熙** 八、乙巳;仍任。十二、癸卯;死。 **張正椿** 十二、癸卯、二,1.5;編修差。
雲南	**陳亮疇** 編修
貴州	**黄圖南** 編修

咸豐九年　己未(1859)	咸豐十年　庚申(1860)
	萬青藜 九、甲午、四,10.17;遷左都。 **楊式穀** 九、甲午;禮右差。
張錫庚 三、辛卯、廿一,4.23;左副改刑右。	
	李鴻藻 閏三、癸丑、十九,5.9;召京。 **景其濬** 閏三、癸丑;右中允差。
杜瑞聯 正、甲午、廿三,2.25;編修差。 **慎毓林** 正、丙申、廿五,2.27;編修差。	
	邵亨豫 十一、庚子、十一,12.22;病免。 **馬恩溥** 十一、庚子;檢討差。
	黃　倬 二、戊戌、三,2.24;輸講學差。
顏宗儀 十、戊戌、二,10.27;候補講學差。	**顏宗儀** 七、甲寅、廿二,9.7;病免。 **張錫嶸** 七、甲寅;編修差。

年代	咸豐十一年　辛酉(1861)	同治元年　壬戌(1862)
奉天	**程祖誥** 八、己未、三,9.7; 鴻臚任。	
順天	**楊式穀** (禮右)　八、己未;仍任。	**楊式穀** 三、庚子、十八,4.16; 禮右改吏左。 **汪元方** 六、庚午、十九,7.15; 鴻臚差。
江蘇	**梁　瀚** 八、己未;户左差。 (時間下同)	**孫如僅** 閏八、甲午、十四, 10.7;滇學調。
浙江	**吳保泰** 祭酒	
山東	**尚慶潮** 刑郎	
山西	**洗　斌** 工郎	
河南	**景其濬** 八、己未;仍任。	
陝甘	**畢應辰** 刑員	
福建	**厲恩官** 府丞	
安徽	**馬恩溥** 八、己未;仍任。	
江西	**馮譽驥** 翰讀學	
湖北	**賈　瑚** 編修	
湖南	**白恩佑** 福建道	
四川	**黄　倬** 八、己未;仍任。	
廣東	**王　浵** 編修	
廣西	**張正椿** 八、己未;仍任。	**張正椿** 六、辛未、廿,7.16; 解(革)。 **鮑源深** 六、辛未;編修差。
雲南	**張錫嶸** 八、己未;仍任。	**孫如僅** 七、丁亥、六,8.1;翰讀學 差。閏八、甲午;調蘇學。 **顔宗儀** 七、丁亥;翰讀學差。
貴州	**陸仁恬** 吏員	

同治二年　癸亥(1863)

程祖誥
正、丙辰、九，2.26；改鴻臚。

王映斗
正、丙辰；鴻臚任。

吳存義
十二、丁酉、廿五，2.2；禮右差。

冼　斌
正、丙辰；召京。

黄　鈺
正、丙辰；編修差。

厲恩官
（府丞）　正、丙辰；召京。

章　鋆
正、丙辰；修撰差。

朱　蘭
六、乙未、廿，8.4；太僕差。

馮譽驥
正、丙辰；召京。

何廷謙
正、丙辰；右中允差。

孫念祖
五、辛酉、十六，7.1；編修差。

白恩佑
正、丙辰；召京。

錢寶廉
正、丙辰；左中允差。

呂朝瑞
九、乙卯、十一，10.23；編修差。

年代	同治三年　甲子(1864)
奉天	**王映斗** 八、己巳、一,9.1;仍任。
順天	**龐鍾璐** 八、己巳;禮左差。(時間下同)
江蘇	**宜　振** 七、辛酉、廿三,8.24;工右差。 八、己巳;仍任。
浙江	**吴存義** 正、丙寅、廿四,3.2;禮右改吏右。八、己巳;仍任。
山東	**趙佑宸** 編修
山西	**黄　鈺** 八、己巳;仍任。
河南	**歐陽保恒** 編修
陝甘	**鍾寶華** 編修
福建	**章　鋆** 八、己巳;仍任。 **曹秉濬** 八、己丑、廿一,9.21;編修差。
安徽	**朱　蘭** 二、戊子、十七,3.24;太僕遷詹事。八、己巳;仍任。
江西	**何廷謙** 八、己巳;仍任。
湖北	**孫家鼐** 三、戊辰、廿八,5.3;修撰差。八、己巳;仍任。
湖南	**吕朝瑞** 八、己巳;仍任。
四川	**楊秉璋** 編修
廣東	**劉熙載** 司業
廣西	**孫欽昂** 編修
雲南	(原缺)
貴州	**黎培敬** 編修

同治四年　乙丑(1865)	同治五年　丙寅(1866)
宜　振 十一、乙丑、四，12.21；工右改禮右。	**宜　振**　**鮑源深** 宜振：二、甲寅、廿四，4.9；病免。 鮑源深：二、甲寅；太常差。四、己酉、廿一，6.3；太常改大理。八、乙未、九，9.17；大理改左副。
林天齡 十二、甲寅、廿三，2.8；編修差。	
	朱　蘭 三、戊子、廿九，5.13；遷閣學。
	劉熙載　**杜　聯** 劉熙載：六、乙巳、十八，7.29；病免。 杜聯：六、乙巳；少詹差。十、丁亥、二，11.8；少詹遷閣學。
梁肇煌 六、癸卯、十，8.1；左庶子差。	

年代	同治六年　丁卯(1867)
奉天	**任兆堅** 八、辛巳、一,8.29;常少任。
順天	**賀壽慈** 八、辛巳;禮右差。(時間下同) 十二、辛卯、十二,1.6;改刑左。
江蘇	**夏同善** 三、庚午、十六,4.20;遷詹事。 △八月,憂免。 **童　華** 八、乙巳、廿五,9.22;大理差。
浙江	**徐樹銘** 候侍
山東	**張家驤** (編修)　八、丙午、廿六,9.23;晉學互調。 **于建章** 八、丙午,晉學調。
山西	**于建章** (編修)　八、丙午;魯學互調。 **張家驤** 八、丙午,魯學調。
河南	**楊慶麟** 翰侍讀
陝甘	**周　蘭** 編修
福建	**邵亨豫** 祭酒
安徽	**殷兆鏞** 閣學
江西	**徐　郙** 修撰
湖北	**張之洞** 編修
湖南	**溫忠翰** 編修
四川	**鍾駿聲** 修撰
廣東	**胡瑞瀾** 光禄
廣西	**楊　霽** 編修
雲南	**梁肇煌** 八、辛巳;仍任。
貴州	**黎培敬** 八、辛巳;仍任。 八、戊戌;賞四品署黔布。 **廖坤培** 八、戊戌、十八,9.15;編修差。

同治七年　戊辰(1868)	同治八年　己巳(1869)
童　華 八、丁卯、廿三,10.8;大理改左副。	**童　華** 十、乙丑、廿七,11.30;左副改工右。
	王　昕 正、丙戌、十四,2.24;編修差。
殷兆鏞 三、丙子、廿八,4.20;閣學遷禮右。 七、丙戌、十一,8.28;禮右改禮左。	
胡瑞瀾 十、己未、十六,11.29;改大理。 十二、丙辰、十三,1.25;改府丞。	**胡瑞瀾** 十二、戊申、十一,1.12;府丞改左副。

年代	同治九年　庚午(1870)
奉天	**張澐卿** 八、乙未、一,8.27;鴻臚任。
順天	**鮑源深** 八、乙未;工左差。(時間下同)
江蘇	**彭久餘** 吏右
浙江	**丁紹周** 僕少
山東	**潘斯濂** 五、辛巳、十六,6.14;光少差。八、乙未;仍差。
山西	**龔承鈞** 江南道
河南	**何金壽** 編修
陝甘	**汪鳴鑾** 編修
福建	**黄體芳** 翰侍講 **孫毓汶** 十一、乙卯、廿四,1.14;翰講學差。
安徽	**景其濬** 閣學
江西	**李文田** 翰侍講
湖北	**洪　鈞** 修撰
湖南	**廖壽恒** 編修
四川	**夏子鐊** 編修
廣東	**何廷謙** 講學
廣西	**郭懷仁** 編修
雲南	**汪敍疇** 編修
貴州	**劉啓照** 編修

同治十年　辛未(1871)	同治十一年　壬申(1872)
鮑源深 五、癸丑、廿四，7.11；工左改兵右。 七、乙卯、廿七，9.11；兵右改户右。 九、甲午、七，10.20；改晉撫。 **夏同善** 九、甲午； 兵右差。	
	彭久餘 八、壬戌、十，9.12；吏右改吏左。
許振禕 六、己卯、廿， 8.6；編修差。	
	景其濬 （閣學）　五、丙午、廿三， 6.28；解。 **祁世長** 五、丙午；翰講學差。
	汪敍疇 五、丙午；召京。 **李端棻** 五、丙午；編修差。
	韋業祥 九、丁未、廿六，10.27；編修差。

年代	同治十二年 癸酉(1873)
奉天	**張緒楷** 八、丁丑、一,9.22;順丞任。
順天	**錢寶廉** 八、丁丑;刑右差。(時間下同)
江蘇	**馬恩溥** 閣學
浙江	**胡瑞瀾** 六、甲子、十七,7.11;兵左差。八、丁丑;仍差。
山東	**黄體芳** 翰侍講
山西	**謝維藩** 編修
河南	**費延釐** 編修
陝甘	**吴大澂** 編修
福建	**馮譽驥** 少詹
安徽	**祁世長** 八、丁丑;仍差。
江西	**許庚身** 光禄
湖北	**王文在** 編修
湖南	**顧雲臣** 編修
四川	**張之洞** 編修
廣東	**章 鋆** 祭酒
廣西	**吴華年** 編修
雲南	**李端棻** 八、丁丑;仍差。
貴州	**韋業祥** 八、丁丑;仍差。

同治十三年　甲戌(1874)	光緒元年　乙亥(1875)
	楊睿香 十一、辛丑、八,12.5;鴻臚任。
馬恩溥 閣學　**林天齡** 三、戊午、十六,5.1;右庶子差。	
	章　鋆 六、丁亥、廿二,7.24;死。　**吳寶恕** 六、丁亥;翰講學差。
	吳華年 十二、甲申、廿一,1.17;召京。　**歐陽保極** 十二、甲申;翰侍講差。

年代	光緒二年 丙子(1876)
奉天	**楊書香** 八、己丑、一,9.18;仍任。
順天	**何廷謙** 八、己丑;工左差。(時間下同)
江蘇	**林天齡** 八、己丑;仍差。
浙江	**黄 倬** 禮左
山東	**鈕玉庚** 右庶子
山西	**朱福基** 編修
河南	**瞿鴻禨** 翰講學
陝西	**陳 翼** 編修
福建	**孫詒經** 詹事
安徽	**楊鴻吉** 理少 死。 **龔自閎** 十、辛亥、廿四,12.9;閣學差。
江西	**吴仁傑** 祭酒
湖北	**梁燿樞** 修撰
湖南	**朱逌然** 翰侍講
四川	**譚宗浚** 編修
廣東	**吴寶恕** 八、己丑;仍差。
廣西	**歐陽保極** 八、己丑;仍差。
雲南	**李端棻** 六、癸丑、廿四,8.13;憂免。 **李岷深** 六、癸丑;編修差。八、己丑;仍差。
貴州	**張登瀛** 編修
甘肅	**許應騤** 三、癸巳、一,3.26;翰講學差。 八、己丑;仍差。

光緒三年　丁丑(1877)	光緒四年　戊寅(1878)
王家璧 二、癸丑、廿七,4.10;順丞任。	
	何廷謙 (工左)　十二、戊子、十三,1.5;病免。 **祁世長** 十二、戊子;閣學差。
	林天齡 十一、癸亥、十八,12.11;死。 **夏同善** 十一、癸亥;兵右差。
	黃　倬 四、癸巳、十四,5.15;禮左改刑左。 八、甲辰、廿七,9.23;刑左改吏右。
	孫詒經 二、辛卯、十一,3.14;遷閣學。 十二、己丑、十四,1.6;遷工右。
	龔自閎 八、甲辰;閣學遷禮右。

年代	光緒五年　己卯(1879)
奉天	**潘斯濂** 八、壬寅、一,9.16;順丞任。
順天	**祁世長** 正、辛未、廿七,2.17;閣學遷禮左。 四、癸酉、卅,6.19;病免。 (滿)**徐致祥** 四、癸酉;閣學差。八、壬寅;仍差。
江蘇	**夏同善** 三、乙卯、十一,4.2;兵右改吏右。八、壬寅;仍差。
浙江	**張澐卿** 八、壬寅;工右差。(時間下同)
山東	**戴鴻慈** 編修
山西	**黄玉堂** 編修
河南	**廖壽恒** 正、甲子、廿,2.10;翰侍講差。 八、壬寅;仍差。
陝西	**陳　翼** 六、壬子、十,7.28;病免。 **樊恭煦** 六、壬子;編修差。八、壬寅;仍差。
福建	(宗室)**崑岡** 户右　十一、壬辰、廿三,1.4;户右改户左。
安徽	**龔自閎** 正、丁卯、廿三,2.13;禮右改工右。 △四月,死。 **孫毓汶** 四、庚申、十七,6.6;詹事差。八、壬寅;仍差。 八、甲寅、十三,9.28;詹事遷閣學。
江西	**汪鳴鑾** 翰侍講
湖北	**臧濟臣** 編修
湖南	**陶方琦** 編修
四川	**陳懋侯** 編修
廣東	**馮爾昌** 編修
廣西	**秦澍春** 編修
雲南	**盧　崟** 編修
貴州	**林國柱** 編修
甘肅	**鄭衍熙** 編修

光緒六年　庚辰(1880)	光緒七年　辛巳(1881)
	朱以增 十一、戊戌、十，12.30；順丞任。
	徐致祥 (閣學)△憂免。 **孫詒經** △四月，户右差。
夏同善 (吏右) 八、癸卯、七，9.11；病免。 **黄體芳** 八、癸卯；少詹差。	**黄體芳** △遷詹事。十二、丙子、十八，2.6；遷閣學。
	張澐卿 十二、甲申、廿六，2.14；改禮左。
	張百熙 十、乙丑、六，11.27；編修差。
黄玉堂 十二、庚申、廿七，1.26；憂免。 **王仁堪** 十二、庚申；修撰差。	
洪　鈞 二、甲寅、十六，3.26；翰侍讀差。	
	曹鴻勳 九、辛丑、十二，11.3；修撰差。
	朱逌然 四、己亥、八，5.5；翰讀學差。

年代	光緒八年　壬午(1882)
奉天	**朱以增** 八、甲寅、一,9.12;仍差。
順天	**孫詒經** (户右)　八、甲寅;仍差。
江蘇	**黄體芳** 八、甲寅;仍差。十一、戊子、六,12.15;遷兵左。
浙江	**祁世長** 八、壬寅;吏右差。(時間下同)
山東	**張百熙** 八、甲寅;仍差。
山西	**吕鳳岐** 編修
河南	**馮文蔚** 編修
陝西	**慕榮幹** 編修
福建	**馮光遹** 編修
安徽	**徐　郙** 兵右
江西	**陳寶琛** 翰講學
湖北	**高釗中** 編修
湖南	**曹鴻勳** 八、甲寅;仍差。
四川	**朱逌然** 八、甲寅;仍差。 **邵積誠** 十二、己卯、廿七,2.4;湖廣道差。
廣東	**葉大焯** 翰講學
廣西	**詹嗣賢** 編修
雲南	**丁立幹** 編修
貴州	**孫宗錫** 編修
甘肅	**陸廷黻** 三、丁亥、一,4.18;編修差。八、甲寅;仍差。

光緒九年　癸未(1883)	光緒十年　甲申(1884)
孫詒經 六、丙辰、八,7.11;户右改户左。	
祁世長 六、丙辰;吏右改吏左。	**祁世長** 三、庚寅、十五,4.10;遷左都。 三、壬辰、十七,4.12;召京。 **劉廷枚** 三、壬辰;祭酒差。
汪鳴鑾 四、戊寅、廿八、6.3;翰講學差。	
徐　郙 十、辛亥、四,11.3;兵右改禮左。	
	梁仲衡 四、己未、十五,5.9;翰講學差。
孫宗錫 八、壬申、廿五,9.25;解(革)。 **楊文瑩** 八、壬申;編修差。	

年代	光緒十一年　乙酉(1885)
奉天	**楊　頤** 八、丁卯、一,9.9;順丞任。
順天	**許應騤** ·八、丁卯;吏左差。(時間下同)
江蘇	**王先謙** 祭酒
浙江	**瞿鴻禨** 五、癸丑、十五,6.27;翰講學差。 八、丁卯;仍差。
山東	**陸潤庠** 翰侍講
山西	**高燮曾** 編修
河南	**華金壽** 編修
陝西	**林　啓** 編修
福建	**陳學棻** 翰讀學
安徽	(滿)**貴恒** 刑右
江西	**梁仲衡** 八、丁卯;仍差。
湖北	**張仁黼** 編修
湖南	**陸寶忠** 編修
四川	**盛炳緯** 編修
廣東	**胡瑞瀾** 太常
廣西	**李殿林** 編修
雲南	**戴鴻慈** 編修
貴州	**楊文瑩** 八、丁卯;仍差。
甘肅	**秦澍春** 編修

光緒十二年　丙戌(1886)	光緒十三年　丁亥(1887)
	(漢)**延　茂** △僕少任。
梁燿樞 十二、辛巳、廿三,1.16;翰讀學差。	
	陳學棻 十、甲辰、廿一,12.5;少詹遷詹事。
	盛炳緯 四、辛酉、四,4.26;憂免。 **高賡恩** 四、辛酉;編修差。
胡瑞瀾 正、辛酉、廿七,3.2;改大理。 **汪鳴鑾** 五、癸丑、廿一,6.22;閣學差。	

年代	光緒十四年　戊子(1888)
奉天	(漢)**延　茂** 八、庚辰、一,9.6;仍任。
順天	**周德潤** 八、庚辰;刑右差。(時間下同)
江蘇	**楊　頤** 理少
浙江	**潘衍桐** 翰讀學
山東	(蒙)**裕德** 閣學
山西	**管廷鶚** 編修
河南	**陳琇瑩** 河南道
陝西	**柯逢時** 編修
福建	**陳學棻** 七、丙子、廿六,9.2;詹事遷閣學。 (滿)**烏拉布** 工左
安徽	**錢桂森** 閣學
江西	**龍湛霖** 少詹
湖北	**趙尚輔** 編修
湖南	**張亨嘉** 編修
四川	**朱善祥** 編修
廣東	**樊恭煦** 翰侍講
廣西	**黃　煦** 湖廣道
雲南	**王丕釐** 編修
貴州	**陳榮昌** 編修
甘肅	**胡景桂** 編修

光緒十五年　己丑(1889)	光緒十六年　庚寅(1890)
	(蒙)**裕德** 十二、庚申、廿五,2.3;閣學遷工左。
吳樹棻 七、庚申、十六,8.12;編修差。	
	(滿)**烏拉布** (工左)　十二、戊午、廿三,2.1;死。 **沈源深** 十二、戊午;左副差。
	高釗中 十一、癸巳、廿七,1.7;編修差。

年代	光緒十七年　辛卯(1891)
奉天	**張英麟** 八、壬辰、一,9.3;少詹任。
順天	**李文田** 八、壬辰;禮右差。(時間下同)
江蘇	(宗室)**溥良** 閣學
浙江	**陳　彝** 府丞署左副
山東	**秦澍春** 右庶子
山西	**王廷相** 編修
河南	**邵松年** 三、癸酉、九,4.17;編修差。八、壬辰;仍差。
陝西	**黎榮翰** 編修
福建	**沈源深** 六、己亥、七,7.12;左副改兵右。八、壬辰;仍差。
安徽	**吴　魯** 修撰
江西	**盛炳緯** 編修
湖北	**孔祥霖** 編修
湖南	**張　預** 編修
四川	**瞿鴻禨** 翰講學
廣東	**徐　琪** 編修
廣西	**趙以炯** 修撰
雲南	**高釗中** 八、壬辰;仍差。
貴州	**葉在琦** 檢討
甘肅	**蔡金臺** 編修

光緒十八年　壬辰(1892)	光緒十九年　癸巳(1893)
	華金壽 五、癸巳、十二,6.25;右贊善差。
	沈源深 (兵右)　正、丁酉、十三,3.1;死。 **王錫蕃** 正、丁酉;右中允差。

年代	光緒二十年　甲午(1894)
奉天	**李培元** 八、乙巳、一,8.31;少詹任。
順天	**徐會灃** 八、乙巳;工右差。(時間下同)
江蘇	**龍湛霖** 刑右
浙江	**陳　彝** △改順尹,卸。 **徐致祥** 正、癸巳、十五,2.20;大理差。
山東	**華金壽** 八、乙巳;仍差。
山西	**錢駿祥** 檢討
河南	**徐繼儒** 編修
陝西	**趙維熙** 編修
福建	**王錫蕃** 八、乙巳;仍差。
安徽	**李端遇** 太常
江西	**黄卓元** 詹事
湖北	**龐鴻文** 編修
湖南	**江　標** 編修
四川	**吴樹棻** 山西道
廣東	**惲彦彬** 閣學
廣西	**馮金鑑** 京畿道
雲南	**姚文倬** 檢討
貴州	**嚴　修** 編修
甘肅	(漢)**劉世安** 編修

光緒二一年　乙未(1895)	光緒二二年　丙申(1896)
徐會灃 十、癸巳、廿六,12.12;工右改禮右。	**徐會灃** 十、辛卯、卅,12.4;禮右改禮左。
李端遇 九、壬子、十五,11.1;太常改通政。	
黄卓元 八、辛巳、十三,10.1;詹事遷閣學。	
惲彦彬 十、癸巳、廿六,12.12;閣學遷工右。	

年代	光緒二三年　丁酉(1897)
奉天	**李鴻逵** 八、戊午、一,8.28;順丞任。 **貴　賢** 十、癸酉、十七,11.11;理少任。
順天	**張英麟** 八、戊午;禮右差。(時間下同)　九、辛卯、五,9.30;禮右改禮左。
江蘇	**瞿鴻禨** 詹事 十、戊午、二,10.27;遷閣學。
浙江	**徐樹銘** 八、丁丑、廿,9.16;改吏右。 九、辛卯、五,9.30;遷左都。 **陸寶忠** 九、辛卯;閣學差浙學。 九、癸卯、十七,10.12;乞養。 **陳學棻** 九、癸卯;户右差。
山東	**姚丙然** 翰侍讀
山西	**劉廷琛** 編修
河南	**朱福銑** 編修
陝西	**葉爾愷** 編修
福建	**戴鴻慈** 翰講學
安徽	**徐致祥** 大理
江西	**李紱藻** 少詹
湖北	**王同愈** 編修
湖南	**徐仁鑄** 編修
四川	**吴慶坻** 編修
廣東	**張百熙** 祭酒 十、戊寅、廿二,11.16;遷閣學。
廣西	**劉元亮** 編修
雲南	**張建勳** 修撰
貴州	**傅增湞** 編修
甘肅	**夏啓瑜** 編修

光緒二四年　戊戌(1898)	光緒二五年　己亥(1899)
貴　賢 七、己未、八，8.24；病免。鴻臚張仁黼任。△憂免(未任)。 **何乃瑩** 八、庚寅、十五，9.19；閣讀學任。十、戊子、八，11.21；改順尹。 **陳兆文** 十、戊子；順丞任。	
	瞿鴻禨 正、癸酉、廿五，3.6；閣學遷禮右。
陳學棻 (户右) 六、癸未、一，7.19；召京。 **唐景崇** 六、癸未；禮右差。	**唐景崇** (禮右) △憂免。 (滿)**文治** 正、壬申、廿四，3.5；兵右差。
	榮　慶 二、丁亥、九，3.20；通副差。
徐致祥 十、丁酉、十七，11.30；大理遷兵右。	**徐致祥** △四月，死。 (?)**綿文** 四、丙戌、九，5.18；閣學差。
徐仁鑄 八、乙未、十四，9.29；死。 **吳樹梅** 八、丁酉、十六，10.1；户左差。	

年代	光緒二六年　庚子(1900)
奉天	**陳兆文** 九、戊寅、十,11.1;仍任。
順天	**陸寶忠** 九、戊寅;兵右差。(時間下同)
江蘇	**李殿林** 吏左
浙江	(滿)**文治** 兵右 九、癸巳、廿五,11.16;調粤學。　**李蔭鑾** 九、癸巳;通副差。
山東	**尹銘綬** 正、壬子、九,2.8;編修差。 九、戊寅;仍差。
山西	**劉嘉琛** 編修
河南	**林開謩** 編修
陝西	**葉爾愷** 閏八、己酉、十,10.3;憂免。　**沈　衛** 閏八、己酉;編修差。九、戊寅;仍差。
福建	**檀　璣** 翰侍講
安徽	(?)**綿文** 九、戊寅;仍差。九、癸巳、廿五,11.16;開學遷禮右。
江西	**吴士鑑** 編修
湖北	**蔣式芬** 給事中
湖南	**載　昌** 侍讀
四川	**吴郁生** 左中允
廣東	(宗室)**溥良** 九、癸巳;遷左都。　(滿)**文治** (兵右)　九、癸巳;浙學調。
廣西	**劉家模** 御史
雲南	**田智枚** 編修
貴州	**趙惟熙** 編修
甘肅	**吴緯炳** 編修

光緒二七年　辛丑(1901)	光緒二八年　壬寅(1902)
	陳兆文 二、庚子、九，3.18；改太常，召京。 **鄭叔忱** 翰侍讀任。
張亨嘉 十一、乙酉、廿三，1.2；理少差。	
檀　璣 十二、丁酉、五，1.14；革。 **秦綬章** 十二、丁酉；閣學差。 十二、甲寅、廿二，1.31；閣學遷工右。	
彭　述 八、壬子、十九，10.1；山西道差。 **彭清藜** 十、甲寅、廿二，12.2；翰講學差。 **胡鼎彝** 十二、丁酉；編修差。	
柯紹忞 三、己巳、三，4.21；編修差。	
	(滿)**文治** 八、己丑、二，9.3；病免。 **朱祖謀** 八、己丑；禮右差。
劉家模 十二、甲午、二，1.11；革。 **吳敬修** 十二、甲午；編修差。	**汪貽書** 五、癸酉、十四，6.19；編修差。
	田智枚 二、甲辰、十三，3.22；降二調。 **吳　魯** 四、戊午、廿八，6.4；修撰差。
	葉昌熾 正、己丑、廿八，3.7；編修差。

年代	光緒二九年　癸卯(1903)
奉天	**裴維侒** 三、甲申、廿九,4.26;鴻臚任。 八、壬子、一,9.21;仍任。
順天	**陸寶忠** 八、壬子;仍差。
江蘇	**唐景崇** 八、壬子;署工左差。(時間下同)
浙江	**陳兆文** 太常
山東	(宗室)**載昌** 九、壬辰、十二,10.31;遷閣學。
山西	(滿)**寶熙** 翰侍讀
河南	**王　垿** 祭酒
陝西	**朱益藩** 翰讀學
福建	**秦綬章** (工右)　八、壬子;仍差。
安徽	(宗室)**壽耆** 理左
江西	**黄均隆** 鴻少
湖北	(漢)**李家駒** 編修
湖南	**吴慶坻** 編修
四川	**鄭　沅** 編修
廣東	**朱祖謀** (禮右)　八、壬子;仍差。
廣西	**汪詒書** 八、壬子;仍差。
雲南	**吴　魯** 八、壬子;仍差。
貴州	**朱福銑** 翰侍讀
甘肅	**葉昌熾** 八、壬子;仍差。

光緒三十年　甲辰(1904)	光緒三一年　乙巳(1905)
	裴維侒 八、丙午、六，9.4；調鄂學。 (漢)**李家駒** 八、丙午；鄂學調。 [八、丙午；裁奉天府丞兼學政，改設東三省學政。]
	陸寶忠 十二、庚戌、十二，1.6；遷左都，御。
	陳兆文 十二、乙丑、廿七，1.21；太常改左副。
秦綬章 四、癸亥、十五，5.29；工右改兵左。	
(宗室)**壽耆** 理左 (ｔ)**毓隆** 二、辛酉、十二，3.28；翰學士差。	
	(漢)**李家駒** 八、丙午；調東三省學政。 **裴維侒** 八、丙午；奉丞調。
吳慶坻 九、甲辰、廿九，11.6；病免。 **支恒榮** 九、甲辰；翰講學差。	
	朱祖謀 (禮右) 五、丙申、廿四，6.26；病免。 **于式枚** 五、丙申；署鴻少差。

年代	光緒三二年　丙午(1906)[上]　[四、己亥、二,4.25;缺裁,改設提學使,各省原差學政一律回京供職。]
東三省	(漢)**李家駒** 正、庚寅、廿二,2.15;改大學堂監督。　盛京將軍趙爾巽兼署。
順天	
江蘇	**唐景崇**
浙江	**陳兆文** (左副)
山東	(?)**載昌** (閣學)
山西	(滿)**寶熙**
河南	**王　垿**
陝西	**朱益藩**
福建	**秦綬章** (兵左)
安徽	(?)**毓隆**
江西	**黄均隆**
湖北	**裴維侒**
湖南	**吳慶坻**
四川	**鄭　沅**
廣東	**于式枚**
廣西	**汪詒書**
雲南	**吳　魯**
貴州	**朱福詵**
甘肅	**葉昌熾**

年代	光緒三二年　丙午(1906)[下]　[翰林官等均開缺以道員用，署學使。]
奉天	**張鶴齡** 四、丁巳、廿,5.13;署湘按授。
吉林	**吴　魯** 四、丁巳;修撰署。
黑龍江	**張建勳** 四、丁巳;翰講授。
直隸	**盧　靖** 四、丁巳;候補道署。
江寧	**陳伯陶** 四、丁巳;編修署。
江蘇	**周樹模** 四、丁巳;江西道署。
安徽	**沈曾植** 四、丁巳;南昌知府署。
山東	(滿)**連甲** 四、丁巳;魯按授。 七、庚戌、十五,9.3;改閩布。 **朱益藩** 七、辛亥、十六,9.4;翰讀學授。
山西	(滿)**錫嘏** 四、丁巳;翰侍講授。
河南	**孔祥霖** 四、丁巳;編修署。
陝西	**劉廷琛** 四、丁巳;編修署。
甘肅	**陳曾佑** 四、丁巳;貴州道署。
新疆	**杜　彤** 四、丁巳;編修署。
福建	**姚文倬** 四、丁巳;興泉永道署。
浙江	**支恒榮** 四、丁巳;翰講學授。
江西	**汪貽書** 四、丁巳;編修署。 **林開謩** 十二、乙亥、十三,1.26;編修以道員用署。
湖北	**黄紹箕** 四、丁巳;翰讀學授。
湖南	**吴慶坻** 四、丁巳;編修署。
四川	**方　旭** 四、丁巳;候補道署。
廣東	**于式枚** 四、丁巳;候四京授。
廣西	**李翰芬** 四、丁巳;編修署。
雲南	**葉爾愷** 四、丁巳;編修署。
貴州	**陳榮昌** 四、丁巳;編修署。

年代	光緒三三年　丁未(1907)	
奉天	張鶴齡	
吉林	吴　魯 (署)	
黑龍江	張建勳	
直隸	盧　靖 (署)	
江寧	陳伯陶 (署)	
江蘇	周樹模 四、乙亥、十五,5.26;賞二品銜署奉天左參贊。	毛慶蕃 四、丙子、十六,5.27;天津河間道遷。
安徽	沈曾植 (署)	
山東	朱益藩 六、丙子、十七,7.26;改大學堂監督。	羅正鈞 六、丁丑、十八,7.27;天津知府以道員用署。
山西	(滿)錫嘏	
河南	孔祥霖 (署)	
陝西	劉廷琛 (署)	余　堃 六、丁丑;編修署。
甘肅	陳曾佑 (署)	
新疆	杜　彤 (署)	
福建	姚文倬 (署)	
浙江	支恒榮	
江西	林開謩 (署)	
湖北	黄紹箕	
湖南	吴慶坻 (署)	
四川	方　旭 (署)	
廣東	于式枚 三、甲寅、廿三,5.5;遷郵右。	于齊慶 三、乙卯、廿四,5.6;贛臨江知府以道員用署。
廣西	李翰芬 (署)	
雲南	葉爾愷 (署)	
貴州	陳榮昌 (署)	柯紹忞 正、丙辰、廿四,3.8;翰侍讀署。

光緒三四年　戊申(1908)	
張鶴齡 △死。	**盧　靖** 九、庚寅、八,10.2;直隸改。
吴　魯 (署)　五、庚戌、廿六,6.24;召京,派在學部丞參上行走。	**曹廣楨** 五、庚戌;军機領班三品章京授。
張建勳	
盧　靖 (署)　九、庚寅;改奉天。	**傅增湘** 九、庚寅;編修署。
陳伯陶 (署)	
毛慶蕃 八、丙辰、三,8.29;改甘布。	**樊恭煦** 八、丙辰;記名提學使授。
沈曾植 正、辛丑、十五,2.16;授。 正、壬寅、十六,2.17;兼署布政。	**吴同甲** 正、壬寅;翰講學署。
羅正鈞 (署)	
(滿)**錫嘏**	
孔祥霖 (署)	
余　堃 (署)	
陳曾佑 (署)	
杜　彤 (署)	
姚文倬 (署)	
支恒榮	
林開謩 (署)	
黄紹箕 (死)	**高凌霨** 正、戊戌、十二,2.13;鄂候補道遷。
吴慶坻 (署)	
方　旭 (署)	
于齊慶 (署)	
李翰芬 (署)	
葉爾愷 (署)	
柯紹忞 (署)　五、庚戌;召京,派在學部丞參上行走。	**陳　驤** 五、庚戌;編修署。

年代	宣統元年　己酉(1909)	
奉天	盧　靖	
吉林	曹廣楨	
黑龍江	張建勳	
直隸	傅增湘 (署)	
江寧	陳伯陶 十一、乙卯、九,12.21;授。	
江蘇	樊恭煦	
安徽	吴同甲 (署)	
山東	羅正鈞 (署)	
山西	(滿)錫嘏 △召京。	汪貽書 四、甲申、六,5.24;前江西學使授。
河南	孔祥霖 十一、乙卯;授。	
陝西	余　堃 (署)	
甘肅	陳曾佑 (署)	
新疆	杜　彤 (署)	
福建	姚文倬 十一、乙卯;授。	
浙江	支恒榮 九、辛未、廿五,11.7;病免。	袁嘉穀 九、辛未;編修署。
江西	林開謩 (署)　十、壬辰、十六,11.28;解。以道員發往南洋。	湯壽潛 十、壬辰;滇按授。
湖北	高凌霨	
湖南	吴慶坻 十一、乙卯;授。	
四川	方　旭 (署)　二、丁卯、十七,3.8;解,仍以道員留本省補用。	趙啓霖 二、丁卯;前御史署。
廣東	于齊慶 (署)	
廣西	李翰芬 十一、乙卯;授。	
雲南	葉爾愷 (署)	
貴州	陳　驤 (署)	

宣統二年 庚戌(1910)	
盧　靖	
曹廣楨	
張建勳 七、甲子、廿三,8.27;仍任。	
傅增湘 (署)	
陳伯陶 六、甲戌、二,7.8;乞養。	**勞乃宣** 六、甲戌;候四京授。
樊恭煦	
吴同甲 七、壬寅、一,8.5;授。(沈曾植病免)	
羅正鈞 (署)	**陳榮昌** 八、乙酉、十四,9.17;前貴州學使授。
汪貽書	**駱成驤** 三、庚午、廿六,5.5;修撰署。
孔祥霖	
余　堃 十二、己丑、十九,1.19;授。	
陳曾佑 (署)　七、己未、十八,8.22;解,仍以道員用。	**俞明震** 七、己未;署贛南道署。
杜　彤 十、甲午、廿四,11.25;署布政,焉耆知府張銑暫護。 十二、己丑;授。	
姚文倬	
袁嘉穀 (署)	
湯壽潛 正、甲子、十九、2.28;乞養。	**王同愈** 正、甲子;翰撰文授。
高凌霨 八、乙未、廿四,9.27;遷鄂布。	**王壽彭** 八、丙申、廿五,9.28;修撰署。
吴慶坻	
趙啓霖 (署)　二、庚寅、十六,3.26;乞養。	**劉嘉琛** 二、庚寅;編修署。
于齊慶 (署)	
李翰芬	
葉爾愷 七、己未;授。	
陳　驤 (署)	

年代	宣統三年　辛亥(1911)
奉天	**盧　靖**
吉林	**曹廣楨**
黑龍江	**張建勳**
直隸	**傅增湘**(署) 十一、庚辰、十七,1.5;辭免。 **蔡儒楷** 候補道授。
江寧	**勞乃宣** 十、庚子、六,11.26;改大學堂監督。
江蘇	**樊恭煦**
安徽	**吴同甲** 七、辛卯、廿六,9.18;仍任。
山東	**陳榮昌** **方燕年** 十二、丙申、三,1.21;候補道署。
山西	**駱成驤** (署)
河南	**孔祥霖**
陝西	**余　堃**
甘肅	**俞明震** (署)十、己亥、五,11.25;署甘布。
新疆	**杜　彤**
福建	**姚文倬**
浙江	**袁嘉穀** (署)
江西	**王同愈**
湖北	**王壽彭**(署) 十、壬寅、八,11.28;革。武昌起義,逃。
湖南	**吴慶坻** 四、癸巳、廿五,5.23;病免。 **黄以霖** 四、癸巳;鄂候補道署。
四川	**劉嘉琛** (署)六、丁卯、一,6.26;修墓假。 **方履中** 六、丁卯;修編署。
廣東	**于齊慶** **沈曾桐** 三、己亥、一,3.30;滇法互調。 **秦樹聲** 三、己亥;滇法改。
廣西	**李翰芬**
雲南	**葉爾愷**
貴州	**陳　驤** (署)

會試考官年表

附：武會試考官年表

順治三年至光緒三十年

1646—1904

年代	順治三年　丙戌科　(1646) (四、乙酉、九,5.23;大學士剛林等疏請於本年八月再行鄉試,來年二月再行會試,以收人才。)	
總裁	二、四、辛巳,3.20;	(漢)**范文程** 内翰林秘書院大學士 (滿)**剛林** 内翰林國史院大學士 (漢)**馮　銓** 内翰林弘文院大學士 (漢)**甯完我** 内翰林弘文院大學士
殿試	三、十五、壬戌,4.30;	三、乙丑、十八,5.3;傳臚: 録取**傅以漸、吕纘祖、李奭棠**等400名。
館選	四、八、甲申,5.22;	選授庶吉士46名。 (四年、六、己卯、十,1647.7.11;散館。)
教習	四、九、乙酉,5.23;	(滿)**查布海** 内翰林弘文院學士 (漢)**蔣赫德** 内翰林國史院學士 **陳具慶** 内翰林弘文院侍讀
武會試		
監試官	九、七、庚戌,10.15;	(第一場) (滿)**祁充格** 内翰林弘文院大學士 (第二場) (漢)**范文程** 内翰林秘書院大學士
考試官	九、十三、丙辰,10.21;	**劉肇國** 内翰林弘文院檢討 **成克鞏** 内翰林國史院檢討
中式	九、廿、癸亥,10.28;	録取**郭士衡**等200名。

年代	順治四年　丁亥科（1647）		
主考官	二、四、乙亥，3.9；	(漢)**范文程** 秘書大學士	(漢)**馮　銓** 弘文大學士
		(滿)**剛林** 國史大學士	(漢)**甯完我** 弘文大學士
		(滿)**祁充格** 弘文大學士	**宋　權** 國史大學士
讀卷官	三、十五、丙辰，4.19；	(漢)**馮　銓** 弘文大學士	(滿)**查布海** 弘文學士
		(漢)**范文程** 秘書大學士	(？)**來衮** 國史學士
		(滿)**剛林** 國史大學士	(漢)**蔣赫德** 國史學士
		(滿)**祁充格** 弘文大學士	**王　鐸** 弘文學士
		宋　權 國史大學士	**胡世安** 國史學士
		(漢)**甯完我** 弘文大學士	**陳具慶** 弘文學士
殿試	三、十五、丙辰，4.19；	三、戊午、十七，4.21；傳臚： 録取**呂宮**、**程芳朝**、**蔣超**等300名。	
館選	三、卅、辛未，5.4；	選授庶吉士20名。 （六年、四、己亥、十一，1649.5.21；散館。）	
教習	四、十三、甲申，5.17；	(滿)**查布海** 弘文學士	
		(漢)**蔣赫德** 國史學士	

會試考官年表

年代	順治六年　己丑科（1649）	
主考官	二、五， 甲午， 3.17；	（漢）**范文程** 秘書大學士 （滿）**剛林** 國史大學士 （滿）**祁充格** 弘文大學士 （漢）**洪承疇** 秘書大學士 （漢）**甯完我** 弘文大學士 **宋　權** 國史大學士 **王文奎** 弘文學士
讀卷官	（原缺）	
殿試	四、十二、 庚子， 5.22；	四、甲辰、十六、5.26；傳臚： 録取**劉子壯**、**熊伯龍**、**張天植**等395名。
館選	五、三、 辛酉， 6.12；	選授庶吉士40名（清、漢書各20名）。 （八年、八、己酉、四，1651.9.18；散館。）
教習	五、三、 辛酉， 6.12；	（滿）**查布海** 弘文學士 （漢）**蔣赫德** 國史學士 **胡統虞** 秘書學士 **劉肇國** 國史學士
武會試		
主考官	九、十三、 己巳， 10.18；	**王崇簡** 秘書侍讀 **喬廷桂** 國史侍講
中式	九、廿六、 壬午， 10.31；	録取**金抱一**等（原缺人數）名。

順治九年　壬辰科　(1652)

二、六、 戊申, 3.15;	(滿)**希福** 弘文大學士 (漢)**劉清泰** 弘文學士 (滿)**額色黑** 國史大學士 **胡統虞** 秘書學士 (滿)**陳泰** 禮尚 **成克鞏** 弘文學士
三、廿四、 乙未, 5.1;	(滿)**希福** 弘文大學士 (漢)**范文程** 秘書大學士 (滿)**額色黑** 國史大學士 (漢)**洪承疇** 秘書大學士 (漢)**甯完我** 國史大學士 **陳之遴** 弘文大學士 (覺羅)**伊圖** 秘書學士 (漢)**蔣赫德** 國史學士 (滿)**能圖** 弘文學士 (滿)**葉成額** 國史學士 (漢)**劉清泰** 弘文學士 (漢)**白色純** 弘文學士 **張　端** 國史學士 (?)**索諾木** 侍讀學士 **魏天賞** 侍讀學士 (?)**叟塞** 侍讀 **高爾儼** 吏尚 (覺羅)**郎球** 禮尚 **熊文舉** 吏左 (滿)**恩格德** 禮左 **王永吉** 户左 **趙繼鼎** 户右 **李元鼎** 兵左 **孟明輔** 刑左 **李迎晙** 工右 (漢)**董衛國** 禮啓 **楊　璥** 禮理 (?)**卜顏喀代** 禮主
三、廿五、 丙申, 5.2;	三、己亥、廿八,5.5;分榜録取: 滿洲、蒙古**麻勒吉**、**折庫納**、**巴海**等 50 名。 漢軍、漢人**鄒忠倚**、**張永祺**、**沈荃**等 397 名。
七、廿、 己丑, 8.23;	選授庶吉士: (九、丁丑) 漢人 40 名(清書、漢書各 20 名)。 滿洲 4 名,蒙古 2 名,漢軍 4 名。 (十一年、九、丁未、廿一,1654.10.30;散館。)
九、八、 丁丑, 10.10;	(滿)**能圖** 弘文學士 **劉正宗** 秘書學士 (漢)**劉清泰** 弘文學士(九、甲申、十五,10.17;改閩督。) **薛所蘊** 詹事兼讀學 **傅以漸** 十年、七、乙卯、廿二,1653.9.13;國史學士。

武　會　試

九、六、 乙亥, 10.8;	(漢)**范文程** 秘書大學士 (滿)**額色黑** 國史大學士 **薛所蘊** 詹事兼讀學 **梁清標** 講學
九、廿五、 甲午, 10.27;	録取**王玉璽**等(原缺人數)名。

年代	順治十二年　乙未科　(1655)		
主考官	二、一、丙辰,3.8;		(滿)**額色黑** 國史大學士 **金之俊** 國史大學士 (滿)**恩格德** 禮左 **胡兆龍** 秘書學士
讀卷官	三、十三、戊戌,4.19;	滿洲	(滿)**車克** 秘書大學士 (滿)**額色黑** 國史大學士 (滿)**葉成額** 國史學士 (滿)**能圖** 弘文學士 (?)**石圖** 弘文學士 (?)**禪代** 秘書學士 (漢)**張長庚** 國史學士 (滿)**麻勒吉** 弘文學士 (?)**鏗特** 秘書學士 (滿)**祁徹白** 國史學士 (滿)**蘇納海** 吏左 (滿)**額爾德** 户左 (滿)**恩格德** 禮左 (覺羅)**科爾昆** 兵右 (滿)**郭科** 工左 (滿)**對喀納** 啓心 (?)**喀愷** 通政 (滿)**吴庫禮** 大理
		蒙	(?)**索諾木** 讀學 (?)**穆成格** 侍讀
		漢	**金之俊** 國史大學士 **王永吉** 國史大學士 **成克鞏** 秘書大學士 **傅以漸** 秘書大學士 **張懸錫** 國史學士 **胡兆龍** 秘書學士 **梁清寬** 國史學士 **李　霨** 秘書學士 **李際期** 兵尚 **龔鼎孳** 左都 **衛周祚** 吏左 **王弘祚** 户左 **李呈祥** 倉侍 **袁懋功** 刑左 **朱鼎延** 通政 **陳　爌** 詹事 **雷　達** 理少
殿試	三、十五、庚子,4.21;		三、甲辰、十九,4.25; 分榜録取: 滿洲、蒙古**圖爾宸**、**查親**、**索泰**等50名。 漢軍、漢人**史大成**、**戴王綸**、**秦鉽**等449名。
館選	四、八、壬戌,5.13;		(四、丁巳、三,5.8;停選漢軍庶吉士。) 選授庶吉士36名(滿漢不分)。 十三年、三、庚子、廿一,1655.4.15;部分授職。 (十四年、八、乙酉、十五,1657.9.22;散館。)
教習	四、八、壬戌,5.13;		(?)**禪代** 秘書學士(十三年五月遷吏左) (滿)**麻勒吉** 弘文學士 **胡兆龍** 秘書學士 **李　霨** 秘書學士
			(滿)**折庫納** 十三年、六、戊戌、廿一,1656.8.11;國史學士。

（乙　未　科）

武　　會　　試

主考官	九、十、辛卯，10.9；	**張懸錫** 弘文學士 **白允謙** 國史學士
殿試讀卷官	十、四、甲寅，11.1；	(覺羅)**巴哈納** 弘文大學士　(滿)**車克** 秘書大學士　**金之俊** 國史大學士　**陳之遴** 弘文大學士 **劉正宗** 弘文大學士　**成克鞏** 秘書大學士　**傅以漸** 秘書大學士 (滿)**能圖** 弘文學士　(滿)**葉成額** 國史學士　(?)**石圖** 弘文學士　(?)**襌代** 秘書學士 (漢)**張長庚** 國史學士　(滿)**麻勒吉** 弘文學士　(?)**鏗特** 秘書學士　**胡兆龍** 秘書學士 **張懸錫** 國史學士　**李　霨** 秘書學士　**白允謙** 國史學士 **王永吉** 吏尚　**戴明說** 户尚　**胡世安** 禮尚　**衛周祚** 工尚 **龔鼎孳** 左都　**袁懋功** 刑左 **董國祥** 左通　**楊　義** 理少
殿試	十、五、乙卯，11.2；	十、辛亥、一，10.29；親試騎射。 十、癸丑、三，10.31；親試步射。 十、戊午、八，11.5； 録取**于國柱**、**單登龍**、**范明道**等名。
選	十、九、己未，11.6；	選取23名：一甲3名，二甲19名，三甲1名。
教習	（缺）	

年代		順治十五年　戊戌科　(1658)
主考官	二、十六、 癸未， 3.19；	傅以漸 秘書大學士 李　霨 秘書學士
讀卷官	三、廿五、 壬戌， 4.27；	(覺羅)巴哈納 弘文大學士 (滿)額色黑 國史大學士 成克鞏 秘書大學士 (滿)折庫納 國史學士 李　霨 秘書學士 王　熙 弘文學士 孫廷銓 户尚 衛周祚 工尚 魏裔介 左都 郝惟訥 吏右 王弘祚 户左 杜立德 刑左 沙　澄 詹事 高辛允 理少
殿試	四、二、 戊辰， 5.3；	四、辛未、五、5.6；傳臚： 録取孫承恩、孫一致、吴國對等343名。
館選	四、十五、 辛巳， 5.16；	選授庶吉士32名。 (十六年、十、癸巳、六，1659.11.19；親試：授職、留館、革斥。) (十八年、五、丁巳、九、1661.6.5；散館。)
教習	四、十五、 辛巳， 5.16；	(滿)折庫納 國史學士 (滿)常鼐 秘書學士 李　霨 秘書學士 五月，遷大學士 王　熙 弘文學士 艾元徵 九、壬子、十八，10.14；秘書學士。
武會試		
主考官	九、十一、 乙巳， 10.7；	王　熙 弘文學士 艾元徵 秘書學士
讀卷官	十、十五、 戊寅， 11.9；	(滿)額色黑 保和殿大學士 成克鞏 保和殿大學士 (漢)蔣赫德 文華殿大學士 胡世安 武英殿大學士 李　霨 東閣大學士 胡兆龍 秘書學士 王　熙 弘文學士 艾元徵 秘書學士 孫廷銓 吏尚 王崇簡 禮尚 白允謙 刑尚 杜立德 刑左
中式	十、十六、 己卯， 11.10；	録取劉炎、張國彦、賈從哲等(原缺人數)名。

	順治十六年　己亥科　（1659） （二、庚午、九，3.1；以雲貴需人，今秋再行會試。）
八、五、癸巳，9.20；	**劉正宗** 文華殿大學士；**衛周祚** 文淵閣大學士
九、十三、辛未，10.28；	（覺羅）**巴哈納** 中和殿大學士；（滿）**額色黑** 保和殿大學士；**成克鞏** 保和殿大學士；**胡世安** 武英殿大學士；（滿）**折庫納** 翰掌；（漢）**白色純** 文華殿學士；（滿）**布顏** 保和殿學士；**胡兆龍** 文淵閣學士；**艾元徵** 東閣學士；**王　熙** 翰掌；**孫廷銓** 吏尚；**石　申** 吏右；**林起龍** 倉侍；**霍　達** 督捕
九、十五、癸酉，10.30；	九、乙亥、十七，11.1；傳臚：（同日，武會試改明年） 録取**陸元文、鮑亦祥、葉方藹**等（原缺人數）。 （十七年正月，陸元文復姓徐。）
九、廿一、己卯，11.5；	選授庶吉士 41 名。 （十八年、五、丁巳、九，1661.6.5；與戊戌科同散館。）
九、廿五、癸未，11.9；	（滿）**折庫納** 翰掌；**胡兆龍** 文淵閣學士；**王　熙** 翰掌；**艾元徵** 東閣學士
	武　會　試 **順治十七年　庚子科　（1660）**
三、十一、丙寅，4.20；	**黄　機** 翰讀學；**張士甄** 翰講學 五、丙子、廿二，6.29；取中十人不善騎射，各罰俸一年。
四、十二、丙申，5.20；	（滿）**額色黑** 保和殿大學士；**成克鞏** 保和殿大學士；**胡世安** 武英殿大學士；**衛周祚** 文淵閣大學士；**艾元徵** 東閣學士；（滿）**折庫納** 翰掌；**王　熙** 翰掌；**王崇簡** 禮尚；**杜立德** 刑尚；**霍　達** 工尚；**馮　溥** 吏右
五、一、乙卯，6.8；	録取**林本植**等（原缺人數）名。 （辛丑科、六、辛巳、四，6.29；定“廣一百名”，本科應是 201 名。）

年代	順治十八年　辛丑科　(1661)	
主考官	三、七、丙辰，4.5；	正考官 **成克鞏** 保和殿大學士 副考官 **衛周祚** 文淵閣大學士
讀卷官		(原缺)
殿試	四、廿五、甲辰，5.23；	四、戊申、廿九，5.27；傳臚： 録取**馬世俊、李仙根、吴光**等383名。
館選	六、九、丙戌，7.4；	選授庶吉士10名。 (康熙二年、十、庚申、廿六，1663.11.25；散館。)
教習		
武會試		
主考官	九、十七、癸巳，11.8；	正考官 **楊永寧** 講學 副考官 **熊伯龍** 侍講
中式	十、廿三、己巳，12.14；	録取**靈維肅**等301名。 (十、癸亥、十七，12.8；停止殿試。)

康熙三年　甲辰科　(1664)	
二、六、己亥，3.3；	正考官：**李　霨** 弘文大學士；**杜立德** 户尚 副考官：**郝惟訥** 吏左；**王　清** 弘文學士
三、廿二、甲申，4.17；	三、丙戌、廿四，4.19；傳臚： 録取**嚴我斯、李元振、秦弘**等 199 名。
五、十五、丙子，6.8；	選授庶吉士 15 名。 （五年、九、辛丑、廿四，1666.10.21；散館。）
五、廿四、乙酉，6.17；	（滿）**麻勒吉** 秘書學士；**章雲鷺** 秘書學士
武　會　試	
九、十九、丁未，11.6；	正考官：**衛周祚** 國史大學士；**魏裔介** 吏尚 副考官：**朱之弼** 户左；**章雲鷺** 秘書學士
十、十五、癸酉，12.2；	録取**吴三畏**等 100 名。

年代	康熙六年　丁未科　(1667)	
主考官	二、六、辛亥，2.28；	正考官　王宏祚 户尚　梁清標 禮尚 副考官　馮溥 吏右　劉芳躅 秘書學士
讀卷官		
殿試	三、廿、甲午，4.12；	三、己亥、廿五、4.17；傳臚： 録取繆彤、張玉裁、董訥等 155 名。
館選	閏四、九、癸未，5.31；	選授庶吉士 12 名。 （八年、六、己丑、廿八，1669.7.25；散館。）
教習	閏四、十九、癸巳，6.10；	（滿）帥顔保 國史學士　范承謨 秘書學士
武會試		
主考官	九、六、丁未，10.22；	正考官　魏裔介 秘書大學士　杜立德 吏尚 副考官　嚴正矩 户右　田逢吉 國史學士
中式	十、十五、丙戌，11.30；	録取寨蕃信等 100 名。

康熙九年　庚戌科（1670）	
二、六、 甲子, 2.25;	正考官：**魏裔介** 秘書大學士；**龔鼎孳** 禮尚 副考官：**王　清** 刑左；**田逢吉** 國史學士
三、一、 戊午, 4.20;	三、辛酉、四,4.23;傳臚: 録取**蔡啓僔、孫在豐、徐乾學**等 292 名。
四、廿九、 乙卯, 6.16;	選授庶吉士 27 員。 （十一年、閏七、丁酉、廿四,1672.9.15;散館。）
五、廿四、 己卯, 7.10;	（滿）**折庫納** 國史學士 **董國興** 秘書學士 八、乙未、十一,9.24;改湖廣巡撫。 **張鳳儀** 國史學士 九、壬午、廿八,11.10;任 （滿）**傅達禮**　**熊賜履** 十一年、正、辛酉、十四,2.12;翰林院掌院學士任
武　會　試	
九、十四、 戊辰, 10.27;	**陳敳永** 東閣學士；**李仙根** 講學
十、十九、 辛卯, 11.19;	録取**張英奇**等 200 名。

會試考官年表

年代	康熙十二年　癸丑科　(1673)		
主考官	二、六、丙午,3.23;	正考官：**杜立德** 保和；**龔鼎孳** 禮尚	副考官：**姚文然** 刑左；**熊賜履** 翰掌
讀卷官			
殿試	三、廿、庚寅,5.6;	三、癸巳、廿三,5.9;傳臚: 録取**韓菼、王度心、徐秉義**等166人。	
館選	五、十、己卯,6.24;	選授庶吉士32名。 (十四年、七、戊戌、十二,1675.9.1;散館。)	
教習	五、廿三、壬辰,7.7;	(滿)**傅達禮** 翰掌	**熊賜履** 翰掌 十四年、三、戊子、卅,4.24;遷武英殿大學士。
	十四年(1675)		**徐文元** 翰掌 五、丙寅、八,6.1;任。
武會試			
主考官	九、十四、庚辰,10.23;	**馮　溥** 文華	**陳廷敬** 講學
中式	十、八、甲辰,11.16;	録取**郎天祚**等100名。	

<table>
<tr><td colspan="2">康熙十五年　丙辰科　(1676)</td></tr>
<tr><td>二、六、
戊午，
3.19;</td><td>正考官
李　蔚　保和
吴正治　禮尚
副考官
宋德宜　吏右
田六善　左副</td></tr>
<tr><td></td><td></td></tr>
<tr><td>三、廿、
壬寅，
5.2;</td><td>三、乙巳、廿三，5.5；傳臚：
録取彭定求、胡會恩、翁叔元等 209 名。</td></tr>
<tr><td>四、廿一、
癸酉，
6.2;</td><td>選授庶吉士 32 名。
（十七年、七、辛亥、十三，1678.8.29；散館。）</td></tr>
<tr><td>五、十一、
壬辰，
6.21;</td><td>（？）喇沙里　翰掌
徐元文　翰掌</td></tr>
<tr><td>十六年
(1677)</td><td>陳廷敬　翰掌
正、丙午、廿九，3.2；任。</td></tr>
<tr><td colspan="2">武　會　試</td></tr>
<tr><td>九、十四、
癸巳，
10.20;</td><td>徐元文　翰掌
項景襄　少詹</td></tr>
<tr><td>十、十五、
甲子，
11.20;</td><td>録取荀國樑等 149 名。</td></tr>
</table>

年代	康熙十八年　己未科　(1679)	
主考官	二、六、辛未，3.17；	正考官 **馮溥** 文華 **宋德宜** 兵尚 副考官 **葉方藹** 翰掌 **楊雍建** 左副
讀卷官		
殿試	三、廿、乙卯，4.30；	三、戊午、廿三，5.3；傳臚： 録取**歸允肅**、**孫卓**、**茆薦馨**等151名。
館選	五、二、乙未，6.9；	選授庶吉士32員。 （廿年、七、己卯、十八，1681.9.10；散館。）
教習	五、廿四、丁巳，7.1；	（?）**喇沙里** 翰掌 十一、癸卯、十二，12.14；死。 **葉方藹** 翰掌
	十九年(1680)	（滿）**庫勒納** 翰掌 二、壬申、十二，3.12；授。
武會試		
主考官	九、十四、丙午，10.18；	**李天馥** 閣學 **崔蔚林** 翰講學
中式	十、十、辛未，11.12；	録取**羅淇**等101名。

年代	康熙二一年　壬戌科　(1682)	
主考官	二、六、 甲申, 3.14;	正考官　**黄　機** 吏尚 **朱之弼** 工尚 副考官　**陳廷敬** 翰掌 **李天馥** 户左
讀卷官		
殿試	九、一、 乙巳, 10.1;	九、戊申、四,10.4;,傳臚: 録取**蔡升元、吳涵、彭寧求**等 176 名。 (二、辛卯、十三,3.21;親祭盛京,暫停殿試,回來後舉行。)
館選	十、十、 癸未, 11.8;	選授庶吉士 32 名。 (廿三年、十二、丁未、十六,1685.1.20;散館。)
教習	十、廿七、 庚子, 11.25;	(滿)**阿蘭泰** 閣學 廿二年、十、甲寅、十七,1683.12.4;遷兵右。 **張玉書** 閣學 廿二年五月,遷翰掌。十一月,遷禮右。
	廿二年 (1683)	(滿)**牛紐** 翰掌 十、壬戌、廿五,12.12;授。
	廿三年	**孫在豐** 翰掌 正、癸巳、廿七,3.12;授。
武會試		
主考官	九、十四、 戊午, 10.14;	**杜　臻** 吏左管右 **孫在豐** 講學
中式	十、七、 庚辰, 11.5;	録取**王繼先**等 108 名。

會試考官年表

年代	康熙二四年　乙丑科　(1685)	
主考官	二、六、丙申，3.10；	正考官：**張士甄** 刑尚；**王鴻緒** 户右 副考官：**董　訥** 禮右；**孫在豐** 翰掌
讀卷官		
殿試	三、廿、庚辰，4.23；	三、癸未、廿三，4.26；傳臚： 録取**陸肯堂**、**陳元龍**、**黄夢麟**等 121 名。
館選	五、二、庚申，6.2；	選授庶吉士 35 名。 （廿六年、十、戊午、十三，1687.11.17；散館。）
教習	五、廿六、乙酉，6.27；	（滿）**常書** 翰掌 廿五年、四、甲辰、廿，5.12；革。 **徐乾學** 閣學 廿五年、五、己酉、廿六，7.16；遷禮右。
教習	廿五年(1686)	（滿）**庫勒納** 禮左兼翰掌 閏四、癸酉、廿，6.10；授。 **張　英** 翰掌 四、己亥、十五，5.7；授。十二、戊午、八，1.21；遷兵右。
教習	廿六年(1687)	**李光地** 翰掌 正、壬寅、廿三，3.6；授。
武　會　試		
主考官	九、十五、壬申，10.12；	**王鴻緒** 户左；**郭　棻** 詹事
中式	十、七、甲午，11.3；	録取**徐憲武**等 96 名。

年代	康熙二七年　戊辰科　(1688)	
主考官	二、十六、己未，3.17；	正考官 **王　熙** 保和　**徐乾學** 左都 副考官 **成其範** 兵右　**鄭　重** 左副
讀卷官	三、廿八、辛丑，4.28；	(滿)**伊桑阿**等 文華
殿試	三、廿六、己亥，4.26；	三、壬寅、廿九，4.29；傳臚： 録取**沈廷文、查嗣韓、張豫章**等 146 名。
館選	四、十一、壬午，6.8；	選授庶吉士 34 名。 (卅年、二、庚午、十四，1691.3.13；散館。)
教習	六、二、癸卯，6.29；	(滿)**庫勒納** 禮左、翰掌　**彭孫遹** 閣學
武會試		
主考官	九、十四、癸未，10.7；	**李光地** 翰掌　**朱　阜** 講學
中式	十、七、丙午，10.30；	録取**王應統**等 94 名。

會試考官年表

年代		康熙三十年　辛未科　(1691)
主考官	二、六、 壬戌, 3.5;	正考官 **張玉書** 文華 **陳廷敬** 工尚 副考官 **李光地** 兵右 **王士禎** 督捕
讀卷官		
殿試	三、廿、 丙午, 4.18;	三、己酉、廿三,4.21;傳臚: 録取**戴有祺、吳昺、黃叔琳**等 148 名。
館選	六、一、 乙卯, 6.26;	選授庶吉士 33 名。 (卅三年、三、戊午、廿,1694.4.14;散館,部分再學三年,個別未學滿文革職。)
教習	六、十七、 辛未, 7.12;	(滿)**庫勒納** 禮左、翰掌 閏七、庚申、七,8.30;遷户尚。 **張　英** 翰掌兼詹 (滿)**傅繼祖** 翰掌 十、己丑、八,11.27;授。(卅三年三月,降三調。)
武會試		
主考官	九、十四、 乙丑, 11.3;	**熊賜履** 禮尚 **王承祖** 工右
中式	十、七、 戊子, 11.26;	録取**張文煥**等 200 名。

康熙三三年　甲戌科　(1694)	
二、六、甲戌，3.1；	正考官 **熊賜履** 吏尚 **杜　臻** 兵尚　副考官 **王維珍** 兵左 **徐　潮** 工右
三、廿、戊午，4.14；	三、辛酉、廿三，4.17；傳臚： 録取**胡任輿、顧圖河、顧悦履**等 168 名。
四、十三、庚辰，5.6；	選授庶吉士 39 名。 (卅六年、七、癸卯、廿五，1697.9.10；散館。)
四、廿五、壬辰、5.18；	(滿)**常書** 倉侍、翰掌　**張　英** 禮尚、翰掌
武　會　試	
九、十四、己卯，11.1；	**王　掞** 户右　**顧祖榮** 翰讀學
十、七、辛丑，11.23；	録取**曹日瑋**等 96 人。

年代	康熙三六年　丁丑科　（1697）	
主考官	二、六、丁亥，2.26；	正考官 **熊賜履** 吏尚　**張　英** 禮尚 副考官 **吴　琠** 左都　**田　雯** 刑左
讀卷官		
殿試	七、十四、壬辰，8.30；	七、乙未、十七，9.2；傳臚： 録取**李蟠、嚴虞惇、姜宸英**等 150 名。 親征噶爾丹。
館選	七、廿七、乙巳，9.12；	選授庶吉士 31 名。 （卅九年、四、丙子、十三，1700.5.31；散館。）
教習	九、卅、丁未，11.13；	（滿）**阿山** 禮侍、翰掌。
武會試		
主考官	九、十三、庚寅，10.27；	**吴　琠** 刑尚　**王九齡** 講學
中式	十、七、甲寅，11.20；	録取**繳煴章**等 101 名。

康熙三九年　庚辰科　(1700)	
二、六、 庚午, 3.26;	正考官　吴　琠　保和 熊賜履　東閣 副考官　李　枏　户左管右 王九齡　左僉
三、廿、 癸丑, 5.8;	三、丙辰、廿三,5.11;傳臚: 録取**汪繹、季愈、王露**等 301 名。
五、十一、 癸卯, 6.27;	選授庶吉士 43 名。 (四二年、四、乙未、廿,1703.6.4;散館。)
五、廿六、 戊午, 7.12;	(?)**法　良**　閣學兼翰掌 **韓　菼**　吏右兼翰掌
武　會　試	
九、十四、 癸卯, 10.25;	**徐秉義**　禮侍管詹 **彭會淇**　翰講學
十、七、 丙寅, 11.17;	録取**馬會伯**等 100 名。

會試考官年表

年代	康熙四二年　癸未科　(1703)	
主考官	二、六、 辛巳, 3.22;	正考官：熊賜履 東閣；陳廷敬 吏尚 副考官：吳　涵 吏右；許汝霖 禮右
讀卷官		
殿試	四、四、 己卯, 5.19;	四、辛巳、六,5.21;傳臚: 録取**王式丹、趙晉、錢名世**等163名。
館選	四、十五、 庚寅, 5.30;	選授庶吉士49名。 (四五年、四、癸巳、六,1706.5.17;散館。)
教習	四、廿四、 己亥, 6.8;	(滿)**揆叙** 翰掌 **吳　涵** 吏右、翰掌
武會試		
主考官	九、十六、 己未, 10.26;	**徐元正** 翰讀學 **湯右曾** 户給
中式	十、七、 己卯, 11.15;	録取**曹維城**等102名。

康熙四五年　丙戌科　(1706)

二、六、 乙未, 3.20;	正考官 **李録予** 吏左 副考官 **彭會淇** 工右 三、丁亥、廿九、5.11;被劾、解。
三、廿、 戊寅, 5.2;	三、辛巳、廿三,5.5;傳臚: 録取**施雲錦、吕葆中、賈國維**等 289 名。
四、廿八、 乙卯, 6.8;	選授庶吉士 50 名。 (四八年、四、壬子、十一,1709.5.20;散館。)
五、十三、 庚午, 6.23;	(?)**二鬲** 閣學 **徐　潮** 户尚、翰掌

武　會　試

九、十三、 戊辰, 10.19;	**王之樞** 閣學 **沈辰垣** 翰讀學
十、七、 辛卯, 11.11;	録取**楊謙**等 94 名。

年代	康熙四八年　己丑科　(1709)	
主考官	二、六、丁未，3.16；	**李光地** 文淵 **張廷樞** 吏左
讀卷官		
殿試	三、廿、辛卯，4.29；	三、甲午、廿三，5.2；傳臚： 録取**趙熊詔**、**戴名世**、**繆沅**等 292 名。
館選	四、十四、乙卯，5.23；	選授庶吉士 64 名。 （五一年、四、辛酉、九，1712.5.13；散館。）
教習	五、六、丙子，6.13；	（?）**噶敏圖** 閣學 **顏悦履** 閣學 **陳元龍** 翰掌 四九年、十、癸未、廿二，1710.12.12；授。 五十年、八、辛酉、四，1711.9.16；改桂撫。 **彭始摶** 閣學 五十年、九、戊申、廿二，1711.11.2；授。
武會試		
主考官	九、十三、庚辰，10.15；	**胡會恩** 禮左 **江　球** 左僉
中式	十、七、甲辰，11.8；	録取**田畯**、**官禄**、**韓光愈**等 101 名。

康熙五一年　壬戌科　(1712)		
二、六、己未，3.12；	**趙申喬** 左都	**徐元夢** 閣讀學
四、二、甲寅，5.6；	四、丁巳、五，5.9；傳臚： 録取**王世琛、沈樹本、徐葆光**等 177 名。	
四、十九、辛未，5.23；	選授庶吉士 66 名。 (五二年、十一、乙丑、廿一，1714.1.7；散館。)	
四、廿、壬申，5.24；	(滿)**揆敘** 工左，翰掌	**湯右曾** 通政，旋改翰掌
武　會　試		
九、十三、癸巳，10.12；	**凌紹衣** 閣學	**汪　漋** 翰讀學
十、十四、甲子，11.12；	録取**李顯光**等 99 名。	

年代		康熙五二年　癸巳科　(1713) (六十"萬壽"恩科)	
主考官	八、六、辛巳，9.25；	正考官 **王掞** 文淵 **王頊齡** 工尚	副考官 **李先復** 兵左 **沈涵** 閣學
讀卷官			
殿試	十、九、癸未，11.26；	十、丙戌、十二，11.29；傳臚： 録取**王敬銘、任蘭枝、魏廷珍**等143名。	
館選	十一、六、庚戌，12.23；	選授庶吉士53名。 (五四年、四、丁亥、廿二，1715.5.24；散館。)	
教習	十一、十三、丁巳，12.30；	(滿)**揆叙** 左都、翰掌	**湯右曾** 吏右、翰掌
武會試			
主考官	十、十三、丁亥，11.30；	**張廷樞** 刑尚	**王奕清** 少詹
中式	十一、十二、丙辰，12.29；	録取**宋如栢**等96名。	

康熙五四年　乙未科　(1715)	
二、六、 癸酉， 3.11；	正考官 **王項齡** 工尚 **劉　謙** 左都 副考官 **蔡升元** 閣學 **王之樞** 閣學
四、二、 丁卯， 5.4；	四、庚午、五，5.7；傳臚： 録取**徐陶璋、繆曰藻、傅王露**等 190 名。
四、廿六、 辛卯， 5.28；	選授庶吉士 44 名。 （五七年、十、戊午、十四，1718.12.5；散館。）
五、十一、 丙午， 6.12；	(滿)**揆叙** 左都、翰掌 五六年、二、辛卯、六，1717.3.18；予祭。 (滿)**徐元夢** 左都、翰掌 五六年、四，甲午、十，1717.5.20；授。 **湯右曾** 吏右、翰掌
武　會　試	
九、十三、 乙巳， 10.9；	**王之樞** 閣學 **李　紱** 翰讀學
十一、十六、 戊申， 12.11；	録取**塞都**等 107 名。

年代	康熙五七年　戊戌科　(1718)	
主考官	二、六、乙酉，3.7；	正考官 **張鵬翮** 吏尚　**趙申喬** 户尚 副考官 **李華之** 刑左　**王　懿** 工右
讀卷官		
殿試	四、五、癸未，5.4；	四、丁亥、九，5.8；傳臚： 録取**汪應銓、張廷璐、沈錫輅**等 171 名。
館選	十、十五、己未，12.6；	選授庶吉士 55 名。 （六十年、四、甲寅、廿四，1721.5.19；散館。）
教習	十、廿六、庚午，12.17；	(滿)**徐元夢** 工尚、翰掌
武會試		
主考官	九、十三、戊子，11.5；	**李　紱** 翰講學　**龔　鐸** 講學
中式	十、十九、癸亥，12.10；	録取**封榮九**等 110 名。

康熙六十年　辛丑科　(1721)

二、六、丁酉，3.3；	正考官 **張鵬翮** 吏尚 **田從典** 户尚	副考官 **張伯行** 户右、倉侍 **李　紱** 左副 六、戊戌、八，7.2；革。
四、二、壬辰，4.27；	四、乙未、五，4.30；傳臚： 録取**鄧鍾岳、吳文煥、程元章**等163名。	
四、廿七、丁巳，5.22；	選授庶吉士62名。 (雍元年、十二、丙辰、十一，1724.1.6；散館。)	
五、十二、壬申，6.6；	(滿)**徐元夢** 工尚、翰掌	**湯右曾** 吏右、翰掌
六一年		**陳元龍** 禮尚 二、乙酉、卅，4.15；授。
雍正元年		**查嗣庭** 閣學 三、己丑、十，1723.4.14；授。

武　會　試

九、十三、辛丑，11.2；	**吳士玉** 翰講學	**戚麟祥** 翰講學
十、十九、丙子，12.7；	録取**林德鏞**等110名。	

年代	雍正元年　癸卯科　(1723)　(登極恩科) 雍元特開恩科,四月鄉試、九月會試、十月殿試;其癸卯、甲辰鄉、會試正科,改於二年舉行,二月鄉試、八月會試、九月殿試。	
主考官	九、六、壬午,10.4;	**朱　軾** 左都　　**張廷玉** 禮尚
讀卷官		
殿試	十、廿五、辛未,11.22;	十一、丁丑、一,11.28;傳臚: 録取**于振、戴瀚、楊炳**等246名。 (二甲一名張廷珩同授)
館選	十二、十四、己未,1.9;	選授庶吉士56名。 (三年、四、丁丑、十,1725.5.21;散館。)
教習	二年、正、廿三、戊戌,2.17;	**吴隆元** 翰讀學
武會試		
主考官	十一、十七、癸巳,12.14;	**田從典** 吏尚　　**史貽直** 吏右
中式	十二、廿、乙丑,1.15;	録取**李琰**等136名。

雍正二年　甲辰科　(1724)	
八、六、丙子，9.22；	正考官：朱　軾 左都；張廷玉 户尚 副考官：(滿)福敏 閣學；史貽直 吏左
十、二、壬申，11.17；	十、乙亥、五，11.20；傳臚： 録取陳惪華、王安國、汪德容等 299 名。
十一、十、庚戌，12.25；	選授庶吉士 40 名。 (五年、五、己未、四，1727.6.22；散館。)
十二、十六、乙酉，1.29；三年	(滿)福敏 閣學 (三年四月遷吏右)；吴士玉 閣學 (？)德新 閣學 九、丁未、十三，10.18；授。
武　會　試	
十、廿四、甲午，12.9；	沈近思 吏右；吴士玉 閣學
十二、二、辛未，1.15；	録取苗國琮等 136 名。

年代	雍正五年　丁未科　(1727)	
主考官	三、六、癸巳，3.28；	正考官 **勵廷儀** 刑尚 副考官 **沈近思** 左都　**史貽直** 工左
讀卷官		
殿試	四、廿七、癸丑，6.16；	四、辛卯、五，5.25；傳臚： 録取**彭啓豐、鄧啓元、馬宏琦**等226名。
館選	六、六、辛卯，7.24；	選授庶吉士37名。 （八年、四、戊午、廿，1730.6.5；散館。）
教習	六、九、甲午，7.27；	**沈近思** 左都 十二月，予祭 （滿）**鄂爾奇** 工左
	六年(1728)	**胡煦** 兵右 二、甲午、十三，3.23；授。
武會試		
主考官	十、四、丙戌，11.16；	**唐執玉** 禮左 **錢以塏** 左副
中式	十一、廿二、甲戌，1.3；	録取**王元浩**等116名。

雍正八年　庚戌科　(1730)

二、六、 乙巳， 3.24；	正考官：**蔣廷錫** 文淵 副考官：(滿)**鄂爾奇** 禮左；**孫嘉淦** 工左；**任蘭枝** 閣學
四、廿二、 庚申， 6.7；	四、癸卯、五，5.21；傳臚： 録取**周澍、沈昌宇、梁詩正**等 399 名。
五、一、 戊辰， 6.15；	選授庶吉士 53 名。 (十一年、四、辛未、廿，1733.6.2；散館。)
六、廿六、 癸亥， 8.9；	(滿)**鄂爾奇** 工右；**任蘭枝** 閣學 (滿)**阿山** 閣學署户左

武　會　試

十、四、 己亥， 11.13；	**俞兆晟** 户右；**王國棟** 刑右
十一、廿四、 己丑， 1.2；	録取**齊大勇**等 118 名。

會試考官年表

年代	雍正十一年　癸丑科　(1733)	
主考官	三、一、壬午，4.14；	正考官：(滿)**鄂爾奇** 户尚 副考官：**任蘭枝** 吏左；**楊汝穀** 兵左
讀卷官		
殿試	四、廿九、庚辰，6.11；	四、癸丑、二，5.15；傳臚： 録取**陳倓、田志勤、沈文鎬**等 328 名。
館選	五、二、壬午，6.13；	選授庶吉士 68 名。 (乾隆元年、四、癸未、十九，1736.5.29；散館。)
教習	六、十、己未，7.20；	(滿)**鄂爾奇** 户尚 九月，革；(滿)**阿山** 吏右 **任蘭枝** 吏左；**方苞** 閣學 協同教習：**陳萬策** 翰講學
武會試		
主考官	十、十五、癸亥，11.21；	(滿)**德新** 閣學；**顧祖鎮** 詹事
中式	十一、十、丁亥，12.15；	録取**孫宗夏**等 101 名。

年代	乾隆元年　丙辰科　(1736)	
知貢舉	二、庚午;	勵宗萬 禮右
主考官	二、六、 庚午, 3.17;	正考官：(滿)鄂爾泰 保和 朱　軾 文華 副考官：邵　基 吏左 張廷瑑 工右
迴避子弟閲卷	二、十九、 癸未, 3.30;	徐　本 協、工尚 (滿)徐元夢 禮左 (滿)福敏 協、左都 姚三辰 閣學
讀卷官	四、一、 乙丑, 5.11;	(滿)鄂爾泰 保和 徐　本 協、工尚 孫嘉淦 左都 勵宗萬 刑左 (滿)邁柱 武英 甘汝來 兵尚 李　紱 户左 吳家騏 閣學 (滿)三泰 協、禮尚 (滿)福敏 協、左都 王士俊 署兵右 姚三辰 閣學 王蘭生 閣學
殿試	四、五、 己巳, 5.15;	四、丙寅、二,5.12;傳臚: 録取**金德瑛、黄孫懋、秦蕙田**等 344 名。
館選	五、三、 丙申, 6.11;	選授庶吉士 64 人。 (二年、五、甲寅、廿七,1737.6.24;散館。)
教習	五、十八、 辛亥, 6.26;	(滿)徐元夢 禮左 八月,老休 楊名時 尚書銜
武會試		
主考官	九、廿三、 甲寅, 10.27;	吳　金 閣學 劉統勳 閣學
中式	十一、廿一、 庚戌, 12.22;	録取**馬負書、韓錡、李星垣**等 98 名。

會試考官年表

年代	乾隆二年　丁巳科　(1737)	
知貢舉	三、甲午;	**王　紘** 禮右
主考官	三、六、甲午,4.5;	正考官 **張廷玉** 保和；(滿)**福敏** 協、左都 副考官 **姚三辰** 吏右；(?)**索柱** 閣學
迴避子弟閱卷		
讀卷官	四、廿九、丁亥,5.28;	**徐　本** 東閣　(滿)**福敏** 左都　(?)**索柱** 閣學　**李　紱** 詹事 (滿)**三泰** 協、禮尚　**程元章** 刑右　**汪由敦** 閣學 **甘汝來** 兵尚　**呂耀曾** 户右　(覺羅)**吴拜** 詹事
殿試	五、五、壬辰,6.2;	五、戊子、一,5.29;傳臚: 録取**于敏中**、**林枝春**、**任端書**等 324 名。
館選	六、八、乙丑,7.5;	選授庶吉士 59 名。 (四年、四、戊戌、廿二,1739.5.29;散館。)
教習	七、六、壬辰,8.1;	(滿)**福敏** 協、左都　**方　苞** 禮右
武會試		
主考官	九、十四、己亥,10.7;	**孫嘉淦** 刑尚　**許王猷** 少詹
中式	閏九、廿一、丙子,11.13;	録取**哈攀龍**、**張凌霞**、**馮哲**等 28 人。

乾隆四年 己未科（1739）

二、癸未；	**張廷璐** 禮左
二、六、 癸未， 3.15；	正考官 **趙國麟** 文淵；**甘汝來** 吏尚 副考官 （滿）**留保** 户右；**凌如焕** 兵右
二、十九、 丙申， 3.28；	**尹繼善** 刑尚；**劉統勳** 刑左 **魏廷珍** 左都；（滿）**阿克敦** 工右
三、卅、 丙子， 5.7；	**徐　本** 東閣；**陳悳華** 户尚；**陳大受** 吏右；**歸宣光** 通政 **楊嗣璟** 右通 **趙國麟** 文淵；**尹繼善** 刑尚；（滿）**阿克敦** 工右；**高　山** 理少 **甘汝來** 吏尚；**魏廷珍** 工尚；**王承堯** 閣學；**許希孔** 少詹
四、一、 丁丑， 5.8；	四、辛巳、五，5.12；傳臚： 録取**莊有恭、涂逢震、秦勇均**等328名。
五、十四、 己未， 6.19；	選授庶吉士63人。 （七年、四、癸丑、廿四，1742.5.28；散館。）
五、廿五、 庚午， 6.30；	**尹繼善** 刑尚（五年三月，改川陜總督）；**劉統勳** 刑左 （滿）**阿克敦** 刑左、吏左 五年、四、癸巳、廿三，5.18；授。 **吴家麒** 禮右 七、丁巳、十三，8.16；授。五年九月，假，兵尚史貽直代。六年五月，革。

武　會　試

九、十三、 丁巳， 10.15；	**陳悳華** 户尚；**張廷璐** 禮左
十一、十五、 戊午， 12.15；	録取**朱秋魁、哈國龍、羅英笏**等111名。 （二甲劉德成等10名；三甲錢夔元等98名。）

會試考官年表

年代	乾隆七年　壬戌科（1742）	
知貢舉	二、丙申;	**張廷璐** 禮左
主考官	二、六、 丙申, 3.12;	正考官 （滿）**鄂爾泰** 保和 **劉吴龍** 刑尚 副考官 **汪由敦** 兵左 **仲永檀** 左副
迴避子弟閱卷	二、六、 丙申, 3.12;	**徐　本** 東閣 **張　照** 刑左 （滿）**德齡** 工左
讀卷官	三、卅、 己丑, 5.4;	**張廷玉** 保和 （滿）**三泰** 禮尚 **陳惪華** 户尚 **梁詩正** 户左 **徐　本** 東閣 （覺羅）**吴拜** 閣學 （滿）**阿克敦** 吏左 （滿）**德齡** 工左 （滿）**查郎阿** 文華 **錢陳群** 詹事 **蔣　溥** 吏左 **周　炎** 理少
殿試	四、一、 庚寅, 5.5;	四、甲午、五,5.9;傳臚: 録取**金牲**、**楊述曾**、**湯火紳**等 223 名。
館選	五、十四、 壬申, 6.16;	選授庶吉士 54 名。 （十年、五、庚寅、十九,1745.6.18;散館。）
教習	六、廿一、 戊申, 7.22;	**陳世倌** 文淵 八年、十一月,葬假,吏尚史貽直代。 （滿）**德齡** 工左
武會試		
主考官	九、十三、 己巳, 10.11;	**張廷瑑** 工左 **仲永檀** 左副
中式	十、廿五、 庚戌, 11.21;	録取**賈廷詔**、**李世崧**、**白鐘驥**等 110 名。

年代	乾隆十年　乙丑科　(1745)	
知貢舉	正、四、丙子，2.4；	**楊錫紱** 禮右
主考官	三、六、戊寅，4.7；	正考官：**史貽直** 文淵；(滿)**阿克敦** 吏左 副考官：**彭維新** 兵尚；**錢陳群** 刑左
讀卷官	四、廿五、丁卯，5.26；	**陳世倌** 文淵；(滿)**阿克敦** 吏左；**汪由敦** 刑尚；(滿)**德齡** 工左； (滿)**訥親** 協、吏尚；**彭維新** 兵尚；**錢陳群** 刑左；**劉統勳** 左都； **王會汾** 閣學；(滿)**開泰** 兵右；**彭啓豐** 刑右；**嵇璜** 左僉； **劉綸** 大理
殿試	四、廿六、戊辰，5.27；	五、壬申、一，5.31；傳臚： 録取**錢維城、莊存與、王際華**等 313 名。
館選	六、八、己酉，7.7；	選授庶吉士 51 名。 (十三年、五、庚子、十七，1748.6.12；散館。)
教習	七、五、乙亥，8.2；	(宗室)**德沛** 吏右；**汪田敦** 刑尚
武會試		
主考官	九、十三、壬午，10.8；	**塗逢震** 閣學；**沈德潛** 詹事
中式	十、廿五、癸亥，11.18；	録取**董孟、李經世、胡經綸**等 85 名。

會試考官年表

<table>
<tr><td>年代</td><td colspan="2">乾隆十三年　戊辰科　（1748）</td></tr>
<tr><td>知貢舉</td><td>三、庚寅；</td><td>劉　綸
閣學</td></tr>
<tr><td>主考官</td><td>三、六、
庚寅，
4.3；</td><td>正考官：陳大受 兵尚；蔣　溥 吏左
副考官：（滿）鄂容安 兵左；沈德潛 禮右</td></tr>
<tr><td>讀卷官</td><td>四、廿五、
戊寅，
5.21；</td><td>張廷玉 保和　（滿）德齡 吏左　（覺羅）勒爾森 刑左　嵇　璜 左副
（滿）傅恒 户尚　歸宣光 吏左　（滿）鍾音 閣學　金德瑛 少詹
陳大受 兵尚　莊有恭 兵右　張泰開 閣學
汪由敦 刑尚　王會汾 兵左　梅瑴成 左副</td></tr>
<tr><td>殿試</td><td>四、廿六、
己卯，
5.22；</td><td>五、甲申、一、5.27；傳臚：
録取梁國治、陳枬、汪廷璵等264名。</td></tr>
<tr><td>館選</td><td>五、廿二、
乙巳，
6.17；</td><td>選授庶吉士51名。
（十六年、五、癸亥、廿七，1751.6.20；散館。）</td></tr>
<tr><td>教習</td><td>六、廿三、
丙子，
7.18；</td><td>（滿）來保 武英　陳大受 協、吏尚</td></tr>
<tr><td colspan="3">武　會　試</td></tr>
<tr><td>主考官</td><td>九、十三、
甲子，
11.3；</td><td>劉　綸 閣學　顧汝修 翰讀學</td></tr>
<tr><td>中式</td><td>十、廿五、
丙午，
12.15；</td><td>録取張兆璠、温有哲、孫儀湯等93人。</td></tr>
</table>

乾隆十六年　辛未科　(1751)

三、癸卯;	**呂　熾** 禮左
三、六、 癸卯, 4.1;	**劉統勳** 刑尚 (滿)**介福** 禮左 **孫嘉淦** 工尚 **董邦達** 閣學
五、九、 乙巳, 6.2;	(滿)**來保** 文華 **彭啓豐** 吏左 **汪由敦** 兵右 **史貽直** 文淵 **嵇　璜** 户左 **錢陳群** 刑左 (滿)**阿克敦** 協、刑尚 (滿)**嵩壽** 禮右 **梅瑴成** 左都 **李因培** 閣學 **秦蕙田** 刑右 **吳應枚** 鴻臚
五、十、 丙午, 6.3;	五、辛亥、十五,6.8;傳臚: 録取**吳鴻**、**饒學曙**、**周澧**等243名。
閏五、七、 壬申, 6.29;	選授庶吉士42名。 (十七年、十、丙申、九,1752.11.14;散館。)
六、九、 甲辰, 7.31;	(滿)**阿克敦** 協、刑尚 **孫嘉淦** 工尚

武　會　試

九、十二、 乙亥, 10.30;	**李因培** 閣學 **于敏中** 翰講學
十、五、 戊戌, 11.22;	録取**張大經**、**卜永泰**、**安廷召**等85名。

會試考官年表

年代	乾隆十七年　壬申科　(1752) (恩　科)	
知貢舉	八、甲午；	吕　熾 禮左
主考官	八、六、甲午，9.13；	正考官：陳世倌 文淵；(滿)嵩壽 禮右 副考官：鄒一桂 閣學
讀卷官	九、廿五、壬午，10.31；	(滿)來保 文華；蔣　溥 户尚；(滿)介福 禮左；鄒一桂 閣學； 史貽直 文淵；(滿)阿克敦 刑尚；(覺羅)勒爾森 刑左；錢維城 閣學； 陳世倌 文淵；劉統勳 刑尚；秦蕙田 刑右； 孫嘉淦 吏尚；裘曰修 兵右；何國宗 工左
殿試	九、廿六、癸未，11.1；	十、戊子、一，11.6；傳臚： 録取**秦大士**、**范棫士**、**盧文弨**等229名。
館選	十、十二、己亥，11.17；	選授庶吉士38名。 (十九年、閏四、辛酉、十二，1754.6.2；散館。)
教習		(原　　缺)
武會試		
主考官	十、八、乙未，11.13；	李因培 閣學；汪廷璵 講學
中式	十、廿、丁未，11.25；	録取**哈廷樑**、**林建鼎**、**馬瑔**等65名。

乾隆十九年　甲戌科　(1754)

三、丙辰;	鄒一桂 禮左
三、六、丙辰,3.29;	正考官：陳世倌 文淵 副考官：(滿)介福 禮左；錢維城 閣學
四、廿五、甲辰,5.16;	(滿)來保 文華；蔣溥 户尚；裘曰修 吏左；錢維城 閣學 史貽直 文淵；劉統勳 刑尚；(滿)介福 禮左；李清芳 閣學 陳世倌 文淵；蔡新 刑右；(滿)吴達善 兵左 (滿)阿克敦 協、刑尚；楊錫紱 左都；董邦達 工右
四、廿六、乙巳,5.17;	閏四、庚戌、一,5.22;傳臚: 録取**莊培因**、**王鳴盛**、**倪承寬**等 241 名。
閏四、十九、戊辰,6.9;	選授庶吉士 35 名。 (廿二年、五、乙卯、廿五,1757.7.10;散館。)
五、十八、丙申,7.7;	(滿)介福 禮左；錢維城 閣學

武　會　試

九、十三、己丑,10.28;	嵇璜 户左；董邦達 工右
十、十五、庚申,11.28;	録取**顧麟**、**徐渭**、**劉虎臣**等 59 名。

年代	乾隆二二年　丁丑科　(1757)	
知貢舉	三、丁酉;	徐以烜 禮左
主考官	三、六、丁酉,4.23;	正考官：劉統勳 刑尚 副考官：(滿)介福 禮左；金德瑛 禮右
讀卷官	五、九、己亥,6.24;	(滿)來保 文華；秦蕙田 工尚；(滿)觀保 兵右；董邦達 工右； 陳世倌 文淵；裘曰修 吏右；蔡　新 刑左；錢維城 工左； (滿)鄂彌達 刑尚；劉　綸 户左；(滿)書山 刑右； 蔣　溥 户尚；(滿)介福 禮左；王際華 刑右
殿試	五、十、庚子,6.25;	五、乙巳、十五,6.30;傳臚: 録取蔡以台、梅立本、鄒奕孝等 242 名。
館選	五、卅、庚申,7.15;	選授庶吉士 34 名。 (廿五年、五、乙丑、廿二,1760.7.4;散館。)
教習	六、廿四、甲申,8.8;	(滿)觀保 兵左；劉　綸 户左
武會試		
主考官	九、十三、壬寅,10.25;	錢維城 工左；盧明楷 翰講學
中式	十、十五、甲戌,11.26;	録取李國梁、桂璋、曹龍驤等 60 名。

乾隆二五年　庚辰科　(1760)

三、辛亥;	**熊學鵬** 兵右
三、六、辛亥, 4.21;	正考官：**蔣　溥** 武英；**秦蕙田** 刑尚 副考官：(滿)**介福** 禮左；**張泰開** 左副
五、四、丁未, 6.16;	(滿)**來保** 文華；**程　巖** 吏左；(滿)**介福** 禮左；**秦蕙田** 刑尚 (滿)**鄂彌達** 刑尚；**董邦達** 吏右；(滿)**觀保** 兵右；**錢汝誠** 刑左 (?)**富德** 閣學；(?)**恩丕** 署吏右；**王際華** 兵左 (滿)**赫赫** 閣學；**于敏中** 户左；**熊學鵬** 兵右
五、五、戊申, 6.17;	五、癸丑、十, 6.22; 傳臚: 録取**畢沅、諸重光、王文治**等 164 名。
六、二、甲戌, 7.13;	選授庶吉士 34 名。 (廿六年、五、庚子、二, 1761.6.4; 散館。)
七、一、癸卯, 8.11;	**梁詩正** 兵尚；(滿)**觀保** 兵左

武　會　試

九、十三、甲寅, 10.21;	**董邦達** 吏右；**張若澄** 翰讀學
十一、一、辛丑, 12.7;	録取**馬全、趙琮、孫庭鏊**等 62 名。

年代	乾隆二六年　辛巳科　(1761) (恩　科)	
知貢舉	三、乙巳;	**熊學鵬** 刑右 三、戊申、九,4.13;改桂撫。 **程景伊** 禮右 三、乙卯、十六,4.20;改派。
主考官	三、六、乙巳,4.10;	正考官 **劉統勳** 協、吏尚 副考官 **于敏中** 户左 (滿)**觀保** 兵右
讀卷官	四、廿、己丑,5.24;	(滿)**來保** 文華 (滿)**觀保** 兵右 **尹繼善** 江督入覲 (滿)**鄂彌達** 協、刑尚 **秦蕙田** 刑尚 **劉統勳** 協、吏尚 **錢汝誠** 刑右 **梁詩正** 兵尚 **劉　綸** 左都
殿試	四、廿一、庚寅,5.25;	四、甲午、廿五,5.29;傳臚: 録取**王杰**、**胡高望**、**趙翼**等 217 名。
館選	五、十八、丙辰,6.20;	選授庶吉士 35 名。 (廿八年、五、己未、三,1763.6.13;散館。)
教習	六、廿一、戊子,7.22;	(滿)**介福** 禮左(翰掌) 廿七年、四、丁丑,1762.5.7;死。 **劉　綸** 兵尚(軍) (滿)**觀保** 吏右(翰掌) 廿七年、閏五、丙子、十四,7.5;授。
	武　會　試	
主考官	九、十三、戊申,10.10;	(知武舉)**張映辰** 兵右 **程景伊** 禮右 **吴　鼎** 翰講學
中式	十一、一、乙未,11.26;	録取**段飛龍**、**李銓**、**楊培楃**等 52 名。

乾隆二八年　癸未科　(1763)	
三、癸亥;	**程景伊** 禮左
三、六、 癸亥, 4.18;	正考官　**秦蕙田** 刑尚 副考官　(滿)**德保** 吏左 **王際華** 兵左
四、廿、 丁未, 6.1;	(滿)**來保** 文華 (滿)**託恩多** 署兵尚 **劉統勳** 東閣 **蔡鴻業** 刑右 **劉　綸** 兵尚 (滿)**雙慶** 禮右 **彭啓豐** 左都 **竇光鼐** 署閣學
四、廿一、 戊申, 6.2;	四、壬子、廿五,6.6;傳臚: 録取**秦大成、沈初、韋謙恒**等 188 名。
五、十、 丙寅, 6.20;	選授庶吉士 29 名。 (卅一年、五、庚午、二,1766.6.8;散館。)
五、卅、 丙戌, 7.10;	(滿)**德保** 吏左 卅年、九、庚辰、七,1765.10.21;順學。 **劉　綸** 協、户尚 卅年、正月,憂免。 (滿)**尹繼善** 武英 卅年、十、乙丑、卅三,1765.12.5;授。 **劉統勳** 東閣 卅年、二、己亥、廿三,1765.3.14;授。
武　會　試	
九、十三、 丁卯, 10.19;	(知武舉)　**蔡長澐** 兵右 **張泰開** 左都 **張映辰** 左副
十一、五、 戊午, 12.9;	録取**德灝、郭元凱、葉時茂**等 51 名。

會試考官年表

年代	乾隆三一年　丙戌科　(1766)	
知貢舉	三、乙亥;	**程　巖** 禮右
主考官	三、六、 乙亥, 4.14;	正考官：(滿)**尹繼善** 文華 副考官：**裘曰修** 户左 **陸宗楷** 吏左
讀卷官	四、廿、 己未, 5.28;	(滿)**尹繼善** 文華 (滿)**鍾音** 兵右 **劉統勳** 東閣 **彭啓豐** 兵尚 **陳宏謀** 協、吏尚 **周　煌** 刑右 **王際華** 户右 (滿)**觀保** 左都
殿試	四、廿一、 庚申, 5.29;	四、甲子、廿五,6.2;傳臚: 録取**張書勳、姚頤、劉躍雲**等 213 名。
館選	五、十四、 辛巳, 6.20;	選授庶吉士 31 名。 (卅四年、五、壬午、一,1769.6.4;散館。)
教習	六、十三、 辛亥, 7.19;	(滿)**鍾音** 兵右 卅二年、八、乙酉、廿四,1767.10.16;改粵撫。 **王際華** 户右 (滿)**觀保** 左都 卅二年、九、癸丑、廿二,1767.11.13;授。
武　會　試		
主考官	九、五、 壬申, 10.8;	(知武舉)　**蔣　檙** 兵右 **劉星煒** 禮左 **李中簡** 講學
中式	十、十五、 辛亥, 11.16;	録取**白成龍、黄宗傑、彭先龍**等 51 名。

乾隆三四年　己丑科　(1769)	
三、己丑;	**金　甡** 禮左
三、六、 己丑, 4.12;	正考官　**劉　綸** 協、吏尚 副考官　(滿)**德保** 吏左
四、十九、 辛未, 5.24;	**劉統勳** 東閣 **陳宏謀** 東閣 (滿)**德保** 吏左 (漢)**英　廉** 户左 **陸宗楷** 兵尚 **蔡　新** 刑尚 **錢維城** 刑左 **張若溎** 刑右 **曹秀先** 工右
四、廿一、 癸酉, 5.26;	四、丁丑、廿五,5.30;**傳臚**: 録取**陳初哲**、**徐天柱**、**陳嗣龍**等 151 名。
五、十六、 丁酉, 6.19;	選授庶吉士 26 名。 (卅六年、四、戊戌、廿八,1771.6.10;散館。)
六、十一、 辛酉, 7.13;	(滿)**全魁** 閣學 **蔣元益** 閣學
武　　會　　試	
九、十三、 壬辰, 10.12;	(知武舉)　**宋綬邦** 兵右 **張若溎** 刑右 **王　杰** 翰講學
十、十五、 癸亥, 11.12;	録取**錢治平**、**金富寧**、**林天洛**等 47 名。

會試考官年表

年代	乾隆三六年　辛卯科　(1771) (太后八十萬壽恩科)	
知貢舉	三、丁未;	**閻循琦** 工左
主考官	三、六、 丁未, 4.20;	正考官：**劉統勳** 東閣 副考官：(滿)**觀保** 左都 **莊存與** 閣學
讀卷官	四、廿、 庚寅, 6.2;	**劉統勳** 東閣 **曹秀先** 吏右 **劉　綸** 文淵 (覺羅)**奉寬** 兵右 (滿)**全魁** 閣學 (滿)**觀保** 左都 **程景伊** 吏尚 **張若溎** 左都
殿試	四、廿一、 辛卯, 6.3;	四、乙未、廿五,6.7;傳臚: 録取**黄軒**、**王增**、**范衷**等 161 名。
館選	五、九、 己酉, 6.21;	選授庶吉士 32 名。 (卅七年、四、甲午、廿九,1772.5.31;散館。)
教習	六、三、 壬申, 7.14;	(覺羅)**奉寬** 兵右 **王　杰** 閣學 **謝　墉** 閣學 十、癸未、十六,11.22;授。
武會試		
主考官	九、十三、 庚戌, 10.20;	(知武舉)**蔣元益** 兵右 **曹秀先** 吏右 **羅源漢** 左副
中式	十、廿、 丁亥, 11.26;	録取**林天彪**、**薛殿元**、**鄭敏**等 50 名。

乾隆三七年　壬辰科　(1772)

三、辛丑；	**倪承寬** 禮右
三、六、辛丑，4.8；	正考官：**劉　綸** 文淵 副考官：(覺羅)**奉寬** 兵右；**汪廷璵** 閣學
四、十九、甲申，5.21；	**劉統勳** 東閣；**程景伊** 吏尚 **劉　綸** 文淵；**蔡　新** 兵尚 (滿)**德風** 閣學；**周　煌** 兵左 **謝　墉** 閣學；(滿)**觀保** 左都
四、廿一、丙戌，5.23；	四、庚寅、廿五，5.27；傳臚： 録取**金榜、孫辰東、俞大猷**等 162 名。
五、十八、壬子，6.18；	選授庶吉士 33 名。 (四十年、四、乙巳、廿八，1775.5.27；散館。)
六、七、辛未，7.7；	(覺羅)**奉寬** 兵右 卅九年、三、辛巳、廿八，1774.5.8；死。 **莊存與** 閣學 卅九年、九月，魯學。 (滿)**嵩貴** 閣學 卅九年、四、己酉、廿七，1774.6.5；授。 **汪廷璵** 閣學 卅九年、十、壬午、二，11.5；授。

武　會　試

九、十五、丁未，10.11；	(知武舉)**周　煌** 兵左 **倪承寬** 禮右；**黄登賢** 左副
十、十五、丙子，11.9；	殿試**李威光、左瑛、趙士魁**等 50 名。

年代	乾隆四十年　乙未科　(1775)	
知貢舉	三、癸丑;	**李宗文** 禮左
主考官	三、六、 癸丑, 4.5;	正考官 **嵇　璜** 兵尚 副考官 **王　杰** 刑右 (滿)**阿肅** 左副
讀卷官	四、廿、 丁酉, 5.19;	(滿)**舒赫德** 武英 **曹秀先** 吏左 **程景伊** 協、吏尚 **梁國治** 户左 (滿)**嵩貴** 閣學 **彭元瑞** 閣學署工右 **董　誥** 閣學 **張若淞** 左都
殿試	四、廿一、 戊戌, 5.20;	四、壬寅、廿五、5.24;傳臚: 録取**吳錫齡**、**汪鏞**、**沈清藻**等158名。
館選	五、十四、 庚申, 6.11;	選授庶吉士40名。 (四三年、四、己未、廿九,1778.5.25;散館。)
教習	五、廿、 丙寅, 6.17;	(滿)**舒赫德** 武英 四二年、四、丁巳、廿二,1777.5.28;死。 **程景伊** 協、吏尚 (漢)**英廉** 協、刑尚 四二年、五、辛卯、廿七,1777.7.1;授
	武　　會　　試	
主考官	九、十三、 戊午, 10.7;	(知武舉)　**周　煌** 兵左 **錢　載** 閣學 **金士松** 講學
中式	十、十五、 己丑, 11.7;	録取**王懋賞**、**彭朝龍**、**德成**等48名。

乾隆四三年　戊戌科　(1778)	
三、丙寅;	**謝　墉** 禮左
三、六、 丙寅, 4.2;	正考官 **于敏中** 文華 副考官 **王　杰** 吏右 (滿)**嵩貴** 閣學
四、十九、 己酉, 5.15;	(滿)**阿桂** 武英 **梁國治** 户尚 **程景伊** 協、吏尚 **蔡　新** 兵尚 **胡望高** 閣學 **嵇　璜** 工尚 **董　誥** 户左 (覺羅)**巴彥學** 左副
四、廿一、 辛亥, 5.17;	四、己卯、廿五,5.21;傳臚: 録取**戴衢亨**、**蔡廷衡**、**孫希旦**等 157 名。
五、十四、 癸酉, 6.8;	選授庶吉士 32 名。 (四五年、五、辛卯、十三,1780.6.15;散館。)
六、六、 甲午, 6.29;	(漢)**英廉** 協、户尚 四四年、三月,署直督,禮尚德保署。 **錢　載** 閣學
武　會　試	
九、五、 辛卯, 10.24;	(知武舉) **周　煌** 兵左 **胡望高** 閣學 **金士松** 詹事
十、十五、 辛未, 12.3;	録取**邢敦行**、**樊雄趑**、**董金鳳**等 48 名。

會試考官年表

年代	乾隆四五年　庚子科　(1780) (恩　科)	
知貢舉	三、乙酉;	**謝　墉** 禮左
主考官	三、六、 乙酉, 4.10;	正考官 (滿)**德保** 禮尚 **曹先秀** 禮尚 副考官 **周　煌** 工尚 **胡望高** 閣學
讀卷官	五、九、 丁亥, 6.11;	(滿)**阿桂** 武英 (滿)**阿肅** 禮左 **嵇　璜** 協、吏尚 **蔡　新** 兵尚 **紀　昀** 閣學 **曹文埴** 兵右 **謝　墉** 吏右 **羅源漢** 左都
殿試	五、十、 戊子, 6.12;	五、癸巳、十五,6.17;傳臚: 録取**汪如洋、江德量、程昌期**等155名。
館選	五、十八、 丙申, 6.20;	選授庶吉士26名。 (四六年、四、壬申、廿九,1781.5.22;散館。)
教習	六、十四、 辛酉, 7.15;	(滿)**阿桂** 武英 **嵇　璜** 協、吏尚
武會試		
主考官	九、十三、 戊子, 10.10;	(知武舉)　**蔡　新** 協、吏尚 (滿)**嵩貴** 閣學 **杜玉林** 刑左
中式	十、十五、 庚申, 11.11;	録取**黃瑞、閻燮和、金殿安**等42名。

乾隆四六年　辛丑科　(1781)

三、己卯;	錢　載 禮左
三、六、己卯,3.30;	正考官：(滿)德保　禮尚 謝　墉　吏右 副考官：沈　初　兵右 吴玉綸　左副
四、廿、癸亥,5.13;	(滿)三寶　東閣 梁國治　户尚 蔡　新　協、吏尚 沈　初　兵右 錢士雲　閣學 杜玉林　刑左 謝　墉　吏右 羅源漢　左都
四、廿一、甲子,5.14;	四、戊辰、廿五,5.18;傳臚: 録取錢棨、陳萬青、汪學金等 169 名。
五、六、戊寅,5.28;	選授庶吉士 32 名。 (四九年、五、乙卯、一,1784.6.18;散館。)
閏五、三、乙巳,6.24;	(漢)英廉　東閣 四八年、八、庚辰、廿一,1783.9.17;死。 梁國治　户尚 (滿)阿桂　武英 (同日授)

武　會　試

九、十五、甲寅,10.31;	(知武舉)　曹文埴　兵右 汪永錫　閣學 葉觀國　講學
十、十一、庚辰,11.26;	録取劉燮、黄國樑、黎大剛等 45 名。

年代	乾隆四九年　甲辰科　(1784)	
知貢舉	三、辛卯;	莊存與 禮右
主考官	三、六、辛卯, 3.26;	正考官：蔡新 文華；(滿)德保 禮尚 副考官：紀昀 兵左；胡望高 工左
讀卷官	四、廿五、己酉, 6.12;	(滿)阿桂 武英；彭元瑞 吏右；蔡新 文華；曹文埴 户右；朱珪 閣學；(滿)達椿 禮左；劉墉 吏尚；(覺羅)巴彥學 左副
殿試	四、廿六、庚戌, 6.13;	四、甲寅、卅, 6.17; 傳臚: 録取茹棻、邵瑛、邵玉清等 112 名。
館選	五、二、丙辰, 6.19;	選授庶吉士 21 名。 (五二年、四、丁巳、廿、1787.6.5; 散館。)
教習	六、廿一、甲辰, 8.6;	(滿)阿桂 武英；嵇璜 文淵
武會試		
主考官	九、十、壬戌, 10.23;	(知武舉) 紀昀 兵左 朱珪 閣學；曹仁虎 右庶子
中式	十、十五、丁酉, 11.27;	録取劉榮慶、李錫、盧廷璋等 45 名。

乾隆五二年　丁未科　(1787)

三、甲戌;	**藍應元** 禮左
三、六、甲戌,4.23;	正考官 **王　杰** 東閣 副考官 **姜　晟** 刑左；(滿)**瑞保** 閣學
四、廿一、戊午,6.6;	(滿)**阿桂** 武英；**劉　墉** 吏尚 **嵇　璜** 文淵；**紀　昀** 禮尚 (滿)**阿肅** 閣學；**彭元瑞** 兵尚 **胡望高** 閣學；**李　綬** 左都
四、廿一、戊午,6.6;	四、壬戌、廿五,6.10;傳臚: 録取**史致光**、**孫星衍**、**董教增**等137名。
五、五、辛未,6.19;	選授庶吉士29名。
六、十一、丁未,7.25;	(滿)**阿桂** 武英；**王　杰** 東閣

武　會　試

九、十、甲戌,10.20;	(知武舉)**汪承霈** 户右兼兵左 **鄒奕孝** 閣學；**劉躍雲** 工右
十、廿、甲寅,11.29;	録取**馬兆瑞**、**侯璜**、**麥應揚**等36名。

會試考官年表

年代		乾隆五四年　己酉科　(1789)
知貢舉	三、癸亥;	(滿)**伊齡阿** 兵左 **汪承霈** 户右
主考官	三、六、癸亥,4.1;	正考官　**王　杰** 東閣 副考官　(滿)**鐵保** 禮右 **管幹珍** 工右
讀卷官	四、廿、丙午,5.14;	**嵇　璜** 文淵 **鄒奕孝** 禮左 (滿)**和珅** 文華 **姜　晟** 刑左 **彭元瑞** 吏尚 (滿)**圖敏** 閣學 **李　綬** 左都 **竇光鼐** 宗人府丞
殿試	四、廿一、丁未,5.15;	四、辛亥、一,5.14;傳臚: 録取**胡長齡**、**汪廷珍**、**劉鳳誥**等 98 名。
館選	五、七、癸亥,5.31;	選授庶吉士 21 人。 (五五年、四、庚辰、卅,1790.6.12;散館。)
教習	五、廿三、己卯,6.16;	(滿)**和珅** 文華 **彭元瑞** 吏尚
武會試		
主考官	九、廿、癸卯,11.7;	(知武舉)　**汪承霈** 户右 **紀　昀** 禮尚 **平　恕** 翰讀學
中式	十、廿、壬申,12.6;	録取**劉國慶**、**馬承基**、**陳四安**等 43 名。

乾隆五五年　庚戌科　(1790) (恩　科)		
三、丙戌;	(滿)鐵保 禮左	姜　晟 刑左
三、六、 丙戌, 4.19;	正考官 王　杰 東閣	副考官 朱　珪 吏左 鄒奕孝 工左
四、廿、 庚午, 6.2;	(滿)阿桂 武英 (滿)和珅 文華 彭元瑞 吏尚 金士松 吏右	(滿)鐵保 禮左 沈　初 兵左 姜　晟 刑左 (滿)玉保 閣學
四、廿一、 辛未, 6.3;	四、乙亥、廿五,6.7;傳臚: 録取**石韞玉、洪亮吉、王宗誠**等 97 名。	
五、三、 癸未, 6.15;	選授庶吉士 24 名。 (五八年、四、辛卯、廿九,1793.6.7;散館。)	
五、十五、 乙未, 6.27;	(滿)和珅 文華	彭元瑞 吏尚
武　　會　　試		
九、十四、 辛卯, 10.21;	(知武舉)　姜　晟 刑左 翁方綱 閣學	平　恕 詹事
十、廿、 丁卯, 11.26;	録取**玉福、曾瓊琲、王萬清**等 41 名。	

年代	乾隆五八年　癸丑科　(1793)	
知貢舉	三、己亥;	(滿)瑚圖禮 閣學　　周興岱 閣學
主考官	三、六、己亥，4.16;	正考官：劉墉 吏尚　　副考官：(滿)鐵保 禮左；吴省欽 工右
讀卷官	四、廿、壬午，5.29;	(滿)阿桂 武英　　金士松 吏左　　王杰 東閣　　劉權之 禮左　　紀昀 禮尚　　(滿)玉保 兵右　　竇光鼐 左都　　(滿)瑚圖禮 閣學
殿試	四、廿一、癸未，5.30;	四、丁未、廿五，6.3;傳臚: 録取潘世恩、陳雲、陳希曾等81名。
館選	四、廿四、丙戌，6.2;	選授庶吉士20名。(六十年、四、辛巳、一，1795.5.18;散館。)
教習	五、十一、壬寅，6.18;	(滿)和珅 文華　　彭元瑞 工尚
武會試		
主考官	九、九、己亥，10.13;	(知武舉) 吴省欽 工左　　周興岱 閣學　　胡長齡 翰講學
中式	十、廿、庚辰，11.23;	録取徐殿颺、鮑友智、周自超等37名。

乾隆六十年　乙卯科（1795） （恩　科）		
三、丁巳；	（滿）鐵保 禮左	方維甸 太常署左副
三、六、丁巳，4.24；	正考官 竇光鼐 左都	副考官 （滿）瑚圖禮 閣學 劉躍雲 禮右
四、十六、丙申，6.2；	（滿）和珅 文華 王　杰 東閣 劉　墉 吏尚 董　誥 户尚	紀　昀 禮尚 金士松 吏左 （滿）鐵保 禮左 吴省欽 工左
四、十七、丁酉，6.3；	四、庚子、廿，6.6；傳臚： 録取王以衙、莫晉、潘世璜等111名。	
四、廿七、丁未，6.13；	選授庶吉士15名。 （嘉元年、四、丙戌、十一，1796.5.17；散館。）	
四、廿八、戊申，6.14；	（滿）和珅 文華	彭元瑞 工尚
武　　會　　試		
九、十二、庚申，10.24；	（知武舉）張若渟 刑左 劉　墉 吏尚	周興岱 禮右
十、廿、丁酉，11.30；	録取邱飛虎、陳崇韜、馮元等32名。	

會試考官年表

年代	嘉慶元年　丙辰科　(1796)	
知貢舉	三、壬子；	(滿)**鐵保** 禮左 **沈　初** 吏左
主考官	三、六、 壬子， 4.13；	正考官 **紀　昀** 禮尚 副考官 **金士松** 左都 **李　潢** 兵右
讀卷官	四、廿、 乙未， 5.26；	(滿)**和珅** 文華 **沈　初** 吏左 **劉　墉** 吏尚 **胡高望** 吏右 **董　誥** 户尚 (滿)**玉保** 兵左 **彭元瑞** 工尚 **吴省蘭** 閣學
殿試	四、廿一、 丙申， 5.27；	四、庚子、廿五，5.31；傳臚： 録取**趙文楷**、**汪守和**、**帥承瀛**等144名。
館選	五、四、 戊申， 6.8；	選授庶吉士25名。 (四年、四、丙辰、廿八，1799.6.1；散館。)
教習	五、五、 己酉， 6.9；	(滿)**和珅** 文華 四年、正月，革。 **彭元瑞** 工尚 (滿)**鐵保** 四年、正月，授。二月，改盛兵。 (滿)**文寧** 四年二月，閣學任。

武會試		
主考官	九、十、 壬子， 10.10；	(知武舉)**李　潢** 兵右 **彭元瑞** 工尚 **吴省蘭** 閣學
中式	十、廿、 壬辰， 11.19；	録取**黄仁勇**、**常鳴盛**、**高适**等35名。

嘉慶四年　己未科（1799）	
三、甲子；	（滿）達椿 閣學　　曹城 禮左
三、六、甲子，4.10；	正考官：朱珪 吏尚　　副考官：劉權之 左都；阮元 户左；（滿）文寧 閣學
四、十九、丁未，5.23；	王杰 東閣　　董鳳三 工右 （滿）慶桂 文淵　　（滿）達椿 閣學 紀昀 禮尚　　（滿）成審 閣學 錢樾 禮右　　陳嗣龍 左副
四、廿一、己酉，5.25；	四、壬子、廿四，5.28；傳臚： 録取姚文田、蘇兆登、王引之等210名。
五、四、辛酉，6.6；	選授庶吉士70名。 （六年、四、丙寅、廿，1801.6.1；散館。）
五、六、癸亥，6.8；	（滿）那彦成 工尚　　朱珪 吏尚
武會試	
十、六、辛卯，11.3；	（知武舉）劉秉恬 兵右 紀昀 禮尚　　陳嗣龍 左副
十、廿、乙巳，11.17；	録取李雲龍、曾大觀、張萬清等64名。

年代	嘉慶六年　辛酉科　(1801)	
知貢舉	三、壬午;	(滿)高　杞 户左 陳嗣龍 左副
主考官	三、六、壬午,4.18;	正考官：(滿)達椿 禮尚；彭元瑞 工尚 副考官：平　恕 兵右；蔣曰綸 工左
讀卷官	四、廿、丙寅,6.1;	王　杰 東閣 李鈞簡 閣學 董　誥 文華 戴聯奎 閣學 周興岱 户右 (蒙)恩普 左副 陳萬全 兵左 陳嗣龍 左副
殿試	四、廿一、丁卯,6.2;	四、辛未、廿五,6.6;傳臚: 録取**顧皋**、**劉彬士**、**鄒家燮**等275名。
館選	五、一、丙子,6.11;	選授庶吉士76名。 (七年、四、己未、十九,1802.5.20;散館。)
教習	五、三、戊寅,6.13;	(滿)英和 禮左 戴衢亨 户左
武會試		
主考官	十、十三、丙辰,11.18;	(知武舉)初彭齡 刑右 祖之望 刑右 茅元銘 少詹
中式	十一、五、戊寅,12.10;	録取**姚大寧**、**滿德坤**、**李廷揚**等54名。

嘉慶七年　壬戌科（1802）

三、丙子；	（滿）**瑚圖靈阿** 刑左 **劉鐶之** 兵右
三、六、丙子，4.7；	正考官 **紀　昀** 禮尚 **熊　枚** 左都 （四、壬寅、二，5.3；命先出闈，署直督。） 副考官 （滿）**玉麟** 閣學 **戴均元** 閣學
四、十九、己未，5.20；	**劉　墉** 體仁 **董　誥** 文華 **劉權之** 吏尚 **朱　珪** 户尚 **彭元瑞** 工尚 （滿）**英和** 户左 **初彭齡** 刑右 （滿）**那彥成** 閣學
四、廿一、辛酉，5.22；	四、乙丑、廿五，5.26；傳臚： 録取**吳廷琛**、**李宗昉**、**朱士彥**等 248 名。
五、一、庚午，5.31；	選授庶吉士 91 名。 （十年、四、癸酉、廿，1850.5.18；散館。）
五、二、辛未，6.1；	（滿）**那彥成** 閣學 （滿）**玉麟** 禮左 九年、六、乙亥、十八，1804.7.24；任。 **彭元瑞** 工尚 八年六月，休（死）。 **潘世恩** 八年七月，兵右。

武　　會　　試

九、十三、辛巳，10.9；	（知武舉）**劉鐶之** 兵左 **戴均元** 閣學 **莫　晉** 翰講學
十、廿、戊午，11.15；	録取**李白玉**、**張大鵬**、**陸鳳翔**等 60 名。

年代	嘉慶十年　乙丑科　(1805)	
知貢舉	三、庚寅;	(滿)**德文** 閣學 **王綬** 閣學
主考官	三、六、 庚寅, 4.5;	正考官：**朱珪** 體仁；**戴衢亨** 户尚 副考官：(蒙)**恩普** 吏右；(滿)**英和** 户左
讀卷官	四、廿、 癸酉, 5.18;	**董誥** 文華 **李鈞簡** 吏左 **劉權之** 禮尚 **戴均元** 吏右 **費淳** 吏尚 (滿)**玉麟** 禮左 **鄒炳泰** 左都 **戴聯奎** 兵左
殿試	四、廿一、 甲戌, 5.19;	四、戊寅、廿五,5.23;傳臚: 録取**彭浚**、**徐頲**、**何凌漢**等 243 名。
館選	五、四、 丁亥, 6.1;	選授庶吉士 81 名。 (十三年、四、戊子、廿二,1808.5.17;散館。)
教習	五、二、 乙酉, 5.30;	(滿)**玉麟** 禮左 **劉鐶之** 户右
武會試		
主考官	九、十三、 壬戌, 11.3;	(知武舉)　**萬承風** 禮右 **顧德慶** 閣學 **李宗瀚** 翰讀學
中式	十、廿、 己亥, 12.10;	録取**張聯元**、**白鳳池**、**孫掄元**等 60 名。

嘉慶十三年　戊辰科　(1808)

三、壬寅;	(滿)**德文** 吏右　**周興岱** 兵右
三、六、壬寅，4.1;	正考官：**董　誥** 文華　**鄒炳泰** 吏尚 副考官：(滿)**秀寧** 閣學　**顧德慶** 閣學
四、廿、丙戌，5.15;	(滿)**瑚圖禮** 吏尚　(覺羅)**桂芳** 禮左 **王懿修** 禮尚　**周興岱** 兵右 **曹振鏞** 工尚　**周兆基** 工左 **潘世恩** 吏左　**陳希曾** 工右
四、廿一、丁亥，5.16;	四、辛卯、廿五，5.20；傳臚： 録取**吴信中**、**謝階樹**、**石承藻**等 261 名。
五、四、己亥，5.28;	選録庶吉士 75 名。 (十四年、四、戊戌、九，1809.5.22；散館。)
五、三、戊戌，5.27;	(滿)**英和** 工左　**陳希曾** 工右

武　會　試

九、六、己巳，10.25;	(知武舉)**邵自昌** 兵左 **戴聯奎** 禮右　**吴　烜** 翰講學
十、廿、壬子，12.7;	録取**徐華清**、**尚永德**、**王世平**等 52 名。

會試考官年表

年代	嘉慶十四年 己巳科 (1809) (恩 科)	
知貢舉	三、丙寅;	(滿)**成書** 兵右 **秦瀛** 左副
主考官	三、六、丙寅,4.20;	正考官 **費淳** 體仁 **王懿修** 禮尚 副考官 (滿)**英和** 户右 (滿)**貴慶** 閣學
讀卷官	四、廿、己酉,6.2;	**董誥** 文華 **曹振鏞** 工尚 **戴衢亨** 協、户尚 **周興岱** 左都 **鄒炳泰** 吏尚 **劉鐶之** 户右 **金光悌** 刑尚 (覺羅)**桂芳** 禮左
殿試	四、廿一、庚戌,6.3;	四、甲寅、廿五,6.7;傳臚: 録取**洪瑩**、**廖金城**、**張岳崧**等241名。
館選	五、九、戊辰,6.21;	選授庶吉士66名。 (十六年、四、丁巳、十,1811.5.31;散館。)
教習	五、七、丙寅,6.19;	(滿)**貴慶** 閣學 **陳希曾** 工左

武會試		
主考官	九、十三、庚午,10.21;	(知武舉) **邵自昌** 兵左 **周興岱** 左都 **朱理** 刑左
中式	十、廿、丁未,11.27;	録取**汪道誠**、**積善**、**張青雲**等57名。

嘉慶十六年　辛未科　(1811)

三、甲寅;	(滿)**榮麟** 閣學　　**吴芳培** 閣學
三、六、甲寅,3.29;	正考官：**董　誥** 文華；**曹振鏞** 户尚 副考官：**胡長齡** 兵右；(滿)**文寧** 閣學
四、廿、丁卯,6.10;	**劉權之** 協、兵尚　　(?)**秀寧** 吏右 (滿)**瑚圖禮** 吏尚　　**萬承風** 兵左 **鄒炳泰** 吏尚　　**陳希曾** 工左 **王懿修** 禮尚　　**汪廷珍** 閣學
四、廿一、戊辰,6.11;	四、壬申、廿五,6.15;傳臚: 録取**蔣立鏞**、**王毓吳**、**吴廷珍**等 237 名。
五、一、戊寅,6.21;	選授庶吉士 69 名。 (十九年、四、戊辰、七,1814.5.26;散館。)
四、廿九、丙子,6.19;	(滿)**文寧** 閣學　　**汪廷珍** 閣學

武　　會　　試

九、七、壬午,10.23;	(知武舉)**帥承瀛** 禮右 **吴芳培** 閣學　　**王宗誠** 詹事
十、廿、乙丑,12.5;	録取**馬殿甲**、**成必超**、**林芳標**等 49 名。

年代	嘉慶十九年　甲戌科　(1814)		
知貢舉	三、丁酉;	(?)**恭普** 兵左	**張鵬展** 通政
主考官	三、六、丁酉,4.25;	正考官 **章煦** 吏尚；**周兆基** 工尚	副考官 **王宗誠** 禮右；(覺羅)**寶興** 閣學
讀卷官	四、廿、辛巳,6.8;	**董誥** 文華；**潘世恩** 户尚；**劉鐶之** 兵尚；**戴均元** 左都	(?)**秀寧** 吏右；**周系英** 兵右；**茹棻** 工左；(?)**恩寧** 閣學
殿試	四、廿一、壬午,6.9;	四、丙戌、廿五,5.13;傳臚: 録取**龍汝言、祝慶蕃、伍長華**等226名。	
館選	五、四、甲午,6.21;	選授庶吉士67名。 (二二年、四、癸巳、廿,1817.6.4;散館。)	
教習	五、一、辛卯,6.18;	(?)**秀寧** 吏左	**姚文田** 閣學
武會試			
主考官	九、十一、戊戌,10.23;	(知武舉) **顧德慶** 吏右 **鮑桂星** 工右	**李宗瀚** 左副
中式	十、廿、丁丑,12.1;	録取**史鵠、楊定泰、閻麟閣**等48名。	

嘉慶二二年　丁丑科　(1817)	
三、己酉;	(?)多山 禮左　　韓鼎晉 太常
三、六、乙酉，4.21;	正考官：曹振鏞 體仁；戴均元 吏尚 副考官：姚文田 户左；(?)秀寧 刑左
四、廿、癸巳，6.4;	(蒙)松筠 武英　　王　鼎 吏左 董　誥 文華　　黄　鉞 户左 劉鐶之 户尚　　王以銜 工左 汪廷珍 左都　　毛　謨 閣學
四、廿一、甲午，6.5;	四、戊戌、廿五，6.9; 傳臚: 録取**吴其濬**、**凌泰封**、**吴清鵬**等 255 名。
五、七、庚戌，6.21;	選授庶吉士 71 名。 (二四年、閏四、己亥、八，1819.5.31; 散館。)
五、三、丙午，6.17;	(?)秀寧 刑左　　汪守和 閣學
武　會　試	
九、九、庚戌，10.19;	(知武舉) 曹師曾 兵右 吴其彦 閣學　　汪潤之 少詹
十、廿、庚寅，11.28;	録取**武鳳來**、**馬維衍**、**王志元**等 46 名。

年代	嘉慶二四年　己卯科　(1819) (恩科)	
知貢舉	三、戊戌;	(蒙)常英 理左　　汪守和 閣學
主考官	三、六、戊戌,3.31;	正考官：戴均元*吏協、吏尚　戴聯奎 兵尚 副考官：王引之 禮左　(滿)那彥成 詹事
卷讀官	四、十九、庚辰,5.12;	(滿)托津 東閣　周系英 吏右 章煦 文淵　姚文田 户右 汪廷珍 禮尚　帥承瀛 刑左 王鼎 吏左　陸以莊 工右
殿試	四、廿一、壬午,5.14;	四、丙戌、廿五,5.18;傳臚: 録取陳沆、楊九畹、胡達源等224名。
館選	閏四、五、丙申,5.28;	選授庶吉士63名。 (二五年、四、戊申、廿三,1820.6.3;散館。)
教習	四、廿九、庚寅,5.22;	(滿)穆彰阿 工左　吴其彦 閣學
武會試		
主考官	九、十一、庚午,10.29;	(知武舉)曹師曾 兵右 吴芳培 吏右　方振 翰讀學
中式	十、廿、己酉,12.7;	録取秦鐘英等43名。

嘉慶二五年　庚辰科　(1820)

三、壬戌;	(滿)**那清安** 禮右　　**杜　堮** 閣學
三、六、壬戌,4.18;	正考官 **盧蔭溥** 户尚　**黄　鉞** 禮尚 副考官 **吴芳培** 刑右　(滿)**善慶** 工右
四、廿、乙巳,5.31;	(滿)**托津** 東閣　　**顧德慶** 吏左 **劉鐶之** 兵尚　　**湯金釗** 禮右 **茹　棻** 工尚　　**王以銜** 工左 **汪廷珍** 左都　　**陸以莊** 工右
四、廿一、丙午,6.1;	四、庚戌、廿五,6.5;傳臚: 録取**陳繼昌**、**許乃普**、**陳鑾**等 246 名。
五、四、己未,6.14;	選授庶吉士 76 名。 (道二年、閏三、乙酉、十,1822.5.1;散館。)
四、卅、乙卯,6.10;	(滿)**穆彰阿** 工左　　**陸以莊** 工右

武　會　試

十、十、癸巳,11.15;	(知武舉)　**王引之** 吏右 **顧德慶** 左都　　**白　鎔** 翰讀學
十一、十九、壬申,12.24;	録取**昌伊蘇**、**李鳳和**、**富成**等 37 名。

年代	道光二年　壬午科　(1822) (恩　科)	
知貢舉	正、廿三、己巳，2.14；	(滿)**廉善** 刑左 **賈允升** 左副
主考官	三、六、辛亥，3.28；	正考官：(滿)**英和** 協、户尚 副考官：**汪廷珍** 禮尚；**湯金釗** 户右；**李宗昉** 禮左
讀卷官	閏三、廿、乙未，5.11；	**曹振鏞** 武英 **王引之** 吏左 (滿)**伯麟** 體仁 **韓文綺** 刑左 **盧蔭溥** 吏尚 **顧　皋** 工右 **初彭齡** 工尚 (滿)**奎照** 閣學
殿試	閏三、廿一、丙申，5.12；	閏三、庚子、廿五，5.16；傳臚： 録取**戴蘭芬、鄭秉恬、羅文俊**等222名。
館選	四、四、戊申，5.24；	選授庶吉士38名。 (三年、四、戊午、十九，1823.5.29；散館。)
教習	四、二、丙午，5.22；	**汪廷珍** 禮尚 (滿)**穆彰阿** 户右

武會試		
主考官	九、十一、壬午，10.25；	(知武舉)　**朱士彦** 兵右 **湯金釗** 户右 **陸以莊** 刑右
中式	十、四、乙巳，11.17；	録取**張雲亭、李蕃阿、程三光**等55名。

道光三年　癸未科　(1823)

正、廿四、甲午，3.6;	**顧　皋** 工右 (滿)**奎耀** 通政
三、六、乙亥，4.16;	正考官：**曹振鏞** 武英 副考官：**汪廷珍** 禮尚 **王引之** 吏左 (滿)**穆彰阿** 户右
四、廿、己未，5.30;	(蒙)**長齡** 文華 (滿)**那清安** 刑尚 **盧蔭溥** 吏尚 **朱士彦** 兵右 **黄　鉞** 户尚 **史致儼** 刑右 **王宗誠** 兵尚 **陳慶嵩** 閣學
四、廿一、庚申，5.31;	四、甲子、廿五，6.4；傳臚： 録取**林召棠**、**王廣蔭**、**周開麒**等 246 名。
五、九、丁丑，6.17;	選授庶吉士 45 名。 (六年、四、辛酉、十，1826.5.16；散館。)
五、六、甲戌，6.14;	(滿)**英和** 户尚 **王引之** 吏左

武　會　試

九、十一、丙子，10.14;	(知武舉)　**朱士彦** 兵右 **王引之** 吏左 **韓鼎晉** 左副
十、廿、乙卯，11.22;	録取**張從龍**、**史殿元**、**黄煃**等 53 名。

會試考官年表

年代		道光六年　丙戌科　(1826)
知貢舉	正、廿三、乙巳，3.1；	(滿)**貴慶** 吏右　　**張鱗** 閣學
主考官	三、六、丁亥，4.12；	正考官：(漢)**蔣攸銛** 體仁　　副考官：**陸以莊** 工尚；**王鼎** 署工左；**湯金釗** 署禮右
讀卷官	四、廿、辛未，5.26；	(滿)**托津** 東閣；**杜堮** 吏右；**曹振鏞** 武英；**李宗昉** 户左；**黄鉞** 户尚；(滿)**武忠額** 兵右；**王引之** 吏左；**韓鼎晉** 左副
殿試	四、廿一、壬申，5.27；	四、丙子、廿五，5.31；傳臚：錄取**朱昌頤、賈楨、方蔚**等265名。
館選	五、四、乙酉，6.9；	選授庶吉士47名。(九年、四、乙酉、廿二，1829.5.24；散館。)
教習	四、卅、辛巳，6.5；	(滿)**玉麟** 兵尚　　**汪廷珍** 禮尚
武會試		
主考官	九、十一、己丑，10.11；	(知武舉)**賈允升** 兵右；**李宗昉** 工右；**白鎔** 閣學
中式	十、廿、戊辰，11.19；	錄取**李相清、崔連魁、丁麟兆**等31名。

道光九年　己丑科　(1829)	
正、廿四、 己未, 2.27;	(滿)鐘昌 刑右 史致儼 禮右
三、六、 庚子, 4.9;	正考官 曹振鏞 武英 副考官 (滿)玉麟 兵尚 朱士彥 兵左 李宗昉 户右 吴　椿 光禄
四、廿、 癸未, 5.22;	(蒙)長齡 文華 潘世恩 左都 盧蔭溥 吏尚 杜　堮 吏左 王　鼎 户尚 (覺羅)寶興 兵左 陳若霖 刑尚 朱方增 閣學
四、廿一、 甲申, 5.23;	四、丁亥、廿四,5.26;傳臚; 録取李振鈞、錢福昌、朱蘭等 221 名。
五、七、 庚子, 6.8;	選授庶吉士 52 名。 (十二年、四、己亥、廿三,1832.5.22;散館。)
五、五、 戊戌, 6.6;	(滿)穆彰阿 工尚 李宗昉 户左
武　會　試	
九、四、 乙未, 10.1;	(知武舉)　朱士彥 兵左 汪守和 户左 楊懌曾 禮右
十一、一、 辛卯, 11.26;	録取吴鉞、秦定三、張斯奎等 36 名。

年代	道光十二年　壬辰科　(1832)		
知貢舉	正、廿二、庚午，2.23；	(宗室)**鐵麟** 兵右	**申啓賢** 吏右
主考官	三、六、癸丑，4.6；	正考官 **潘世恩** 吏尚	副考官 **戴敦元** 刑尚 (滿)**穆彰阿** 工尚 **朱士彥** 工尚
讀卷官	四、廿、丙申，5.19；	**曹振鏞** 武英 (蒙)**富俊** 東閣 **白　鎔** 左都 **湯金釗** 吏左	**李宗昉** 户右 (滿)**恩銘** 刑右 **吴　椿** 工左 (滿)**奎照** 理右
殿試	四、廿一、丁酉，5.20；	四、辛丑、廿五，5.24；傳臚： 録取**吴鍾駿**、**朱鳳標**、**季芝昌**等 206 名。	
館選	五、四、庚戌，6.2；	選授庶吉士 54 名。 (十三年、四、己未、十九，1833.6.6；散館。)	
教習	四、卅、丙午，5.29；	**朱士彥** 工尚 十、辛亥；卸。 **潘世恩** 吏尚 十、辛亥、九，11.30；任。	(滿)**奎照** 理右(工左、刑右) 九、丁卯、廿四，10.17；改泰寧鎮。 (滿)**恩銘** 工左 九、辛未、廿八，10.21；任。
武　會　試			
主考官	九、十一、甲寅，10.4；	(知武舉)　**姚元之** 閣學 **陳用光** 禮右	**朱爲弼** 左副
中式	十、廿、壬戌，12.11；	録取**李廣金**、**張金甲**、**郝騰蛟**等 73 名。	

道光十三年　癸巳科　(1833)

正、廿三、乙未，3.14；	(滿)**德春** 左副　　**湯金釗** 户左
三、六、丁丑，4.25；	正考官：**曹振鏞** 武英 副考官：**阮　元** 協、雲督(入覲)；**那清安** 兵尚；(滿)**恩銘** 工左
四、廿、庚申、6.7；	(蒙)**富俊** 東閣　　**朱爲弼** 兵左 **王　鼎** 户尚　　**史致儼** 刑左 **李宗昉** 吏右　　**吴　椿** 工左 (宗室)**鐵麟** 兵左　　(宗室)**恩桂** 閣學
四、廿一、辛酉，6.8；	五、辛未、一，6.18；傳臚： 録取**汪鳴相、曹履泰、蔣元溥**等 222 名。
六、六、乙巳，7.22；	選授庶吉士 59 名。 (十五年、四、壬子、廿三，1835.5.20；散館。)
六、一、庚子，7.17；	**潘世恩** **體仁　　(滿)**穆彰阿** 户尚

武　　會　　試

九、十一、戊寅，10.23；	(知武舉)　**龔守正** 兵右 **白　鎔** 工尚　　**胡達源** 少詹
	(原缺) 本科因考官屈抑人材，白鎔降大理，胡達源降侍講(十、乙丑、廿八，12.9)。中式名單未見，另上諭(十一、丁卯、一，12.11)中述及中式武舉成績最佳者有牛鳳山、孫和平兩名，可能即是一甲。

年代	道光十五年　乙未科　(1835)	
知貢舉	正、廿一、辛巳，2.18；	(?)**惟勤** 左副　　**程恩澤** 工右
主考官	三、六、乙丑，4.3；	正考官：(滿)**穆彰阿** 協、吏尚　　副考官：**何淩漢** 工尚；(滿)**文慶** 吏右；**張　鱗** 吏右
讀卷官	四、廿、己酉，5.17；	(蒙)**長齡** 文華　　**姚元之** 户左 **潘世恩** 東閣　　**吴　傑** 工右 **史致儼** 刑尚　　**陳官俊** 閣學 (滿)**文慶** 吏右　　**卓秉恬** 閣學
殿試	四、廿一、庚戌，5.18；	四、甲寅、廿五，5.22；傳臚： 録取**劉繹**、**曹聯桂**、**喬晉芳**等 272 名。
館選	五、六、甲子，6.1；	選授庶吉士 54 名。 (十六年、四、辛未、十九，1836.6.2；散館。)
教習	五、一、己未，5.27；	(滿)**穆彰阿** 協、吏尚　　**何淩漢** 工尚
武會試		
主考官	九、十一、丁酉，11.1；	(知武舉)　**史　譜** 兵右 **陳嵩慶** 禮右　　**潘錫恩** 左副
中式	十、廿、乙亥，12.9；	録取**波啓善**、**奚應龍**、**鞠殿華**等 59 名。

道光十六年　丙申科　(1836)
(恩　科)

<table>
<tr><td>正、廿三、
丁未,
3.10;</td><td>(宗室)恩桂
吏右</td><td>陳官俊
閣學</td></tr>
<tr><td>三、六、
己丑,
4.21;</td><td>正考官
潘世恩
東閣</td><td>副考官
王　鼎
協、户尚
吴　傑
工右
王　植
閣學</td></tr>
<tr><td>四、廿、
壬申,
6.3;</td><td>(蒙)長齡
文華
阮　元
體仁
(滿)成格
刑尚
程恩澤
户右</td><td>卓秉恬
禮左
廖鴻荃
兵左
史　譜
兵右
王　植
閣學</td></tr>
<tr><td>四、廿一、
癸酉,
6.4;</td><td colspan="2">四、丁丑、廿五,6.8;傳臚:
録取林鴻年、何冠英、蘇敬衡等 172 名。</td></tr>
<tr><td>五、七、
己丑,
6.20;</td><td colspan="2">選授庶吉士 39 名。
(十八年、四、壬戌、廿一,1838.5.14;散館。)</td></tr>
<tr><td>五、五、
丁亥,
6.18;</td><td>阮　元
體仁</td><td>(滿)穆彰阿
協、吏尚</td></tr>
</table>

武　會　試

<table>
<tr><td>九、十二、
壬辰,
10.21;</td><td colspan="2">(知武舉)　姚元之
刑右</td></tr>
<tr><td></td><td>卓秉恬
吏左</td><td>吴文鎔
閣學</td></tr>
<tr><td>十、廿、
庚午,
11.28;</td><td colspan="2">録取王瑞、方臺、金連元等 60 名。</td></tr>
</table>

年代	道光十八年　戊戌科　(1838)	
知貢舉	正、廿三、丙申，2.17；	(宗室)**恩桂** 工右 **王瑋慶** 左副
主考官	三、六、戊寅，3.31；	正考官：(滿)**穆彰阿** 武英；**朱士彥** 兵尚 副考官：**吴文鎔** 禮右；**廖鴻荃** 工右
讀卷官	四、廿、辛酉，5.13；	**潘世恩** 武英 (滿)**恩銘** 刑左 **湯金釗** 吏尚 **沈維鐈** 工左 (滿)**文慶** 户左 **卓秉恬** 左都 **吴文鎔** 禮右 (？)**善燾** 左副
殿試	四、廿一、壬戌，5.14；	四、乙丑、廿四，5.17；傳臚： 録取**福保**、**金國鈞**、**江國霖**等 183 名。
館選	閏四、三、甲戌，5.26；	選授庶吉士 50 名。 (廿年、四、壬午、廿二，1840.5.23；散館。)
教習	四、廿九、庚午，5.22；	**湯金釗** 吏尚 (滿)**文慶** 户左
武會試		
主考官	九、十一、己酉，10.28；	(知武舉)**沈　岐** 禮左 **李振祜** 工右 **王煒慶** 左副
中式	十、十九、丁亥，12.5；	録取**郝光甲**、**佟攀梅**等 46 名。 (原榜未取第一甲第三名。)

道光二十年　庚子科　(1840)		
正、廿七、戊午,2.29;	(滿)**文蔚** 工左	**趙　光** 太常
三、六、丙申,4.7;	正考官 **潘世恩** 武英	副考官 (滿)**隆文** 户尚 **龔守正** 禮尚 **王煒慶** 户右
四、廿、庚辰,5.21;	**潘世恩** 武英 **湯金釗** 吏尚 **祁　𡒉** 刑尚 **廖鴻荃** 工尚	**沈　岐** 左都 (滿)**麟魁** 刑左 **王　植** 刑左 **馮　芝** 禮右
四、廿一、辛巳,5.22;	四、乙酉、廿五,5.26;傳臚: 録取**李承霖、馮桂芬、張百揆**等 180 名。	
五、八、丁酉,6.7;	選授庶吉士 55 名。 (二一年、閏三、癸酉、十九,1841.5.9;散館。)	
五、四、癸巳,6.3;	**王　鼎** **東閣	(滿)**隆文** 户尚
武　會　試		
九、十一、戊戌,10.6;	(知武舉) **魏元烺** 兵右 **潘錫恩** 吏右	**李　煌** 少詹
十、五、辛酉,10.29;	録取**趙雲鵬、王萬壽、李壽春**等 71 名。	

年代	道光二一年　辛丑科　(1841)	
知貢舉	正、廿三、己酉，2.14；	(滿)慧成 通政 李品芳 閣學
主考官	三、六、辛卯，3.28；	正考官：王鼎 東閣 副考官：祁寯藻 兵尚；(滿)文蔚 户左；杜受田 工左
讀卷官	四、廿、甲辰，6.9；	王鼎 東閣 (宗室)德誠 刑右 卓秉恬 吏尚 李品芳 閣學 龔守正 禮尚 李煌 閣學 許乃普 兵尚 (滿)慧成 通政
殿試	四、廿一、乙巳，6.10；	四、己酉、廿五，6.14；傳臚： 録取龍啓瑞、龔寶蓮、胡家玉等202名。
館選	五、六、己未，6.24；	選授庶吉士66名。 (二四年、四、戊午、廿二，1844.6.7；散館。)
教習	五、一、甲寅，6.19；	(滿)穆彰阿 文華 祁寯藻 户尚
武會試		
主考官	九、十一、壬戌，10.25；	(知武舉)朱嶟 兵左 王炳瀛 閣學 帥承瀚 左副
中式	十、五、乙酉，11.17；	録取德麟、王振隆、劉宗漢等71名。

道光二四年　甲辰科　(1844)

正、十八、 乙酉, 3.6;	**馮　芝** 禮右 二、甲寅、十七,4.4;病免,侯桐代。 **侯　桐** 吏右 (滿)**舒興阿** 兵右
三、四、 辛未, 4.21;	正考官 **陳官俊** 工尚 副考官 (滿)**文慶** 左都 **徐士芬** 工左
四、廿、 丙辰, 6.5;	**潘世恩** 武英 (滿)**特登額** 禮尚 **許乃普** 兵尚 (滿)**文慶** 左都 **侯　桐** 吏右 **朱　嶟** 兵左 **賈　楨** 工右 **羅文俊** 閣學
四、廿一、 丁巳, 6.6;	四、辛酉、廿五,6.10;傳臚: 録取**孫毓溎**、**周學濬**、**馮培元**等 209 名。
五、五、 辛未, 6.20;	選授庶吉士 44 名。 (二五年、四、壬子、廿二,1845.5.27;散館。)
五、一、 丁卯, 6.16;	**潘世恩** **武英 (滿)**文慶** 左都

武　會　試

九、十一、 乙亥, 10.22;	(知武舉)　**趙　光** 閣學 **侯　桐** 吏右 **羅文俊** 閣學
十、五、 戊戌, 11.14;	録取**張殿華**、**錢昱**、**劉清江**等 84 名。

年代	道光二五年　乙巳科　(1845)	
知貢舉	正、十八、庚辰，2.24;	(蒙)**瑞常** 閣學　　**黃　琮** 太僕
主考官	三、六、丁卯、4.12;	正考官：(滿)**穆彰阿** 文華 副考官：**許乃普** 兵尚　**賈　楨** 户右　**周祖培** 工右
讀卷官	四、廿、庚戌，5.25;	(滿)**穆彰阿** 文華　　**朱　嶟** 兵左 (滿)**特登額** 禮尚　　(滿)**福濟** 工左 **侯　桐** 吏右　　**周祖培** 工右 **馮　芝** 禮左　　**羅文俊** 閣學
殿試	四、廿一、辛亥，5.26;	四、乙卯、廿五，5.30；傳臚： 録取**蕭錦忠**、**金鶴清**、**吴福年**等217名。
館選	五、五、乙丑，6.9;	選授庶吉士51名。 (二七年、四、丁卯、十九，1847.6.1；散館。)
教習	五、一、辛酉，6.5;	**祁寯藻** 户尚　　(滿)**福濟** 工右
武會試		
主考官	九、十一、己巳，10.11;	(知武舉)**羅文俊** 工左 **周祖培** 工右　　**孫銘恩** 翰講學
中式	十、三、辛卯，11.2;	録取**吴德新**、**蕙楷**、**趙鴻舉**等69名。

道光二七年　丁未科　(1847)	
正、廿二、 壬寅, 3.8;	(宗室)**靈桂**　左副 **季芝昌**　吏左
三、六、 乙酉, 4.20;	正考官　**潘世恩**　武英 副考官　**杜受田**　工尚 **朱鳳標**　閣學 (滿)**福濟**　吏右
四、廿、 戊辰, 6.2;	(覺羅)**寶興**　文淵 **吳鍾駿**　禮右 **陳官俊**　吏尚 **朱鳳標**　兵右 **魏元烺**　禮尚 **黄　琮**　閣學 **季芝昌**　吏左 **李嘉端**　閣學
四、廿一、 己巳, 6.3;	四、癸酉、廿五,6.7;傳臚: 録取**張之萬**、**袁績懋**、**龐鍾璐**等 231 名。
五、五、 癸未, 6.17;	選授庶吉士 53 名。 (三十年、四、癸未、廿一,1850.6.1;散館。)
五、三、 辛巳, 6.15;	(滿)**文慶**　兵尚 **張　芾**　工右
武會試	
九、十一、 丁亥, 10.19;	(知武舉)**黄　琮**　兵右 **曾國藩**　閣學 **王慶雲**　翰講學
十、四、 庚戌, 11.11;	録取**李信**、**姜國仲**等 88 名。 (原缺第一甲第三名。)

年代	道光三十年　庚戌科　(1850)		
知貢舉	正、廿九、壬戌，3.12；	(蒙)**花沙納** 吏左	**周祖培** 刑左 正、癸亥、卅，3.13；辦秋審，改派邵燦。 **邵　燦** 大理
主考官	三、六、戊戌，4.17；	正考官 **卓秉恬** 體仁	副考官 **賈　楨** 吏尚 (蒙)**花沙納** 左都 **孫葆元** 兵左
讀卷官	四、廿、壬午，5.31；	**祁寯藻** 協、户尚 **賈　楨** 吏尚 **孫瑞珍** 禮尚 (蒙)**柏　葰** 兵尚	**杜受田** 工尚 **周祖培** 刑左 (宗室)**靈桂** 工右 **車克慎** 閣學
殿試	四、廿一、癸未，6.1；	四、丁亥、廿五，6.5；傳臚： 録取**陸增祥**、**許其光**、**謝增**等209名。	
館選	五、四、乙未，6.13；	選授庶吉士55名。 (咸二年、四、辛丑、廿一，1852.6.8；散館。)	
教習	四、廿九、辛卯，6.9；	**杜受田** 工尚	(蒙)**瑞常** 吏左
武會試			
主考官	九、十一、己亥，10.15；	(知武舉)　**孫葆元** 兵左 **王廣蔭** 工尚	**萬青藜** 翰讀學
中式	十、四、壬戌，11.7；	録取**彭陽春**、**岳汝忠**等52名。 (原缺第一甲第三名。)	

咸豐二年　壬子（1852）
（恩　科）

正、廿三、甲戌，3.13；	（蒙）**瑞常** 吏左　**羅惇衍** 通政
三、六、丙辰，4.24；	正考官：**周祖培** 刑尚 副考官：**杜　翮** 兵右；（宗室）**載齡** 閣學；**何桂清** 户右
四、廿、庚子，6.7；	（滿）**裕誠** 文華　（蒙）**花沙納** 左都 **杜受田** 協　**朱鳳標** 左都 （蒙）**柏葰** 吏尚　**沈兆霖** 吏右 **翁心存** 工尚　（滿）**德興** 户左
四、廿一、辛丑，6.8；	四、乙巳、廿五，6.12；傳臚： 録取**章鋆、楊泗孫、潘祖蔭**等239名。
五、七、丁巳，6.24；	選授庶吉士82人。 （三年、四、丙申、廿二，1853.5.29；散館。）
五、六、丙辰，6.23；	**賈　楨** 吏尚　（滿）**德興** 户左

武　會　試

九、十二、己未，10.24；	（知武舉）**趙　光** 兵左 **翁心存** 工尚　**龍元僖** 翰讀學
十、五、壬午，11.16；	録取**田在田、張虎臣、趙玉瀾**等54名。

會試考官年表

年代	咸豐三年　癸丑（1853）	
知貢舉	正、廿二、丁卯，3.1；	（宗室）**載齡** 左副 **趙　光** 兵左
主考官	三、六、庚戌，4.13；	正考官：（漢）**徐澤醇** 禮尚 副考官：**邵　燦** 吏左 **潘曾瑩** 閣學
讀卷官	四、廿、甲午，5.27；	**賈　楨** 協、吏尚 **邵　燦** 吏左 （蒙）**柏葰** 吏尚 （滿）**全慶** 户左 （滿）**文慶** 户尚 **許乃普** 刑右 （漢）**徐澤醇** 禮尚 （滿）**文瑞** 左副
殿試	四、廿一、乙未，5.28；	四、己亥、廿五，6.1；傳臚： 録取**孫如僅、吴鳳藻、吕朝瑞**等 222 名。
館選	五、八、壬子，6.14；	選授庶吉士 65 名。 （六年、四、戊申、廿二，1856.5.25；散館。）
教習	五、四、戊申，6.10；	**祁寯藻** 體仁 （蒙）**柏葰** 吏尚
武會試		
主考官	九、十一、癸丑，10.13；	（知武舉）**李維翰** 禮左 **朱鳳標** 左都 **何彤雲** 翰講學
中式	十、廿、辛卯，11.20；	録取**温長湧、王虎臣、許夢魁**等 26 名。

咸豐六年　丙辰科　(1856)	
	(原缺)
三、六、 癸亥, 4.10;	正考官　**彭蘊章** **文淵 副考官　(滿)**全慶** 工尚 **許乃普** 左都 **劉　崑** 閣學
四、十九、 乙巳, 5.22;	(滿)**裕誠** 文華 **何彤雲** 户右 **賈　楨** 武英 **車克慎** 署兵右 **朱鳳標** 户尚 **杜　翰** 工左 (滿)**全慶** 工尚 (滿)**景廉** 閣學
四、廿一、 丁未, 5.24;	四、辛亥、廿六,5.28;傳臚: 録取**翁同龢**、**孫毓汶**、**洪昌燕**等 216 名。
五、六、 壬戌, 6.8;	選授庶吉士 60 名。 (九年、四、丁卯、廿七,1859.5.29;散館。)
五、二、 戊午, 6.4;	**賈　楨** 武英 六、乙卯、卅,7.31;憂免。 (滿)**麟魁** 刑尚 **朱鳳標** 户尚
武　會　試	
九、十三、 丁卯, 10.11;	(原缺知武舉) **趙　光** 刑尚 **殷兆鏞** 翰講學
十、五、 己丑, 11.2;	録取**王世清**、**韋應麒**、**藍家麟**等 38 名。

年代	咸豐九年　己未科（1859）	
知貢舉	正、廿四、乙未，2.26；	（滿）文祥 吏右　　梁瀚 左副
主考官	三、六、丙子，4.8；	正考官：賈楨 吏尚　　副考官：趙光 刑尚；沈兆霖 户左；（？）成琦 工右
讀卷官	四、廿、庚申，5.22；	周祖培 協、户尚　　（蒙）瑞常 刑尚 賈楨 吏尚　　梁瀚 左副 （滿）麟魁 禮尚　　潘曾瑩 工左 朱嶟 禮尚　　（宗室）載齡 閣學
殿試	四、廿一、辛酉，5.23；	四、乙丑、廿五，5.27；傳臚： 録取孫家鼐、孫念祖、李文田等180名。
館選	五、三、壬申，6.3；	選授庶吉士39名。 （十年、閏三、丁巳、廿三，1860.5.13；散館。）
教習	四、廿八、戊辰，5.30；	（滿）全慶 兵尚　　趙光 刑尚
武會試		
主考官		（原缺）
中式	十、五、辛丑，10.30；	録取韓金甲、杜遇春、李上崙等29名。

咸豐十年 庚申科 (1860)
(恩　科)

正、廿四、 己丑, 2.15;	(宗室)靈桂 刑左 楊式穀 禮右
三、六、 庚午, 3.27;	正考官 周祖培 協、户尚 副考官 (滿)全慶 吏尚 朱　嶟 禮尚 杜　翰 署吏右
四、廿、 甲申, 6.9;	(滿)瑞麟 文淵 匡　源 吏左 周祖培 協、户尚 劉　崐 户左 (蒙)瑞常 刑尚 宜　振 閣學署禮左 沈兆霖 左都 潘曾瑩 工左
四、廿一、 乙酉, 6.10;	四、壬辰、廿八,6.17;傳臚: 録取鍾駿聲、林彭年、歐陽保極等 183 名。
五、九、 壬寅, 6.27;	選授庶吉士 37 名。 (同治元年、四、丁丑、廿五,1862.5.23;散館。)
	(原缺)

武　會　試
(咸豐十一年、辛酉、1861)

十、十三、 戊辰, 11.15;	(知武舉)王發桂 左副 趙　光 刑尚 楊秉璋 翰講學
十一、五、 己丑, 12.6;	録取馬鴻圖、劉英傑、德壽等 25 名。

年代		同治元年 壬戌 (1862) (恩 科)
知貢舉	正、廿二、乙巳，2.20；	(宗室)**綿宜** 閣學 **董恂** 户右 二、戊午、五，3.5；兼署兵左，卸。 **桑春榮** 閣學
主考官	三、六、戊子，4.4；	正考官：(蒙)**倭仁** 工尚 副考官：**萬青藜** 兵尚 **鄭敦謹** 大理署户左 (滿)**熙麟** 户右
讀卷官	四、廿九、辛巳，5.27；	(滿)**桂良** 文華 **萬青藜** 兵尚 **周祖培** 體仁 (宗室)**載齡** 吏左 (蒙)**瑞常** 吏尚 (滿)**熙麟** 户右 **朱鳳標** 吏尚 **沈桂芬** 禮左
殿試	五、一、壬午，5.28；	五、丙戌、五，6.1；傳臚： 録取**徐郙**、**何金壽**、**温忠翰**等193名。
館選	六、廿三、甲戌，7.19；	選授庶吉士49名。 (二年、四、辛丑、廿五，1863.6.11；散館。)
教習	五、十八、己亥，6.14；	**賈楨** 武英 (蒙)**倭仁** 工尚
武會試		
主考官	九、十三、壬戌，11.4；	(知武舉) **齊承彦** 刑左 **趙光** 刑尚 **楊秉璋** 翰講學
中式	十、五、甲申，11.26；	録取**史天祥**、**徐壽春**、**劉其昌**等43名。

同治二年　癸亥科（1863）

正、廿四、 辛未, 3.13;	(滿)**全慶** 閣學	**單懋謙** 吏左 二、乙酉、九,3.27;遷左都,卸。 二、己丑、十三,3.31;補派。 **桑春榮** 閣學
三、六、 壬子, 4.23;	正考官 **李棠階** 工尚	副考官 (宗室)**載齡** 左都 **單懋謙** 左都 **沈桂芬** 户左
四、廿、 丙申, 6.6;	(蒙)**倭仁** 文淵 (蒙)**瑞常** 協、吏尚 (滿)**寶鋆** 户尚 **萬青藜** 兵尚	**孫葆元** 吏左 (滿)**全慶** 閣學 **桑春榮** 閣學 **殷兆鏞** 閣學
四、廿一、 丁酉, 6.7;	四、辛丑、廿五,6.11;傳臚: 録取**翁曾源**、**龔承鈞**、**張之洞**等200名。	
五、九、 甲寅, 6.24;	選授庶吉士56名。 (四年、四、壬辰、廿八,1865.5.22;散館。)	
五、五、 庚戌, 6.20;	(蒙)**瑞常** 協、吏尚	**朱鳳標** 吏尚

武　會　試

九、十三、 丁巳, 10.25;	(知武舉)**桑春榮** 閣學署兵右 **孫葆元** 吏左	**孫鏘鳴** 翰讀學
十、五、 戊寅, 11.15;	録取**黄大元**、**岳金堂**、**敦鳳舉**等49名。	

會試考官年表

年代	同治四年　乙丑　(1865)	
知貢舉	正、廿五、辛酉，2.20；	(滿)毓祿 工右 汪元方 禮右
主考官	三、六、辛丑，4.1；	正考官：賈　楨 武英 副考官：(滿)寶鋆 户尚；譚廷襄 刑右；桑春榮 閣學
讀卷官	四、廿、甲申，5.14；	(蒙)瑞常 吏尚 畢道遠 兵左 朱鳳標 吏尚 (宗室)延煦 閣學 董　恂 户右 桑春榮 閣學 (宗室)綿宜 禮右 (滿)景霖 左副
殿試	四、廿一、乙酉，5.15；	四、己丑、廿五，5.19；傳臚： 録取崇綺、于建章、楊霽等265名。
館選	五、九、癸卯，6.2；	選授庶吉士77名。 (七年、四、丙午、廿八，1868.5.20；散館。)
教習	五、九、癸卯，6.2；	周祖培 體仁 同六、四、己丑、六，1867.5.9；死。 (滿)全慶 左都 賈　楨 武英 同六、四、癸卯、廿，5.23；任。
武會試		
主考官	九、十三、乙亥，11.1；	(知武舉)殷兆鏞 閣學 賀壽慈 左副 夏同善 翰講學
中式	十、五、丙申，11.22；	録取張蜀錦、桂林香、侯會同等83名。

同治七年　戊辰科　(1868)

正、廿四、癸酉，2.17；	(滿)**魁齡** 工左；**龐鍾璐** 禮左
三、六、甲寅，3.29；	正考官：**朱鳳標** 協、吏尚 副考官：(滿)**文祥** 吏尚；**董　恂** 兵尚；(滿)**繼格** 左副
四、廿、戊戌，5.12；	(蒙)**倭仁** 文淵；(滿)**魁齡** 工左 **單懋謙** 吏尚；**潘祖蔭** 工右 (滿)**全慶** 禮尚；**王祖培** 閣學 **鮑源深** 左副；(滿)**繼格** 左副
四、廿一、己亥，5.13；	四、癸卯、廿五，5.17；傳臚： 録取**洪鈞、黄自元、王文在**等 270 名。
閏四、九、丙辰，5.30；	選授庶吉士 84 名。 (十年、四、丁亥、廿八，1871.6.15；散館。)
閏四、六、癸丑，5.27；	(蒙)**瑞常** 協、工尚；**單懋謙** 吏尚

武　會　試

九、十三、丁亥，10.28；	(知武舉)**黄　倬** 兵右 **單懋謙** 吏尚；**馬恩溥** 翰讀學
十、五、戊申，11.18；	録取**陳桂芬、謝子元、張光斗**等 78 名。

會試考官年表

年代	同治十年　辛未科　(1871)	
知貢舉	正、廿四、甲寅，3.14；	(滿)**志和** 刑左 **潘祖蔭** 户左
主考官	三、六、丙申，4.25；	正考官：**朱鳳標** 體仁 副考官：**毛昶熙** 工尚；(滿)**皁保** 左都；(?)**常恩** 閣學
讀卷官	四、廿一、庚辰，6.8；	(蒙)**瑞常** 文淵 **龐鍾璐** 左都 (滿)**寶鋆** 户尚 (宗室)**延煦** 户左 (滿)**全慶** 刑尚 **黃　倬** 兵右 **毛昶熙** 工尚 **劉有銘** 左副
殿試	四、廿二、辛巳，6.9；	四、甲申、廿五，6.12；傳臚： 録取**梁燿樞**、**高岳崧**、**郁崑**等 223 名。
館選	五、四、癸巳，6.21；	選授庶吉士 90 名。 (十三年、四、庚子、廿八，1874.6.12；散館。)
教習	五、一、庚寅，6.18；	(宗室)**載齡** 兵尚 **李鴻藻** 户右
武會試		
主考官	九、十三、庚子，10.26；	(知武舉)**黃　倬** 禮左 **龐鍾璐** 刑尚 **潘祖蔭** 户左
中式	十、五、壬戌，11.17；	録取**丁錦堂**、**王可相**、**佟在田**等 92 名。

同治十三年　甲戌　(1874)

正、廿五、己巳，3.13；	(?)恩興 左副	夏同善 兵右
三、六、戊申，4.21；	正考官 萬青藜 禮尚	副考官 (滿)崇實 刑尚 李鴻藻 工尚 (滿)魁齡 吏左
四、廿、壬辰，6.4；	毛昶熙 吏尚 董　恂 户尚 桑春榮 刑尚 賀壽慈 左都	黄　倬 禮左 (漢)徐桐 禮右 龔自閎 閣學 童　華 左副
四、廿一、癸巳，6.5；	四、丁酉、廿五，6.9；傳臚： 録取陸潤庠、譚宗浚、黄貽楫等 337 名。	
五、十、辛亥，6.23；	選授庶吉士 90 名。 (光緒二年、四、己丑、廿八，1876.5.21；散館。)	
五、四、乙巳，6.17；	(滿)寶鋆 協、吏尚	毛昶熙 吏尚

武　會　試

九、十二、辛亥，10.21；	(知武舉)　夏同善 兵右 童　華 左副	許應騤 翰講學
十、五、甲戌，11.13；	録取張鳳鳴、趙瑞雲、劉雲會等 155 名。	

會試考官年表

年代	光緒二年　丙子科　(1876) （恩　科）	
知貢舉		（原缺）
主考官	三、六、 戊戌， 3.31；	正考官　**董　恂** 户尚 副考官　**桑春榮** 刑尚　（蒙）**崇綺** 吏右　**黄　倬** 禮左
讀卷官	四、廿、 辛巳， 5.13；	**沈桂芬** 協、兵尚　**潘祖蔭** 禮左 **毛昶熙** 吏尚　**袁保恒** 刑左 （滿）**魁齡** 工尚　**周壽昌** 閣學 **殷兆鏞** 户左　（滿）**烏拉喜崇阿** 兵右
殿試	四、廿一、 壬午， 5.14；	四、丙戌、廿五，5.18；傳臚： 録取**曹鴻勛、王賡榮、馮文蔚**等 324 名。
館選	五、十二、 壬寅， 6.3；	選授庶吉士 89 名。 （三年、四、癸丑、廿八，1877.6.9；散館。）
教習	五、一、 辛卯， 5.23；	（滿）**景廉** 左都　**殷兆鏞** 户左
武會試		
主考官	九、十一、 戊辰， 10.27；	（知武舉）**童　華** 左副 **袁保恒** 刑左　**徐致祥** 翰講學
中式	十、五、 壬辰， 11.20；	録取**宋鴻圖、張忠祥、景慶**等 107 名。

光緒三年　丁丑科（1877）

	（原缺）
三、六、壬戌，4.19；	正考官：（滿）**寶鋆** 武英 副考官：**毛昶熙** 吏尚；**錢寶廉** 刑右；（宗室）**崑岡** 閣學
四、廿、乙巳，6.1；	**李鴻藻** 工尚　**錢寶廉** 刑右 **萬青藜** 禮尚　（宗室）**麟書** 刑右 （漢）**徐　桐** 吏右　（宗室）**崑岡** 閣學 **夏同善** 兵右　**童　華** 左副
四、廿一、丙午，6.2；	四、庚戌、廿五，6.6；傳臚： 録取**王仁堪**、**余聯沅**、**朱賡颺**等 329 名。
五、十、甲子，6.20；	選授庶吉士 78 人。 （六年、四、乙丑、廿八，1880.6.5；散館。）
五、一、乙卯，6.11；	（滿）**全慶** 左都　**沈桂芬** 協、兵尚

武　會　試

九、十三、乙丑，10.19；	（知武舉）**童　華** 左副 **潘祖蔭** 禮右　（漢）**宜振** 工右
十、五、丙戌，11.9；	録取**佟在棠**、**馬尚德**、**林培基**等 142 名。

會試考官年表

年代	光緒六年　庚辰科　(1880)	
知貢舉	正、廿二、庚寅，3.2；	夏家鎬 府丞
主考官	三、六、癸酉，4.14；	正考官：(滿)景廉 户尚 副考官：翁同龢 工尚；(宗室)麟書 吏左；許應騤 兵左
讀卷官	四、廿、丁巳，5.28；	董　恂 户尚；(蒙)錫珍 刑右；(漢)徐　桐 禮尚；(？)桂昂 閣學；王文韶 户左；孫詒經 工左；(滿)烏拉喜崇阿 吏右；許應騤 兵左
殿試	四、廿一、戊午，5.29；	四、壬戌、廿五，6.2；傳臚： 録取黄思永、曹詒孫、譚鑫振等 330 名。
館選	五、九、丙子，6.16；	選授庶吉士 89 名。 (九年、四、戊寅、廿八，1883.6.3；散館。)
教習	五、一、戊辰，6.8；	(滿)寶鋆 武英；(漢)徐　桐 禮尚
會　試		
主考官	九、十三、戊寅，10.16；	(知武舉)許應騤 兵左 邵亨豫 吏左；祁世長 禮右
中式	十、五、庚子，11.7；	録取黄培松、周增祥、景元等 222 名。

光緒九年　癸未科　(1883)

正、廿四、丙午，3.3；	(宗室)福錕 户右	張佩綸 署左副
三、六、丙戌，4.12；	正考官 (漢)徐　桐 禮尚	副考官 (宗室)瑞聯 兵尚 張之萬 刑尚 (滿)貴恒 刑右
四、廿、庚午，5.26；	李鴻藻 吏尚 (宗室)奎潤 吏左 (蒙)錫珍 吏右 周家楣 順尹署户右	(滿)嵩申 禮右 (滿)貴恒 刑右 張家驤 閣學 張佩綸 署左副
四、廿一、辛未，5.27；	四、乙亥、廿五，5.31；傳臚： 録取陳冕、蔣耆、管廷獻等 311 名。	
五、三、壬午，6.7；	選授庶吉士 78 名。 (十二年、四、辛卯、廿八，1886.5.31；散館。)	
四、廿八、戊寅，6.3；	(宗室)瑞聯 兵尚	翁同龢 工尚

武　會　試

九、十三、庚寅，10.13；	(知武舉)　薛允升 刑左 張家驤 工右	周德潤 閣學
十、五、壬子，11.4；	録取楊廷弼、周還青、劉占魁等 135 名。	

年代	光緒十二年　丙戌　(1886)	
知貢舉	正、廿四、戊午，2.27；	(？)**烏拉布** 工左 **廖壽恒** 兵右 **李鴻藻** 吏右 二、丙寅、二，3.7；改派。
主考官	三、八、辛丑，4.11；	正考官 (蒙)**錫珍** 吏尚 副考官 **祁世長** 左都 (滿)**嵩申** 户左 **孫毓汶** 工左
讀卷官	四、廿、癸未，5.23；	(宗室)**福錕** 協、户尚 (滿)**景善** 户右 **張之萬** 協、刑尚 **徐　郙** 禮左 **翁同龢** 户尚 **廖壽恒** 兵右 **潘祖蔭** 工尚 **沈秉成** 閣學
殿試	四、廿一、甲申，5.24；	四、戊子、廿五，5.28；傳臚: 録取**趙以炯、鄒福保、馮煦**等319名。
館選	五、十、壬寅，6.11；	選授庶吉士87名。 (十五年、四、癸卯、廿八，1889.5.27；散館。)
教習	四、廿八、辛卯，5.31；	**張之萬** 協、刑尚 (宗室)**麟書** 刑尚
武會試		
主考官	九、十三、癸卯，10.10；	(知武舉)　**廖壽恒** 兵右 **祁世長** 左都 **徐　郙** 禮左
中式	十、五、甲子，10.31；	録取**宋占魁、解兆鼎、何乃斌**等119名。

光緒十五年　己丑科　(1889)

正、廿三、己巳，2.22;	(滿)賚恒 刑右	孫家鼐 吏右
三、六、辛亥，4.5;	正考官 李鴻藻 禮尚	副考官 (宗室)崑岡 工尚；潘祖蔭 工尚；廖壽恒 禮右
四、廿、乙未，5.19;	(滿)恩承 東閣；(漢)徐　桐 協、吏尚；李鴻藻 禮尚；許庚身 兵尚	潘祖蔭 工尚；祁世長 左都；孫詒經 户左；薛允升 刑左
四、廿一、丙申，5.20;	四、庚子、廿五，5.24；傳臚： 録取**張建勳**、**李盛鐸**、**劉世安**等 296 名。	
五、十、乙卯，6.8;-	選授庶吉士 86 名。 (十六年、四、丁卯、廿八，1890.6.15；散館。)	
四、廿九、甲辰，5.28;	(宗室)福錕 協、户尚	翁同龢 户尚

武　會　試

九、十五、戊午，10.9;	(知武舉) 白　桓 兵右 廖壽恒 禮右	汪鳴鑾 工左
十、五、丁丑，10.28;	録取**李夢説**、**徐海波**、**傅懋凱**等 140 名。	

會試考官年表

年代	光緒十六年　庚寅科　(1890) (恩　科)	
知貢舉	二、三、 癸酉， 2.21；	(宗室)**敬信** 吏右 **徐致祥** 左副
主考官	三、六、 乙亥， 4.24；	正考官 **孫毓汶** 刑尚 副考官 (滿)**貴恒** 左都 **許應騤** 吏左 **沈源深** 左副
讀卷官	四、廿、 己未， 6.7；	(漢)**徐　桐** 協、吏尚 (滿)**嵩申** 刑尚 (宗室)**福　錕** 協、户尚 **徐　郙** 禮左 (宗室)**麟書** 吏尚 **廖壽恒** 禮右 **翁同龢** 户尚 **汪鳴鑾** 工左
殿試	四、廿一、 庚申， 6.8；	四、甲子、廿五，6.12；傳臚： 録取**吳魯**、**文廷式**、**吳蔭培**等 308 名。
館選	五、十、 戊寅， 6.26；	選授庶吉士 86 名。 (十八年、五、庚午、十三，1892.6.7；散館。)
教習	四、廿八、 丁卯， 6.15；	**李鴻藻** 禮尚 (滿)**嵩申** 刑尚
武會試		
主考官	九、十五、 壬午， 10.28；	(知武舉)　**廖壽恒** 禮右 **許應騤** 吏左 **惲彥彬** 翰講學
中式	十、五、 辛丑， 11.16；	録取**張憲周**、**李承恩**、**陳邦榮**等 57 名。

光緒十八年　壬辰（1892）

正、廿二、 壬午， 2.20；	（滿）**啓秀** 禮左	**李端遇** 光禄
三、六、 甲子， 4.2；	正考官 **翁同龢** 户尚	副考官 **祁世長** 工尚 （宗室）**霍穆歡** 閣學 **李端棻** 閣學
四、廿五、 癸丑， 5.21；	（滿）**額勒和布** 武英 （滿）**恩承** 東閣 **翁同龢** 户尚 **李鴻藻** 禮尚	**徐　郙** 吏右 **廖壽恒** 户左 **汪鳴鑾** 工左 **陳學棻** 閣學
四、廿六、 甲寅， 5.22；	五、戊午、一，5.26；傳臚： 録取**劉福姚**、**吴士鑑**、**陳伯陶**等 317 名。	
五、十四、 辛未， 6.8；	選授庶吉士 95 名。 （二十年、四、甲戌、廿八，1894.6.1；散館。）	
五、三、 庚申， 5.28；	（滿）**貴恒** 刑尚	**孫家鼐** 左都

武　會　試

九、十五、 庚子， 11.4；	（知武舉）**徐樹銘** 工右 **徐　郙** 左都	**丁立幹** 翰讀學
十、五、 己未， 11.23；	録取**卞慶**、**張連同**、**李連仲**等 155 名。	

年代		光緒二十年　甲午科　(1894)	
知貢舉	正、廿九、丁未，3.6；	(滿)志銳 禮右	李鴻藻 禮尚
主考官	三、六、癸未，4.11；	正考官 李鴻藻 禮尚	副考官 徐郙 左都 汪鳴鑾 工左 楊頤 左副
讀卷官	四、廿、丙寅，5.24；	張之萬 東閣 (宗室)麟書 協、吏尚 翁同龢 户尚 李鴻藻 禮尚	薛允升 刑尚 (滿)志銳 禮右 汪鳴鑾 工左 唐景崇 閣學
殿試	四、廿一、丁卯，5.25；	四、辛未、廿五，5.29；傳臚： 録取**張謇**、**尹銘綬**、**鄭沅**等 311 名。	
館選	五、十、丙戌，6.13；	選授庶吉士 76 名。 (二一年、四、己巳、廿八，1895.5.22；散館。)	
教習	四、廿八、甲戌，6.1；	(宗室)麟書 *吏尚	翁同龢 户尚
武會試			
主考官	九、十二、乙酉，10.10；	(知武舉)徐樹銘 兵右 陳學棻 户右	徐致靖 翰講學
中式	九、廿六、己亥，10.24；	録取**張鳴嶲**、**杜天麟**、**岳慶德**等 123 名。	

光緒二一年　乙未科　(1895)		
正、廿二、 甲午， 2.16；	(宗室)**溥良** 理左	**楊　頤** 左副
三、六、 丁丑， 3.31；	正考官 (漢)**徐　桐** 協、吏尚	副考官 (滿)**啓秀** 理尚 **李文田** 禮右 **唐景崇** 閣學
四、廿、 辛酉， 5.14；	(漢)**徐　桐** 協、吏尚 **薛允升** 刑尚 **廖壽恒** 吏右 **陳學棻** 户右	**李文田** 禮右 **徐樹銘** 兵右 **汪鳴鑾** 工左 (宗室)**壽耆** 閣學
四、廿一、 壬戌， 5.15；	四、丙寅、廿五，5.19；傳臚: 録取**駱成驤**、**喻長霖**、**王龍文**等282名。	
五、十、 庚辰， 6.2；	選授庶吉士69名。 (二四年、四、辛亥、廿九，1898.6.17；散館。)	
四、廿八、 己巳， 5.22；	**李鴻藻** 禮尚	(蒙)**裕德** 左都
武會試		
九、十五、 壬子， 11.1；	(知武舉)**徐樹銘** 兵右 **李端棻** 刑左	**馮文蔚** 翰講學
十、五、 壬申， 11.21；	録取**潘濤**、**武國棟**、**王燧焯**等。 (二、三兩甲缺録取名額)	

會試考官年表

年代	光緒二四年　戊戌科　(1898)	
知貢舉	正、廿二、丙午,2.12;	(宗室)**溥良** 户右 **劉恩溥** 太僕
主考官	三、六、己丑,3.27;	正考官 **孫家鼐** 吏尚 副考官 **徐樹銘** 左都；**徐會灃** 吏右；(滿)**文治** 兵右
讀卷官	四、廿、壬寅,6.8;	(宗室)**崑岡** 東閣 (宗室)**阿克丹** 刑左 **徐樹銘** 左都 **梁仲衡** 閣學署工左 (宗室)**溥良** 户右 (?)**綿文** 閣學 **唐景崇** 禮右 **胡燏棻** 府丞
殿試	四、廿一、癸卯,6.9;	四、丁未、廿五,6.13;傳臚: 録取**夏同龢、夏壽田、俞陛雲**等342名。
館選	五、十三、乙丑,7.1;	選授庶吉士82名。 (二九年、四、壬子、廿八,1903.5.24;散館。)
教習	四、廿九、辛亥,6.17;	(宗室)**崑岡** 東閣 **許應騤** 禮尚 七、庚午、十九,9.4;革。 **徐　郙** 兵尚 七、乙亥、廿四,9.9;任。
武會試		
主考官	九、十五、乙丑,10.29;	(知武舉)**楊　頤** 兵左 **李殿林** 翰讀學 **華金壽** 翰講學
中式		

年代	光緒二九年　癸卯科　(1903) (河　南)	
知貢舉	正、十二、戊辰，2.9；	(滿)**松壽** 工左 三、甲子、九，4.6；改熱都。 **張人駿** 三、丁丑、廿二，4.19；豫撫(改粵)辦。
主考官	二、一、丙戌，2.27；	正考官 **孫家鼐** 東閣 副考官 **徐會灃** 兵尚 (蒙)**榮慶** 刑尚 **張英麟** 吏右
讀卷官	五、廿三、丁丑，6.18；	**張百熙** 吏尚 **陳邦瑞** 户左 (滿)**裕德** 兵尚 **戴鴻慈** 户右 (宗室)**溥良** 左都 **張仁黼** 左副 **陸潤庠** 左都 **劉永亨** 閣學
殿試	五、廿四、戊寅，6.19；	五、壬午、廿八，6.23；傳臚： 録取**王壽彭**、**左霈**、**楊兆麟**等317名。
館選	閏五、十、癸巳，7.4；	選授庶吉士24名。
教習		(原缺)

武　會　試

光緒廿七年、七、己卯、十六，1901.8.29；武科鄉會試一律永遠停止。

年代	光緒三十年　甲辰科　(1904) (恩　科)	
知貢舉	正、廿四、 癸卯， 3.10；	(滿)**熙瑛** 閣學
主考官	二、六、 乙卯， 3.22；	正考官：(滿)**裕德** 協、兵尚 副考官：**張百熙** 吏尚；**陸潤庠** 左都；**戴鴻慈** 户右
讀卷官	五、廿、 戊戌， 7.3；	**王文韶** 武英 **陳　璧** 商左 **鹿傳霖** 户尚 **李殿林** 吏左 **葛寶華** 刑尚 **張英麟** 吏右 **陸潤庠** 左都 (？)**綿文** 禮右
殿試	五、廿一、 己亥， 7.4；	五、癸卯、廿五，7.8；傳臚； 録取**劉春霖**、**朱汝珍**、**商衍鎏**等 274 名。
館選	六、八、 乙卯， 7.20；	選授庶吉士 61 名。
教習		

光緒卅一年、八、甲辰、四，1905.9.2；自丙午科(光緒卅二年、1906)爲始，所有鄉會試一律停止。

鄉試考官年表

順治二年至光緒二九年

1645—1903

鄉試考官年表

年代	順治二年　乙酉科　(1645)		順治三年　丙戌科　(1646)	
順天	八、三、壬午，9.22；	**朱之俊** 秘書侍讀 **羅憲汶** 秘書檢討	八、三、丙子，9.11；	**胡統虞** 國史檢討 **白允謙** 秘書檢討
陝西	九、四、壬子，10.22；	**范士楫** 吏員 **上官鉝** 中書	六、廿、乙未，8.1；	**孫廷銓** 吏主 **李實秀** 中書舍人
江南	九、十二、庚申，10.30；	**劉肇國** 弘文檢討 **成克鞏** 國史檢討	六、十六、辛卯，7.28；	**張　端** 弘文檢討 **呂崇烈** 弘文檢討
河南	任命時間不明。	**歐陽蒸** 十二、庚子、廿二，1646.2.7；磨勘革職。 **呂雲藻**	六、乙未；	**步文政** 吏主 **沈　潤** 禮主
山東			七、廿一、乙丑，8.31；	**楊時化** 禮給 **李震成** 刑員

年代	順治五年　戊子科（1648）		
廣東	閏四、十四、戊申，6.4；	于明寶 禮主	田厥茂 刑員
福建	閏四、廿九、癸亥，6.19；	法若真 國史編修	（？）杭齊蘇 吏給
浙江	五、廿六、庚寅，7.16；	陳　熿 弘文編修	董篤行 吏給
湖廣	五、庚寅；	胡兆龍 弘文編修	常居仁 户給
陝西	五、庚寅；	李　皓 吏主	張文炳 科中書
江南	六、廿一、甲寅，8.9；	梁清寬 秘書編修	傅維鱗 秘書編修
山東	七、十三、丙子，8.31；	姚文然 禮給	李仲熊 兵員
山西	七、丙子；	魏裔介 工給	方若珽 户主
河南	七、丙子；	吴允謙 吏員	鍾性樸 禮員
順天	八、四、丙申，9.20；	李呈祥 秘書編修	黄志遴 國史編修

年代	順治八年 辛卯科 (1651)		
廣東	五、十二、戊子，6.29；	陳衷一 户員	朱克簡 科中書
福建	五、戊子；	王一驥 國史編修	胡之駿 工給
浙江	六、十四、己未，7.30；	蔣　超 弘文編修	李人龍 禮給
江西	六、己未；	鄧　旭 國史檢討	周之桂 刑給
湖廣	六、己未；	莊冏生 弘文檢討	王廷諫 兵給
陝西	六、廿七、壬申，8.12；	范文光 吏主	梁知先 工員
江南	七、一、丙子，8.16；	高　珩 秘書講學	黄　機 弘文編修
山東	七、十八、癸巳，9.2；	杜篤祜 户給	楊時薦 兵員
山西	七、癸巳；	韓充美 禮主	柴望岱 刑主
河南	七、癸巳；	宋學洙 吏員 十二年、六、戊午、五，1655.7.8；宿娼受餽，革。	張篤行 禮主
順天	八、六、辛亥，9.20；	(?)鄂莫克圖 弘文讀學	(?)何密達 禮理事官
		李中白 國史檢討	孫自式 秘書檢討

年代	順治十一年　甲午科　(1654)		
四川	四、廿四、癸未，6.8；	李宗孔 户主	蔡瓊枝 工主
廣東	四、癸未；	張夙成 兵郎	顧　贊 大理右評事
福建	四、癸未；	李昌垣 弘文編修	劉　楗 兵給
陝西	五、十五、甲辰，6.29；	沈　煒 吏員	陸朝瑛 户員
浙江	六、十三、辛未，7.26；	熊伯龍 弘文編修	許作梅 工給
江西	六、辛未；	卓　彝 秘書侍講	郭一鶚 吏給
湖廣	六、辛未；	徐致覺 弘文編修	趙進美 禮給
江南	六、廿九、丁亥，8.11；	婁元衡 左贊善兼弘文檢討	馬葉曾 弘文編修
山東	七、九、丙申，8.20；	林雲京 刑給	王天鑑 禮員
山西	七、丙申；	程正揆 光少	黄自起 刑員
河南	七、丙申；	徐宗彝 吏員	張　茁 禮主
順天	八、六、癸亥，9.16；	(漢)白色純 弘文學士	(滿)渥赫 禮右
		范　周 國史編修	吴正治 國史編修

年代	順治十四年　丁酉科　(1657)		
四川	五、十、壬子，6.21；	**解元才** 户郎	**羅光衆** 右評事
廣東	五、壬子；	**劉　灝** 兵郎	**黄象雍** 行人
廣西	五、壬子；	**徐元珙** 刑員	**潘瀛選** 科中書
福建	五、壬子；	**余　恂** 左諭德	**劉鴻儒** 兵給
浙江	六、十六、丁亥，7.26；	**張瑞徵** 左中允	**史彪古** 刑給
江西	六、丁亥；	**王紹隆** 右諭德	**王益明** 吏給
湖廣	六、廿四、乙未，8.3；	**薛　澐** 國史檢討	**孫光祀** 禮給
陝西	六、乙未；	**劉祚遠** 吏主	**陳　戩** 禮員
江南	七、四、乙巳，8.13；	**方　猶** 國史侍講 十一、癸亥、廿五，12.19；革。	**錢開宗** 弘文檢討 十一、癸亥；革。
山東	(原缺)	(同考官降三調)	
山西	(原缺)	**匡蘭馨** 十五年、十二、丙寅、四，1658.12.27；降三調。	**唐賡堯** 同左
河南	七、十八、己未，8.27；	**黄　釴** 吏員 十二、壬申、四，1.7；革。	**丁　澎** 禮主 十二、壬申；革。
順天	八、三、癸酉，9.10；	**曹本榮** 左庶子 十一、庚子、二，12.6；降五級。	**宋之繩** 右中允 十一、庚子；降五級。

年代	順治十七年　庚子科　(1660)		
雲南	係次年補行(四、丙戌、七,5.5);原缺衙門。	劉　綋 員外郎	張　灝 中書
貴州	四、廿五、己酉,6.2;	黃敬璣 右評事	陳祚昌 科中書
四川	五、十五、己巳,6.22;	張光祖 兵員	孫象賢 科中書
廣東	五、己巳;	(漢)張登選 兵主	劉　煇 行人
廣西	五、己巳;	張易賁 户主	何元英 行人
福建	五、己巳;	劉芳躅 翰講學	劉大謨 工給
浙江	六、廿三、丙午,7.29;	張貞生 編修	汪之洙 刑給
江西	六、丙午;	蕭惟豫 編修	周明新 兵給
湖廣	六、丙午;	鄒度珙 檢討	薛鼎臣 工給
陝西	七、五、戊午,8.10;	尹源進 吏主	陳年穀 刑郎
江南	七、七、庚申,8.12;	譚　篆 檢討	諶名臣 禮給
河南	七、十九、壬申,8.24;	夏安運 禮員	鄢翼明 禮郎
山東	七、廿三、丙子,8.28;	袁懋德 兵給	趙聯元 督捕郎中
山西	七、丙子;	成肇毅 禮給	王　仲 刑員
順天	八、五、戊子,9.9;	莊朝生 檢討	熊履賜 檢討

年代		康熙二年　癸卯科　(1663)	
雲南	六、十二、戊申，7.16；	蔡騶 兵主	朱張銘 行人
貴州	四，廿九、丙寅，6.4；	符渭英 大理評事	易道沛 中書
四川	五、廿四、辛卯，6.29；	徐調弟 户郎	杜鎮 中書
廣東	五、辛卯；	王天成 兵郎	洪琮 行人
廣西	五、辛卯；	李爲霖 刑員	陳廷樞 中書
福建	六、二、戊戌，7.6；	熊賜瑛 國史檢討	何澄 工給
浙江	六、廿三、己未，7.27；	李儀古 國史讀學	李鵬鳴 吏給
江西	六、己未；	陳鼓永 弘文侍讀	劉如漢 吏給
湖廣	六、己未；	王鍾靈 國史檢討	俞之琰 户給
陝西	七、一、丙寅，8.3；	劉子正 吏員	許暢 兵主
江南	七、丙寅；	王昺 國史編修	王日高 工給
河南	七、十四、己卯，8.16；	王士禄 吏主	柯聳昌 禮主
山東	七、廿二、丁亥，8.24；	張惟赤 刑給	(漢)張應瑞 禮郎
山西	七、丁亥；	楊璥 常少	王象天 户郎
順天	八、六、辛丑，9.7；	白乃貞 弘文檢討	詹養沉 弘文檢討

年代	康熙五年　丙午科（1666）		
雲南	四、十三、癸亥，5.16；	黏本盛 禮給	沈一澄 科中書
貴州	四、癸亥；	王師夔 户主	張　萃 户主
四川	五、十五、乙未，6.17；	董朱袞 户主	梁　遂 科中書
廣東	五、乙未；	吕正音 户主	王　鷺 户主
廣西	五、乙未；	曹首望 户主	張爲仁 科中書
福建	五、乙未；	吴國對 編修	王汝梁 户主
浙江	六、十七、丙寅，7.18；	張玉書 編修	劉廣國 禮郎
江西	六、丙寅；	鍾　琇 户郎	祝　昌 刑郎
湖廣	六、丙寅；	謝　觀 户郎	曹鼎望 刑郎
陝西	六、廿六、乙亥，7.27；	鄭之謀 檢討	閻鋐偉 吏員
江南	六、乙亥；	徐旭齡 禮郎	鄭　秀 刑郎
河南	七、十六、乙未，8.16；	熊　焯 户郎	黄宣泰 兵員
山東	七、廿三、壬寅，8.23；	吴國龍 兵給	翁祖望 兵主
山西	七、壬寅；	盧　易 刑郎	朱之翰 行人
順天	八、六、甲寅，9.4；	張允欽 秘書侍讀	沈令式 禮郎
滿洲	八、甲寅；	（滿）塞色黑 秘書學士	（？）多爾濟 國史讀學

年代	康熙八年　己酉科　(1669)		
雲南	四、十二、甲戌，5.11；	鄭開極 國史編修	宋文運 吏員
貴州	四、甲戌；	李崇稷 吏郎	顧耿臣 户員
四川	五、十四、丙午，6.12；	崔爾仰 户郎	白　意 吏員
廣東	五、丙午；	李景仁 禮郎	劉源澄 户主
廣西	五、丙午；	王廷伊 兵郎	吕祚德 禮主
福建	五、丙午；	王震生 刑郎	鍾國義 兵主
浙江	六、十五、丙子，7.12；	吴愈聖 禮給	段昌祚 科中書
江西	六、丙子；	鄭　端 户郎	蔑朵秀 行人司司副
湖廣	六、丙子；	陳必成 刑郎	袁鴻謨 户員
陝西	六、廿五、丙戌，7.22；	徐元文 國史修撰	(滿)遲煊 兵主
江南	六、丙戌；	蘇　銓 光少	祁文友 工主
河南	七、十四、乙巳，8.10；	杜　臻 秘書侍讀	王承祖 吏給
山東	七、廿一、壬子，8.17；	嚴我斯 秘書修撰	虞二球 兵主
山西	七、壬子；	周　弘 國史編修	吴守寀 行人
順天	八、六、丙寅，8.31；	李元振 弘文編修	岳　貞 户郎

年代	康熙十一年　壬子科　（1672）		
雲南	五、十三、戊午，6.8；	**董　訥** 編修	**邵印佳** 兵主
貴州	五、戊午；	**吴元龍** 工員	**楊西狩** 户主
四川	六、十五、己丑，7.9；	**王士正** 户郎	**鄭日奎** 工員
廣東	六、己丑；	**郭　昌** 户郎	**彭　襄** 吏主
廣西	六、己丑；	**陸　舜** 刑郎	**毛　逵** 吏主
福建	六、己丑；	**張好奇** 刑郎	**趙　崙** 禮主
浙江	七、十七、庚申，8.9；	**沈　荃** 翰侍講	**姚祖頊** 右評事
江西	七、庚申；	**于嗣登** 光少	**童欽承** 科中書
湖廣	七、庚申；	**朱　棐** 禮給	**劉　梅** 行人司司正
陝西	七、廿六、己巳，8.18；	**汪肇衍** 編修	**葉映榴** 户主
江南	七、己巳；	**詹惟聖** 刑員	**沈印范** 閣中書
河南	閏七、十五、戊子，9.6；	**郭　棻** 編修	**鄧秉恒** 户主
山東	閏七、廿三、丙申，9.14；	**楊仙枝** 檢討	**張　鵬** 閣中書
山西	閏七、丙申；	**余國柱** 行人	**張　衡** 閣中書
順天	八、六、戊申，9.26；	**蔡啓僔** 修撰	**徐乾學** 編修

鄉試考官年表

年代	康熙十四年　乙卯科　(1675) (三藩反清)		
雲南			
貴州			
四川			
廣東	五、廿八、丙戌，6.21；	**趙文熲** 編修	**衛運揚** 吏員
廣西			
福建			
浙江	六、十一、戊辰，8.2；	**徐秉義** 編修	**王　垓** 户給
江西			
湖廣		(閏五、乙卯、廿八，7.20；命停。)	
陝西		(閏五、丙申、九，7.1；命停。)	
江南	六、廿六、癸未，8.17；	**孫昌期** 户郎	**勞之辨** 禮郎
河南	七、十六、壬寅，9.5；	**紀　愈** 兵主	**師若琪** 閣中書
山東	七、廿二、戊申，9.11；	**王　掞** 編修	**桑開運** 刑員
山西	七、戊申；	**王維珍** 編修	**劉士龍** 工員
順天	八、六、辛酉，9.24；	**韓　菼** 修撰	**王鴻緒** 編修

康熙十六年　丁巳科　(1677)		
七、十七、壬辰，8.15;	**王尹方** 檢討	**丁　泰** 工給
	〔六、丁未、二，7.1；命併入江南。〕	
	〔六、丁未；命併入江南。〕	
	〔六、丁未；命併入河南。〕	
七、廿六、辛丑，8.24;	**沈上墉** 檢討	**趙士麟** 吏員
八、十六、庚申，9.12;	**張有傑** 户郎	**張鴻猷** 閣中書
	〔六、丁未；命併入河南。〕	
	〔六、丁未；命併入河南。〕	
九、六、庚辰，10.2;	**彭定求** 修撰	**胡會恩** 編修

年代	康熙十七年　戊午科　(1678)		
雲南			
貴州			
四川			
廣東			
廣西			
福建	十八年、己未、十一、辛亥、廿，1679.12.22；補。	**劉元勳** 户郎	**白夢鼐** 評事
浙江	六、廿一、庚寅，8.8；	**項一經** 吏郎	**李鴻霔** 閣中書
江西	六、庚寅；	**姚締虞** 禮給	**朱射斗** 閣中書
湖廣	六、庚寅；	**王　雅** 吏員	**侯　璋** 閣中書
陝西	六、廿七、丙申，8.14；	**鄭　重** 吏郎	**俞陳琛** 刑主
江南	六、丙申；	**熊一瀟** 僕少	**李　迥** 刑給
河南	七、十八、丙辰，9.3；	**王九鼎** 吏員	**方元啓** 户主
山東	七、廿二、庚申，9.7；	**翁叔元** 編修	**高龍光** 户員
山西	七、庚申；	**許孫荃** 刑員	**裘充美** 科中書
順天	八、六、甲戌，9.21；	**朱　阜** 檢討	**楊　瑄**

康熙二十年　辛酉科　(1681)

廿二年、五、甲寅、十三，1683.6.7；補行。	米漢雯 編修	高　琯 户主
廿一年、四、壬午、五，1682.5.11；補行。	沈旭初 編修	陸鏞呂 户主
廿二年、六、丁未、七，1683.7.30；補行。	方象瑛 編修	王材任 吏員
五、十七、己巳，7.2；	邵吴遠 翰侍讀	高曰聰 閣中書
十二、丁酉、十八，1.26；補行。	喬　萊 編修	楊佐國 禮員
四、廿九、壬子，6.15；	孫　蕙 户給	劉始恢 吏主
六、十七、戊戌，7.31；	湯　斌 翰侍講	于覺世 禮郎
六、戊戌；	秦松齡 檢討	鄭載颺 閣中書
六、戊戌；	李來泰 侍講	李含春 吏員
六、廿六、丁未，8.9；	許承宣 工給	汪　霦 編修
六、丁未；	馮雲驌 編修	朱彝尊 檢討
七、十四、乙丑，8.27；	施閏章 翰侍講	劉元慧 吏員
七、廿二、癸酉，9.4；	曹　禾 編修	林堯英 刑郎
七、癸酉；	嚴繩孫 編修	楊引祚 户郎
八、六、丙戌，9.17；	歸允肅 修撰	沈　珩 編修

年代	康熙二三年　甲子科　(1684)		
雲南	四、十四、己酉,5.27;	**王化鶴** 編修	**李雲會** 吏員
貴州	四、己酉;	**黄與堅** 編修	**毛　漪** 户郎
四川	五、十七、壬午,6.29;	**郭茂泰** 禮郎	**涂　銓** 兵主
廣東	五、壬午;	**王又旦** 户給	**劉長發** 工主
廣西	五、壬午;	**王曰曾** 刑員	**高層雲** 大理評事
福建	五、壬午;	**王項齡** 翰侍講	**劉　楷** 科中書
浙江	六、十三、丁未,7.24;	**周慶曾** 編修	**蘇　俊** 科中書
江西	六、丁未;	**錢金甫** 編修	**胡永亨** 行人
湖廣	六、丁未;	**任辰旦** 工給	**崔徵璧** 閣中書
陝西	六、廿五、己未,8.5;	**李振裕** 翰侍講	**汪　錞** 吏員
江南	六、己未;	**徐　潮** 左贊善	**楊周憲** 吏給
河南	七、十一、乙亥,8.21;	**田　需** 編修	**何　棅** 禮郎
山東	七、十七、辛巳,8.27;	**曹鑑倫** 編修	**李孔嘉** 户主
山西	七、辛巳;	**趙執信** 編修	**戴　璽** 兵主
順天	八、六、己亥,9.14;	**秦松齡** 左諭德 九、己卯、十六,10.24;革。	**王沛恩** 編修 九、己卯;革。

康熙二六年　丁卯科　(1687)

四、十四、辛酉，5.24；	**盧　熙** 檢討	**張發辰** 吏主
四、辛酉；	**金德嘉** 檢討	**趙作舟** 户員
五、十七、甲午，6.26；	**許汝霖** 編修	**林麟焻** 户員
五、甲午；	**黄　斐** 常少	**何天寵** 吏員
七、十五、辛卯，8.22；	**劉國黻** 刑給	**衛秦翰** 科中書
五、甲午；	**王連瑛** 禮給	**許聖朝** 禮員
六、十六、壬戌，7.24；	**熊賜瓚** 編修	**劉　迪** 吏員
六、壬戌；	**陸肯堂** 修撰	**李振世** 户員
六、壬戌；	**汪晉徵** 户給	**馮廷櫆** 閣中書
六、廿七、癸酉，8.4；	**高　裔** 翰侍講	**許曰琛** 閣中書
六、癸酉；	**米漢雯** 翰侍講	**龔　章** 檢討
七、辛卯；	**陳　捷** 編修	**魯應星** 閣中書
七、十九、乙未，8.26；	**周清原** 左贊善	**柯　願** 禮主
七、乙未；	**何金蘭** 工給	**徐樹穀** 科中書
八、六、壬子，9.12；	**楊大鶴** 編修	**王思軾** 檢討

年代	康熙二九年　庚午科　(1690)		
雲南	四、十一、壬申，5.19；	**李澄中** 翰侍講	**李　滋** 刑主
貴州	四、壬申；	**徐嘉炎** 右諭德	**李有倫** 閣中書
四川	五、十九、己酉，6.25；	**程甲化** 僕少	**王　鄖** 閣中書
廣東	五、己酉；	**錢三錫** 常少	**劉　瀾** 行人
廣西	五、己酉；	**王　焯** 吏給	**蔣德昌** 閣中書
福建	五、己酉；	**陸　棻** 編修	**徐　炯** 行人
浙江	六、十六、乙亥，7.21；	**張希良** 編修	**王　謙** 户郎
江西	六、乙亥；	**顧　藻** 翰侍講	**黄　軒** 禮郎
湖廣	六、乙亥；	**周金然** 編修	**曾華蓋** 吏員
陝西	六、廿六、乙酉，7.31；	**王頊齡** 翰講學	**錢紹隆** 刑給
江南	六、乙酉；	**王尹方** 翰讀學	**裴　袠** 兵主
河南	七、十九、戊申，8.23；	**秦宗游** 編修	**邱園卜** 工郎
山東	七、廿一、庚戌，8.25；	**佘志貞** 編修	**朱　雯** 兵給
山西	七、庚戌；	**潘麒生** 檢討	**法　櫃** 右評事
順天	八、六、甲子，9.8；	**王　掞** 翰講學	**魏希徵** 編修

康熙三二年　癸酉科　（1693）		
四、十九、壬辰，5.23；	**許嗣隆** 檢討	**談九乾** 吏員
四、壬辰；	**甯世簪** 編修	**陳　正** 户員
五、廿三、丙寅，6.26；	**宋敏求** 檢討	**王貫三** 閣中書
五、丙寅；	**陳　常** 編修	**王奐曾** 行人
五、丙寅；	**李　懋** 編修	**張　蓮** 閣中書
五、丙寅；	**孫　勷** 檢討	**李承綋** 閣中書
六、十六、戊子，7.18；	**顔光斅** 檢討	**司　鋐** 吏郎
六、戊子；	**宋大業** 編修	**王可大** 户郎
六、戊子；	**劉　灝** 編修	**史陸輿** 禮郎
六、廿七、己亥，7.29；	**汪　灝** 編修	**王原祁** 禮給
六、己亥；	**李録予** 少詹	**姚兆統** 户郎
七、廿、壬戌，8.21；	**高　曜** 編修	**房　嵩** 閣中書
七、廿四、丙寅，8.25；	**李朝鼎** 檢討	**劉　愈** 行人
七、丙寅；	**魯　瑗** 檢討	**成康保** 閣中書
八、六、丁丑，9.5；	**徐　倬** 翰侍讀	**彭殿元** 編修

年代	康熙三五年　丙子科　(1696)		
雲南	四、十四、己亥，5.14；	宋　衡 編修	董思凝 吏員
貴州	四、己亥；	湯右曾 編修	萬　憬 户員
四川	五、十四、己巳，6.13；	張　瑗 編修	陸鳴珂 户郎
廣東	五、己巳；	樊澤達 檢討	劉　曾 吏郎
廣西	五、己巳；	吳　昺 編修	寶貞吉 禮郎
福建	五、己巳；	党聲振 工給	王者臣 檢討
浙江	六、十六、庚子，7.14；	袁　佑 右中允	唐孫華 吏主
江西	六、庚子；	郝士鈞 編修	陸德元 户郎
湖廣	六、庚子；	姚士藟 編修	趙之隨 户郎
陝西	六、廿七、辛亥，7.25；	潘宗洛 檢討	劉體元 刑郎
江南	六、辛亥；	張明先 檢討	呂　振 户給
河南	七、十七、辛未，8.14；	楊中訥 編修	戴　璠 户給
山東	七、廿三、丁丑，8.20；	鄒士璁 檢討	周爰訪 禮郎
山西	七、丁丑；	徐日晅 檢討	歐陽旭 工郎
順天	八、六、己丑，9.1；	曹鑑倫 翰講學	張希良 侍講

康熙三八年　己卯科　(1699)		
五、廿五、癸巳，6.22；	史申義 編修	李欽式 吏員
五、癸巳；	王奕清 編修	沈　崑 户員
六、十七、甲寅，7.13；	凌紹雯 編修	劉　謙 禮員
六、甲寅；	胡　潤 編修	劉　凡 兵郎
六、甲寅；	姜承燝 檢討	陳宗彝 刑員
六、甲寅；	(滿)阿金 檢討	潘雲鵬 工主
七、廿二、己丑，8.17；	史　夔 翰讀學	(覺羅)滿保 檢討
七、己丑；	查　昇 編修	黄宫柱 吏郎
七、己丑；	陳夢球 編修	蘇　偉 科中書
閏七、六、壬寅，8.30；	陳元龍 右庶子	(滿)海寶 檢討
閏七、壬寅；	張廷樞 翰侍讀	姜　橚 户給
閏七、十六、壬子，9.9；	陳　論 翰講學	(滿)喀爾喀 檢討
閏七、壬子；	張廷瓚 翰講學	李象元 檢討
閏七、壬子；	周金然 洗馬	文志鯨 檢討
八、六、辛未，9.28；	李　蟠 修撰	姜宸英 編修

年代	康熙四一年　壬午科　(1702)		
雲南	五、廿三、甲辰，6.18；	閻錫爵 檢討	黄龍眉 編修
貴州	五、甲辰；	郝士鐔 户員	施何牧 吏主
四川	六、十九、己巳，7.13；	高其倬 檢討	王　璋 户主
廣東	六、己巳；	汪　倓 編修	張翔鳳 吏主
廣西	六、己巳；	車鼎晉 編修	吴一蜚 行人
福建	六、己巳；	許志進 禮給	(滿)索柱 大理寺正
浙江	閏六、十七、丁酉，8.10；	傅作楫 河南道	(?)阿珥賽 檢討
江西	閏六、丁酉；	劉子章 山西道	陳允恭 檢討
湖廣	閏六、丁酉；	李旭升 僕少	(?)拔海 大理評事
陝西	閏六、廿九、己酉，8.22；	張　睿 左副	吴甫生 廣東道
江南	閏六、己酉；	陳汝弼 吏郎	黄鼎楫 工給
河南	七、十五、甲子，9.6；	張豫章 洗馬	(滿)傅森 檢討
山東	七、甲子；	王思軾 左庶子	(覺羅)滿保 侍講
山西	七、甲子；	岳　度 檢討	孫致彌 庶吉士
順天	八、六、乙酉，9.27；	徐秉義 詹事	(滿)徐元夢 内務府員外郎

康熙四四年　乙酉科　(1705)

閏四、十六、己酉，6.7；	朱啓昆 編修	(?)博爾多 閣中書
閏四、己酉；	魏學誠 左諭德	戴　蘇 光禄署丞
五、十八、庚辰，7.8；	年羹堯 檢討	曹　鼐 閣中書
五、庚辰；	(覺羅)逢泰 檢討	高壽名 兵主
五、庚辰；	孔尚先 檢討	張　纘 禮主
五、庚辰；	董　玘 檢討	何　遠 禮員
六、十七、己酉，8.6；	周起渭 檢討	譚尚箴 吏員
六、己酉；	趙　晉 編修	王　鵬 户主
六、己酉；	(滿)文岱 編修	(漢)耿　惇 吏員
六、廿四、丙辰，8.13；	凌紹雯 左中允	王　俊 禮主
六、丙辰；	王之樞 翰講學	廖騰煃 常少
七、十九、庚辰，9.6；	王　升 吏郎	王廷獻 户主
七、廿三、甲申，9.10；	魏方泰 檢討	馮佩實 禮主
七、甲申；	嚴宗溥 禮主	劉　侃 編修
八、六、丁酉，9.23；	汪　霦 户右 四五年正、己丑、卅，1706.3.14；革，永不敍用。	姚士藟 左贊善 (同左)

年代	康熙四七年　戊子科　(1708)		
雲南	四、廿五、辛未，6.13；	吕履恒 廣西道	宋聚業 兵主
貴州	四、辛未；	蔡秉公 吏郎	李　樌 閣中書
四川	五、廿、乙未，7.7；	劉　謙 右通	王鳳孫 閣中書
廣東	五、乙未；	年羹堯 翰講學	劉曰炷 閣中書
廣西	五、乙未；	郝　林 禮給	潘　錦 吏主
福建	五、乙未；	戴夢麟 河南道	蔣晝升 閣中書
浙江	六、十五、庚申，8.1；	李先復 太僕	李紹周 山東道
江西	六、庚申；	吴廷楨 編修	王澄慧 户員
湖廣	六、庚申；	王企埥 廣東道	張如绪 閣中書
陝西	六、廿五、庚午，8.11；	顧悦履 左庶子	段　曦 吏員
江南	六、庚午；	屠　沂 吏給	王景曾 檢討
河南	七、廿、甲午，9.4；	王度昭 理少	余正健 編修
山東	七、甲午；	徐元正 閣學	高　玢 刑主
山西	七、甲午；	鹿　祐 兵右	鄒　球 閣中書
順天	八、六、己酉，9.19；	潘宗洛 檢討	李永紹 江南道

康熙五十年　辛卯科　(1711)

四、十二、庚午，5.28；	**史貽直** 檢討	**黄叔琬** 户主
四、庚午；	**宋　至** 編修	**莫象年** 工員
五、十九、丁未，7.4；	**俞長策** 編修	**嚴虞惇** 大理寺丞
五、丁未；	**張爲經** 吏郎	**金　璞** 閣中書
五、丁未；	**劉師恕** 檢討	**阮應商** 閣中書
五、丁未；	**介孝瑹** 檢討	**劉　儼** 工主
六、十五、癸酉，7.30；	**胡作梅** 閣學	**薄有德** 編修
六、癸酉；	**周道新** 常少	**廖賡謨** 編修
六、癸酉；	**張德桂** 理少 十二、癸亥、九，1.16；降二調。	**馬汝爲** 檢討 十二、癸亥；降二調。
六、廿七、乙酉，8.11；	**常　紳** 吏給	**涂天相** 編修
六、乙酉；	**左必蕃** 左副 五二年、正、甲辰、廿六，1713.2.20；革。	**趙　晉** 編修 五二年、正、甲辰；斬決。
七、十三、庚子，8.26；	**徐樹屛** 湖南道	(滿)**西庫** 翰檢討
七、十八、乙巳，8.31；	**馬之鵬** 兵給	**陳世琯** 編修
七、乙巳；	**郭徽祚** 刑給	**萬　經** 編修
八、六、癸亥、9.18；	**趙申喬** 左都	**江　球** 府丞

年代	康熙五一年　壬辰科　(1712) (五二年、癸巳、1713)(六十“萬壽”恩科)		
雲南	十、十六、丙寅，11.14；	周　彝 編修	(?)查布扎納 閣中書
貴州	十、丙寅；	潘體震 編修	(滿)常住 通知事
四川	十一、十九、戊戌，12.16；	裘君弼 吏郎	趙守易 禮主
廣東	十一、戊戌；	查嗣瑮 編修	鄒　琯 禮主
廣西	十一、戊戌；	郭晉熙 吏郎	盧　熹 閣中書
福建	十一、戊戌；	謝履忠 檢討	董之燧 工主
浙江	十二、十六、乙丑，1.12；	江　潹 翰讀學	吴　相 檢討
江西	十二、乙丑；	胡作梅 禮右	王士鑰 檢討
湖廣	十二、乙丑；	嚴虞惇 僕少	李天祥 檢討
陝西	十二、廿二、辛未，1.18；	俞長策 編修	李士瑜 工員
江南	十二、辛未；	吕履恒 左僉	喬雲名 户郎
河南	十二、辛未；	梅之珩 少詹	(滿)阿克敦 編修
山東	正、廿七、乙巳，2.21；	盧　炳 吏給	俞兆晟 編修
山西	正、乙巳；	陳允恭 禮給	俞　梅 編修
順天	二、六、甲寅，3.2；	張鵬翮 户尚	文志鯨 翰侍講

康熙五三年　甲午科　(1714)

四、十八、己丑，5.31；	楊存理 禮郎	趙泰臨 檢討
四、己丑；	俞化鵬 理少	林之濬 編修
五、廿三、癸亥，7.4；	王奕鴻 户郎	沈翼機 編修
五、癸亥；	陳世倌 翰侍讀	鄒奕鳳 編修
五、癸亥；	文志鯨 鴻少	汪　份 編修
五、癸亥；	魏方泰 通右參議	徐昂發 編修
六、十六、丙戌，7.27；	吴　垣 翰侍講	莊令輿 編修
六、丙戌；	熊　葦 翰讀學	鄭任鑰 編修
六、丙戌；	沈　涵 閣學	查嗣庭 編修
七、二、辛丑，8.11；	楊名時 翰講	(滿)索泰 編修
七、辛丑；	梅之珩 少詹	湯之旭 編修
七、十九、戊午，8.28；	陳　元 刑郎	王　簪 編修
七、戊午；	李士瑜 刑郎	衛昌績 檢討
七、戊午；	葉宏緩 吏郎	彭維新 檢討
八、六、乙亥，9.14；	徐日暄 祭酒	田軒來 河南道

年代	康熙五六年　丁酉科　(1717)		
雲南	四、十六、庚子，5.26；	李　紱 翰講學	張起麟 編修
貴州	四、庚子；	張　謙 刑郎	許　鎮 編修
四川	五、廿二、乙亥，6.30；	楊士徽 編修	(滿)滿寶 户司庫
廣東	五、乙亥；	殿思位 檢討	吳曹直 户主
廣西	五、乙亥；	黎致遠 檢討	江爲龍 兵主
福建	五、乙亥；	柯喬年 檢討	陸紹琦 檢討
浙江	六、廿、癸卯，7.28；	(滿)索泰 編修　五八年、五、丙戌、十四，1719.7.1；考試舞弊，斬候。	張懋能 檢討 五八年、五、丙戌；降二調。
江西	六、癸卯；	王敬銘 修撰	秦道然 編修
湖廣	六、癸卯；	胡　煦 檢討	林洪烈 常少
陝西	七、九、辛酉，8.15；	王時憲 檢討	(？)色楞額 閣中書
江南	七、辛酉；	連肖先 浙江道	戚麟祥 編修
河南	七、廿四、丙子，8.30；	(滿)海寶 檢討	張　玢 檢討
山東	七、丙子；	吕謙恒 編修	朱天保 檢討
山西	七、丙子；	王時鴻 編修	陳世侃 檢討
順天	八、六、丁亥，9.10；	張伯行 倉侍	(滿)鄂爾奇 編修

康熙五九年　庚子科　(1720)		
四、十九、乙卯，5.25；	李鐘僑 編修	姜朝勳 吏主
四、乙卯；	宋　筠 檢討	顧　芝 禮主
五、廿二、戊子，6.27；	張大受 檢討	(滿)世祿 檢討
五、戊子；	俞鴻圖 編修	曾用璜 科中書
五、戊子；	康五瑞 工給	韓　瑛 閣中書
五、戊子；	藺惟謙 刑給	(滿)春臺 閣中書
六、廿、乙卯，7.24；	李　紱 翰講學	湯之旭 編修
六、乙卯；	李周望 詹事	(滿)鄂爾奇 編修
六、乙卯；	惠士奇 編修	吕謙恒 編修
七、五、庚午，8.8；	彭惟新 左諭德	王世琛 修撰
七、庚午；	魏廷珍 翰侍讀	陳　會 檢討
七、廿二、丁亥，8.25；	蔡　珽 翰講學	吳應棻 編修
七、丁亥；	彭庭訓 右贊善	(滿)德齡 檢討
七、丁亥；	(滿)文岱 編修	何世璂 檢討
八、六、庚子，9.7；	屠　沂 左副	陳世倌 翰侍讀

年代	雍正元年 癸卯科 (1723)		
雲南	正、二、壬午，2.6；	胡　瀛 檢討	(滿)鄂爾泰 内務府員外
貴州	正、壬午；	沈宗敬 編修	朱　崧 刑員
四川	正、廿三、癸卯，2.27；	莊　楷 編修	程元章 編修
廣東	正、癸卯；	康五瑞 工給	王思訓 檢討
廣西	正、癸卯；	朱曙蓀 檢討	(滿)德齡 檢討
福建	正、癸卯；	張廷璐 右中允	朱一鳳 編修
浙江	二、十七、丁卯，3.23；	呂謙恒 河南道	田嘉穀 編修
江西	二、丁卯；	何世璂 山西道	任蘭枝 編修
湖廣	二、丁卯；	漆紹文 廣西道	景考祥 編修
陝西	三、二、辛巳，4.6；	王國棟 翰侍講	吴家騏 編修
江南	三、辛巳；	黄叔琳 刑右 (旋改吏左)	鄧鍾岳 修撰
河南	三、十五、甲午，4.19；	嵇曾筠 左僉	(滿)文岱 翰侍講
山東	三、甲午；	王　傳 翰侍講	柯喬年 貴州道
山西	三、甲午；	查嗣庭 閣學	(滿)鄂爾奇 編修
順天	四、六、乙卯，5.10；	朱　軾 左都	張廷玉 禮尚

年代	雍正二年 甲辰科 (1724) (元年開始)		
雲南	十、廿五、辛未、11.22;	江 芑 湖廣道	任際虞 檢討
貴州	十、辛未;	王 恕 吏郎	曹源郊 編修
四川	十一、廿五、辛丑,12.22;	鞏建豐 檢討	許隆遠 户主
廣東	十一、辛丑;	王國棟 翰讀學	胡彥穎 編修
廣西	十一、辛丑;	李鍾峩 左庶子	(?)德新 翰侍讀
福建	十一、辛丑;	(滿)文岱 侍講	張 照 右庶子
湖南	十二、十一、丙辰,1.6;	莊清度 刑郎	陳萬策 編修
浙江	十二、丙辰;	李鳳翥 閣學	王一導 吏郎
江西	十二、丙辰;	吴士玉 閣學	孫嘉淦 司業
湖北	十二、丙辰;	(滿)德齡 翰講學	蔡仕舢 工給
陝西	正、二、丁丑,1.27;	陸賜書 江南道	徐雲瑞 編修
江南	正、丁丑;	吴隆元 讀學	李 蘭 檢討
河南	正、十五、庚寅、2.9;	羅其昌 光少	于 振 修撰
山東	正、庚寅;	沈近思 太僕	朱一鳳 福建道
山西	正、庚寅;	夏力恕 編修	黄鴻中 侍講
順天	二、六、庚戌,2.29;	田從典 吏尚	(滿)福敏 閣學

年代	雍正四年　丙午　(1726)		
雲南	四、廿、壬午，5.21；	張　照 翰講學	顧　仔 編修
貴州	四、壬午；	趙　城 江西道	戴　瀚 編修
四川	五、十六、丁未，6.15；	鄭其儲 工給	邵　泰 編修
廣東	五、丁未；	王蘭生 編修	曹源郊 編修
廣西	五、丁未；	徐　杞 編修	尹會一 吏員
福建	五、丁未；	(滿)留保 講學	崔　紀 編修
湖南	五、丁未；	劉還鮒 福建道	吳啓昆 編修
浙江	六、十七、戊寅，7.16；	陳萬策 詹事	周有堂 閣中書
江西	六、戊寅；	查嗣庭 禮左 九、乙卯、廿六，10.21；革、逮。	俞鴻圖 編修 五年、二、辛酉、四，1727，2.24；革。
湖北	六、戊寅；	楊超曾 編修	曹　儀 閣中書
陝西	七、二、壬辰，7.30；	劉嵩齡 山東道	耿之昌 宗人主事
江南	七、壬辰；	沈近思 吏左	曾元邁 編修
河南	七、十八、戊申，8.15；	段　曦 河南道	蔣大成 閣中書
山東	七、戊申；	李根雲 檢討	李同聲 兵主
山西	七、戊申；	姚三辰 檢討	何宗韓 禮主
順天	八、卅、己丑，9.25；	蔣廷錫 户尚	劉師恕 左副

雍正七年 己酉科 (1729)

五、十七、辛酉，6.13；	沈文豪 檢討	林天木 兵郎
五、辛酉；	嚴源燾 編修	鄧世杰 禮主
六、十七、庚寅，7.12；	吴大受 檢討	(蒙)色誠 左贊善
六、庚寅；	張夢徵 編修	嚴民法 編修
六、庚寅；	嚴宗喆 吏員	于　枋 編修
六、庚寅；	吴延熙 編修	陳　浩 編修
六、庚寅；	錢陳群 編修	(滿)永世 刑主
七、十四、丁巳，8.8；	任蘭枝 閣學	王　峻 編修
七、丁巳；	楊　炳 侍讀	徐煥然 編修
七、丁巳；	劉統勳 編修	張若涵 檢討
七、廿七、庚午，8.21；	馮祖悦 户員	(滿)開泰 編修
七、庚午；	黎致遠 大理	李清植 編修
閏七、十三、乙酉，9.5；	吴應棻 編修	彭啓豐 修撰
閏七、乙酉；	潘允敏 户郎	張　鉞 宗人主事
閏七、乙酉；	許王猷 左贊善	陳宏謀 浙江道
八、六、戊申，9.28；	鄂爾奇 禮左	楊汝穀 兵左

年代	雍正十年　壬子科　(1732)		
雲南	五、廿五、辛巳，6.17；	彭啓豐 修撰	趙大鯨 編修
貴州	五、辛巳；	畢　誼 刑郎	王　峻 編修
四川	閏五、廿、乙巳，7.11；	吳應龍 編修	李重華 編修
廣東	閏五、乙巳；	劉吳龍 刑給	錢本誠 編修
廣西	閏五、乙巳；	范　咸 檢討	鄒一桂 編修
福建	閏五、乙巳；	王安國 編修	嚴瑞龍 吏給
湖南	閏五、乙巳；	許王猷 翰讀學	周　靄 修撰
浙江	六、十六、辛未，8.6；	張廷璐 詹事(蘇學)	王　璣 刑給
江西	六、辛未；	邵　基 右參議	(？)喀爾欽 翰侍講
湖北	六、辛未；	李　錦 編修	鄧啓元 編修
陝西	七、二、丙戌，8.21；	吳文煥 編修	李天寵 編修
江南	七、丙戌；	王蘭生 閣學(皖學)	吳大受 檢討
河南	七、十七、辛丑，9.5；	劉統勳 編修	崔　琳 刑郎
山東	七、辛丑；	梁詩正 編修	王承堯 編修
山西	七、辛丑；	于　辰 編修	原衷戴 雷南道
順天	八、六、庚申，9.24；	任蘭枝 吏右	楊　炳 翰侍讀

雍正十三年　乙卯科　(1735)		
閏四、廿二、辛卯，6.12；	倪國璉 山西道	張鵬翀 檢討
閏四、辛卯；	周範蓮 編修	熊學鵬 兵主
五、十九、戊午，7.9；	楊廷棟 編修	周學健 編修
五、戊午；	鍾　衡 廣東道	王應綵 刑主
五、戊午；	沈昌宇 編修	王宗燦 檢討
五、戊午；	章有大 工主	金　相 編修
五、戊午；	趙大鯨 編修	周祖榮 禮郎
六、廿、戊子，8.8；	陳惠華 翰讀學	劉元燮 山西道
六、戊子；	彭啓豐 左中允	張仕遇 廣西道
六、戊子；	盧秉純 雲南道	蘇霖渤 刑主
七、二、己亥，8.19；	于　辰 編修	郭石渠 禮郎
七、己亥；	邵　基 吏右	周　霱 修撰
七、十六、癸丑，9.2；	李文銳 編修	高顯貴 兵郎
七、癸丑；	鄭　江 左贊善	于　枋 編修
七、癸丑；	嵇　璜 左諭德	吴　煒 工主
八、六、壬申，9.21；	顧祖鎮 工左 九、壬戌、廿六，11.10；革、逮。	戴　瀚 翰講學 (同左)

年代	乾隆元年　丙辰科　(1736)		
雲南	四、十九、癸未，5.29；	王　峻 編修	鍾　衡 御史
貴州	四、癸未；	蘇霖渤 刑主	金　溶 刑主
四川	五、十七、庚戌，6.25；	陶正靖 編修	劉元燮 御史
廣東	五、庚戌；	周龍官 檢討	章有大 工主
廣西	五、庚戌；	萬承蒼 編修	薛　韞 御史
福建	五、庚戌；	柏　謙 編修	周人驥 禮員
湖南	五、庚戌；	熊暉吉 侍講	倪國璉 御史
浙江	六、十八、辛巳，7.26；	李鳳翥 鴻少	李清植 侍讀
江西	六、辛巳；	姚三辰 兵左	(滿)開泰 司業
湖北	六、辛巳；	孫　灝 編修	陳其凝 吏郎
陝西	七、二、甲午，8.8；	嵇　璜 諭德	阮學浩 檢討
江南	七、甲午；	孫嘉淦 吏右	單德謨 御史
河南	七、十四、丙午，8.20；	吳應枚 翰侍讀	沈昌宇 編修
山東	七、丙午；	汪由敦 四譯少卿	彭啓豐 左中允
山西	七、丙午；	鄒升恒 侍講	(滿)嵩壽 侍讀
順天	八、六、丁卯，9.10；	(滿)福敏 左都	邵　基 吏左
(迴避卷)	八、廿六、丁亥，9.30；	任蘭枝　(滿)索柱 禮尚　左副	張廷瑑　劉統勳 工右　閣學

年代	乾隆三年　戊午科　(1738)		
雲南	四、十八、庚子，6.5；	張　湄 編修	葛德潤 禮員
貴州	四、庚子；	阮學濬 編修	朱　發 刑主
四川	五、十七、戊辰，7.3；	倪師孟 編修	李敏求 工主
廣東	五、戊辰；	閻　棠 編修	朱續晫 編修
廣西	五、戊辰；	錢本誠 編修	胡　定 檢討
福建	五、戊辰；	金德瑛 修撰	柏　謙 編修
湖南	五、戊辰；	徐　鐸 編修	朱鳳英 御史
浙江	六、十七、戊戌，8.2；	陳大受 閣學	趙青藜 編修
江西	六、戊戌；	凌如焕 兵右	于　振 編修
湖北	六、戊戌；	張映辰 侍讀	仲永檀 檢討
陝西	六、廿九、庚戌，8.14；	董邦達 編修	張九鈞 刑主
江南	六、庚戌；	陳惪華 刑右	許王猷 少詹
河南	七、十四、甲子，8.28；	趙大鯨 洗馬	金洪銓 吏主
山東	七、甲子；	陳其凝 御史	張　灝 編修
山西	七、甲子；	沈昌宇 編修	楊龍時 編修
順天	八、六、丙戌，9.19；	孫嘉淦 吏尚	吴家騏 禮右

年代	乾隆六年　辛酉科　(1741)		
雲南	四、十八、壬子，6.1；	(滿)觀保 編修	吴聯珠 吏員
貴州	四、壬子；	潘中立 閣侍讀	黄蘭谷 吏員
四川	五、十八、辛巳，6.30；	朱良裘 右中允	陳士璠 户主
廣東	五、辛巳；	沈榮仁 編修	陳大玠 禮主
廣西	五、辛巳；	李治運 禮郎	胡中藻 檢討
福建	五、辛巳；	諸　錦 編修	郭肇鑛 檢討
湖南	五、辛巳；	涂逢震 編修	(滿)興泰 檢討
浙江	六、十六、己酉，7.28；	蔣　溥 吏左	趙青藜 御史
江西	六、己酉；	張廷璐 禮左	彭啓豐 左庶子
湖北	六、己酉；	陳兆崙 檢討	聞　棠 編修
陝西	六、廿七、庚申，8.8；	劉　綸 翰侍講	夏廷芝 編修
江南	六、庚申；	李　紱 光禄	金德瑛 修撰
河南	七、十二、甲戌，8.22；	張鵬翀 翰侍講	錢　度 吏員
山東	七、甲戌；	萬年茂 編修	周　煌 編修
山西	七、甲戌；	黄　琰 吏郎	阮學浩 檢討
順天	八、六、戊戌，9.15；	劉　藻 閣學	許希孔 工右

乾隆九年　甲子科　(1744)		
四、十八、乙丑，5.29；	萬德潤 御史	朱　荃 編修
四、乙丑；	田志勤 侍講	何其睿 編修
五、十八、乙未，6.28；	汪士鍠 編修	章有大 工主
五、乙未；	金　牲 修撰	李本樟 刑員
五、乙未；	吴嗣富 編修	羅源漢 編修
五、乙未；	夏之蓉 檢討	萬承蒼 翰讀學
五、乙未；	吴　紱 編修	周承勃 刑主
六、十八、甲子，7.27；	王會汾 閣學	官獻瑶 編修
六、甲子；	張廷璐 閣學	蔡　新 編修
六、甲子；	沈德潛 翰讀學	(滿)西成 户郎
七、二、丁丑，8.9；	(滿)興泰 諭德	錢　度 御史
七、丁丑；	鄧鍾岳 禮右	葉一棟 閣學
七、十四、己丑，8.21；	宋邦綏 編修	葉　酉 編修
七、己丑；	周玉章 侍講	曹秀先 御史
七、己丑；	于敏中 中允	(滿)雙慶 侍講
八、六、庚戌，9.11；	汪由敦 工尚	崔　紀 祭酒

年代	乾隆十二年　丁卯科　(1747)		
雲南	四、十九、戊寅，5.27；	周　煌 編修	楊述曾 編修
貴州	四、戊寅；	徐　煒 編修	(覺羅)奉寬 檢討
四川	五、十八、丁未，6.25；	張映斗 編修	龔　渤 翰講學
廣東	五、丁未；	陳大復 禮主	李濤芳 兵給
廣西	五、丁未；	陳世烈 司業	馮元欽 御史
福建	五、丁未；	韓彦曾 洗馬	(滿)經聞 編修
湖南	五、丁未；	趙青藜 御史	(滿)雙慶 翰侍讀
浙江	六、十八、丁丑，7.25；	王會汾 兵右	周　渼 刑主
江西	六、丁丑；	錢陳羣 刑左	馮秉仁 御史
湖北	六、丁丑；	裘曰修 少詹	朱　荃 編修
陝西	六、廿八、丁亥，8.4；	程　巖 檢討	時鈞轍 户郎
江南	六、丁亥；	鄧鍾岳 禮左	周長發 翰侍講
河南	七、十四、壬寅，8.19；	程鍾彦 給事中	周正思 編修
山東	七、壬寅；	(滿)德保 侍講	葛俊起 御史
山西	七、壬寅；	劉　炳 編修	諸　錦 編修
順天	八、六、甲子，9.10；	(滿)阿克敦 刑尚	劉統勳 左都

乾隆十五年　庚午　(1750)

四、十九、辛卯，5.24；	高景蕃 禮郎	陳桂洲 檢討
四、辛卯；	諸　錦 編修	(滿)溫敏 司業
五、十四、乙卯，6.17；	陳顧瀠 編修	孫　灝 吏主
五、乙卯；	周　燾 山西道	楊述曾 編修
五、乙卯；	張九鎰 司業	(蒙)夢麟 侍講
五、乙卯；	金德瑛 少詹	馮成修 吏員
五、乙卯；	蔣元益 編修	安際虞 刑主
六、十六、丁亥，7.19；	裘曰修 詹事	歐陽正煥 編修
六、丁亥；	錢陳羣 刑左	史貽謨 編修
六、丁亥；	王會汾 理少	王際華 讀學
六、廿四、乙未，7.27；	湯　聘 刑給	李友棠 編修
六、乙未；	莊有恭 户左	鈕汝騏 編修
七、十四、甲寅，8.15；	汪廷璵 編修	李玉鳴 禮員
七、甲寅；	張　湄 御史	段汝舟 刑主
七、甲寅；	莊有信 編修	竇光鼐 左中允
八、六、丙子，9.6；	汪由敦 兵右	(滿)嵩壽 禮右

年代	乾隆十六年　辛未科　(1751) (太后六十萬壽恩科)		
雲南	十、十一、甲辰,11.28;	**鈕汝騏** 編修	(滿)**温敏** 司業
貴州	十、甲辰;	(宗室)**良誠** 侍講	**王顯緒** 御史
四川	十一、十、癸酉,12.27;	**陳慶升** 檢討	**楊　勳** 御史
廣東	十一、癸酉;	**陳大晗** 侍讀	**李宗文** 編修
廣西	十一、癸酉;	**吳　鴻** 修撰	**傅　靖** 檢討
福建	十一、癸酉;	**李師中** 御史	**王世仕** 檢討
湖南	十一、癸酉;	**汪廷璵** 編修	**毛永燮** 中書
浙江	十二、九、辛丑,1.24;	**李因培** 閣學	**秦　鑽** 編修
江西	十二、辛丑;	**蔡　新** 閣學	**金　甡** 贊善
湖北	十二、辛丑;	**竇光鼐** 侍讀	**莊存與** 編修
陝西	十二、十四、丙午,1.29;	**張九鎰** 侍讀	**楊述曾** 編修
江南	十二、丙午;	**裘曰修** 兵右	**邵樹本** 編修
河南	十二、十九、辛亥,2.3;	**錢汝誠** 編修	**許道基** 刑員
山東	十二、辛亥;	**胡蛟齡** 御史	**徐　堂** 編修
山西	十二、辛亥;	**劉宗魏** 編修	**張拜賡** 刑主
順天	乾隆十七年、壬申,1752年。三、六、丁卯,4.19;	**孫嘉淦** 工尚	(滿)**介福** 禮左

乾隆十八年　癸酉科　(1753)

四、十九、甲辰，5.21；	楊立方 編修	沈　栻 編修
四、甲辰；	史貽謨 洗馬	李友棠 御史
五、十五、庚午，6.16；	(滿)圖鞳布 翰侍講	馮成修 禮郎
五、庚午；	劉　墉 編修	謝溶生 編修
五、庚午；	温如玉 御史	陳大復 禮員
五、庚午；	汪廷璵 翰侍講	毛輝祖 御史
五、庚午；	邵樹本 編修　七、甲子、十一，8.9；憂免，改派翰講學温敏。	李承瑞 編修
六、十五、己亥，7.15；	裘日修 兵右	吴　鵬 編修
六、己亥；	董邦達 禮左	戈　濤 編修
六、己亥；	莊存與 翰侍讀	李玉鳴 禮郎
六、廿五、己酉，7.25；	張映辰 常少	盧明楷 編修
六、己酉；	(蒙)夢麟 閣學署户左	王太岳 檢討
七、十二、乙丑，8.10；	劉星煒 編修	葉觀國 編修
七、乙丑；	林明倫 編修	張裕犖 編修
七、乙丑；	金　甡 講學	睦朝棟 宗人主事
八、六、戊子，9.2；	孫嘉淦 協、吏尚	(滿)嵩壽 禮右

年代	乾隆二一年　丙子科　(1756)		
雲南	四、十九、丙辰，5.17；	戈　濤 編修	楊方立 御史
貴州	四、丙辰；	湯先甲 編修	王啓緒 編修
四川	五、十六、癸未，6.13；	劉　湘 御史	鍾蘭枝 編修
廣東	五、癸未；	梁國治 修撰	(滿)博明 編修
廣西	五、癸未；	劉　墉 編修	毛永燮 宗人主事
福建	五、癸未；	莊培因 修撰	范思皇 吏主
湖南	五、癸未；	吴　鴻 修撰	張　模 刑主
浙江	六、十五、辛亥，7.11；	莊存與 閣學	鞠　愷 編修
江西	六、辛亥；	金德瑛 禮右	陳　筌 編修
湖北	六、辛亥；	葉觀國 編修	(滿)德保 侍講
陝西	六、廿四、庚申，7.20；	李宗文 庶子	曹發先 吏員
江南	六、庚申；	(滿)介福 禮左	馮　浩 編修
河南	七、十二、戊寅，8.7；	鄭虎文 贊善	羅　典 編修
山東	七、戊寅；	李中簡 編修	魏夢龍 工主
山西	七、戊寅；	敬華南 檢討	閔鶚元 刑員
順天	八、六、壬寅，8.31；	劉統勳 刑尚	蔡　新 刑右

乾隆二四年　己卯科　(1759)

五、十八、丁酉，6.12；	蔣　檙 編修	魏夢龍 工郎
五、丁酉；	秦百里 編修	劉龍光 御史
六、十五、甲子，7.9；	閔鶚元 刑郎	周於禮 編修
六、甲子；	秦　黌 編修	(滿)景福 翰讀學
六、甲子；	錢　載 編修	于雯峻 户主
六、甲子；	王鳴盛 翰讀學	胡澤潢 御史
六、甲子；	張若澄 侍講	胡紹南 御史
閏六、十三、辛卯，8.5；	(滿)介福 禮左	湯先甲 御史
閏六、辛卯；	錢維城 工左	翁方綱 編修
閏六、辛卯；	沈　栻 右庶子	趙　瑗 工主
閏六、廿三、辛丑，8.15；	邵樹本 御史	甘立功 編修
閏六、辛丑；	裘曰修 户左	錢　琦 工給
七、九、丁巳，8.31；	盧明楷 翰侍讀	朱　珪 讀學
七、丁巳；	錢大昕 右贊善	葉　宏 户郎
七、丁巳；	紀　昀 編修	周曰贊 户主
八、六、癸未，9.26；	梁詩正 兵尚	(滿)觀保 兵左

年代	乾隆二五年　庚辰科　(1760)		
雲南	四、十九、癸巳，6.2；	(滿)景福 翰讀學	饒學曙 右中允
貴州	四、癸巳；	王協和 户員	熊爲霖 檢討
四川	五、十六、己未，6.28；	周於禮 御史	(滿)博卿額 司業
廣東	五、己未；	張　模 刑員	羅還春 編修
廣西	五、己未；	李敏行 吏郎	吕光亨 御史
福建	五、己未；	周　煌 講學	毛永燮 户員
湖南	五、己未；	葉觀國 編修	孔毓文 吏主
浙江	六、十五、丁亥，7.26；	(滿)觀保 兵左	秦泰鈞 編修
江西	六、丁亥；	王際華 兵左	沈業富 編修
湖北	六、丁亥；	蔡鴻業 刑郎	王懿德 御史
陝西	六、廿四、丙申，8.4；	胡紹南 御史	朱佩蓮 編修
江南	六、丙申；	錢汝誠 刑左	朱丕烈 御史
河南	七、十、壬子，8.20；	史貽謨 洗馬	李　綬 御史
山東	七、壬子；	秦　黌 編修	(滿)圖鞳布 侍讀
山西	七、壬子；	蔣　棚 編修	(滿)德保 侍讀
順天	八、六、丁丑，9.14；	劉　綸 左都	(滿)介福 禮左

乾隆二七年　壬午科　(1762)		
五、十七、庚戌，6.9；	王紹曾 編修	何日佩 檢討
五、庚戌；	蔣和寧 御史	邊繼祖 翰侍讀
閏五、十五、丁丑，7.6；	(漢)積　善 編修	丁田樹 御史
閏五、丁丑；	王懿德 御史	汪　新 編修
閏五、丁丑；	童鳳三 編修	王士棻 刑主
閏五、丁丑；	秦大士 翰讀學	毛輝祖 御史
閏五、丁丑；	錢大昕 翰侍讀	王　杰 修撰
六、十三、甲辰，8.2；	彭啓豐 吏左	李宗寶 編修
六、甲辰；	梁國治 左副	梅立本 編修
六、甲辰；	翁方綱 右中允	彭　冠 編修
六、廿四、乙卯，8.13；	吴綬詔 御史	王燕緒 編修
六、乙卯；	錢汝誠 户右	戴第元 編修
七、六、丙寅，8.24；	羅　典 御史	王中孚 編修
七、丙寅；	諸重光 編修	衛　肅 編修
七、丙寅；	施培應 編修	沈業富 編修
八、六、丙申，9.23；	梁詩正 協、吏尚	(滿)觀保 吏右

年代	乾隆三十年　乙酉科　(1765)		
雲南	四、廿九、甲戌，6.17；	勵守謙 洗馬	鄒夢皐 工主
貴州	四、甲戌；	李孔揚 編修	吳　巖 刑主
四川	五、十六、庚寅，7.3；	湯先甲 閣讀學	王　猷 吏員
廣東	五、庚寅；	盧文弨 翰讀學	劉　嶟 吏員
廣西	五、庚寅；	(？)積善 御史	孟超然 吏主
福建	五、庚寅；	謝　墉 侍講	毛輝祖 御史
湖南	五、庚寅；	錢受穀 户員	張　坦 編修
浙江	六、十五、己未，8.1；	曹秀先 祭酒	錢大昕 侍講
江西	六、己未；	(滿)德保 吏左	汪永錫 侍講
湖北	六、己未；	汪廷璵 侍講	陳科捷 給事中
陝西	六、廿四、戊辰，8.10；	楊述曾 翰侍讀	左　衡 宗人府主事
江南	六、戊辰；	李宗文 工左	錢　載 少詹
河南	七、六、己卯，8.21；	(滿)嵩貴 翰侍讀	徐　恕 宗人府主事
山東	七、己卯；	秦　黌 御史	戴第元 編修
山西	七、己卯；	(滿)阿肅 翰侍讀	陸錫熊 中書
順天	八、六、己酉，9.20；	彭啓豐 兵尚	(滿)鍾音 兵右

乾隆三三年　戊子科　(1768)		
四、廿三、庚辰，6.7；	**孫效曾** 翰侍講	**胡紹鼎** 御史
四、庚辰；	**吴省欽** 翰侍讀	**孟　邵** 御史
五、十七、甲辰，7.1；	**孫士毅** 閣侍讀	**王大鶴** 編修
五、甲辰；	**湯先甲** 閣讀學	**柯　瑾** 檢討
五、甲辰；	**徐　恕** 宗人府主事	**李廷揚** 工主
五、甲辰；	**汪永錫** 講學	**戈　濤** 給事中 六、壬午、廿六，8.8；汪永錫憂，戈濤爲正考官，郭元灝(江西)爲副考官。
五、甲辰；	**李中簡** 講學	**彭　冠** 中允
六、十八、甲戌，7.31；	(？)**傅卿額** 司業	**陸錫熊** 閣中書
六、甲戌；	**劉星煒** 工右	**郭元灝** 閣中書 六、壬午；改福建，改派馮晉祚。
六、甲戌；	(宗室)**良誠** 祭酒	**鄭步雲** 主事
六、廿四、庚辰，8.6；	(？)**哈靖阿** 翰讀學	**鄒奕孝** 編修
六、庚辰；	**王際華** 户左	**紀　昀** 翰讀學
七、六、辛卯，8.17；	**廣鳴球** 御史	**孫含中** 户主
七、辛卯；	**朱　岐** 刑郎	**姚　鼐** 禮主
七、辛卯；	**秦雄飛** 御史	**王士棻** 刑員
八、六、辛酉，9.16；	**陸宗楷** 兵尚	(？)**景福** 左副

年代	乾隆三五年　庚寅科　(1770)		
雲南	五、廿一、丁酉，6.14；	王大鶴 侍講	沈世煒 禮主
貴州	五、丁酉；	姚　頤 編修	孫含中 户主
四川	閏五、十五、庚申，7.7；	祝德麟 編修	鄧文泮 檢討
廣東	閏五、庚申；	陸錫熊 宗人主事	簡昌璘 户主
廣西	閏五、庚申；	吴省欽 翰侍讀	李廷欽 兵主
福建	閏五、庚申；	朱　筠 翰讀學	范　栻 户主
湖南	閏五、庚申；	孫士毅 户郎	姚　鼐 禮員
浙江	六、十五、己丑，8.5；	(滿)全魁 閣學	邊繼祖 講學
江西	六、己丑；	(滿)國柱 講學	褚廷璋 講學
湖北	六、己丑；	李中簡 講學	馮應榴 宗人主事
陝西	六、廿五、己亥，8.15；	史貽謨 洗馬	楊嗣曾 户員
江南	六、己亥；	曹秀先 吏右	汪　新 户給
河南	七、六、庚戌，8.26；	謝啓昆 編修	曹錫寶 刑員
山東	七、庚戌；	劉躍雲 編修	徐光文 編修
山西	七、庚戌；	嵇承謙 編修	柯　瑾 檢討
順天	八、六、己卯，9.24；	劉　綸 協、吏尚	(滿)觀保 左都

乾隆三六年　辛卯科　(1771)		
四、廿四、甲午，6.6；	葉觀國 翰侍讀	陳庭學 刑主
四、甲午；	劉權之 編修	張　培 閣中書
五、廿二、壬戌，7.4；	芮永肩 檢討	孫嘉樂 户員
五、壬戌；	曹文埴 右庶	胡翹元 御史
五、壬戌；	汪存寬 編修	尹壯圖 吏員
五、壬戌；	金士松 侍讀	袁文觀 禮郎
五、壬戌；	沈士駿 編修	邵庾曾 御史
六、十六、乙酉，7.27；	莊存與 閣學	劉校之 檢討
六、乙酉；	王　杰 閣學	曹仁虎 編修
六、乙酉；	吴省欽 翰侍讀	黄良棟 編修
六、廿七、丙申，8.7；	熊爲霖 編修	王懿修 編修
六、丙申	彭元瑞 少詹	陳　夔 吏員
七、九、丁未，8.18；	秦　潮 編修	史積著 編修
七、丁未；	胡高望 左庶	印憲曾 御史
七、丁未；	(？)福明安 左庶	彭紹觀 左贊
八、六、甲戌，9.14；	張若溎 左都	(滿)全魁 閣學

年代	乾隆三九年　甲午科　(1774)		
雲南	四、廿、壬寅，5.29；	唐　淮 京畿道	查　瑩 編修
貴州	四、壬寅；	邵庾曾 河南道	楊壽楠 編修
四川	五、十六、戊辰，6.24；	張　燾 編修	戚蓼生 户主
廣東	五、戊辰；	王懿修 編修	李調元 吏主
廣西	五、戊辰；	劉錫嘏 編修	戴　璐 工主
福建	五、戊辰；	湯先甲 編修	王元菼 吏主
湖南	五、戊辰；	李殿圖 編修	洪　朴 刑主
浙江	六、十三、乙未，7.21；	蔣元益 兵右	林澍蕃 編修
江西	六、乙未；	錢　載 閣學	蕭廣運 檢討
湖北	六、乙未；	祝德麟 編修 六、癸卯、廿一，7.29；憂，改翰讀學國柱。	陳昌齊 編修
陝西	六、廿五、丁未，8.2；	嵇承謙 編修	姚　梁 宗人主事
江南	六、丁未；	董　誥 翰讀學	劉權之 洗馬
河南	七、十一、壬戌，8.17；	錢大昕 少詹	白　麟 侍講
山東	七、壬戌；	吉夢熊 太僕	費南英 御史
山西	七、壬戌；	李汪度 右庶	(滿)夢吉 洗馬
順天	八、五、丙戌，9.10；	曹秀先 吏左	(滿)嵩貴 閣學

乾隆四二年　丁酉科　(1777)

五、四、戊辰，6.8；	鄭際唐 編修	王　璸 中書
五、戊辰；	管幹珍 編修	吕雲棟 中書
五、十八、壬午，6.22；	許祖京 閣侍讀	李　臺 檢討
五、壬午；	盧鳳三 翰侍讀	劉亨地 侍講
五、壬午；	龔大萬 檢討	姚　梁 宗人主事
五、壬午；	祝德麟 編修	戈　岱 御史
五、壬午；	王大鶴 侍讀	李　棨 中書
六、十二、丙午，7.16；	彭元瑞 署工左	茅元銘 編修
六、丙午；	汪廷璵 閣學	陳嗣龍 編修
六、丙午；	張書勳 中允	戴第元 禮給
六、廿六、庚申，7.30；	陳初哲 修撰	程世淳 户主
六、庚申；	劉　墉 閣學	顧　震 刑主
七、九、壬申，8.11；	戚蓼生 户郎	項家達 編修
七、壬申；	汪永錫 閣學	黄　軒 修撰
七、壬申；	褚廷璋 翰讀學	金　榜 修撰
八、六、己亥，9.7；	梁國治 户左	(滿)阿肅 禮右

年代	乾隆四四年　己亥科　(1779)		
雲南	五、四、丁亥，6.17；	章謙恒 編修	孟生蕙 御史
貴州	五、丁亥；	黄騰達 御史	周永年 編修
四川	五、十七、庚子，6.30；	顧　葵 刑員	徐如澍 編修
廣東	五、庚子；	史夢琦 兵郎	汪　鏞 編修
廣西	五、庚子；	蕭九成 檢討	王　寬 兵主
福建	五、庚子；	朱　珪 講學	程世淳 户郎
湖南	五、庚子；	徐立綱 編修	馬人龍 禮郎
浙江	六、十、壬戌，7.22；	王　杰 吏左	吴省欽 講學
江西	六、壬戌；	錢　載 閣學	張虎拜 中書
湖北	六、壬戌；	戴衢亨 修撰	吴　俊 中書
陝西	六、廿二、甲戌，8.3；	吴敬輿 編修	祝雲棟 刑主
江南	六、甲戌；	謝　墉 禮左	翁方綱 編修
河南	七、十、壬辰，8.21；	嚴　福 編修	戈　源 御史
山東	七、壬辰；	胡望高 閣學	劉種之 編修
山西	七、壬辰；	潘曾起 編修	劉　烒 刑主
順天	八、六、丁巳，9.15；	蔡　新 兵尚	(滿)達椿 禮右

乾隆四五年　庚子科　(1780)

四、十九、丁卯，5.22；	戴聯奎 编修	李　翮 禮員
四、丁卯；	陸有仁 刑郎	(滿)福保 御史
四、廿一、己巳，5.24；	曹錫齡 编修	李　棨 宗人主事
四、己巳；	王仲愚 贊善	陳大文 吏主
四、己巳；	邵晉涵 編修	錢　灃 檢討
四、己巳；	竇光鼐 府丞	劉　芬 御史
四、己巳；	邵　洪 吏主	周　瓊 編修
六、十四、辛酉，7.15；	羅源漢 左都	温常綬 檢討
六、辛酉；	王懿德 編修	宋　鎔 中書
六、辛酉；	繆　晉 編修	姚天成 中書
六、廿二、己巳，7.23；	錢　樾 編修	裴　謙 編修
六、己巳；	錢　載 禮左	戴均元 編修
七、十一、丁亥，8.10；	于　鼎 編修	陳本忠 户主
七、丁亥；	趙　佑 太僕	羅修源 編修
七、丁亥；	陳桂森 編修	王嘉曾 編修
八、六、壬子，9.4；	蔡　新 兵尚	(滿)嵩貴 閣學 杜玉林 刑左

年代	乾隆四八年　癸卯科　(1783)		
雲南	四、十五、乙亥，5.15；	費南英 閣讀學	吳　俊 宗人主事
貴州	四、乙亥；	(滿)德昌 翰讀學	鮑之鍾 閣中書
四川	五、十四、甲辰，6.13；	葉觀國 講學	毛鳳儀 中書
廣東	五、甲辰；	王懿修 講學	朱　鈹 編修
廣西	五、甲辰；	吳壽昌 侍講	孫玉庭 檢討
福建	五、甲辰；	褚廷璋 翰讀學	邱桂山 中書
湖南	五、甲辰；	芮永肩 侍講	吳樹萱 中書
浙江	六、十二、壬申，7.11；	吳玉綸 左副	邱庭漋 編修
江西	六、壬申；	李承堯 編修	金光悌 中書
湖北	六、壬申；	陳嗣龍 編修	張敦培 中書
陝西	六、廿二、壬午，7.21；	秦　潮 編修	閔思誠 編修
江南	六、壬午；	謝　墉 吏左	戴衢亨 修撰
河南	七、十、己亥，8.7；	張　燾 翰侍讀	秦　泉 編修
山東	七、己亥；	莊承籛 侍講	周興岱 編修
山西	七、己亥；	曹仁虎 翰侍讀	朱　攸 編修
順天	八、六、乙丑，9.2；	劉　墉 吏尚	尹壯圖 閣學 翁方綱 洗馬

乾隆五一年　丙午科　(1786)		
五、十四、丙辰，6.9；	秦　潮 編修	章　煦 宗人主事
五、丙辰；	蕭九成 檢討	潘奕雋 中書
六、十一、癸未，7.6；	顏崇溈 翰侍讀	費振勳 中書
六、癸未；	(滿)恭泰 侍讀	鮑之鍾 宗人主事
六、癸未；	劉種之 編修	羅修源 編修
六、癸未；	毛鳳儀 閣侍讀	李堯棟 編修
六、癸未；	鄭際唐 編修	羅錦森 中書
七、十五、丙辰，8.8；	吴省蘭 編修	邱庭漋 編修
七、丙辰；	陳萬青 侍講	汪學金 編修
七、丙辰；	吴敬輿 編修	關　槐 編修
七、廿四、乙丑，8.17；	韋謙恒 翰侍讀	陳嗣龍 編修
七、乙丑；	朱　珪 禮右	戴心亨 編修
閏七、四、乙亥，8.27；	(滿)德昌 翰侍讀	吴樹萱 中書
閏七、乙亥；	汪如洋 修撰	邵玉清 編修
閏七、乙亥；	吴舒帷 翰侍讀	陸　湘 中書
八、六、丙午，9.27；	彭元瑞 禮尚	(滿)阿肅 閣學 胡高望 閣學

年代	乾隆五三年　戊申科　(1788)		
雲南	四、三、乙未，5.8；	翟　槐 編修	張德懋 户主
貴州	四、乙未；	(漢)德　生 檢討	李奕疇 禮主
四川	五、十五、丙子，6.18；	(滿)圖敏 右庶	胡鈞璜 刑主
廣東	五、丙子；	茅元銘 右庶	(滿)納麟寶 司業
廣西	五、丙子；	平　恕 翰讀學	温汝适 編修
福建	五、丙子；	張姚成 閣侍讀	蔣攸銛 編修
湖南	五、丙子；	蔡共武 檢討	潘奕藻 刑主
浙江	六、十三、甲辰，7.16；	鄒炳泰 祭酒	莫瞻菉 鴻少
江西	六、甲辰；	趙　佑 大理	(滿)祥慶 吏主
湖北	六、甲辰；	余　集 編修	戴均元 編修
陝西	六、廿五、丙辰，6.28；	吴　璥 講學	張　翽 檢討
江南	六、丙辰；	胡高望 閣學	謝振定 編修
河南	七、八、戊辰，8.9；	甘立猷 編修	李長森 禮員
山東	七、戊辰；	茹　棻 修撰	吴鼎雯 編修
山西	七、戊辰；	周兆基 編修	方　煒 洗馬
順天	八、六、乙未，9.5；	(滿)德保 禮尚	鄒奕孝 禮左 管幹珍 工左

乾隆五四年　己酉科　(1789)

五、十九、乙亥，6.12；	**馮集梧** 編修	**劉錫五** 檢討
五、乙亥；	(滿)**薩彬圖** 户員	**王　錕** 兵郎
閏五、十七、壬寅，7.9；	**溫汝适** 編修	**劉若璪** 禮主
閏五、壬寅；	**金光悌** 刑郎	**陳學穎** 工主
閏五、壬寅；	**方維甸** 禮郎	**崔景儀** 編修
閏五、壬寅；	**陳嗣龍** 翰讀	**劉青照** 工主
閏五、壬寅；	**徐　鉞** 檢討	**鄧再馨** 檢討
六、十五、己巳，8.5；	**竇光鼐** 禮左	**程昌期** 編修
六、己巳；	**趙　佑** 大理	**錢　樾** 編修
六、己巳；	**史致光** 修撰	(滿)**恭泰** 吏員
六、廿四、戊寅，8.14；	**江濬源** 吏員	**盛惇崇** 兵員 六、辛巳、廿七，8.17；憂，改洗馬周興岱。
六、戊寅；	**胡高望** 閣學	**賀賢智** 吏主
七、六、庚寅，8.26；	**裴　謙** 編修	**陳萬全** 編修
七、庚寅；	**馮應榴** 户給	**陳延慶** 户主
七、庚寅；	**秦承業** 編修	**李　潢** 庶子
八、六、己未，9.24；	**孫士毅** 兵尚	**鄒奕孝** 工右 (滿)**圖敏** 閣學

年代	乾隆五七年　壬子科　(1792)		
雲南	閏四、廿七、乙未，6.16；	王宗誠 編修	張鵬展 檢討
貴州	閏四、乙未；	蔣攸銛 編修	錢開仕 檢討
廣東	五、廿八、乙丑，7.16；	初彭齡 兵給	邵自昌 御史
廣西	五、乙丑；	程昌期 左贊善	康綸鈞 吏主
福建	五、乙丑；	石韞玉 修撰	蔣師爚 兵主
四川	六、一、戊辰，7.19；	吴樹萱 宗人主事	焦和生 刑員
湖南	六、戊辰；	戴衢亨 修撰	繆　晉 編修
浙江	六、十六、癸未，8.3；	金士松 吏左	曹振鏞 侍講
江西	六、癸未；	吴省欽 工右	王天禄 御史
湖北	六、癸未；	王錫奎 編修	范　鏊 刑主
陝西	六、廿五、壬辰，8.12；	施　杓 編修	羅修源 講學
江南	六、壬辰；	(滿)鐵保 禮左	李　潢 閣學
河南	七、七、甲辰，8.24；	關　槐 侍講	章　煦 刑員
山東	七、甲辰；	劉躍雲 署禮右	吴廷選 編修
山西	七、甲辰；	(滿)文寧 洗馬	邱庭漋 編修
順天	八、六、壬申，9.21；	劉　墉 禮尚	王　昶 刑右 (滿)瑚圖禮 祭酒

乾隆五九年　甲寅恩科　(1794)
(歸政恩科)

五、一、丁亥，5.29；	**馮兆畇** 刑主	**陳希曾** 編修
五、丁亥；	(滿)**文寧** 洗馬	**張翽** 檢討
五、廿一、丁未，6.19；	**胡克家** 刑郎	**錢棨** 修撰
五、丁未；	**李長森** 御史	(滿)**亮保** 刑主
五、丁未；	**程昌期** 贊善	**關槐** 侍講
六、一、丙辰，6.28；	**范鏊** 刑郎	**余集** 中允
六、丙辰；	**李如筠** 中允	**談祖綬** 户主
六、十八、癸酉，7.14；	**吳省欽** 工左	**戴均元** 御史
六、癸酉；	**劉躍雲** 禮右	**錢栻** 編修
六、癸酉；	**周興岱** 閣學	**齊嘉紹** 中書
六、廿六、辛巳，7.22；	**蔣攸銛** 編修	**錢開仕** 檢討
六、辛巳；	(滿)**瑚圖禮** 閣學	**顧德慶** 編修
七、五、庚寅，7.31；	**李棨** 吏給	**項家達** 刑郎
七、庚寅；	(滿)**鐵保** 禮左	**陳萬青** 編修
七、庚寅；	**朱理** 編修	**盧蔭溥** 户主
八、六、庚申，8.30；	**竇光鼐** 左都	(滿)**玉保** 兵左 **方維甸** 太常署左副

年代	乾隆六十年　乙卯科　(1795)		
雲南	五、一、辛亥，6.17；	張　翽 檢討	萬承風 檢討
貴州	五、辛亥；	陳希曾 編修	吳　烜 編修
廣東	五、廿一、辛未，7.7；	陳萬青 編修	吉朝標 刑主
廣西	五、辛未；	周元鼎 兵郎	繆　晉 編修
福建	五、辛未；	陳崇本 翰侍讀	吳樹本 翰讀學
四川	六、一、庚辰，7.16；	項家達 刑郎	王宗誠 編修
湖南	六、庚辰；	宋　澍 御史	章守勳 户主
浙江	六、十六、乙未，7.31；	吳省欽 工左	洪　梧 編修
江西	六、乙未；	金士松 吏左	錢　樾 贊善
湖北	六、乙未；	譚尚忠 刑右	李肖筠 工員
陝西	六、廿五、甲辰，8.9；	羅修源 講學	朱文瀚 刑主
江南	六、甲辰；	劉權之 禮左	錢福胙 編修
河南	七、七、丙辰，8.21；	蔣攸銛 編修	周　鍔 户主
山東	七、丙辰；	施朝幹 太常	李驤元 編修
山西	七、丙辰；	齊嘉紹 閣中書	薛　琪 吏主
順天	八、六、甲申，9.18；	彭元瑞 工尚	(滿)玉保 兵左 鄒炳泰 閣學

嘉慶三年　戊午科（1798）		
五、五、戊辰，6.18；	錢　棨 翰讀學	陳廷桂 刑主
五、戊辰；	王　綬 翰講學	張大維 户主
五、廿、癸未，7.3；	吴　烜 編修	趙良霨 閣中書
五、癸未；	吴樹萱 兵員	朱　紱 編修
五、癸未；	莫　晋 翰侍讀	辛從益 編修
五、廿六、己丑，7.9；	錢　楷 户員	喬遠瑛 户主
五、己丑；	錢福胙 編修	伊秉綬 刑員
六、十二、甲辰，7.24；	吴省蘭 工右	蔣祥墀 編修
六、甲辰；	童鳳三 太常	徐志晋 閣中書
六、甲辰；	曹振鏞 少詹	邵　瑛 閣中書
六、廿四、丙辰，8.5；	王宗誠 編修	于祖武 刑主
六、丙辰；	平　恕 閣學	萬承風 檢討
七、六、戊辰，8.17；	朱文瀚 刑員	湯　藩 户主
七、戊辰；	胡長齡 署祭酒	曹惠華 閣中書
七、戊辰；	祝　曾 右中允	戴敦元 刑主
八、六、丁酉，9.15；	沈　初 户尚	趙　佑 吏左 （滿）鐵保 禮左

年代	嘉慶五年　庚申科　(1800)		
雲南	五、一、壬午，6.22；	蘇兆登 編修	蔡　炯 閣中書
貴州	五、壬午；	韓克均 檢討	陳　雲 吏主
四川	五、十、辛卯，7.1；	吴芳培 翰侍讀	魏元煜 吏主
廣東	五、辛卯；	姚文田 修撰	易　謙 閣中書
廣西	五、辛卯；	汪彦博 刑主	韓掄衡 閣中書
福建	五、辛卯；	李宗瀚 翰講學	沈樂善 編修
湖南	五、辛卯；	陸以莊 編修	趙佩湘 閣中書
浙江	六、十四、乙丑，8.4；	曹　城 禮左	黄因璉 編修
江西	六、乙丑；	李鈞簡 閣學	王麟書 編修
湖北	六、乙丑；	劉鳳誥 翰讀學	黄焜望 編修
陝西	六、廿四、乙亥，8.14；	王瑶臺 檢討	張志緒 刑主
江南	六、乙亥；	陳萬全 兵左	何學林 檢討
河南	七、十、庚寅，8.29；	蕭廣運 雲南道	董彩鳳 閣中書
山東	七、庚寅；	(蒙)恩普 大理	焦以厚 户員
山西	七、庚寅；	茹　棻 左贊善	倪思淳 户員
順天	八、六、丙辰，9.24；	劉權之 吏尚	(滿)英和 禮右 陳嗣龍 左副

嘉慶六年 辛酉科 (1801)

五、二、丁丑，6.12；	葉紹楏 編修	鄭光圻 户主
五、丁丑；	王引之 編修	吴　雲 編修
五、十二、丁亥，6.22；	錢　栻 河南道	楊　健 户主
五、丁亥；	帥承瀛 編修	李林松 户主
五、丁亥；	李于培 刑主	平　遠 閣中書
五、丁亥；	姚文田 修撰	吴于宣 刑員
五、丁亥；	李可端 檢討	譚光祥 禮主
六、十四、己未，7.24；	(滿)文寧 吏左	周兆基 右中允
六、己未；	周興岱 户左	陳廷桂 户主
六、己未；	施　杓 編修	陸開檠 國子助教
六、廿四、己巳，8.3；	靳文鋭 編修	譚　元 閣中書
六、己巳；	(滿)英和 禮左	湯　藩 户員
七、六、庚辰，8.14；	顔培天 禮員	慕　鍪 兵主
七、庚辰；	劉鳳誥 太常	葉繼雯 閣中書
七、庚辰；	張錦枝 編修	吴光悦 閣中書
九、六、庚辰，10.13；京師附近大水，鄉試延期。	王　杰 東閣	初彭齡 署兵右 (滿)那彦成 少詹

年代	嘉慶九年　甲子科　(1804)		
雲南	四、廿八、丙戌，6.5；	黄焜望 編修	李鴻賓 檢討
貴州	四、丙戌；	張師沁 編修	鄒家燮 編修
四川	五、十三、辛丑，6.20；	施　杓 翰侍講	程國仁 編修
廣東	五、辛丑；	陳嵩慶 翰侍講	陳壽祺 編修
廣西	五、辛丑；	吳　鼒 翰侍讀	張志緒 刑員
福建	五、辛丑；	茅元銘 詹事	周系英 洗馬
湖南	五、辛丑；	吳廷琛 修撰	韓鼎晉 檢討
浙江	六、十二、己巳，7.18；	潘世恩 兵左	盧蔭溥 禮員
江西	六、己巳；	(滿)瑚圖禮 工右	張　鑾 刑主
湖北	六、己巳；	王引之 右庶	賈允升 陝西道
陝西	六、廿二、己卯，7.28；	李宗昉 編修	謝振定 禮主
江南	六、己卯；	戴均元 户左	涂以輈 户主
河南	七、三、己丑，8.7；	鮑桂星 左中允	陳希祖 刑主
山東	七、己丑；	萬承風 少詹	黄　鉞 候補贊善
山西	七、己丑；	狄夢松 編修	陳崇本 編修
順天	八、六、壬戌，9.9；	董　誥 文華	(滿)玉麟 禮左 莫　晉 太僕

嘉慶十二年　丁卯科　（1807）		
四、廿七、己亥，6.3；	王　澤 編修	方　振 編修
四、己亥；	易元替 編修	李鴻賓 檢討
五、十、辛亥，6.15；	宋　湘 編修	楊曰鯤 刑郎
五、辛亥；	花　杰 陝西道	何凌漢 編修
五、辛亥；	張錦枝 洗馬	李振祜 閣中書
五、辛亥；	彭希濂 刑郎	白　鎔 編修
五、辛亥；	李本檜 河南道	吳其彦 編修
六、九、己卯，7.13；	萬承風 禮右	吳榮光 江南道
六、己卯；	胡長齡 太常	王以銜 修撰
六、己卯；	黄　鉞 侍講	葛方晉 編修
六、廿二、壬辰，7.26；	程國仁 福建道	卓秉恬 檢討
六、壬辰；	劉鳳誥 吏右	趙慎畛 刑給
七、六、丙午，8.9；	朱士彦 編修	陳壽祺 編修
七、丙午；	姚文田 修撰	朱　㻞 編修
七、丙午；	陸以莊 編修	商　載 江南道
八、六、乙亥，9.7；	戴衢亨 協、户尚	（覺羅）桂芳 禮左 蔣予蒲 工右

年代	嘉慶十三年　戊辰科　(1808)		
雲南	閏五、一、丙寅，6.24；	**陸以莊** 左中允	**李振祜** 閣中書
貴州	閏五、丙寅；	**宋　湘** 編修	**姚學塽** 閣中書
四川	閏五、十六、辛巳，7.9；	**趙未彤** 檢討	**戴　聰** 户主
廣東	閏五、辛巳；	**沈學厚** 編修	**韋運標** 户主
廣西	閏五、辛巳；	**龔麗正** 禮郎	**李林松** 户主
福建	閏五、辛巳；	**陳嵩慶** 翰講學 十一、己巳、八，12.24；革編修。	**莫　鍪** 兵郎
湖南	閏五、辛巳；	**李鴻賓** 檢討	**馮大中** 吏主
浙江	六、十一、乙巳，8.2；	**周兆基** 工左	**李振翥** 編修
江西	六、乙巳；	**莫　晉** 左副	**吴　雲** 編修
湖北	六、乙巳；	**龔守正** 編修	(?)**桂齡** 閣中書
陝西	六、廿一、乙卯，8.12；	**姚元之** 編修	**程家督** 編修
江南	六、乙卯；	**陳希曾** 工右	**周系英** 翰讀學
河南	七、二、丙寅，8.23；	**陳用光** 編修	**胡開益** 編修
山東	七、丙寅；	**溫汝适** 通政	**程贊寧** 編修
山西	七、丙寅；	**鮑桂星** 翰侍讀	**席　煜** 編修
順天	八、六、己亥，9.25；	**曹振鏞** 工尚	**潘世恩** 吏左 (副主考只一人。)

嘉慶十五年　庚午科　(1810)		
四、廿八、辛亥，5.30；	陳中孚 兵給	朱方增 編修
四、辛亥；	石葆元 編修	聶銑敏 編修
五、十二、乙丑，6.13；	史　評 編修	陶　澍 編修
五、乙丑；	史　譜 編修	胡承珙 編修
五、乙丑；	彭邦疇 編修	賀長齡 編修
五、乙丑；	周壽椿 編修	程德楷 編修
五、乙丑；	程祖洛 刑員	沈欽霖 閣中書
六、十二、乙未，7.13；	劉鐶之 户右	(滿)穆彰阿 翰侍講
六、乙未；	戴聯奎 禮左	毛式郇 吏主
六、乙未；	沈　岐 編修	王耀辰 編修
六、廿二、乙巳，7.23；	洪占銓 編修	傅　棠 編修
六、乙巳；	(覺羅)桂芳 户右	饒絢春 編修
七、二、甲寅，8.1；	吴信中 修撰	羅家彦 編修
七、甲寅；	張鱗展 光禄	李可瓊 編修
七、甲寅；	石承藻 編修	申啓賢 檢討
八、六、戊子，9.4；	劉權之 兵尚	朱　理 刑左 陳希曾 工左

年代	嘉慶十八年　癸酉科　(1813)		
雲南	四、廿八、乙丑，5.28；	吴廷珍 編修	戴鼎恒 閣中書
貴州	四、乙丑；	郭尚先 編修	程伯鑾 編修
廣東	五、八、甲戌，6.6；	張　鑒 編修	蘇　繹 編修
廣西	五、甲戌；	孔傳綸 編修	吴　頤 户主
福建	五、甲戌；	孫　汶 陝西道	李德立 檢討
湖南	五、十三、己卯，6.11；	瞿　昂 左贊善	葉申萬 檢討
四川	五、己卯；	廖鴻藻 編修	萬啓昀 閣中書
浙江	六、八、癸卯，7.5；	汪廷珍 禮右	于德培 編修
江西	六、癸卯；	(?)秀寧 禮左	蔣雲寬 刑主
湖北	六、癸卯；	陳玉銘 編修	張　輶 吏主
江南	六、廿二、丁巳，7.19；	茹　棻 工左	黄中謨 編修
陝西	六、丁巳；	史　祐 户郎	何　龍 閣中書
河南	七、六、庚午，8.1；	蔡之定 翰講學	蔣立鏞 修撰
山東	七、庚午；	黄　鉞 翰講學	戚人鏡 檢討
山西	七、庚午；	吴毓英 編修	周之琦 編修
順天	八、六、庚子，8.31；	鄒炳泰 協、吏尚	盧蔭溥 兵右 (宗室)果齊斯歡 閣學

嘉慶二一年　丙子科　(1816)		
五、廿八、丁未，6.23；	郭尚先 編修	闞人熙 閣中書
五、丁未；	黄安濤 編修	廖鴻荃 編修
六、十、戊午，7.4；	吴信中 編修	錢　林 編修
六、戊午；	程祖洛 刑郎	王贈芳 編修
六、戊午；	何彤然 編修	吴孝銘 工主
六、十七、乙丑，7.11；	黄中模 編修	李德立 檢討
六、乙丑；	宫　焕 編修	孔傳綸 編修
閏六、八、丙戌，8.1；	顧德慶 兵左	李振庸 編修
閏六、丙戌；	吴其彦 詹事	林則徐 編修
閏六、丙戌；	龍汝言 修撰	史　譜 浙江道
閏六、廿、戊戌，8.13；	湯金釗 閣學	陸　言 刑員
閏六、戊戌；	顧　皐 右庶子	李振祜 兵員
七、六、癸丑，8.28；	瞿　昂 翰侍讀	胡　敬 編修
七、癸丑；	汪守和 少詹	吴恩韶 刑主
七、癸丑；	徐　鏞 工主	汪　鑑 宗人主事
八、六、壬午，9.26；	董　誥 文華	黄　鉞 户右 陸以莊 左副

年代	嘉慶二四年　己卯科　(1819)		
雲南	閏四、廿五、丙辰，6.17；	林則徐 編修	吳慈鶴 編修
貴州	閏四、丙辰；	祝慶蕃 編修	吳振棫 編修
廣東	五、七、丁卯，6.28；	吳其濬 修撰	郭尚先 編修
廣西	五、丁卯；	蔣立鏞 修撰	楊殿邦 編修
福建	五、丁卯；	何淩漢 右庶子	王贈芳 編修
湖南	五、十八、戊寅，7.9；	孔傳綸 京畿道	馮　芝 檢討
四川	五、戊寅；	錢　林 翰侍講	楊希銓 編修
浙江	六、五、乙未，7.26；	王　鼎 刑右	伍長華 編修
江西	六、乙未；	張　鱗 祭酒	吳　傑 編修
湖北	六、乙未；	吳信中 右庶子	邊廷英 閣中書
江南	六、十七、丁未，8.7；	陸以莊 工右	廖鴻藻 編修
陝西	六、丁未；	陳官俊 洗馬	易　禧 編修
河南	七、四、甲子，8.24；	龔　鎧 福建道	劉斯嵋 編修
山東	七、甲子；	彭邦疇 翰講學	宮　煥 編修
山西	七、甲子；	陳　鴻 編修	戚人鏡 檢討
順天	八、六、乙未，9.24；	茹　棻 工尚	(?)恩寧 吏左 王以銜 工左

道光元年　辛巳科　(1821)		
四、廿八、戊申，5.29；	吴敬恒 編修	宋其沅 湖廣道
四、戊申；	王惟詢 編修	繆玉銘 閣中書
五、十三、壬戌，6.12；	陳　沆 修撰	傅　綬 編修
五、壬戌；	韓大信 編修	胡國英 檢討
五、壬戌；	彭　浚 户員	趙　柄 編修
五、廿六、乙亥，6.25；	沈學廉 京畿道	但明倫 編修
五、乙亥；	程恩澤 編修	徐　瀚 閣中書
六、十三、辛卯，7.11；	王引之 吏右	吴孝銘 工郎
六、辛卯；	劉彬士 大理	廖文錦 編修
六、辛卯；	史致儼 翰讀學	博通額 吏主
六、廿五、癸卯，7.23；	湯金釗 吏左	熊遇泰 編修
六、癸卯；	廖鴻荃 翰侍講	李　煌 編修
七、八、丙辰，8.5；	陳　鴻 京畿道	尹濟源 禮員
七、丙辰；	徐　頲 詹事	何增元 刑主
七、丙辰；	陳玉銘 司業	吴　坦 編修
九、六、癸丑，10.1；天熱有疫，延期一月。	戴均元 文淵	(滿)那彦成 刑尚 顧　皐 閣學

年代	道光二年 壬午科 (1822)		
雲南	五、一、甲戌，6.19；	周祖培 編修	朱士林 工主
貴州	五、甲戌；	姜　堅 編修	光聰諧 刑員
廣東	五、十七、庚寅，7.5；	祁寯藻 編修	程德潤 吏主
廣西	五、庚寅；	許乃濟 兵給	陳　澐 編修
福建	五、庚寅；	沈維鐈 翰講學	周之楨 編修
湖南	五、廿八、辛丑，7.16；	李　浩 編修	裴　鑑 閣中書
四川	五、辛丑；	張岳崧 編修	沈巍皆 編修
浙江	六、十四、丙辰，7.31；	顧　皋 工左	陳　鑾 編修
江西	六、丙辰；	李宗昉 禮左	祝慶蕃 編修
湖北	六、丙辰；	聞人熙 閣侍讀	趙炳言 刑主
江南	六、廿五、丁卯，8.11；	(滿)穆彰阿 户右	徐士芬 編修
陝西	六、丁卯；	吳　傑 山東道	陳繼昌 修撰
河南	七、八、庚辰，8.24；	楊希銓 陝西道	許乃普 編修
山東	七、庚辰；	何凌漢 祭酒	牛　鑑 編修
山西	七、庚辰；	龔　綬 山西道	吳文鎔 編修
順天	八、六、丁未，9.20；	黄　鉞 户尚	(滿)恩銘 刑右 韓文綺 刑左

道光五年 乙酉科 (1825)

五、一、丁亥，6.16；	邵甲名 編修	端木坦 閣中書
五、丁亥；	曾元海 編修	陸堯松 刑主
五、十四、庚子，6.29；	毛樹棠 翰侍讀	陶廷杰 吏給
五、庚子；	周作楫 編修	王　煜 編修
五、庚子；	翁心存 右中允	陳兆熊 編修
五、廿六、壬子，7.11；	張日晸 編修	石　綸 閣中書
五、壬子；	李棠階 編修	周炳緒 兵員
六、十三、己巳，7.28；	王　鼎 前左都 署户右	趙　柄 户給
六、己巳；	(滿)福申 大理	李逢辰 京畿道
六、己巳；	許乃普 洗馬	王贈芳 江南道
六、廿三、己卯，8.7；	劉彬士 禮右	陳用光 翰講學
六、己卯；	龔守正 少詹	李泰交 編修
七、六、辛卯，8.19；	朱　褱 編修	邵正笏 編修
七、辛卯；	朱方增 閣學	(滿)文慶 翰侍讀
七、辛卯；	馮贊勳 編修	蔡賡颺 編修
八、六、庚申，9.17；	(滿)玉麟 兵尚	姚文田 左都 顧　皐 户右

年代	道光八年　戊子科　(1828)		
雲南	四、廿八、丁酉，6.10；	**胡達源** 司業	**瞿　溶** 刑主
貴州	四、丁酉；	**丁善慶** 編修	**陳官俊** 編修
廣東	五、十四、壬子，6.25；	**田嵩年** 編修	**李　鈞** 編修
廣西	五、壬子；	**陳憲曾** 編修	**史致蕃** 刑主
福建	五、壬子；	**戴蘭芬** 修撰	**張祥河** 户主
湖南	五、廿六、甲子，7.7；	**沈兆澐** 編修	**牛　鑑** 山東道
四川	五、甲子；	**馬光瀾** 刑員	**卞士雲** 編修
浙江	六、十三、辛巳，7.24；	**李宗瀚** 工左	**但明倫** 陝西道
江西	六、辛巳；	**胡開益** 詹事	**王貽桂** 兵郎
湖北	六、辛巳；	**吴文鎔** 編修	**孫瑞珍** 編修
陝西	六、廿三、辛卯，8.3；	**池生春** 編修	**易長華** 閣中書
江南	六、辛卯；	(滿)**鍾昌** 刑右	**黄爵滋** 編修
河南	七、六、甲辰，8.16；	**張日晸** 編修	**劉夢蘭** 户主
山東	七、甲辰；	**何彤然** 祭酒	**帥方蔚** 編修
山西	七、甲辰；	**吴式敏** 編修	(漢)**繼　志** 編修
順天	八、六、癸酉，9.14；	**盧蔭溥** 協、吏尚	**王　鼎** 户尚 **李宗昉** 户右

道光十一年　辛卯科　(1831)

四、廿八、庚戌，6.8；	李品芳 編修	王　藻 禮主
四、庚戌；	賈　楨 編修	彭作邦 閣中書
五、十五、丙寅，6.24；	丁善慶 編修	孫日萱 編修
五、丙寅；	徐廣縉 湖廣道	花詠春 閣中書
五、丙寅；	(滿)文慶 通政	羅士菁 編修
五、廿七、戊寅，7.6；	汪　河 吏郎	岳鎮南 江西道
五、戊寅；	閔受昌 鴻少	諶厚光 檢討
六、十三、癸巳，7.21；	何淩漢 工右	王炳瀛 翰侍講
六、癸巳；	陳官俊 祭酒 七、癸丑、三，8.10；憂，左副毛式郇差。	錢福昌 編修
六、癸巳；	李儒郊 編修	費開綬 編修
六、廿三、癸卯，7.31；	林召棠 修撰	侯　桐 編修
六、癸卯；	申啓賢 吏右	鄒瑞玉 福建道
七、八、戊午，8.15；	俞東枝 編修	梁萼涵 河南道
七、戊午；	許乃普 翰侍讀	徐思莊 檢討
七、戊午；	王廣蔭 編修	高　枚 編修
八、六、乙酉，9.11；	盧蔭溥 協、體仁	(覺羅)寶興 吏左 李宗昉 户右

年代	道光十二年　壬辰科　(1832)		
雲南	四、廿九、乙巳，5.28；	陸建瀛 編修 五、壬申、廿六，6.24；憂，編修費開綬差。	杜受田 編修
貴州	四、乙巳；	林士傳 檢討	何其興 户主
廣東	五、十五、辛酉，6.13；	程恩澤 候補祭酒	邢福山 編修
廣西	五、辛酉；	汪世樽 編修	張　琴 編修
福建	五、辛酉；	(滿)文蔚 大理	邵正笏 工給
湖南	五、廿七、癸酉，6.25；	徐法績 工給	胡　鑑 編修
四川	五、癸酉；	翁心存 翰侍講	李　菡 編修
浙江	六、十三、戊子，7.10；	李宗昉 户右	韓大信 陝西道
江西	六、戊子；	羅家彦 祭酒	許　球 吏員
湖北	六、戊子；	賈克慎 編修	卞士雲 京畿道
江南	六、廿三、戊戌，7.20；	湯金釗 吏右	龔文煥 檢討
陝西	六、戊戌；	王　玥 編修	趙　光 編修
河南	七、六、庚戌，8.1；	馮　芝 翰讀學	龔維琳 編修
山東	七、庚戌；	郭尚先 大理	(蒙)柏葰 司業
山西	七、庚戌；	龍　瑛 編修	張延闕 閣中書
順天	八、六、庚辰，8.31；	王　鼎 户尚	(滿)那清安 兵尚 白　鎔 左都 史致儼 刑左

年代	道光十四年　甲午科　(1834)		
雲南	四、廿八、癸亥，6.5；	李嘉端 編修	汪振恭 編修
貴州	四、癸亥；	德　誠 左贊善	李熙齡 編修
廣東	五、十二、丙子，6.18；	朱　蘭 編修	徐　瑶 工郎
廣西	五、丙子；	王慶雲 編修	朱國淳 刑主
福建	五、丙子；	吳鍾駿 修撰	李國杞 編修
四川	五、廿七、辛卯，7.3；	李星沅 編修	彭作邦 宗人主事
湖南	五、辛卯；	徐雲瑞 編修	許乃安 編修
浙江	五、十三、丁未，7.19；	吳　椿 户右	徐寶善 編修
江西	五、丁未；	吳孝銘 太僕	常大淳 山東道
湖北	五、丁未；	侯　桐 翰讀學	張集馨 編修
江南	六、廿三、丁巳，7.29；	龔守正 兵右	趙　光 廣西道
陝西	六、丁巳；	孫日萱 編修	況　澄 户員
河南	七、六、己巳，8.10；	許　球 京畿道	李光涵 編修
山東	七、己巳；	朱　嶟 理少	(滿)麟魁 右庶子
山西	七、己巳；	劉源灝 編修	易長楨 編修
順天	八、六、戊戌，9.8；	(滿)穆彰阿 户尚	史致儼 禮尚 汪守和 工尚 姚元之 刑左

年代	道光十五年　乙未科　(1835)		
雲南	五、廿九、丁亥，6.24；	花沙納 右庶子	朱其鎮 編修
貴州	五、丁亥；	劉　誼 京畿道	狄　聽 刑郎
廣東	六、十、戊戌，7.5；	趙德潾 編修	何桂馨 閣中書
廣西	六、戊戌；	汪鳴相 修撰	賈　臻 編修
福建	六、戊戌；	李　煌 翰講學	金應麟 禮給
湖南	六、廿、戊申，7.15；	吴鍾駿 編修	王庭蘭 刑郎
四川	六、戊申；	羅繞典 編修	步際桐 編修
浙江	閏六、十、戊辰，8.4；	翁心存 祭酒	張　琴 江南道
江西	閏六、戊辰；	姚元之 户右	王　治 刑員
湖北	閏六、戊辰；	許　球 京畿道	周銘恩 編修
陝西	閏六、廿、戊寅，8.14；	李儒郊 浙江道	成觀宣 陝西道
江南	閏六、戊寅；	卓秉恬 閣學	單懋謙 編修
河南	七、六、癸巳，8.29；	龍元任 右中允	張集馨 編修
山東	七、癸巳；	陸建瀛 編修	高樹勳 編修
山西	七、癸巳；	鄧　瀛 編修	許　融 刑員
順天	八、六、壬戌，9.27；	湯金釗 吏尚	申啓賢 吏左 吴　傑 工右 毛樹棠 理少

道光十七年　丁酉科　(1837)		
四、廿八、乙亥，6.1；	何裕承 編修	張雲藻 編修
四、乙亥；	陳文翯 編修	王積順 閣中書
五、十、丙戌，6.12；	黄　琮 編修	蘇應珂 户主
五、丙戌；	劉　溥 編修	史佩瑲 編修
五、丙戌；	倭　仁 翰讀學	張廷選 編修
五、廿二、戊戌，6.24；	喻增高 編修	汪元方 編修
五、戊戌；	陶恩培 編修	慶　琪 吏主
六、十、丙辰，7.12；	吴其濬 閣學	蕭良城 編修
六、丙辰；	(?)那斯洪阿 閣學	武新亨 編修
六、丙辰；	賈　楨 翰侍講	李恩慶 編修
六、廿、丙寅，7.22；	彭舒萼 編修	蘇敬衡 編修
六、丙寅；	王　植 禮右	(蒙)柏葰 閣學
七、六、辛巳，8.6；	車克慎 編修	何桂清 編修
七、辛巳；	黄爵滋 鴻臚	朱鳳標 編修
七、辛巳；	黄銘先 檢討	何冠英 編修
八、六、辛亥，9.5；	王　鼎 協、户尚	陳官俊 吏右 (滿)文慶 户左

年代	道光十九年　己亥科　(1839)		
雲南	四、廿八、癸巳，6.9；	和　淳 翰侍讀	沈兆霖 編修
貴州	四、癸巳；	何桂清 編修	趙　楫 編修
廣東	五、十四、戊申，6.24；	張　芾 編修	潘　鐸 兵郎
廣西	五、戊申；	江國霖 編修	阿彥達 吏主
福建	五、戊申；	何紹基 編修	蔡家玕 江南道
湖南	五、廿二、丙辰，7.2；	邵　燦 編修	桂文燦 編修
四川	五、丙辰；	葉觀儀 編修	楊　培 編修
浙江	六、十、甲戌，7.20；	(滿)麟魁 刑左	何裕承 翰侍讀 六、丁丑、十三，7.23；迴避互調。
江西	六、甲戌；	季芝昌 少詹	許乃釗 編修
湖北	六、甲戌；	陶廖增 編修 六、丁丑；迴避互調。	李汝嶠 編修
陝西	六、廿、甲申，7.30；	湯　鵬 户郎	李　方 京畿道
江南	六、甲申；	黄爵滋 通政	鈕福保 修撰
河南	七、六、己亥，8.14；	福　濟 翰講學	勞崇光 編修
山東	七、己亥；	羅文俊 翰讀學	賈　瑜 編修 七、壬子、十九，8.27；改編修許前軫。
山西	七、己亥；	慧　成 翰侍講	孫銘恩 編修
順天	八、六、己巳，9.13；	潘世恩 武英	何凌漢 户尚 (宗室)恩桂 吏右 徐士芬 工右

道光二十年　庚子科　(1840)

四、廿八、戊子,5.29;	葉覲儀 編修	陳熙晉 京畿道　五、辛丑、十二,6.11;補夔州府,改差員外郎慶勛。
四、戊子;	蔡振武 編修	夏廷榘 檢討
五、十、己亥,6.9;	楊能格 編修	高人鑑 山東道
五、己亥;	黄恩彤 刑郎	林揚祖 刑主
五、己亥;	(滿)慧成 詹事	路慎莊 編修
五、廿、己酉,6.19;	周　頊 兵給	王　桂 吏主
五、己酉;	沈兆霖 編修	羅惇衍 編修
六、十、戊辰,7.8;	成觀宣 通參	何冠英 編修
六、戊辰;	趙　光 大理	鈕福保 修撰
六、戊辰;	勞崇光 編修	陳岱霖 福建道
六、廿、庚寅,7.18;	張錫庚 編修	王積順 刑主
六、戊寅;	(滿)文慶 户左	胡林翼 編修
七、六、甲午,8.3;	博迪蘇 翰讀學	汪元方 山東道
七、甲午;	楊殿邦 通副	林鴻年 修撰
七、甲午;	李棠階 翰侍講	(漢)有　慶 户郎
八、六、癸亥,9.1;	王　鼎 東閣	廖鴻荃 工尚 (滿)文蔚 工左 賈　楨 閣學

年代		道光二三年　癸卯科　(1843)	
雲南	五、廿九、辛未，6.26；	龔寶蓮 編修	段大章 編修
貴州	五、辛未；	龍元僖 編修	王　桂 山西道
廣東	六、十、壬午，7.7；	翁同書 編修	鄧爾恒 編修
廣西	六、壬午；	李承霖 修撰	(漢)鍾　保 户郎
福建	六、壬午；	(蒙)博迪蘇 大理	徐　相 編修
湖南	六、廿、壬辰，7.17；	陳　枚 編修	甘守先 編修
四川	六、壬辰；	曾國藩 檢討	趙　楫 編修
浙江	七、十、辛亥，8.5；	侯　桐 閣學	楊能格 編修
江西	七、辛亥；	張　芾 少詹	匡　源 編修
湖北	七、辛亥；	蕭時馥 編修	沈元泰 編修
陝西	七、廿、辛酉，8.15；	王履謙 編修	吴敬羲 編修
江南	七、辛酉；	賈　楨 工右	徐士穀 編修
河南	九、八、丁丑，10.30；改期。	惲光宸 編修	時大杭 檢討 九、丁亥、十八，11.9；病免，改差編修范承典。
山東	閏七、六、丙子，8.30；	羅惇衍 翰侍講	鍾音鴻 編修
山西	閏七、丙子；	方　墉 編修	莊受祺 編修
順天	八、六、丙午，9.29；	(滿)麟魁 禮尚	許乃普 兵尚 (蒙)花沙納 祭酒

道光二四年　甲辰科　(1844)

四、廿九、乙丑，6.14；	晏端書 編修	朱昌頤 户員
四、乙丑；	萬青藜 翰講學	何紹基 編修
五、十、丙子，6.25；	何桂清 翰侍講	龍啓瑞 修撰
五、丙子；	馮桂芬 編修	祁寯藻 檢討
五、丙子；	(蒙)瑞常 光禄	楊福祺 編修
五、廿、丙戌，7.5；	李臨馴 檢討	喬晉芳 刑主
五、丙戌；	錢振倫 編修	湯雲松 編修
六、十、乙巳，7.24；	朱　嶟 兵左	惲光宸 編修
六、乙巳；	葉覲儀 祭酒	李佐賢 編修
六、乙巳；	倉景恬 編修	殷兆鏞 編修
六、廿、乙卯，8.3；	甘守先 編修	陳寶禾 編修
六、乙卯；	徐士芬 工左	江國霖 編修
七、六、辛未，8.19；	厲恩官 編修	田雨公 編修
七、辛未；	(滿)舒興阿 兵右	胡應泰 編修
七、辛未；	龍元僖 編修	匡　源 編修
八、四、戊戌，9.15；	杜受田 左都	張澧中 刑右 羅文俊 閣學

年代	道光二六年　丙午科　(1846)		
雲南	五、卅、甲申，6.23；	潘曾瑩 編修	張　煒 編修
貴州	五、甲申；	金鶴清 編修	吴福年 編修
廣東	閏五、十、甲午，7.3；	(滿)全慶 閣學	陳啓邁 編修
廣西	閏五、甲午；	馮譽驥 編修	鄒振杰 編修
福建	閏五、甲午；	孫葆元 詹事	蔡念慈 編修
湖南	閏五、廿一、乙巳，7.14；	蕭浚蘭 編修	馮培元 編修
四川	閏五、乙巳；	徐士穀 編修	吴嘉淦 宗人主事
浙江	六、十、癸亥，8.1；	周祖培 刑左	王景淳 編修
江西	六、癸亥；	汪本銓 光禄	汪廷儒 編修
湖北	六、癸亥；	龐鍾敏 編修	何彤雲 編修
陝西	六、廿、癸酉，8.11；	陳寶禾 翰侍講	青　麐 右中允
江南	六、癸酉；	(蒙)柏葰 户左	黄贊湯 通副
河南	七、六、己丑，8.27；	孫銘恩 翰讀學	林映棠 吏員
山東	七、己丑；	朱　嶟 閣讀學	吴保泰 編修
山西	七、己丑；	畢道遠 檢討	彭涵霖 編修
順天	八、六、戊午，9.25；	祁寯藻 户尚	(滿)文慶 兵尚 (滿)福濟 吏右

年代	道光二九年　己酉科　(1849)		
雲南	閏四、廿八、乙未，6.18；	方濬頤 編修 五、癸卯、七，6.26；憂免，改差編修陳慶松。	劉廷檢 户主
貴州	閏四、乙未；	孫鼎臣 編修	王發貴 禮主
廣東	五、十、丙午，6.29；	楊式穀 翰侍講	何紹基 編修
廣西	五、丙午；	孫鏘鳴 編修	丁守存 户主
福建	五、丙午；	黄贊湯 左副	史　淳 編修
湖南	五、廿、丙辰，7.9；	車順軌 編修	徐元勳 編修
四川	五、丙辰；	趙　昀 編修	龔自閎 編修
浙江	六、十、丙子，7.29；	(滿)文瑞 左副	章　瓊 編修
江西	六、丙子；	田雨公 鴻臚	呼延振 編修
湖北	六、丙子；	童　華 編修	張之萬 修撰
陝西	六、廿、丙戌，8.8；	葛景萊 編修	黄　倬 編修
河南	七、六、辛丑，8.23；	宋　晉 左中允	吴駿昌 編修
山東	七、辛丑；	(蒙)瑞常 兵左	童以炘 編修
山西	七、辛丑；	胡瑞瀾 編修	張　桐 編修
江南	七、廿、乙卯，9.6；	(滿)福濟 户右	杜　翻 詹事
順天	八、四、己巳，9.20；	孫瑞珍 禮尚	王廣蔭 左都 (宗室)靈桂 工右

年代	咸豐元年 辛亥科 (1851)		
雲南	五、一、丁亥，5.31；	呼延振 編修	蔡賡颺 户主
貴州	五、丁亥；	左瑛 編修	華祝三 編修
廣東	五、十、丙申，6.9；	萬青藜 翰讀學	吕倌孫 編修
廣西	六、十五、庚午，7.13；召回，改明年四月舉行。	（劉崐 編修）	（汪元方 吏給）
福建	六、庚午；召回，改明年四月舉行。	羅惇衍 通政	徐士穀 編修
湖南	五、廿、丙午，6.19；	吴保泰 編修	喬松年 工員
四川	五、丙午；	何彤雲 編修	徐樹銘 編修
浙江	六、十、乙丑，7.8；	吕賢基 工左	沈桂芬 編修
江西	六、乙丑；	沈兆霖 翰講學	龔寶蓮 編修
湖北	六、乙丑；	馮培元 編修	彭涵霖 編修
陝西	六、廿、乙亥，7.18；	賈瓚 編修	顔培瑚 檢討
江南	六、乙亥；	(蒙)瑞常 吏左	金國均 翰讀學
河南	七、六、庚寅，8.2；	張之萬 修撰	(滿)文格 工員
山東	七、庚寅；	(滿)德興 署吏左	邊浴禮 編修
山西	七、庚寅；	史淳 司業	杜學禮 户郎
順天	八、六、庚申，9.1；	杜受田 協	(蒙)柏葰 吏尚 (滿)舒興阿 户左 翁心存 户右

年代	咸豐二年 壬子科 (1852)		
雲南	四、廿九、己酉，6.16；	趙 畇 編修	黄 經 編修
貴州	四、己酉；	張衍重 檢討	許彭壽 編修
廣東	五、十二、壬戌，6.29；	孫銘恩 翰讀學	胡 焯 編修
廣西		明年補行。	
福建	五、壬戌；	(?)毓檢 詹事	黄兆麟 光少
湖南	五、壬戌；	改明年。	
四川	五、廿六、丙子，7.13；	徐繼畬 僕少	沈炳垣 編修
浙江	六、十、己丑，7.26；	(?)錫齡 工右	劉書年 編修
江西	六、己丑；	曾國藩 禮右	丁 浩 江南道
湖北	六、己丑；	王履謙 少詹	許其光 編修
江南	六、廿、己亥，8.5；	沈兆霖 吏右	葛景萊 編修
陝西	六、己亥；	蘇仲山 編修	梁同新 禮給
河南	七、六、甲寅，8.20；	(滿)克明 翰侍讀	宋玉珂 編修
山東	七、甲寅；	許乃普 閣學	黄 倬 編修
山西	七、甲寅；	袁泳錫 檢討	曹登庸 編修
順天	八、六、甲申、9.19；	(滿)麟魁 工尚	朱鳳標 左都 吕賢基 工左

年代	咸豐五年 乙卯科 (1855)		
雲南	五、一、壬戌，6.14；	吴存義 翰侍講	張守岱 江西道
貴州	七、甲戌；十三、8.25；展緩一年。	王祖培 編修	錢桂森 編修
廣東	咸六、四、丁未、廿一，1856.5.24。	王發桂 鴻臚	張興仁 陝西道
廣西	咸六、五、丙寅、十，1856.6.12。	畢道遠 翰講學	丁紹周 編修
福建	五、十二、癸酉，6.25；	(滿)景廉 閣學	吴鳳藻 編修
湖南		(壬子、乙卯兩科，展至戊午、辛酉。)	
四川	五、廿二、癸未，7.5；	章　鋆 修撰	孫　楫 閣侍讀
浙江	六、十二、癸卯，7.25；	周玉麒 光禄	景其濬 編修
江西			
湖北		(停)	
江南		(停)	
陝西	六、廿、辛亥，8.2；	殷兆鏞 翰講學	羅嘉福 編修
河南		(停)	
山東	七、八、己巳，8.20；	張錫庚 太僕	吕序程 編修
山西	七、己巳；	張金鏞 編修	李鴻藻 編修
順天	八、六、丙申，9.16；	賈　楨 體仁	(蒙)花沙納 吏尚 何彤雲 户右

咸豐八年　戊午科　(1858)

五、十二、丙戌，6.22；	徐樹銘 兵右	(滿)浦安 編修
五、廿二；丙申，7.2；	尋鑾煒 編修	杜瑞聯 編修
五、丙申；	李德儀 翰講學	豫　師 閣讀學
八、廿八、庚午，10.4；	(滿)寶鋆 户右	馬佩瑶 檢討
七、十二、乙酉，8.20；	許彭壽 翰侍講	俞奎垣 編修
六、廿二、丙寅，8.1；	潘祖蔭 翰講學	翁同龢 修撰
七、八、辛巳，8.16；	邵亨豫 右贊善	洪昌燕 編修
七、辛巳；	鄭敦謹 常少	葉廷杰 吏郎
七、辛巳；	彭瑞毓 編修	吕朝瑞 編修
八、六、戊申，9.12；	(蒙)柏葰 協、户尚	朱鳳標 兵尚 程庭桂 左副

年代	咸豐九年　己未科　(1859)		
雲南			
貴州			
廣東			
廣西			
福建			
湖南			
四川			
浙江	六、九、丁未，7.8；	**鍾啓峋** 翰侍講	**汪承元** 編修
江西			
湖北	六、丁未；	**錢寶青** 左副	**薛書堂** 編修
江南	八、十三、庚戌，9.9；	**楊式穀** 禮右	**阜　保** 祭酒
陝西	六、廿、戊午，7.19；	**馬壽金** 署司業	**吕耀斗** 編修
河南	七、八、丙子，8.6；	**華祝三** 編修	**孫翼謀** 編修
山東	七、丙子；	**鄭瓊詔** 翰講學	**董元醇** 編修
山西	七、丙子；	**錢寶廉** 右庶子	**張錫嶸** 編修
順天	八、六、癸卯，9.2；	**周祖培** 協、户尚	(蒙)**瑞常** 刑尚 **梁　瀚** 户左 (宗室)**靈桂** 刑左

咸豐十一年　辛酉科　(1861)		
六、廿九、丙戌，8.5；七、壬子、廿六、8.31；改十月，再改明年。	楊秉璋 翰講學	徐啓文 江南道
六、丙戌；	孫家鼐 修撰	沈秉成 編修
九、六、辛卯，10.9；	萬藕舲 左都	(滿)麟魁 刑右 畢道遠 兵右

年代	同治元年　壬戌科　(1862) (登極恩科)		
雲南			
貴州	正、癸丑、卅,2.28;差。 二、丁丑、廿五,3.24;改八月。 四、辛巳、廿九,5.27;差。 五、己亥、十八,6.14;緩期。	(王發桂 左副) (歐陽保極 編修)	(倪　杰 通參) (孫恩壽 禮員)
廣東	五、廿七、戊申,6.23;	賀壽慈 太僕	郭祥瑞 户給
廣西	七、八、己丑,8.3;	章　鋆 修撰	趙　新 檢討
福建	八、三、癸丑,8.27;	(漢)衍　秀 祭酒	馬金壽 司業
湖南	五、十九、庚子,6.15;	(宗室)綿宜 閣學	王　堃 禮員
四川			
浙江			
江西			
湖北			
江南			
陝西			
河南	七、己丑;	吕朝瑞 編修	洪調緯 編修
山東	七、己丑;	潘祖蔭 光禄	楊泗孫 編修
山西	七、己丑;	翁同龢 右贊善	孫念祖 編修
順天	八、六、丙辰,8.30;	賈　楨 武英	(蒙)瑞常 吏尚 羅惇衍 户尚

同治三年 甲子科 (1864)

五、五、甲辰，6.8；	**鄭錫瀛** 光少	**惠 林** 翰講學
五、甲辰；	**黄錫彤** 編修	**王祺海** 吏郎
七、五、癸卯，8.6；	(**殷兆鏞** 閣學) 十、己卯、十二，11.10；延期次年，召回。 **丁紹周** 僕少 同四年、六、癸卯、十，1865.8.1；差。	(**阿克丹** 宗人理事) **丁培鎰** 祭酒
五、十六、乙卯，6.19；	**龐鍾璐** 禮左	**祁世長** 編修
五、乙卯；	**胡家玉** 光禄	**張晉祺** 山西道
補辛酉、壬戌兩科，甲子科併入丁卯科。	(宗室)**瑞聯** 祭酒 同四年、六、癸卯；補。	**董兆奎** 同四年、六、癸卯；補。
六、六、乙亥，7.9；	**梁肇煌** 翰侍讀	**王 珊** 編修
七、五、癸卯，8.6；	(宗室)**崑岡** 左贊善	**王之翰** 編修
七、癸卯；	**朱夢元** 通政	**童 華** 翰讀學
七、癸卯；	(滿)**銘安** 翰讀學	**張興留** 閣中書
八、六、甲戌，9.6；	(蒙)**瑞常** 協、吏尚	**朱鳳標** 吏尚 **羅惇衍** 户尚 **李棠階** 禮尚

年代	同治六年　丁卯科　(1867)		
雲南			
貴州	五、一、癸丑,6.2;	廖坤培 編修	于建章 編修
福建	五、十二、甲子,6.13;	王維珍 理少	(滿)鄂芳 翰讀學
廣東	五、甲子;	(滿)銘安 閣學	馬恩溥 翰讀學
廣西	五、甲子;	錢寶廉 翰講學	王師曾 山西道
湖南	五、廿二、甲戌,6.23;	王慶祺 檢討	畢保釐 編修
四川	五、甲戌;	孫毓汶 翰講學	李文田 編修
江西	六、十二、甲午,7.13;	朱學勤 鴻少	范鳴龢 宗人主事
浙江	六、甲午;	張澐卿 光少	張之洞 編修
湖北	六、甲午;	(滿)常恩 翰講學	鍾駿聲 修撰
江南	六、廿二、甲辰,7.23;	劉有銘 常少	王榮琯 編修
陝西			
河南	六、八、己未,8.7;	徐　郙 修撰	解　煜 編修
山東			
山西	六、己未;	夏子鐊 編修	李端棻 編修
順天	八、六、丙戌,9.3;	賈　楨 武英	(蒙)瑞常 協、工尚 單懋謙 工尚 汪元方 左都

年代	同治九年　庚午科（1870）		
雲南	五、一、丙寅，5.30；	**汪叙疇** 編修	**王先謙** 編修
貴州	五、丙寅；	**張端卿** 編修	**劉青照** 檢討
廣東	五、十一、丙子，6.9；	**王祖培** 閣學	**謝維藩** 編修
廣西	五、丙子；	**陳振瀛** 編修	**馬相如** 山西道
福建	五、丙子；	（宗室）**寶森** 祭酒	**劉　曾** 編修
湖南	五、廿二、丁亥，6.20；	**王緒曾** 編修	**楊泰亨** 檢討
四川	五、丁亥；	**丁紹周** 僕少	**劉景宸** 閣中書
江西	六、十二、丁未，7.10；	**彭久餘** 吏右	**楊書香** 閣讀學
浙江	六、丁未；	**劉有銘** 左副	**李文田** 翰侍講
湖北	六、丁未；	**曹　熔** 編修	**蔡逢年** 兵郎
江南	六、廿一、丙辰，7.19；	（滿）**銘安** 閣學	**林天齡** 編修
陝西	六、丙辰；	**陸爾熙** 編修	**孫詒經** 司業
河南	七、八、壬申，8.4；	（蒙）**崇綺** 修撰	**王憲曾** 閣中書
山東	七、壬申；	**朱逌然** 編修	**徐致祥** 右中允
山西	七、壬申；	**曹秉濬** 編修	**黄錫彤** 福建道
順天	八、六、庚子，9.1；	（蒙）**倭仁** 文淵	（蒙）**瑞常** 刑尚 **鄭敦謹** 刑尚 **唐壬森** 太僕

年代	同治十二年　癸酉科　(1873)		
雲南	六、一、戊申，6.25；	(宗室)崑岡 右庶子	王文在 編修
貴州	六、戊申；	許庚身 閣讀學	黄體芳 侍講
福建	六、十二、己未，7.6；	馬恩溥 閣學	張英麟 編修
廣東	六、己未；	夏家鎬 通副	周　冠 檢討
廣西	六、己未；	崔志道 編修	陳毓秀 户主
四川	六、廿二、己巳，7.16；	鍾寶華 翰講學	張之洞 編修
湖南	六、己巳；	陳　翼 編修	楊泰亨 檢討
江西	閏六、十二、戊子，8.4；	烏拉喜崇阿 翰講學	張道淵 檢討
浙江	閏六、戊子；	徐致祥 侍讀	(宗室)寶廷 侍讀
湖北	閏六、戊子；	解　煜 編修	吴鳳藻 陝西道
江南	閏六、廿二、戊戌，8.14；	劉有銘 左副	黄自元 編修
陝西	閏六、戊戌；	吴寶恕 編修	潘衍桐 編修
河南	七、七、癸丑，8.29；	鄭嵩齡 編修	王慶祺 檢討
山東	七、癸丑；	楊慶麟 讀學	陳學棻 編修
山西	七、癸丑；	洪良品 編修	范鳴龢 吏主
順天	八、六、壬午，9.27；	(滿)全慶 協、刑尚	胡家玉 左都 童　華 吏右 潘祖蔭 户左

年代	光緒元年　乙亥科（1875）		
雲南	五、一、丁酉，6.4；	張　楷 編修	王榮琯 貴州道
貴州	五、丁酉；	畢保釐 編修	張清華 編修
廣東	五、十二、戊申，6.15；	吴寶恕 翰講學	朱　琛 編修
廣西	五、戊申；	廖壽恒 洗馬	陸芝祥 編修
福建	五、戊申；	許應騤 翰讀學	龔榮幹 編修
四川	五、廿二、戊午，6.25；	潘斯濂 光少	温忠翰 左中允
湖南	五、戊午；	梁燿樞 修撰	尹琳基 編修
甘肅	五、戊午；	徐　郙 翰講學	劉瑞祺 湖廣道
湖北	六、十二、丁丑，7.14；	朱福基 編修	惲彦彬 編修
江西	六、丁丑；	王先謙 右中允	潘衍桐 編修
浙江	六、丁丑；	（宗室）奎潤 大理	逄潤吉 編修
陝西	六、廿二、丁亥，7.24；	顧　奎 陝西道	陳啓泰 編修
江南	六、丁亥；	周瑞清 常少	王　炳 編修
河南	七、八、壬寅，8.8；	瞿鴻禨 翰講學	陳　翼 編修
山東	七、壬寅；	（蒙）錫珍 翰讀學	黄毓恩 翰侍讀
山西	七、壬寅；	鈕玉庚 右庶子	許有麟 編修
順天	八、六、庚午，9.5；	毛昶熙 吏尚	（蒙）崇綺 吏右 殷兆鏞 吏右 （漢）徐　桐 禮右

年代	光緒二年　丙子科　(1876)		
雲南	閏五、一、辛酉，6.22；	**龍湛霖** 編修	**胡喬年** 編修
貴州	閏五、辛酉；	**顧　奎** 編修	**李岷琛** 編修
福建	閏五、十二、壬申，7.3；	**孫貽經** 詹事	**王　緯** 户主
廣東	閏五、壬申；	**王之翰** 翰讀學	**郁　崑** 編修
廣西	閏五、壬申；	**朱文鏡** 編修	**李嘉樂** 福建道
湖南	閏五、廿二、壬午，7.13；	**潘衍鍪** 編修	**陸潤庠** 修撰
四川	閏五、壬午；	**周家楣** 僕少	**吳觀禮** 編修
甘肅	閏五、壬午；	**黄毓恩** 翰侍讀	**胡聘之** 河南道
浙江	六、十二、辛丑，8.1；	**潘斯濂** 光少	**王先謙** 右中允
江西	六、辛丑；	(?)**文澂** 通政	**劉恩溥** 編修
湖北	六、辛丑；	**葉大焯** 右贊善	**梅啓照** 江南道
陝西	六、廿二、辛亥，8.11；	**洪　鈞** 修撰	**陳　欽** 編修
江南	六、辛亥；	**龔自閎** 閣學	**邊寶泉** 户給
河南	七、八、丙寅，8.26；	**汪鳴鑾** 司業	**楊　霽** 編修
山東	七、丙寅；	**鍾駿聲** 修撰	**曹　煒** 編修
山西	七、丙寅；	**蕭晉蕃** 編修	**馮光勳** 刑主
順天	八、六、甲午，9.23；	(滿)**魁齡** 工尚	**殷兆鏞** 户左 **夏同善** 兵右 (宗室)**麟書** 理右

年代	光緒五年　己卯科　(1879)		
雲南	五、一、甲戌,6.20;	李侑華 編修	黃卓元 編修
貴州	五、甲戌;	秦鍾簡 編修	涂慶瀾 編修
廣東	五、十二、乙酉,7.1;	周瑞清 通副	黃彝年 編修
廣西	五、乙酉;	李聯芳 編修	潘寶鐄 編修
福建	五、乙酉;	(?)文澂 工左	費延釐 編修
湖南	五、廿二、乙未,7.11;	華金壽 編修	曹鴻勛 修撰
四川	五、乙未;	(滿)景善 祭酒	許景澄 編修
甘肅	五、乙未;	陳寶森 翰侍講	周開銘 江南道
浙江	六、十二、甲寅,7.30;	(滿)烏拉喜崇阿 兵右	惲彥彬 編修
江西	六、甲寅;	汪鳴鑾 右中允	吳樹梅 編修
湖北	六、甲寅;	陸繼煇 編修	趙爾巽 編修
江南	六、廿二、甲子,8.9;	馮譽驥 刑左	許有麟 編修
陝西	六、甲子;	尹琳基 編修	陸潤庠 編修
山東	七、八、庚辰,8.25;	洪　鈞 修撰	張百熙 編修
山西	七、庚辰;	周晉麒 編修	吳　峋 禮主
河南	七、庚辰;	曹　煒 編修	朱文鏡 編修
順天	八、六、丁未,9.21;	(漢)徐　桐 禮尚	(滿)志和 吏右 殷兆鏞 禮右 錢寶廉 刑右

年代	光緒八年　壬午科　(1882)		
雲南	五、一、丙戌，5.16；	張英麟 編修	馮金鑑 編修
貴州	五、丙戌；	潘衍桐 編修	袁　善 編修
福建	五、十二、丁酉，6.27；	(宗室)寶廷 禮右	朱善祥 編修
廣東	五、丁酉；	吳廷芬 宗人府丞	蕭晉蕃 編修
廣西	五、丁酉；	胡　勝 編修	龐鴻文 編修
湖南	五、廿二、丁未，7.7；	葉大焯 翰講學	楊文瑩 編修
四川	五、丁未；	(滿)烏拉布 翰讀學	張人駿 編修
甘肅	五、丁未；	楊　頤 編修	江樹昀 編修
浙江	六、十二、丙寅，7.26；	許應騤 兵左	朱　琛 編修
江西	六、丙寅；	陳寶琛 翰講學	黃彝年 編修
湖北	六、丙寅；	陳存懋 檢討	管廷鶚 編修
江南	六、廿二、丙子，8.5；	許庚身 禮右	譚宗浚 編修
陝西	六、丙子；	邵曰濂 閣讀學	李士彬 江南道
山東	七、八、壬辰，8.21；	(滿)貴恒 閣學	檀　璣 編修
山西	七、壬辰；	李聯芳 編修	龔鎮湘 宗人主事
河南	七、壬辰；	吳樹梅 編修	鄭萬齡 編修
順天	八、六、己未，9.17；	(漢)徐　桐 禮尚	(滿)烏拉喜崇阿 左都 畢道遠 左都 孫家鼐 工左

年代	光緒十一年　乙酉科　(1885)		
雲南	五、一、己亥，6.13；	朱善祥 編修	龐 [illegible] 編修
貴州	五、己亥；	李桂林 編修	王仁堪 修撰
廣東	五、十二、庚戌，6.24；	錢桂森 閣學	周鑾詒 編修
廣西	五、庚戌；	檀　璣 編修	丁振鐸 雲南道
福建	五、庚戌；	陳學棻 翰讀學	張鼎華 編修
四川	五、廿二、庚申，7.4；	沈源深 大理	黃紹箕 編修
湖南	五、庚申；	陳琇瑩 編修	謝雋杭 編修
甘肅	五、庚申；	(滿)文治 鴻臚	唐椿森 江南道
湖北	六、十、丁丑，7.21；	(滿)承翰 少詹	朱一新 編修
江西	六、丁丑；	廖壽恒 閣學	王賡榮 陝西道
浙江	六、丁丑；	白　桓 左副	潘衍桐 洗馬
江南	六、廿、丁亥，7.31；	馮爾昌 理少	戴彬元 編修
陝西	六、丁亥；	黃霽杰 編修	趙亮熙 工主
山東	七、七、癸卯，8.16；	(？)英煦 左副	白遇道 編修
山西	七、癸卯；	林　壬 編修	胡泰福 刑員
河南	七、癸卯；	周　齡 編修	(漢)曾培祺 河南道
順天	八、六、壬申，9.14；	潘祖蔭 署兵尚	翁同龢 工尚 (宗室)奎潤 左都 童　華 禮右

年代	光緒十四年　戊子科　(1888)		
貴州	五、一、壬子，6.10；	蒯光典 檢討	趙亮熙 工主
雲南	五、壬子；	龐鳴玉 編修	黄桂清 編修
廣東	五、十二、癸亥，6.21；	惲彦彬 翰講學	褚成博 編修
廣西	五、癸亥；	王祖光 司業	崔永安 編修
福建	五、癸亥；	黄體芳 通政	吕佩芬 編修
四川	五、廿二、癸酉，7.1；	張百熙 編修	趙以炯 修撰
湖南	五、癸酉；	陳懋侯 編修	馮　煦 編修
甘肅	五、癸酉；	孔祥霖 編修	周克寬 編修
湖北	六、十二、壬辰，7.20；	馮光遹 編修	殷李堯 户給
江西	六、壬辰；	(滿)景善 吏右	朱祖謀 編修
浙江	六、壬辰；	錢桂森 閣學	吴樹梅 編修
江南	六、廿二、壬寅，7.30；	李文田 翰讀學	王仁堪 修撰
陝西	六、壬寅；	戴兆春 編修	周錫恩 編修
山東	七、八、戊午，8.15；	(宗室)盛煜 祭酒	陳與冏 編修
山西	七、戊午；	徐會澧 翰講學	吴同甲 編修
河南	七、戊午；	(滿)長萃 翰講學	劉名譽 編修
順天	八、六、乙酉，9.11；	(宗室)福錕 協、户尚	翁同龢 户尚 許庚身 兵尚 薛允升 刑左

年代	光緒十五年　己丑科　(1889)		
雲南	五、一、丙午，5.30；	李聯芳 編修	張星炳 編修
貴州	五、丙午；	陳如岳 編修	劉名譽 編修
廣東	五、十二、丁巳，6.10；	李端棻 閣學	王仁堪 修撰
廣西	五、丁巳；	陳同禮 編修	潘炳年 編修
福建	五、丁巳；	徐致祥 宗人府丞	鮑　臨 編修
湖南	五、廿二、丁卯，6.20；	高賡恩 編修	陳　冕 修撰
四川	五、丁卯；	胡聘之 僕少	黄卓元 翰侍讀
甘肅	五、丁卯；	陳兆文 編修	檀　璣 編修
浙江	六、十二、丙戌，7.9；	李文田 少詹	陳　鼎 編修
江西	六、丙戌；	沈源深 左副	陸繼煇 編修
湖北	六、丙戌；	陳　彝 閣中書	華　煇 編修
江南	六、廿一、乙未，7.18；	李端遇 鴻臚	(漢)承　蔭 户主
陝西	六、乙未；	曹鴻勛 修撰	劉傳福 編修
山東	七、八、壬子，8.4；	(?)寶昌 禮右	蔣　艮 編修
山西	七、壬子；	謝雋杭 編修	徐　琪 編修
河南	七、壬子；	徐致靖 編修	李葆實 編修
順天	八、六、己卯，8.31；	(漢)徐　桐 協、吏尚	(滿)嵩申 理尚 許應騤 吏左 孫詒經 户左

年代	光緒十七年　辛卯科　(1891)		
雲南	五、一、甲子，6.7；	戴鴻慈 編修	王嘉善 吏員
貴州	五、甲子；	丁仁長 編修	勞肇光 檢討
廣東	五、十二、乙亥，6.18；	徐致祥 左副	周樹模 編修
廣西	五、乙亥；	劉玉珂 編修	宋育仁 檢討
福建	五、乙亥；	瞿鴻禨 翰講學	段友蘭 編修
湖南	五、廿二、乙酉，6.28；	王錫蕃 編修	丁立鈞 編修
四川	五、乙酉；	李端棻 閣學	陳同禮 編修
甘肅	五、乙酉；	(滿)熙瑛 編修	李聯芳 編修
浙江	六、十二、甲辰，7.17；	李端遇 通副	費念慈 編修
江西	六、甲辰；	陳學棻 閣學	余誠格 編修
湖北	六、甲辰；	劉啓瑞 編修	張嘉祿 山東道
江南	六、廿二、甲寅，7.27；	金保泰 閣讀學	李盛鐸 編修
陝西	六、甲寅；	劉世安 編修	吴　魯 修撰
山東	七、八、庚午，8.12；	汪鳴鑾 工左	龐鴻書 編修
山西	七、庚午；	白遇道 編修	曹詒孫 編修
河南	七、庚午；	吴同甲 編修	褚成博 江西道
順天	八、六、丁酉，9.8；	許庚身 兵尚	廖壽恒 户左 徐樹銘 工右 (宗室)霍穆歡 閣學

年代	光緒十九年　癸巳科　(1893)		
雲南	五、一、壬午，6.14；	吴嘉瑞 編修	陳伯陶 編修
貴州	五、壬午；	劉福姚 修撰	陳　璧 禮員
福建	五、十二、癸巳，6.25；	龍湛霖 閣學	杜本崇 編修
廣東	五、癸巳；	顧　璜 通副	吴郁生 編修
廣西	五、癸巳；	張亨嘉 編修	勞肇光 檢討
湖南	五、廿二、癸卯，7.5；	黄紹第 編修	秦綬章 編修
四川	五、癸卯；	朱　琛 詹事	徐仁鑄 編修
甘肅	五、癸卯；	程棫林 編修	謝佩賢 編修
浙江	六、十二、壬戌，7.24；	殷如璋 通參	周錫恩 編修
江西	六、壬戌；	惲彦彬 閣學	鄒福保 編修
湖北	六、壬戌；	吴鴻甲 編修	彭　述 編修
江南	六、廿二、壬申，8.3；	徐會灃 工右	文廷式 編修
陝西	六、壬申；	丁惟禔 編修	徐繼孺 編修
河南	七、八、戊子，8.19；	王懿榮 編修	李桂林 編修
山東	七、戊子；	(？)長萃 太僕	柯逢時 編修
山西	七、戊子；	薛寶辰 編修	高　枏 編修
順天	八、六、乙卯，9.15；	翁同龢 户尚	孫毓汶 刑尚 陳學棻 户右 (蒙)裕德 刑右

年代	光緒二十年　甲午科　(1894)		
雲南	五、一、丁丑，6.4；	張建勳 編修	許澤新 編修
貴州	五、丁丑；	吴同甲 編修	陳同禮 編修
廣東	五、十二、戊子，6.15；	唐景崇 閣學	王蔭槐 編修
廣西	五、戊子；	曾福元 編修	汪鳳梁 編修
福建	五、戊子；	(滿)文治 閣學	鄒福保 編修
湖南	五、廿二、戊戌，6.25；	柏錦林 編修	蔣式芬 湖廣道
四川	五、戊戌；	劉恩溥 鴻臚	張　鈞 編修
甘肅	五、戊戌；	馬步元 編修	王以慜 編修
湖北	六、十二、丁巳，7.14；	吴鴻甲 編修	朱益藩 編修
江西	六、丁巳；	陸潤庠 祭酒	孟慶榮 編修
浙江	六、丁巳；	梁仲衡 閣學	秦夔揚 編修
陝西	六、廿二、丁卯，7.24；	楊天霖 編修	劉永亨 編修
江南	六、丁卯；	馮文蔚 翰讀學	黄紹第 編修
山東	七、八、壬午，8.8；	李端棻 刑左	宋伯魯 編修
山西	七、壬午；	高熙喆 編修	周爰諏 編修
河南	七、壬午；	劉若曾 編修	劉心源 京畿道
順天	八、六、庚戌，9.5；	薛允升 刑尚	徐　郙 左都 (滿)長萃 閣學 楊　頤 左副

年代	光緒二三年　丁酉科　(1897)		
雲南	五、一、己丑，5.31；	周克寬 編修	余　堃 編修
貴州	五、己丑；	杜本崇 編修	陳伯陶 編修
廣東	五、十二、庚子，6.11；	(?)薩廉 通政	劉福姚 修撰
廣西	五、庚子；	尹銘綬 編修	譚啓瑞 編修
福建	五、庚子；	葛寶華 通副	謝佩賢 編修　五、己酉、廿一，6.20；劾免，改差編修黄紹第。
四川	五、廿二、庚戌，6.21；	張仁黼 鴻臚	楊捷三 左贊善
湖南	五、庚戌；	朱益藩 翰侍講	陳同禮 編修
甘肅	五、庚戌；	連　甲 編修	王廷弑 編修
湖北	六、十二、庚午，7.11；	黄紹箕 編修	熊亦奇 編修
江西	六、庚午；	張百熙 祭酒	楊家驥 編修
浙江	六、庚午；	徐樹銘 兵左	吴郁生 編修
江南	六、廿二、庚辰，7.21；	劉恩溥 太僕	朱錫恩 編修
陝西	六、庚辰；	柏錦林 編修	劉學謙 編修
山東	七、八、乙未，8.5；	陸寶忠 閣學	李桂林 編修
山西	七、乙未；	王祖同 編修	姚舒密 編修
河南	七、乙未；	管廷鶚 司業	華俊聲 編修
順天	八、六、癸亥，9.2；	孫家鼐 吏尚	徐　郙 兵尚 (蒙)裕德 左都 (宗室)溥良 户右

年代	光緒二六年　庚子科　(1900)		
雲南	五、一、辛丑，5.28；	吴緯炳 編修	伍銓萃 編修
貴州	五、辛丑；	駱成驤 修撰	田智枚 編修
廣東	五、十二、壬子，6.8；	李殿林 兵右	吴同甲 翰侍講
廣西	五、壬子；	胡孚宸 御史	李傳元 編修
福建	五、壬子；	華金壽 户右	吴郁生 左中允
湖南	五、廿二、壬戌，6.18；	馮恩崑 編修	劉嘉琛 編修
四川	五、壬戌；	李蔭鑾 通副	夏孫桐 編修
甘肅	五、壬戌；	沈　衛 編修	林開謩 編修
浙江	六、十二、壬午，7.8；	李昭煒 詹事 六、癸未、十三，7.9；與裴維侒互調。	劉福姚 修撰
江西	六、壬午；	裴維侒 鴻少 六、癸未；與李昭煒互調。	檀　璣 翰侍講
湖北	六、壬午；	戴　昌 翰侍讀	吴士鑑 編修
		七、己酉、十，8.4；文武鄉試恩科暫緩舉行。	

年代	光緒二七年　辛丑、壬寅併科　(1901)* 光緒二八年　辛丑、壬寅併科　(1902)		
雲*南	四、廿六、辛酉，6.12；	吳　魯 修撰	馮恩崑 編修
貴*州	四、辛酉；	呂佩芬 編修	華學瀾 編修
廣*東	五、十二、丙子，6.27；	裴維侒 鴻臚	夏孫桐 編修
廣*西	五、丙子；	李傳元 編修	伍銓萃 編修
福建	五、十一、庚午，6.16；	載　昌 常少	吳隆培 編修
湖南	五、廿二、辛巳，6.27；	李士鉁 翰侍講	夏同龢 修撰
四川	五、辛巳；	(宗室)毓隆 翰讀學	俞陛雲 編修
甘*肅	七、一、甲子，8.14；	饒士端 編修	鄭　沅 編修
江西	六、十二、庚子，7.16；	李昭煒 兵左	顧　瑗 編修
浙江	六、庚子；	朱益藩 翰讀學	李家駒 編修
湖北	六、庚子；	寶　熙 翰侍讀	沈曾桐 編修
江南	六、廿二、庚戌，7.26；	戴鴻慈 户右	黄均隆 鴻少
陝西	六、庚戌；	朱延熙 編修	段友蘭 編修
山西	六、庚戌；	曹福元 編修	楊士燮 江西道
山東	七、八、丙寅，8.11；	支恒榮 翰講學	陳伯陶 編修
河南	九、八、乙丑，10.9；	(滿)定成 通參	景方昶 編修
順天	六、卅、戊午，8.3；	(滿)裕德 兵尚	陸潤庠 左都 陳邦瑞 户左 李聯芳 閣學

年代	光緒二九年　癸卯科　(1903) (以後停止，參見“會試考官年表”)		
雲南	閏五、一、甲申，6.25；	張星吉 編修	吴慶坻 編修
貴州	閏五、甲申；	李哲明 編修	劉彭年 湖廣道
廣東	閏五、十二、乙未，7.6；	(滿)達壽 翰侍講	景方昶 編修
廣西	閏五、乙未；	駱成驤 修撰	錢能訓 河南道
福建	閏五、乙未；	李聯芳 閣學	劉學謙 禮給
湖南	閏五、廿二、乙巳，7.16；	支恒榮 翰講學	吕珮芬 編修
四川	閏五、乙巳；	王榮商 翰侍講	張世培 編修
甘肅	閏五、乙巳；	馬吉樟 編修	朱錫恩 湖廣道
江西	六、十二、甲子，8.4；	張仁黼 左副	李家駒 編修
浙江	六、甲子；	唐景崇 署工左	齊忠甲 編修
湖北	六、甲子；	李翰芬 編修	饒芝祥 編修
江南	六、廿二、甲戌，8.14；	楊佩璋 閣學	(滿)紹昌 外左丞
陝西	六、甲戌；	管廷鶚 翰侍讀	楊家驤 編修
山西	六、甲戌；	鄭　沅 編修	周樹模 江西道
山東	七、八、庚寅，8.30；	郭曾炘 署禮右	吴懷清 編修
河南	九、八、戊子，10.27；	于齊慶 翰侍講	劉福姚 修撰
順天	七、廿七、己酉，9.18；	徐　郙 協、禮尚	葛寶華 刑尚 (宗室)溥良 左都 (滿)熙瑛 閣學

軍事統帥年表

順治元年至宣統三年

1644—1911

順治元年
甲申 (1644)

靖遠大將軍(陝西 李自成)
十、癸酉、十九,11.17;授:

(英親王)**阿濟格**

二年、閏六、庚寅、十,1645.8.1;召回。
八、癸未、四,9.23;還京。

定國大將軍(江南 明)
十、己卯、廿五,11.23;授:

(豫親王)**多鐸**

二年、七、壬子、三,8.23;召回。
十、癸巳、十五,12.2;還京。

~~~~附:招撫~~~~

吴惟華
五、己酉、廿二,6.26;恭順侯,自請招撫宣大、山西。
十、壬申、十八,11.16;原銜任太原總兵。
十、庚戌、廿六,12.24;召京。

方大猷
五、壬子、廿五,6.29;明井陘道,授監軍副使,招撫山東。
七、壬辰、七,8.8;改授山東巡撫。

王鰲永
六、庚申、四,7.7;户右,招撫山東、河南。
旋死(二年正月死)。

順治二年
乙酉 (1645)

平南大將軍(江南 明)
七、壬子、三,8.23;授:

(貝勒)**勒克德渾**
固山額真 (滿)葉臣
(代多鐸)
三年、七、甲寅、十,1646.8.20;還京。

定西大將軍(四川 張獻忠)
十一、戊辰、廿,1.6;授(掛印):

〔續上〕

(滿)**何洛會** 駐防西安内大臣
左翼 固山額真 (漢)巴 顔
右翼 固山額真 (漢)李國翰
三年、二、丙申、十九,4.4;召回。

~~~~附:招撫~~~~

洪承疇
閏六、癸巳、十三,8.4;内翰林秘書院大學士、太子太保、兵尚、右都,授總督軍務,招撫江南各處地方。關防:"招撫南方總督軍務大學士。"
四年,憂免。五年四月,還京。

吴惟華
閏六、癸卯、廿三,8.14;恭順侯,授太子太保、右副,總督軍務,招撫廣東。
三年、五、己酉、四,6.16;撤回。

孫之獬
閏六、癸卯;禮左,升兵尚、右副,提督軍務,招撫江西地方。
三年、四、癸未、七,5.21;召回。

黄熙允
閏六、癸卯;尚寶寺卿,升兵右、右僉,招撫福建。
三年、五、己酉;撤回。

江禹緒
閏六、癸卯;原大同巡撫,授兵右、右僉,提督軍務,招撫湖廣。
三年、四、癸未;召回。

丁之龍
閏六、癸卯;刑郎,授兵右、右僉,招撫雲貴。
三年、五、己酉;撤回。

謝宏儀
七、丙辰、七,8.27;都督同知,授右都督,招撫廣西。
七、壬戌、十三,9.2;加兼右副,提督軍務。
三年、五、己酉;撤回。

順治三年
丙戌 (1646)

靖遠大將軍(四川 張獻忠)
正、己巳、廿一,3.8;授:

(肅親王)**豪格**
五年、二、戊辰、三,1648.2.25;還京。
(亦作"定遠"大將軍)

征南大將軍(閩、浙)
二、丙午、廿九,4.14;授:

(貝勒)**博洛**(理尚)
四年、四、乙酉、十四,1647.5.18;還京。

揚威大將軍
(蒙古、蘇尼特等部落)
五、丁未、二,6.14;授:

(德豫親王)**多鐸**
八、丁酉、廿四,10.2;班師。
九、丙寅、廿三,10.31;還京。

平南大將軍(湖廣、兩廣)
八、戊子、十五,9.23;授:

(漢)**孔有德** 恭順王
(漢)**耿仲明** 懷順王
(漢)**沈志祥** 續順公
八、癸巳、廿,9.28;命協征。
(漢)**尚可喜** 智順王
左翼 梅勒章京(滿)屯泰
右翼 固山額真(漢)金 礪
五年、九、己丑、廿八,1648.11.12;班師。

順治五年
戊子 (1648)

征南大將軍(江西 金聲桓)
三、庚戌、十五,4.7;授:

(滿)**譚泰** 固山額真
(滿)何會洛 固山額真
六年、二、己酉、廿,1649.4.1;召回。

平西大將軍(陝西 回民)
閏四、癸亥、廿九,6.19;授:

〔續上〕

(貝子)**吞齊**

(宗室)**韓岱** 固山額真

(十年改稱定遠大將軍)

靖南將軍(福建)

七、戊寅、十五,9.2;授:

(滿)**陳泰** 禮右

(六年、四、癸丑、廿五,1649.6.4;報稱"全閩底定"。)

定遠大將軍(湖廣 李錦)

九、壬申、十一,10.26;授:

(鄭親王)**濟爾哈朗**

六年、八、庚戌、廿三,1649.9.29;召回。

七年、正、丁丑、廿三,1650.2.23;還京。

順治六年

己丑 (1649)

定西大將軍(山西 汾州)

四、乙卯、廿七,6.6;授:

(端重親王)**博洛**

(敬謹親王)**尼堪**(由左衛往大同)

(五月,又作"征西"大將軍)

[注:三月初,已見博洛用定西大將軍名義。又,四月乙未(七,5.17),已見英親王阿濟格爲定西大將軍,並命吴達海等往代。]

征西大將軍(山西 姜瓖)

七、乙丑、八,8.15;授:

(巽親王)**滿達海**

十、庚戌、廿五,11.28;召回。

(謙郡王)**瓦克達**

十、庚戌;代滿達海。

七年、四、甲辰、廿一,1650.5.21;召回。

順治九年

壬辰 (1652)

定遠大將軍(孫可望)

七、甲申、十五,8.18;授:

(敬謹親王)**尼堪**

十一、辛卯、廿三,12.23;死,封莊親王。

〔續上〕

定南將軍(廣州部分州縣)

九、癸未、十四,10.16;授:

(滿)**阿爾津** 護軍統領

十、辛酉、廿三,11.23;改安西將軍鎮守漢中。

十二、己未、廿一,1.20;仍授定南將軍,從征湖南辰常。

靖南將軍(廣東部分州縣)

十一、庚午、二,12.2;授:

(滿)**卓羅** 固山額真、吏尚

(滿)藍拜 固山額真

十二、丙午、八,1.7;撤回。

順治十年

癸巳 (1653)

定遠大將軍(湖廣)

正、庚辰、十三,2.10;授:

(貝勒)**吞齊**

(滿)韓岱 固山額真

(滿)伊爾德 固山額真

十一年、十、乙丑、九,11.17;戰敗,均削職藉家。

靖南將軍(廣東)

五、乙亥、十,6.5;授:

(滿)**喀喀木**

江寧駐防昂邦章京

宣威大將軍

(喀爾喀部舉兵"内向",戍守歸化城。)

七、辛酉、廿八,9.19;授:

(安郡王)**岳樂**

寧南靖寇大將軍

(湖南 孫可望)

十二、丙寅、四,1.22;授:

(滿)**陳泰** 固山額真

十一年、十一、丁亥、一,1654.12.9;授吏尚。

(十二年十月,病死軍中。)

十三年、正、辛丑、廿二,1656.2.16;還京。

(又稱"靖南蕩寇大將軍")

〔續上〕

經略(湖廣、兩廣、雲貴)

五、庚寅、廿五,6.20;授:

(漢)**洪承疇**

太保兼太子太師、内翰林弘文院大學士、兵尚、左副,經略湖廣、廣東、廣西、雲南、貴州等處地方,總督軍務,兼理糧餉。

十四年、六、辛丑、卅,1657.8.9;病,解經略任,旋仍留。

十六年、十、庚戌、廿三,1659.12.6;回京。

順治十一年

甲午 (1654)

靖南將軍(援粵)

六、丁卯、九,7.22;授:

(滿)**朱瑪喇** 固山額真

十二年、九、壬寅、廿一,1655.10.20;還京。

定遠大將軍(鄭成功)

十二、壬申、十六,1.23;授:

(世子)**濟度** (鄭親王子)

十四年、三、丁卯、廿四,1657.5.7;還京。

順治十二年

乙未 (1655)

寧南靖寇大將軍(孫可望)

八、癸亥、十二,9.11;授:

(滿)**阿爾津** 固山額真

(十四年、十二、癸未、十五,1658.1.18;孫可望降清。)

十五年、正、丙午、九,1658.2.10;隨安遠靖寇大將軍多尼征滇。

寧海大將軍(舟山)

五、壬辰、九,6.12;授:

(滿)**伊爾德**(一等伯)固山額真

(蒙)王國光 固山額真

(滿)車爾布 護軍統領

十四年、正、甲寅、十一,1657.2.23;還京。(一等侯)

順治十四年
丁酉 (1657)

寧南靖寇大將軍(孫可望)
四、壬辰、廿,6.1;授:

(宗室)**羅託** 固山額真
(駐防荆州)
十二、癸未、十五,1.18;重授。
(孫可望已降清,改攻黔。)
十六年、二、丙子、十五,
1659.3.7;召回。

平西大將軍(雲貴)
十二、癸未;授:

吴三桂 平西王(駐防漢中)
(十五年、七、癸亥、廿八,
1658.8.26;死。)
十六年、三、甲寅、廿三,
1659.4.14;移鎮雲南。

征南將軍(貴州)
十二、癸未;授:

(滿)**趙布泰** 固山額真
十七年、二、戊子、三,
1660.3.13;班師。

順治十五年
戊戌 (1658)

安遠靖寇大將軍
(雲南 李定國)
正、丙午、九,2.10;授:

(信郡王)**多尼**
十七年、五、壬午、廿八,
1660.7.5;班師。

順治十六年
己亥 (1659)

安南將軍(鄭成功)
七、丁卯、八,8.25;授:

(滿)**達素** 内大臣

安南將軍
二、丙子、十五,3.7;羅託班師後,命駐防荆州。

(滿)**明安達禮** 理尚
十七年、十一、丁巳、六,

〔續上〕
1660.12.7;班師。

順治十七年
庚子 (1660)

安南將軍(鄭成功)
七、壬午、廿九,9.3;授:

(宗室)**羅託** 都統

定西將軍(李定國)
八、辛丑、十八,9.22;授:

(滿)**愛星阿** 内大臣(一等公)
康熙元年、十、己未、十九,
1662.11.29;班師。

靖東將軍(山東 于七)
十一、辛未、廿,12.21;授:

(滿)**濟世哈** 都統
康熙元年、五、庚子、廿八,
1662.7.13;班師。

靖西將軍(西山 郝搖旗)

(滿)**穆里瑪** 都統

定西將軍

(滿)**圖海** 都統
十一、辛未;授。
康熙三年、十一、甲午、七,
1664.12.23;班師。

康熙十二年
癸丑 (1673)

寧南靖寇大將軍
(由湖廣攻吴三桂)
十二、己未、廿四,1.30;授:

(順承郡王)**勒爾錦**
十九年、十一、辛酉、六,
1680.12.26;削郡王、議政。

安西將軍
(由四川攻吴三桂)
十二、壬戌、廿七,2.2;授:

(滿)**赫業** 都統

康熙十三年
甲寅 (1674)

鎮南將軍(安慶)
正、甲申、十九,2.24;授:

(滿)**尼雅翰** 都統

鎮西將軍(西安)
正、庚寅、廿五,3.2;授:

(滿)**席卜臣** 都統

陝西經略
二、辛酉、廿七,4.2;授:

(滿)**莫洛** 武英
十二、癸巳、四,12.30;王輔臣反清被殺(忠愍)。

安南將軍(京口)
三、庚午、六,4.11;授:

(漢)**華　善** 和碩額駙
十五年、四、辛酉、九,
1676.5.21;改平寇將軍。

(漢)**楊鳳翔** 副都統
十五年、四、辛酉;繼任。
十七年、十二、丙子、十,
1678.1.21;改駐防京口將軍。

定南將軍(江西)
三、壬辰、廿八,5.3;授:

(滿)**希爾根** 内大臣
十六年、三、壬寅、廿六,
1677.4.27;衰老,撤回南昌暫住。

副將軍

(滿)哈爾哈齊 禮尚
八、壬寅、十一,9.10;繼任平寇將軍。

鎮東將軍(兖州)
四、甲辰、十,5.15;授:

(滿)**喇哈達** 都統
六、壬子、十九,7.22;改署駐防杭州將軍。

揚威將軍(江寧)
四、己酉、十五,5.20;授:

(滿)**阿密達** 内大臣
(原駐守懷慶)
△十七年卸。

〔續上〕

平南將軍(杭州)
四、辛亥、十七,5.22;授:

(滿)賚塔 都統
十六年、九、丙子、二,
1677.9.28;仍授平南將軍印,
暫守潮州。

平寇將軍(廣東)
(四、辛酉、廿七,6.1;已見。)

(滿)根特 副都統
八、壬寅、十一,9.10;死。

(滿)哈爾哈齊 禮尚、副都統
八、壬寅;定南將軍下副將軍
繼任。
十二、壬寅、十三,1.8;調赴江
寧,參贊簡親王軍務。
十六年、三、壬寅、廿六,
1677.4.27;革。

安遠靖寇大將軍(岳州)
六、丙午、十三,7.16;授:

(貝勒)尚善
十七年、八、壬申、四,
1678,9.19;死。

(貝勒)察尼
十七年、八、壬申;繼任。
十九年、十一、辛酉、六,
1680.12.26;革貝勒,降爲閒
散宗室。(亦作"蕩寇將軍")

奉命大將軍(浙江)
六、戊午、廿五,7.28;授:

(康親王)傑書

(貝子)傅喇塔
十九年、十、壬寅、十七,
1680.12.7;班師。

定西大將軍(四川)
六、戊午、廿五,7.28;授:

(貝勒)董額

揚威大將軍(江寧)
九、己卯、十八,10.17;授:

(簡親王)喇布
廿年、八、己亥、十九,
1681.9.30;召回。

振武將軍(汝寧)
九、己卯、十八,10.17;授:

〔續上〕

(滿)坤 侍衛
十八年、十、乙丑、四,
1679.11.6;召回。

定遠平寇大將軍(廣東)
九、乙酉、廿四,10.23;授:

(安親王)岳樂
十九年、正、辛亥、廿一,
1680.2.20;召回。
三、丁酉、八,4.6;還京。

康熙十四年
乙卯 (1675)

建威將軍(太原)
二、丙午、十八,3.13;授:

(滿)鄂泰 副都統

平逆將軍(大同)
三、辛未、十三,4.7;授:

(蒙)畢力克圖 都統
十五年、二、乙丑、十三,
1676.3.26;命統寧夏各部,仍
授印。

撫遠大將軍(察哈爾)
三、丁亥、廿九,4.23;授:

(信郡王)鄂札
副將軍

(滿)圖海 中和殿大學士
閏五、癸卯、十六,7.8;還京。

鎮安將軍(河南)
七、丙申、十,8.30;授:

(滿)噶爾漢 都統

康熙十五年
丙辰 (1676)

撫遠大將軍(陝西)
二、壬戌、十,3.23;授:

(滿)圖海 中和殿大學士
(命抵平涼時,盡收各將軍印
敕。)
八、乙亥、廿五,10.2;封三等
公。
十七年、十二、乙未、廿九,

〔續上〕

1678.2.9;准回京面呈。
十八年、二、甲申、十九,
1679.3.30;仍赴陝西。
廿年、七、戊辰、十七,
1681.8.30;召回。
十、乙酉、六,11.15;還京。

平寇將軍(江南)
四、辛酉、九,5.21;授:

(漢)華 善 和碩額駙
(由安南將軍改授)
十六年、九、癸未、九,
1677.10.5;調赴江西,由署副
都統科爾科代繼任。
十七年、九、癸卯、五,
1678.10.20;革。

征南將軍(湖廣)
九、丙午、廿七,11.2;授:

(滿)穆占 署前鋒統領改都統

鎮南將軍(廣東)
九、丙午;授:

(覺羅)舒恕 吏左
(十六年,改授"安南將軍"印)

康熙十六年
丁巳 (1677)

鎮東將軍(懷慶)
正、庚寅、十三,2.14;授:

(滿)布顏

討逆將軍(岳州)
二、丙寅、十九,3.22;授:

(滿)鄂内 都統

鎮南將軍(廣東)
五、辛丑、廿六,6.25;授:

(滿)莽依圖
十九年、八、壬午、廿六,
1680.9.18;死。

(滿)勒貝 都統繼任

安南將軍(贛州)
六、丙辰、五,7.10;授:

(覺羅)舒恕 吏左
(十八年、四、辛巳、十七,
1679.5.26;遷左都,旋病還
京。)

康熙十七年
戊午 (1678)

奮武大將軍(永興、郴州)
九、丁卯、廿九,11.13;授:
(漢)**尚之信** 平南王

康熙十八年
己未 (1679)

建威將軍(四川)
十二、己卯、十八,1.19;授:
(滿)**吴丹** 護軍統領
(十九年十一月,解。)
廿年、七、戊辰、十七,
1681.8.30;留守漢中漢軍將軍。

康熙十九年
庚申 (1680)

定遠平寇大將軍
(貝子)**章泰**
廿年、十一、辛未、廿二,
1681.12.31;召回。
廿一年、十、甲申、十一,
1682.11.9;還京。

征南大將軍(廣西)
九、乙丑、十,10.31;由平南將軍晉授:
(滿)**賚塔**
廿一年、十、甲申;還京。

宣威將軍
(滿)**鄂克濟哈**
廿年、三、甲寅、一,
1681.4.18;解。

(覺羅)**紀哈里** 都統繼任
廿年、九、己巳、廿,10.30;死。

康熙二七年
戊辰 (1688)

振武將軍(武昌 夏包子)
六、甲辰、三,6.30;授:

〔續上〕

(滿)**瓦岱** 都統
七、甲午、廿四,8.19;撤兵。

康熙二九年
庚午 (1690)

撫遠大將軍(噶爾丹)
七、辛卯、二,8.6;授:
(裕親王)**福全**
副將軍
(滿)允禔(皇子)
(出古北口)
十、甲申、廿七,11.27;令撤回。
十一、己酉、廿二,12.22;還京,罷議政。

安北大將軍(噶爾丹)
七、辛卯;授:
(恭親王)**常寧**
副將軍
(簡親王)雅布
(信郡王)鄂札
(出喜峰口)
十一、己酉;還京。

康熙三十年
辛未 (1691)

定北將軍(張家口防噶爾丹)
正、戊申、廿二,2.19;授:
(滿)**瓦岱** 都統

安北將軍(大同防噶爾丹)
正、戊申;授:
(滿)**郎談** 都統

康熙三二年
癸酉 (1693)

昭武將軍(哈密防噶爾丹)
二、戊子、十四,3.20;授:

〔續上〕

(滿)**郎談** 都統、內大臣
卅三年、九、己巳、四,
1694.10.22;撤回。

康熙三四年
乙亥 (1695)

撫遠大將軍(噶爾丹)
十一、戊子、卅,1.4;授:
(滿)**費揚古**
右衛將軍兼理歸化城事務。
卅六年、六、甲子、十六,
1697.8.2;撤回。

康熙三五年
丙子 (1696)

揚威將軍(噶爾丹)
△正月:
(覺羅)**舒恕** 寧夏將軍授
(命二月三十日由京啟程)
卅六年、閏三、癸巳、十三,
1697.5.3;撤防。

振武將軍(噶爾丹)
(漢)**孫思克**
(命二月三十日由京啟程)

平北大將軍(追剿)
五、丁卯、十二,6.11;授:
(滿)**馬思喀** 領侍衛內大臣
卅六年、六、甲子;撤回。

康熙三六年
丁丑 (1697)

昭武將軍(寧夏)
正、丙子、廿五,2.15;授:
(滿)**馬思喀** 領侍衛內大臣
(五、壬寅、廿三,7.11;宣布噶爾丹平定。)

康熙五六年
丁酉 (1717)

靖逆將軍
(策妄阿喇布坦 巴爾庫一路)
三、戊寅、廿三,5.4;授:

(滿)**富寧安** 吏尚
雍正四年、二、甲子、一,
1726.3.4;召京。

振武將軍
(策妄阿喇布坦 阿爾泰一路)
三、戊寅;授:

(滿)**傅爾丹**
雍正三年、三、丙辰、十八,
1725.4.30;給駐扎阿爾泰將軍印。

康熙五七年
戊戌 (1718)

撫遠大將軍
(策妄阿喇布坦)
十、丙辰、十二,12.3;授:

(貝子)**允禵** (十四皇子)
六一年、十一、乙未、十四,
1722.12.21;召回。
(平逆將軍延信代)

康熙五九年
庚子 (1720)

平逆將軍
(策妄阿喇布坦)
正、丁酉、卅,3.8;授:

(宗室)**延信** 都統
六十年、四、戊午、廿八,
1721. 5. 23;重病回京,噶爾弼代。
六一年、十一、乙未;代允禵。
十二、癸亥、十二,1.18;改西安將軍,仍署撫遠大將軍。
雍正元年、十、戊申;送印與年羹堯。
雍正三年、正、丙辰、十七,
1725.3.1;命赴西安將軍任。

定西將軍
(策妄阿喇布坦)

〔續上〕
二、癸丑、十六,3.24;授:

(滿)**噶爾弼** 護軍統領
六十年、九、甲午、六,
1721.10.26;病,由策旺諾爾布署理。
九、丁巳、廿九,11.18;授。
雍正元年、三、甲申、五,
1723.4.9;撤回。

雍正元年
癸卯 (1723)

撫遠大將軍
(羅卜藏丹津)
十、戊申、二,10.30;授:

(漢)**年羹堯** 川陝總督
三年、四、己卯、十二,
1725.5.23;改杭州將軍。

雍正七年
己酉 (1729)

靖邊大將軍
(準噶爾、噶爾丹策零。北路)
三、丙辰、十二,4.9;授:

(滿)**傅爾丹** 領侍衛内大臣
三、辛酉、十七,4.14;授。

副將軍

(輔國公)**巴賽** 振武將軍
八年、五、丁丑、十,
1730.6.24;召京,副將軍巴賽護。
九年、十一、癸亥、四,
1731.12.2;赴察罕叟爾,改掌振武將軍印。
(順承郡王繼任)

寧遠大將軍
(準噶爾、噶爾丹策零。西路)
三、丙辰;授:

岳鍾琪 川陝總督
(四、甲辰、卅,5.27;交予振威、揚武將軍印,命"酌量委用"。)
八年、五、丁丑、十,
1730.6.24;召京。
十、庚子、五,11.14;入京。
十二、丁巳、廿三,1.30;回任途中,改授:撫遠大將軍。

〔續上〕
九年、四、乙巳、十三,
1731.5.18;革爵,留總督職銜,護大將軍印務。
十年、七、戊戌、十四,
1732.9.2;召回,吏尚署川陝總督查郎阿署。
十、庚辰、廿六,12.13;革。

雍正八年
庚戌 (1730)

北路(靖邊大將軍)副將軍
十、辛亥、十六,11.25;授:

(滿)**查納弼** 兵尚
九年、正、辛未、七,
1731.2.13;給昭武將軍印。
(△六月陣亡)

雍正九年
辛亥 (1731)

鎮安將軍(統甘涼等處兵)
二、戊戌、五,3.12;授:

(滿)**常賚** 刑右
八、甲辰、十四,9.14;改西路副將軍。

(?)**卓鼐** 寧夏將軍繼署
十二年、三、辛丑、廿五,
1734.4.28;革。

西路(寧遠大將軍)副將軍
三、戊子、廿五,5.1;授:

(覺羅)**伊禮布** 都統
(旋改撫遠大將軍參贊)
五、甲子、二,6.6;授。

石雲倬 原閩陸提
十年、二、辛亥、廿三,
1732.3.19;革。
二、癸丑、廿五,3.21;授。

(漢)**張廣泗** 黔撫
十三年、五、丙寅、廿七,
1735.7.17;命回西安。
(七月,授湖督;八月,總理苗疆。)

〔續上〕

撫遠大將軍
（征準噶爾，辦喀爾喀遊牧）
七、甲戌、十三，8.15；授：

（滿）**馬爾賽**武英殿大學士
八、辛亥、廿一，9.21；出師。
十年、九、乙酉、一，1732.10.19；革。
十二、丁卯、十四，1.29；殺。

（康親王）**崇安** 暫管印務
十年、九、壬辰、八，10.26；母病回京，印信交歸化城都統丹晉收貯，旋繳回。
（注：對蒙古用"靖邊大將軍"印。）

靖邊大將軍（北路）
十一、辛未、十二，12.10；授：

（順承郡王）**錫保**
（振武將軍，駐守察罕叟爾）
（十一年、七、庚寅、十一，1733.8.20；解職、削爵）

振武將軍（北路）
十一、辛未；授：

（滿）**傅爾丹**
十年、九、己酉、廿五，1732.11.12；解。

建勳將軍
（駐扎古爾班賽堪地方）
十二、丙辰、廿七，1.24；授：

（滿）**達爾濟** 護軍都統
（十年、正、甲申、廿六，1732.2.21；授予將軍信印。）
十年、十一、癸巳、十，12.26；解，仍任護軍都統。
署綏遠將軍欽拜改署。

雍正十年
壬子 （1732）

揚武將軍（西路）
五、戊辰、十二，6.4；授：

（滿）**武格**刑左
（統率滿兵） （七月遷工尚）
十二、丙寅、十三，1732.1.28；革。

〔續上〕

副將軍
（漢）**劉世明**原閩督
（統綠旗兵）
八、乙亥、廿一，10.9；革。

（靖邊）副將軍（北路）
十一、丙戌、三，12.19；授：

（滿）**常德** 寧古塔將軍
十二年、十一、壬辰、廿一，1734.12.15；召回。

經略北路軍務
七、丁酉、十三，9.1；授：

（滿）**鄂爾泰** 保和殿大學士
（督巡陝甘經略一應軍務）
十一年、正、庚子、十八，1733.3.3；命"經略北路軍務"。
（△六月，還京。）

雍正十一年
癸丑 （1733）

靖邊左右副將軍
（正、壬寅、廿，3.5；命將印信交靖邊大將軍收，備調滿漢兵用。）
五、乙未、十五，6.26；授：

（蒙）**策凌** 額駙

（滿）**塔爾岱** 黑龍江將軍
（八、戊午、十，9.17；改鑄"定邊左、右副將軍"印。）
△十二年、九、六（戊寅），1734.10.2；撤回北路。
（注：策凌於十、十九（丁卯），11.25；授職後，即成經常駐扎科布多將軍。乾隆十九年復設左、右副將軍，二十五年裁右副將軍。俱見《駐防大臣年表》。）

定邊大將軍（北路）
七、戊子、九，8.18；授：

（平郡王）**福彭**（繼錫保）
△十三年、九、六（壬寅），1735.10.21；撤回北路。

（滿）**塔爾岱**
十三年、三、辛巳、十一，1735.4.3；回黑龍江將軍原任。

雍正十三年
乙卯 （1735）

（注：閏四、戊戌、廿九，6.19；靖遠大將軍、揚武將軍、振威將軍等印，均交回。北路留鎮安將軍印，由巴爾庫爾留駐兵丁總統大臣掌用。）

揚威將軍（台拱　苗民）
五、丁巳、十八，7.8；授：

哈元生 黔提

副將軍
六、丙申、廿八，8.16；授：

董　芳 湖提
十一、己未、廿四，1.6；俱革、逮。

〰 附：辦理苗疆新務 〰
五、甲子、廿五，7.15；任：

（寶親王）**弘曆**

（和親王）**弘晝**

（滿）**鄂爾泰** 保和

張廷玉 保和

（滿）**慶復** 户尚

（滿）**憲德** 刑尚

徐　本 工尚

魏廷珍 禮尚

張　照 刑尚

（漢）**甘國璧** 正黄漢都

李　禧 正紅漢都

吕耀祖 倉侍
十、甲午、廿九，12.12；改交由總理事務王大臣兼理。

辦理苗疆軍務大臣
（貴州　苗民）
五、甲子；授：

張　照 刑尚
八、庚寅、廿四；10.9；召回。
十一、己未、廿四，1.6；革、拿。
（注：又稱"總理苗疆事務"，亦稱"撫定苗疆大臣"。五、甲子；張照偕同德希壽前往。八、庚寅；同時革職。）
八、庚寅；授：

〔續上〕

(漢)**張廣泗** 湖督
(管黔撫事)
十、丁卯、二,11.15;授經略,節制揚威將軍哈元生,副將軍董芳以下。
乾隆元年、六、癸酉、十,1736.7.18;改授貴州總督兼管巡撫事(辦理善後)。

乾隆十三年
戊辰 (1748)

經略四川軍務(大金川)
四、甲子、十一,5.7;授:

(滿)**訥親** 保和殿大學士
(注,又稱:"總理一切軍務儲稍經略大臣"。)
九、辛酉、十,10.31;召還。
九、丁丑、廿六,11.16;令卽繳印。
十、壬午、一,11.21;革。
(四、乙亥、廿二,5.18;岳鍾琪賞提督銜效力。)

(滿)**傅恒** 户尚、協,署川陝總督
九、庚辰、廿九,11.19;繼任。
(十、丁亥、六,11.26;遷保和殿大學士。)
十一、癸丑、三,12.22;出師。
十五年、正、甲子、廿,1750.2.26;召還。

乾隆十九年
甲戌 (1754)

定北將軍(準噶爾)
十二、戊申、四,1.15;授:

(蒙)**班第** 兵尚,署定邊左副將軍
參贊:
(滿)阿蘭泰 盛京將軍
(滿)鄂容安 兩江總督
廿年、十、甲子、廿四,1755.11.27;被圍自殺(義烈)。鄂容安同(剛烈)。

定西將軍(準噶爾)
十二、戊申;授:

(滿)**永常** 陝甘總督
廿年、九、丁亥、十六,

〔續上〕

1755.10.21;革,仍以參贊行走。旋革、逮。

(蒙)**策楞** 都統
廿年、九、丁亥;授。
九、庚寅;改參贊。

(滿)**札拉豐阿**
廿年、九、庚寅、十九,10.24;授。
十一、癸酉、四,12.6;改右將軍。

(蒙)**策楞** 內大臣兼(十一、癸酉)。
廿一年、四、癸丑、十六,1756.5.14;革、逮。

乾隆二一年
丙子 (1756)

定北將軍(阿睦爾撒納)
八、乙巳、九,9.3;授:

(滿)**哈達哈** 定邊左副將軍
(注:命撤兵往哈薩克擒阿睦爾撒納,亦作"北路將軍"。)
廿二年、二、乙酉、廿三,1757.4.11;降兵右;八、丁亥、廿八,10.10;革、戍。

定西將軍(阿睦爾撒納)
五、甲戌、七,6.4;授:

(滿)**達勒當阿** 吏尚
(繼策楞任)
廿二年、二、乙酉;革吏尚。
八、丁亥、廿八,10.10;革、戍。

乾隆二二年
丁丑 (1757)

定邊將軍(回部)
正、甲午、二,2.19;授:

(蒙)**成衮札布** 定邊左副將軍
十、丙寅、七,11.18;令休息。
十、辛未、十二,11.23;改授:

(滿)**兆惠**(户尚)定邊右副將軍授。
廿三年十一月,封一等公。
車布登札布 署左副將軍
廿四年、八、丁未、卅,1759.10.20;召回。
廿五年、二、壬寅、廿七,

〔續上〕

1760.4.12;班師(定邊右副將軍撤)。

乾隆二三年
戊寅 (1758)

靖逆將軍(回部)
二、己未、三,3.11;授:

(覺羅)**雅爾哈善** 兵尚
七、乙巳、廿一,8.24;革。

(蒙)**納木扎勒** 工尚
七、乙巳;改授。
十一、丁未、廿四,12.24;戰死(武毅)。

乾隆三三年
戊子 (1768)

經略(緬甸軍事)

(滿)**傅恒** 保和殿大學士
二、丙戌、廿八,4.14;命。
卅四年、正、庚子、十六,1769.2.22;赴滇。
卅五年、三、丙申、十九,1770.4.14;還京。

副將軍

(滿)**阿里衮** 協、户尚
二、丙戌;授。
卅四年、十一、乙酉、七,1769.12.4;死。

(滿)**伊勒圖** 伊犁將軍、理尚
卅四年、十、甲子、十六,11.13;授。
十二、辛亥、三,12.30;回伊將任。

副將軍

(滿)**阿桂** 伊犁將軍、兵尚、雲督
二、丙戌;授。
卅四年、十、甲子;革,在參贊上行走。

參贊大臣

(滿)**舒赫德** 刑尚
二、丙戌;授。
四、戊寅、廿一,6.5;解、劾。

(滿)**常青**
卅四年、十一、乙酉;授。

〔續上〕

卅五年、二、壬申、廿五，1770.3.21；撤兵。

乾隆三六年
辛卯 (1771)

定邊右副將軍(金川)

(滿)**温福**理尚、武英殿大學士
五、乙巳、五，6.17；理尚授，赴滇。
十一、丙辰、廿，12.25；遷武英。
卅七年、十二、癸酉、十三，1773.1.5；改授定邊將軍。
卅八年、六、丁巳，1773.8.17；戰死。

(滿)**阿桂**
卅七年、二、丁卯、二，1772.3.5；前兵尚、雲督、副將軍授參贊。
卅八年、正、戊午、廿八，1773.2.19；授禮尚：七、甲子、七，8.28；改户尚。
六、丁巳；改授定邊將軍。
八、戊子、二，9.17；改授定西將軍。
四一年、正、己卯、七，1776.2.25；封頭等誠謀英勇公。
正、己丑、十七，3.6；改吏尚，授協，四月，直軍。
二、乙卯、十三，4.1；紅旗報捷。
四、丁巳、十六，6.2；凱旋。

定邊右副將軍

(滿)**豐昇額**
(卅七年、三、乙巳、十，1772.4.12；署兵尚授參贊大臣。)
卅七年、十二、癸酉、十三，1772.1.5；授。
四一年、正、己卯；賞加勇號，再賞一等子爵。

(滿)**明亮**
卅八年、八、戊戌、十二，1773.9.27；廣州將軍授。
四十年、九、戊辰、廿三，1775.10.17；解廣州將軍。
四一年、正、己卯；一等襄勇伯。

乾隆四九年
甲辰 (1784)

將軍(甘肅新教回民田五)

(滿)**阿桂**武英殿大學士
五、甲戌、廿，7.7；授。

參贊：

(滿)福康安 嘉勇男(侯)

(滿)海蘭察 侯爵

(?)伍岱(都統)
七、甲子、十一，8.26；封爵。

乾隆五二年
丁未 (1787)

將軍(臺灣 林爽文)

(滿)**常青** 湖督、福將
四、辛丑、四，5.20；授。
十二、己酉、十六，1.23；改福將。
五三年、正、丙戌，1788.2.29；革。

(滿)**福康安** 協、吏尚、陝督
七、丙戌、廿一，9.2；赴臺。
八、丁巳、廿二，10.3；授。

參贊：

(宗室)恒瑞 福將
十二、己酉；解。

藍元枚 閩陸提
六月，改閩水提。八月，死。

柴大紀 閩陸提
七、戊寅、十三，8.25；授。
五三年、正、丙戌；革、逮。

(滿)海蘭察
七、壬辰、廿七，9.8；授。
十二、丁未、十四，1.21；封爵。

乾隆五六年
辛亥 (1791)

大將軍(廓爾喀侵入後藏)

(滿)**福康安** *吏尚、廣督
十一、癸酉、二，11.27；授將軍。

〔續上〕

參贊：

(滿)**海蘭察**

(滿)**奎林** 駐藏、成都
五七年、三、甲申、十五，1792.4.6；改稱大將軍。
八、戊子、廿二，10.7；凱旋。
(五七年死)

嘉慶元年
丙辰 (1796)

(楚川陝三省教軍)

三、己酉、三，4.10；會剿當陽教軍：

(宗室)恒瑞 西安將軍

(滿)鄂輝 熱河總管、湖提

(漢)慶 成 直隸提督

(滿)明亮 廣州將軍

(滿)永保 烏魯木齊都統

總統軍務

(滿)**永保**
六、癸未、九，7.13；督率調度楚北軍務。
六、癸卯、廿九，8.2；署湖督。
七、壬戌、十九，8.21；卸署湖督。

(滿)明亮　(滿)鄂輝
九、癸丑、十一，10.11；總統湖南軍務。

(滿)福寧　(滿)觀成
十、辛丑、廿九，11.28；總統黄柏山一路軍務。
十一、庚午、廿九，12.27；逮京。

(蒙)**惠齡**
十一、庚午；代統軍務。
二年、三、己未、十九，1797.4.15；授理尚。
五、己巳、卅，6.24；革總統，改領隊大臣。

(滿)**宜綿** 陝督兼辦川督
二年、五、己巳；授總統。

(滿)明亮　(蒙)德楞泰 幫辦

(滿)勒保 湖督

〔續上〕

十、辛酉、廿六，12.13；總統四川軍務，欽差。

三年、正、甲申、十九，1798.3.6；改川督。(宜綿回陝)

(六、丁巳、廿五，8.6；分路防堵。)

八、庚子、九，9.18；晉公爵(擒王三槐)。

嘉慶四年

己未　(1799)

經略大臣(三省教軍)

(滿)**勒保** 湖督

正、丁卯、八，2.12；仍授總統軍務。

正、己卯、廿，2.24；授經略大臣，節制陝督宜綿以下。

參贊大臣:

(滿)明亮

(滿)額勒登保(副都)

八、癸卯、十七，9.16；革，逮。

(滿)**額勒登保**

八、癸卯；賞都統銜，由參贊大臣授經略大臣。

(滿)**那彥成** 工尚

八、己酉、廿三，9.22；授欽差，督辦陝西軍務。

五年、五、丁未、廿六，1800.7.17；那彥成革。

六年、五、乙巳、卅，1801.7.10；額勒登保授理尚，留營。

十、癸亥、廿，11.25；封三等伯。

七年、正、己亥、廿七，1802.3.1；降三等男。

二、己卯、十四，3.17；改西將。

七、壬辰、廿四，8.21；赴楚(解西將)。

十二、癸丑、十六，1803.1.9；事平，封一等侯。

八年、六、戊子、廿五，1803.8.12；留用經略印信，辦理善後。

十一、己未、廿八，1.10；還京。

道光六年

丙戌　(1826)

揚威將軍(回民　張格爾)

(蒙)**長齡** 伊犁將軍

七、甲辰、廿四，8.27；授。

參贊:

楊遇春 陝督、欽(七、甲辰；授。)

(滿)武隆阿 魯撫、欽(七、甲辰；授。)

楊　芳 陝提

(七年、閏五、甲子、廿，7.13；授。)

七年、閏五、辛亥、七，1827.6.30；命陸續回師。

七、庚午、廿七，9.17；獎懲。

九、癸亥、廿一，11.9；命回京。

十一、乙巳、四，12.21；暫緩。

八年、正、壬戌、廿二，1828.3.7；張格爾被擒。

正、癸亥、廿三，3.8；封爵:

(蒙)長齡 威勇公

楊　芳 果勇侯

(五、庚戌、十二，6.23；受俘。)

六、甲戌、六，7.17；回京。

道光十年

庚寅　(1830)

揚威將軍(回民 玉素普父子)

(蒙)**長齡** 文華、公

十、乙未、十一，11.25；授。

參贊:

(滿)哈朗阿 鑲紅蒙都

楊　芳 陝提

(十一年、六、己丑、九，1831.7.17；命回任，兵交延綏鎮郭繼昌。)

十二年、正、甲寅、六，1832.2.7；大局已定，酌撤。

△九月，回京。

道光二一年

辛丑　(1841)

靖逆將軍(廣東　英國)

〔續上〕

(宗室)**奕山**

御前大臣、正白旗領侍衛內大臣

正、甲午、八，1.30；授，馳赴廣東辦理軍務。

參贊:

(滿)隆文 户尚、(軍)

(五、己卯、廿六，7.14；死。)

楊　芳 湘提

(六、癸巳、十一，7.28；病，回任。)

齊　慎 川提

二、戊寅、廿三，3.15；加派。

廿二年、二、癸卯、廿四，1842.4.4；赴浙，仍授參贊。

(滿)特依順 前寧將賞副都統銜。

七、戊辰、十六，9.1；授。

九、己未、八，10.22；赴浙，仍授參贊。

(奕山)

廿一、五、己卯、廿六，1841.7.14；授左都。

廿二、五、戊午、十，1842.6.18；革御前大臣、領侍衛內大臣、左都，從寬留正紅漢都。

九、己未；命回京供職。十、己丑、十四，11.16；印交耆英送回京師。

揚威將軍(浙江　英國)

(宗室)**奕經** 吏尚

九、乙卯、四，10.18；授，馳赴浙江辦理軍務。

參贊:

(滿)哈朗阿 正藍蒙都

(九、己未、八，10.22；改赴山海關，卸。)

胡　超 陝提

(九、戊午、七，10.21；改赴天津，卸。)

(滿)文蔚 户左

九、丁巳、六，10.20；命隨辦軍務。

九、戊午；授參贊。

(滿)特依順

九、己未；廣東參贊改授。

廿二年、四、甲午、十六，1842.5.25；署杭州將軍。

九、癸亥、十八，10.21；授杭州

〔續上〕

將軍。

齊　慎 川提

廿二年、二、癸卯；廣東參贊改授。

(奕經)

廿二年、四、乙未、十七，5.26；乍浦失陷，與文蔚、特依順均撤紱，革留。

九、癸亥；與文蔚回京，齊慎回任。

十、己丑、十四，11.16；繳印。

十、甲午、十九，11.21；革、逮。

道光二七年
丁未　(1847)

定西將軍(喀什噶爾回民)

(滿)布彥泰

八、甲子、十八，9.26；陝督授，赴肅州調度。

參贊：

(宗室)奕山葉爾羌參贊。

十、癸酉、廿七，12.4；回任，繳印。

道光三十年
庚戌　(1850)

欽差大臣(廣西　太平軍)

林則徐 前雲督

九、辛丑、十三，10.17；授，赴桂。

十、壬午、廿四，11.27；署桂撫。

十一、庚子、十二，12.15；死於途中(潮州)。

(關防由廣督徐廣縉派員送交李星沅)

欽差大臣(廣西　太平軍)

李星沅 前江督

十一、庚子、十二，12.15；授，赴桂。

咸元年、四、戊午、二，1851.5.2；回湘，會湘撫駱秉章辦防堵。

四、辛巳、廿五，5.25；病，回里。

〔續上〕

(關防交署任周天爵)

咸豐元年
辛亥　(1851)

欽差大臣(湖南　太平軍)

(蒙)賽尚阿 ＊＊文華

三、丙申、九，4.10；授，赴湘。

四、戊午、二，5.2；赴桂。

咸二年、五、戊午、八，1852.6.25；移湘。

九、己酉、二，10.14；革、逮。

欽差大臣(署湖南　太平軍)

周天爵 前漕督署桂撫

三、甲辰、十七，4.18；卸署桂撫，專辦軍務。

三、癸丑、廿六，4.27；加總督銜，會向榮專辦軍務。

四、辛巳、廿五，5.25；署欽。

五、戊子、二，6.1；革總督銜，毋庸署欽。

咸豐二年
壬子　(1852)

欽差大臣(湖南　太平軍)

徐廣縉 廣督

四、丙戌、六，5.24；赴桂。

七、壬申、廿四，9.7；赴湘。

九、己酉、二，10.14；署湖督。

十二、癸巳、十八，1.26；革廣督。

(武昌失守) 仍以欽差署湖督。

十二、辛丑、廿六，2.3；革、逮。

欽差大臣(江南　太平軍)

陸建瀛 江督

十二、己卯、四，1.12；授。

咸三年、正、壬申、廿七，1853.3.6；革、拿。

(二、十，3.19；太平軍初次攻入南京時被殺。)

欽差大臣(揚州　太平軍)("江北大營")

〔續上〕

(滿)琦善 (署豫撫)

十二、己卯、四，1.12；授。

十二、己亥、廿四，2.1；卸署豫撫，賞都統銜，專辦軍務。

咸三年、四、甲午、廿，1853.5.27；節制江北諸軍。

咸四年、閏七、丁丑、十，1854.9.2；病，旋死。

欽差大臣(江寧　太平軍)("江南大營")

向　榮 桂提署鄂提

十二、辛丑、廿六，2.3；授。

(三年、正、乙丑、廿，1853.2.27；授鄂提。)

咸六年、七、癸酉、十八，1856.8.18；敗死。

咸豐三年
癸丑　(1853)

欽差大臣署(江南　太平軍)

(宗室)祥厚 江將

正、壬申、廿七，3.6；署。

(二、丙戌、十一，3.20；太平軍攻克南京被殺。)

欽差大臣(太平軍北伐軍)

(滿)訥爾經額 ＊＊文淵、直督

六、辛巳、八，7.13；授。

八、癸巳、廿一，9.23；卸。

(九、丙午、四，10.6；革。)

欽差大臣(太平軍北伐軍)

(滿)勝保 (降調閣學)

二、壬寅、廿七，4.5；幫辦江北軍務。

七、丁未、四，8.8；調直隸，幫辦訥爾經額軍務。

八、癸巳、廿一，9.23；授欽，所有(直、魯)各路官兵及地方文武統歸節制。

咸五年、正、乙酉、廿一，1855.3.9；革、逮。

〔續上〕

奉命大將軍(太平軍北伐軍)

(惠親王)**綿愉**

九、己酉、七,10.9;總理京師巡防事宜。

九、辛亥、九,10.11;授。

參贊:

(蒙)僧格林沁

御前大臣、科爾沁郡王

五、壬戌、十八,6.24;督辦京師巡防事宜。

九、辛亥;授。

咸五年、正、乙酉、廿一,1855.3.9;晉封親王。

五、辛未、十,6.23;凱撤。

咸豐四年

甲寅　(1854)

欽差大臣(揚州　太平軍)("江北大營")

(滿)**托明阿** 前江將

閏七、丁丑、十,9.2;授。

八、庚戌、十四,10.5;仍授江將。

咸六年、三、甲子、七,1866.4.11;革(揚州失守)。

咸豐五年

乙卯　(1855)

欽差大臣(德安　太平軍)

(滿)**西凌阿** 察都

五、壬戌、一,6.14;授,督辦湖北軍務。

九、乙酉、廿五,11.4;革任。

欽差大臣(武漢　太平軍)

(滿)**官文** 湖督

九、乙酉、廿五,11.4;授,督辦湖北軍務。

咸八年、九、壬午、十,1858.10.16;授協,留湖督任。

咸十年、十二、丙戌、廿七,1861.2.6;遷文淵,留湖督任。

同三年、六、戊戌、廿九,1864.8.1;封一等果威伯。

同五年、十一、丁丑、廿二,1866.12.28;撤任。

咸豐六年

丙辰　(1856)

欽差大臣(揚州　太平軍)("江北大營")

(滿)**德興阿** 正白漢副

三、甲子、七,4.11;授,賞都統銜。

咸九年、二、丙午、五,1859.3.9;革。

(師久無功)

欽差大臣署("江南大營")

(滿)**怡良** 江督

七、癸酉、十八,8.18;署欽(向榮死)。

八、甲午、十,9.8;卸(和春授)。

欽差大臣(丹陽　太平軍)("江南大營")

(滿)**和春** 江提

八、甲午、十,9.8;授。

十、丁亥、三,10.31;署江將。

咸八年、四、辛未、廿六,1858.6.7;督辦江南、浙江軍務,赴浙。

九、戊戌、廿六,11.1;江提改江將。

(張國樑、許乃釗暫行合辦)

咸九年、二、丙午、五,1859.3.9;節制江北軍務。

(兼統江南大營、江北大營)

咸十年、三、庚午、六,1860.3.27;兼辦浙江軍務。

四、乙酉、廿一,6.10;死(忠壯)。

咸豐八年

戊午　(1858)

欽差大臣(天津　英法聯軍)

(蒙)**僧格林沁** 科爾沁親王

四、丙寅、廿一,6.2;授。

咸十年、七、庚子、八,1860.8.24;革領侍衛內大臣、鑲藍滿都。

八、己丑、廿八,10.12;革爵,仍留欽差。

九、丁巳、廿七,11.9;賞還王

〔續上〕

爵。

(另見咸十年鎮壓捻軍)

欽差大臣(皖北　太平軍)

(滿)**勝保** 鑲黄蒙都

七、丙申、廿三,8.31;授(由督辦三省剿匪事宜調來)。

咸九年、十、辛丑、五,1859.10.30;憂假(百日),袁甲三署。

咸十年、正、己巳、四,1860.1.26;撤去欽差,改督辦河南軍務。

(五、壬寅、九,6.27;降三京候。)

咸豐九年

己未　(1859)

欽差大臣(皖　捻軍、太平軍)

袁甲三 漕督

十、辛丑、五,10.30;太僕署漕督署欽(勝保憂)。

十、乙卯、十九,11.13;授漕督。

咸十年、正、己巳、四,1860.1.26;署(勝保撤任)。

正、甲申、十九,2.10;授。

同元、六、己未、八,1861.7.4;病,暫留。(關防交皖撫李續宜)

七、己丑、八,8.3;解。

咸豐十年

庚申　(1860)

欽差大臣署(杭州　太平軍)

張玉良 桂提

三、庚午、六,3.27;總統援浙各軍。

三、丙子、十二,4.2;專辦浙江軍務。

四、乙酉、廿一,6.10;署欽(和春死)。

四、癸巳、廿九,6.18;革任。

欽差大臣(江南　太平軍)

曾國藩 江督

六、丙戌、廿四,8.10;授江督

〔續上〕

並欽,督辦江南軍務。

七、丁未、十五,8.31;兼辦皖南軍務(張芾召京)。

咸十一年、十、癸酉、十八,1861.11.20;統轄蘇皖贛浙四省軍務,節制巡撫提鎮以下。

同三年、六、戊戌、廿九,1864.8.1;封一等毅勇侯。(太平天國革命失敗)

欽差大臣(直隸 英法聯軍)

(滿)**勝保** 三京候

九、甲午、四,10.17;授,總統各路援軍。

十一年、二、庚午、十二,1861.3.22;授兵右。

三、辛丑、十三,4.22;改直隸、山東鎮壓捻軍。

欽差大臣(直、魯、豫 捻軍)

(蒙)**僧格林沁** 科爾沁親王

九、癸丑、廿三,11.5;英法和議成,調直東剿捻,仍欽。

同元年、七、丙午、廿五,1862.8.20;統轄魯豫軍務,直魯豫晉四省督撫提鎮以下均受節制。

同四年、四、戊子、廿四,1865.5.18;被捻軍擊斃於曹州。

欽差大臣

田興恕 黔提

十二、己巳、十,1.20;授,督辦全省軍務。

同元年、二、壬午、廿九,1862.3.29;援川(關防抵川後交川督封存)。

(七、丁未、廿六,8.21;解、議。)

咸豐十一年

辛酉 (1861)

欽差大臣(皖、魯 捻軍)

(滿)**勝保** 兵右

三、辛丑、十三,4.22;授,赴直魯督辦防剿事宜。

七、庚子、十四,8.19;改督辦陝西軍務。

〔續上〕

(十一、壬子、廿八,12.29;改兵左。)

同治元年

壬戌 (1862)

欽差大臣(皖、捻軍 太平軍)

李續宜 皖撫

七、己丑、八,8.3;授。

八、丁卯、十七,9.10;假,袁甲三協辦。

同二年、四、癸巳、十七,1863.6.3;皖撫開缺(憂),仍辦皖北軍務。

欽差大臣(陝西 捻軍)

(滿)**勝保** 兵左

七、庚子、十九,8.14;督辦陝西軍務(皖北調來)。

七、丙午、廿五,8.20;授。

十一、壬戌、十四,1.3;革、逮(殺)。

欽差大臣(盩厔 捻軍)

(滿)**多隆阿** 荊將

五、丁酉、十六,6.12;督辦陝西軍務。

七、庚子、十九,8.14;在鄂被阻。

十一、壬戌、十四,1.3;授(勝保革拿)。

同二年、九、丙辰、十二,1863.10.24;改西將。

同三年、三、壬寅、二,1864.4.7;傷,西安副都穆圖善暫護。

三、庚戌、十,4.15;督辦陝甘兩省軍務。

四、庚寅、廿,5.25;死。(關防繳回)

同治四年

乙丑 (1865)

欽差大臣(徐州 捻軍)

曾國藩 江督、欽差

四、癸巳、廿九,5.23;携帶欽差關防卽赴山東剿捻。

〔續上〕

五、戊戌、四,5.28;督辦直魯豫三省軍務。所有旗綠各營地方之武員弁,統歸節制。

同五年、十、乙巳、廿,1866.11.26;病假(李鶴章署)。

十一、丙辰、一,12.7;回江督任(李鴻章代)。

同治五年

丙寅 (1866)

欽差大臣(徐州 東捻)

李鴻章 蘇撫署江督

十、乙巳、廿,11.26;署欽(曾國藩病),節制湘淮各軍。

十一、丙辰、一,12.7;授,專辦軍務。

同六年、正、丙寅、十一,1867.2.15;授湖督(未任)。

同七年、六、甲戌、廿八,1868.8.16;西捻失敗。

同治六年

丁卯 (1867)

欽差大臣(直隸 西捻)

左宗棠 陝督

正、丙辰、一,2.5;督辦陝甘軍務。

正、癸酉、十八,2.22;授。

同七年、正、乙亥、廿六,1868.2.19;總統直隸各路官軍。

六、甲戌、廿八,8.16;西捻失敗。(十月,入陝。)

同治七年

戊辰 (1868)

欽差大臣(天津 捻軍)

(滿)**都興阿** 盛將

閏四、辛未、廿四,6.14;授。

六、甲戌;西捻失敗。

七、丙戌、十一,8.28;回任,關防交回。

欽差大臣(西北 回民)

左宗棠 陝督、欽差

〔續上〕

十月，由直隸抵西安。
同十二年、九、庚申、十五，1873.11.4；攻占肅州。
十、庚子、廿五，12.14；授協。
同十三年、八、戊寅、八，1874.9.18；遷東閣，留陝督任。
八、乙未、廿五，10.5；督辦餉糈一切轉運事宜（入新疆）。

光緒元年
乙亥 (1875)

欽差大臣（新疆回民）

左宗棠 陝督
三、乙丑、廿八，5.3；授欽，督辦新疆軍務。
光三年、十一、乙亥、廿四，1877.12.28；起義失敗（白彦虎入俄境）。
光四年、二、壬辰、十二，1878.3.15；晋封二等恪靖侯。
光六年、七、壬申、六，1880.8.11；召京。（十一月啟程，劉錦棠署。）

光緒六年
庚辰 (1880)

欽差大臣（新疆）

劉錦棠 通政
十一、戊辰、四，12.5；署欽（左宗棠入京啟程）。
光七年、八、癸未、廿四，1881.10.16；授欽，督辦新疆軍務。
光九年、十、辛亥、四，1883.11.3；通政授兵右，留欽差任。
光十年、十、癸酉、二，1884.11.19；兵右改新撫；仍欽。
光十二年、八、丙寅、六，1886.9.3；關防交回。

光緒十年
甲申 (1884)

欽差大臣（福建　法國）

左宗棠 東閣
七、庚申、十八，9.7；授，督辦福建軍務。
光十一年、七、庚子、四，1885.8.13；病假，關防交由閩督楊昌濬送京。
（八、乙酉、十九，9.27；死。文襄。）

光緒二十年
甲午 (1894)

總統（平壤　日本）

葉志超 直提
七、己亥、廿五，8.25；總統駐平壤各軍。
九、丙子、三，10.1；撤銷總統。（平壤潰退，逃回。）

總統（九連城　日本）

宋　慶 川提
九、乙亥、二，9.30；節制除依克唐阿以外所有派赴朝鮮各軍及奉省派往東邊防營。
十二、癸亥、廿一，1.16；幫辦劉坤一軍務。

督辦軍務（日本）

（恭親王）奕訢
十、戊申、五，11.2；節制所有各路統兵大員。

幫辦

（慶親王）奕劻

會辦：翁同龢 户尚

〔續上〕

李鴻藻 禮尚

（滿）榮禄 步統

（滿）長麟 禮左、京右
光二四年、五、辛酉、九，1898.6.27；裁撤督辦軍務處。

欽差大臣（山海關　日本）

劉坤一 江督
十二、甲辰、二，12.28；授，節制關內外各軍。

幫辦：十二、癸亥、廿一，1.16；

宋　慶 川提

吴大澂 湘撫
（光二一年、二、癸亥、廿一，1895.3.17；撤去幫辦，召京候議。）
光二一年、三、甲午、廿三，1895.4.17；馬關條約簽字。

附　録

欽差大臣
（武昌起義後抗拒民軍）

袁世凱 湖督
九、庚午、六，10.27；授，節制調遣所有援鄂陸海各軍及長江水師。

第一軍總統

馮國璋（軍諮使）

第二軍總統

段祺瑞（江北提督）
九、乙亥、十一，11.1；任爲内閣總理大臣。（九、廿六，11.16；成立。）
九、丁亥、廿三，11.13；近畿各鎮及各路軍隊並姜桂題所部，均歸節制調遣。
十、辛亥、十七，12.7；授全權大臣與民軍議和。

特派使節年表

（一）派往友鄰各國使節

（二）派往西洋、日本各國使節

（常駐各國出使大臣另表）

順治二年至宣統三年

1645—1911

順治二年
乙酉 (1645)

册封李淏爲朝鮮國王世子(國王李倧)

十一、己未、十一,12.28;命:

正使(滿)**祁充格** 弘文大學士

副使(?)**朱世起** 禮郎

(?)**顧爾馬渾** 户主

順治六年
己丑 (1649)

册封朝鮮世子李淏爲國王、妻張氏爲王妃

八、丁未、廿,9.26;命:

正使(滿)**布丹** 户啓

副使(蒙)**撤爾岱** 侍衛

順治九年
壬辰 (1652)

齎敕慰問朝鮮國王

五、辛未、一,6.6;命:

(?)**伊爾都齊** 刑右

(漢)**蔣赫德** 國史學士

順治十一年
甲午 (1654)

册封琉球國世子尚質爲中山王

七、戊子、一,8.12;命:

張學禮 兵科副理事官

王　垓 行人

順治十四年
丁酉 (1657)

册封孫可望爲義王

十二、丙申、廿八,1.31;命:

〔續上〕

正使(滿)**麻勒吉** 弘文學士

副使　**胡兆龍** 禮尚銜學士

(滿)**祁徹白** 禮左

順治十六年
己亥 (1659)

致祭故朝鮮國王李淏

九、戊寅、廿,11.4;命:

郭　科 工左

(滿)**祁徹白** 禮左

册封朝鮮世子李棩爲國王、妻金氏爲王妃

九、戊寅、廿,11.4;命:

正使(漢)**蔣赫德** 文華殿大學士

副使(覺羅)**碩博會** 吏右

康熙三年
甲辰 (1664)

諭祭安南國王黎維祺

四、丙午、十四,5.9;命:

正使**吳　光** 内秘書院編修

副使**朱志遠** 禮司務

康熙五年
丙午 (1666)

册封黎維禧爲安南國王

五、壬寅、廿二,6.24;命:

正使**程芳朝** 内國史院讀學

副使**張易賁** 禮郎

康熙十四年
乙卯 (1675)

諭祭朝鮮國王李棩

〔續上〕

(莊恪)册封嗣子李焞爲國王妻金氏爲王妃

正、乙亥、十六,2.10;命:

(?)**壽西特** 内大臣

(?)**桑厄恩克** 侍衛

康熙二一年
壬戌 (1682)

册封琉球國世子尚貞爲中山王

四、辛卯、十四,5.20;命:

正使**汪　楫** 檢討

副使**林麟焻** 閣中書

册封朝鮮國王李焞繼室閔氏爲王妃

五、丁巳、十,6.15;命:

(滿)**阿蘭泰** 閣學

康熙二二年
癸亥 (1683)

册封安南國王嗣黎維正爲安南國王

正、戊辰、廿六,2.21;命:

正使(?)**明圖** 翰侍讀

副使(?)**孫卓** 編修

諭祭安南國王黎維禧及王嗣黎維禔

正、己巳、廿七,2.22;命:

正使(?)**鄔赫** 翰侍讀

副使　**周　燦** 禮郎

康熙四二年
癸未 (1703)

册封朝鮮國王李焞繼

〔續上〕

室金氏爲王妃

二、丙申、廿一,4.6;命:

正使(滿)揆叙 翰掌

副使(?)噶爾圖 一等侍衛

康熙五七年

戊戌 (1718)

諭祭琉球國故中山王尚貞、尚益並册封世曾孫尚敬爲中山國王

六、庚辰、三,6.30;命:

正使(滿)海寶 檢討

副使 徐葆光 編修

康熙五八年

己亥 (1719)

諭祭安南國王黎維正及册封嗣子黎維裪爲安南國王

二、壬子、九,3.29;命:

正使 鄧廷喆 閣中書

副使(滿)成文 編修

康熙五九年

庚子 (1720)

諭祭故朝鮮國王李焞兼册封世子李昀爲國王

十一、辛未、八,12.7;命:

正使(?)渣克亶 散秩大臣

副使(?)羅瞻 禮右

康熙六一年

壬寅 (1722)

册封朝鮮國王李昀弟李昑爲世弟

〔續上〕

四、甲子、十,5.24;命:

正使(滿)阿克敦 閣學

副使(?)佛掄 二等侍衛

雍正二年

甲辰 (1724)

諭祭朝鮮國王李昀並册封世弟李昑爲國王

十二、戊子、十九,2.1;命:

正使(覺羅)舒魯 散秩大臣

副使(滿)阿克敦 翰掌

雍正五年

丁未 (1727)

宣諭安南賜地

△三、戊戌、十一,4.2;命:

(滿)杭奕禄 左副

任蘭枝 閣學

(△六月廿九日,8.16;入鎮南關。)

乾隆二年

丁巳 (1737)

册封安南國王黎維禕嗣位(黎維祐之弟)

二、戊寅、廿,3.20;命:

(滿)嵩壽 翰侍讀

陳 倓 修撰

世宗升祔詔書頒發朝鮮

三、辛酉、十三,4.12;命:

正使(?)保德 散秩大臣

副使(?)多爾濟 頭等侍衛

乾隆三年

戊午 (1738)

册封朝鮮國王李昑子

〔續上〕

李愃爲世子

正、丁丑、廿四,3.14;命:

正使(?)襄泰 散秩大臣

副使(漢)岱 奇 閣學

乾隆二十年

乙亥 (1755)

册封琉球國王

五、庚辰、七,6.16;命:

正使(滿)全魁 翰侍講

副使 周 煌 編修

册封琉球國尚穆爲中山王世子

十二、甲辰、五,1.6;命:

正使(滿)全魁 翰侍講

副使 周 煌 編修

乾隆二五年

庚辰 (1760)

册封朝鮮國王李昑繼室金氏爲王妃

三、乙卯、十,4.25;命:

正使(?)柏成 署散秩大臣

副使(?)世貴 閣學

乾隆二六年

辛巳 (1761)

安南黎維禕姪黎維褍襲封爲國王

二、乙酉、十五,3.21;命:

正使(滿)德保 翰侍讀

副使 顧汝修 理少

乾隆四一年

丙申 (1776)

賜祭故朝鮮國王李昑

〔續上〕

(莊順)追賜故世子李緈爵(恪愍)封世孫李祘爲國王

七、癸未、十四,8.27;命:

正使(覺羅)**萬福** 散秩大臣

副使(滿) **萬貴** 閣學

乾隆四九年
甲辰 (1784)

朝鮮國王請册世子

九、庚辰、廿八,11.10;命:

正使(?)**西明** 内大臣、公

副使(滿)**阿肅** 翰讀學

乾隆五一年
丙午 (1786)

致祭朝鮮國王世子李㬋

七、丁卯、廿六,8.19;命:

正使(滿)**蘇凌阿** 工右

副使(滿)**瑞保** 閣學

册封鄭華爲暹羅國王

十二、戊午、十九,2.6。

[無使臣姓名]

乾隆五四年
己酉 (1789)

册封阮惠(光平)爲安南國王

六、丙子、廿二,8.12。

[未派使臣,由其姪光顯帶回。]

乾隆五八年
癸丑 (1793)

册封阮光平世子阮光纘爲安南國王

正、丙辰、廿二,3.4;命:

(滿)**成林** 桂按

嘉慶四年
己未 (1799)

派往朝鮮頒詔

(高宗去世)

正、丙寅、七,2.11;命:

正使(漢)**張承勳** 散秩大臣

副使(?)**恒傑** 閣學

[暹羅,由使臣帶回;安南、緬甸,由督撫轉交。均未派專使。]

册封故琉球國王尚穆孫温襲爵

六、戊子、一,7.3;命:

正使**趙文楷** 修撰

副使**李鼎元** 閣中書

派往朝鮮頒詔

(高宗配享郊壇)

十一、癸未、廿九,12.25;命:

正使 **田國榮** 散秩大臣

副使(滿)**英和** 閣學

嘉慶五年
庚申 (1800)

賜故朝鮮國王李祘謚恭宣並册封世子玜爲朝鮮國王

九、辛丑、廿二,11.8;命:

正使(?)**明俊** 署散秩大臣

副使(?)**納清保** 閣學

嘉慶六年
辛酉 (1801)

往朝鮮國頒册立王后詔 並賞國王緞五十匹

四、癸酉、廿七,6.8;命:

正使(滿)**松齡** 散秩大臣

副使(滿)**吉綸** 閣學

嘉慶八年
癸亥 (1803)

改安南國爲越南國册封阮福映爲國王

六、己丑、廿六,8.13;命:

(滿)**齊布森** 桂按

(頒印敕)

嘉慶十年
乙丑 (1805)

册封朝鮮國王妃

五、乙酉、二,5.30;命:

正使(?)**瑞齡** 散秩大臣

副使(滿)**德文** 閣學

嘉慶十二年
丁卯 (1807)

册封故琉球國王尚温孫灝襲爵

七、乙巳、五,8.8;命:

正使**齊 鯤** 編修

副使**費錫章** 工給

嘉慶二五年
庚辰 (1820)

往朝鮮國頒大行皇帝遺詔并齎登極恩詔

八、戊申、廿五,10.1;差:

正使(?)**瑞齡** 散秩大臣

副使(?)**松福** 閣學

(九、庚辰、廿七,11.2;並頒恩詔。)

道光十年
庚寅　(1830)

賜故朝鮮國王世子李旲祭

七、壬午、廿七,9.13;差:
正使(?)**額勒渾** 散秩大臣
副使(滿)**裕誠** 閣學

道光十七年
丁酉　(1837)

册封故琉球國王尚灝世子育襲爵

六、丁巳、十一,7.13;差:
正使**林鴻年** 修撰
副使**高人鑑** 編修

册封朝鮮國王妃

七、丙子、一,8.1;差:
正使(?)**倭什訥** 兵右
副使(?)**明訓** 閣學

道光二一年
辛丑　(1841)

予故越南國王阮福晈祭一次以其嗣子福暶爲越南國王

七、庚辰、廿八,9.13;差:
(?)**寶清** 桂按

道光二三年
癸卯　(1843)

祭故朝鮮國王妃金氏

十二、戊午、廿,2.8;差:
正使(蒙)**柏葰** 户右
副使(?)**恒興** 鑲紅漢副

道光二五年
乙巳　(1845)

册封朝鮮國王李奐繼妃

正、癸未、廿一,2.27;差:
正使(蒙)**花沙納** 工右
副使(?)**德順** 鑲黄蒙副

道光二八年
戊申　(1848)

册封越南國王阮福暶嗣子阮福時襲爵

十一、乙亥、五,11.30;差:
勞崇光 桂按

道光二九年
己酉　(1849)

册封故朝鮮國王李奐子昪襲爵

十、庚午、六,11.20;差:
正使(蒙)**瑞常** 兵左
副使(?)**和色本** 閣學

道光三十年
庚戌　(1850)

往朝鮮國頒大行皇帝遺詔

正、戊午、廿五,3.8;差:
正使(滿)**全慶** 刑左
副使(?)**聯順** 鑲藍滿副

咸豐二年
壬子　(1852)

册封朝鮮王妃

正、乙亥、廿四,3.14;差:
正使(滿)**全慶** 吏右
副使(?)**隆慶** 正紅漢副

咸豐十一年
辛酉　(1861)

往朝鮮國頒大行皇帝遺詔並齎登極恩詔

八、癸未、廿七,10.1;差:
正使(滿)**寶鋆** 户右
副使(?)**穆隆阿** 内大臣

十、丙辰、一,11.3;寶鋆直軍,改差:
正使(蒙)**倭仁** 盛户
(十、乙丑、十,11.12;并頒恩詔。)

同治三年
甲子　(1864)

册封故朝鮮國王李昪世子熙襲爵

四、甲申、十四,5.19;差:
正使(滿)**阜保** 户左
副使(?)**文謙** 正白漢副

同治五年
丙寅　(1866)

册封朝鮮國王妃

七、庚申、四,8.13;差:
正使(滿)**魁麟** 理右
副使(?)**希元** 散秩大臣

同治十三年
甲戌　(1874)

往朝鮮國頒大行皇帝遺詔

十二、壬辰、廿三,1.30;差:
正使(滿)**銘安** 盛刑
副使(?)**立瑞** 散秩大臣

光緒元年

乙亥　(1875)

册封朝鮮國世子

十、丁亥、廿四,11.21;差:

正使(滿)**志和** 前盛户

副使(滿)**烏拉喜崇阿** 閣學

光緒十六年

庚寅　(1890)

諭祭朝鮮國王母妃

九、己巳、二,10.15;差:

正使(蒙)**續昌** 户左

副使(漢)**崇　禮** 户右

〔光緒二一年中日《馬關條約》簽訂後,清政府的"藩屬"全部喪失,此種使節不再派遣。〕

〔派往西洋、日本各國使節〕

同治五年

丙寅　(1866)

(滿)**斌椿** 前山西知縣

正、丙寅、六,2.20;前赴各國遊歷,採訪風俗。

(英國及歐洲其它各國)

同治七年

戊辰　(1868)

▲**蒲安臣** 前美國駐華公使

Anson Burlingame

二、辛巳、三,2.25;辦理各國中外交涉事務大臣。

(美、歐十一國,訂約。)

同治九年

庚午　(1870)

(滿)**崇厚** 兵左、三口通商大臣

五、乙未、卅,6.28;出使法國欽差大臣。

(天津教案,赴法道歉。)

光緒元年

乙亥　(1875)

開始派遣常駐各國出使大臣,見"出使各國大臣年表"。

光緒二十年

甲午　(1894)

王之春 鄂布

十、戊午、十五,11.12;赴俄致唁。

(廿一年、四、乙丑、廿四,1895.5.18;召回。)

張蔭桓 户左

邵友濂 署湘撫

十一、戊戌、廿六,12.22;前往日本會議和局。

十二、壬子、十,1.5;授全權大臣。

(二一年、正、己丑、十七,1895.2.11;被拒回國抵滬。)

光緒二一年

乙未　(1895)

李鴻章 文華[**]

正、辛卯、十九,2.13;頭等全權大臣,赴日議和。

(三、廿三,4.17;簽訂《馬關條約》。)

(**王之春**)鄂布

十一、己酉、十三,12.28;出使俄國大臣。

十二、庚寅、廿四,2.7;在鄂候旨。

二二年、正、丁酉、二,1896.2.14;毋庸前往。

李鴻章 文華[**]

十二、癸巳、廿七,2.10;欽差頭等出使俄國大臣(賀尼古拉二世加冕)。

二二年、正、癸卯、八,

〔續上〕

1896.2.20;並往英法德美各國呈遞國書。

(副使邵友濂 前湘撫)

十二、癸巳;差。

二二年、正、丁酉、二,1896.2.14;毋庸前往。

光緒二三年

丁酉　(1897)

張蔭桓 尚書銜户左

二、壬戌、三,3.5;往賀英君在位六十年。

光緒二四年

戊戌　(1898)

許景澄 工左(總)

二、丙寅、十二,3.4;頭等欽差大臣專使俄國商辦事件。

吕海寰 出使德國大臣

三、乙未、十二,4.2;往荷蘭致賀國君加冕。

楊　儒 出使俄國大臣

五、辛未、十九,7.7;頭等專使大臣,致賀粤君在位五十年。

光緒二六年

庚子　(1900)

(**張百熙**)左都

十二、壬子、十五,2.3;頭等專使大臣往英致唁并致賀。

〔英國表示拒絶,未去。〕

光緒二七年

辛丑　(1901)

(醇親王)**載灃**

四、癸丑、十八,6.4;頭等專使大臣往德。(庚子擊斃德國駐華公使德克林德,前往道歉。)

參贊官:

張　翼 前閣學

〔續上〕

(滿)蔭昌 正白漢副

(五、乙丑、一,6.16;均賞加侍郎銜。)

(滿)**那桐** 户右

五、乙丑;專任日本國大臣,賞加頭品頂戴。(庚子擊斃日本駐華使館書記官杉山彬,前往道歉。)

(鎮國公)**載振**

十二、甲辰、十二,1.21;頭等專使大臣,前往英國致賀英君加冕。

十二、乙巳、十三,1.22;賞加貝子銜。

光緒二八年
壬寅 (1902)

(漢)**張德彝** 出使英國大臣

二、壬辰、一,3.10;往西班牙致賀國君加冕。

光緒二九年
癸卯 (1903)

(滿)**那桐** 户右

正、丁卯、十一,2.8;前往日本參加賽會(就便考察銀行、金鎊、印花税等)。

光緒三十年
甲辰 (1904)

(貝子)**溥倫**

十一、戊戌、廿四,12.30;前往美國考察漁業、海軍等。

光緒三一年
乙巳 (1905)

(鎮國公)**載澤**

戴鴻慈 户右

(滿)**端方** 湘撫

尚其亨 魯布

李盛鐸 順丞

九、戊戌、廿八,10.26;分赴東西洋各國考求一切政治。

(注)六、丙辰、十四,7.16;原派四人:載澤、戴鴻慈、徐世昌(署兵左)、端方。

六、丁卯、廿五,7.27;加派紹英(商左丞)。

八、丙寅、廿六,9.24;五大臣啟程,在正陽門車站被黨人吴樾炸傷,改期。

九、戊戌;改派尚其亨、李盛鐸代替徐世昌、紹英。

光緒三三年
丁未 (1907)

汪大燮 外右

(滿)**達壽** 學右

于式枚 郵右

八、辛酉、二,9.9;考察憲政大臣,分赴英、日、德各國。

光緒三四年
戊申 (1908)

唐紹儀 奉撫(加尚書銜)

六、丙子、廿二,7.20;專使美國致謝減收庚子賠款,兼充考察財政大臣(歷歐洲、日本回國)。

宣統元年
己酉 (1909)

(鎮國將軍)**載振**(貝子銜)

戴鴻慈 法尚

四、庚辰、二,5.20;分别前往日本、俄國呈遞國書,答謝派員來華送葬。

(其他各國均由出使各國大臣分别轉遞國書,不派專使。)

(貝勒)**載洵**

九、己酉、三,10.16;巡視沿海沿江各省武備後,由上海啟行前往歐洲,考察各國海軍事務。

宣統二年
庚戌 (1910)

(貝勒)**載濤**(郡王銜)

四、丁丑、四,5.12;專使大臣,前往英國致唁。

(鎮國將軍)**載振**(貝子銜)

十二、乙未、廿五,1.25;頭等專使大臣,前往英國致賀英君加冕。

宣統三年
辛亥 (1911)

吴宗濂 出使義國大臣

三、己酉、十一,4.9;專使大臣,致賀義國立國五十年慶典。

總署大臣年表

咸豐十年至光緒二七年

1860—1901

咸豐十年
庚申 (1860)

(恭親王)**奕訢**

(滿)**桂良** **

(滿)**文祥** 户左、(軍)
均十二、己巳、十,1.20; 管理。

咸豐十一年
辛酉 (1861)

(恭親王)**奕訢** 議政王、(軍)
十、丙辰、一,11.3; 授議政王,直軍。

(滿)**桂良** **(軍)
十、丙辰;直軍。

(滿)**文祥** 户左、(軍)

(漢)**崇　綸** 工左
三、甲辰、十六,4.25; 署倉侍,幫辦。
十、癸亥、八,11.10; 授倉侍。
十一、丁亥、三,12.4; 改工左。

(滿)**恒祺** 閣學
三、甲辰;武備院卿,幫辦。
十、丙辰;遷閣學。

(滿)**寶鋆** 户右、(軍)
十、癸未、廿八,11.30; 辦事。

董　恂 户右
十、癸未;辦事。

同治元年
壬戌 (1862)

(恭親王)**奕訢** 議政王、(軍)

(滿)**桂良** **(軍)
六、癸酉、廿二,7.18; 死(文端)。

(滿)**文祥** 工尚、(軍)
正、己亥、十六,2.14; 户左遷左都。
閏八、丙申、十六,10.9; 左都改工尚。

(漢)**崇　綸** 户右
七、辛丑、廿,8.15; 工左改户右。

〔續上〕

(滿)**恒祺** 工左
六、壬申、廿一,7.17; 閣學遷理右。
閏八、丁酉、十七,10.10; 理右改刑右。
十一、乙卯、七,12.27; 刑右改工左。

(滿)**寶鋆** 户尚、(軍)
正、庚子、十七,2.15; 户右改户左。
二、辛酉、八,3.8; 户左遷户尚。

董　恂 户右
十二、乙巳、廿八,2.15; 署三口通商大臣。

同治二年
癸亥 (1863)

(恭親王)**奕訢** 議政王、(軍)

(滿)**文祥** 工尚、(軍)

(漢)**崇　綸** 户右

(滿)**恒祺** 工左

(滿)**寶鋆** 户尚、(軍)

董　恂 户右

薛　煥 工右
四、乙酉、九,5.26; 前蘇撫署禮左,辦事。
五、辛未、廿六,7.11; 授工右。

同治三年
甲子 (1864)

(恭親王)**奕訢** 議政王、(軍)

(滿)**文祥** 工尚、(軍)

(漢)**崇　綸** 户右

(滿)**恒祺** 工左

(滿)**寶鋆** 户尚、(軍)

董　恂 户右

薛　煥 工右
四、丙戌、十六,5.21; 降五級以内閣侍讀學士補用。

同治四年
乙丑 (1865)

(恭親王)**奕訢** 議政王、(軍)
三、壬寅、七,4.2; 撤去一切差使。
三、辛亥、十六,4.11; 仍管理總署,直軍(毋庸議政名義)。

(滿)**文祥** 工尚、(軍)

(漢)**崇　綸** 户右

(滿)**恒祺** 工左

(滿)**寶鋆** 户尚、(軍)

董　恂 左都
十一、壬申、十一,12.28; 户右遷左都。

薛　煥

徐繼畬
十、甲午、三,11.20; 前僕少以三京候,入直。

譚廷襄 工右
十一、甲子、三,12.20; 刑右入直。
十一、乙丑、四,12.21; 刑右改工右。

同治五年
丙寅 (1866)

(恭親王)**奕訢** (軍)

(滿)**文祥** 吏尚、(軍)
二、乙巳、十五,3.31; 工尚改吏尚。

(漢)**崇　綸** 户右

(滿)**恒祺** 工左
十二、壬子、廿七,2.1; 死。

(滿)**寶鋆** 户尚、(軍)

董　恂 兵尚
三、丙戌、廿七,5.11; 左都改兵尚。

薛　煥
五月,省假。十二月,乞養。

徐繼畬 太僕
六、癸巳、六,7.17; 授太僕。

譚廷襄 户左
三、丙戌;工右改户左。

〔續上〕

十一、丁丑、廿二,12.28; 署湖督。

同治六年
丁卯 (1867)

(恭親王)**奕訢** (軍)

(滿)**文祥** 吏尚、(軍)

(漢)**崇　綸** 户左
四、丁亥、四,5.7; 户右改户左。

(滿)**寶鋆** 户尚、(軍)

董　恂 兵尚

徐繼畬 太僕
正、丙子、廿一,2.25; 太僕開缺,管理同文館。

譚廷襄 刑尚
十、癸巳、十四,11.9; 户左遷左都。
十二、辛卯、十二,1.6; 左都改刑尚。

(蒙)**倭仁** **
三、乙亥、廿一,4.25; 入直(未任)。
六、甲午、十二,7.13; 病,罷直。

同治七年
戊辰 (1868)

(恭親王)**奕訢** (軍)

(滿)**文祥** 吏尚、(軍)

(漢)**崇　綸** 理尚
六、庚戌、四,7.23; 户左遷理尚。

(滿)**寶鋆** 户尚、(軍)

董　恂 兵尚

譚廷襄 刑尚

徐繼畬 管理同文館大臣

同治八年
己巳 (1869)

(恭親王)**奕訢** (軍)

〔續上〕

(滿)**文祥** 吏尚、(軍)

(漢)**崇　綸** 理尚

(滿)**寶鋆** 户尚、(軍)

董　恂 户尚
六、辛酉、廿一,7.29; 兵尚改户尚。

譚廷襄 刑尚

徐繼畬 管理同文館大臣
二、丁巳、十五,3.27; 老休。

毛昶熙 工尚
十、丁未、九,11.12; 入直。

沈林芬 左都、(軍)
十、丁未; 入直。

(滿)**成林** 光禄(總署章京)
十、丁未; 入直。

同治九年
庚午 (1870)

(恭親王)**奕訢** (軍)

(滿)**文祥** 吏尚、(軍)

(漢)**崇　綸** 理尚

(滿)**寶鋆** 户尚、(軍)

董　恂 户尚

譚廷襄 刑尚
四、甲辰、八,5.8; 死。

毛昶熙 工尚
六、癸亥、廿八,7.26; 赴津辦教案,署三口通商大臣。
八、己酉、十五,9.10; 召回。

沈桂芬 兵尚、(軍)
四、甲辰; 左都改兵尚。

(滿)**成林** 大理
四、辛丑、五,5.5; 光禄改大理。

同治十年
辛未 (1871)

(恭親王)**奕訢** (軍)

(滿)**文祥** *吏尚、(軍)
二、戊子、廿八,4.17; 授協。

〔續上〕

(漢)**崇　綸** 工尚
二、庚寅、卅,4.19; 理尚改工尚。

(滿)**寶鋆** 户尚、(軍)

董　恂 户尚

毛昶熙 工尚

沈桂芬 兵尚、(軍)

(滿)**成林** 大理

同治十一年
壬申 (1872)

(恭親王)**奕訢** (軍)

(滿)**文祥** **(軍)
六、甲子、十一,7.16; 協、吏尚遷體仁。

(漢)**崇　綸** 工尚

(滿)**寶鋆** 吏尚、(軍)
六、甲子; 户尚改吏尚。

董　恂 户尚

毛昶熙 吏尚
八、庚申、八,9.10; 工尚改吏尚。

沈桂芬 兵尚、(軍)

(滿)**成林** 大理

(滿)**崇厚** 兵左
正、辛亥、廿六,3.5; 入直。

夏家鎬 常少
正、辛亥; 總署章京入直。

同治十二年
癸酉 (1873)

(恭親王)**奕訢** (軍)

(滿)**文祥** **(軍)

(漢)**崇　綸** 工尚

(滿)**寶鋆** 吏尚(軍)

董　恂 户尚

毛昶熙 吏尚

沈桂芬 兵尚、(軍)

(滿)**成林** 理右

〔續上〕

正、壬辰、十二，2.9；大理遷理右。

(滿)**崇厚** 兵左

夏家鎬 通副

(少常改通副)

同治十三年
甲戌 (1874)

(恭親王)**奕訢** (軍)

(滿)**文祥** **(軍)

十二、辛未、二，1.9；體仁改武英。

(漢)**崇 綸** 工尚

(滿)**寶鋆** **(軍)

三、丙午、四，4.19；授協。

八、癸酉、三，9.13；吏尚改兵尚。

十一、己酉、十，12.18；遷體仁。

董 恂 户尚

毛昶熙 吏尚

沈桂芬 兵尚、(軍)

(滿)**成林** 工左

九、癸亥、廿四，11.2；理右改理左。

十二、辛卯、廿二，1.29；理左改工左。

(滿)**崇厚** 兵左

夏家鎬 通副

光緒元年
乙亥 (1875)

(恭親王)**奕訢** (軍)

(滿)**文祥** **(軍)

(漢)**崇 綸** 工尚

九、己亥、六，10.4；死。

(滿)**寶鋆** **(軍)

董 恂 户尚

毛昶熙 吏尚

沈桂芬 *兵尚、(軍)

正、己亥、一，2.6；授協。

〔續上〕

(滿)**成林** 工左

(滿)**崇厚** 兵左

夏家鎬 通副

郭嵩燾 署兵左

十一、丁酉、四，12.1；候侍署兵左。

(七、壬戌、廿八，8.28；已任爲出使英國大臣，尚未啟程。)

光緒二年
丙子 (1876)

(恭親王)**奕訢** (軍)

(滿)**文祥** **(軍)

五、乙未、五，5.27；死。

(滿)**寶鋆** **(軍)

董 恂 户尚

毛昶熙 吏尚

沈桂芬 *兵尚、(軍)

(滿)**成林** 工左

(滿)**崇厚** 兵左

十、庚戌、廿三，12.8；署盛將。

夏家鎬 通副

郭嵩燾 署兵左

十、甲辰、十七，12.2；啟程赴英。

李鴻藻 工尚、(軍)

十、癸丑、廿六，12.11；入直。

(滿)**景廉** 左都、(軍、學)

十、癸丑；入直。

光緒三年
丁丑 (1877)

(恭親王)**奕訢** (軍)

(滿)**寶鋆** **(軍)

二、乙巳、十九，4.2；體仁改武英。

董 恂 户尚

毛昶熙 吏尚

沈桂芬 *兵尚、(軍)

(滿)**成林** 工左

〔續上〕

夏家鎬 通副

李鴻藻 工尚、(軍)

九、丙寅、十四，10.20；憂免。

(滿)**景廉** 工尚、(軍)

正、戊午、二，2.14；直軍。

正、癸亥、七，2.19；左都改工尚。

光緒四年
戊寅 (1878)

(恭親王)**奕訢** (軍)

(滿)**寶鋆** **(軍)

董 恂 户尚

毛昶熙 吏尚

五、戊辰、十九，6.19；憂免。

沈桂芬 *兵尚、(軍)

(滿)**成林** 吏右

十二、癸卯、廿八，1.20；工左改吏右。

夏家鎬 太僕

五月，通副遷太僕。

(滿)**景廉** 户尚、(軍)

五、甲子、十五，6.15；工尚改户尚。

王文韶 禮左、(軍、學)

七、辛未、廿三，8.21；入直。

周家楣 順尹

七、辛未；入直。

光緒五年
己卯 (1879)

(恭親王)**奕訢** (軍)

(滿)**寶鋆** **(軍)

董 恂 户尚

沈桂芬 *兵尚、(軍)

(滿)**成林** 吏左

五、甲午、廿一，7.10；吏右改吏左。

八、乙卯、十四，9.29；死。

夏家鎬 府丞

五、壬午、九，6.28；太僕改太

〔續上〕

常。

九、壬午、十二,10.26;太常改府丞。

(滿)**景廉** 户尚、(軍)

王文韶 户左、(軍)

正、乙巳、一,1.22;直軍。

正、辛未、廿七,2.17;禮左改户左。

周家楣 順尹

五月,憂免。

丁日昌 會辦南洋海防

閏三、丙申、廿三,5.13;前閩撫、會辦南洋海防事宜,入直。

(宗室)**麟書** 吏左

九、壬辰、廿二,11.5;户左入直。

十一、壬辰、廿三,1.4;户左改吏左。

(漢)**崇　禮** 閣學

九、壬辰;入直。

光緒六年
庚辰　(1880)

(恭親王)**奕訢** (軍)

(滿)**寶鋆** **(軍)

董　恂 户尚

六、丙辰、廿,7.26;罷直。

毛昶熙 前吏尚

十、辛亥、十六,11.18;入直。

沈桂芬 *兵尚、(軍)

李鴻藻 (軍)

正、丙子、八,2.17;前工尚入直。

夏家鎬 府丞

(滿)**景廉** 户尚、(軍)

王文韶 户左、(軍)

丁日昌

會辦南洋海防事宜

(宗室)**麟書** 左都

十、辛酉、廿六,11.28;吏左遷左都。

(漢)**崇　禮** 禮右

〔續上〕

八、丙午、十,9.14;閣學遷禮右。

光緒七年
辛巳　(1881)

(恭親王)**奕訢** (軍)

(滿)**寶鋆** **(軍)

毛昶熙 前吏尚

沈桂芬 *兵尚、(軍)

正、丙寅、三,2.1;死(文定)。

李鴻藻 *兵尚、(軍)

正、丙寅、三,2.1;授兵尚。

六、己未、廿九,7.24;授協。

夏家鎬 刑右

四、乙巳、十四,5.11;府丞遷刑右。

(滿)**景廉** 户尚、(軍)

王文韶 户左、(軍)

丁日昌

會辦南洋海防事宜

(宗室)**麟書** 理尚

十、癸酉、十四,12.5;左都改理尚。

(漢)**崇　禮** 户右

十、癸酉;禮右改户右。

周家楣 前順尹

十、丁亥、廿八,12.19;入直。

左宗棠 **(軍)

正、壬辰、廿九,2.27;入直。

九、乙未、六,10.28;授江督。

光緒八年
壬午　(1882)

(恭親王)**奕訢** (軍)

(滿)**寶鋆** **(軍)

毛昶熙 兵尚

正、辛亥、廿四,3.13;授兵尚。

二、戊辰、十二,3.30;死。

李鴻藻 *吏尚、(軍)

正、辛亥;兵尚改吏尚。

夏家鎬 刑右

〔續上〕

九、丁酉、十四,10.25;病免。

(滿)**景廉** 户尚、(軍)

王文韶 户左、(軍)

十一、丁亥、五,12.14;乞養。

丁日昌

會辦南洋海防事宜

△死。

(宗室)**麟書** 理尚

(漢)**崇　禮** 户右

五、丁酉、十二,6.27;降三級調用。

周家楣 順尹

正、辛亥;授順尹。

陳蘭彬 左副

三、戊子、二,4.19;入直。

光緒九年
癸未　(1883)

(恭親王)**奕訢** (軍)

(滿)**寶鋆** **(軍)

李鴻藻 *吏尚、(軍)

(滿)**景廉** 兵尚、(軍)

六、庚午、廿二,7.25;降二級調。

七、丙申、十八,8.20;授閣學,仍直軍、總。

九、丁未、卅,10.30;遷吏左。

十一、乙未、十八,12.17;吏左遷兵尚。

(宗室)**麟書** 工尚

二、甲寅、三,3.11;理尚改工尚。

周家楣 順尹

陳蘭彬 左副

吴廷芬 府丞

正、丁酉、十五,2.22;入直。

張佩綸 右庶子署左副

十一、辛巳、四,12.3;入直。

光緒十年
甲申　(1884)

(恭親王)**奕訢** (軍)

〔續上〕
三、戊子、十三，4.8；撤去一切差使。

(滿)**寶鋆** **(軍)
三、戊子；休。

李鴻藻 *吏尚、(軍)
三、戊子；降二調。

(滿)**景廉** 兵尚、(軍)
三、戊子；降二調。

(宗室)**麟書** 工尚
五、癸卯、廿九，6.22；病免。

周家楣 順尹
七、丙辰、十四，9.3；罷直。

陳蘭彬 左副
七、丙辰；罷直。

吴廷芬 府丞
七、丙辰；罷直。

張佩綸 右庶子署左副
四、戊午、十四，5.8；差閩，會辦海防事宜。

(慶郡王)**奕劻** 郡王銜貝勒晉授郡王
三、壬辰、十七，4.12；管理。

周德潤 閣學
三、壬辰；入直。
十、乙酉、十四，12.1；罷直。

閻敬銘 *户尚、(軍)
三、戊戌、廿三，4.18；入直。
五、戊子、十四，6.7；授協。

許庚身 刑右(軍)
三、戊戌；入直。

張蔭桓
徽寧池太廣道賞三品卿
五、庚寅、十六，6.9；入直。
十、己丑、十八，12.5；罷直。

(宗室)**福錕** 工尚
閏五、乙巳、二，6.24；入直。

(宗室)**崑岡** 理尚
閏五、乙巳；入直。
十、乙酉；罷直。

(蒙)**錫珍** 刑尚
閏五、乙巳；入直。
八、乙酉、十四，10.2；左都改刑尚。

徐用儀 工右
閏五、乙巳；入直。

廖壽恒 閣學

〔續上〕
閏五、乙巳；入直。

鄧承修 鴻臚
八、壬申、一，9.19；入直。

光緒十一年
乙酉 (1885)

(慶郡王)**奕劻**

閻敬銘 **(軍)
十一、癸亥、廿九，1.3；遷東閣。

許庚身 刑右、(軍)

(宗室)**福錕** *户尚
十一、癸亥；工尚改户尚，授協。

(蒙)**錫珍** 刑尚

徐用儀 工右

廖壽恒 兵右
十二、庚寅、廿六，1.30；閣學遷兵右。

鄧承修 鴻臚
七、丙辰、廿，8.29；赴桂勘界。

孫毓汶 工左、(軍)
六、癸未、十六，7.27；入直。
六、甲午、廿七，8.7；直軍。

沈秉成 順尹
六、癸未；入直。

(蒙)**續昌** 閣學
六、癸未；湘按開缺以三京候入直。
△十一月，授太常。
十二、壬午、十八，1.22；太常遷閣學。

光緒十二年
丙戌 (1886)

(慶郡王)**奕劻**

閻敬銘 **(軍)
九、丁巳、廿七，10.24；罷軍。

許庚身 刑右、(軍)

(宗室)**福錕** *户尚

(蒙)**錫珍** 吏尚
二、乙亥、十一，3.16；刑尚改

〔續上〕
吏尚。

徐用儀 工右

廖壽恒 兵右

孫毓汶 工左、(軍)

沈秉成 閣學
二、丁丑、十三，3.18；順尹遷閣學。

(蒙)**續昌** 閣學
五、丁未、十五，6.16；閣學署刑右。

曾紀澤 兵左
十一、丁未、十八，12.13；入直。

光緒十三年
丁亥 (1887)

(慶郡王)**奕劻**

閻敬銘 **

許庚身 吏右、(軍)
九、戊午、四，10.20；刑右改吏右。

(宗室)**福錕** *户尚

(蒙)**錫珍** 吏尚

徐用儀 工右

廖壽恒 兵左
正、辛亥、廿三，2.15；兵右改兵左。

孫毓汶 工左、(軍)

沈秉成 閣學
七、癸未、廿八，9.15；授桂撫。

(蒙)**續昌** 禮右
二、戊子、卅，3.24；閣學遷禮右。

曾紀澤 户右
正、辛亥；兵左改户右。

光緒十四年
戊子 (1888)

(慶郡王)**奕劻**

閻敬銘 **
七、丙寅、十六，8.23；病免。

〔續上〕

許庚身 兵尚、(軍)
七、壬子、二，8.9；吏右遷兵尚。

(宗室)福錕 *户尚

(蒙)錫珍 吏尚

徐用儀 工左
七、壬子；工右改工左。

廖壽恒 兵左

孫毓汶 吏右(軍)
七、壬子；工左改吏右。

(蒙)續昌 禮左
十一、壬戌、十五，12.17；禮右改禮左。

曾紀澤 户右

光緒十五年
己丑 (1889)

(慶郡王)奕劻

許庚身 兵尚、(軍)

(宗室)福錕 *户尚

(蒙)錫珍 吏尚
九、丙辰、十三，10.7；死。

徐用儀 兵左
正、壬戌、十六，2.15；工左改兵右。
二、戊戌、廿二，3.23；兵右改兵左。

廖壽恒 禮右
二、戊戌；兵左改禮右。

孫毓汶 刑尚、(軍)
正、辛酉、十五，2.14；吏右遷刑尚。

(蒙)續昌 户左
三、戊辰、廿三，4.22；禮左改户右。
六、己亥、廿五，7.22；户右改户左。

曾紀澤 户右

光緒十六年
庚寅 (1890)

(慶郡王)奕劻

〔續上〕

許庚身 兵尚、(軍)

(宗室)福錕 *户尚

徐用儀 户右
閏二、丙寅、廿六，4.15；兵左改户右。

廖壽恒 户左
十一、辛未、五，12.16；禮右改禮左。
十一、戊寅、十二，12.23；禮左改户左。

孫毓汶 刑尚、(軍)

(蒙)續昌 户左

曾紀澤 户右
閏二、乙丑、廿五，4.14；死。

張蔭桓 大理
閏二、己酉、九，3.29；太僕入直。
十二、丁未、十二，1.21；太僕改大理。

光緒十七年
辛卯 (1891)

(慶郡王)奕劻

許庚身 兵尚、(軍)

(宗室)福錕 *户尚

徐用儀 户右

廖壽恒 户左

孫毓汶 刑尚、(軍)

(蒙)續昌 户左

張蔭桓 左副
七、己巳、七，8.11；大理改左副。

(漢)崇　禮 户右
十一、乙亥、十五，12.15；入直。

洪　鈞 兵左
十一、乙亥；入直。

光緒十八年
壬辰 (1892)

(慶郡王)奕劻

〔續上〕

許庚身 兵尚、(軍)

(宗室)福錕 **
八、甲申、廿九，10.19；遷體仁。

徐用儀 吏左
六、戊子、二，6.25；户右改吏右。
八、壬申、十七，10.7；吏右改吏左。

廖壽恒 吏右
八、壬申；户左改吏右。

孫毓汶 刑尚、(軍)

(蒙)續昌 户左
三、丙子、十八，4.14；病免。

張蔭桓 户左
六、戊子；左副改户右。
八、壬申；户右改户左。

(漢)崇　禮 户左
三、戊寅、廿，4.16；户右改户左。

洪　鈞 兵左

光緒十九年
癸巳 (1893)

(慶郡王)奕劻

許庚身 兵尚、(軍)
十二、庚戌、二，1.8；死。

(宗室)福錕 **

徐用儀 吏左、(軍、學)
十二、辛亥、三，1.9；學習直軍。

廖壽恒 吏右

孫毓汶 兵尚、(軍)
十二、丁巳、九，1.15；刑尚改兵尚。

張蔭桓 户左

(漢)崇　禮 户左

洪　鈞 兵左
八、甲戌、廿五，10.4；死。

光緒二十年
甲午　(1894)

(慶郡王)**奕劻** 晉親王

(宗室)**福錕** **

徐用儀 吏左、(軍)
六、辛未、廿六,7.28;直軍。

廖壽恒 吏右

孫毓汶 兵尚、(軍)

張蔭桓 户左

(漢)**崇　禮** 理尚
正、癸卯、廿五,3.2;户左遷理尚。
八、癸亥、十九,9.18;改熱都。

(恭親王)**奕訢** (軍)
九、甲戌、一,9.29;管理。
十一、庚辰、八,12.4;直軍。

(宗室)**敬信** 兵尚
七、壬寅、廿八,8.28;入直。

汪鳴鑾 工左
七、壬寅;入直。

(滿)**榮禄** 步統
十一、辛卯、十九,12.15;入直。

光緒二一年
乙未　(1895)

(恭親王)**奕訢** (軍)

(慶親王)**奕劻**

(宗室)**福錕** **
閏五、甲辰、四,6.26;休。

徐用儀 吏左、(軍)
六、乙酉、十六,8.6;罷直。

廖壽恒 吏右
六、己卯、十,7.31;吏右改倉侍,罷直。

孫毓汶 兵尚、(軍)
六、甲戌、五,7.26;病免。

張蔭桓 户左

(宗室)**敬信** 户尚
六、庚寅、廿一,8.11;兵尚改户尚。

汪鳴鑾 吏右

〔續上〕
六、己卯;工左改吏右。
十、甲申、十七,12.3;革。

(滿)**榮禄** 兵尚兼步統
六、庚寅;授兵尚,仍兼步統。

翁同龢 户尚、(軍)
六、乙酉;入直。

李鴻藻 禮尚、(軍)
六、乙酉;入直。

吴廷芬 兵右
九、癸亥、廿六,11.12;入直。
十、丙戌、十九,12.5;府丞遷兵右。

光緒二二年
丙申　(1896)

(恭親王)**奕訢** (軍)

(慶親王)**奕劻**

張蔭桓 户左

(宗室)**敬信** 户尚

(滿)**榮禄** *兵尚
四、戊子、廿三,6.4;授協。

翁同龢 户尚、(軍)

李鴻藻 *吏尚、(軍)
十、己丑、廿八,12.2;授協。
十、辛卯、卅,12.4;禮尚改吏尚。

吴廷芬 吏右
五、壬戌、廿八,7.8;兵右改吏右。

李鴻章 **
九、庚戌、十八,10.24;文華入直。

光緒二三年
丁酉　(1897)

(恭親王)**奕訢** (軍)

(慶親王)**奕劻**

廖壽恒 刑尚
七、丙申、九,8.6;左都入直。
九、辛卯、五,9.30;左都改刑尚。

張蔭桓 户左

〔續上〕
(宗室)**敬信** 户尚

(滿)**榮禄** *兵尚

翁同龢 *户尚、(軍)
八、壬申、十五,9.11;授協。

李鴻藻 *吏尚、(軍)
七、庚寅、三,7.31;死。

吴廷芬 吏右
八、甲戌、十七,9.13;修墓假,罷直。

李鴻章 **

(漢)**崇　禮** 署左都
二、己卯、廿,3.22;前熱都入直。
八、癸亥、六,9.2;署左都。

許應騤 禮尚
二、己卯;工尚入直。
七、壬辰、五,8.2;工尚改禮尚。

光緒二四年
戊戌　(1898)

(恭親王)**奕訢** (軍)
四、壬辰、十,5.29;死。

(慶親王)**奕劻**

廖壽恒 禮尚、(軍、學)
二、甲子、十,3.2;學習直軍。
八、辛丑、廿,10.5;刑尚改禮尚。

張蔭桓 户左
八、庚寅、九,9.24;革。

(宗室)**敬信** 户尚
七、癸酉、廿二,9.7;罷直。

(滿)**榮禄** **(軍)
四、甲辰、廿二,6.10;兵尚遷文淵。
四、己酉、廿七,6.15;署直督(旋授)。
八、甲午、十三,9.28;召京,并直軍。

翁同龢 *户尚、(軍)
四、己酉;解。

李鴻章 **
七、癸酉;罷直。

(漢)**崇　禮** 刑尚

〔續上〕
四、甲辰；鑲白蒙都授刑尚。

許應騤 禮尚
七、庚午、十九，9.4；革。

王文韶 户尚、(軍)
五、丁巳、五，6.23；入直。

(滿)**裕禄** 禮尚、(軍)
七、癸酉；入直。
八、甲午；改直督。

徐用儀 吏左
八、壬辰、十一，9.26；入直。

袁　昶 三京候
八、戊戌、十七，10.2；直布賞三京候入直。

許景澄 工左
九、乙巳、十九，11.2；入直。

胡燏棻 候侍
九、丙子、廿六，11.9；入直。
十、癸未、三，11.16；事繁罷直。

(滿)**桂春** 三京候
十一、癸丑、四，12.16；甘按賞三京候入直。

趙舒翹 刑尚
十一、甲寅、五，12.17；入直。

(滿)**聯元** 三京候
十一、甲寅；皖按賞三京候入直。

(漢)**裕　庚** 僕少
十一、庚午、廿一，1.2；入直。

光緒二五年
己亥　(1899)

(慶親王)**奕劻**

廖壽恒 禮尚、(軍、學)
十一、甲寅、十，12.12；罷直軍。

(滿)**榮禄** **(軍)

吴廷芬 户右
五、壬子、六，6.13；署禮右入直。
十一、庚午、廿六，12.28；授户右。

(漢)**崇　禮** 刑尚

王文韶 *户尚、(軍)
十一、己巳、廿五，12.27；授協。

徐用儀 兵尚
五、乙卯、九，6.16；吏左遷左都。
十一、己巳、廿五，12.27；左都改兵尚。

袁　昶 太常
二、甲辰、廿六，4.6；授光禄。
六、庚寅、十四，7.21；光禄改太常。

許景澄 吏左
五、乙卯、九，6.16；工左改吏右。
十一、庚午、廿六，12.28；吏右改吏左。

(滿)**桂春** 太常
七、癸丑、八、8.13；三京候授太常。

趙舒翹 刑尚、(軍、學)
十一、甲寅；學習直軍。

(滿)**聯元** 三京候

(漢)**裕　庚** 僕少
五、丙辰、十，6.17；授出使法國大臣。

(滿)**瑞洵** 科布多參贊大臣
九、癸酉、廿八，11.1；兼。

光緒二六年
庚子　(1900)

(慶親王)**奕劻**

廖壽恒 禮尚
五、甲寅、十四，6.10；罷直。

(滿)**榮禄** **(軍)

吴廷芬 左都
四、丁酉、廿六，5.24；户右遷左都。
九、癸酉、五，10.27；病免。

(漢)**崇　禮** *户尚
九、癸酉；刑尚改户尚。
十、癸丑、十五，12.6；授協。

王文韶 **(軍)
十、癸丑；户尚遷體仁。

徐用儀 兵尚
七、丙辰、十七，8.11；棄市。

袁　昶 太常
七、壬寅、三，7.28；殺。

許景澄 吏左
七、壬寅；殺。

(滿)**桂春** 户左
二、壬午、十，3.10；太常遷閣學。
三、丁巳、十五，4.14；授出使俄國大臣(未任)。
七、辛丑、二，7.27；閣學遷禮右。
七、癸卯、四，7.29；解使俄。
八、甲申、十五，9.8；禮右改户左。

趙舒翹 刑尚、(軍、學)
九、庚寅、廿二，11.13；革。

(滿)**聯元** 閣學
三、乙卯、十三，4.12；授太常。
四、癸未、十二，5.10；太常遷閣學。
七、丙辰、十七，8.11；殺。

(端郡王)**載漪** (軍)
五、甲寅、十四，6.10；管理。
八、丙子、七，8.31；直軍。
閏八、辛丑、二，9.25；罷直。

(滿)**啓秀** 禮尚、(軍)
五、甲寅；入直。
十二、壬戌、廿五，2.13；革。

(宗室)**溥興** 工右
五、甲寅；入直。

(滿)**那桐** 户右
五、甲寅；閣學入直。
五、乙卯、十五，6.11；閣學遷理左。
八、乙酉、十六，9.9；理左改禮右。
九、癸巳、廿五，11.16；禮右改户右。

光緒二七年
辛丑　(1901)

(慶親王)**奕劻**

(滿)**榮禄** **(軍)

(漢)**崇　禮** *户尚

王文韶 **(軍)

〔續上〕	〔續上〕	〔續上〕
(滿)**桂春** 户左	(各督撫毋庸兼銜)	會辦大臣 **王文韶**
(宗室)**溥興** 工右		會辦大臣 兼尚書 **瞿鴻禨**
(滿)**那桐** 户右 均六、甲辰、十,7.25;罷直。	六、癸卯、九,7.24;改設外務部:	左侍郎 **徐壽朋**
〔裁撤〕	總理大臣 (慶親王)**奕劻**	右侍郎 **聯芳**

出使各國大臣年表

光緒元年至宣統三年

1875—1911

年代		光緒元年　乙亥(1875)
英國	正使	**郭嵩燾**(未行) 七、壬戌、廿八,8.28;閩按開缺,以侍郎候補差。 十一、丁酉、四,12.1;署兵左,直總。
	副使	**許鈐身**(未行) 七、壬戌;直候補道賞二品頂帶差。
美國	正使	**陳蘭彬** (兼駐西班牙、秘魯) 十一、丁未、十四,12.11;賞四品卿銜郎中,改以三四品京堂候補差。
	副使	**容　閎** 十一、丁未;三品銜同知以道員用,並賞加二品頂帶差。
西班牙㊀		**陳蘭彬** (駐美兼)
秘魯		**陳蘭彬** (駐美兼)
附注		㊀ 西班牙,清史稿及其他清代官書均作日斯巴尼亞,即 Hispania 的音譯。簡稱"日國",和日本的習稱"日本國"完全不同。

年代		光緒二年　丙子(1876)	光緒三年　丁丑(1877)
英國	正使	**郭嵩燾** 候侍 七、癸亥、五,8.23;病,即署兵左。 八、庚寅、二,9.19;署禮左。 十、十七,12.2;啓程赴任。㊀	**郭嵩燾** 兵左 二、癸卯、十七,3.31;授兵左。㊃
英國	副使	**許鈐身** 八、辛丑、十三,9.30;改差日本。 **劉錫鴻** 八、癸卯、十五,10.2;刑員以五京候加三品銜差。	**劉錫鴻** 三、癸酉、十七,4.30;改差德國。 [二、甲寅、廿八,4.11;裁副使。]
德國			**劉錫鴻** 光少 三、癸酉;駐英副使改差,賞加二品頂帶,授光少。㊄
美國	正使	**陳蘭彬** 太常 七、庚辰、廿二,9.9;授太常。	**陳蘭彬** 太常 (兼駐西班牙、秘魯)
美國	副使	**容　閎**	**容　閎**
西班牙		**陳蘭彬** (駐美兼)	**陳蘭彬** (駐美兼)
秘魯		**陳蘭彬** (駐美兼)	**陳蘭彬** (駐美兼)
日本	正使	**許鈐身** 八、辛丑;駐英副使改差。 十二、戊子;召回。㊁ **何如璋** 十二、戊子、二,1.15;副使遷。	**何如璋** ㊅
日本	副使	**何如璋** 八、辛丑;差。㊂ 十二、戊子;遷正使。 **張斯桂** 十二、戊子;知府差。	**張斯桂**
附注		㊀ 十二、八,1877.1.21;抵達倫敦。 ㊁ 十二、戊子;召回,發往福建船政局差委。 ㊂ 編修以侍講陞用加三品銜。 ㊃ 本年正月,補頒"駐扎英國辦理交涉事件大臣"國書。 ㊄㊅ 劉錫鴻、何如璋均依奏定出使章程作爲二等,五品照四品充任二等例,月給銀一千兩。	

出使各國大臣年表

年代		光緒四年 戊寅(1878)	光緒五年 己卯(1879)
英國		**郭嵩燾** 兵左 正、辛未、廿一,2.22;兼駐法。 △七月,召回。㊀ **曾紀澤** 七、乙亥、廿七,8.25; 候四五京賞戴花翎一等毅勇侯差。	**曾紀澤** (英、法)
法國		**郭嵩燾** 正、辛未;駐英兼。 **曾紀澤** 七、乙亥;差英、法。	**曾紀澤** (英、法)
俄國		(滿)**崇厚** 左都 五、辛未、廿二,6.22;吏左署盛將差。㊁ 十二、癸卯、廿八,1.20;授左都。	(滿)**崇厚** 左都 十一、庚寅、廿一,1.2;開缺候議。 十二、乙卯、十六,1.27;革、拿。 **邵友濂** 九、戊寅、八,10.22;二品銜道員署。
德國		**劉錫鴻** △七月,召回。 **李鳳苞** 七、乙亥;候補道賞二品頂帶差(署)。	**李鳳苞** 閏三、甲申、十一,5.1;差,賞三品卿銜以海關道記名。
美國	正使	**陳蘭彬** 府丞 二、己亥、十九,3.22;太常改府丞。 (兼駐西班牙、秘魯)	**陳蘭彬** 左副 八、壬寅、一,9.16;府丞改左副。 (兼駐西班牙、秘魯)㊂
美國	副使	**容閎**	**容閎**
西班牙		**陳蘭彬** (駐美兼)	**陳蘭彬** (駐美兼)
秘魯		**陳蘭彬** (駐美兼)	**陳蘭彬** (駐美兼)
日本	正使	**何如璋**	**何如璋**
日本	副使	**張斯桂**	**張斯桂**
附注		㊀ 正、辛未;命"兼爲出使法國大臣"。曾紀澤被差時,即是"出使英國、法國大臣"。 ㊁ 崇厚被差時作"出使俄國大臣,辦理交還伊犁及俄國修約事宜"。 ㊂ 四、己未、十六,6.5;奏明"前赴日國[西班牙]……在美華民甚衆,擬留副使容閎在美督率經理,刊木質關防一顆,文曰'大清欽差副使關防',以備行用"。	

年代		光緒六年 庚辰(1880)	光緒七年 辛巳(1881)
英國		**曾紀澤** 正、辛未、三,2.12;授理少,兼駐俄。	**曾紀澤** 左副 五、丁丑、十六,6.12;理少遷府丞。 七、辛未、十一,8.5;府丞遷左副。
法國		**曾紀澤** (英、法兼俄)	**曾紀澤** (英、法兼俄)
俄國		**曾紀澤** (英、法兼)㊀	**曾紀澤** (英、法兼)
德國		**李鳳苞**	**李鳳苞** 三、己巳、七,4.5;兼駐義、荷、奥。
義國			**李鳳苞** (駐德兼)
荷國			**李鳳苞** (駐德兼)
奥國			**李鳳苞** (駐德兼)
美國	正使	**陳蘭彬** 左副 (兼駐西班牙、秘魯)	**陳蘭彬** 左副 △五月,回國。 **鄭藻如** 五、己丑、廿八,6.24;三京候差。㊂
	副使	**容閎**	**容閎** △五月,任滿。 [副使裁]
西班牙		**陳蘭彬** (駐美兼)	**陳蘭彬** **鄭藻如** (駐美兼)
秘魯		**陳蘭彬** (駐美兼)	**陳蘭彬** **鄭藻如** (駐美兼)
日本		**何如璋** **張斯桂** 十一、乙丑、一,12.2;召回。 **許景澄** 十一、乙丑;差。㊁	**許景澄** 三、己巳;憂免。 **黎庶昌** 三、己巳;知府以道員補用,予二品頂帶差。
附注		㊀ 1880—1884年間,均係"出使英國、法國大臣"兼爲"出使俄國大臣"。 ㊁ 十一、乙丑;裁副使。許景澄,編修以侍講陞用加二品頂帶差。 ㊂ 鄭藻如:津海關道賞三品卿銜,以三品京堂候補差。	

年代	光緒八年　壬午(1882)	光緒九年　癸未(1883)
英國	**曾紀澤** 左副 (英、法兼俄)	**曾紀澤** 左副 (英、法兼俄)
法國	**曾紀澤** (英、法兼俄)	**曾紀澤** (英、法兼俄)
俄國	**曾紀澤** (英、法兼)	**曾紀澤** (英、法兼)
德國	**李鳳苞** (兼駐義、荷、奥)	**李鳳苞** (兼駐義、荷、奥)
義國	**李鳳苞** (駐德兼)	**李鳳苞** (駐德兼)
荷國	**李鳳苞** (駐德兼)	**李鳳苞** (駐德兼)
奥國	**李鳳苞** (駐德兼)	**李鳳苞** (駐德兼)
美國	**鄭藻如** (兼駐西、秘)	**鄭藻如** (兼駐西、秘)
西班牙	**鄭藻如** (駐美兼)	**鄭藻如** (駐美兼)
秘魯	**鄭藻如** (駐美兼)	**鄭藻如** (駐美兼)
日本	**黎庶昌**	**黎庶昌**
附注		

光緒十年　甲申(1884)

曾紀澤 兵右
［四、戊申、四，4.28；停兼駐法。］
十、甲戌、三，11.20；左副授兵右。
十二、己卯、九，1.24；任滿，命留半年。

曾紀澤
［四、戊申；駐英停兼，改由駐德兼。］

許景澄
四、戊申；原駐德李鳳苞兼署。

曾紀澤
（駐英兼）

李鳳苞
［四、戊申；兼駐法。］
四、戊申；任滿，暫署并兼署駐法。

許景澄
四、戊申；二品頂帶陞用翰侍講差。

李鳳苞　（駐德兼）　**許景澄**

李鳳苞　（駐德兼）　**許景澄**

李鳳苞　（駐德兼）　**許景澄**

鄭藻如
（兼駐西、秘）　△閏五、乙巳、二，6.24；授通副。
十二、己卯；任滿，命留半年。

鄭藻如
（駐美兼）

鄭藻如
（駐美兼）

黎庶昌
八、戊子、十七，10.5；憂免。

徐承祖
八、戊子；道員差。

年代	光緒十一年　乙酉(1885)	光緒十二年　丙戌(1886)
英國	**曾紀澤** 兵右 六、癸未、十六,7.27;召回。 **劉瑞芬** 六、癸未;赣布差。 十、辛未、六,11.12;以三京候,賞二品頂帶。	**劉瑞芬** 太常、大理 三、戊申、十五,4.18;授太常。 九、丁未、十七,10.14;改大理。
俄國	**曾紀澤**　**劉瑞芬** (駐英兼)	**劉瑞芬** (駐英兼)
德國	**許景澄** 六、庚午、三,7.14;兼駐比。 (兼駐法、義、荷、奥、比)	**許景澄** (兼駐法、義、荷、奥、比)
法國	**許景澄** (駐德兼)	**許景澄** (駐德兼)
義國	**許景澄** (駐德兼)	**許景澄** (駐德兼)
荷國	**許景澄** (駐德兼)	**許景澄** (駐德兼)
奥國	**許景澄** (駐德兼)	**許景澄** (駐德兼)
比國	**許景澄** (駐德兼)	**許景澄** (駐德兼)
美國	**鄭藻如** 光禄 六、癸未、十六,7.27;病免。㊀ **張蔭桓** 六、癸未;三品卿銜直大順廣道差。	**張蔭桓** 七、甲寅、廿三,8.22;授通副。
西班牙	**鄭藻如**　**張蔭桓** (駐美兼)	**張蔭桓** (駐美兼)
秘魯	**鄭藻如**　**張蔭桓** (駐美兼)	**張蔭桓** (駐美兼)
日本	**徐承祖**	**徐承祖**
附注	㊀ 鄭藻如:三、甲辰、五,4.19;通副遷光禄。	

光緒十三年　丁亥(1887)	光緒十四年　戊子(1888)
劉瑞芬 大理 五、己未、三,6.23;停兼駐俄,改兼駐法、義、比。	**劉瑞芬** 大理 (駐英、法兼駐義、比)
劉瑞芬 五、己未,駐英停兼。 **洪　鈞** 五、己未;閣學差,駐俄、德兼駐奥、荷。㊀	**洪　鈞** 閣學 (駐俄、德兼駐奥、荷)
許景澄 五、己未;召回。 **洪　鈞**	**洪　鈞** (駐俄、德兼駐奥、荷)
許景澄　**劉瑞芬** (駐德兼改由駐英兼)	**劉瑞芬** (駐法兼駐義、比)
許景澄　**劉瑞芬** (駐德兼改由駐英兼)	**劉瑞芬** (駐英、法兼)
許景澄　**洪　鈞** (駐德兼改由駐俄、德兼)	**洪　鈞** (駐俄、德兼)
許景澄　**洪　鈞** (駐德兼改由駐俄、德兼)	**洪　鈞** (駐俄、德兼)
許景澄　**劉瑞芬** (駐德兼改由駐英兼)	**劉瑞芬** (駐英、法兼)
張蔭桓 太僕 四、己卯、廿二,5.14;通副遷太僕。	**張蔭桓** 太僕 (兼駐西、秘)
張蔭桓 (駐美兼)	**張蔭桓** (駐美兼)
張蔭桓 (駐美兼)	**張蔭桓** (駐美兼)
徐承祖 五、己未;召回。㊁ **黎庶昌** 七、辛巳、廿六,9.13;記名道差。	**黎庶昌**

㊀ 洪鈞:五、己未;以前閣學差。八、丙午、廿二,10.8;仍授閣學。
㊁ 五、己未、三,6.23;直候補道李興鋭賞二品頂帶差,未任。

出使各國大臣年表

年代	光緒十五年　己丑(1889)	光緒十六年　庚寅(1890)
英國	**劉瑞芬** 正、庚戌、四,2.3;召回,授粵撫。㊀ **薛福成** 四、辛卯、十六，5.15;湘按開缺賞二品頂帶以三京候差。	**薛福成** 光祿 九、己巳、二,10.15;三京候授光祿。(駐英、法兼駐義、比)
法國	**劉瑞芬** **薛福成** (駐英兼)	**薛福成** (駐英、法兼駐義、比)
義國	**劉瑞芬** **薛福成** (駐英兼)	**薛福成** (駐英、法兼)
比國	**劉瑞芬** **薛福成** (駐英兼)	**薛福成** (駐英、法兼)
俄國	**洪　鈞** 閣學 (駐秘、德兼駐奧、荷)	**洪　鈞** 兵左 七、癸巳、廿六,9.9;召回。㊁ **許景澄** 七、癸巳;候補翰侍讀差。
德國	**洪　鈞** (駐俄、德兼駐奧、荷)	**洪　鈞** **許景澄** (駐俄、德兼駐奧、荷)
奧國	**洪　鈞** (駐俄、德兼)	**洪　鈞** **許景澄** (駐俄、德兼)
荷國	**洪　鈞** (駐俄、德兼)	**洪　鈞** **許景澄** (駐俄、德兼)
美國	**張蔭桓** 三、丙午、一,3.31;回國。 **崔國因** 三、丙午;翰侍講賞二品頂帶差。	**崔國因** (兼駐西、秘)
西班牙	**張蔭桓** **崔國因** (駐美兼)	**崔國因** (駐美兼)
秘魯	**張蔭桓** **崔國因** (駐美兼)	**崔國因** (駐美兼)
日本	**黎庶昌**	**黎庶昌** 七、癸巳;回國。 **李經方** 七、癸巳;蘇候補道差。
附注	㊀ 三、丙午、一,3.31;蘇按陳欽銘差。四、己卯、四,5.3;病免(未任)。 ㊁ 洪鈞:閏二、丙寅、廿六,4.15;閣學遷兵左。	

光緒十七年　辛卯(1891)	光緒十八年　壬辰(1892)
薛福成 大理 六、丁巳、廿五,7.30;光禄改太常。 八、辛丑、十,9.12;太常改大理。	**薛福成** 左副 八、丙子、廿一,10.11;大理改左副。 (駐英、法兼駐義、比)
薛福成 (駐英、法兼駐義、比)	**薛福成** (駐英、法兼駐義、比)
薛福成 (駐英、法兼)	**薛福成** (駐英、法兼)
薛福成 (駐英、法兼)	**薛福成** (駐英、法兼)
許景澄 通副 (駐俄、德兼駐奥、荷)	**許景澄** 光禄㊀ (駐俄、德兼駐奥、荷)
許景澄 (駐俄、德兼駐奥、荷)	**許景澄** (駐俄、德兼駐奥、荷)
許景澄 (駐俄、德兼)	**許景澄** (駐俄、德兼)
許景澄 (駐俄、德兼)	**許景澄** (駐俄、德兼)
崔國因 (兼駐西、秘)	**崔國因** 十二、丙子、廿二,2.8;回國。 (漢)**楊　儒** 十二、丙子;皖池寧太廣道開缺以四京候差。
崔國因 (駐美兼)	**崔國因**　(漢)**楊　儒** (駐美兼)
崔國因 (駐美兼)	**崔國因**　(漢)**楊　儒** (駐美兼)
李經方 六、丙辰、廿四,7.29;憂假。 **汪鳳藻** 六、丙辰;編修賞二品頂帶署。	**李經方** 三月,回任。 六、壬寅、十六,7.9;憂免。 **汪鳳藻** 六、壬寅;記名知府賞二二品頂帶差。

㊀ 許景澄:八、戊午、三,9.23;通副遷光禄。

年代	光緒十九年　癸巳(1893)	光緒二十年　甲午(1894)
英國	**薛福成** 十、壬子、四,11.11;回國。 **龔照瑗** 十、壬子;川布賞侍郎銜以三京候差。	**龔照瑗** 光祿 三、戊子、十一,4.16;三京候授光祿。(駐英、法兼駐義、比)
法國	**薛福成** **龔照瑗** (駐英、法兼駐義、比)	**龔照瑗** (駐英、法兼駐義、比)
義國	**薛福成** **龔照瑗** (駐英、法兼)	**龔照瑗** (駐英、法兼)
比國	**薛福成** **龔照瑗** (駐英、法兼)	**龔照瑗** (駐英、法兼)
俄國	**許景澄** 閣學 ㊀ (駐俄、德兼駐奥、荷)	**許景澄** 閣學 (駐俄、德兼駐奥、荷)
德國	**許景澄** (駐俄、德兼駐奥、荷)	**許景澄** (駐俄、德兼駐奥、荷)
奥國	**許景澄** (駐俄、德兼)	**許景澄** (駐俄、德兼)
荷國	**許景澄** (駐俄、德兼)	**許景澄** (駐俄、德兼)
美國	(漢)**楊　儒** (兼駐西、秘)	(漢)**楊　儒** 通副 (兼駐西、秘)
西班牙	(漢)**楊　儒** (駐美兼)	(漢)**楊　儒** (駐美兼)
秘魯	(漢)**楊　儒** (駐美兼)	(漢)**楊　儒** (駐美兼)
日本	**汪鳳藻**	**汪鳳藻** 六、壬申、廿七,7.29;召回。
附注	㊀ 許景澄:三、戊戌、十六,5.1;光祿遷閣學。	

光緒二一年　乙未(1895)	光緒二二年　丙申(1896)
龔照瑗 太常㊀ 六、丁丑、八,7.29;免兼駐法。 (兼駐義、比)	**龔照瑗**㊂ 十、庚辰、十九,11.23;回國。 **羅豐祿** 十、庚辰;二品頂帶記名海關道賞四品卿銜差。
龔照瑗 六、丁丑;改設專任,駐英免兼。 (滿)**慶常**㊁ 八、丙戌、十八,10.6;五京候差。	(滿)**慶常**
龔照瑗 (駐英兼)	**龔照瑗**　**羅豐祿** (駐英兼)
龔照瑗 (駐英兼)	**龔照瑗**　**羅豐祿** (駐英兼)
許景澄 工左 六、己卯、十,7.31;閣學遷工左。 (駐俄、德兼駐奧、荷)	**許景澄** 十一、丁巳、廿六,12.30;改。專駐德國。 (漢)**楊　儒** 左副 十、庚辰;駐美改差。
許景澄 (駐俄、德兼駐奧、荷)	**許景澄** 工左 十一、丁巳;改專駐德國。
許景澄 (駐俄、德兼)	**許景澄**　(漢)**楊　儒** (駐俄兼)
許景澄 (駐俄、德兼)	**許景澄**　(漢)**楊　儒** (駐俄兼)
(漢)**楊　儒** 府丞 六、甲戌、五,7.26;通副遷太僕。 △太僕改太常。 十一、壬子、十六,12.31;太常改府丞。	(漢)**楊　儒** 左副 六、己丑、廿五,8.4;府丞改左副。 十、庚辰;改差駐俄。 **伍廷芳** 十、庚辰;二品銜候補道賞四品卿銜差。
(漢)**楊　儒** (駐美兼)	(漢)**楊　儒**　**伍廷芳** (駐美兼)
(漢)**楊　儒** (駐美兼)	(漢)**楊　儒**　**伍廷芳** (駐美兼)
(漢)**裕　庚** 閏五、戊午、十八,7.10;惠潮嘉道開缺以四京候差。	(漢)**裕　庚**

㊀ 龔照瑗:十二、丁丑、十一,1.25;光祿改太常。
㊁ 慶常:工郎開缺,賞二品銜,以五京候差。
㊂ 龔照瑗:七、辛亥、十八,8.26;太常改府丞。

年代	光緒二三年　丁酉(1897)	光緒二四年　戊戌(1898)
英國	**羅豐祿** (兼駐義、比)	**羅豐祿** (兼駐義、比)
義國	**羅豐祿** (駐英兼)	**羅豐祿** (駐英兼)
比國	**羅豐祿** (駐英兼)	**羅豐祿** (駐英兼)
法國	(滿)**慶常**	(滿)**慶常**
德國	**許景澄** 工左 五月,召回。 **吕海寰** 五、壬子、廿四,6.23;常鎮通海道開缺以四京候差(德、荷)。	**吕海寰** 太常 八、乙巳、廿四,10.9;閣讀學遷光禄。 十二、丁酉、十八,1.29;光禄遷太常。
荷國	(漢)**楊　儒** (駐俄兼,免) **吕海寰** (駐德兼)	**吕海寰** (駐德兼)
俄國	(漢)**楊　儒** 左副 (兼駐奥,免兼駐荷)	(漢)**楊　儒** 工右 (兼駐奥)閏三、己卯、廿六,5.16;左副改工右。
奥國	(漢)**楊　儒** (駐俄兼)	(漢)**楊　儒** (駐俄兼)
美國	**伍廷芳** (兼駐西、秘)	**伍廷芳** (兼駐西、秘)
西班牙	**伍廷芳** (駐美兼)	**伍廷芳** (駐美兼)
秘魯	**伍廷芳** (駐美兼)	**伍廷芳** (駐美兼)
日本	(漢)**裕　庚**	(漢)**裕　庚** 六月,回國。㈠ **李盛鐸** 八、甲申、三,9.18;暫代。㈡
朝鮮		**張亨嘉** 六、丙午、廿四,8.11;編修賞四品卿銜差。辭免。 **徐壽朋**㈢ 六、戊申、廿六,8.13;皖按以三京候差。
附注	㈠ 六、丙午;湘、長寶鹽法道黄遵憲開缺以三京候差。八、壬寅、廿一,10.6;未任免。 ㈡ 八、甲申;李盛鐸由江南道監察御史暫代。八、壬寅;賞三品銜以四京候差。 ㈢ 九月,授太僕寺卿。	

光緒二五年　己亥(1899)	光緒二六年　庚子(1900)
羅豐禄 (兼駐義、比)	**羅豐禄** (兼駐義、比)
羅豐禄 (駐英兼)	**羅豐禄** (駐英兼)
羅豐禄 (駐英兼)	**羅豐禄** (駐英兼)
(滿)**慶常** 五月,回國。 (漢)**裕　庚** 僕少 五、丙辰、十,6.17;僕少差。	(漢)**裕　庚**
吕海寰 通政 △五、六月,太常改通政。	**吕海寰** 户右 八、戊子、十九,9 12;通政遷户右
吕海寰 (駐德兼)	**吕海寰** (駐德兼)
(漢)**楊　儒** 工左 (兼駐奥)五、乙卯、九,6.16;工右改工左。	(漢)**楊　儒** 工左 任滿(兼駐奥) (滿)**桂春** (未任)㈠
(漢)**楊　儒** (駐俄兼)	(漢)**楊　儒** (駐俄兼)
伍廷芳 (兼駐西、秘)	**伍廷芳** (兼駐西、秘)
伍廷芳 (駐美兼)	**伍廷芳** (駐美兼)
伍廷芳 (駐美兼)	**伍廷芳** (駐美兼)
李盛鐸	**李盛鐸**
徐壽朋 太僕	**徐壽朋** 太僕

㈠ 桂春:三、丁巳、十五,4.14;閣學差。七、癸卯、四,7.29;留直總署。

出使各國大臣年表

年代	光緒二七年　辛丑(1901)	光緒二八年　壬寅(1902)
英國	**羅豐禄** 七、己卯、十六，8.29；改差俄。 (漢)**張德彝** 十、丙申、四，11.14；記名道賞三品卿銜差。	(漢)**張德彝** △四、壬寅、十二，5.19；免兼駐義、比。（駐奥、義、比均改專差。）
義國	**羅豐禄** (漢)**張德彝** （駐英兼）	(漢)**張德彝**（免兼） **許　珏** 四、壬寅；候選道賞四品卿銜差。
比國	**羅豐禄** (漢)**張德彝** （駐英兼）	(漢)**張德彝**（免兼） **楊兆鋆** 四、壬寅；蘇候補道賞四品卿銜差。
法國	(漢)**裕　庚**	(漢)**裕　庚**（任滿） **孫寶琦** 六、丙申、八，7.12；候四京賞三品卿銜差。
德國	**吕海寰**（任滿） (滿)**廕昌** 六、丙申、二，7.17；侍郎銜正白漢副差。	(滿)**廕昌**
荷國	**吕海寰** (滿)**廕昌**	(滿)**廕昌**
俄國	(漢)**楊　儒** 户左 十二、甲寅、廿二，1.31；工左改户左。 **羅豐禄** 七、己卯；駐俄改差。（未任）	(漢)**楊　儒** 户左 正、癸酉、十二，2.19；死。 **胡惟德** 六、丙申；候補道賞三品卿銜差。
奥國	(漢)**楊　儒**（駐俄兼）	(漢)**楊　儒**（免兼） **吴德章** 四、壬寅；蘇候補道賞四品卿銜差。
美國	**伍廷芳**（兼駐西、秘）	**伍廷芳**（任滿） **梁　誠** 六、丙申；記名簡放道加三品卿銜差。
西班牙	**伍廷芳**（駐美兼）	**伍廷芳** **梁　誠**（駐美兼）
秘魯	**伍廷芳**（駐美兼）	**伍廷芳** **梁　誠**（駐美兼）
日本	**李盛鐸**（任滿） **蔡　鈞** 五、癸巳、廿九，7.14；前蘇松太道以四京候差。	**蔡　鈞**
朝鮮	**徐壽朋** 太僕 六、癸卯、九，7.24；召回，遷外左。 **許台身**㊀ 六、丙申；差。	**許台身**
附注	㊀ 許台身：滇候補知府擢道員賞加四品卿銜差。	

年代	光緒二九年　癸卯(1903)	光緒三十年　甲辰(1904)
英國	(漢)張德彝	(漢)張德彝
義國	許　珏	許　珏
比國	楊兆鋆	楊兆鋆
法國	孫寶琦 九、庚子、廿,11.8;兼駐西班牙。	孫寶琦 (兼駐西)
德國	(滿)廕昌 (兼駐荷)	(滿)廕昌 (兼駐荷)
荷國	(滿)廕昌 (駐德兼)	(滿)廕昌 (駐德兼)
俄國	胡惟德	胡惟德
奧國	吳德章 (回國) 楊　晟 十、乙亥、廿五,12.13;魯候補道賞四品卿銜差。	楊　晟
美國	梁　誠 九、庚子;免兼駐西,兼駐墨西哥。	梁　誠 (兼駐秘、墨)
西班牙	梁　誠 (免兼) 孫寶琦 (駐法兼)	孫寶琦 (駐法兼)
秘魯	梁　誠 (駐美兼)	梁　誠 (駐美兼)
墨西哥	梁　誠 (駐美兼)	梁　誠 (駐美兼)
日本	蔡　鈞 (任滿) (漢)楊　樞 五、甲戌、廿,6.15;粵候補道以四京候差。	(漢)楊　樞
朝鮮	許台身	許台身 (任滿) 曾廣銓 十一、乙亥、一,12.7;候五京差。
附注		

出使各國大臣年表

年代	光緒三一年　乙巳(1905)	光緒三二年　丙午(1906)
英國	(漢)張德彝㊀ (回國) 汪大燮 八、壬戌、廿二，9.20；外左參議差。九月，遷右丞。	汪大燮 外右 九、乙卯、廿一，11.7；外右丞遷右侍。
義國	許　珏 (回國) (漢)黃　誥 八、丙午、六，9.4；蘇候補道賞四品卿銜差。	(漢)黃　誥
比國	楊兆鋆㊁ (回國) 李盛鐸 八、丙寅、廿六，9.24；順丞差。	李盛鐸
法國	孫寶琦 (回國) 劉式訓 八、丙午；分省補用知府以四五京候差。	劉式訓 (兼駐西)
西班牙	孫寶琦 劉式訓 (駐法兼)	劉式訓 (駐法兼)
德國	(滿)蔭昌 (回國) 楊　晟 八、壬戌；駐奧改差。	楊　晟 曾廣銓 九、戊午、廿四，11.10；閩興泉永道以三京候差。(未任)
荷國	(滿)蔭昌 (回國) 陸徵祥 十、己未、廿，11.16；分省補用知府賞四品卿銜差。	陸徵祥 (兼辦保和公會事)
俄國	胡惟德	胡惟德
奥國	楊　晟 八、壬戌；改差駐德。 李經邁 八、壬戌；候三京授。	李經邁
美國	梁　誠 (兼駐秘、墨)	梁　誠 (兼駐秘、墨)
秘魯	梁　誠 (駐美兼)	梁　誠 (駐美兼)
墨西哥	梁　誠 (駐美兼)	梁　誠 (駐美兼)
日本	(漢)楊　樞	(漢)楊　樞
朝鮮	曾廣銓	曾廣銓 [正、戊寅、十，2.3；缺裁，改設總領事。]
附注	㊀ 唐紹儀：正、癸巳、廿，2.23；副都銜候三京差，留辦印藏事務。八、戊午、十八，9.16；病免。未任。 ㊁ 周榮耀：八、丙午；候三京差。九、丙子、六，10.4；侵款，革。未任。	

年代	光緒三三年　丁未(1907)		光緒三四年　戊申(1908)	
英國	**汪大燮** 外右 (回國)	**李經方** 三、丙辰、廿五,5.7;候四京差。	**李經方**	
義國	(漢)**黄　誥**		(漢)**黄　誥** (回國)	**錢　恂** 二、壬午、廿六,3.28;駐荷改差。
比國	**李盛鐸**		**李盛鐸**	
法國	**劉式訓** (兼駐西)		**劉式訓** (兼駐西)	
西班牙	**劉式訓** (駐法兼)		**劉式訓** (駐法兼)	
德國	**楊　晟** (回國)	**孫寶琦** 三、壬寅、十一,4.23;署順尹差。	**孫寶琦**㈡ (回國)	(滿)**廕昌** 陸右 八、辛巳、廿八,9.23;陸右差。
荷國	**陸徵祥** 三、丙辰;改充保和會專使大臣。	**錢　恂** 三、丙辰;分省補用知府差。	**錢　恂** 二、壬午;改差駐義。	**陸徵祥** 二、壬午;保和會專使大臣回任。
俄國	**胡惟德** 八、壬戌、三,9.10;召回,署外右丞。	(蒙)**薩蔭圖** 八、乙亥、十六,9.23;吉哈爾濱道差。	(蒙)**薩蔭圖**	
奥國	**李經邁** 七、戊午、廿九,9.6;辭免。	**雷補同** 七、戊午;外右丞差。	**雷補同**	
美國	**梁　誠**㈠ (回國)	**伍廷芳** 八、乙亥;前刑右差。 三、壬子、廿一,5.3;兼駐古巴。	**伍廷芳** (兼駐秘、墨、古)	
秘魯	**梁　誠**	**伍廷芳** (駐美兼)	**伍廷芳** (駐美兼)	
墨西哥	**梁　誠**	**伍廷芳** (駐美兼)	**伍廷芳** (駐美兼)	
古巴	[三、壬子;駐美兼。]	**伍廷芳**	**伍廷芳** (駐美兼)	
日本	(漢)**楊　樞** (回國)	**李家駒** 六、壬戌、三,7.12;學右丞差。	**李家駒** 二、丁丑、廿一,3.23;改派考察憲政。	**胡惟德** 二、丁丑;署外右丞差。
附注	㈠　梁敦彦:三、壬子、廿一,5.3;津海關道差,留署外右丞,未任。 ㈡　孫寶琦:召回,賞三京候,充幫辦津浦鉄路大臣。			

出使各國大臣年表

年代	宣統元年 己酉(1909)	宣統二年 庚戌(1910)
英國	**李經方**	**李經方** (回國) **劉玉麟** 八、乙酉、十四,9.17;外右丞差。
義國	**錢 恂** (回國) **吳宗濂** 六、甲辰、廿七,8.12;署外右丞差。	**吳宗濂**
比國	**李盛鐸** (回國) (漢)**楊 樞** 三、辛未、廿二,5.11;前外左參差。	(漢)**楊 樞** 九、丙寅、廿六,10.28;病免。 **李國杰** 九、丙寅;外左丞差。
法國	**劉式訓** (兼駐西)	**劉式訓** (兼駐西)
西班牙	**劉式訓** (駐法兼)	**劉式訓** (駐法兼)
德國	(滿)**廕昌** 陸右	(滿)**廕昌** 陸右 (回國) **梁 誠** 二、乙酉、十一,3.21;閣讀學差。
荷國	**陸徵祥**	**陸徵祥**
俄國	(蒙)**薩蔭圖**	(蒙)**薩蔭圖**
奥國	**雷補同**	**雷補同** (回國) **沈瑞麟** 七、乙丑、廿四,8.28;外參議上行走差。
美國	**伍廷芳** (回國) **張蔭棠** 六、甲辰;外右丞差。	**張蔭棠** (兼駐秘、墨、古)
秘魯	**伍廷芳** **張蔭棠** (駐美兼)	**張蔭棠** (駐美兼)
墨西哥	**伍廷芳** **張蔭棠** (駐美兼)	**張蔭棠** (駐美兼)
古巴	**伍廷芳** **張蔭棠** (駐美兼)	**張蔭棠** (駐美兼)
日本	**胡惟德**	**胡惟德** 四、己丑、十六,5.24;召回,授外右。 **汪大燮** 四、辛卯、十八,5.26;郵左差。
附注		

宣統三年　辛亥(1911)		
劉玉麟		
吴宗濂		
李國杰		
劉式訓 (兼駐西)		[九、戊辰、四,10.25;免兼駐西,改兼駐巴西國。]
劉式訓 (駐法兼)		[九、戊辰;專設出使大臣,並兼駐葡萄牙。]
梁　誠		
陸徵祥 七、己卯、十四,9.6;改差駐俄。	**劉人鏡** 七、己卯;吉濱江道差。	[九、戊辰;兼轄丹麥國出使大臣事務。]
(蒙)**薩蔭圖** (回國)	**陸徵祥** 七、己卯;駐荷改差,賞加侍郎銜。	[九、戊辰;兼轄瑞典國出使大臣事務。]
沈瑞麟		
張蔭棠 辭免		**施肇基** 九、戊辰;外左丞差。
張蔭棠 (駐美兼)		**施肇基** (駐美兼)
張蔭棠 (駐美兼)		**施肇基** (駐美兼)
張蔭棠 (駐美兼)		**施肇基** (駐美兼)
汪大燮 郵左		

附　録　一

駐外使臣設置、撤銷及兼任變化表

年		代	公元	變化情況
光緒	元	乙亥	1875	設出使駐英國大臣一人，副使一人。
				設出使駐美國兼駐西班牙、秘魯大臣一人，副使一人。
	二	丙子	1876	設出使駐日本國大臣一人，副使一人。
	三	丁丑	1877	裁駐英國副使一人。
				設出使駐德國大臣一人。
	四	戊寅	1878	設出使駐俄國大臣一人。
				定出使駐英國兼出使駐法國大臣一人。
	六	庚辰	1880	定出使駐英國、法國兼出使駐俄國大臣一人。
				裁駐日副使一人。
	七	辛巳	1881	定出使駐德國兼駐義國、奥國、荷國大臣一人。
	八	壬午	1882	裁駐美副使一人。
	十	甲申	1884	定出使駐德國兼駐法國、義國、奥國、荷國大臣一人。（英不兼法）
	十一	乙酉	1885	定出使駐德、法等國兼駐比國大臣一人。
	十三	丁亥	1887	定出使駐俄國兼駐德國，奥國、荷國附；駐英國兼駐法國，義國、比國附。
	二一	乙未	1895	專設出使駐法國大臣一人。
	二二	丙申	1896	專設出使駐德國大臣一人。
	二三	丁酉	1897	定出使駐德國兼駐荷國大臣一人。（俄不兼荷）
	二四	戊戌	1898	設出使駐朝鮮國大臣一人。
	二八	壬寅	1902	專設出使駐比國、義國、奥國大臣各一人。
	二九	癸卯	1903	定出使駐法國兼駐西班牙；駐美國（不兼西班牙）兼駐墨西哥。
	三一	乙巳	1905	裁出使駐朝鮮國大臣一人。
				專設出使駐荷蘭國大臣一人。
	三三	丁未	1907	定出使駐美國兼駐古巴國大臣一人。
宣統	三	辛亥	1911	△定出使駐西班牙兼駐葡萄牙大臣一人； 駐法國兼駐巴西國大臣一人； 駐俄國大臣兼轄瑞典一人； 駐荷蘭國大臣兼轄丹麥一人。 （八、廿，10.11；定，均未實行。）

附　録　二

駐外使臣兼任關係表

年	代		人數	國數	具　體　關　係
光緒	元	1875	2	4	英。美西秘。
	二	1876	3	5	英。美西秘。日。
	三	1877	4	6	英。美西秘。日。德。
	四	1878	5	8	英法。美西秘。日。德。俄。
	六	1880	4	8	英法俄。美西秘。日。德。
	七	1881	4	11	英法俄。美西秘。日。德義奥荷。
	十	1884	4	11	英俄。美西秘。日。德法義奥荷。
	十一	1885	4	12	英俄。美西秘。日。德法義奥荷比。
	十三	1887	4	12	英法義比。美西秘。日。俄德奥荷。
	二一	1895	5	12	英義比。法。美西秘。日。俄德奥荷。
	二二	1896	6	12	英義比。法。美西秘。日。俄奥荷。德。
	二三	1897	6	12	英義比。法。美西秘。日。俄奥。德荷。
	二四	1898	7	13	英義比。法。美西秘。日。俄奥。德荷。朝。
	二八	1902	10	13	英。義。比。法。美西秘。日。俄。奥。德荷。朝。
	二九	1903	10	14	英。義。比。法西。美秘墨。日。俄。奥。德荷。朝。
	三一	1905	10	13	英。義。比。法西。美秘墨。日。俄。奥。德。荷。
	三三	1907	10	14	英。義。比。法西。美秘墨古。日。俄。奥。德。荷。
宣統	三	1911	10〔11〕	15〔18〕	英。義。比。法巴(西)。西〔葡萄牙〕。美秘墨古。日。俄〔瑞典〕。奥。德。荷〔丹麥〕。

政務大臣年表

光緒二七年至宣統三年

1901—1911

光緒二七年
辛丑 (1901)

(慶親王)**奕劻**
六、癸卯、九,7.24;外總。

李鴻章 **
九、己丑、廿七,11.7;死。

(滿)**榮禄** **(軍)

(宗室)**崑岡** **

王文韶 **(軍)
六、癸卯;兼外會。

鹿傳霖 户尚、(軍)
均三、己巳、三,4.21;命爲督辦政務大臣。

瞿鴻禨 工尚、(軍)
四、丁未、十二,5.29;命爲政務處大臣。
六、癸卯;改外尚、(軍)。

參預政務處事宜

劉坤一 江督

張之洞 湖督
均三、己巳;命。

袁世凱 署直督
十二、壬寅、十,1.19;署直督,命。

光緒二八年
壬寅 (1902)

(慶親王)**奕劻** 外總

(滿)**榮禄** **(軍)

(宗室)**崑岡** **

王文韶 **外會、(軍)

鹿傳霖 户尚、(軍)

瞿鴻禨 外尚、(軍)

劉坤一 江督
九、癸亥、六,10.7;死。

張之洞 湖督

袁世凱 直督
五、癸亥、四,6.9;授直督。

光緒二九年
癸卯 (1903)

(慶親王)**奕劻** 外總、(軍)
三、庚午、十五,4.12;入直。

(滿)**榮禄** **(軍)
三、己巳、十四,4.11;死。

(宗室)**崑岡** **
七、辛卯、九,8.31;休。

王文韶 **(軍)
九、丙申、十六,11.4;卸兼外會。

鹿傳霖 户尚、(軍)

瞿鴻禨 外尚、(軍)

(蒙)**榮慶** 户尚、(軍)
九、丁酉、十七,11.5;命。

孫家鼐 **
九、戊戌、十八,11.6;命。

張百熙 吏尚
九、戊戌;命。

張之洞 湖督

袁世凱 直督

光緒三十年
甲辰 (1904)

(慶親王)**奕劻** 外總、(軍)

王文韶 **(軍)

孫家鼐 **

鹿傳霖 署工尚、(軍)
七、庚辰、四,8.14;户尚改署工尚。

瞿鴻禨 外尚、(軍)

(蒙)**榮慶** 户尚、(軍)

張百熙 吏尚

張之洞 湖督

袁世凱 直督

光緒三一年
乙巳 (1905)

(慶親王)**奕劻** 外總、(軍)

王文韶 **
五、庚子、廿八,6.30;罷直。

孫家鼐 **

鹿傳霖 吏尚、(軍)
四、丙午、四,5.7;署工尚改吏尚。

瞿鴻禨 外尚、(軍)

(蒙)**榮慶** *學尚、(軍)
四、丙午;户尚改學尚,授協。

張百熙 户尚
四、丙午;吏尚改户尚。

徐世昌 署兵左、(軍)
五、辛丑、廿九,7.1;命。
九、庚辰、十,10.8;授巡尚。

(滿)**鐵良** 署兵尚、(軍)
七、戊戌、廿七,8.27;户右署兵尚,命。

張之洞 湖督

袁世凱 直督

光緒三二年
丙午 (1906)

(慶親王)**奕劻** 外總、(軍)

王文韶 **

孫家鼐 **

鹿傳霖 吏尚、(軍)
九、甲寅、廿,11.6;罷直。

瞿鴻禨 *外尚、(軍)
正、甲午、廿六,2.19;授協。

(蒙)**榮慶** *學尚、(軍)
九、甲寅;罷直。

張百熙 郵尚
九、甲寅;户尚改郵尚。

徐世昌 民尚、(軍)
九、甲寅;巡尚改民尚,罷直。

(滿)**鐵良** 户尚、(軍)
九、甲寅;改陸軍大臣,罷直。

〔續上〕

張之洞 湖督

袁世凱 直督

九、甲寅；各部尚書均充參預政務大臣。

光緒三三年
丁未　(1907)

(慶親王)**奕劻** 外總、(軍)

王文韶 **

五、辛丑、十一，6.21；休。

孫家鼐 **

鹿傳霖 *(軍)

五、己亥、九，6.19；吏尚改授軍機大臣，并授協。

瞿鴻禨 *外尚、(軍)

五、丁酉、七，6.17；解。

(蒙)**榮慶** *學尚

張百熙 郵尚

二、己卯、十八，3.31；死。

徐世昌 民尚

三、己亥、八，4.20；改東三省總督。

(滿)**鐵良** 陸軍大臣

張之洞 **(軍)

五、辛丑、十一，6.21；湖督授協，留任。

六、癸酉、十四，7.23；遷體仁，留任。

七、辛卯、二，8.10；召京，入閣辦事。

七、丙辰、廿七，9.4；入直。

袁世凱 外尚、(軍)

七、丙辰；直督改外尚，入直。

光緒三四年
戊申　(1908)

(慶親王)**奕劻** 外總、(軍)

孫家鼐 **

〔續上〕

張之洞 **(軍)

鹿傳霖 *(軍)

(蒙)**榮慶** *學尚

(滿)**鐵良** 陸軍大臣

袁世凱 外尚、(軍)

十二，壬戌、十一，1.2；解。

徐世昌 東三省總督

宣統元年
己酉　(1909)

(慶親王)**奕劻** 外總、(軍)

孫家鼐 **

十、甲午、十八，11.30；死。

張之洞 **(軍)

八、己亥、廿三，10.6；死。

鹿傳霖 **(軍)

九、庚午、廿四，11.6；遷體仁。

(蒙)**榮慶** *學尚

(滿)**鐵良** 陸軍大臣

徐世昌 郵尚

正、庚子、十九，2.9；東三省總督改郵尚。

宣統二年
庚戌　(1910)

(慶親王)**奕劻** 外總、(軍)

鹿傳霖 **(軍)

七、甲子、廿三，8.27；死。

(蒙)**榮慶** *禮尚

二、丙申、廿二，4.1；學尚改禮尚。

徐世昌 **(軍)

正、癸亥、十八，2.27；郵尚授協。

七、甲寅、十三，8.17；入直。

八、丙申、廿五，9.28；遷體仁。

〔續上〕

(滿)**鐵良** 陸軍大臣

二、辛巳、七，3.17；病免。

(貝勒)**載洵** 海軍大臣

六、庚寅、十八，7.24；籌辦海軍事務大臣，命充參預政務大臣。

十一、癸卯、三，12.4；授海軍部海軍大臣。

宣統三年
辛亥　(1911)

(慶親王)**奕劻**

(蒙)**榮慶** *禮尚

徐世昌 **(軍)

(貝勒)**載洵** 海軍大臣

［四、戊寅、十，5.8；裁撤。］

附注

(1) 原稱“督辦政務處”。光緒三二年丙午(1906)九、丁巳、廿三，11.9；改稱“會議政務處”。

(2) 光緒三二年丙午(1906)九、甲寅、廿，11.6；中央官制改組後，共設十一部，各置尚書一員(不分滿、漢)。九、丁巳、廿三，11.9；命各部尚書均充參預政務大臣。

(3) 光緒三三年丁未(1907)七、甲午、五，8.13；併入內閣。

(4) 宣統三年辛亥(1911)四、戊寅、十，5.8；奕劻內閣成立，機構撤銷。

新設各部侍郎年表

光緒二七年至宣統三年

1901—1911

新設各部侍郎年表

年代		光緒二七年　辛丑　(1901)
外務部	左	**徐壽朋** 六、癸卯、九,7.24;太僕遷。 九、乙酉、廿三,11.3;死。 **吕海寰**(未任) 九、乙酉;左都兼署。 使德任滿,未到前那桐暫署。 (滿)**那桐** 十二、丁巳、廿五,2.3;户右署。
	右	(漢)**聯　芳** 六、癸卯;候三四京署。

年代		光緒二八年　壬寅(1902)
外務部	左	(滿)**那桐**(户右署)
	右	(漢)**聯　芳**(署)

年代		光緒二九年　癸卯(1903)
外務部	左	(滿)**那桐** 三、辛酉、六,4.3;户右卸署。 (漢)**聯　芳** 三、辛酉;右署。五、丙辰、二,5.28;授。
	右	(漢)**聯　芳** 二、丁酉、十二,3.10;授。 三、辛酉;署左。 **顧肇新** 三、辛酉;右丞署。 五、丙辰、二,5.28;授。 十一、丁未、廿七,1.14;改商右。 **伍廷芳** 十一、丁未;商左改。
商部	左	**伍廷芳** 七、戊戌、十六,9.7;外右丞遷。 十一、丁未;改外右。 **陳　璧** 十一、丁未;右改。
	右	**陳　璧** 七、戊戌;順尹遷。十一、丁未;改左。 **顧肇新** 十一、丁未;外右改。

年代		光緒三十年　甲辰(1904)
外務部	左	(漢)**聯　芳**
	右	**伍廷芳**
商部	左	**陳　璧** 五、戊戌、廿,7.3;殿試讀卷。
	右	**顧肇新**

年代		光緒三一年 乙巳 (1905)	
外務部	左	(漢)聯芳	
	右	伍廷芳 十、庚申、廿一,11.17;署刑右。	唐紹儀 十、庚申;候三京署。 (會同商議東三省事宜)
商部	左	陳璧 八、戊午、十八,9.16;署户右。	唐文治 八、戊午;左丞署。
	右	顧肇新	
巡警部	左	(貝勒)毓朗 九、庚辰、十,10.8;閣學遷。	
	右	趙秉鈞 九、庚辰;直候補道賞三京署。	
學部	左	(滿)熙瑛 十一、己卯、十,12.6;閣學遷。 十二、癸亥、廿五,1.19;死。	張仁黼 十二、甲子、廿六,1.20;兵右改。
	右	嚴修 十一、己卯;編修以三京候署。	

新設各部侍郎年表

年代		光緒三二年　丙午(上)　(1906)　[九、甲寅、廿,11.6;中央官制改組前。]	
外務部	左	(漢)**聯　芳**	
	右	**伍廷芳** 正、乙酉、十七,2.10;改刑右。	**唐紹儀** 正、庚辰、十二,2.5;授太常,仍署。 正、乙酉;授。
商部	左	**陳　璧** 正、癸巳、廿五,2.18;改户右。	**唐文治** 正、癸巳;左丞遷。
	右	**顧肇新**	
巡警部	左	(貝勒)**毓朗**	
	右	**趙秉鈞** 二、庚戌、十三,3.7;授太常,仍署。 六、壬午、十七,8.6;授。	
學部	左	**張仁黼** 三、庚寅、廿三,4.16;署工右。 六、庚辰、十五,8.4;改工右。	**嚴　修** 三、庚寅;右侍兼署。 六、庚辰;右改。
	右	**嚴　修** 三、庚寅;兼署外侍。 六、庚辰;改左。	(滿)**達壽** 六、庚辰;閣學遷。

年代		光緒三二年　丙午(下)　(1906)　[九、乙卯、廿一，11.7；中央官制改組任命。]	
外務部	左	(漢)**聯　芳**(原任)	
	右	**汪大燮** 外右丞(使英)遷；郵左唐紹儀兼署。	
吏部	左	**陳邦瑞**(原户左)	
	右	**唐景崇**(原署工左)	
民政部	左	(貝勒)**毓朗**(原任巡左)	
	右	**趙秉鈞**(原任巡右)	
度支部	左	(滿)**紹英** 商左丞遷。	
	右	**陳　璧**(原任户右)十一、丙辰、廿三，1.7；赴各省考察銅元事宜。閣學寶熙署。	
禮部	左	**張亨嘉**(原兵右)	
	右	(宗室)**景厚**(原任)	
學部	左	**嚴　修**(原任)	
	右	(滿)**達壽**(原任)	
陸軍部	左	(蒙)**壽勳**(原任兵左)	
	右	(滿)**廕昌** 署江北提督授；軍政司正使王士珍署。	
法部	左	(滿)**紹昌**(原任刑左)	
	右	**張仁黼**(原工右)	
農工商部	左	**唐文治**(原任商左) 暫署尚書	(滿)**熙彦** 十二、丁亥、廿五，2.7；左丞署。
	右	**顧肇新**(原任商右) 十二、癸酉、十一，1.24；死。	**楊士琦** 十二、甲戌、十二，1.25；左丞遷。
郵傳部	左	**唐紹儀**(原外右)仍兼署外右。	
	右	**胡燏棻**(原禮右) 十一、乙未、二，12.17；死。	**吳重憙** 十一、乙未；贛撫授。
理藩部	左	(滿)**堃岫**(原任)	
	右	(滿)**恩順**(原兵右)	
倉場侍郎		(滿)**桂春**(原任)	
		劉永亨(原任)	
副都御史		(滿)**伊克坦**(原任)	
		陳名侃(原任)	

新設各部侍郎年表

年代		光緒三三年　丁未　(1907)
外務部	左	(漢)**聯　芳**
	右	**汪大燮**(使英回國)　鄭左唐紹儀兼署:三、己亥、八,4.20;改奉撫,左丞鄒嘉來署。八、辛酉、二,9.9;出使英國考察憲政,右丞梁敦彥署。
吏部	左	**陳邦瑞** 七、甲午、五,8.13;改度右。 **唐景崇** 七、甲午;右改。
	右	**唐景崇** 七、甲午;改左。 **張仁黼** 七、甲午;大理遷。
民政部	左	(貝勒)**毓朗** 八、庚午、十一,9.18;内城巡警廳丞榮勳署。
	右	**趙秉鈞**
度支部	左	(滿)**紹英**
	右	**陳　璧** 四、戊寅、十八,5.29;遷郵尚。 **林紹年** 四、戊寅;候侍(軍)授。閣學寶熙署。四、己卯、十九,5.30;軍機事繁,毋庸到任。七、癸巳、四,8.12;改豫撫。 **陳邦瑞** 七、甲午;吏左改。
禮部	左	**張亨嘉**
	右	(宗室)**景厚**
學部	左	**嚴　修**
	右	(滿)**達壽** 八、辛酉;出使日本考察憲政。八、壬戌、三,9.10;閣學寶熙署。
陸軍部	左	(蒙)**壽勳**
	右	(滿)**廕昌** 五、乙未、五,6.15;召京,王士珍改署江北提督,大名鎮王英楷署。
法部	左	(滿)**紹昌**
	右	**張仁黼** 四、壬申、十二,5.23;改大理卿。 **沈家本** 四、壬申;大理卿改。九、甲午、六,10.12;授修訂法律大臣,閣學王垿署。
農工商部	左	(滿)**熙彥**(署)
	右	**楊士琦** 八、癸亥、四,9.11;右丞沈雲沛署。
郵傳部	左	**唐紹儀** 三、己亥;改奉撫。 **朱寶奎** 三、庚子;外右丞遷。三、甲寅、廿三,5.5;革。 **吳重憙** 三、甲寅;右改。
	右	**吳重憙** 三、甲寅;改左。 **于式枚** 三、甲寅;粵學使遷。八、辛酉;出使德國考察憲政,左丞郭曾炘署。
理藩部	左	(滿)**堃岫**
	右	(滿)**恩順**
倉場侍郎		(滿)**桂春**
		劉永亨 正、丙午、十四,2.26;死。 **李紱藻** 正、丙午;裁缺禮左授。
副都御史		(滿)**伊克坦**
		陳名侃 九、壬辰、四,10.10;吸烟,解。 **管廷鶚** 九、癸巳、五,10.11;裁缺大理署。九、丙申、八,10.14;病免。 **忠　廉** 九、丙申;給事中署。

光緒三四年　戊申　(1908)

(漢)聯　芳

汪大燮 五、丙午、廿二,6.20;改倉侍。　梁敦彦 五、丙午;右丞署。十二、癸亥、十二,11.3;署外尚。　鄒嘉來 十二、丁卯、十六,1.7;左丞署。

唐景崇

張仁黼 二、乙丑、九,3.11;省假。(九月死)閣學吴郁生署:五、辛亥、廿七,6.25;病免。　于式枚 五、辛亥;禮左改。前贛撫瑞良署。

(貝勒)毓朗　袁樹勳 正、辛亥、廿五,2.26;順尹遷。三、癸巳、八,4.8;改魯撫。　(漢)烏　珍 三、癸巳;正藍滿副署。

趙秉鈞

(滿)紹英 二、丁卯、十一,3.13;出差,鑲紅蒙副瑞豐署。

陳邦瑞

張亨嘉 △憂免。　于式枚 二、癸亥、七,3.9;郵右改,郵左丞郭曾炘署。五、辛亥;改吏右。　(宗室)景厚 五、壬子、廿八,6.26;右改。

(宗室)景厚 五、壬子;改左。　郭曾炘 五、壬子;郵左丞署禮左授。

殷　修

(滿)達壽 四、己卯、廿五,5.24;改理左。　(宗室)寶熙 四、己卯;閣學遷。

(蒙)壽勳

(滿)廕昌 八、辛巳、廿八,9.23;使德。

(滿)紹昌

(滿)沈家本 修訂法律大臣　閣學王垿署。

(滿)熙彦 (署)七、丙戌、三,7.30;左丞耆齡署。

楊士琦

吴重憙 八、丙辰、三,8.29;改豫撫。　汪大燮 八、丙辰;倉侍改,閣學吴郁生署。

于式枚 二、癸亥;改禮左。　盛宣懷 二、癸亥;前工左授。二、乙丑、九,3.11;差滬,農右丞沈雲沛署(旋閣學寶熙署)。

(滿)堃岫 四、己卯、廿五,5.24;改定左。　(滿)達壽 四、己卯;學右改。

(滿)恩順

(滿)桂春

李紱藻 五、丙午;死。　汪大燮 五、丙午;外右改。八、丙辰;改郵左。閣學吴郁生署。　林紹年 八、丙辰;豫撫授。

(滿)伊克坦

年代		宣統元年 己酉 (1909)
外務部	左	(漢)**聯　芳**
	右	**梁敦彥** 正、癸未、二,1.23;遷外尚。　**鄒嘉來** 正、癸未;左丞遷。
吏部	左	**唐景崇**
	右	**于式枚**
民政部	左	(漢)**烏　珍** 閏二、壬午、二,3.23;授。
	右	**趙秉鈞** 閏二、壬午;休。　**林紹年** 閏二、壬午;倉侍改。
度支部	左	(滿)**紹英**
	右	**陳邦瑞**
禮部	左	(宗室)**景厚**
	右	**郭曾炘**
學部	左	**嚴　修** 十二、乙未、廿,1.30;修墓表。　閣學李家駒署。
	右	(宗室)**寶熙**
陸軍部	左	(蒙)**壽勳**
	右	(滿)**廕昌**(使德)　正、戊申、廿七,2.17;左丞姚錫光署。
法部	左	(滿)**紹昌** 四、庚辰、二,5.20;署法尚。　八、己亥、廿三,10.6;閣學吴郁生署。
	右	**沈家本** 修訂法律大臣　閣學王垿署。
農工商部	左	(滿)**熙彥**(署)
	右	**楊士琦**
郵傳部	左	**汪大燮**
	右	**盛宣懷**(差滬)　農右丞沈雲沛署。
理藩部	左	(滿)**達壽**
	右	(滿)**恩順**
倉場侍郎		(滿)**桂春**
		林紹年 閏二、壬午;改民右。　**俞廉三** 閏二、癸未、三,3.24;候侍授。
副都御史		(滿)**伊克坦**

宣統二年 庚戌 (1910)

(漢)**聯　芳** 四、己丑、十六,5.24;改荆將。	**鄒嘉來** 四、己丑;右改。四、癸巳、廿,5.28;署外尚。六、甲午、廿二,7.28;授。四、癸巳;右丞曹汝霖署:六、甲午;遷外右。		**胡惟德** 六、甲午;右改。
鄒嘉來 四、己丑;改左。	**胡惟德** 四、己丑;使日召回授。六、甲午;改左。		**曹汝霖** 六、甲午;右丞署外左授。
唐景崇 二、丙申、廿二,4.1;遷學尚, 閣學吴郁生署:正、癸亥、十八,2.27;學習入直。			**于式枚** 二、丁酉、廿三,4.2;右改。
于式枚 二、丁酉;改左。	(滿)**瑞良** 二、丁酉;前署吏右授。		九、辛亥、十一,10.13;暫署綏將。 九、壬子、十二,10、14;候侍吴郁生署:十二、丙子、六,1.6;授郵右。十二、丙子;署郵左沈雲沛署。
(漢)**烏　珍** 七、乙卯、十四,8.18;署步統。			
林紹年			
(滿)**紹英**			
陳邦瑞			
(宗室)**景厚**			
郭曾炘			
嚴　修 三、己酉、五,4.14;病免。			(宗室)**寶熙** 三、己酉;右改。
(宗室)**寶熙** 三、己酉;改左。			(漢)**李家駒** 三、己酉;閣學遷。
(蒙)**壽勳** 正月、二月,署陸尚。 均閣學那晉署。	[十一、癸卯、三,12.4;裁缺,改設副大臣一員。]		副大臣(蒙)**壽勳**
(滿)**廕昌**(使德回國) 二、辛巳、七,3.17;遷陸尚。	**姚錫光** 二、辛巳;左丞遷。	[十一、癸卯;缺裁。]	海軍部副大臣 **譚學衡** 十一、癸卯;海軍處參贊授。
(滿)**紹昌** 十二、戊戌、廿八,1.28;遷法尚。			**沈家本** 十二、戊戌;右改,左丞曾鑑署。
沈家本 八、癸未、十二,9.15;資政院副總裁。十二、戊戌;改左。			**王　垿** 十二、戊戌;閣學遷。
(滿)**熙彦** 九、丁卯、廿七,10.29;授。			
楊士琦 三、壬申、廿八,5.7;出差,閣學溥善署。			
汪大燮 四、辛卯、十八,5.26;使日。	左丞李焜瀛署:七、乙卯、十四,8.18;卸。　十二、丙子;李經芳(使英回國)署。		農右丞沈雲沛:七、乙卯;署。九、丁卯、廿七,10.29;農右丞開缺改以侍郎候補,仍署。十二、丙子;改署吏右。
盛宣懷 十二、丙子;遷郵尚。			**吴郁生** 十二、丙子;候侍署吏右授。
(滿)**達壽**			
(滿)**恩順**			
(滿)**桂春**			
俞廉三			
(滿)**伊克坦**			

新設各部侍郎年表

年代		宣統三年　辛亥　(1911)
外務部	左	**胡惟德**
	右	**曹汝霖**
吏部	左	**于式枚** 五、乙丑、廿八,6.24;改學右。　［五、甲子、廿七,6.23;裁部。］
	右	(滿)**瑞良**　**沈雲沛** 正、丙寅、廿七,2.25;授。三、庚戌、十二,4.10;病假。五、庚申、廿三,6.19;病免。　(滿)**榮勳** 三、庚戌;閣學署。五、庚申;授。七、癸酉、八,8.31;署理左。
民政部	左	(漢)**烏　珍** 十一、癸巳、卅,1.18;兼步統。
	右	**林紹年** 二、癸巳、廿四,3.24;署學右。　**李經邁** 二、癸巳;候侍署。
度支部	左	(滿)**紹英**
	右	**陳邦瑞**(九、己巳、五,10.26;籌辦江淮賑務大臣。)
禮部	左	(宗室)**景厚** (十、癸亥、廿九,12.19;署鑲紅蒙副。)　［六、辛卯、廿五,7.20;裁部,改設典禮院。］
	右	**郭曾炘** 六、辛卯;授典禮院副掌院學士。
學部	左	(宗室)**寶熙**
	右	(漢)**李家駒** 二、辛卯、廿二,3.22;授資政院副總裁。　**林紹年** 二、癸巳;民右署。　**于式枚** 五、乙丑;裁缺吏左授。
陸軍部		副大臣(蒙)**壽勳**
海軍部		副大臣**譚學衡**
法部	左	**沈家本**　二、辛卯;修訂法律大臣回任。
	右	**王　垿**
農工商部	左	(滿)**熙彥**
	右	**楊士琦**
郵傳部	左	**汪大燮**(使日)　李經方署
	右	**吳郁生**(九、己巳;署郵尚。)
理藩部	左	(滿)**達壽** 七、癸酉、八,8.31;署資政院副總裁。(九、癸酉、九,10.30;授。)　(滿)**榮勳** 七、癸酉;裁缺吏右署。(九、癸酉;授。)
	右	(滿)**恩順**
倉場侍郎		(滿)**桂春** 正、丙寅、廿七,2.25;署綏將,閣學瑞豐署。閏六、丁巳、廿一,8.15;署民政大臣,閣學瑞豐署。(十二、己酉、十六,2.3;病免。)(瑞豐授。)
		俞廉三
副都御史		(滿)**伊克坦**(以副都記名授宣統清語) 六、辛巳、十五,7.10;解。　**朱益藩** 五、甲辰、七,6.3;府丞兼署。六、壬午、十六,7.11;授。

新設各部部丞年表

光緒二七年至宣統三年

1901—1911

新設各部部丞年表

年代		光緒二七年　辛丑　(1901)
外務部	左	(滿)瑞良 △十一、乙亥、十三,12.23;授。
	右	顧肇新 △十一、乙亥;授。

年代		光緒二八年　壬寅　(1902)
外務部	左	(滿)瑞良
	右	顧肇新

年代		光緒二九年　癸卯　(1903)		
外務部	左	(滿)瑞良 六、己未、七,7.30;改豫布。	(滿)紹昌 六、己未;右參遷。 六、甲戌、廿二,8.14;江鄉副考。	
	右	顧肇新 三、辛酉、六,4.3;署右侍。 五、丙辰、二,5.28;遷右侍。	伍廷芳 五、丙辰;記名丞參授。 七、戊戌、十六,9.7;遷商左。	陳名侃 七、庚子、十八,9.9;左參遷。
商部	左	徐世昌 八、壬戌、十一,10.1;司業授。 十一、己丑、九,12.27;改以閣學候補,充練兵處提調。	唐文治 十一、辛卯、十一,12.29;右改。	
	右	唐文治 八、壬戌;員外郎授。十一、辛卯;改左。	(滿)紹英 十一、辛卯;左參遷。	

年代		光緒三十年　甲辰　(1904)
外務部	左	(滿)紹昌
	右	陳名侃
商部	左	唐文治
	右	(滿)紹英

年代		光緒三一年　乙巳　(1905)
外務部	左	(滿)**紹昌** 九、辛卯、廿一,10.19;遷閣學。 **陳名侃** 九、辛卯;右改。
	右	**陳名侃** 九、辛卯;改左。 **汪大燮** 九、辛卯;左參(使英)遷。 右參鄒嘉來署。
商部	左	**唐文治** 八、戊午、十八,9.16;署左侍。
	右	(滿)**紹英** 六、丁卯、廿五,7.27;出洋考察各國政治。 十一、己卯、十,12.6;署户右。
巡警部	左	[九、庚辰、十,10.8;增設。(已任命尚書、侍郎)]
	右	
學部	左	[十一、己卯;增設。(已任命尚書、侍郎)]
	右	

新設各部部丞年表

年代		光緒三二年　丙午(上)　(1906)　[九、甲寅、廿,11.6;中央官制改組前。]
外務部	左	**陳名侃** 二、丙午、九,3.3;改府丞。　**鄒嘉來** 二、戊申、十一,3.5;右參(署右丞)遷。
	右	**汪大燮** (使英)　右參鄒嘉來署:二、戊申;遷左丞。　雷補同署。
商部	左	**唐文治** 正、癸巳、廿五,2.18;遷左侍。　(滿)**紹英** 正、丙申、廿八,2.21;右改。
	右	(滿)**紹英** 正、丙申;改左。　**王清穆** 正、丙申;左參遷。六、己卯、十四,8.3;改直按。　**楊士琦** 六、己丑、廿四,8.13;左參遷。
巡警部	左	**錢能訓** 九、壬寅、八,10.25;左參遷。
	右	(蒙)**裕厚** 九、壬寅;右參遷。
學部	左	**喬樹枏** 閏四、丙戌、廿,6.11;御史授。
	右	(漢)**李家駒** 閏四、丙戌;大學堂監督授。

年代		光緒三二年　丙午(下)　(1906)　[九、乙卯、廿一,11.7;中央官制改組任命。]
外務部	左	**鄒嘉來**(原任)
	右	**汪大燮**(原任)(使英) 九、乙卯、廿一,11.7;遷右侍。 **朱寶奎** 九、壬戌、廿八,11.14;右參遷。
吏部	左	
	右	
民政部	左	**錢能訓**(原任巡左丞)
	右	(蒙)**裕厚**(原任巡右丞)
度支部	左	
	右	
禮部	左	
	右	
學部	左	**喬樹枏**(原任)
	右	(漢)**李家駒**(原任)
陸軍部	左	
	右	
法部	左	(滿)**定成** 十二、丙戌、廿四,2.6;裁缺大理授。
	右	**曾鑑** 十二、丙戌;法郎中授。
農工商部	左	(滿)**紹英** 九、乙卯;遷度左。 **楊士琦** 九、戊午、廿四,11.10;右改。 十二、甲戌、十二,1.25;遷右侍。 (滿)**熙彦** 十二、辛巳、十九,2.1;右丞改。 十二、丁亥、廿五,2.7;遷左侍。
	右	**楊士琦** 九、戊午;改左。 (滿)**熙彦** 九、戊午;左參遷。 十二、辛巳;改左。 (滿)**耆齡** 十二、辛巳;左參遷。
郵傳部	左	
	右	**陳昭常** 十、辛卯、廿八,12.13;存記道授。十二、己卯、十七,1.30;解。

新設各部部丞年表

年代		光緒三三年　丁未　(1907)
外務部	左	**鄒嘉來** 三、壬寅、十一,4.23;署右侍。
	右	**朱寶奎** 三、庚子、九,4.21; 遷郵左。 **雷補同** 六、壬午、廿三,8.1;右參遷。 七、戊午、廿九,9.6;使奥。 **梁敦彦** 七、戊午;授。　八、壬戌、三,9.10; 署右侍,胡惟德(使俄回國)署。
吏部	左	(蒙)**常裕** 四、乙丑、五,5.16;陝鹽巡道授。
	右	(宗室)**寶銘** 四、乙丑;吏郎授。
民政部	左	**錢能訓** 四、乙亥、十五,5.26;署奉天右參議。 十二、壬午、廿五,1.28;授。 (蒙)**裕厚** 八、壬午、廿三,9.30;右署。 十二、癸未、廿六,1.29;右改。
	右	(蒙)**裕厚** 八、壬午;署左。 十二、癸未;改左。 **劉彭年** 八、壬午;左參署。十二、癸未;授。
度支部	左	**陳宗嬀** 四、乙亥;候四五京授。
	右	(蒙)**傅蘭泰** 四、乙亥;度郎授。
禮部	左	(宗室)**英綿** 正、癸卯、十一,2.23;左參遷。
	右	**劉　果** 正、癸卯;右參遷。
學部	左	**喬樹枏**
	右	(漢)**李家駒** 六、壬戌、三,7.12;使日。 **孟慶榮** 六、丙子、十七,7.26;左參遷。
陸軍部	左	**姚錫光** 六、辛未、十二,7.21;直候補道授。
	右	**朱彭壽** 六、辛未;閣郎補侍讀授。
法部	左	(滿)**定成** 九、甲午、六,10.12;署大理院正卿。 十一、己丑、二,12.6;授。 **曾　鑑** 十一、己丑;右改。
	右	**曾　鑑** 十一、己丑;改左。 **黄均隆** 十一、己丑;左參遷。
農工商部	左	(滿)**耆齡** 正、己未、廿七,3.11;右改。
	右	(滿)**耆齡** 正、己未;改左。 **沈雲沛** 正、己未;左參遷。八、癸亥、四,9.11;署右侍。
郵傳部	左	**郭曾炘** 七、甲午、五,8.13;裁缺通政授。八、壬戌、三,9.10;署右侍。
	右	(滿)**那晉** 七、壬辰、三,8.11;左參遷。

光緒三四年　戊申　(1908)

鄒嘉來
十二、丁卯、十六，1.7；署右侍。　十二、戊辰、十七，1.8；右參張蔭棠署。

梁敦彥
五、丙午、廿二，6.20；署右侍。

梁如浩
六、丁丑、廿三，7.21；右參遷。
六、戊寅；署奉天左參贊。　張蔭棠、吴宗濂署。

(蒙)**常裕**
二、戊辰、十二，3.14；改黔按。

(宗室)**寶銘**
二、己巳、十三，3.15；右改。

(宗室)**寶銘**
二、己巳；改左。

孫紹陽
二、己巳；左參遷。

(蒙)**裕厚**

劉彭年

陳宗嬀

傅蘭泰

(宗室)**英綿**

劉　果

喬樹枏

孟慶榮

姚錫光

朱彭壽

曾　鑑

黃均隆

(滿)**耆齡**
七、丙戌、三，7.30；署左侍，右參袁克定署。
七、庚戌、廿七，8.23；改閣學。

李國杰
七、庚戌；鑲黃蒙副授。

沈雲沛
二、乙丑、九，3.11；署郵右。

郭曾炘
二、癸亥、七，3.9；署禮左。
五、壬子、廿八，6.26；遷禮右。

(滿)**那晉**
五、癸丑、廿九，6.27；右改。
七、庚戌；改閣學。

李焜瀛
七、庚戌；京高檢察長授。

(滿)**那晉**
五、癸丑；改左。

李經楚
五、癸丑；左參遷。

新設各部部丞年表

年代		宣統元年 己酉 (1909)
外務部	左	**鄒嘉來** 正、癸未、二,1.23;遷右侍。 **張蔭棠** 正、甲申、三,1.24;授。六、甲辰、廿七,8.12;使美。 **高而謙** 六、乙巳、廿八,8.13;滇交涉使授。
	右	**梁如浩** 九、辛未、廿五,11.7;病免。 **曹汝霖** 九、辛未;左參遷。
吏部	左	(宗室)**寶銘**
	右	**孫紹陽**
民政部	左	(蒙)**裕厚**
	右	**劉彭年** (滿)**延鴻** 六、乙巳;左參遷。
度支部	左	**陳宗媯**
	右	**傅蘭泰**
禮部	左	(宗室)**英綿**
	右	**劉　果**
學部	左	**喬樹枬**
	右	**孟慶榮**
陸軍部	左	**姚錫光** 正、戊申、廿七,2.17;署右侍,右丞朱彭壽署。
	右	**朱彭壽** 正、戊申;署左丞,左參許秉琦署。
法部	左	**曾　鑑**
	右	**黄均隆**
農工商部	左	**李國杰**
	右	**沈雲沛** 署郵右。 左參祝瀛元署。
郵傳部	左	**李焜瀛**
	右	**李經楚**

宣統二年　庚戌（1910）

高而謙

曹汝霖
四、癸巳、廿，5.28；署左侍。
六、甲午、廿二，7.28；遷右侍。

劉玉麟
四、癸巳；記名丞參署。六、甲午；授。
七、乙丑、廿四，8.28；充禁烟大會全權會員。八、乙酉、十四，9.17；使英。

施肇基
七、乙丑；哈爾濱江關道署。
八、乙酉；授。

（宗室）**寶銘**

孫紹陽

（蒙）**裕厚**

（滿）**延鴻**

陳宗嬀

（蒙）**傅蘭泰**

（宗室）**英綿**

劉　果

喬樹枏

孟慶榮

姚錫光
二、辛巳、七，3.17；遷右侍。

朱彭壽
二、癸未、九，3.19；右改。

［十一、癸卯、三，12.4；缺裁，以三京學、法使候補。］

朱彭壽
二、癸未；改左。

許秉琦
二、癸未；左參遷。

曾　鑑
十二、戊戌、廿八，1.28；署左侍。　　十二、己亥、廿九，1.29；總檢廳丞王世琪署。

黄均隆

李國杰
九、丙寅、廿六，10.28；使比。

祝瀛元
九、丁卯、廿七，10.29；右參遷。

沈雲沛
七、丁卯、廿六，8.30；署郵左。
九、丁卯、廿七，10.29；改以候侍署郵左。

袁克定
九、丁卯；右參遷。

李焜瀛
四、辛卯、十八，5.26；署左侍。　　四、壬辰、十九，5.27；右丞李經楚署。

李經楚
四、壬辰；署左丞。　　左參梁士詒署。

新設各部部丞年表

年代		宣統三年　辛亥（1911）
外務部	左	**高而謙** 閏六、癸卯、七，8.1；改滇布。　**施肇基** 閏六、癸卯；右改。（九、戊辰、廿八，11.18；使美。）周自齊署。　**（蔡紹基）**（十、丁巳、廿三，12.13；前津海關道授。）
	右	**施肇基** 閏六、癸卯；改左。　周自齊仍署：九、戊辰；署左丞。　**曾述棨** 閏六、癸卯；左參遷。
吏部	左	（宗室）**寶銘** 改敘官局局長
	右	**孫紹陽** 六、辛卯、廿五，7.20；典禮院直學士。
		［五、甲子、廿七，6.23；裁部。］
民政部	左	（蒙）**裕厚**（九、壬辰；病免。）　**（汪榮寶）**（十、丙申；左參遷。）（十二、己酉、十六，2.3；辭免。）　**（（滿）延鴻）**（十二、己酉；右改。）
	右	（滿）**延鴻**（十二、己酉；改左。）　**（（滿）紹彝）**（十二、己酉；左參遷。）
度支部	左	**陳宗嬀**（九、癸巳、廿九，11.19；病免。）　**（（蒙）傅蘭泰）**（十、丙申、二，11.22；右改。）
	右	（蒙）**傅蘭泰**（十、丙申；改左。）　**（曾習經）**（十、丙申；左參遷。）（十二、甲寅、廿一，2.8；病免。）　**（陸宗輿）**（十二、甲寅；前印鑄局局長授。）
禮部	左	（宗室）**英綿** 六、辛卯；典禮院學士。
	右	**劉　果** 六、辛卯；典禮院學士。
		［五、甲子；裁部。］
學部	左	**喬樹枏**
	右	**孟慶榮**
陸軍部	左	**（朱彭壽）** 六、辛卯；典禮院直學士。
	右	
法部	左	**曾　鑑**（十一、甲戌、十一，12.30；遷副大臣。）　**（魏聯奎）**（十一、庚辰、十七，1.5；右改。）（十二、癸丑、廿，2.7；右丞善佺署。）
	右	**黃均隆**（十、己酉、十五，12.5；病免。）　**（魏聯奎）**（三、乙丑、廿七，4.25；左參署。十、己酉；授。）（十一、庚辰；改左。）　**（善佺）**（十一、庚辰；左參遷。）（十二、癸丑；署左，左參羅維垣署。）
農工商部	左	**祝瀛元**
	右	**袁克定**
郵傳部	左	**李焜瀛**
	右	**李經楚**

新設各部參議年表

光緒二十七年至宣統三年

1901—1911

新設各部參議年表

年代		光緒二七年　辛丑　(1901)	
外務部	左	**陳名侃** △十一、乙亥、十三,12.23;授。	
外務部	右	(滿)**紹昌** △十一、乙亥;授。	

年代		光緒二八年　壬寅　(1902)	
外務部	左	**陳名侃**	
外務部	右	(滿)**紹昌**	

年代		光緒二九年　癸卯　(1903)	
外務部	左	**陳名侃** 七、庚子、十八,9.9;遷右丞。	**汪大燮** 七、辛丑、十九,9.10;留日學生監督授。
外務部	右	(滿)**紹昌** 六、己未、七,7.30;遷左丞。	**雷補同** 六、己未;授。
商部	左	(滿)**紹英** △八、壬戌、十一,10.1;授。 十一、辛卯、十一,12.29;遷右丞。	**王清穆** △十一、辛卯;右改。
商部	右	**王清穆** △十一、辛卯;改左。	**楊士琦** △十一、辛卯;授。

年代		光緒三十年　甲辰　(1904)
外務部	左	**汪大燮**
外務部	右	**雷補同**
商部	左	**王清穆**
商部	右	**楊士琦**

年代		光緒三一年　乙巳　(1905)
外務部	左	**汪大燮** 八、壬戌、廿二,9.20;使英。 九、辛卯、廿一,10.19;遷右丞。 **雷補同** 九、辛卯;右改。
	右	**雷補同** 九、辛卯;改左。 **鄒嘉來** 九、辛卯;授,署右丞。　道員朱寶奎署。
商部	左	**王清穆**
	右	**楊士琦**
巡警部	左	[九、庚辰、十,10.8;增設。(已任命尚書、侍郎)]
	右	
學部	左	[十一、己卯、十,12.6;增設。(已任命尚書、侍郎)]
	右	

新設各部參議年表

年代		光緒三二年　丙午(上)　(1906)　[九、甲寅、廿,11.6;中央官制改組前。]
外務部	左	**雷補同**
	右	**鄒嘉來** 二、戊申、十一,3.5;遷左丞。 **朱寶奎** 二、戊申;道員(署)授。
商部	左	**王清穆** 正、丙申、廿八,2.21;遷右丞。 **楊士琦** 正、丙申;右改。 六、己丑、廿四,8.13;遷右丞。 (滿)**熙彥** 六、己丑;右改。
	右	**楊士琦** 正、丙申;改左。 (滿)**熙彥** 正、丙申;授。 六、己丑;改左。 (滿)**耆齡** 六、己丑;授。
巡警部	左	**錢能訓** △二、甲寅、十七,3.11;授。 九、壬寅、八,10.25;遷左丞。 **劉彭年** 九、壬寅;授。
	右	(蒙)**裕厚** △二、甲寅;授。 九、壬寅;遷右丞。 **吳廷燮** 九、壬寅;授。
學部	左	**孟慶榮** △閏四、丙戌、廿,6.11;授。
	右	**林灝深** △閏四、丙戌;授。

年代		光緒三二年　丙午(下)　(1906)　[九、乙卯、廿一,11.7;中央官制改組任命。]
外務部	左	**雷補同**(原任)
	右	**朱寶奎**(原任) 九、壬戌、廿八,11.14;遷右丞。 (漢)**楊　樞** 九、壬戌;授(使日)。
吏部	左	
	右	
民政部	左	**劉彭年**(原任巡左參)
	右	**吳廷燮**(原任巡右參)
度支部	左	
	右	
禮部	左	(宗室)**英綿**
	右	**劉　果**
學部	左	**孟慶榮**(原任)
	右	**林灝深**(原任)
陸軍部	左	
	右	
法部	左	**余肇康** △十二、丙戌、廿四,2.6;降調贛按授。
	右	**王世琪** △十二、丙戌;授。
農工商部	左	(滿)**熙彥**(原任商左參) 九、戊午、廿四,11.10;遷右丞。 (滿)**耆齡** 九、戊午;右改。 十二、辛巳、十九,2.1;遷右丞。 **沈雲沛** 十二、辛巳;右改。
	右	(滿)**耆齡**(原任商右參) 九、戊午;改左。 **沈雲沛** 九、戊午;授。十二、辛巳;改左。
郵傳部	左	(滿)**那晋** △十、庚寅、廿七,12.12;授。
	右	**施肇基** △十、庚寅;授。十二、己卯、十七,1.30;開缺。

新設各部參議年表

年代		光緒三三年　丁未　(1907)
外務部	左	雷補同 六、壬午、廿三，8.1；遷右丞。 (漢)楊　樞 六、壬午；右改。
	右	(漢)楊　樞 六、壬午；改左。 高而謙 六、壬午；授。
吏部	左	孫紹陽 △四、乙丑、五，5.16；授。
	右	(宗室)毓善 △四、乙丑；授。
民政部	左	劉彭年 八、壬午、廿三，9.30；署右丞。 十二、癸未、廿六，1.29；遷。 (滿)延鴻 十二、癸未；右改。
	右	吳廷燮 (滿)延鴻 △八、壬申、十三，9.20；授。十二、癸未；改左。 汪榮寶 △十二、癸未；授。
度支部	左	曾習經 △四、乙亥、十五，5.26；授。
	右	劉世珩 △四、乙亥；授。
禮部	左	(宗室)英綿 正、癸卯、十一，2.23；遷左丞。 (滿)良揆 正、癸卯；授。
	右	劉　果 正、癸卯；遷右丞。 曹廣權 正、癸卯；授。
學部	左	孟慶榮 六、丙子、十七，7.26；遷右丞。 林灝深 六、丙子；右改。
	右	林灝深 六、丙子；改左。 劉廷琛 六、丙子；授。 十一、壬子、廿五，12.29；改大學堂總監督。 戴展誠 △十一、壬子；授。
陸軍部	左	許秉琦 △六、辛未、十二，7.21；授。
	右	(滿)慶蕃 △六、辛未；授。
法部	左	余肇康 五、丁酉、七，6.17；革。 黄均隆 △五、己未、廿九，7.9；授。 十一、己丑、二，12.6；遷右丞。
	右	王世琪
農工商部	左	沈雲沛 正、己未、廿七，3.11；遷右丞。 祝瀛元 △三、己酉、十八，4.30；授。
	右	袁克定 △三、己酉；授。
郵傳部	左	(滿)那晉 七、壬辰、三，8.11；遷右丞。 張元濟 △七、壬辰；授。 蔡乃煌 △九、壬辰、四，10.10；授。
	右	李稷勳 △七、壬辰；授。

光緒三四年　戊申　(1908)

(漢)楊　樞　吴品行、吴宗濂署。
周自齊　十二、戊辰、十七,1.8;記名道署。

高而謙

梁如浩　△正、乙卯、廿九,3.1;授。六、丁丑、廿三,7.21;遷右丞。

張蔭棠　六、丁丑;授。十二、戊辰;署左丞。

曹汝霖　員外郎曹汝霖署。

孫紹陽　二、己巳、十三,3.15;遷右丞。

(宗室)毓善　△二、己巳;右改。

(宗室)毓善　△二、己巳;改左。

吴敬修　△二、己巳;授。

(滿)延鴻

汪榮寶

曾習經

劉世珩

(滿)良揆

曹廣權

林灝深

戴展誠

許秉琦

(滿)慶蕃

王世琪　(右改)九、甲申、二,9.26;改總檢察廳廳丞。

魏聯奎　△九、乙酉、三,9.27;右改。

王世琪　(改左)

魏聯奎　△九、乙酉;改左。

(滿)善佺　△九、乙酉;授。

祝瀛元

袁克定　七、己丑、六,8.2;署左丞。　邵福瀛署。

蔡乃煌　△二、丁巳、一,3.3;授。

李經楚　五、癸丑、廿九,6.27;遷右丞。

李稷勳　△五、癸丑;右改。

李稷勳　△五、癸丑;改左。

胡祖蔭　△五、癸丑;授。

新設各部參議年表

年代		宣統元年 己酉 (1909)		
外務部	左	**周自齊** 六、乙巳、廿八,8.13;署右丞。	**曹汝霖** 六、乙巳;右改。 九、辛未、廿五,11.7;遷右丞。	**曾述棨** 九、辛未;右改。
	右	**曹汝霖** 六、乙巳;改左。	**曾述棨** 六、乙巳;署,旋授。九、辛未;改左。	**陳懋鼎** 九、辛未;郎中授。
吏部	左	(宗室)**毓善**		
	右	**吳敬修**		
民政部	左	(滿)**延鴻** 六、乙巳;遷右丞。	**汪榮寶** 六、乙巳;右改。	
	右	**汪榮寶** 六、乙巳;改左。	(滿)**紹彝** 六、乙巳;候補參議授。	
度支部	左	**曾習經**		
	右	**劉世珩**		
禮部	左	(滿)**良揆** 閏二、辛卯、十一,4.1;憂免。	**曹廣權** 閏二、乙未、十五,4.5;右改。	
	右	**曹廣權** 閏二、乙未;改左。	**李擢英** 閏二、乙未;裁缺理少授。	
學部	左	**林灝深**		
	右	**戴展誠**		
陸軍部	左	**許秉琦** 正、戊申、廿七,2.17;署右丞。		
	右	(滿)**慶蕃**		
法部	左	**魏聯奎**		
	右	(滿)**善佺**		
農工商部	左	**祝瀛元** 署右丞。	(漢)**誠　璋** 郎中署。	
	右	**袁克定**		
郵傳部	左	**李稷勳**		
	右	**胡祖蔭**		

宣統二年　庚戌　(1910)

曾述棨	
陳懋鼎	
(宗室)毓善	
吳敬修	(滿)裕隆 十一、丙辰、十六,12.17;前贛南安知府授。
汪榮寶	
(滿)紹彝	
曾習經	
劉世珩	
曹廣權	
李擢英 六、辛巳、九,7.15;廿法官考試官。	六、丙申、廿四,7.30;郎中端緒署。
林灝深	
戴展誠	
許秉琦 二、癸未、九,3.19;遷右丞。	(滿)慶蕃 二、癸未;右改。
(滿)慶蕃 二、癸未;改左。	(宗室)錫嘏 二、癸未;候補參議授。 [十一、癸卯、三,12.4;裁缺,以四京候。]
魏聯奎	
(滿)善佺	
祝瀛元 九、丁卯、廿七,10.29;遷左丞。	(漢)誠璋 九、丁卯;郎中授。
袁克定 九、丁卯;遷右丞。	邵福瀛 九、丁卯;郎中授。
李稷勳 四、壬辰、十九,5.27;右參胡祖蔭署。	梁士詒 四、壬辰;署右丞。
胡祖蔭 四、壬辰;署左參。	陳　毅 四、壬辰;丞參上行走署。

新設各部參議年表

年代		宣統三年 辛亥 (1911)
外務部	左	**曾述棨** 閏六、癸卯、七,8.1;遷右丞。 **陳懋鼎** 閏六、癸卯;右改。
	右	**陳懋鼎** 閏六、癸卯;改左。 **顔惠慶** 閏六、癸卯;郎中授。
吏部	左	(宗室)**毓善** [五、甲子、廿七,6.23;裁部。]
	右	(滿)**裕隆** 五、甲子;改內閣制誥局副局長。
民政部	左	**汪榮寶** (十、丙申、二,11.22;遷左丞。) (滿)**紹彝** (十二、己酉、十六,2.3;遷右丞。)
	右	(滿)**紹彝** **(吳廷燮)** (五、甲子;內閣參議,并暫署法制院副使。)
度支部	左	**曾習經** (十、丙申;遷右丞。) **(劉世珩)** (十、丙申;右改。) (十二、甲午、一,1.19;右參楊壽枏署。)
	右	**劉世珩** (十、丙申;改左。) **(楊壽枏)** (十、丙申;候參授。) (十二、甲午;署左,郎中王璟芳署。)
禮部	左	**曹廣權** 六、辛卯、廿五,7.20;典禮院直學士。 [五、甲子;裁部。]
	右	**李擢英** 六、辛卯;典禮院直學士。
學部	左	**林灝深**
	右	**戴展誠**
陸軍部	左	
	右	
法部	左	**魏聯奎** 三、乙丑、廿七,4.25;署右丞。(十、己酉;遷右丞。) **((滿)善銓)** (十、己酉、十五,12.5;右改。)(十一、庚辰;遷右丞。) **(羅維垣)** (十一、庚辰、十七,1.5;右改。)(十二、癸丑、廿,2.7;署右丞。)
	右	(滿)**善佺** 三、乙丑;署左參。(十、己酉;改左。) **(羅維垣)** (十、己酉;地方審判廳丞授。)(十一、庚辰;改左。) **(劉嘉斌)** (十一、庚辰;郎中授。)
農工商部	左	(漢)**誠璋**
	右	**邵福瀛**
郵傳部	左	**梁士詒** (十一、己卯、十六,1.4;署大臣。) **(陳毅)** (十二、甲午、一,1.19;右改。)
	右	**陳毅** (十二、甲午;改左。) **(楊光鞿)** (十二、甲午;鄂檢察長授。)

附：外務部左右丞參調動變化詳表

光緒三四年、宣統元年

年代	光緒三四年　戊申　(1908)	宣統元年　己酉　(1909)
左參議	(漢)**楊　樞** **吴品珩** △七、己亥、十六，8.12；郎中署。 **吴宗濂** △八、己巳、十六，9.11；署。 **周自齊** 十二、戊辰、十七，1.8；記名道署。	**周自齊** 正、甲申、三，1.24；授右參，仍兼署。 三、丙子、廿七，5.16；右改。 六、乙巳、廿八，8.13；署右丞。 七、辛未、廿四，9.8；署左丞。 **曹汝霖** 六、乙巳；右參署。 七、辛未；署右丞。 八、癸卯、廿七，10.10；右參改，署左丞。 九、辛未、廿五，11.7；遷右丞。 **曾述棨** 九、辛未；右改。
右參議	**高而謙** **梁如浩** △正、乙卯、廿九，3.1；授。 六、丁丑、廿三，7.21；遷右丞。 **張蔭棠** 六、丁丑；授。 六、戊寅、廿四，7.22；署右丞。 十二、戊辰；署左丞。 **周自齊** 六、戊寅；記名道署。 十二、戊辰；署左。 **曹汝霖** 十二、戊辰；員外郎署。	**張蔭棠** 正、甲申；遷左丞。 **周自齊** 正、甲申；記名道授，仍兼署左。 三、丙子；改左。 **曹汝霖** 三、丙子；員外郎授。 六、乙巳；署左。 七、辛未；署右丞。 八、癸卯；改左(署左丞)。 **曾述棨** 六、乙巳；丞參上行走署。 八、癸卯；授，署右丞。 九、辛未；改左。 **陳懋鼎** 九、辛未；郎中授。
左丞	**鄒嘉來** 十二、丁卯、十六，1.7；署右侍。 **張蔭棠** 十二、戊辰；右參署。	**鄒嘉來** 正、癸未、二，1.23；遷右侍。 **張蔭棠** 正、甲申；右參遷。 六、甲辰、廿七，8.12；使美。 **高而謙** 六、乙巳；滇交涉使授。 **陶大均** 六、乙巳；奉交涉使署。 七、乙巳、廿二，9.6；改贛按。 **周自齊** 七、辛未；左參署(署右丞改)。 **曹汝霖** 八、癸卯；左參署。
右丞	**胡惟德**(使俄回國署) 二、丁丑、廿一，3.23；使日。 **梁敦彦** 五、丙午、廿二，6.20；署外右。 **梁如浩** 六、丁丑；右參遷。 六、戊寅；署奉天左參贊。 **張蔭棠** 六、戊寅；右參署。 十二、戊辰；卸(署左丞)。 **吴宗濂** 十二、戊辰；記名海關道署。	**梁如浩** 九、辛未；病免。 **吴宗濂** 六、甲辰、廿七，8.12；使義。 **周自齊** 六、乙巳；左參署。 七、辛未；卸(改署左丞)。 **曹汝霖** 七、辛未；右參署。 八、癸卯；卸(改左參，署左丞)。 **曾述棨** 八、癸卯；右參署。 九、辛未；卸(改左參)。 **曹汝霖** 九、辛未；左參遷。

各種政法衙門大臣年表

一、修訂法律大臣年表

光緒二八年　壬寅　(1902)

沈家本 刑左
四、丙申、六,5.13;命兼。

伍廷芳
四、丙申;出使美國大臣召回,四品卿銜道員賞四品京堂候補。記名丞參。

"上諭"原文:"將一切現行律例,按照交涉情形,參酌各國法律,悉心考訂,妥爲擬議。"尚無具體官名。

光緒二九年　癸卯　(1903)

沈家本 刑左

伍廷芳 外右
五、丙辰、二,5.28;記名丞參授外右丞。
七、戊戌、十六,9.7;遷商左。
十一、丁未、廿七,1.14;改外右。

光緒三十年　甲辰　(1904)

沈家本 刑左

伍廷芳 外右

光緒三一年　乙巳　(1905)

沈家本 刑左

伍廷芳 外右
十、庚申、廿一,11.17;署刑右。

光緒三二年　丙午　(1906)

沈家本 刑左
九、乙卯、廿一,11.7;改大理院正卿。

伍廷芳 刑右
正、乙酉、十七,2.10;外右改刑右。
四、丙辰、十九,5.12;修墓假。

(九、甲寅、廿,11.6;中央官制改組。)

（修訂法律大臣年表）

光緒三三年　丁未　(1907)	光緒三四年　戊申　(1908)
沈家本 法右 （四、壬申、十二，5.23；由大理院正卿改法右。） **俞廉三** 晉撫 九、壬子、廿四，10.30；晉撫開缺改以侍郎候補。 （滿）**英瑞** 大理院正卿 均九、甲午、六，10.12；派充。 （九、癸巳、五，10.11；由憲政編查館請派。）	**沈家本** 法右 **俞廉三** 候補侍郎 （滿）**英瑞**（專任）

宣統元年　己酉　(1909)	宣統二年　庚戌　(1910)
沈家本 法右 **俞廉三** 倉侍 閏二、癸未、三，3.24；授倉侍。 （滿）**英瑞**（專任）	**沈家本** 法左 八、癸未、十二，9.15；資政院總裁。 十二、戊戌、廿八，1.28；法右改法左。 **俞廉三** 倉侍 （滿）**英瑞**（專任）

宣統三年　辛亥　(1911)	
沈家本 法左 二、辛卯、廿二，3.22；回法左本任。 **俞廉三** 倉侍 （滿）**英瑞**（專任） **劉若曾** 理少 二、辛卯；理少授。 （十一、戊寅、十五，1.3；改大理院正卿。）	**于式枚** 九、庚寅、廿六，11.16；學右授。 （宗室）**寶熙** 九、庚寅；學左授。

二、司法衙門大臣年表

年代		光緒三二年　丙午　(1906)
大理院	正卿	**沈家本** 九、乙卯、廿一,11.7;刑左改。
	少卿	**劉若曾** 九、丙辰、廿二,11.8;裁缺常少授。
總檢察廳廳丞		

年代		光緒三三年　丁未　(1907)			
大理院	正卿	**沈家本** 四、壬申、十二,5.23;法右互調。	**張仁黼** 四、壬申;法右改。 七、甲午、五,8.13;改吏右。	(滿)**英瑞** 七、甲午;湘布授。 九、甲午、六,10.12;改修訂法律大臣。	(滿)**定成** 九、甲午;法左丞署。 十一、己丑、二,12.6;授。
	少卿	**劉若曾**			
總檢察廳廳丞		**張成勳** 八、辛未、十二,9.19;前鳳潁六泗道任。 十、辛丑、十九,11.24;大理院民科推丞王式通署。			

年代		光緒三四年　戊申　(1908)	
大理院	正卿	(滿)**定成**	
	少卿	**劉若曾**	
總檢察廳廳丞		**張成勳**	**王世琪** 九、甲申、二,9.26;法左參授。

（司法衙門大臣年表）

宣統元年 己酉 （1909）

（滿）**定成**

劉若曾

王世琪

宣統二年 庚戌 （1910）

（滿）**定成**

劉若曾

王世琪
十二、己亥、廿九，1.29；署法左丞。　　大理院刑科推丞許受衡署。

宣統三年 辛亥 （1911）

（滿）**定成**
（九、庚寅、廿六，11.16；暫署法部副大臣。）
（九、辛卯、廿七，11.17；王世琪署。）
（十一、戊寅、十五，1.3；病免。）

（劉若曾）
十一、戊寅；少卿遷。

劉若曾
二、辛卯、廿二，3.22；修訂法律大臣。
五、甲子、廿七，6.23；署內閣法制院院使。
（十一、戊寅；遷正卿。）

王世琪
二、癸巳、廿四，3.24；總檢察廳廳丞署。
（十一、戊寅；授。）

王世琪
二、癸巳；署大理院少卿。
（九、辛卯；署大理院正卿。）
（十一、戊寅；改大理院少卿。）

許受衡
二、甲午、廿五，3.25；署。
（十一、庚辰、十七，1.5；授。）

三、編擬官制及纂擬憲法大臣年表

年代	職銜	人選	
光緒三二年 丙午 (1906) 七、己酉、十四，9.2;	編纂官制 總司覈定大臣	(慶親王)奕劻 孫家鼐**	瞿鴻禨*外尚、(軍)
	編纂大臣	(鎮國公)載澤 (滿)那桐 外會 (貝子)載振 商尚 (滿)鐵良 户尚、(軍) 戴鴻慈 禮尚 徐世昌 巡尚、(軍) (宗室)壽耆 左都	(滿)世續**(軍) (蒙)榮慶*學尚、(軍) (滿)奎俊 吏尚 張百熙 户尚 葛寶華 刑尚 陸潤庠 工尚 袁世凱 直督
宣統二年 庚戌 (1910) 十二、壬午、十二，1.12;	釐定外省官制 會同參酌 (憲政編查館主辦)	(蒙)錫良 東三省總督 (宣三、三、庚申、廿二，1911.4.20;病免。)	陳夔龍 張人駿 (滿)瑞澂 李經羲 (十二、丙戌、十六,1.16;任。)
三年 己酉 (1911) 四、戊寅、十,5.8;		(漢)趙爾巽 東三省總督 (三、庚申;由川督調。)	㊀
宣統二年 庚戌 (1910) 十、甲戌、四，11.5;	纂擬憲法大臣	(貝子)溥倫 (鎮國公)載澤	
三年 辛亥 (1911) 二、己丑、廿，3.20;	協同纂擬	陳邦瑞 度右 (漢)李家駒 學右 汪榮寶 民政部左參議	

㊀ 宣統三年四月内閣成立時，總理、協理大臣奕劻、那桐、徐世昌等均著兼充憲政編查館大臣。

四、資政院職官年表

年代	總裁	副總裁	協理	幫辦
光緒三三年 丁未 (1907)	(貝子)溥倫 孫家鼐** 八、壬申、十三，9.20；命。		(滿)景星 前福將 陸元鼎 前蘇撫予三京候。 丁振鐸 侍郎銜前雲督。 俞廉三 前晉撫 十二、甲戌、十七，1.20；協理開辦事務。	
光緒三四年 戊申 (1908)	(貝子)溥倫 孫家鼐**		(滿)景星 陸元鼎 六、壬戌、八，7.6；病解。 丁振鐸 俞廉三	(滿)寶熙 閣學 四、己卯、廿五，5.24；遷學右。 沈雲沛 農右丞、署郵右 二、己巳、十三，3.15；幫辦開辦事務。 顧璜 △内閣侍讀學士
宣統元年 己酉 (1909)	(貝子)溥倫 孫家鼐** 十、甲午、十八，11.30；死。		(滿)景星 丁振鐸 俞廉三 閏二、癸未、三，3.24；授倉侍。 (漢)李家駒 八、甲戌、十，9.23；候補閣學命。	(滿)寶熙 學右 沈雲沛 農右丞署郵右 (?)顧璜
宣統二年 庚戌 (1910)	(貝子)溥倫	沈家本 八、癸未、十二，9.15；修訂法律大臣、法右，命。 十二、戊戌、廿八，1.28；改法左。	(滿)景星 正月，死。 丁振鐸 俞廉三 倉侍 (漢)李家駒 三、己酉、五，4.14；授學右。 〔曹鴻勛九月，死。〕	(滿)寶熙 沈雲沛 (?)顧璜
宣統三年 辛亥 (1911)	(滿)世續** 二、辛卯、廿二，3.22；命。 七、癸酉、八，8.31；病假，李家駒署。 九、癸酉、九，10.30；病免。 (漢)李家駒 九、癸酉；副總裁任。 (十二、辛丑、八，1.26；病免。) (許鼎霖) (十二、辛丑；奉天交涉使命，改稱議長。)	(漢)李家駒 二，辛卯；學右命。 七、癸酉；署總裁。 九、癸酉；改總裁。 (滿)達壽 理左 七、癸酉；署。 九、癸酉；授。		

五、弼德院職官年表

年　代	院　長	副院長	顧問大臣	參　議
宣統三年 (1911) 四、戊寅、十， 5.8；	陸潤庠** 六、辛巳； 解。	(蒙)榮慶* 禮尚		
六、辛巳、十五， 7.10；	(蒙)榮慶	鄒嘉來 署外尚		
閏六、丙辰、廿， 8.14； 〔奕劻內閣〕	秘書長 田智枚 (翰撰文)		(貝子)載振 鑲紅蒙都 陸潤庠 (院長) (滿)增祺 前廣將 陳寶琛 正紅漢副 丁振鐸 候侍 姚錫光 候侍 沈雲沛 前吏右 (滿)誠勳 廣將 (蒙)清銳 前江將 朱祖謀 前禮右 (兼任) (禮親王)世鐸 宗令 (滿)奎俊 內務府大臣 (漢)繼祿 內務府大臣 (國務大臣均兼充)	(滿)景瑗 翰讀學 施　愚 編修 陳雲誥 編修 (蒙)恩華 學郎中 陶葆廉 陸郎中 張一麐 前署天津府河捕同知 (兼任) 吳廷燮 法制院參議 陳懋鼎 外右參 林灝深 學左參 (漢)誠　璋 農左參
(九、乙亥、十一， 11.1；) 〔袁世凱內閣〕	(慶親王)奕劻 卸內閣總 理大臣。		(滿)那桐 卸協理大臣 徐世昌 卸協理大臣 (蒙)榮慶 前院長 (九、庚寅、廿六，11.16；) (滿)紹昌 前司法大臣 林紹年 裁缺侍郎 陳邦瑞 裁缺侍郎 王　垿 裁缺侍郎 吳郁生 裁缺侍郎 (滿)恩順 裁缺侍郎 (十二、癸丑、廿，2.7； 死。)	

六、内閣屬官表

宣統三年(1911)、五、甲子、廿七,6.23;批准:

職	銜	姓名	附注
閣丞		華世奎	原任:軍機領班上行走、三品章京。
承宣廳	廳長	趙廷珍	原任:軍機幫領班、四品章京。
	副廳長	(滿)英秀	原任:軍機領班、三品章京。
制誥局	局長	楊壽樞	原任:軍機領班、三品章京。
	副局長	(滿)裕隆	原任:吏部右參議。
敍官局	局長	(宗室)寶銘	原任:吏部左丞。
	副局長	張鍇	原任:吏部郎中。
統計局	局長	楊度	原候補四品京堂。
	副局長	張國淦	原候補道。(十一、癸未、廿,1.8;辭免。)
印鑄局	局長	陸宗輿	原候補四品京堂。(九、丁卯、三,10.24;假。) (黃瑞麒署:十、庚子、六,11.26;解,歐陽熙兼署。)
	副局長	黃瑞麒	原任:掌安徽道監察御史。(九、丁卯;署局長。十、庚子;解。) (九、丁卯;禮郎歐陽熙暫署。十、庚子;授,兼署局長。)
法制院	院使	李家駒	原任:資政院副總裁。 (十一、癸未;電請開缺。大理少卿劉若曾署。)
	副使	章宗祥	原任:内城巡警總廳廳丞。 (十一、癸未;辭免,參議吳廷燮署。)
參議		吳廷燮	原任:民政部右參議。 (十一、癸未;署法制院副使。)
		林炳章	原補候四品京堂。
		徐宗溥	原任:軍機幫領班、四品章京。
		阮忠樞	前署順天府丞。 (十二、戊申、十五,2.2;署郵傳大臣。)

各種軍事衙門大臣年表

一、歷次練兵大臣年表

年代	職銜	姓名	本職	附注
光緒十一年(1885) 十、丁亥、廿二，11.28；	辦理東三省練兵事宜 (欽差大臣)	(蒙)穆圖善	福州將軍	會同東三省各將軍辦理練兵事宜，節制各城副都統以下。 十三年、十、己亥、十六，11.30；死。
光緒十三年(1887) 十一、乙卯、二，12.16；		(滿)定安	前黑將	同上。 二十年、十、丙辰、十三，1894.11.10；議。 十、壬戌、十九，11.16；革，仍留辦練兵事宜。 二一年、五、癸酉、三，1895.5.26；撤銷，交三省將軍辦理。
光緒二五年、四、丁酉、廿，1899.5.29；命前吉林將軍長順前往吉林稽查練兵事宜，授"稽查練兵事宜大臣"。(七、壬申、廿七，9.1；仍授吉將。)				
光緒二十年(1894) 十、戊申、五，11.2；	新建陸軍 (督率創辦)	胡燏棻	廣西按察使	辦理駐津糧臺。命"所有招勇教練事宜，會同漢納根辦。"
光緒二一年(1895) 十、己丑、廿二，12.8；		袁世凱	浙江温處道	胡燏棻督辦津盧鐵路，事繁命卸。
光緒二九年(1903) 五、癸亥、九，6.4；	辦理京旗練兵事宜 會同辦理	袁世凱 (滿)鐵良	直督 户右	光緒二八年、十一、丁丑、廿一，1902.12.20；袁世凱荐准閣學鐵良爲京旗練兵翼長。
十、丙寅、十六，12.4； (總理練兵處)	總理練兵事務 會辦練兵大臣 襄同辦理	(慶親王)奕劻 袁世凱 (滿)鐵良	 直督 户右	九、辛卯、十一，10.30；候五京那晉襄理京旗常備軍營務。
光緒三一年(1905) 五、庚子、廿八，6.30；	會辦練兵大臣	(滿)鐵良 徐世昌	户右 署兵左	光緒三二年、九、甲寅、廿，1906.11.6；練兵處併入陸軍部。

（歷次練兵大臣年表）

年代	職銜	姓名	本職	附注
光緒三三年（1907） 五、戊午、廿八，7.8；	訓練近畿各鎮大臣	（漢）**鳳山**	正白蒙副	十、壬戌、四，11.9；授西安將軍。 十、癸未、廿五，11.30；留京。
宣統二年（1910） 八、己丑、十八，9.21；	（近畿督練公所）	（滿）**廕昌**	陸尚	八、己丑；鳳山授荆州將軍。

附錄一：練兵處重要職官

光緒二九年、十一、己丑、九，1903.12.27；任：

職銜	姓名	附注
提調	**徐世昌** 商左丞開缺以閣學候補。	均賞副都統銜。 （以後變化紀載不詳，從略。）
軍政司正使	**劉永慶** 直卹補道。	三一年、四、丙午、四，1905.5.7；改江北提督。 **馮國璋** 三二年、九、癸亥、廿九，1906.11.15；署正黄蒙副任。
軍令司正使	**段祺瑞** 直補用道。	
軍學司正使	**王士珍** 直候選道。	

附錄二：歷届校閱秋操大臣

年代	地點	姓名	
光緒三一年（1905） 八、戊午、十八，9.16；		**袁世凱**	（滿）**鐵良**
光緒三四年（1908） 十、戊寅、廿六，11.19；		（滿）**廕昌** 陸右	（滿）**端方** 江督
宣統三年（1911） 四、戊子、廿，5.18；	永平	**馮國璋** 東軍總統官	（滿）**舒清阿** 西軍總統官

二、專司訓練禁衛軍大臣年表

光緒三四年　戊申　(1908)	宣統元年　己酉　(1909)
(貝勒)**載濤** (貝勒)**毓朗** (滿)**鐵良** 陸尚 均十二、甲寅、三,12.25;任。	(貝勒)**載濤** (貝勒)**毓朗** 五、丙子、廿八,7.15;調管理軍諮處事務,卸。 五、丁丑、廿九,7.16;仍留。 (滿)**鐵良** 正、庚戌、廿九,2.19;改專司籌辦海軍。 (鎮國將軍)**載擾** 五、丙子;任。

宣統二年　庚戌　(1910)	宣統三年　辛亥　(1911)
(貝勒)**載濤** (貝勒)**毓朗** 七、乙卯、十四,8.18;開去差使。 (鎮國將軍)**載擾**	(貝勒)**載濤** (鎮國將軍)**載擾** (徐世昌)**(軍) (十、丙午、十二,12.2;任。) 十、癸丑、十九,12.9;訓練處改爲軍司令處,任馮國璋爲禁衛軍總統官。

三、軍諮大臣年表

年　代	管理軍諮處事務大臣	軍　諮　使
宣統元年 己酉 (1909)	(貝勒)**毓朗** 五、丙子、廿八,7.15;任。 (貝勒)**載濤**(郡王銜) 五、丁丑、廿九,7.16;任。 七、丙辰、九,8.24;軍諮處章程批准。	正使 **馮國璋** 光緒三三年、六、辛未、十二,1907.7.21;署正黃蒙副任。
宣統二年 庚戌 (1910)	(貝勒)**毓朗** (貝勒)**載濤**	正使 **馮國璋**
宣統三年 辛亥 (1911)	軍諮大臣 四、戊寅、十,5.8;改授: (貝勒)**載濤** (九、乙亥、十一,11.1;解。) (貝勒)**毓朗** (九、乙酉、廿一,11.11;解。) (滿)**廕昌** 陸軍大臣 九、乙亥;兼。 **徐世昌**** 九、乙酉;任。 十二、壬子、十九,2.6;解。	正使 **馮國璋** (十、癸丑、十九,12.9;改禁衛軍總統官。) (宗室)**良弼** 鑲白漢副 (十、癸丑;記名副都統任。) (十二、戊申、十五,2.2;炸死。) **王　賡** 第一協統領 (十二、戊申;任。)

四、海軍衙門大臣年表

光緒十一年　乙酉　(1885)

(醇親王)**奕譞**　總理

(慶郡王)**奕劻** (總)　會辦

李鴻章 **直督　會辦

曾紀澤 兵左　幫辦

十二、庚寅、廿六,1.30;兵右改兵左。

(滿)**善慶** 正紅漢都　幫辦

均九、庚子、五,10.12;任。

光緒十二年　丙戌　(1886)

(醇親王)**奕譞**

(慶郡王)**奕劻** (總)

李鴻章 **直督

曾紀澤 兵左(總)

十一、丁未、十八,12.13;直總。

(滿)**善慶** 正紅漢都

光緒十三年　丁亥　(1887)

(醇親王)**奕譞**

(慶郡王)**奕劻** (總)

李鴻章 **直督

曾紀澤 户右(總)

正、辛亥、廿三,2.15;兵左改户右。

(滿)**善慶** 福州將軍

十、己亥、十六,11.30;改福將。

十、壬寅、十九,12.3;仍幫辦。

光緒十四年　戊子　(1888)

(醇親王)**奕譞**

(慶郡王)**奕劻** (總)

李鴻章 **直督

曾紀澤 户右(總)

(滿)**善慶** 福將

四、己酉、廿八,6.7;死。

光緒十五年　己丑　(1889)

(醇親王)**奕譞**

(慶郡王)**奕劻** (總)

李鴻章 **直督

曾紀澤 户右

光緒十六年　庚寅　(1890)

(醇親王)**奕譞**

十一、丁亥、廿一,1.1;死。

(慶郡王)**奕劻** (總)

李鴻章 **直督

曾紀澤 户右(總)

閏二、乙丑、廿五,4.14;死。

劉銘傳　幫辦

三、辛未、二,4.20;臺灣巡撫任。

（海軍衙門大臣年表）

光緒十七年　辛卯　(1891)	光緒十八年　壬辰　(1892)
(慶郡王)**奕劻** (總)　總理 八、癸巳、二,9.4;命總理海署事務。 **李鴻章** **直督 **劉銘傳** 臺撫 三、辛卯、廿七,5.5;病、卸。 (滿)**定安** 正白漢都　幫辦 八、癸巳;任。 **劉坤一** 江督　幫辦 八、癸巳;任。	(慶郡王)**奕劻** (總) **李鴻章** **直督 (滿)**定安** 正白漢都 **劉坤一** 江督

光緒十九年　癸巳　(1893)	光緒二十年　甲午　(1894)
(慶郡王)**奕劻** (總) **李鴻章** **直督 (滿)**定安** **劉坤一** 江督	(慶親王)**奕劻** (總)(晉封親王) **李鴻章** **直督 (滿)**定安** **劉坤一** 江督 (恭親王)**奕訢** (軍)、(總)　總理 九、甲戌、一,9.29;任,並管理總署。 十一、庚辰、八,12.4;入直。

光緒二一年　乙未　(1895)	附:北洋海軍將領
(恭親王)**奕訢** (軍)、(總) (慶親王)**奕劻** (總) **李鴻章** ** 正、辛卯、十九,2.13;卸直督,召京。 (滿)**定安** **劉坤一** 江督 〔海署裁〕	光緒十四年、十一、壬戌、十五,1888.12.17;任: 提　督　**丁汝昌** (天津鎮總兵) 左翼總兵　**林泰曾** (記名提督) 右翼總兵　**劉步蟾** (記名總兵) 光緒二一年、六、庚午、一,1895.7.22;北洋海軍官兵全免。

五、籌辦海軍大臣年表

年代	職銜	姓名
宣統元年 (1909) 正、庚戌、廿九,2.19;	總覈稽察 妥慎籌畫 妥慎籌畫 妥慎籌畫 妥慎籌畫 (籌辦海軍事務處)	(慶親王)**奕劻** (肅親王)**善耆** (鎮國公)**載澤** 度尚 (滿)**鐵良** 陸尚 **薩鎮冰** 提督廣東水師
五、丙子、廿八,7.15;	籌辦海軍大臣	(貝勒)**載洵** (郡王銜) **薩鎮冰** 廣東水師提督改授海軍提督
宣統二年 (1910) 正、乙卯、十,2.19;	顧問官	**嚴復** 道員 **伍光建** 道員 **魏瀚** 道員 **鄭清濂** 道員

宣統二年、十一、癸卯、三,1910.12.4;海軍部成立。

六、邊務大臣年表

——督辦川滇邊務大臣

年代	姓名	附注
光緒三二年 (1906) 七、戊戌、三,8.22;	(漢)**趙爾豐**	四川建昌道開缺,賞侍郎任。 光緒三二年、二、庚申、廿三,1906.3.18;授駐藏辦事大臣,仍兼。 光緒三三年、正、甲寅、廿二,1907.3.6;兼護川督。
宣統三年 (1911)	(漢)**趙爾豐**	三、庚申;署川督。(八、戊午;回任,仍署川督。)
三、庚申、廿二,4.20;	**王人文**	四川布政使賞侍郎銜任。 八、戊午;撤去侍郎銜,解。
八、戊午、廿四,10.15;	**傅嵩炑**	補用道代理。

各種財經衙門大臣年表

各種財經衙門大臣年表

一、路礦大臣年表

年代	職銜	姓名	附注
光緒十三年　丁亥 (1887) 二、辛巳、廿三,3.17;	督辦雲南礦務	唐　炯	已革滇撫賞巡撫銜任。 光緒二十年、十、辛酉、十八, 1894.11.15;革去巡撫銜,賞三品頂戴,仍任。 光緒三二年、閏四、戊子、廿二, 1906.6.13;病免(賞還巡撫銜)。礦務由布政使接辦。
光緒十四年　戊子 (1888) 正、己未、七,2.18;	督理黑龍江等處礦務	李金鏞	候補知府任。
光緒二四年　戊戌 (1898) 六、丁酉、十五,8.2; 八、丁酉、十六,10.1;	督辦礦務鐵路總局 會　辦	王文韶 户尚、(軍) 張蔭桓 户左 趙舒翹 刑左	光緒二九年、八、丁巳、六, 1903.9.26;礦路總局裁,併入商部。
七、丙子、廿五,9.10;	辦理四川礦務商務	宋育仁 韓　銑 李徵庸	檢討 滇補用道 記名道
十、丙戌、六,11.19;	督辦直隸全省及熱河礦務	張　翼 蘇補用道	光緒二七年、四、癸丑、十八, 1901.6.4;授參贊赴德(隨醇親王出使)。 五、乙丑、一,6.16;加侍郎銜。 六、辛丑、七,7.22;直熱礦務綴辦。
光緒二五年　己亥 (1899) 九、辛酉、十六,10.20;	督辦四川礦務商務大臣 會　辦	李徵庸 陳光弼	六、己丑、十三,7.20;命赴川與總督奎俊商辦銅礦事宜。 九、辛酉;開缺候選道予頭品頂戴、三品卿銜任;並准專摺奏事。 候補道任。兼總辦保富公司。

（路礦大臣年表）

年　代	職　銜	姓　名	附　注
光緒二七年　辛丑 (1901) 十二、癸巳、一，1.10；	督辦路礦大臣 會　辦 幫　辦	**王文韶** **外會、(軍) **瞿鴻禨** 外尚、(軍) **張　翼**	光緒二八年、正、丁丑、十六，1902.2.23；改稱"總辦路礦事宜"，仍由王文韶、瞿鴻禨督同辦理。
光緒二八年　壬寅 (1902) 二、丙申、五，3.14；	會辦四川礦務商務大臣	**沈翊清**	四川存記道賞四品卿銜任，准專摺奏事，仍由總督奎俊督辦。 十二、丁酉、十一，1.9；命暫留福建船廠。
光緒二九年　癸卯 (1903) 正、乙丑、九，2.6；	督辦〔四川〕商礦各務 隨同辦理	**岑春煊** **鄭孝胥**	川督(三、丙子、廿一，4.18；改署廣督。) 江蘇補用道發往四川。
閏五、甲申、一，6.25；	會辦廣西礦務	**馮子材**	前黔提會廣督岑春煊辦理。 九、戊戌、十八，11.6；死。
光緒三一年　乙巳 (1905)	總理安徽鐵路礦務	**李經羲** 前桂撫	光緒三三年、九、壬辰、四，1907.10.10；病免。
光緒三三年　丁未 (1907) 四、癸亥、三，5.14；	督辦〔蒙古〕礦務 會　辦	(滿)**延祉** 庫倫辦事大臣 (蒙)**綳楚克車林** 庫倫蒙古辦事大臣	鈐記作"庫倫金礦總辦官"。 鈐記作"金廠監辦官"。
光緒三四年　戊申 (1908) 七、丙午、廿三，8.19；	總理瓊崖墾礦事宜	**胡國廉**	三品卿銜

二、督辦鐵路大臣年表

年　代	職　銜	姓　名	附　注
光緒二一年　乙未 (1895) 十、丁亥、廿,12.6;	督率興辦津盧鐵路	**胡燏棻** 桂按 十一、辛酉、廿五,1.9;改順尹。	光緒二三年、九、庚寅、四,1897.9.29;總理衙門請鑄"督辦山海關内外鐵路大臣關防"。
光緒二二年　丙申 (1896) 九、丙午、十四,10.20;	督辦鐵路公司事務	**盛宣懷** 津海關道開缺以四京候、理少。 廿六年、十一、己巳、一,1900.12.22;改宗人府丞。	八、辛未、九,9.15;由王文韶、張之洞會奏推荐。 光緒二八年、九、己未、二,1902.10.3;正太路併入。 同年九、丙戌、廿九,10.30;盧漢、粤漢兩路仍歸經理。
十二、丁丑、十七,1.19;	總理黑龍江吉林邊界鐵路公司事宜	**許景澄** 工左 (使德)	十、庚辰、十九,11.23;召回。
光緒二四年　戊戌 (1898)	督辦盧漢等處鐵路事宜	**張之洞**	湖督
六、壬辰、十,7.28;	會同督辦	(滿)**榮禄**	直督:八、辛卯、十,9.25;召京。
八、己酉、廿八,10.13;	會同督率籌辦	(滿)**裕禄**	直督:(八、甲午、十三,9.28;授。)
十、乙巳、廿五,12.8;	督辦津鎮鐵路	**胡燏棻** 候補侍郎	十二、癸巳、十四,1.25;撤差,許景澄代。
		許景澄 工左	十一、丁巳、八,12.20;上諭所指,包括"津盧、津榆、津鎮以及關内外已修未修各路"。
十、乙巳;	幫　辦	**張　翼**	江蘇補用道以四京候。 十二、癸巳;仍幫辦。

(督辦鐵路大臣年表)

年代	職銜	姓名	附注
(十一、庚戌、一，12.13；)	承辦太原至柳林鐵路	山西商務局	本日上諭指明："盧漢、粵漢兩要幹及寧滬、蘇浙、浦信、廣九等近幹要枝，均由總公司盛宣懷承辦。津鎮及山海關內外，責成胡燏棻辦。太原至柳林已由山西商務局承辦。廣西龍州已由蘇元春承辦。"
	承辦廣西龍州鐵路	蘇元春 廣西提督	
光緒二七年　辛丑 (1901) 九、戊辰、六，10.17；	督辦津榆鐵路	徐壽朋 外侍	實際是"妥爲經畫收回鐵路事宜。"
	會　辦	張　翼	
九、乙酉、廿三，11.3；	辦理京津榆關鐵路一切事宜	王文韶	**外會、(軍)
	會　辦	瞿鴻禨	外會、(軍)
	會　辦	張　翼	光緒二九年、十、丙子、廿六，1903.12.14；革。
十、己亥、七，11.17；	會　辦	胡燏棻	
十二、癸巳、一，1.10；	督辦關内外鐵路事宜	袁世凱 直督	王文韶改充督辦路礦大臣，瞿鴻禨會辦，張翼幫辦。
	會　辦	胡燏棻	
光緒二八年　壬寅 (1902) 七、甲申、廿六，8.29；	督辦津鎮鐵路	袁世凱	直督
	幫　辦	孫寶琦	光緒三二年、五、辛丑、五，1906.6.26；三京候任。 三四年、八、辛巳、廿八，1909.9.23；辭免。
光緒二九年　癸卯 (1903) 九、戊戌、十八，11.6；	管理龍州鐵路事宜	鄭孝胥	
十、戊辰、十八，12.6；	總辦黑龍江吉林邊界鐵路公司事宜	方　朗	吉林補用道

（督辦鐵路大臣年表）

年　代	職　銜	姓　名	附　注
光緒三三年　丁未 (1907) 三、甲辰、十三,4.25;	權理粵漢鐵路公司事宜	伍廷芳 張振勳	兩廣總督周馥電請。
△三、癸丑、廿二,5.4;	總理湖南鐵路事宜	袁樹勳	蘇松太道改順尹。 光緒三四年、正、辛亥、廿五,1908.2.26;遷民左。 三、丙戌、一,4.1;命仍總理。
十二、乙亥、十八,1.21;	督辦津浦鐵路大臣	吕海寰 會辦稅務大臣開缺。	會同直、蘇、魯各省督撫辦理。 宣統元年六月卸(見下)。
光緒三四年　戊申 (1908) 四、癸酉、十九,5.18;	總理湖南粵漢鐵路公司事宜	朱恩紱	奉錦山海關道開缺,賞四品卿銜。
六、甲戌、廿,7.18;	督辦粵漢鐵路大臣	張之洞	**(軍)
十二、丁巳、六,12.28;	督辦鄂境川漢鐵路大臣	張之洞	**(軍) 宣統元年、八、己亥、廿三,1909.10.6;死。 次日,命郵傳部妥協接辦。
宣統元年　己酉 (1909) 六、甲午、十七,8.2;	督辦津浦鐵路大臣 幫　辦	徐世昌 沈雲沛	郵尚(吕海寰卸) 署郵右
宣統三年　辛亥 (1911) △三、十四(壬子),4.12;	督辦廣西全省鐵路	趙炳麟	回籍御史
△三、廿八(丙寅),4.26;	督辦張綏鐵路	鄭　誠	郵傳部員外郎
四、戊子、廿,5.18;	督辦粵漢川漢鐵路大臣	(滿)端方	候補侍郎
	於粵漢川漢所轄境內會同辦理鐵路事宜	(滿)瑞澂 張鳴岐 (漢)趙爾豐 余誠格	湖督 廣督 署川督 湘撫

三、商務、商約大臣年表

年代	職銜	姓名	附注
光緒二五年　己亥 (1899) 十、丙申、廿二,11.24;	考察商務大臣	**李鴻章****	命前往通商各埠考察一切商務事宜。十一、辛酉、十七,12.19;署廣督。
光緒二六年　庚子 (1900) 十一、癸未、十五,1.5;	會辦商務大臣	**盛宣懷** 宗人府丞	光緒二八年、正、甲戌、十三,1902.2.20;遷工左。
光緒二七年　辛丑 (1901) 八、壬子、十九,10.1;	辦理商税事務大臣	**盛宣懷** 宗人府丞	命議辦通商行船各條約及改定進口税則一切事宜，就近會商江督劉坤一、湖督張之洞、税務司戴樂爾、賀壁理均著隨同辦理。
光緒二八年　壬寅 (1902) 正、丁丑、十六,2.23;	辦理商約大臣	**吕海寰** 工尚	又作"辦理商務大臣",或作"會議商約事宜"。
	會辦商約大臣	**盛宣懷** 工左	
六、辛亥、廿三,7.27;	督辦商務大臣	**張之洞** 湖督	九、癸亥、六,10.7;調署江督。光緒二九年二月召京，三十年三月回湖督原任。
九、壬午、廿五,10.26;	督辦商務大臣	**袁世凱** 直督	會同張之洞辦，並會議各國商約事宜。
	會辦商務大臣	**伍廷芳** 候四京	並會議各國商約事宜。
光緒三十年　甲辰 (1904) 五、庚子、廿二,7.5;	隨同辦理商約	**李經方** 候四京	吕海寰奏請留滬。光緒三一年、八、壬戌、廿二,1905.9.20;仍隨同吕海寰、盛宣懷等辦理。
光緒三四年　戊申 (1908)	會辦商約大臣	**盛宣懷** 郵右	光緒二九年、三、乙丑、十,1903.4.7;已命(工左)隨同袁世凱、張之洞、吕海寰、伍廷芳會議商約事宜。

四、電政大臣年表

年代	職銜	姓名	附注
光緒二八年　壬寅 (1902) 十二、癸卯、十七, 1.15;	督辦電政大臣 駐滬會辦大臣	**袁世凱** 直督 **吴重憙** (直布開缺) 候侍	電報收歸官辦。
光緒三二年　丙午 (1906) 三、癸未、十六, 4.9;	駐滬幫辦電政大臣	**楊士琦** 商左參	六、己丑、廿四, 8.13; 遷商右丞。 九、戊午、廿四, 11.10; 改商左丞。 十二、甲戌、十二, 1.25; 遷商右侍。

五、財政處大臣年表

光緒二九年　癸卯　(1903)	光緒三十年　甲辰　(1904)
(慶親王)**奕劻** (軍) 三、庚辰、廿五, 4.22; 總理財政處。 **瞿鴻禨** 外尚、(軍) 三、庚辰; 辦理財政事宜。 (滿)**那桐** 外會 九、丁酉、十七, 11.5; 會同辦理。 注: 關防作"欽命辦理財政事宜", 他書又作"總理財政處"。	(慶親王)**奕劻** (軍) **瞿鴻禨** 外尚、(軍) (滿)**那桐** 外會

光緒三一年　乙巳　(1905)	光緒三二年　丙午　(1906)
(慶親王)**奕劻** (軍) **瞿鴻禨** 外尚、(軍) (滿)**那桐** **外會 六、己未、十七, 7.19; 授協。 十二、辛亥、十三, 1.7; 遷體仁。	(慶親王)**奕劻** (軍) **瞿鴻禨** *外尚、(軍) 正、甲午、廿六, 2.19; 授協。 (滿)**那桐** **外會 [九、甲寅、廿, 11.6; 中央官制改組, 財政處併入度支部。]

六、土藥統稅大臣年表

年代	督辦土藥統稅事務	幫辦土藥統稅事務
光緒三一年 乙巳 (1905) 三、丙子、三,4.7;	**柯逢時** 前桂撫 十一、己卯、十,12.6;授户右。 管理八省土膏統捐事宜	
光緒三二年 丙午 (1906)	**柯逢時** 户右 九、乙卯、廿一,11.7;裁缺,授桂撫。 十一、丁未、十四,12.29;解桂撫。 督辦各省土藥統稅事宜	**程儀洛** 候四京 十一、丁未;任。 幫辦各省土藥統稅事宜
光緒三三年 丁未 (1907)	**柯逢時** (專任)	**程儀洛**
光緒三四年 戊申 (1908)	**柯逢時** (專任) 三、丙戌、一,4.1;授浙撫。 四、戊午、四,5.3;解浙撫。 督辦土藥統稅事宜	**程儀洛** **方碩輔** 四京候 三、己酉、廿四,4.24;任。 幫辦土藥統稅事宜
宣統元年 己酉 (1909)	**柯逢時** (專任)	**方碩輔**
宣統二年 庚戌 (1910)	**柯逢時** (專任)	
宣統三年 辛亥 (1911)	**柯逢時** (專任)	

七、稅務大臣年表

職　　衔	光緒三二年　丙午　(1906)	光緒三三年　丁未　(1907)
督辦稅務大臣	(滿)**鐵良** 户尚 四、癸丑、十六,5.9;任。 九、甲寅、廿,11.6;改陸尚,卸。 十一、丁未、十四,12.29;仍充。	(滿)**鐵良** 陸尚 (滿)**那桐** **外會 十二、丙子、十九,1.22;任。
會辦稅務大臣	**唐紹儀** 郵右兼署外右 四、癸丑;外右任。 九、甲寅;改郵右,兼署外右。	**唐紹儀** 郵右兼署外右 三、己亥、八,4.20;改奉撫。 **吕海寰** 七、丙辰、廿七,9.4;外尚開缺專任。

職　　衔	光緒三四年　戊申　(1908)	宣統元年　己酉　(1909)
督辦稅務大臣	(滿)**那桐** **外會、(軍、學) 十二、壬戌、十一,1.2;學習入直。 (滿)**鐵良** 陸尚	(滿)**那桐** **外會、(軍) 正、癸未、二,1.23;入直。 (滿)**鐵良** 陸尚
會辦稅務大臣		

職　　衔	宣統二年　庚戌　(1910)	宣統三年　辛亥　(1911)
督辦稅務大臣	(滿)**那桐** **外會、(軍) (滿)**鐵良** 陸尚 二、辛巳、七,3.17;病免。	(滿)**那桐** **外會、(軍)
會辦稅務大臣	**梁敦彦** 外尚 二、辛巳;任。 六、甲午、廿二,7.28;病免。	
幫辦稅務大臣	**胡惟德** 外左 六、甲午;任。	**胡惟德** 外左

八、禁煙大臣年表

光緒三四年　戊申　(1908)	宣統元年　己酉　(1909)
(恭親王)**溥偉** **鹿傳霖** *(軍) (滿)**景星** 協理開辦資政院事務 **丁振鐸** 協理開辦資政院事務 均三、壬辰、七,4.7;派充辦理禁煙大臣。	(恭親王)**溥偉** **鹿傳霖** **(軍) 九、丙寅、廿,11.2;遷體仁。 (滿)**景星** **丁振鐸**

宣統二年　庚戌　(1910)	宣統三年　辛亥　(1911)
(恭親王)**溥偉** **鹿傳霖** **(軍) 七、甲子、廿三,8.27;死。 (滿)**景星** (正月死) **丁振鐸** **陸潤庠** ** 七、乙丑、廿四,8.28;任。	(恭親王)**溥偉** 三、壬子、十四,4.12;病假,學尚唐景崇署。 四、己丑、廿一,5.19;解。 **陸潤庠** ** 六、辛巳、十五,7.10;解、(授讀)。 **丁振鐸** (順承郡王)**訥勒赫** 四、己丑;總理禁烟事務大臣。 (滿)**寶熙** 學左 閏六、己亥、三,7.28;任。

九、鹽政大臣年表

年　　代	督辦鹽政大臣	會辦鹽政大臣
宣統元年 己酉 (1909) 十一、乙丑、十九，12.31；	(鎮國公)**載澤** (貝子銜)度尚	(滿)**瑞澂** 湖督 (產鹽省分督撫均兼)
宣統二年 庚戌 (1910)	(鎮國公)**載澤** 度尚	(滿)**瑞澂** 湖督
宣統三年 辛亥 (1911) 八、庚戌、十六，10.7； (十一、壬辰、廿九，1.17；)	(鎮國公)**載澤** 度尚 四、戊寅、十，5.8；奕劻內閣度支大臣。 改爲鹽政院，仍兼充。 (定爲度支大臣兼任鹽政大臣) 併入度支部，由度支大臣兼任。	(滿)**瑞澂** 湖督

附：鹽政院主要職官

(宣統三年、八、己未、廿五，1909.10.16；任：)

鹽政丞	**晏安瀾**
總務廳長	**張茂炯**
總參議	**周蘊華**
南鹽廳長	**吳晉夔**
北鹽廳長	**雷多壽**

十、福建船政大臣年表

年　　代	職　　銜	姓　　名	附　　注
同治五年　丙寅 (1866)			六、庚寅、三，7.14；閩浙總督左宗棠奏請設廠。 八、壬寅、十六，9.24；調任陝甘總督，推荐沈葆楨主辦。
十、壬子、廿七，12.3；	船政大臣	**沈葆楨** 周開錫 胡光墉	前贛撫總司其事。 閩布　交予差遣 道員　交予差遣 光緒元年、四、壬辰、廿六，1875.5.30；授江督。 八、庚寅、廿六，9.25；荐閩按郭嵩燾。(時已命開缺以侍郎候補，出使英國大臣。)
光緒元年　乙亥 (1875) 十一、丁未、十四，12.11；	督辦船政大臣	**丁日昌**	服闋江蘇巡撫授福建巡撫兼任。 光緒四年、四、乙酉、六，1878.5.7；病免。
光緒二年　丙子 (1876) 三、己亥、七，4.1；	督辦船政大臣	**吴贊成**	順天府尹開缺以三京候。 光緒四年、四、丙戌、七，1878.5.8；署閩撫。 十、庚寅、十四，11.8；授光禄，仍署閩撫。 十、戊戌、廿二，11.16；病，卸署閩撫。 光緒五年、九、戊寅、八，1879.10.22；病免。
光緒五年　己卯 (1879) 九、戊寅、八，10.22；	代辦船政 督辦船政大臣	吴仲翔 **黎兆棠**	正、戊辰、廿四，2.14；道員任。 前直按賞三品卿銜任。 光緒八年、七、乙巳、廿一，1882.9.3；授光禄寺卿。 光緒九年、二、戊辰；解光禄，卸。

（福建船政大臣年表）

年代	職銜	姓名	附注
光緒九年　癸未 (1883) 二、戊辰、十七，3.25；	督辦船政事宜	張夢元	閩按開缺，賞三品卿任。 九、丙戌、九，10.9；授桂布，卸。
九、丙戌、九，10.9；	督辦船政大臣	何如璋	翰讀學任。 光緒十年、七、丙申；召京，授少詹，卸。
光緒十年　甲申 (1884) 八、丙申、廿五，10.13；	船政大臣	張佩綸	翰講學以三品卿銜會辦福建軍務，並兼署。 九、甲子、廿三，11.10；毋庸會辦軍務，專管船政。 十二、壬午、十二，1.27；革。
十二、癸未、十三， 1.28；	督辦船政事宜	裴蔭森	閩按兼署。 光緒十四年、二、丙戌、四， 1888.3.16；閩按開缺改以三京候，專辦船政。 光緒十五年、九、庚戌、七， 1889.10.1；授光祿，仍任。 光緒十六年、三、辛未；召京。(八月死)
光緒十六年　庚寅 (1890) 三、辛未、二，4.20；	兼管船政事務	卞寶第	閩浙總督兼管。 光緒十七年、十二、庚戌；召陛，卸。 光緒十八年、五、乙酉；病免。
光緒十七年　辛卯 (1891) 十二、庚戌、廿，1.19；	兼署船政大臣	(蒙)希元	福州將軍兼署閩浙總督並船政大臣。
光緒十八年　壬辰 (1892) 五、乙酉、廿八，6.22；	兼管船政事務	譚鍾麟	閩浙總督。 光緒二十年、十、乙丑；改川督，卸。
光緒二十年　甲午 (1894) 十、乙丑、廿二，11.19；	兼管船政事務	(漢)邊寶泉	閩浙總督(前豫撫授)。 光緒二二年、六、壬午；卸。

（福建船政大臣年表）

年代	職銜	姓名	附注
光緒二二年 丙申 (1896) 六、壬午、十八,7,28;	兼充船政大臣	(滿)裕祿	福州將軍 光緒二三年、十一、癸卯、十八, 1897.12.11;改川督,卸。
光緒二四年 戊戌 (1898) 閏三、癸亥、十,4.30;	兼充船政大臣	(滿)增祺	福州將軍 光緒二五年、三、壬申;改盛將,卸。
光緒二五年 己亥 (1899) 三、壬申、廿五,5.4;	兼充船政大臣	(滿)善聯	鄂布署福州將軍。 光緒二六年、四、乙酉、十四, 1900.5.12;卸兼,閩浙總督許應騤暫行兼管。
光緒二七年 辛丑 (1901) 二、癸亥、廿七,4.15;	會辦船政	沈翊清	補用道加四品卿銜任。 光緒二九年、閏五、丁亥、四, 1903.6.28;撤去會辦並四品卿銜。
五、丙戌、廿二,7.7;	兼管船政事務	(滿)景星	福州將軍 光緒二八年、三、丙戌、廿六, 1902.5.3;病免,閩督許應騤兼署福將,並兼管船政。
光緒二九年 癸卯 (1903) 閏五、甲申、一,6.25; 閏五、丁亥、四,6.28;	督辦船政事宜 會辦船政	(滿)崇善 魏　瀚	福州將軍 光緒三三年、六、庚申、一, 1907.7.10;病免。 廣西候補道賞四品卿銜。
光緒三三年 丁未 (1907) 九、丁酉、九,10.15;	兼管船政	(滿)樸壽	六、丁卯、八,7.17;閩浙總督松壽兼署福州將軍,並接管船政。 福州將軍 (至辛亥光復止)

各種文教衙門大臣年表

各種文教衙門大臣年表

一、學務大臣年表

光緒二二年　丙申　(1896)	光緒二三年　丁酉　(1897)
孫家鼐 工尚、禮尚 正、丙辰、廿一，3.4；命管理官書局。 十、辛卯、卅，12.4；工尚改禮尚。 管理官書局	**孫家鼐** 禮尚、吏尚 七、壬辰、五，8.2；禮尚改吏尚。 管理官書局

光緒二四年　戊戌　(1898)	光緒二五年　己亥　(1899)
孫家鼐 *吏尚 五、丁巳、五，6.23；授協。 管理京師大學堂事務	**孫家鼐** *吏尚 十一、戊辰、廿四，12.26；病免。 管理京師大學堂事務

光緒二六年　庚子　(1900)	光緒二七年　辛丑　(1901)
(管理京師大學堂事務)	**張百熙** 吏尚 十二、甲午、二，1.11；任管學大臣，管理京師大學堂事務。 管學大臣(管理京師大學堂事務)

（學務大臣年表）

光緒二八年　壬寅　(1902)	光緒二九年　癸卯　(1903)
張百熙 吏尚 管學大臣（管理京師大學堂事務）	**孫家鼐** ** 十一、丁未、廿七，1.14；任。 **張百熙** 吏尚 （蒙）**榮慶** 户尚、（軍） 八、壬申、廿一，10.11；刑尚改禮尚。 九、丙申、十六，11.4；禮尚改户尚。 十一、丁未；會同管理京師大學堂事務。 **張之洞** 湖督 十一、丁未；命會同張百熙、榮慶商訂大學堂章程。 學務大臣 十一、丁未；改管學大臣爲學務大臣。

光緒三十年　甲辰　(1904)	光緒三一年　乙巳　(1905)
孫家鼐 ** **張百熙** 吏尚 （蒙）**榮慶** 户尚、（軍） 學務大臣	**孫家鼐** ** 十一、己卯、十，12.6；卸。 **張百熙** 户尚 四、丙午、四，5.7；吏尚改户尚。 十一、己卯；卸。 （蒙）**榮慶**（軍） 十一、己卯；户尚改學尚。 [十一、己卯；設置學部。]

二、禮制大臣年表

禮學館

年代	職銜	姓名
宣統元年 己酉 (1909)	總理禮學館事務	**陳寶琛** 閏二、甲申、四,3.25;前閣學任。 宣統二年、三、丙午、二,1910.4.11;仍授閣學。 宣統三年、五、己未、廿二,1911.6.18;裁缺改授晉撫。
宣統三年 辛亥 (1911)	總理禮學館事務	**于式枚** 五、庚申、廿三,6.19;吏左任。

典禮院

年代	掌院學士	副掌院學士
宣統三年 辛亥 (1911)	**李殿林** 六、辛卯、廿五,7.20;協、吏尚授。 (十二、甲寅、廿一,2.8;修墓假。)	**郭曾炘** 六、辛卯;禮右授。 (十二、甲寅;署掌院學士。)
	郭曾炘 (十二、甲寅;副掌院學士署。)	**劉　果** (十二、甲寅;學士署。)

四、戊寅、十,5.8;奕劻内閣成立,禮部改設典禮院。六、辛卯、廿五,7.20;並任命缺裁各員:

學士

(?)**毓隆**(閣學)

(?)**溥善**(閣學)

楊佩璋(閣學)
十二、甲辰、十一,1.29;病免。
十二、己酉、十六,2.3;候三、四京柯劭忞任。

李聯芳(閣學)

許澤新(閣學)

(宗室)**英綿**(禮右丞)

劉　果(禮右丞)

易　貞(軍機領班三品章京)

直學士

朱彭壽(陸左丞)

孫紹陽(吏右丞)

渠本翹(候三京)

朱恩紱(候三京)

曹廣權(禮左參)
十一、庚午、七,12.26;病免。

李擢英(禮右參)
七、丁亥、廿二,9.14;吸煙,革。

(蒙)**延昌**(閣讀學)

(宗室)**毓善**(吏左參)

總務廳長　**端緒**(禮郎署右參)

附　　録

人 名 録

姓氏檢字表

人　名　録

符號説明

(1)有＊符號加在人名前的，表示係暫署、護理或不屬本書各表範圍的其他差派人員。(2)有△符號加在人名或官名前的，表示已在武昌起義之後。(3)有(　)加在謚號之外的，係民國時代"清室"所給僞謚。(4)有●或⊙符號加在人名前的，表示改名和原名的互見，説明以有⊙的爲主。

二　畫

丁乃揚　少蘭。浙歸安。順尹；宣二罷。

丁士一　魯日照。康四五進士。晉布；雍四解。

丁士傑　順大興。康五二武榜眼。黔提；乾十八降左江鎮，旋革。乾二九死。

＊**丁之龍**　順二，招撫雲貴。

丁仁長　伯厚。粤番禺。光九庶。光十七，黔鄉正考。

丁日昌　禹(雨)生。粤豐順。廩貢。閩撫；光四病免。直總；光八死。

丁文盛　漢鑲黄。魯撫；順四革。閩左布；順七死。

丁立鈞　叔衡。蘇丹徒。光六庶。光十七，湘鄉副考。

丁立榦　質夫，桐生。蘇丹徒。同十庶。詹事；光二十死，年五八。

丁田樹　芷谿；鏡山。皖懷寧。乾十六庶。乾二七，川鄉副考。

丁守存　心齋。魯日照。道十五進士。道二九，桂鄉副考。

丁汝昌　禹庭。皖廬江。北洋海軍提督；光二一戰敗自殺。

丁廷讓　贛按；乾十七召京。

丁思孔　景行；泰巖。漢鑲黄。順九庶。雲督；康三三死。

丁　峻　浙按；光二五罷。

丁　浩　子然。豫汝州。道十八進士。咸二，贛鄉副考。

丁　泰　萊公，洛湄。魯日照。順十五進士。康十六，浙鄉副考。

丁振鐸　聲伯；巡卿。豫羅山。同十庶。閩督；光三三免。協理開辦資政院事宜，禁烟大臣，弼德院顧問。

丁培鎰　魯黄縣。咸二庶。同三，閩鄉正考。

丁惟禔　魯日照。光十五庶。光十九，陝鄉正考。

丁紹周　濂甫；亦溪，召南。蘇丹徒。道三十庶。光禄；同十二罷。

丁善慶　伊輔。順宛平，湘善化人。道三庶。道十六，桂學。同八死，年八十。

丁　煒　瞻汝。閩晉江。諸生。鄂按；康二七降調，旋死。

△**丁道津**　佩瑜。黔平遠。候補道署魯按。

丁　壽　阿爾泰將軍；雍二革。

丁壽昌　樂山。皖合肥。直按；光六死。

丁嘉葆　誦孫。蘇武進。道十八庶。道二六，黔學。

丁　槐　衡三。滇鶴慶。桂提；光三四召京。

丁　澎　飛濤。浙仁和。順十二進士。順十四，豫鄉副考。

丁寶楨　稚璜。黔平遠。咸三庶。川督；光十二死，文誠。

丁寶銓　衡甫；默存。蘇山陽。光十五進士。晉撫；宣三病免。

丁體常　寶楨長子。慎五。黔平遠。粤布，護桂撫；光二九假。宣元死，年六九。

七十五　(一)凉州將軍；乾十九休。

七十五　(二)青海辦事大臣；乾三一召京。

七十五　(三)滿正黄。川提;嘉六解。

七克新　盛工;乾元召京。

*七神保　乾六,江寧副都署將軍。

九十　滿鑲黄。桂提;嘉十九死。

九成　黔按;乾二四罷。

二郎保　理右;康五二罷。

二格　工左;乾三罷。左副;乾十三革。

二鬲　禮左;康五五罷。

八十六　滿鑲白。江將;嘉二五休。道十四死,壯僖。

八十五　綏將;乾十四改正紅滿副。

刁承祖　步武。直祁州。康五四進士。粵布;乾四死,年六八。

卜景超　順固安。康十八進士。康三六,黔學。

卜爾山　大理(滿缺);順九罷。

卜顏喀代　禮主(滿缺);順九,殿試讀卷。

三　畫

三全　滿正紅。寧將;乾四三革,乾五九死。

*三官保　康五四,署黑將。

三和　滿鑲白。工尚;乾十四降侍郎。工左,内大臣;乾三八死,誠毅。

三泰　(一)滿鑲黄。協,禮尚;乾十休,乾十四死,文恭。

三泰　(二)漢正白。户左,軍;乾二三休,旋死,果勇。

三德　滿鑲紅。桂提;乾五三死,昭毅。

三寶　覺羅。禮左;康三九革。

三寶　滿正紅。乾四繙譯進士。東閣;乾四九死,文敬。

上官鉉　晉翼城。順十六進士。左副;康十一降常少,康二二死。

于三賢　滇布;康三六罷。

于之士　宗人府丞;順十四罷。

于可託　魯文登。順十二進士。户左;康十八革。康二六死。

于式枚　晦若;穗生。桂賀縣。光六庶。郵右;光三三赴德考察憲政。學右。△修訂法律大臣。民初死,年六三,(文和)。

于成龍　(一)北溟;于山。晉永寧。明貢生。江督;康二三死,年六八,清端。

于成龍　(二)振甲。漢鑲黄。廕生。河督;康三九死,年六三,襄勤。

于　辰　向之;北墅。蘇金壇。雍五庶。乾四,閩學。

于明寶　蘇金壇。順四進士。順五,粵鄉正考。

于易簡　魯布;乾四七革。

于　枋　小謝;午晴。蘇金壇。雍二庶。雍十三,魯鄉副考。

于朋舉　襄子;念劬。蘇金壇。順六庶。湘布;康十降。死年五六。

于建章　殿候。桂臨桂。同四榜眼。同六,晉學。

于祖武　嘉三,陝鄉副考。

于重華　江南按察;順三罷。

于凌辰　吉伯都訥廳。道二四進士。通政;光四病免。

于　振　鶴泉。蘇金壇。乾元庶。雍四,鄂學。

于時躍　漢正白。諸生。廣西總督;康三解,旋死。

于清廉　保定巡撫,順六裁免。

于敏中　重常,叔子;耐圃。蘇金壇。乾二狀元。文華;乾四四死,文襄。

于雯峻　蘇金壇。乾十九進士。滇學;乾四三降。

于嗣登　岱仙。直安州。順三進士。刑右;康十五降光禄。大理;康十八病免。

于　準　成龍孫。子繩;萊公。晉永寧。廕生。蘇撫;康四八解,雍三死。

于　鼎　鏡兆。蘇金壇。乾四十庶。乾四八,桂學。

于漢翔　蘇金壇。康二一進士。康三九,晉學。

于際清　粵左布;順十八罷。

于齊慶　海帆。蘇江都。光十二庶。光三三,粵學使。

于　廣　天如。魯膠州。康四八庶。雍四,豫學。

于德培　子樸,修吉。川營山。嘉十三庶。嘉十六,浙鄉副考。

于蔭霖　次棠;樾亭。吉伯都訥廳。咸九庶。桂撫;光二七解。光三十死。

于養志　川撫;康三九革。

于覺世　子先;赤山。魯新城。順十六進士。康二十,浙鄉副考。布參政;康三十死,年七三。

于變龍　魯右布;順三降。粵右布;順十八罷。

土國寶　晉大同。明總兵。江寧巡撫；順八革，自殺。

四　畫

中常　閣學；同三休。

中福　烏魯木齊提督；道二四病免。

丹岱　兵右；康二七改杭州副都。杭將；康四二休。

丹達禮　黔布；康三六罷。

五　吉　左都；乾三十革。

五訥璽　川布；乾三十派往和闐。

五福　(一)滿洲。滇提；乾三四革。

五福　(二)漢軍。工右；乾三一革。

五福　(三)滿鑲白。桂提；乾四八死。

五誠額　奉尹；嘉十二罷。

五靈阿　蒙正白。通政；乾八遷閣學，改名伍齡安。

亢保　蒙正藍。乾七進士。黔布；乾二八解。

亢得時　晉太原。漕督；順十六死。

仁和　滿鑲黃。甘提；乾四六革，乾五十死。

仇兆鰲　滄柱。浙鄞縣。康二四庶。吏右；康五十病免。

介山　滿鑲藍。禮尚；康二三病免，康三四死。

介孝瑹　荆韶。晉解州。康三九庶。康五十，閩鄉正考。

介福　受兹；景庵，野園。滿鑲黃。雍十一庶。禮左；乾二七死。

介錫周　鼎卜；岡卿。晉解州。康六十進士。黔按；乾十四召京。僕少；乾十七休，乾三十死。

公　元　魯按；雍七罷。

●公春　恭泰榜名。

公峨　黔布；嘉九革。

公泰　鄂布；乾二五罷。

允禔　聖祖第一子，直親王。康二九，副將軍。革爵；雍十二年死。

允禩　聖祖第八子，廉親王。雍三，辦理理尚。雍四革爵，旋幽死。

允禄　聖祖第十六子，莊親王。雍十三，總理事務，辦理軍機處事務。乾三二死，年七三，恪。

允禮　聖祖第十七子，果親王。雍十三，總理事務，辦理軍機處事務。乾三死。

允禵　聖祖第十四子，恂郡王。康五七，撫遠大將軍。雍三，降貝子，幽。乾元釋，輔國公；二十年死，勤。

元展成　允修。直静海。黔撫；雍十三革。甘撫；乾六革。乾九死。

元禄　太常；道二一罷。

升允　吉甫。蒙鑲藍。舉人。陜督；宣元免。△署陜撫，頑固抗拒光復。

升泰　竹珊。蒙正黃。駐藏大臣；光十八死，恭勤。

卞士雲　光河；竹辰。蘇儀徵。道三庶。浙布；道二三罷。

卞三元　桂林。漢鑲紅。雲督；康七乞養。康三六死，年八二，恪敏。

卞永式　漢鑲紅。川布；康四九解。

卞永譽　令之。三元子。漢鑲紅。廕生。閩撫，刑左；康五十病免。康五一死，年六八。

卞塔海　盛禮；乾二八改正紅漢副。

卞寶第　士雲子。頌臣。蘇儀徵。舉人。閩督；光十八病免，十九年死。

尹壯圖　楚珍，萬起。滇昆明，蒙自人。乾三一庶。閣學；乾五六革戍。嘉十三死。

尹泰　滿鑲黃。東閣；乾三休，同年死，文恪。

尹源進　粤東莞。順十二進士。順十七，陜鄉正考。

尹琳基　琅若。魯日照。同二庶。光五，陜鄉正考。

尹會一　元孚；健餘。直博野。雍二進士。豫撫，左副；乾五乞養。吏右；乾十三死，年五八。

尹嘉銓　會一子。直博野。舉人。大理；乾四三休，四六年死。

尹銘綬　佩之。湘茶陵。光二十榜眼。光二六，魯學。

尹濟源　東沇；竹辰。魯歷城。嘉十三庶。鄂撫；道十六免。

尹繼善　尹泰子。元長；望山。滿鑲黃。雍元庶。文華，軍；乾三六死，文端。

巴山　滿鑲黃。甲喇章京駐防江寧；順九召京。康十二死。

巴尼琿　黔按；乾五一罷。

巴克坦布 敦甫。漢正黄。兵左;光二二病免。

巴延三 覺羅,隸正紅。廣督;乾四九革。户尚;乾五六革。盛刑;乾五七解。乾六十死。

巴忠 理左;乾五六解。

巴哈布 (一)覺羅。晉按;康四四召京。

巴哈布 (二)蒙正黄。湘撫;嘉二三解。

巴哈布 (三)蒙正藍。江將;道十七死,勤勇。

巴哈納 覺羅,隸鑲白。户尚;順八革。秘書學士;康五死,敏壯。

巴哈達 滇按;乾二六罷。

巴彦弼 巴里坤提督;乾三八召京。

•巴彦泰 咸三,福州副都署將軍。

巴彦學 覺羅,隸鑲白。左副;乾五九死。

巴查爾 太僕;康五十罷。

巴格 户右;康六降。

巴海 滿鑲藍。襲一等男。吉將;康二二革。鑲藍蒙都;康三五死。

巴泰 (一)漢鑲藍。一等子。中和;康十六休。正黄漢都;康二三休。康二九死,文恪。

巴泰 (二)滿正白。工尚;雍十三革。

巴都禮 滿鑲藍。兵右;順元死。

巴寧阿 漢正白。盛工;嘉八降佐領。嘉十八死。

•巴棟阿 咸十,江寧副都署將軍。

⊙巴渾德 卽巴琿岱;伊爾德孫,襲一等侯。滿正黄。荆將;康三十改正黄滿都。領衛;雍元死,恪恭。

巴揚阿 玉農。滿正黄。荆將;光二死,威勤。

巴雅爾鍕克託 閣學;道二三革。

巴瑋阿 江將;道十二休。

巴祿 班第子,襲一等公。蒙鑲黄。綏將;乾三三改察都。乾三五死。

●巴琿岱 卽巴渾德。

巴圖 定左;乾四五革。

巴綳阿 太僕;嘉十九改科布多參贊。

巴錫 滿鑲黄。雲督,户右;康四五解。

巴賽 宗室,隸鑲藍。輔國公。吉將;雍二召京。副將軍,雍八護靖邊大將軍。雍九死,襄愍。

巴濟納 盛禮;雍元休。

巴　顔 李永芳第五子,襲一等伯。漢正藍。順二,定西大將軍左翼。順九死,年三三。

巴顔柱 兵右;康五四革。

巴顔泰 閣學;雍十一罷。

巴　蘘 甘按;康六一罷。閣學;雍二休。

巴靈阿 滿洲。西寧;乾五改正藍滿副。吉將;乾十一革。

屯　泰 漢正藍。閩督;順十三召京。

屯泰 吏右;康二十罷。

•尤清 雍七,川驛鹽道署按察。

尤　渤 甘武威。江提;道二九病免,咸二死。

孔印樾 順十八,豫學。

孔自洙 浙桐鄉。順六進士。順十,閩學。

孔有德 漢正紅。恭順王。順三,平南大將軍。順九死,武壯。

孔尚先 念庵。魯寧海州。康三六庶。康五一,晉學。

孔昭虔 元敬;荃溪。魯曲阜。嘉六庶。黔布;道十二病免。

孔祥霖 少霑。魯曲阜。光三庶。宣三,豫學使。

孔郭岱 閣學;康十八罷。

孔傳炣 振斗。魯曲阜。乾四進士。寧布;乾四四休。同年死,年六七。

孔傳焕 蘇按;乾四解。

孔傳綸 言如;蘿鷗,繭蘭。浙錢塘。嘉十四庶。嘉二一,川鄉副考。

孔毓文 蘇句容。乾十九進士。浙按;乾四五罷。

孔毓珣 璞巖。魯曲阜。南河;雍八死,温僖。

孔毓璞 魯曲阜。左都;雍十三革。

孔興洪 閩按;康二五罷。

孔廣順 陝提;咸五革。

孔慶鏘 稷臣;誠甫。魯曲阜。道十六庶。黔按;咸五病免。

孔繼尹 滇通海。嘉十九進士。桂布;道二八解。

扎什扎木素 寧將;乾四四降。

扎拉芬 (一)左副;康二十罷。

扎拉芬 (二)福將;嘉二四改鑲黄蒙都。

扎拉芬 (三)滿正黄。西將;咸五戰死,武介。

扎拉芬泰 南山。滿正黄。伊將;咸十死。

扎拉豐阿 滿正黄。乾十九,定西將軍;乾二十,改右將軍。

扎郎阿 滿正紅。兵右;嘉十三改鑲白蒙都。嘉十八死。

扎勒罕泰 滿鑲黄。西將；咸元死，威恪。

扎勒杭阿 西將；嘉十一改鑲白蒙都。

扎勒翰 閣學；乾五四罷。

扎爾漢 閣學；乾四七罷。

扎　賴 左副；康三六休。

毛一麟 江南右布；順十八罷。

毛文銓 漢鑲白。京口將軍；雍五解。

毛永燮 順大興。乾七進士。乾二一，鄂學。

毛式郇 伯雨，雨甘。魯歷城。嘉元庶。吏右；道二三罷。

毛昶熙 樹棠子。旭初；鏡海。豫武陟。道二五庶。兵尚，總；光八死，文達。

毛　逵 贛新昌。順十五進士。康十一，桂鄉副考。

毛濟秀 魯掖縣。順十五進士。康二三，滇學。

毛鳳儀 宇春，羽香；春江。蘇吴縣。乾四十庶。乾四八，川鄉副考。

毛慶蕃 實君。贛豐城。光十五庶。甘布；宣元革。

毛輝祖 錦浦；敬園。魯歷城。乾十庶。乾二七，閩鄉副考。

毛震壽 陝布；同二革。

毛樹棠 芾村。豫武陟。嘉二二庶。倉侍；道二三病免。

毛鴻賓 寅庵；翊雲、寄雲。魯歷城。道十八庶。廣督；同四降。同七死。

毛　謨 吟樹。浙歸安。嘉四庶。閣學；道元罷。

方大湜 菊人。湘巴陵。諸生。晉布；光八降，休。光十二死。

方大猷 歐餘。浙烏程。魯撫；順二降道員。江南按察，順八免。順十七死。

方元啓 浙開化。順十八進士。康十七，豫鄉副考。

方世儁 毓川。皖桐城。乾四進士。湘撫；乾三四革，殺。

方　旭 宣元，署川學使。

方汝翼 右民；直清苑。舉人。贛布；光二一病免。

方受疇 皖桐城。監生。直督；道二死。

方　苞 鳳九，靈皋；望溪。皖桐城。舉人。禮右；乾二解。三禮館總裁；乾四解。乾十四死，年八二。

方　昂 叔駒，詡庵；坳堂。魯歷城。乾三六進士。蘇布；嘉五死，年六一。

方　振 叶文；容齋。贛南昌。嘉六庶。嘉二四，武會副考。

方若珽 皖桐城。順四進士。順五，晉鄉副考。

方　朗 光二九，吉補用道總辦吉黑邊界鐵路公司。

方　猶 壯其。浙遂安。順九庶。順十四，江鄉正考。

方象瑛 渭仁；霞莊；金門大隱。浙遂安。康十八庶。康二十，川鄉正考。

方　煒 燮和。皖定遠。乾三七庶。乾五三，晉鄉副考。

方載豫 甘按；嘉二四罷。甘布；道十三休。

方　墉 既堂。浙錢塘。道十八庶。道二三，晉鄉正考。

方碩輔 豫汝州。舉人。宣元，候四京幫辦土藥統税事宜。

方維甸 觀承子。南藕；葆嚴。皖桐城。乾四六進士。閩督；嘉十五乞養。嘉二十死，勤襄。

方履中 開祥；玉山。皖桐城。光二九庶。宣三，川學使。

△方燕年 皖定遠。光十六進士。魯學使。

方　錯 楚金；鐵君。皖定遠。道九庶。道十七，鄂學。

方　濤 順寶坻。嘉二五進士。魯按；道二三解。

方濬頤 子箴；飲茗。皖定遠。道二四庶。川按；光五革。

方　績 川布；嘉十九罷。

方　覲 近雯；石川，薔汀。蘇江都。康四八庶。陝布；雍八死，年五十。

方　耀 照軒。粤普寧。粤水提；光十七死。

方　顯 周謨。湘巴陵。歲貢。桂撫；乾六病免，旋死。

方　體 皖績溪。乾五五進士。鄂按；嘉二四病免。

方觀承 遐穀；問亭，宜田。皖桐城。直督；乾三三死，年七一，恪敏。

文安 湘提；咸十一罷。

文光 鏡堂。滿鑲藍。同十進士。新布；光二七病免。

文廷式 芸閣；道希。贛萍鄉。光十六榜眼。光十九，江鄉正考。

文志鯨 石濤；汍瀾。湘桃源。康三十庶。奉尹；康六十死。

文孚 秋潭。滿鑲黄。監生。文淵，軍；道十六休。道二一死，文敬。

文沖 子和；一飛。滿正紅。東河；道二一革。

文岱 霞青。滿鑲白。康三九庶。康四四，黔學。

文治 叔平。滿鑲紅。同四庶。兵右；光二九病免。

文保 滿鑲藍。雍二進士。詹事；乾十八罷。

·文俊 蒙鑲黄。臨元鎮署閩陸提；咸四死。

文俊 秋山。滿鑲紅。刑右，西寧辦事大臣；咸十召京。

文奎 滿正藍。道二六，繙譯舉人。閣學；同八改。

文柱 蘇布；道二六病免。

文 炳 卓峰。漢正白。贛按；宣三病免。

文格 式岩。滿正黄。魯撫；光五降。

△文泰 宣三，△廣州副都署將軍。

文海 (一)笙陔。滿鑲藍。光十五繙譯進士。閣學；光三四革。

文海 (二)文治弟。仲瀛。滿鑲紅。駐藏大臣；光二六死。

⊙文祥 (一)即文祺。滇提；咸九降總兵。

文祥 (二)博川。滿正紅。道二五進士。武英，軍，總；光二死，文忠。

文康 鐵仙。滿鑲紅。駐藏幫辦；道二六病免。

文彩 宗室，隸鑲白。廕生。工尚；咸十病免，旋死。

文彬 質夫。滿正白。咸二進士。漕督；光六死。

文清 福將；同二召京。

文琳 貢三。漢正黄。刑右；光二四死。

⊙文寧 即文幹。蔚其。滿正紅。豫按；嘉二三革。駐藏；道三死。

文弼 駐藏；嘉十六降。

文惠 禮左；咸十一病免。

文禄 直按；乾四六病免。

●文祺 文祥(一)改名。

●文幹 文寧改名。

文發 湘按；咸五罷。

文暉 葵卿。蒙鑲紅。盛禮；光十四罷。

文煜 星巖。滿正藍。武英；光十死。

文瑞 (一)小雲；叔安。滿鑲紅。道二一庶。刑右；咸四病免，同元死。

文瑞 (二)芝亭。滿鑲黄。襲二等男。西將；宣三自殺。

文進 理左；康三二死。

文圖 滿正紅。滇提；嘉三病，嘉五死。

文碩 俶南。滿鑲紅。駐藏；光十四召京。

文興 蒙正藍。太常；光十一罷。盛禮；光二五罷。

文綬 滿鑲白。監生。川督；乾四六革，乾四九死。

文綸 滿正藍。嘉十六進士。黔按；道三十罷。

文 緒 漢鑲黄。黑將；光十二病免。

文德和 理右；道二十罷。

文慶 永保孫。孔修。滿鑲紅。道二庶。武英，軍；咸六死，文端。

文徵 黔按；宣三解。

文澂 秋瀛。滿鑲紅。同二庶。刑右；光五病免。

文輝 友石。贛布；同十一召京。

文蔚 露軒。滿正藍。嘉二五庶。户右，參贊；道二十二革。奉尹；咸五死。

文霈 魯布；嘉十罷。

文謙 直布；同元召京。同三，正白漢副充册封朝鮮世子副使。

文麟 皖按；道二二召京。

支恒榮 季卿。蘇丹徒。光三庶。浙學使；宣元病免。

支清彦 少鶴。浙海鹽。道十八庶。道二八，川學。

戈 岱 東長；叔龕。直景州。乾七庶。乾四四，桂學。

戈 源 仙舟；橘浦。直獻縣。乾十九進士。乾五七，晉學。

戈 濤 戈源弟。芥舟；蓮園，巨源。直獻縣。乾十六庶。乾三三，閩鄉副考。

木和林 滿洲。左都；乾二二休。

牛天畀 晉太谷。川北鎮署黔提；乾三八戰死，毅節。

牛 坤 直天津。嘉四進士。嘉二一，滇學。

牛枯納 刑左；康五一罷。

牛鈕 (一)樞臣。滿正藍。康九庶。閣學;康二五死,年三九。

牛鈕 (二)滿正白。禮左;雍三降。乾二死。

牛樹梅 雪橋。甘通渭。道二一進士。川按;同三召京。光初死,年八四。

牛　鑑 鏡堂;雪樵。甘武威。嘉十九庶。江督;道二二革。署豫按。咸八死。

王一正 陝提;康三解,降。

王一品 鳳陽巡撫;順六裁免。桂撫;順八病免。

王一鳳 黔提;道二八病免。

王一導 雍二,浙鄉副考。

王一驥 千里;念石。魯蓬萊。順三庶。順八,閩鄉正考。

王人文 采臣。滇太和。光十二進士。宣三,川布護督改川滇邊務大臣。

王乃徵 聘三;病山,平珊。川中江。光十六庶。宣二,鄂布護督。宣三,黔布。

王又旦 幼華;黃湄。陝郃陽。順十六進士。康二三,粵鄉正考。

王九鼎 陝三原。順十八進士。康十七,豫鄉正考。

王九齡 項齡弟。子武;薜澱。蘇華亭。康二一庶。左都;乾四八死。

王士禎 子真,貽上;阮亭。魯新城。順十五進士。刑尚;康四三降。康五十死,年七八,文簡。

王士俊 犀川,灼三。黔平越。康六十庶。河東;雍十三解。兵右署川撫;乾元革。

王士珍 聘卿。直正定。北洋武備學堂。光三二,軍政司正使署陸右。光三二,署江北提督。△署湖督。袁閣陸軍大臣。

王士棻 蘭圃;檢齋。陝華州。乾十九庶。蘇按;乾五五革。授刑員;乾五七休。嘉元死。

王士祿 士禎兄。子底;西樵山人。魯新城。順十二進士。康二,豫鄉正考。

王士錀 粹金。漢鑲藍。康四二庶。康五一,贛鄉正考。

王大經 鄂布;光九病免。

王大鶴 子野;露仲。順通州。乾二二庶。乾四二,豫學。

王中孚 木舟;蓼谿。魯諸城。乾二五庶。乾二七,豫鄉副考。

王之春 芍棠。湘清泉。皖撫;光二七解。桂撫;光二九革。

王之科 弘文學士;康六降。

王之鼎 公定。漢正紅。襲一等子。京口將軍;康十五參贊軍務。川提;康十九戰死,忠毅。

王之樞 恒麓;靈石。直定州。康二四庶。吏右;雍元派往布隆吉爾。死年六五。

王之翰 次屏。魯濰縣。道二四庶。閣學;光八休。

王之麟 魯陽穀。康四五進士。浙按;雍二召京。左副;雍五降。

王仁堪 慶雲孫。可莊。閩閩縣。光三狀元。光六,晉學。

王仁寶 浙按;光三二病免。

王化鶴 六翰。豫武陟。康十五庶。康二三,滇鄉正考。

王以巽 閣學;雍十一罷。

王以銜 鳳丹,署冰;勿庵。浙歸安。乾六十狀元。禮右;道三死,年六三。

王以慜 文悔;夢湘,古傷。湘武陵。光十六庶。光二十,甘鄉副考。

王公弼 户右;順五革。

王允中 魯黄縣。嘉二二進士。湘按;道二十罷。

●**王允謙** 王憲曾榜名。

王元炎 方輅。魯諸城。乾三一庶。乾三九,閩鄉副考。

王引之 安國孫,念孫子。伯申;曼生。蘇高郵。嘉四進士。工尚;道十四死,文簡。

王　升 川南充。康二七進士。康四四,豫鄉正考。

王尹方 鶴汀。晉安邑。康十二庶。閣學;康三二乞養。康三三死。

王天成 太常;康十一罷。

王天眷 魯濟寧。順三進士。工左;康十二降。

王天祿 石渠;乙齋。順大興,蘇丹徒人。乾四三庶。乾五七,贛鄉副考。

王天鑑 近微;毅州。直萬全。順三進士。順十一,魯鄉副考。康二十死,年六十。

王太岳 基平;芥子。直定興。乾七庶。滇布;乾四十降,授司業。乾四三死。

王日高 鑒玆,登儒;北山。魯茌平。順十五庶。康二,江鄉副考。康十七死,年四八。

王日曾 蘇溧陽。康十二進士。康二三,桂鄉正考。

王日藻 蘇華亭。順十二進士。户尚;康二七省假。

王文在 念堂。晉稷山。同七探花。同十二,鄂學。

王文奎 清遠。漢鑲白,浙會稽人。明諸生。漕督;順四革。復授;順十一降。

王文湧 光禄;嘉十罷。

王文雄 順大興。行伍。粤提;康五七解。雍元死,年六二。

王文雄 叔師。黔玉屏。行伍。陝提;嘉五戰死,壯節。

王文韶 夔石;耕娱,退圃。浙仁和。咸二進士。武英,軍;光三三休。光三四死,年七九,文勤。

王文錦 雲舫。蘇阜寧。咸九進士。吏右;光二二死。

王世仕 惠仲。黔貴築。乾七庶。乾十六,閩鄉副考。

王世臣 浙提;康五十休。

王世琛 寶傳。蘇長洲。康五一狀元。雍三,魯學,死於任。

王世琪 丙青。湘寧鄉。光十五進士。光三四,法左參改總檢察廳廳丞。△大理。

王　丙 淵之;蘭卿。浙歸安。嘉十九庶。道十二魯學。

王丕烈 述文;東麓,木齋。蘇青浦。雍五庶。豫按;乾十憂免。

王丕釐 子蕃。鄂黄岡。光六庶。光十四,滇學。

王正志 灝夫。直静海。明户左。延綏巡撫;順六死。

王正雅 湘石門。黔按;宣元憂免。

王正誼 川達縣。道十二進士。豫按;同五病免。

王仕任 華野。魯登州。閩撫;乾五革。

王　令 陝渭南。粤按;康二十罷。

王功成 魯博平。順六進士。皖按;康十四罷。

王印祚 大理;康十一罷。

王可大 豫武安。康十五進士。康三二,贛鄉副考。

王可臣 漢正白。粤提;康十七死,襄敏。

王永吉 鐵山;修之。蘇高郵。明總督。國史;順十五降。順十六死,文通。

王永譽 國光子。孝揚。漢正紅。廣東將軍;康二六改正紅漢都。康四三死。

王用霖 繼文子。漢鑲黄。魯布;雍七罷。

王　仲 順十七,晉鄉副考。

王仲愚 拙安;蔭臺。魯濟寧。乾三四庶。乾四五,粤鄉正考。乾四七死,年四七。

王任重 魯按;順四罷。

王同昌 漢正白。魯撫;康四三解。

王同春 晉沁水。順三進士。順十五,上江學政。

王同愈 勝之。蘇元和。光十五庶。宣二,贛學使。

王如辰 北埜。魯膠州。順十二進士。康十九,桂學。康三一死,年六七。

王守才 閣學;康十二罷。通政;康二五解。

王安國 書城;春圃。蘇高郵。雍二榜眼。吏尚;乾二一休。乾二三死,年六四,文肅。

王汝棐 浙松陽。順十二進士。康五,閩鄉副考。

王汝璧 鎮之。川銅梁。乾三一進士。刑左;嘉十病免,嘉十一死。

王成功 順十八,陝學。

• **王成璐** 蓮普。鄂江夏。道三庶。咸六,滇鹽道署布政。

王自新 康三,湖學。

王有齡 雪軒。閩侯官。捐納。浙撫;咸十一死,壯愍。

王兆業 寧布;乾五三罷。

王兆琛 叔玉;西坡,西舶。魯福山。嘉二二庶。晉撫;道二九革。

王兆夢 粤陸提;道元死,勇慎。

王企埥 苾遠。直雄縣。康二四進士。贛撫;雍元召京。

王光裕 漢鑲紅。舉人。總河;康十六解。

王先謙 葵園;益吾。湘長沙。同四庶。光十一,蘇學。

王含光 豫按;順十四罷。

王克莊 雍五,鄂布改太常,旋降。

王希曾 孝先。蘇崇明。康五二庶。雍三魯學。

王宏祚 懋自;思齋,玉銘。滇永昌。明户郎。户尚;康七革。兵尚;康九休。康十三死,年七二,端簡。

王廷伊 康八,桂鄉正考。

王廷相 梅岑。直承德。光十二庶。光十七,晉學。光二六死。

王廷弼　川富順。乾六十進士。贛按；康三罷。

王廷揚　工左；雍七罷。

王廷鉽　仲度；金如。陝蒲城。光二十庶。光二三，甘鄉副考。

王廷靜　閩按；乾十解。

王廷諫　晉翼城。順三進士。魯按；康五罷。

王廷贊　甘布；乾四六召京。

王廷燮　鄂按；乾五一革。

王廷豐　崑良。豫祥符。順九進士。順十三，粵學。

王廷獻　浙海寧。康三十進士。康四四，豫鄉副考。

王　圻　皖按；乾五四革。

王材任　子重；西澗。鄂黃岡。康十八進士。康二十，川鄉副考。

王邦柱　大理；順十休。順十三死。

王秉仁　漢鑲紅。倉場；康十二降。參將；康十四戰死。

王秉恩　宣三，粵按。

王秉韜　含谿。漢鑲紅。舉人。東河；嘉七死。

王協和　監唐。皖天長。乾十庶。乾二五，黔鄉正考。

王來任　宏宇。漢正黃。舉人。粵撫；康六解。

王來用　漢鑲藍。順天巡撫；順十一降。順十四死。

王定柱　直正定。乾五五進士。浙按；道十病免。

王定國　鄂布；康二五死。

王宗貴　湘提；道二九休。

王宗誠　懿修子。蓮府、廉甫，中孚。皖青陽。乾五五探花。兵尚；道十七死，年七四。

王宗燦　泰符。漢正黃。雍八庶。雍十三，桂鄉副考。

王　杲　浙按；乾四七召京。

王　杰　偉人；惺園，葆淳。陝韓城。乾二六狀元。東閣；嘉七休。嘉十死，年八一，文端。

王　治　熙哉；平軒。陝三原。道二庶。道十五，贛鄉副考。

王沛思　汝敬；儼若，何思。魯誠城。康十八庶。康二三，順鄉副考，革。

王沛憻　汝存；念庵。魯諸城。舉人。吏右；雍五休。雍九死，年七七。

王明山　湘湘潭。閩陸提；同二憂免。光十六死。

王　昕　曉巖；寅谷。順蘇州。同元庶。同八，晉學。

王曇允　順四，順學。

王承祖　工右；康三十降。

王承烈　遜功；復庵。陝涇陽。康四八庶。刑右；雍七死，年六四。

王承基　陝按；同元休。

王承龔　挹山。晉沁水。雍五庶。兵右；乾十病免。

王承露　魯益都。康三進士。康二六，桂學。

王　玠　川布；乾八革。

王　玥　孟鄉；夢湘。黔貴築。道六庶。道十二，陝鄉正考。

王芥園　巖夫。蘇丹徒。雍十一庶。魯按；乾十一病免。

王芝祥　鐵珊。順通州。宣三，桂布。

王者臣　元燮。魯沂州。康三十庶。康三五，閩鄉副考。

王　郙　陝鄠縣。康十二進士。康三三，粵學。

王青蓮　希白；香湖。黔遵義。嘉七庶。魯布；道十八罷。

王　俊　魯齊河。康二七進士。康四九，粵學。

王　宬　蘇鎮洋。乾七進士。順八，閩鄉正考。

王奕仁　志山；魯公。蘇婁縣。康五二庶。雍二，黔學。

王奕清　王掞長子。幼峯，幼芬。蘇太倉。康三十庶。詹事；雍元革。乾二死，年七三。

王奕鴻　王掞子。樹先，拊宣；勛齋。蘇太倉。康四八進士。康五三，川鄉正考。

王　度　晉沁水。順三進士。倉場；康七休。

王度昭　玉其。魯諸城。康二四進士。兵右；雍元休，同年死，年七四。

王　垓　巢雲。魯膠州。順六進士。康十四，浙鄉副考。

王封溁　玉書。鄂黃岡。順十五庶。禮左；康四二死。

王奐曾　元亮；思顯，誠軒。晉太平。康十五進士。康三二，粵鄉副考。雍十三死，年八五。

王映斗　漢橋。粵定安。道二四進士。大理；同九罷。

王　拯　初名錫振；定甫。桂馬平。道二一進士。通政，同三降。

王　柔　鄂按；雍十二召京。

王　柄　漢鑲白。閩陸提；嘉十一病免，嘉十五死。

王　炳　子蔚；竹庵。陝南鄭。同二庶。光元，江鄉副考。

王炳瀛　蓮洲。川安岳。嘉十九庶。禮右；道二三病免。

王思沂　魯風，輿軒。浙歸安。咸二進士。陝布；光九病免。

王思訓　疇五；永齋。滇昆明。康四五庶。雍元，粵鄉副考。

王思軾　小坡；眉長。晉興縣。康二一庶。禮左；雍元休。

王茂蔭　椿年；子懷。皖歙縣。道十二進士。吏右；同二憂免。同四死。

王祖同　肖庭。豫鹿邑。光十五庶。光二三，晉鄉正考。△候補道署豫布。

王祖光　心齋。順大興。同十庶。光十四，桂鄉正考。

王祖培　子厚；嘯舲。順寶坻。道二十庶。咸五，黔鄉正考。

王　珊　仁山；鐵橋。豫鹿邑。咸十庶。同三，鄂鄉副考。

王祚興　遇午。晉永寧。康六進士。康三八，湖學。

王英楷　紹宸。奉海城。附生。光三三，大名鎮署陸右。

王起元　桂撫；康三八降。

王原祁　茂京；麓臺。蘇太倉。康九進士。户左；康五四死，年七十。

王原臙　安之。直正定。桂右布；康六裁。

王孫蔚　茂衍。陝臨潼。閩左布；康元降。

王家棟　蘇金壇。康六進士。豫布；康五一罷。

王家賓　順昌平。乾二八進士。桂按；嘉十三休。

王家璧　孝鳳。鄂武昌。道二四進士。光三，奉學。

王　垿　覺(爵)生。魯萊陽。光十五庶。宣三，法右。△袁閣弼德院顧問，病免。

王　庭　言遠。浙嘉興。順六進士。贛右布；康元憂免。

王庭華　陝大荔。嘉四進士。晉布；道七罷。

王庭蘭　豫固始。道二進士。黔按；咸九留皖防剿。

王能愛　安西提督；乾十四病免。

王　峻　次山；艮齋。蘇常熟。雍二庶。雍十，黔鄉副考。御史。乾十六休，死年五八。

王　桂　蘇甘泉。道九進士。道二三，黔鄉副考。

王　浚　直萬全。鄂提；咸十戰死。

王　澎　漁莊。順寶坻。咸三庶。咸十一，粵學。

王　恕　中安；樓山，瑟齋。川銅梁。康六十庶。閩撫；乾七解。浙布；乾七死，年六一。

王恩祥　芷庭。桂臨桂。道二四庶。道二六，滇學。

王時薰　陝按；乾四二罷。

王時憲　若千。蘇太倉。康四八庶。康五六，陝鄉正考。

王時鴻　雲岡。蘇華亭。康五一庶。康五六，晉鄉正考。

王站住　曉蒼。漢正白。川布；乾五五病免。

王益朋　鶴山；石農。浙仁和。順十二庶。順十四，贛鄉正考。

王　紘　經千；雲溪。魯膠州。康三九進士。工左；乾四休。

王　師　貞甫，良輔；莪園。晉臨汾。雍八進士。蘇撫；乾十六死，年六二。

王師曾　魯堂；省齋。魯聊城。咸九庶。同六，桂鄉副考。

王師夔　康五，黔鄉正考。

王　郡　陝乾州。閩水提；乾十一休。乾二一死，勤慤。

王啓元　閣學；康十五罷。

王啓緒　紹衣，德圃。魯福山。乾十六庶。乾二一，黔鄉正考。

王國安　磐石。漢正白。閩督，刑左；康二八，改管奉尹事。

王國光　漢正紅。廣督；順十五病免。康九死，襄壯。

王國昌　漢軍。督捕；康三四罷。

王國泰　浙布；康二七罷。粵按；康三七罷。

王國棟　左吾。漢鑲紅。康五二庶。浙撫，刑右；雍十二革。

王國雄　漢軍。禮右；順十三解。

***王國楨**　光三一，鴻臚署太常。

王　竑　順宛平。道十五進士。同元，湘鄉副考。

王培佑　保之；愷齋。魯平度。光九庶。宗人府丞；

光三二休。

王得禄 玉峰。閩嘉義。浙提；道元病免。道二一死，果毅。

王崇簡 敬哉。順宛平。明進士。禮尚；順十八休。康十七死，年七七，文貞。

王庸俟 蘇金匱。順四進士。順十六，浙學。

王　常 右衛將軍；乾五病免。

王惟詢 小華。魯海豐。嘉十六庶。道五，浙學。

王惟誠 太僕；道二二乞養。

王　掞 藻儒；顓庵。蘇太倉。康九庶。文淵；雍元休。雍六死，年八四。

王　勗 次重；灌亭。順大興。順十六庶。康二，江鄉正考。

王　淳 漢軍。户右；乾十八罷。

王　清 素修；冰壺，思齋。魯海豐。順六庶。吏左；康十一死。

王清賢 閩按；康三一罷。

王清穆 丹揆。蘇崇明。光十六進士。商右丞，直按；光三二病免。

王盛唐 通政；康二三罷。

王盛國 太僕；康五六罷。

王紹曾 衣聞；蒓鄉。蘇金山。乾二二庶。乾二七，滇鄉正考。

王紹隆 聖質；綏山。浙海寧。順六庶。順十四，贛鄉正考。

王紹緒 江提；雍十罷。

王紹蘭 畹馨；南陔；思惟。浙蕭山。乾五八進士。閩撫；嘉二二革。道十五死。年七六。

王　紳 公垂。豫睢州。康二一庶。户左；康四四革。

王第魁 贛左布；順十五罷。

王貫三 豫考城。康十二進士。康三二，川鄉副考。

王連瑛 戒頑；廉夫。豫永城。康二進士。康二六，閩鄉正考。

王　鉽 漢軍。京口將軍；乾十四罷。

⊙**王凱泰** 榜名敦敏。幼徇，幼軒；補帆。蘇寶應。道三十庶。閩撫；光元死，文勤。

王景曾 岵瞻；枚孫。順宛平。康三九庶。户左；康五七降。禮左；雍三罷。

●**王景淳** 景澄榜名。

⊙**王景澄** 祖恩；清如。贛萍鄉。道二四庶。道二六，浙鄉副考。

王朝恩 晉公。漢鑲紅。北河總督；雍十一革。

王朝輔 滇提；乾二三病免。

王　焯 陝三原。康九進士。太常；康三七罷。

王無黨 直萬全。康五一武進士。浙提；乾二七革。乾二八死，壯慤。

王無咎 藉茅。豫孟津。江南右布；順十六革。

王　然 王燕弟。順大興。廕生。浙撫；康四七病免。康四九死。

●**王敦敏** 凱泰榜名。

王　極 魯右布；順二罷。

王　集 午堂。漢正藍。左都；嘉十九病免。

王　彙 浙提；乾六十罷。

王　植 (一)晉陽曲。嘉六進士。道十四，粵學。

王　植 (二)叔培；曉林，思齋。直清苑。嘉二二庶。刑左；咸二病免。

王　雅 浙慈谿。順十六進士。康十七，湖鄉正考。

王　琯 直交河。康十二進士。康三六，湖學。

王祺海 魯諸城。道二四進士。同三，桂鄉副考。

王發桂 笑山。直清苑。道十六庶。工右；同五病免。同九死。

王發祥 蘇太倉。順十二進士。順十五，鄂學。

王登聯 捷軒。漢鑲紅。貢生。直隸巡撫；康五革。同年殺，慤愍(追)。

王舜年 永祺；孝源。魯掖縣。順三庶。晉右布；順十七革。

王進功 閩陸提；康十三罷。

王進昌 川提；乾四死。

王進泰 漢鑲白。杭將；乾四九召京。内大臣；乾五二死，年八三，恭勤。

王進寶 顯吾。甘靖遠。陝提；康二四死，年八十，忠勇。

王貽桂 小山。順苑平。嘉二二庶。道八，江鄉副考。

王象天 陝富平。順四進士。康二，晉鄉副考，浙學。

王雲銘 寶文，惠民；蕉坪。魯武定。雍五庶。雍九，豫學。

王雲錦 海文；宏駿。蘇無錫。康四五狀元。康五三，陝學；康五七革。

王　鈞　直高陽。康五一進士。户左；乾五罷。

●王雄　即戴雄，道十復姓。

王亶望　王師子。晉臨汾。舉人。湘撫；乾四五憂免，旋革、殺。

王　傳　紹薪。贛鄱陽。康三十庶。雍元，魯鄉正考。

王會汾　晉川，蓀服。蘇無錫。乾二庶。吏右；乾十四降。府丞；乾十七乞養。大理；乾二九死，年六一。

王　廉　介艇。豫祥符。同十庶。直布；光二二革。

王嵩齡　鶴樵。豫光州。川布；光十二罷。

王　鄖　文益；均廡。直曲周。康三進士。康二九，川鄉副考。

王　熤　絅齋。皖滁州。道二庶。道八，滇學。

王　熙　崇簡子。子雍，胥庭；慕齋。順宛平。順四庶。保和；康四十休。康四二死，年七六，文靖。

王璋慶　藕塘。魯諸城。嘉十九庶。户右；道二二罷。

王業興　贛布；康二七罷。

王　猷　允亭。奉義州。乾十七庶。乾三十，川鄉副考。

王敬銘　丹思；未岩。蘇嘉定。康五二狀元。康五六，贛鄉正考。

王敬錫　浙左布；順四革。

王　福　禮左；嘉十二病。

王福祥　子儀。漢正黄。大理；光三二病免。

王道熙　浙布；康四十召京。太僕；康四三罷。

王道寶　魯按；順十五罷。

王瑞徵　蒲田；紫瀾。直撫寧。嘉十九進士。道十三，黔按(已死)。

王頊齡　顓士；瑁湖。蘇華亭。康十八庶。武英；雍三死，年八四，文恭。

王新命　純嘏。漢鑲藍。總河；康三一革。

王萬祥　瑞宇；鐵山。甘會寧。閩陸提；康四十死，壯敏。

王萬象　順尹；順四罷。

王楚堂　浙仁和。嘉七進士。倉場；道十八病免。道十九死。

王　綬　江提；乾二七仍回壽春鎮原任。

王肅章　鄂按；雍九革。

王　鼎　定九；省厓。陝蒲城。嘉元庶。東閣，軍；道二二死，文恪。

王鳴盛　鳳喈，禮堂；西莊，西沚。蘇嘉定。乾十九榜眼。閣學；乾二四降。光禄；乾二八憂免。嘉二死，年七八。

王圖炳　項齡子。麐照。蘇華亭。康五一庶。禮左；雍十一年罷。

王壽昌　子仁。蘇高郵。桂按；道二五罷。

王壽彭　次籛。魯濰縣。光二九狀元。宣二，鄂學使。

王嘉曾　漢儀，寧叔；史亭。蘇金山。乾三一庶。乾四五，晉鄉副考。

王嘉善　皖懷寧。同十三進士。光十七，黔鄉正考。

王　寬　蘇金匱。乾三一進士。乾四四，桂鄉副考。

王　澣　太常；雍十一罷。太常；乾四革。

王際有　蘇丹徒。順四進士。康二六，豫學。

王際華　秋瑞；白齋。浙錢塘。乾十探花。户尚；乾四一死，文莊。

王榕吉　蔭堂。魯長山。道二四進士。直布；同六免。大理；同十三罷。

王榮商　友萊。浙鎮海。光十二庶。光二九，川鄉正考。

王榮第　雲楣；春澤。魯樂陵。道二五庶。豫按；同元憂免。

王榮琯　玉文；獻西。魯樂陵。咸十庶。同六，贛鄉副考。

王瑤璽　蓬山；楓川。晉陽城。乾六十庶。嘉五，陝鄉正考。

王夢齡　順大興。漕督；咸十一召京。

王維珍　嵋谷。漢鑲藍。康九庶。浙撫；康三五死，敏愨。

王維曾　同六，閩鄉正考。

王　綜　陝蒲城。康九進士。康三三贛學。

王　綬　介堂。順大興。乾四六庶。閣學；嘉十六病免。嘉十九死。

王緒曾　柳汀；少雯。魯臨淄。同二庶。同九，湘鄉正考。

王　誥　楚士。蘇江都。康三六庶。康五一，川學。

王輔臣 漢正白。陜提；康十三從吴三桂反清，十五年降清。康二十死。

王興吾 鴻緒孫。宗之；慎庵。蘇華亭。雍五庶。豫布；乾十三憂免。吏左署贛撫；乾二四死。

王興禹 皖按；康三三罷。

王毓賢 星聚。漢正紅。黔布；康三七罷。

王毓藻 魯薌。鄂黄岡。同二進士。黔撫；光二六死。

王爾祿 直清苑。刑左；順十二降。

王鳳孫 康四七，川鄉副考。

王　緦 晉劉。浙秀水。順九庶。順十三，豫學。

王廣蔭 薆堂。蘇通州。道三榜眼。工尚；咸元死，文慎。

王慶平 耜雲。蘇上海。光十六庶。晉布；宣三(△)召京。

王慶長 乾五六，臺灣道遷閩按(未任)。

王慶雲 雁汀。閩閩縣。道九庶。工尚；同元死，文勤。

王慶祺 鶴春；仲蓮。順寶坻。咸十庶。同六，湘鄉副考。

王　賡 一堂（後改名揖唐）。皖合肥。光三十進士。留日。△軍諮使。

王賡榮 向甫。晉朔州。光二榜眼。光十一，贛鄉副考。

王履謙 (一)魯長清。乾四十進士。左副；咸七乞養。

王履謙 (二)吉雲；曉山。順大興。道十八庶。道二三，鄂學。咸二，鄂鄉正考。

王德固 子堅。豫鹿邑。道十八進士。川布；光元休。

王德榜 朗青。湘江華。桂布；光十九死。

王　澄 漪清。魯曲阜。雍二武進士。甘提；乾三三死。

王澄慧 勇循。豫睢州。康四二進士。康四七，贛鄉副考。

王　樑 漢正藍。漕督；康三四解。

王蔭槐 植青。川威遠。光十二庶。光二十，粤鄉副考。

王　謩 孝徵；梅冶。蘇太倉。康四五庶。粤撫；乾五召京。乾十九死。

王　璋 晉陽城。康二七進士。康四一，粤鄉副考。

王震生 寅東。豫杞縣。順九進士。康九，贛學。

王震起 魯濰縣。順十二進士。康九，桂學。

王　綖 紫長；東峯。魯萊陽。乾七庶。通政；乾三八罷。

王　澤 潤生；子卿。皖蕪湖。嘉六庶。嘉十二，滇鄉正考。

王澤宏 涓來；昊廬。鄂黄陂。順十二庶。禮尚；康三九休。死年八三。

王　騭 辰嶽。魯福山。順十二進士。户尚；康三三休。康三四死。

王　燕 崇簡子。子喜。順宛平。廕生。黔撫；康四二休，四七死。

王燕緒 翼子。魯福山。乾二五庶。乾二七，陜鄉副考。

王樹枬 晉卿。直新城。光十二進士。新布；宣三解。

王　璣 象天。浙秀水。監生。户左署蘇撫；雍七革。

王積順 浙仁和。道十三進士。道十七，黔鄉副考。

王　篤 實甫；厚齋，寶珊。陜韓城。道六庶。魯布，道二七降。

王　縡 星座，莘劬。蘇無錫。同二庶。光二，閩鄉正考。光十九死。

王　縉 浙按；順六罷。

王　錕 蘇吴江。乾四三進士。浙按；嘉五罷。

王錫奎 文一；荔亭，飲禪。蘇華亭。乾四九庶。乾五七，鄂鄉正考。

王錫蕃 季樵。魯黄縣。光二庶。少詹署禮左，光二四革。

王　憲 豫布；同三召京。

⊙**王憲曾** 榜名允謙。沖甫；益軒。陜清澗。同元庶。同九，豫鄉副考。

王應綵 浙桐鄉。雍八進士。乾十一，豫學。

王應鳳 江提；道十二死。

王　檢 (一)王澣子。西園；思及。魯福山。雍十一庶。粤撫；乾三二病免，旋死。

·**王檢** (二)川瀘州。嘉四進士。道五，運使署魯按。

王　濤 桂提；乾三五解。

王鴻緒　季友；横雲，儼齋。蘇華亭。康十二榜眼。户尚；康四八休。雍元死，年七九。

王遵訓　子循；湜庵，信初。豫西華。順十五庶。户右；康二七革。同年死，年六十。

王　謙　直永年。康六進士。康二九，浙鄉副考。

王　鍈　魯諸城。順六進士。江南左布；順二罷。

王鍾靈　秀卿；龍洲。晉聞喜。順十五庶。康二，湖鄉正考。

王　點　晉左布；順三革。

王　懩　仲爱。直開州。皖撫；順五降。

王　瓊　蘇鎮洋。乾三四進士。乾四二，滇鄉副考。

王　簡　魯安丘。嘉二五進士。豫布；道二八革。

王騏昌　子言。魯高密。順十五庶。禮左；康三一病免。

王贈芳　曾晛；霞九。贛廬陵。嘉十六庶。嘉二四，閩鄉副考。道二九年，年六八。

王　鵬　康四四，贛鄉副考。

王　藻　燕鎬；菽原。蘇通州。道二庶。湘布；道二二乞養。

王耀辰　拱如；平華。浙烏程。嘉十三庶。嘉十五，鄂鄉正考。

王繼文　在兹。漢鑲黄。雲督；康三七休。康四二死。

王繼貞　太僕；康二十革。

王　綹　慎夫。豫睢州。歲貢。蘇按；康四二病免。康五九死，年六八。

王蘭生　振聲，信芳；坦齋。直交河。康六十庶。禮右；乾二死，年七七。私謚文誠。

王蘭庭　蘇布；道二三病免。

王　鐸　覺斯。豫孟津。明禮尚。禮尚；順九死，文安。

王　懿　直趙州。康三進士。工右；雍元死。

王懿德　春巖，良宰；紹甫，岑暉。漢正白。乾十七庶。閩督；咸九病免。咸十一死，靖毅。

·**王鼇永**　魯臨淄。明鄖陽巡撫。順元，招撫山東河南。順二死。

王　瓚　爾蔚。黔貴築。康五七庶。雍十，浙鄉副考。

王顯祚　襄璞。直曲周。明舉人。晉左布；康六革。

王顯緒　魯福山。乾元進士。直按；乾三六罷。皖布；乾四二罷。

王麟書　仲文；麓園。順大興。乾五八庶。嘉九，豫學。

王　鏞　豫孟津。康三，魯學。

王鹽鼎　粤左布；順十二休。

五　畫

世臣　嵩喬；木天。滿正白。雍五庶。盛禮；乾十九革。

世杰　浙按；光二七罷。

世貴　閣學；乾二七休。

世禄　滿正黄。康五二庶。康五九，川鄉副考。

世增　益三。漢正白。京師同文館。滇布；辛亥光復時抗拒被殺(忠愍)。

世魁　左副；乾五九罷。

世錩　百先。皖按；光三三罷。

世續　伯軒(仙)。滿正黄。舉人。文華，軍，資政院總裁；宣三休。民十死，年六九(文端)。

世鐸　禮親王。直軍；光二七罷直。宣三，宗人府宗令兼奕閣弼德院顧問。

仙鶴林　魯滋陽。行伍。湘提；嘉十三革。河北鎮；嘉十六休。嘉十八死。

代都　滿洲。工右；順五免。

功普　宗室，隸正藍。嘉二二進士。兵右；道十八革。

包太隆　昌延。漢正黄。川按；康四九革。

包　括　銀河。浙錢塘。康四五進士。魯布；乾八召京。

占泰　川提；咸十革。

占鳳　宣三，閣學。

古尼音布　子心。滿正藍。杭將；光十四病免。

台布　(一)蒙正藍。繙譯生員。陝撫；嘉五革。西寧；嘉八病免。嘉十死。

台布　(二)介臣。滿洲。左副；光三三改寧將。

台柱　滿洲。豫布；乾二六罷。

台湧　滿洲。湖督；咸四革。

台斐音　蒙正黄。繙譯舉人。桂撫；嘉二十死。

台費蔭　滿正黄。户右；嘉四革。嘉八死。

史大成　及超；立庵。浙鄞縣。順十二狀元。禮左；康十五病免。康二一死，年六二。

史允琦 康元，晉學。

⊙史申義 榜名史伸。叔時；蕉飲。蘇江都。康二七庶。康三八，滇鄉正考。

史在甲 蛀忠；慎齋。浙鄞縣。康五二庶。左副；雍十二病免。

●史伸 史申義榜名。

史宏蘊 桂提；乾二五罷。

史佩蒼 仲和；鷺坡。鄂漢陽。道十三庶。道十七，桂鄉副考。

史念祖 致儼孫。繩之。蘇江都。監生。桂撫；光二三革。副都統銜東三省監務督辦；宣二死。

史　祐 蘇溧陽。嘉元進士。嘉十八，陝鄉正考。

史奕昂 貽直子。蘇溧陽。舉人。兵左；乾三一降。乾五六死。

史紀功 浙撫。順十八休。

史致光 鄭師；漁村，葆甫。浙山陰。乾五二狀元。雲督；道二召京。左都；道三病免。道八死。

史致蕃 椒園。順宛平。道三進士。滇布；咸六病免。

史致儼 容莊；望之，問山；榕莊老人，槜叟。蘇江都。嘉四庶。刑尚；道十八病免。旋死，年七九。

史彪古 焕章。贛鄱陽。順九庶。順十四，浙鄉副考。

●史淳 史澄榜名。

⊙史澄 榜名史淳。澄園。粵番禺。道二十庶。道二九，閩鄉副考。

⊙史陸輿 榜名陸輿。亦右；舫齋。蘇宜興。康十八庶。康三二，閩學。

史貽直 史夔子。儆絃；鐵厓。蘇溧陽。康三九庶。文淵；乾二八死，年八二，文靖。

史貽謨 史夔少子。賡載；怵堂，又襄。蘇溧陽。乾十庶。乾二一，川學。乾二五，豫鄉正考。

史逸裘 浙仁和。順十二進士。康七，豫學。

史　評 松軒；衡堂。魯樂陵。嘉十三庶。禮左；道十七罷。

•史善載 叔輿；松舟。順宛平。道九，寧夏鎮署甘提。道二四休。

史載賢 湖提；乾十四改興漢鎮。

史夢琦 蘇陽湖。乾四五，粵學。

史榮椿 順大興。行伍。直提；咸九抵抗英法侵略聯軍殉國，忠壯。

史儒綱 陝左布；順五罷。

史積容 文量。順宛平。乾三六進士。桂布；嘉十九革。嘉二十死。

史積善 乾三六，豫鄉副考。

史　夔 胄司；耕巖。蘇溧陽。康三十進士。詹事；康五二死。

史　譜 蔭堂；荔園。魯樂陵。嘉十庶。兵左；道十六病免。道十七死。

司徒照 子臨；芷舲。粵開平。道九庶。陝布；咸七革。

司馬騊 雲臯；溶川。蘇江寧。東河；嘉四死，年七一。

司　鉱 康三二，浙鄉副考。

四達 刑左；乾三五病免。

尼堪 (一)敬謹親王。順六，定西大將軍。順九，定遠大將軍。順九死，年四三。

尼堪 (二)理右；順十二死。

尼堪 (三)滿鑲白。三等子。左都；順十休。順十七死。

尼堪巴圖魯 黔按；嘉元罷。

尼雅達 閩學；康五七罷。

尼雅翰 滿洲。西將；康三十罷。

尼滿 滿鑲黃。左都；康八解，旋死。

弘晌 宗室，隸鑲藍。綏將；乾四六死，勤肅。

弘康 宗室。江將；嘉十七革。

•弘晝 世宗第五子。和親王。雍十三，辦理苗疆事務。乾三十死。

弘善 宗室。廣將；道四罷。

•弘曆 即清高宗。寶親王。雍十三，辦理苗疆事務。

弘豐 宗室，隸正藍。杭將；嘉七死。

布丹 滿洲。工右；順十七休。

布克沙 滿鑲黃。户左；康九革。康十四死。

布彦泰 子謙。滿正黃。陝督；道二九病免。光六死，年九十。

布彦圖 (一)吏左；康三三革。

布彥圖　(二)東山。滿鑲白。西將；道二七休。

布彥達賚　蒙鑲藍。户尚；嘉六死，恭勤。

布泰　階平。滿正黄。盛刑；康三九降。康四九死，年六十。

布喀　陝撫；康三一革。

布雅努　滿正黄。陝撫；康二七革。兵左；康四四休。

布達禮　國史院學士；康七罷。

布爾賽　盛刑；康四五死。

布顏　(一)滿洲。禮尚；康八解。康十六，鎮東將軍。

布顏　(二)蘇按；嘉九病免。

布蘭泰　滿鑲白。贛撫；雍六召京。直提；乾十七死，愨僖。

平　恕　寬夫。浙山陰。乾三十七庶。户左；嘉九死。

·**平瑞**　滿正黄。繙譯生員。定左參贊署將軍。烏魯木齊都統；同三死。

平　遠　浙山陰。乾四五進士。嘉六，桂鄉副考。

左世永　漢正黄。桂提；雍元改正黄漢都。

左必蕃　左副；康五二革。

左宗棠　季高。湘湘陰。舉人。一等恪靖侯，東閣，軍；光十一死，年七三，文襄。

左孝同　宗棠子。子異；逸叟。湘湘陰。宣三，蘇按署布政。民十三死，年六八。

左　峴　浙鄞縣。康九進士。粤學；康三六召京。

左敬祖　虔孫。直河間。順六庶。左副；康七病免。

左　瑛　湫六，瑶圃。鄂雲夢。道二五庶。咸元，黔鄉正考。

左　輔　仲甫。蘇陽湖。乾五八進士。湘撫；道三休。道十三死。

左　衡　皖桐城。乾十七進士。乾三十，陝鄉副考。

外庫　覺羅，隸正紅。禮尚；康七解。

永太　陝按；雍元革。

永世　滿鑲白。雍元進士。雍七，湘鄉副考。

永良　閣學；乾五八革。

永來　滿正黄。閣學；乾五四革。光禄；嘉八革。副都，嘉十五死。

永保　滿鑲紅。廣督；嘉十四死，恪敏。

永信　閣學；乾四四罷。

永祚　滿鑲白。盛刑；嘉二一革。道元死。

永泰　寧布；乾三二召京。

永常　滿正白。陝督；乾十九授定西將軍，乾二十革，旋死。

永國　盛禮；雍七罷。

永寧　盛禮；乾三二改閣學，乾三四罷。

永隆　子懋。滿正紅。江將；光三二死。

永貴　滿正白。協，吏尚；乾四八死，文勤。

永順　子健。滿正黄。咸二進士。通政；光九病。

永琨　宗室。定左；嘉四召京。

永瑆　高宗第十一子，成親王。嘉四直軍，同年罷直。道三死，年七二。

永瑞　荆將；乾三四革。

永瑋　宗室，隸鑲藍。輔國公。盛將；乾五二，勤恪。

永福　盛兵；乾四罷。

永壽　兵左；雍九死。

永興　滿正白。湖督；乾十五憂免。

永慶　(一)鄂布；乾五一革。

永慶　(二)滿正白。襲三等伯。禮尚；嘉八革。内大臣；嘉十死，敬僖(奪)。

永德　(一)滿正藍。福將；乾四九改散秩。乾四九死。

永德　(二)綏將；光二七自殺。

永懋　宗室。荆將；嘉十四罷。

永慧　贛按；嘉六罷。

永鐸　宗室，隸鑲藍。乾五二，烏魯木齊都統改盛將，未任病免。嘉十四死。

本智　蒙鑲白。江將；嘉二五召京。正黄漢副；道元死。

本錫　理右；雍五罷。

立山　豫甫。蒙正黄。户尚；光二六殺，文直(追)。

立柱　黔提；乾三三罷。

立瑞　散秩大臣；同十三，副使赴朝鮮。

玉山　皖布；宣二罷。

玉明　遠齋。宗室，隸正黄。禮左，盛將；同四解。

***玉亮**　光九，吉林副都署將。

玉保　(一)蒙鑲白。三等男，理左；乾二一削，革。

玉保　(二)德符；閬峰。滿正黄。乾四六庶。吏左；嘉三死，年四十。

玉恒 久峯。蒙正黄。光禄；光三十病免。

·玉英 道十，齊齊哈爾副都署黑將。

玉崑 石軒。滿鑲紅。宣三，成將。

玉通 滿鑲藍。西寧辦事大臣；同九死。

玉寧 滿正紅。倉場；嘉十六革。嘉十九死。

玉福 琳寧子。宗室，隸鑲藍。理左；嘉二十免。

玉輅 次山。滿洲。蘇布；道四罷。

玉鼎柱 宗室，隸鑲藍。乾十，繙譯進士。盛禮；乾五二罷。

玉德 達齋。滿正紅。閩督；嘉十一革。嘉十三死。

玉麟 (一)滿鑲藍。乾十繙譯進士。直布；乾二一罷。

玉麟 (二)振之；厚齋，研農。滿正黄。乾六十庶。伊將；道十二召京。道十三死，文恭。

石文桂 子馨。漢正白。康十五進士。户右；康五十改正白漢副。

石文炳 漢正白。福將；康三三召京。正白漢副；康三九死。

石文焯 霞峯。漢正白。禮尚；雍八革。雍十三死。

石文晟 絅庵。漢正白。湖督；康四六解。康五九死，年七八。

石去浮 豫陳留。雍二進士。鄂按；乾十一乞養。

石　申 仲生。直灤州。順三庶。刑左；康六革。

石玉生 陝提；咸二死。

石介 太常；乾十罷。

石成峩 漢正白。贛布；雍二罷。

石廷柱 漢正白。三等伯，鎮海將軍駐防京口；順十四休。順十八死，年六三，忠勇。

石　杰 浙桐鄉。康五四進士。川按；乾十二罷。

石承藻 黼庭；蘭畦。湘湘潭。嘉十三探花。嘉十五，晉鄉正考。

石柱 吏左；乾二三死。

石　琳 廷柱第四子。琅公。漢正白。蘇按；康三降。廣督；康四一死，年六四。

石雲倬 魯德州。康四五武進士。福陸將；雍九往肅州。副將軍，雍十革。乾七死。

石葆元 聿臻；鏡心。皖宿松。嘉十庶。嘉十五，黔鄉正考。

石圖 兵左；康六降。

石　鈴 皖宿松。嘉十九進士。道五，湘鄉副考。

石調聲 漢鑲黄。浙陸提；康二一革。康二七死。

石禮哈 節庵。漢正白。福將；雍六解。鑲白漢都；雍十二死。

石禮嘉 孚于。漢正白。晉按；乾三二罷。

石韞玉 執如；琢堂。蘇吴縣。乾五五狀元。魯按；嘉十二病免。道十七死，年八二。

石贊清 襄臣。黔貴築。道十八進士。工右；同八病免。

石麟 覺羅，隸正紅。晉撫；乾五憂免。鑲藍漢副；乾十二死。

白乃貞 蓮渊。陝清澗。順九庶。康二，順鄉正考。

白允謙 子益；東谷。晉陽城。刑尚；順十六降。通政；順十八休。

白本質 豫右布；順十二罷。

白如梅 茂韓。漢鑲白。山陝總督；康五革。

白色純 素公。漢鑲白。吏右；順十三革。贛撫；康十四死，勤僖。

白秉貞 漢軍。直督；康八休。

白尚登 太僕；康十二罷。

白　桓 白鎔孫。建侯。順通州。同二進士。兵右；光十七休，同年死。

白　洵 直侯；又蘇。漢鑲白。桂按；雍三解。雍九死，年六三。

白映棠 魯按；乾四解。

白恩佑 叔啓；蘭岩。晉介休。道二七庶。咸十一，湘學。

白清 覺羅。浙按；雍六解。

白清額 滿洲。陝撫；康九死，清獻。

白　意 康八，川鄉副考。

白遇道 悟齋。陝高陵。同十三庶。光十一，魯鄉副考。

白夢鼐 仲調；孟新，蝶庵。蘇江寧。康九進士。康十七，閩鄉副考。

白碩色 工右；康四十，專管河工。

白爾克 盛工；康四五死。

白　潢 近微(薇)。漢鑲白。文華；雍三休。乾二死。

白應科 滇按；康二三罷。

白鍾山　毓秀；玉峯。漢正藍。南河；乾二六死，莊恪。

白　瀛　寰九；素庵。晉興縣。乾二庶。刑右；乾四四死。

白　鎔　冶源；小山。順通州。嘉四庶。工尚；道十三降大理。道十九休；死年七四。

白麟　應維；渭崖。滿正白。乾二八庶。乾三九，豫學。

瓦克達　代善第四子，謙郡王。順六，征西大將軍。順九死，年四七。

瓦岱　滿鑲黄。江將；康二四改鑲黄滿都。康二七，振武將軍。康三十，定北將軍。康三一死。

瓦爾喀　滿鑲紅。西將；康十三死，襄敏(奪)。

瓦爾答　盛刑；康五五罷。

瓦爾達　倉場；乾三七改盛工。盛户；乾三八革。

田六善　兼山。晉陽城。順三進士。户左；康二十休。康三十死，年七一。

△田文烈　焕庭，姚堂；拙安老人。鄂漢陽。袁閣陸軍副大臣。

田文鏡　漢正黄。監生。河東；雍十解。同年死，端肅。

田永稠　江提；嘉十五病免。

田本沛　康六，閩學。

田志勤　崇廣。順大興。雍十一榜眼。乾九，黔鄉正考。

田雨公　敬堂；硯農。晉盂縣。道十八庶。道二四，豫鄉副考。

・田振邦　宣二，建昌鎮署川提。

田起蛟　陝右布；康六罷。

田起龍　湖右布；順十六革。

田軒來　浙山陰。康三十進士。康五三，順鄉副考。

田從典　克五；嶢山。晉陽城。康二七進士。文華；雍六休。同年死，年七八，文端。

田啓光　滇布；康二二罷。豫布；康三十罷。

田國俊　熾庭；鶴樵，研芸，垚莊。晉盂縣。咸九庶。黔按；光十六乞養。

田國榮　漢鑲黄。散秩大臣；嘉四派往朝鮮頒詔正使。

田逢吉　凝只。晉高平。順十二庶。浙撫；康十三病免。

田厥茂　晉蒲州。順三進士。閩右布；順十四罷。

田智枚　介臣。魯濰縣。光十八庶。撰文；宣三奕閣弼德院秘書長。

田　畯　桂提；雍六罷。

田　雯　綸霞；蒙齋，山薑。魯德州。康三進士。黔撫，户左；康四一休。康四三死，年七十。

田　雄　漢鑲黄，直宣化人。明總兵。三等侯，浙陸提；康二死，毅勇。

田喜霽　子湄，望西。晉馬邑。順十八庶。閣學；康三十，憂免。

田嘉穀　樹滋；芹村。晉陽城。康五一庶。雍元，浙鄉副考。

田萬年　季高。晉盂縣。嘉二五庶。順尹；道十五罷。

田種玉　公琢。順宛平。順十二庶。禮右；康十一降。

田　霢　雨來；鹿關。魯德州。康十八庶。康二三，豫鄉正考。

田鳳儀　豫安陽。乾三六進士。閩撫；嘉二憂免，旋死。

田興恕　忠普。湘鎮筸。黔提；同二革。光三死，年四一。

田慶曾　閩布；康二九革。

田　懋　從典子。晉陽城。禮左；乾十五降。乾二十死。

申大成　黔布；雍五罷。工右；雍六革。

＊申有謀　咸九，永昌協署滇提。

申　甫　及甫；笏山。浙西安。左副；乾三二解。乾四三死。

申保　滿鑲白。左都；乾四六死。

申奇貴　滇布；康五二罷。

申珠渾　户左；乾四革。

申啓賢　鏡汀，子敬；敬亭。豫延津。嘉七庶。户左；道十二憂免。晉撫；道十九死，文恪。

申朝紀　漢鑲藍。宣大山西總督；順五死。

申穆德　宗室。右衛將軍；雍十三罷。

申　檖　康二四，桂學。

甘文焜　炳如；仲明。漢正藍。雲督；康十二死，忠果。

甘立功 汝來孫。惟敍。贛奉新。乾十七庶。乾二四,陝鄉副考。

甘立猷 惟弼,蘭舫;西園。贛奉新。乾四五庶。乾五三,豫鄉正考。

甘守先 薪圃。滇白鹽井。道二十庶。道二三,湘鄉副考。

甘汝來 耕道;遜齋。贛奉新。康五二進士。吏尚;乾四死,莊恪。

甘定進 魯按;乾五五罷。

甘　度 晉布;康三六革。

甘家斌 秩齋。川鄰水。乾五八庶。大理;嘉二三革。

甘國壺 浙按;雍三革。

甘國荃 豫布;康四三罷。

甘國樞 工右;康四三革。

甘國璧 文焜子。東屏;立軒。漢正藍。廕生。滇撫;康五九革。雍十三,辦理苗疆事務。乾十二死,年七九。

甘國寶 閩陸提;乾四一罷。

六　畫

仲永檀 樂圃;象溪,襄西。魯濟寧。乾元庶。左副;乾七革、逮,旋死於獄。

任兆堅 蕡臺。魯高密。咸二庶。奉尹;同六罷。

任克溥 海眉。魯聊城。順六進士。刑左;康十八革。康四二死,年八九。

任辰旦 康二三,湖鄉正考。

任承恩 晉大同。閩陸提;乾五二革。京營副將;嘉二死。

任星沅 粤水提;同七罷。

任鳳厚 仲禮;清南。陝臨潼。貢生。鄂布;康四一死,年七四。

任啓運 翼聖;釣臺先生。蘇荆溪。雍十一庶。宗人府丞;乾九死,年七五。

任道鎔 筱沅。蘇宜興。拔貢。浙撫;光二八病免。光三一死,年八三。

任　塾 皖懷寧。康二六,魯學。

任際虞 唐臣。贛上高。康五七庶。雍二,滇鄉副考。

任　濬 文水。魯益都。明兵右。刑尚;順十二休。順十三死。

任蘭枝 香谷;隨齋。蘇溧陽。康五二榜眼。禮尚,乾十休。乾十一死,年七十。

伊什扎穆布 浙布;嘉二五罷。

伊巴漢 亦作伊巴罕。滿正白。盛將;康二四召京,旋死。

伊江阿 永貴子。滿正白。魯撫;嘉四革。嘉六死。

伊克坦 仲平。滿正白。光十二庶。左副;宣三解,以副都統授溥儀讀。民十二死,年五八(文直)。

伊克坦布 户右;乾三四罷。

伊沖阿 宗室,隸正藍。兵尚;嘉二二改熱都。嘉二四休,道九死。

⊙**伊里布** 榜名伊禮布。莘農。滿鑲黄。嘉六進士。協,江督,欽;道二一革。廣將,欽;道二三死,文敏。

伊奇哩 閣學;咸十一罷。

伊拉齊 贛布;雍十罷。

伊秉綬 組似;墨卿。閩寧化。乾五四進士。嘉三,湘鄉副考。嘉二十死,年六二。

伊星阿 滿鑲黄。舉人。贛撫;乾五十病免。

伊桑阿 (一)滿正黄。順十二進士。文華;康四一休。康四二死,年六六,文端。

伊桑阿 (二)滿鑲黄。舉人。滇撫;嘉六革。

伊特海 亦作伊忒海。盛兵;雍元革。

伊勒慎 右衛將軍;乾五召京。

伊勒圖 滿正白。伊將;乾五十死,襄武。

伊勒東阿 杭將;同二死。

●**伊崇額** 宜崇榜名。

伊都立 伊桑阿子。學庭。滿正黄。舉人。雲督,贛五;雍五召京。

伊喇齊 太僕;乾十六罷。

伊湯安 小尹;耐圃。滿正白。閣學;嘉二十休。

伊祿 刑左;乾二六死。

伊祿順 盛刑;乾二三改副都。

伊道 理右;康四六改鑲白蒙都。

伊圖 (一)覺羅,隸鑲紅。弘文;康六解。康十六死,文僖。

伊圖 (二)滿鑲紅。甘撫;康三十改倉場。康三二死。

伊滿　左副；乾三八革。

伊精阿　兵右；同八死。

伊爾德　滿正黄。一等侯，寧海大將軍；順十八死，年五六，襄敏。

伊爾敦　滿鑲紅。康五七庶。閣學；乾五罷。

伊爾格圖　工左；康三十革。

伊爾格德　工右；順八解。

伊爾都齊　刑右；順十解。

⊙**伊禮布**　(一)卽宜里布。覺羅。盛將；雍六改天津都統。

●**伊禮布**　(二)卽伊里布。

伊霖　粤布；同元革。

伊轍布　閩布；乾六十革。

伊齡阿　工左；乾六十死。

伊蘭泰　滿鑲紅。乾十繙譯進士。閣學；乾六十罷。

伊　闢　盧源；翕庵。魯新城。順十二庶。滇撫；康二十死，年五九。

伍什　太常；康四三罷。

伍光建　昭扆。粤新會。天津水師學堂，留英；文科進士。宣二，道員任海軍顧問官。

伍廷芳　秩庸。粤新會。留英。光二二，出使美西祕。刑右；光三二假。光三三，出使美墨祕古；宣元召回。

伍岱　乾四九，都統授將軍阿桂參贊。

伍拉納　覺羅，隸正黄。閩督；乾六十革，旋死。

伍忠阿　蒙正白。道二七，繙譯進士。閣學；同五罷。

伍長華　雲卿；實生。蘇上元。嘉十九探花。鄂撫；道二十革。

伍勒穆集　理左；乾三六病免。

伍訥璽　刑右；乾三六派往烏里雅蘇臺。

伍銓萃　叔寶。粤新會。光十八庶。光二七，桂鄉正考。

伍實　覺羅。甘布；康四八罷。

伍彌泰　蒙正黄。三等伯，東閣；乾五一死，文端。

伍彌烏遜　蒙正黄。襲三等伯，兵左；嘉元革。

⊙**伍齡安**　五靈阿改名。蒙正白。禮尚；乾二六革。禮左；乾二八解。

＊**全亮**　咸十，成都副都統署將軍。

全保　蒙鑲黄。陝督；嘉十二病免，旋死。

全順　蒙正藍。咸六，繙譯進士，選庶。閣學；同二罷。同四戰死，忠壯。

全楙績　庶熙。黔按；光三二召京。

全魁　斗南；穆齋。滿鑲白。乾十六庶。閣學；乾三七革。盛禮；乾四八降。乾五六死。

全慶　小汀。滿正白。道九庶。體仁；光七休。光八死，文恪。

兆那蘇圖　滿鑲黄。晉撫；咸二死。

兆惠　和甫。滿正黄。協，户尚；乾二九死，文襄。

兆琛　寶岩。湘布；同六革。

兆華　倉場；雍十二降。

先福　芝圃。滿正白。繙譯生員。陝督；嘉二二革。道元死。

光聰諧　律原；栗園。皖桐城。嘉十四庶。直布；道十六病免。

匡　源　本如；鶴泉。魯膠州。道二十庶。吏左；咸十一革。

匡蘭馨　魯膠州。順六進士。順十四，晉鄉正考。

印啓　佑之。滿洲。閣學；光三二休。

印憲曾　乾三六，魯鄉副考。

吉允迪　陝洋縣。順六進士。康三，黔學。

吉年　秋畬。滿鑲藍。道二進士。奉尹；道二六病免。

吉明　小帆。滿鑲藍。道三進士。閣學；道二九死。

吉和　仲謙。漢正白。杭將；光二二病免。

吉林泰　滿正黄。鄂提；嘉二一死。

吉恒　蒙鑲白。粤布；道十五休。

吉倫泰　滿鑲黄。理尚；咸三死，敬僖。

吉党阿　滿洲。吉將；乾六召京。

吉孫略　桂提；康二三死。

＊**吉祥**　滿鑲藍。道十五進士。咸三，太原府護晉布。

吉勒塔布　滿正紅。兵尚；康二九出兵改都統，康三六死。

吉夢熊　毅揚；渭賢，渭崖。蘇丹徒。乾十七庶。太僕；乾四四降。通政；乾五六病。

吉綸　止齋。滿鑲藍。監生。工尚；嘉十八革。道六死。

吉爾杭阿　雨山。滿鑲黄。蘇撫；咸六爲太平軍擊毿,勇烈。

吉慶 (一)户右;乾二六革。

吉慶 (二)覺羅,隸正白。協,廣督;嘉七革,自殺。

吉蘭泰 蒙鑲藍。甘提;嘉五革。嘉二十死。

同寧 吏右,駐藏;乾十五革。

同興 滿鑲黄。晉撫;嘉十一革。魯撫;嘉十九革。道七死。

同德 浙布;乾二一革。陜按;乾二六罷。

同麟 滿鑲紅。乾五八繙譯進士。禮右;嘉二四降。盛刑;道四死。

向 榮 欣然。川大寧。行伍。鄂提,欽;咸六死,年六五,忠武。

安世鼎 鑄九。漢鑲紅。貢生。贛撫;康二六革。

安布禄 滿正白。刑尚;康四五休。康五四死。

安成 駐藏幫辦;光二八病免。

安泰 户右;乾三十改鑲黄蒙都。

安寧 (一)滿鑲紅。蘇撫;乾十三召京。

安寧 (二)蘇布;乾二七死。

安珠瑚 滿正黄。盛將;康二二革。索倫總管;康二五死。

安誠 駐藏幫辦;咸七病免。

安達禮 甘布;康四五罷。

安圖 滿正藍。監生。鄂布;乾十一召京。乾十九死。

安際虞 晉太谷。乾十進士。乾十五,湘鄉副考。

安 鮐 滿正白。杭將;雍三罷。

存柱 刑右;雍四降。

***存恩** 光二四,署成將。

存泰 滿鑲黄。廣將;乾五三改正黄漢都。乾五七死。

存誠 宗室,隸正藍。禮尚;同十一死,勤恪。

存興 (一)浙布;道二七召京。

***存興** (二)光二十,廣州副都署將。

夸岱 滿鑲黄。一等公,工尚;雍七死。

如山 冠九。滿鑲藍。道十八進士。川按;光十一召京。

如 松 宗室。西將;乾二七襲信郡王解。

年希堯 遐齡子。允恭。漢鑲黄。粤撫,工右;雍三革。乾三死。

年遐齡 漢鑲黄。鄂撫;康四三休。

年羹堯 遐齡子。亮工;雙峰。漢鑲黄。康三九庶。一等公,川陜總督改杭將,雍三革(殺)。

多山 蒙正藍。乾六十進士。盛工;嘉二三降。

多尼 多鐸子。信親王。順十五,安遠靖寇大將軍。順十八死。

多永武 滿鑲黄。禮左;嘉十死。

多宏安 君修;畏庵。直阜城。拔貢。贛布;康二八革。

多奇 禮右;康三六革。

多容安 桂按;道十二召京。

多索禮 滿洲。盛將;雍八降副都。

多弼 左副;康三十改内務府大臣。

多礬 大理;康五一罷。

多隆武 粤陸提;道元召京。

多隆阿 西將;同三死,忠勇。

多福 滿正紅。閣學,盛户;嘉二三降郎中。盛刑;道四罷。

多爾濟 (一)康五,順鄉副考。

多爾濟 (二)理右;乾二七改正藍蒙都,旋死。

多爾濟達爾漢 蒙鑲黄。左都;順七改内大臣。順十七死,順僖。

多綸 禮右;乾二四休。

多慶 禮右;嘉十三改泰寧鎮。

多慧 陜按;咸元解。西寧;同二革。

多諾 蒙鑲黄左都;康十四革。

多鐸 太祖第十五子,豫親王。順元,定國大將軍。順六死,年三六。

多歡 川按;道十八革。

托克湍 滿鑲白。定左;光十七罷。

托明阿 滿正紅。西將;同元病免。同四死。

⊙**托津** 亦作託津。知亭。滿鑲黄。東閣;道十一休。道十五死,年八一,文定。

托倫布 閣學;咸二罷。

⊙**托時** 亦作託時。滿鑲黄。盛刑;乾十一休。

托留 滿鑲紅。黑將;康五九死。

●**托庸** 即託庸。

托渾布 子元;安敦,愛山。蒙正藍。嘉二四進士。魯撫;道二二病免。

有泰 夢琴。蒙正黄。駐藏;光三二召京。

有鳳 成將;咸十革。

有　慶 餘齋。漢正白。嘉二二進士。道二十，晉鄉副考。

江有良 漢正白。監生。粵撫;康三二革。

江　芑 鄂漢陽。康三九進士。滇按;雍五解。

江忠源 岷樵。湘新寧。舉人。皖撫; 咸三死，忠烈。

江忠義 忠源從弟。味根。湘新寧。同二，署黔提改署桂提。同年死,誠恪。

江忠濬 忠源弟。達川。湘新寧。桂布;同八召京。

江長貴 川鹽亭。行伍。閩陸提; 同十二休。光二死。

•**江禹緒** 順二,招撫湖廣。

江　皋 皖桐城。順十八進士。康二三,川學。

江國霖 筱颿。川大竹。道十八庶。粵布;咸八革。

江　球 宜笏。贛金谿。康三十庶。左副;雍三假。

江　琦 甘提;康五三死。

江爲龍 皖桐城。康三九進士。康五六,桂鄉副考。

江鼎金 鄂荊門。康二四進士。康四六,陝學。

江毓昌 川按;宣三病免。

江　標 建霞,師鄦; 笘誃,萱圃。蘇元和。光十五庶。光二十;湘學。

江樹昀 韵濤。贛弋陽。光八,甘鄉副考。

江濬源 皖懷寧。乾四三進士。乾五四,陝鄉正考。

江　蘭 皖歙縣。貢生。兵左;嘉五革。嘉十二死。

江　蘩 左副;康四七革。

池生春 籥庭;劍芝。滇楚雄。道三庶。道十三,桂學。

朱一新 蓉生;鼎甫。浙義烏。光二庶。光十一,鄂鄉正考。

朱一蜚 健沖。浙嘉善。鄂布; 乾十六解。乾二十死,年五四。

●**朱一貫** 朱襄榜名。

朱一鳳 怡庭;丹崖。順涿州。康四八庶。雍二,魯鄉副考。死年八二。

朱士林 道二,滇鄉副考。

朱士彥 休承;詠齋。蘇寶應。嘉七探花。吏尚;道十八死,文定。

朱士達 士彥弟。蘇寶應。嘉二二進士。鄂布; 道二七休。

朱大任 鄂大冶。康九進士。康三三,桂學。

朱之俊 順二,川鄉正考。

朱之弼 右君;幼庵。順大典。順三進士。工尚;康二二降。康二六死,年六七。

朱之瑶 湖右布;康二罷。

朱之錫 孟九;梅麓。浙義烏。順三庶。總河;康五死。

朱之翰 蘇上元。順四進士。康五,晉鄉副考。

朱天保 朱都訥子。九如。滿鑲白。康五二庶。康五六,魯鄉副考。康五七殺。

朱以增 研生。蘇新陽。同四庶。光七,奉學。

朱文鏡 石峯。漢鑲紅。同十庶。光二,桂鄉副考。

朱文翰 皖歙縣。乾五五進士。乾六十,陝鄉副考。

朱方增 虹舫;壽川。浙海鹽。嘉六庶。閣學;道十死,年五十。

朱丕烈 浙海鹽。乾十三進士。乾二七,鄂學。

朱世起 順二,禮郎充册封朝鮮國王世子副使。

朱必堦 大理;乾七罷。

●**朱仕遇** 張仕遇榜名。

朱衣助 操江巡撫;順十六革。

朱　攸 好德。魯歷城。乾三七庶。乾四八，晉鄉副考。

朱作鼎 皖按;雍三召京。

朱克簡 敬可;滄子,石崖。蘇寶應。順四進士。順八,粵鄉正考。

朱宏祚 昌祚弟。徽蔭;厚庵。漢鑲白;魯高唐人。閩督;康三三降。康三九死,年七一。

朱　岐 直清苑。乾二五進士。乾三三,魯鄉正考。

朱延瑞 順十四,豫學。

朱延熙 益齋。皖太湖。光十二庶。光二八，陝鄉正考。

朱延慶 漢鑲藍。贛撫;順七死。

朱志遠 康三,禮部司務充祭諭安南國王副使。

朱良裘 冶子。蘇上海。雍二庶。乾六,川鄉正考。

朱佩蓮 玉階;蒻塘,東江。浙海寧。乾七庶。乾二五,桂學。

朱定元 奎山。黔麻哈州。魯撫;乾七憂。左副;乾十四休。

朱昌祚 懋功;雲門。漢鑲白，魯高唐人。直督;康五殺。勤愍(追)。

朱昌頤 方增從子。吉求;朵山,芷甫。浙海鹽。道六狀元。道二四,滇鄉副考。

朱其煊 魯布;宣三假。

朱其鎮 九山,又青。浙嘉興。道九庶。道十五,滇鄉副考。

朱　阜 康三三,直學。

朱奎錫 蘇按;乾三一革。

朱祖謀 古微,藿生;漚尹,彊邨。浙歸安。光九庶。禮右;光三二病免。宣三,弈閣弼德院顧問。

朱家寶 經田。滇寧州。舉人。皖撫;光復時任民軍都督。

朱射斗 浙歸安。順十八進士。康十七,贛鄉副考。

朱桂楨 幹臣;樸庵。蘇上元。嘉四進士。粵撫;道十三病免。道十九死,年七三,莊恪。

朱恩紱 菊尊。湖南長沙。宣三,候三京授典禮院直學士。

朱　珪 朱筠弟。石君;南厓。順大興。乾十三庶。體仁;嘉十一死,年七六,文正。

朱　嵘 玉存;蘭坡。浙秀水。嘉七庶。皖涇縣。嘉十二,魯鄉副考。

朱　荃 子年;香南。浙桐鄉。乾二庶。乾十二,川學。乾十五死。

朱馬泰 太常;康二六罷。

朱啓昆 我裕。鄂漢陽。康三一庶。康四四,滇鄉正考。

朱國柱 立山。漢軍。登萊巡撫;順九裁免。鄖陽巡撫;順十一病免。

朱國治 漢正黄。貢生。滇撫;康十二,吴三桂反清被囚,旋被殺。

朱國淳 湘帆。浙嘉善。嘉二四庶。道十四,桂鄉正考。

朱　崧 雍元,黔鄉副考。

朱張銘 浙嘉善。順十二進士。康二,滇鄉副考。

朱階吉 慶長。浙嘉善。嘉二二庶。道元,粵學。道五,豫鄉正考。

朱都納 滿鑲白。兵左;康四十革。

朱　理 燮臣;静齋。皖涇縣。乾五二庶。黔撫;嘉二四死。

朱逌然 肯夫。浙餘姚。同元庶。詹事;光九罷。

△**朱益濬** 蒓卿。贛蓮花廳。光三庶。湘法署撫。

朱益藩 益濬弟。艾卿。贛蓮花廳。光十六庶。魯學使,光三三改大學堂監督。

朱　紱 昌祚子。漢鑲白。大理;康十六罷。

朱紹曾 太常;嘉十八罷。

朱爲弼 右甫;菽堂。浙平湖。嘉十進士。漕督;道十五病免。道二十死。

朱彭壽 小汀。浙海鹽。光二四進士。陸左丞,宣二裁免。宣三,典禮院直學士。

朱　善 盛禮;康二九革。

朱善祥 詠裳。浙秀水。光二庶。光十四,川學。

朱　棐 小晉。晉聞喜。順三進士。户右;康二十休。康二九死。

朱　棟 甘按;嘉十三解。

朱　智 敏生。浙仁和。兵右;光七病免。

朱　琛 獻廷,小唐。贛貴谿。同十庶。詹事;光二十休。

朱　發 浙烏程。雍十一進士。乾三,黔鄉副考。

朱　綘 漢鑲白。粵布;雍三革。

朱　軾 若瞻,可亭。贛高安。康三三庶。文華;乾元死,年七二,文端。

朱　雯 浙石門。康三進士。康二九,魯學。

朱　雲 蘇吴縣。康十五進士。康二九,魯鄉副考。

朱　椿 大年;性齋。蘇婁縣。左都;乾四九免。同年死,年七五。

朱靖旬 豫安陽。咸九進士。直按;光二一罷。

·**朱福基** (一)道十九,淮徐道署蘇按。

朱福基 (二)酉山。蘇無錫。同四庶。光二,晉學。

朱福詵 叔基;桂卿。浙海鹽。光六庶。光二九,黔學。

朱鼎延 吏左;順十五假。

朱鼎新 閩左布;順六罷。

朱壽鏞 曼伯。蘇寶應。附貢。光三四,豫布署撫;宣二解。

朱夢元 貞起;錦堂,景唐。贛貴谿。道二四庶。通政署刑右,同六死。

朱瑪喇 滿鑲白。吏尚;順十革。順十一,靖南將軍;順十五休。康元死,年五八,襄敏。

朱　綱 漢鑲白。閩撫;雍六死,勤恪。

朱爾漢 麗江。浙餘姚。桂按;嘉十二死,年六三。

朱鳳英 翿羽。贛南昌。雍八庶。乾三，湘鄉副考。

朱鳳標 建霞；桐軒。浙蕭山。道十二榜眼。體仁；同十一休。同十三死，文端。

朱　澍 蔭堂。黔貴築。漕督；道二二乞養。

朱　嶟 仰山；椒堂。滇通海。嘉二四庶。禮尚；咸十一病免。同元死，文端。

朱學勤 修伯。浙仁和。咸三庶。大理；光元罷。

朱　勳 楣桀；虛舟。蘇靖江。舉人。陝撫；道二解。

朱錫恩 湛清。浙海寧。光二十庶。光二三，江鄉正考。

⊙朱襄 榜名一貫。雲溪。皖蕪湖。嘉二五庶。東河；道二二免。

朱曙孫 景先。川嘉定。康五二庶。乾六，陝學。

朱彝尊 錫鬯；竹垞。浙秀水。康十八庶。康二十，江鄉副考。康四八死，年八一。

朱　臟 滇石屏。道九進士。陝布；道三十病免。

朱　藻 漢鑲白。直隸河督；乾三免。

朱寶奎 蘇陽湖。郵左；光三三革。

朱續晫 明遠；近堂。魯平陰。雍十一庶。乾三，粤鄉副考。

朱　蘭 久香；耐庵。浙餘姚。道九探花。閣學；同七罷。

牟欽元 太常；雍二罷。

百祥 蒙鑲白。甘提；嘉十四革。道元死。

百福 倉場；道七病免。

百職 康三八，閩學。

百齡 子頤；菊溪。漢正黄。乾三七庶。協，江督；嘉十九革。嘉二一死，年六九，文敏。

色卜星額 懋齋。蒙鑲紅。嘉十庶。皖撫；道十九死。

色布騰巴勒珠爾 蒙鑲黄。貝勒，理尚；乾三三病免。

色冷 滿正黄。順十二進士。刑左；順十四死。

色克通阿 直提；嘉十三改烏魯木齊都統。

色克慎 青州將軍；乾二一革。荆將；乾二九改正黄蒙都。

色克精額 蒙正紅。繙譯生員。禮尚；道二二死。

色特 甘布；康十一罷。光禄；康三三罷。

色普徵額 智泉。滿正白。寧將；光三三召京。

色誠 蒙正白。雍二進士。雍七，川鄉副考。

色楞 （一）太僕；康二三罷。

色楞 （二）西寧辦事大臣；乾元召京。

色楞額 （一）康五六，陝鄉副考。

色楞額 （二）石友。滿正白。伊將；光十六死。

⊙色赫 亦作塞赫。滿洲。吏左；康二四改正黄滿副。

色爾圖 （一）滿鑲紅。川撫；康六一解（入藏）。

色爾圖 （二）满洲。青州將軍；乾二十休。

色德里 工左；康四四病免。

●羊焕然 徐焕然榜名。

艾元徵 允滄；長人。魯濟陽。順三庶。刑尚；康十五死。

●艾秀 鄭秀榜名。

艾芳曾 刑左；康五七死。

艾肅 盛禮；康三四病免。

米思翰 滿鑲黄。户尚；康十四死，年四三，敏果。

·米朝興 咸十，革職總兵署滇提。

米漢雯 紫來。順宛平。康十八庶。康二六，江鄉正考。

西成 （一）有年；樗園。滿鑲黄。雍八進士。太常；乾十三罷。

西成 （二）満正白。左都；嘉七死。

西明 江將；乾五二罷。

西拉 理右；康三六死。

西柱 副總河；雍十一罷。

西淩阿 都興阿弟。滿正白。三等男，欽；咸五革。鑲藍漢都；同五死，勇毅。

西庫 在言。滿正紅。康四二庶。乾五十，豫鄉副考。

西特庫 廣將；乾二十改巴里坤都統。

西琅阿 光禄；嘉二一革。

西勒捫 青州將軍；乾十四罷。

西琳 滿洲。陝撫；雍六解。

七　畫

伯阿爾遜 駐藏大臣；乾元召回。

伯興 盛兵，閣學；乾五一休。

伯麟 玉亭。滿正黄。繙譯舉人。體仁；道二休。同年死，文慎。

但明倫 天敘；敦五，雲湖。黔廣順。嘉二四庶。道八，浙鄉副考。兩淮運使。

佈克慎 黔提；咸四革。

佈勒亨 滿正白。江將；道二一召京。

何乃瑩 潤夫。晉靈石。光六庶。閣學；道十四死。

何士毅 皖按；康四九罷。

何元英 浙秀水。順十二進士。順十七，桂鄉副考。

何中魁 閩左布；康二罷。

何天培 漢正白。廕生。兵尚；雍六革。

何天寵 順宛平。康六進士。康二六，粤鄉副考。

何日佩 縉華；蒼水。廣東德慶。乾二二庶。乾二七，滇鄉副考。

何占鼇 川成都。行伍。甘提；道九死，勤襄。

何世璂 澹庵；鐵山，坦園，桐叔。魯新城。康四八庶。直督；雍七死，端簡。

何如璋 子峨。粤大埔。同七庶。使日；光六召回。閩船政；光十召京，革。光十七死。

何汝霖 雨人。蘇江寧。舉人。禮尚；咸二死，恪慎。

何彤然 弨甫；竹雲。桂平樂。嘉十庶。閣學；道十四死。

何彤雲 子厚。滇晉寧。道二四庶。户右；咸六憂免。

何廷謙 地山。皖定遠。舉人。道二五庶。工左；光十一病免。

何君佐 粤水提；道七病免。

何定江 粤香山。乾四五武進士。浙提；嘉十四死。

何宗韓 桐藩；對溪。甘文縣。雍二進士。雍四，晉鄉副考。乾九死，年六六。

何洛會 滿鑲白。順二，三等子，定西大將軍。順八殺。

·何承勳 道六，陝安道署陝按。

何　棅 蘇崇明。順四進士。康二三，贛學。

㊀何牧 施何牧榜名。

何其睿 克思。贛贛縣。乾二庶。乾十二，滇學。

何其興 蘇上元。嘉二五進士。道十二，黔鄉副考。

何彦昇 秋輦。蘇江陰。舉人。宣二，甘布遷新撫，未任道死。

何　金 黔按；道九罷。

何金壽 鐵生。鄂江夏。同元榜眼。同九，豫學。光八死。

何金蘭 相如。蘇丹徒。康九進士。康二六，晉鄉正考。

何長清 粤水提；光三十革。

何　俊 亦民。皖望江。道九庶。蘇布；咸七召京。

何冠英 傑夫。閩閩縣。道十六榜眼。道十七，晉鄉副考。

何起鵬 康三，滇學。

何師儉 桐叔；素堂。浙山陰。陝按；雍十三病免。乾三死，年六五。

何桂珍 丹畦。滇師宗。道十八庶。道二六，黔學。徽寧池太廣道；咸五死，文貞。

何桂清 根雲。滇昆明。道十五庶。江督；咸十殺。

何桂馨 見復。蘇吴江。嘉二五庶。道十七，川學。

何密達 順八，順鄉副考。

何國宗 翰如。順大興。康五一庶。禮尚；乾二二降侍郎。乾二七休，三一死。

何淩漢 仙槎，雲門。湘道州。嘉十探花。户尚；道二十死，年六九，文安。

何祥書 直提；雍四改正白漢副。

何紹基 淩漢子。子貞；東洲，蝯叟。湘道州。道十六庶。道十九，閩鄉正考。同十三死，年七五。

何裕承 小笠。豫祥符。道十五庶。閩學；咸元罷。

何裕城 何煟子。福天；惺庵。浙山陰。貢生。皖撫；乾五五死，年六五。

何逢僖 敬儒；念修。閩侯官。乾十六進士。吏左；乾三四死，年四六。

何　傳 陝提；康十一休。

·何雄輝 光二七，署滇提。

何　煟 謙之。浙山陰。捐納。豫撫；乾三九死，恭惠。

何　煊 初名炳；允彪；寅士。浙蕭山。嘉十四庶。桂按；道八憂免。道十八死，年六四。

何瑞徵 禮右；順二休。

何鳴鑾 湖廣巡撫；順三免。

何福堃 壽萱；壽軒。晉靈石。光三庶。甘布；光三一降。

何毓秀 川按；康二二罷。

何　銑 太僕；道元罷。

何　遠　晉安邑。康二七進士。康四四，閩鄉副考。

何增元　調甫。川璧山。道元，魯鄉副考。

何　樞　湘山。豫祥符。咸六進士。晉布；光二六死。

何　澄　誕登。直正定。順九進士。康二，閩鄉副考。

何　璟　伯玉；小宋。粵香山。道二七庶。閩督；光十召京。光十四死。

何學林　昌森；茂軒。黔開州。乾五八庶。嘉六，湘學。杭嘉湖道署浙按；嘉二二死，年五七。

何維楷　贛按；光二十罷。

何錫祿　湘按；雍四革。

何　龍　嘉十八，陝鄉副考。

何顯祖　黔按；康四十罷。

佘三級　粵布；康二一罷。

佘文儀　浙諸暨。乾二進士。刑尚；乾四二休。

佘正健　健行；惕齋。閩古田。康三六庶。左副；康五六改修書處行走。

佘　甸　田生。閩福清。魯按；雍二召京。

佘步雲　紫松。川廣安。浙提；道二二革（殺）。

佘虎恩　勳臣。湘平江。烏魯木齊提督；光三一死。

佘　恂　孺子；岫雲。浙龍游。順九庶。順十四，閩鄉正考。

佘思樞　魯布；光五降。

佘炳燾　豫按；咸七死。

佘國柱　兩石；石臣。鄂大冶。順九進士。武英；康二七革。

佘　埅　子垕。川巴州。光十六庶。光二三，陝學使。

佘　集　卿雯；存吾。湘長沙。乾二六庶。乾五三，鄂鄉正考。

佘萬清　湘提；咸元憂。

佘肇康　堯衢；倦知老人。湘長沙。光十二進士。法左參；光三三革。

佘誠格　壽平；皖望江。光十五庶。湘撫；辛亥光復逃。

佘應魁　贛左布；康元罷。

佘聯沅　晉珊。鄂孝感。光三榜眼。湘布；光二七病，旋死。

⊙**佘志貞**　榜名豔雲。粵澄海。康十八庶。康二九，魯鄉正考。

⊙**佘豔雲**　佘志貞榜名。

佛尼勒　滿鑲紅。西將；康二一，恭靖。

佛住　吏右；道二病免。

佛保　通政；雍十三罷。

佛柱　（一）理左；乾五七罷。

佛柱　（二）滿鑲白。吏右；嘉二一革。

佛倫　滿正白。文淵；康三九休。康四十死。

佛掄　康六一，册封朝鮮世弟副使。

佛格　宗室，隸鑲藍。刑尚；雍元解。

佛喜　怡亭。滿洲。川布；雍五降。

佛祿　太僕；乾四八休。

佛葆　滿洲。盛刑；康三四降。

佛爾國春　滿正白。咸六進士。桂按；同十一召京。

佛爾卿額　蒙正白。理尚；嘉十七死。

佛德　甘布；乾三二降贛按，乾三五解。

佛凝峨　閣學行走；雍十二免。

佟世雍　漢正藍。豫布；康三九罷。

佟吉圖　魯布；雍元革。浙布；雍四召京。

佟宏器　工右；康十一死。

佟延年　漢正藍。監生。貴州總督；順十八休。

佟保　滿洲。吉將；康三五革。

佟康年　漢正藍。贛撫；康二二死。

佟國允　漢正藍。工左，左副；順十二休。

佟國佐　吉臣。漢正藍。皖撫；康三四死，年五九。

佟國楨　漢正藍。拔貢。贛撫；康十八降。

佟國瑶　養性孫。漢正藍。襲三等伯，福將；康二八死，忠愍。

佟國器　匯白。漢正藍。浙撫；順十七革。

佟國鼐　養性孫。漢正藍。閩撫；順五免。

佟國勷　任庵。漢正藍。贛撫；康五六革。

佟彭年　漢正藍。江南右布；康二罷。

佟景文　鏡汀；敬堂，艾生。漢鑲黄。嘉六進士。皖布；道十六死，年六一。

佟圖賴　漢正藍。三等子，禮左；順十三病免。順十五死，年五三。

佟毓秀　鍾山。漢正藍。滇撫；康四五革。

佟鳳彩　高岡。漢正藍。豫撫；康十六死，勤僖。

佟養甲　陸海。漢正藍。廣督；順八死。

佟養鉅　漢正藍。粵撫；康十五降尚之信。

佟養量 漢正藍。宣大山西總督;順十一解。
佟徽年 漢正藍。豫提;康十八裁。
佟肇梅 黔提;咸八革。
克明 静之。滿鑲黄。道二四庶。咸二,豫鄉正考。
克們泰 工左;光二十假。
克蒙額 盛齋。漢正白。綏將;光二十降。
初彭齡 紹祖;頤園。魯萊陽。乾四五庶。兵尚;道四休。道五死。
努山 滿洲。盛工;康七解。
努赫 禮左;康三七降光禄。禮右;康四十革。
冶大雄 川成都。滇提;乾十七改哈密署安西提督,革。乾二一死。
吞珠 拙齋。宗室,隸正藍。鎮國公,禮尚;康五七死。
吞齊 貝子。順五,平西大將軍。順十,定遠大將軍。
吴一元 川右布;順十一罷。
吴一蜚 漢章。閩長泰。康二一庶。吏尚;康五二死。
吴卜雄 浙德清。康三九進士。康五一,豫學。
吴三桂 長伯。蘇高郵。明總兵。平西王。康十二反清,康十七死,年六七。
吴于宣 浙石門。乾五二進士。嘉六,閩鄉副考。
吴士玉 荆山。蘇吴江。康四五庶。禮尚;雍十一死,文恪。
吴士功 惟亮,建猷;淩雲,湛山。豫光州。閩撫;乾二六革。乾三十死,年六七。
吴士端 季方;渠亭。蘇長洲。諸生。川布;乾二八降。乾三八死,年八三。
吴士鑑 絅齋。浙錢塘。光十八榜眼。光二六,贛學。
吴大受 子惇;牧園。浙歸安。雍元庶。雍十,湘學。
吴大澂 清卿;恒軒,愙齋。蘇吴縣。同六庶。湘撫;光二一解。光二八死,年六八。
吴子雲 康十七,豫學。
吴元炳 子健。豫固始。咸十庶。皖撫;光十二死。
吴元猷 粵水提;咸八革。
吴元龍 長仁;卧山,御天。蘇婁縣。康十八庶。康十一,黔鄉正考。
吴允謙 順五,豫鄉正考。
吴之茂 川右布;順九罷。
吴之黼 竹屏。蘇江都。贛按;乾四九革。
吴丹 滿正黄。漢中駐防漢軍將軍;康二九死。
⊙**吴什巴** 又作胡什巴。盛刑;康二九死。
吴仁傑 望雲。蘇震澤。同四庶。光二,贛學。
●**吴引祚** 楊引祚榜名。
吴引孫 福茨。蘇儀徵。舉人。光三一,甘布署新撫。宣三,浙布。
吴文焕 覲侯;劍虹。閩長樂。康六十榜眼。雍十,陝鄉正考。
吴文鎔 甄甫,雲巢;竹孫。蘇儀徵。嘉二四庶。湖督;咸四戰死,年六三,文節。
吴正治 當世;賡庵。鄂江夏,皖休寧人。順六庶。武英;康二六休。康三十死,年七四,文僖。
吴必達 閩水提;乾三四革。
吴必淳 漢正紅。西寧辦事大臣;咸四病免。
吴札布 滿洲。黑將;乾元死。
吴玉綸 士功子。廷韓;香亭,蓼園。豫光州。乾二六庶。兵右;乾五三降閣學,乾五四再降檢討。嘉七死。
吴全美 粵順德。閩水提;同五病免。光六,署粵水提。光十一死。
吴　匡 晉布;光三二解。
吴存禮 立庵。漢正紅。舉人。蘇撫;雍元革。
吴存義 和甫。蘇泰興。道十八庶。吏左,同七病免。同年死,年六七。
吴守宋 蘇武進。順四進士。康八,晉鄉副考。
吴　光 迪前;長庚。浙歸安。順十八探花。康三,祭諭安南國王正使。
⊙**吴光悦** 榜名廷燮;星一;見樓。蘇陽湖。嘉元進士。贛撫;道十一死,年七三。
吴同甲 棣軒。蘇高郵。光六庶。光三四,皖學使。
吴式芬 子苾;誦孫。魯海豐。道十五庶。閣學;咸六罷。
吴式敏 遜甫,平山;春巢。魯海豐。嘉二五庶。道八,晉鄉正考。
吴汝玠 漢鑲紅。杭州駐防;順十四休。康十一死。
吴自肅 魯海豐。康三進士。康二六,滇學。

吴臣輔 順三,魯學。

吴努春 滿洲。禮右;康二二革。

吴孝銘 伯新。蘇武進。嘉十四庶。宗人府丞;道二十休。

吴延貴 贛按;康二九革。

⊙**吴延熙** 榜名徐廷熙。銘佩;敬齋。浙烏程。雍二庶。雍九,滇學。

吴廷芬 蕙吟。皖休寧。同二進士。左都,總;光二六病免。

吴廷珍 上儒;叔琦。蘇吴縣。嘉十六探花。嘉十八,滇鄉正考。

吴廷剛 川成都。行伍。粤陸提;嘉十九死。

吴廷楝 竹如;彦甫。皖霍山。拔貢。刑右;同五病免。同十二死,年七三。

吴廷琛 震南;棣華。蘇元和。嘉七狀元。滇按;道二四死,年七二。

吴廷斌 贊臣。皖涇縣。魯撫;光三四罷。

吴廷楨 山掄;南村。蘇長洲。康四二庶。康四七,贛鄉正考。

吴廷選 戛韶。蘇荆溪。乾四九庶。乾五八,皖學。

●**吴廷燮** (一)吴光悦榜名。

吴廷燮 (二)向之。蘇上元。舉人。民右參;光三三免。宣三,奕閣參議,署法制院副使。

吴邦慶 景唐;霽峰。順霸州。嘉元庶。皖撫;嘉二五召京。東河;道十五降。道二八死。

吴　沂 浴曾。直滄州。舉人。甘按;嘉十死(未任)。

吴甫生 宜臣;敬亭。鄂興國。康三三庶。康四一,陝鄉副考。

吴坤修 竹莊。贛新建。捐納。皖布;同十一死。

吴　坦 履吉。蘇江寧。嘉二二庶。道元,晉鄉副考。

吴宗濂 挹清;景周。蘇嘉定。同文館。宣元,使義。

吴拉岱 滿鑲紅。順九進士。理右;康二七罷。

吴承羲 咸五,滇學。

吴承璐 浙歸安。同四進士。閩布;光二四罷。

吴昌祚 魯按;雍七召京。

吴昌壽 仁甫;少村。浙嘉興。道二五進士。豫撫;同五降。粤布;同六病免。

●**吴昕** 吴樹本榜名。

吴其彦 美存。豫固始。嘉四庶。兵右;道元憂免。道三死,年四五。

吴其泰 希郭;橘生。豫固始。嘉二五庶。蘇按;咸五罷。

吴其濬 吴烜次子,其彦弟。哲甫;瀹齋。豫固始。嘉二二狀元。晉撫;道二六病免,旋死。

吴芳培 霽菲;雲樵。皖涇縣。乾四九庶。兵左;道二休。

吴虎炳 蘇山陽。舉人。桂撫;乾四四死。

吴　金 閣學;乾三革。

吴長慶 筱軒。皖廬江。浙提;光十死,武壯。

吴　俊 曇繡;蠡濤。蘇吴縣。乾三七庶。魯布;嘉七革。粤按;嘉十三休。

吴信中 閬甫;藹人。蘇吴縣。嘉十三狀元。嘉十五,豫鄉正考。

吴保泰 和庵。豫光州。道二十庶。詹事;同三罷。

吴　垣 (一)雲巖。豫寶豐。康二四庶。康四八,浙學。

吴　垣 (二)紹詩子。魯海豐。舉人。鄂撫;乾五一死。

吴　峋 魯海豐。同四進士。光五,晉鄉副考。

吴品珩 佩葱。浙東陽。光十二進士。宣三,皖布。

吴建勳 旬侯;子靖。直清苑。粤水提;道二三降副將。

吴　柱 江南按察;順十七降。

吴　相 麟山。閩寧洋。康四二庶。康五一,浙鄉副考。

吴　洪 甘提;康四六休,旋死。

吴　昺 永年。皖全椒。康三十榜眼。康四五,湖學。

吴春焕 陝布;同元解。

吴振棫 仲雲;毅甫,再翁。浙錢塘。嘉十九庶。雲督;咸八病免。同十死,年七九。

吴拜 (一)覺羅。康五一進士。盛兵;乾十三革。

吴拜 (二)滿鑲紅。左都;乾二三休。

吴省三 乾五三,鄂學。

吴省欽 沖之;白華。蘇南匯。乾二八庶。左都;嘉四革。嘉八死。

吴省蘭 省欽弟。泉之。蘇南匯。乾四三庶。禮右;嘉四降。講學;嘉九休。嘉十五死。

吳珂鳴 蕊淵。蘇武進。順十五庶。康十七,順學。

吳　英 爲高;媿能。閩莆田。閩水提;康五一死,年七六。

吳若準 次平。浙錢塘。道二一進士。太僕;咸四罷。

吳重憙 仲怡。魯海豐。舉人。豫撫;宣二召京。

吳郁生 蔚若。蘇元和。光三庶。郵右;宣三裁。△袁閣弼德院顧問。

吳庫禮 滿洲。盛將;康四死。

·**吳家榜** 光二,暫護長江水提。

吳家騏 晉綺;晚楓,駿起。浙桐鄉。康五七庶。禮右;乾六革。

吳　烜 旭臨,鑑庵。豫固始。乾五二庶。禮右;道元病免。同年死,年六二。

吳恩韶 春甫;訥人。蘇吳縣。嘉十三庶。嘉二一,魯鄉副考。

吳晉夔 浙鎮海。光三十進士。宣三,南鹽廳長。

吳納哈 江將;乾元死,簡懿。

吳　陞 閩陸提;雍四休。雍五死。

吳　郡 雲士。閩浦城。浙提;康五四死,武寧。

吳　偉 浙仁和。雍八進士。康五,贛學。

吳啓昆 宥涵。蘇江寧。康六十庶。雍四,湘鄉副考。

吳國柱 豫按;康四十罷。

吳國對 玉隨,默巖。皖全椒。順十五探花。康十五,順學。

吳國龍 玉騧。皖全椒。明進士。康五,魯鄉正考。

吳格塞 秘書學士;康八革。

吳　梁 宗人府丞;雍二休。

吳　涵 容大;匪匡。浙石門。康二一榜眼。左都,康四五休。康四八死。

吳　鈜 方來;泊村。蘇宜興。乾二庶。乾九,湘鄉正考。

吳紹詩 二南。魯海豐。吏右;乾三九休。乾四一死,年七八,恭定。

吳　傑 卓士;梅梁。浙會稽。嘉十九庶。工右;道十六死。

吳喇禪 刑左;順十七病免。

吳景暠 震凡。豫汝陽。宣大山西總督;順二革。

吳景道 漢正黃。豫撫;順十休。順十三死,愍僖。

吳曾直 康五六,粵鄉副考。

吳勝兆 蘇松提督;順三反清,殺。

吳舒帷 濟儒。蘇震澤。乾四三庶。乾五一,晉鄉正考。

吳　棠 仲宣。皖盱眙。舉人。川督;光元病免。光二死,勤惠。

吳　琠 伯美;銅川。晉沁州。順十六進士。保和;康四四死,文端。

吳進泰 晉布;康四九罷。

吳進義 甘寧朔。行伍。浙提;乾十七革。直提;乾二七死,年八四,壯愍。

吳華年 俊峯。魯德州。同七庶。同十二,桂學。

吳華孫 冠山。皖歙縣。雍八庶。乾六,閩學。

吳　雲 玉松;潤之。蘇長洲。乾五八庶。嘉六,黔鄉副考。

吳嗣富 鄭公。浙錢塘。乾四庶。乾十一,湘學。

吳嗣爵 吳璥父。尊一;樹屏,澹軒。浙錢塘。雍八進士。吏右;乾四二休。乾四四死,年七三。

吳隆元 炳儀;易齋。浙仁和。康三三庶。雍二,江鄉正考。

吳嵩印 豫右布;康三罷。

吳達海 亦作務達海。貝子,刑尚;順六解。順十二死,襄敏。

吳達善 雨民。滿正紅。乾元進士。陝督;乾三六死,勤毅。

吳達禮 (一)滿正藍。吏尚;康二十病免,旋死。

吳達禮 (二)盛工;雍七革。

吳　椿 大春,蔭華;退旃。皖歙縣。嘉七庶。户尚;道十九病免。道二五死,年七六。

吳　煒 浙仁和。雍八進士。雍十三,晉鄉副考。

吳愈聖 閩晉江。順九進士。康八,浙鄉正考。

吳慈鶴 韻皋;巢松。蘇吳縣。嘉十四庶。嘉二四,滇鄉副考。道六死,年四九。

吳敬恒 愛庭;蔆亭。皖涇縣。嘉二二進士。道元,滇鄉正考。

吳敬修 鞠農。豫光州。光二十庶。宣二,吏右參。

吳敬羲 孟暘,觴六;薇客。浙錢塘,皖休寧人。道二十庶。道二三,陝鄉副考。

吴敬輿　(一)乾四四，陝鄉正考。

●**吴敬輿**　(二)卽吴樹本。

吴禄貞　綬卿。鄂雲夢。留日士官學校。第六鎮統制。△晉撫；被袁世凱暗害。

吴鼎昌　仲銘；新之，嗣捷。蘇江寧。道二一庶。太常；咸五病免。

吴鼎雯　樸園。豫光州。乾四三庶。乾五三，魯鄉副考。

吴壽昌　泰交；蓉塘。浙山陰。乾三四庶。乾五一，黔學。

吴嘉淦　清如。蘇吴縣。道十八進士。道二六，川鄉副考。同四死，年七六。

吴嘉瑞　吉符；雁舟。湘長沙。光十五庶。光十九，滇鄉正考。

吴熊光　望崑；槐江。蘇昭文。舉人。廣督；嘉十三革。道十三死，年八四。

吴榮光　原名燎光。殿垣，荷屋；伯榮。粤南海。嘉四庶。湘撫；道十六降。閩布；道二十休。道二三死，年七一。

吴福生　道二九，陝學。

吴福年　竹言；築巖。浙錢塘。道二五探花。咸三，桂學。

吴瑪護　滿洲。盛將；康九死。

●**吴遠**　邵吴遠榜名。

吴維華　順天。明諸生。漕運；順八革。康七死。

吴綬詔　青紆；滄人，韋齋。皖歙縣。乾十三庶。通政；乾四六罷。

吴興祚　伯成。漢正紅。廣督；康二八降。康三六死。

吴興祖　閣學；康二六罷。

吴赫　滿鑲藍。川陝總督；康三八解。工左；康三九革。

吴毓英　鞠仁；菊人。蘇吴縣。嘉十六榜眼。嘉二一，魯鄉副考。

吴毓珍　鄂按；康二一罷。魯按；康二五罷。

吴爾泰　盛兵；雍五降。

吴爾嘉齊　光禄；康二罷。

吴鳳柱　鄂提；光二六死，勇恪。

吴鳳藻　賓士；蓉圃，丹山。浙錢塘。咸三榜眼。咸五，閩鄉副考。

吴慶坻　子修，敬彊。浙錢塘。光十二庶。湘學使；宣三病免。

吴德章　焕其。閩閩縣。留法。使奥；光二九召回。

吴德溥　滇布；光八死。

吴　魯　肅堂。閩晉江。光十六狀元。吉學使；光三四改學部丞參行走。

吴蔭培　穎芝。蘇吴縣。光十六探花。光二八，閩鄉副考。

吴蔭曈　蘇陽湖。乾五二進士。乾五七，陝學。

吴韡炳　經才。浙錢塘。光二一進士。光二六，甘學。

吴　壇　魯海豐。乾二六進士。刑右；乾三九革。蘇撫；乾四五召京。

⊙**吴樹本**　榜名吴昕，改名敬輿。子貞，恭銘；楚頌。蘇婁縣。乾三六庶。乾六十，閩鄉副考。

吴樹梅　燮臣。魯歷城。光二庶。户左；光二七病免。

吴樹棻　移香；適龕。魯歷城。光六庶。光十五，豫學。

吴樹萱　春暉；壽庭。蘇吴縣。乾四五庶。乾五七，川學。

吴　頤　蘇長洲。嘉六進士。嘉十八，桂鄉副考。

吴　鼒　山尊，及之；抑庵。皖全椒。嘉四庶。嘉九，桂鄉正考。道元死，年六七。

吴　鴻　頡雲；雲巖。浙仁和。乾十六狀元。乾二四，湘學。

吴鴻甲　唱初；昶仙。蘇江陰。光十二庶。光十九，鄂鄉正考。

·**吴鴻源**　署閩水提；同三革。

吴應枚　應棻弟。小穎；穎庵。浙歸安。雍二庶。奉尹；乾六召京。

●**吴應楨**　吴應棻榜名。

⊙**吴應棻**　榜名應楨。小眉；眉庵。浙歸安。康五四庶。兵左；雍五罷。

吴應龍　飛淵。蘇武進。晉布；乾七革。

吴　璥　式如；崧圃。浙錢塘。乾四三庶。協，兵尚；道元休。道二死，年七六。

吴　襄　七雲；懸水。皖青陽。康五二庶。禮尚；雍十三死，文簡。

吴聯珠　浙歸安。乾元進士。乾六，滇鄉副考。

吴謙鋕 粤布；乾十五罷。

吴鍾駿 崧甫。蘇吴縣。道十二狀元。禮左；咸三病免。

吴駿昌 石甫；可亭。蘇儀徵。道二四庶。道二九，豫鄉正考。

吴懷清 蓮期，蓮溪；慎初。陝山陽。光十六庶。光二九，魯鄉副考。

吴禮布 右衛將軍；雍四改正黄蒙都。

吴贊誠 春帆；存甫。皖廬江。拔貢。光四，署閩撫，仍兼福建船政。光禄；光五病免。光十死。

吴　鵬 乾十八，浙鄉副考。

吴　鶱 魯按；乾元召京。

吴寶恕 子實。蘇吴縣。同七庶。光元，粤學。

吴　巖 浙烏程。乾二二進士。乾三三，晉學。

吴觀禮 子儁；圭庵。浙仁和。同十庶。光二，川鄉副考。

吕天倫 川崇慶。烏魯木齊提督；道八病免，道十一死。

吕文櫻 果初。晉汾陽。康四五進士。雍元，魯學。

吕正音 浙新昌。順十二進士。康五，粤鄉正考。

吕本元 皖滁州。浙提；宣二病免，旋死。

吕光亨 皖旌德。乾十六進士。乾三十，晉學。乾四三，滇學。

吕守曾 豫新安。雍二進士。晉布；乾六死。

吕序程 賓鴻；秋塍。豫羅山。道二五庶。咸五，魯學。

吕佺孫 堯仙；蘭溪。蘇陽湖。道十六庶。閩撫；咸七病免，旋死。

吕佩芬 曉蘇。皖旌德。光六庶。光十四，閩鄉正考。

吕和鐘 晉長治。順十二進士。康五，陝學。

吕信孫 星田。蘇陽湖。道十八庶。咸元，粤鄉副考。

吕　宫 長音，蒼忱；金門。蘇武進。順四狀元。弘文；順十二休。康三死，年六二。

吕海寰 鏡宇。順大興。舉人。外會；光三三改會辦税務。

吕　振 豫永城。康三進士。康三五，江鄉副考。

吕祚德 康八，桂鄉副考。

吕僉如 順四，贛學。

吕崇烈 伯承。晉運城。明進士。禮右；順十一休。康五死，年七二。

吕逢春 漢軍。明舉人。魯撫；順六降。

吕猶龍 雨村。漢正紅。浙撫；康六一免。

吕朝瑞 廷雲。皖旌德。咸三探花。同二，湘學。

吕雲棟 乾四二，黔鄉副考。

吕雲藻 陝學；順六革。

吕爾昌 蘇武進。乾二八進士。皖按；乾四七革。

吕鳳岐 瑞田。皖旌德。光三庶。光八，晉學。

吕履恒 元素；坦庵。豫新安。康三三進士。户右；康五六降。

吕賢基 羲音；鶴田。皖旌德。道十五庶。工左；咸三死，文節。

吕　熾 克昌；闇齋。桂臨桂。雍五庶。左副；乾三三休。乾四三死。

吕謙恒 天益；六吉，澗樵。豫新安。康四八庶。光禄；雍五休。

吕　瀚 滇提；乾二一死。

吕耀斗 庭芷。蘇陽湖。道三十庶。咸九，陝鄉副考。

吕耀曾 謙恒子。宗華；槑巖。豫新安。康四五進士。倉場；乾八死。

呈麟 玉書；紱堂。滿正藍。嘉十九庶。奉尹；道二二病免。

宋大業 德宜三子。彦功。蘇長洲。康二四庶。閣學；康四七革。

宋之晅 順十四，順鄉副考。

宋文運 開之。直南宫。順六進士。刑左；康二三死，端慤。

宋可發 魯膠州。順六進士。粤布；康十三罷。

宋可進 甘靖遠。甘提；雍十革。

宋玉珂 映山，次山；佩聲。魯濰縣。道二四庶。咸二，豫鄉副考。

宋　至 宋犖次子。山言。豫商丘。康四二庶。湘布；雍元召京。

宋在詩 雅伯。晉安邑。康六十庶。雍四，川學。

宋如林 仁圃。蘇吴縣。黔按；道五病免。

宋伯魯 芝棟，芝洞。陝醴泉。光十二庶。光二十，魯鄉副考。

宋延春 引恬;小墅。贛奉新。道十三庶。滇布;同十三病免。

宋邦綏 逸才;況梅,曉巖。蘇長洲。乾二庶。鄂撫;乾二八革。户右;乾三五死。

宋其沅 晉汾陽。嘉四進士。浙布;道二十罷。

宋育仁 芸子。川富順。光十二庶。光二四,檢討辦理四川礦務商務。

宋　厚 川按;乾十五革。

宋　晉 錫蕃;雪帆。蘇溧陽。道二四庶。户左;同十三死,年七三。

宋祖法 順十六,閩學。

宋敏求 懿懷;勉齋。鄂黄梅。康十八庶。康三二,川鄉正考。

宋　湘 焕襄;芷灣。粤嘉應。嘉四庶。嘉十二,川鄉正考。

宋　琬 玉叔;荔裳。魯萊陽。順四進士。川按;康十二死。

宋　愛 可進子。甘靖遠。雍元武進士。黔提;乾二十解,旋死。

宋　璋 粤按;雍四病免。

宋　筠 宋犖子。蘭揮;晉齋。豫商丘。晉按;雍九免。奉尹;乾三降。乾二五死,年八十。

宋聚業 蘇吴縣。康三六進士。康四七,滇鄉副考。

宋壽圖 南衡。蘇長洲。滇按;乾十七死,年五一。

宋　犖 宋權子。牧仲;漫堂。豫商丘。廕生。吏尚;康四七休。康五二死,年八十。

宋德宜 右之;蓼天。蘇長洲。順十二庶。文華;康二六死,年六二,文恪。

宋　慶 祝三。魯萊州。川提;光二八死,忠勤。

宋徵輿 直方;轅文。蘇華亭。順四進士。左副;康六死。

宋　澍 沛清;小坡。魯蘭山。乾四六庶。嘉三,陜學。

宋　衡 伊平;嵩南。皖廬江。康二四庶。康四四,川學。

宋學洙 文起,長修。鄂江陵。順四庶。順八,豫鄉正考。

宋駿業 德宜子。蘇長洲。副貢。兵右;康五二死。

宋豐綏 陜按;乾四三罷。

宋　鎔 壽圖孫。奕巖。蘇長洲。乾三七庶。刑左;嘉十九降。鴻臚;嘉二四休。道元死。

宋　權 元平,平公;雨恭。豫商丘。明巡撫。國史;順八休。順九死,年五五,文康。

完顔岱 豫布;嘉六死。

完顔偉 滿鑲黄。左副;乾十三死。

岐元 子惠。宗室,隸正紅。成將;光十七死。

岑春煊 毓英子。雲階。桂西林。舉人。廣督;光三三免。△川督。

岑春蓂 毓英子。堯階。桂西林。廕生。湘撫;宣二革。

岑毓英 彦卿。桂西林。諸生。雲督;光十五死,襄勤。

岑毓寶 毓英弟。楚卿。桂西林。監生。滇布;光二一革。

希元 贊臣。蒙正黄。福將;光二十死。

希佛 太僕;康三罷。

希凱 駐藏;光二病免。

希廉 閣學;光三一改泰寧。

希福 (一)滿正黄。三等子,弘文;順九死,年六四,文簡。

希福 (二)滿正紅。右衛將軍;康三四革。康三八死。

希福納 滿鑲黄。户尚;康四九革。

⊙**希德慎** 又作奚德慎。盛工;乾四降。左副;乾五降。

希賢 寶臣。蒙正黄。桂按;光二九革。

孚琦 樸孫。滿正藍。宣三,廣州副都署將軍。宣三,黨人温生才殺。

孝順 行先。滿洲。黔提;咸七死,壯肅。

延昌 子光。蒙鑲白。光二九庶。宣三,典禮院直學士。

延信 豪格孫。貝勒。康五九,平逆將軍。西將;雍五召京。

延祉 錫之。滿鑲藍。西寧辦事大臣;光三一改庫倫辦事大臣,督辦蒙古礦務。

延　茂 松岩。漢正白。黑將;光二六死,忠恪。

延煦 慶祺子。樹南。宗室,隸正藍。咸六庶。禮尚;光十三死。

延鴻 逵臣。滿鑲紅。民右丞;△改左丞。

廷杰 用賓。滿正白。光二進士。法尚;宣二死。

廷　雍　劭民。覺羅，隸正紅。光二六，直布護督，德國侵略軍殺害。

⊙**折庫納**　亦作哲庫納。滿鑲藍。順九滿洲榜榜眼。倉場；康十四死。

折爾金　甘布；康五十罷。

折爾肯　(一)滿正白。兵尚；康二一死。

折爾肯　(二)桂提；康二五戰死。

志元　左副；光十四改泰寧鎮。

志和　文蔚子。藹雲；春圃。滿正藍。咸二庶。兵尚；光十一解，旋死。

志信　覺羅。盛禮；乾四十召京。通政；乾四三罷。

志森　魯布；宣三解。

志鋭　伯愚，廓軒；公穎，迂安。滿鑲紅。光六庶。伊將；△死(文貞)。

志顔　謦山。理左；光二十休。

成元麐　甘提；乾十六降總兵。

成允　竹銘。覺羅，隸正紅。粤布；光二一署撫。

成文　絅齋。滿正白。康五四庶。康五八，編修充册封安南國王副使。

成世瑄　師薛；蘭生。黔石阡。嘉二二庶。寧布；道二二死，年五三。

成玉　蒙正紅。綏將，陝提；道三十病免。

成仲龍　陝右布；順五罷。

成汝舟　鄂按；乾五五罷。

成孚　子中。滿正紅。東河；光十三革。

成克鞏　子固；青壇。直大名。明進士。秘書；康二休。康三十死，年八四。

成定康　甘按；光三病免。

成其範　魯樂安。順十八進士。兵右；康二七降。

成明　直提；同元赴陝。

成林　(一)滿鑲藍。廩生。桂撫，刑右；嘉十九革。嘉二二死。

成林　(二)竹坪。滿鑲白。舉人。吏左，總；光五死。

•**成保**　山海關副都署直提；同十一回任。

成衮扎布　策楞長子。蒙古喀爾喀部。親王。定邊；乾三六死。

成剛　宗室，隸鑲藍。禮尚；道二九死。

成書　倬雲。滿鑲白。乾四九進士。户右；道元死。

成康保　蘇寶應。康十八進士。康三二，晉鄉副考。

成格　果亭。滿正黄。禮尚；道十八革。

成　章　端甫。漢正黄。左副；光三二裁免。光三三，正白漢都。

成凱　宗室，隸鑲紅。綏將；咸十一召京。

成寧　滿正黄。陝撫；嘉十四革。禮尚；嘉十八解。理右；嘉二十降。吏左；嘉二四罷。漕運；道元召京。

成琦　滿正黄。道三十進士。倉場；咸十一革。

成禄　烏魯木齊提督；同四革。

成瑞　甘提；同元革。烏魯木齊提督；光三罷。

成策　兵右；乾六十解。

成寬　宗室，隸鑲藍。輔國公。定左；嘉十二死。

成肇毅　浙仁和。順六進士。順十七，晉鄉正考。

成德　(一)滿正紅。杭將；嘉四休，旋死。

成德　(二)滿正藍。舉人。户尚；嘉七死，恪慎。

成德　(三)蒙正黄。西將；道元改散秩大臣。

•**成勳**　漢正黄。光三二，吉林副都署將軍。

成額　甘布；康十三罷。

成觀瑄　子旬；紫筠。蘇寶應。道六庶。道二十，贛學。

汪士鐸　君宜；筠川。皖休寧。乾元庶。乾九，豫學；乾十一革。

汪大燮　伯唐。浙錢塘。使英，外右，倉場；宣二，郵左、使日。

汪之洙　順十七，浙鄉副考。

汪元方　友陳；嘯庵。皖歙縣。道十三庶。左都；同六死，文端。

汪云任　陝按；道二五罷。

汪日章　克文。浙錢塘。乾三七舉人。蘇撫；嘉十四革。嘉十六死。

汪世樽　寅禾。浙秀水。道三庶。道八，湘學。

汪永瑞　蘇吴縣。順四進士。順十六，豫學。

汪永錫　孝傳；曉園。浙錢塘。乾十九庶。閩學；乾四七死。

汪由敦　謹堂，師敏(茗)；松泉。浙錢塘，皖歙縣人。雍二庶。協，刑尚；乾十四革。乾二三死，年六七，文端。

汪本銓 衡甫。蘇陽湖。道九進士。浙布；咸元乞養。咸四死，年四五。
汪　份 武曹。蘇長洲。康四二庶。康五九，滇學；未任死，年六七。
汪守和 惟衣；巽泉。贛樂平。嘉元榜眼。禮尚；道十六死。
汪存寬 經耘；香泉。皖休寧。乾十九庶。乾三六，桂鄉正考。
汪如洋 潤民；雲壑。浙秀水。乾四五狀元。乾五一，滇學。
汪如淵 如洋弟。嘉謨，頌褒；筆山。浙秀水。嘉四庶。粵布；道元罷。
汪廷珍 玉粲；瑟庵。蘇山陽。乾五四榜眼。協，禮尚；道七死，年七一，文端。
汪廷儒 醇卿；蒓卿。蘇儀徵。道二四庶。道二六，贛鄉副考。
汪廷璵 衡玉；持齋。蘇鎮洋。乾十三庶。工左；乾四八死，年六六。
汪志伊 稼門。皖桐城。舉人。閩督；嘉二二革，二三死。
汪承元 嘉杜。蘇甘泉。咸三庶。咸九，浙鄉副考。
汪承霈 由敦子。春農；時齋。浙錢塘。舉人。兵尚，左都；嘉九休，嘉十死。
汪　河 贛新城。嘉二二進士。道十一，湘鄉正考。
汪彦博 廷璵孫。厚夫；文軒，潞勳。蘇鎮洋。乾五二庶。嘉十五，桂學。道四死，年五七。
汪　俊 安公。蘇吳縣。康三三庶。康四一，粵鄉正考。
汪振恭 道十四，滇鄉副考。
⊙**汪振基** 榜名震基。艮山。皖潁上。道十二庶。道十五，豫學。
汪晉徵 符尹；涵齋。皖休寧。康十八庶。户左；康四八死，年七一。
⊙**汪敍疇** 樹烈榜名。川長壽。同四庶。同九，滇學。
汪滋畹 蕙亭。皖休寧。乾五四庶。閣學；嘉十二罷。
汪貽書 頌年。湘善化。光十八庶。宣二，晉學使。
汪　楫 舟次；梅齋。皖休寧。康十八庶。閩布；康三七召京，道死。

汪煉南 治夫。鄂黄岡。順九庶。順十八，直學。
汪　新 又新。浙仁和。乾二二庶。鄂撫；嘉三死，勤僖。
汪道誠 勉旃。贛樂平。嘉十四武狀元。滇提；道二四死，勤果。
汪榮寶 衮甫。蘇元和。拔貢；留日。宣三，民左參。△民左丞，辭免。
汪肇衍 念宏。浙錢塘。康三庶。康十一，陝鄉正考。
汪鳴相 佩珩。贛彭澤。道十三狀元。道十五，桂鄉正考。
汪鳴鑾 柳門；郎亭。浙錢塘，皖休寧人。同四庶。吏右；光二一革。光三二死，年六九。
汪鳳梁 鳳藻弟。蘭楣。蘇元和。光十六庶。光二十，桂鄉正考。
汪鳳藻 芝房，雲章。蘇元和。光九庶。使日，光二十召回。
汪德馨 粤按；乾十七革。
汪　漋 荇洲。皖休寧，歙縣人。康三三庶。户右；雍八革。大理；乾七死。
汪潤之 雨園，聽舫。浙錢塘。嘉六庶。嘉二二，武會副考。
●**汪震基** 汪振基榜名。
汪學金 廷璵子。敬箴；杏江，静崖。蘇鎮洋。乾四六探花。乾五一，贛鄉副考。
●**汪樹烈** 榜名汪敍疇。
汪　錞 鍾如。鄂江夏。康九進士。康二三，陝鄉副考。
汪　薇 思白。皖歙縣。康二四庶。康三六，閣學。
汪　鏞 東序；芝田。魯歷城。乾四十榜眼。乾四五，陝學。
汪　霦 朝采；東川。浙錢塘。康十八庶。户右；康四五革。
汪騰龍 順昌平。乾二武進士。陝提；乾三七降參將。乾三九死。
汪　鑑 直灤州。嘉六進士。嘉二一，晉鄉副考。
汪　灝 文漪；天泉。魯臨清。康二四庶。豫撫；康四八病免。
沈一澄 豫商城。順九進士。康五，滇鄉副考。
⊙**沈上墉** 榜名沈胤城。宗之。浙秀水。康十二庶。康十六，江鄉正考。

•**沈大鼊** 光二六，護直提。

沈士駿 文聲。蘇元和。乾二六庶。乾三六，湘鄉正考。

沈元泰 吉安。浙會稽。道二十庶。道二三，鄂鄉副考。

沈文豪 再歐。浙錢塘。雍元庶。雍七，滇鄉正考。

沈文鎬 紹岐。蘇崇明。雍十一探花。雍十三，晉學。

沈世楓 黔布；乾二一降道員。湘按；乾三一降。

沈世煒 吉甫；南雷。浙仁和。乾三一庶。乾三五，滇鄉副考。

沈令式 浙海寧。順六進士。康五，閩學。

沈炳垣 原名潮。魚門；曉蒼。紫卿；斗南。浙海鹽。道二五庶。咸五，滇學。咸七死。

沈永忠 漢正白。駐防廣東；康四休，旋死。

•**沈玉遂** 光十，河州鎮署陝提。

沈兆澐 雲巢；拙安。直天津。嘉二二庶。浙布；咸十召京。

沈兆霖 子涤，尺生；朗亭。浙錢塘。道十六庶。户尚；同元死，文忠。

沈印范 康十一，江鄉副考。

沈旭初 寅生。蘇崑山，吳縣人。康十五庶。康二十，黔鄉正考。

沈宏富 黔提；同四，赴川。

沈　岐 鳴周，顯西；飴原。蘇通州。嘉十三庶。左都；道二二乞養。

沈廷正 漢鑲白。北河；雍十召京。

沈廷芳 畹叔，荻林；椒園。浙仁和。乾元庶。魯按；乾二七休。

沈志祥 漢正白。續順公。順三，從平南大將軍孔有德出兵，順五死。

沈志禮 鄂布；康二八罷。

沈辰垣 紫垣。浙嘉善。康二四庶。康四五，武會副考。

沈宗敬 南季，恪庭；獅峯。蘇婁縣。康二七庶。雍元，黔鄉正考。

沈昌宇 泰叔；定巖。浙秀水。雍八榜眼。乾三，肇高學政。乾九死，年四五。

沈秉成 仲復。浙歸安。咸六庶。皖撫；光二十解。光二一死，年七三。

沈秉堃 幼嵐。湘善化。桂撫；△光復時任民軍都督。

沈近思 位山；闇齋，俟軒。浙錢塘。康二九進士。左都；雍五死，年五七，端恪。

沈　初 景初；雲椒。浙平湖。乾二八榜眼。户尚；嘉四死，文恪。

沈長春 湘按；嘉十六罷。

●**沈胤城** 沈上墉榜名。

沈　洪 川松潘。行伍。江提；嘉二三死。

沈起元 子大；敬亭。蘇太倉。康六十庶。光禄，乾十三降。乾二八死，年七九。

沈家本 子惇。浙歸安。舉人。宣二，資政院副總裁，法左。△袁閣法部大臣。民二死，年七五。

沈桂芬 小山；經笙。順宛平，蘇吳江人。道二七庶。協，兵尚；光七死，年六四，文定。

沈恩嘉 鹿苹。直天津。宗人府丞，光二一病免。

沈晉祥 眉孫。甘布；光二十召京。

沈　栻 欽伯；宗晏。蘇常熟。乾十六庶。乾二四，鄂鄉正考。

沈　烜 再中；午亭。浙鄞縣。粵水提；道二休。同年死，年六六。

●**沈師孟** 倪師孟榜名。

沈　珩 昭子；岱巖。浙海寧。康十八庶。康二十，順鄉副考。死年七七。

沈祖懋 念農。浙仁和。道十八庶。道二三，晉學。

沈　荃 貞蕤；繹堂，充齋。蘇青浦。順九探花。詹事；康二三死，年六一，文恪。

沈偉業 粵按；乾二三休。

沈　崑 康三八，黔鄉副考。

沈　涵 度汪；心齋；象餘居士。浙歸安。康十五庶。閣學；康五三革。康五八死，年六九。

沈添華 浙提；道三革。

沈翊清 福建船政；光二九革。

沈棣華 奏篪。浙歸安。黔布；咸六死。

沈朝聘 直撫；康三七休。

沈曾桐 曾植弟。紫封。浙嘉興。光十二庶。宣三，滇按。

沈曾植 子培；乙盦。浙嘉興。光六進士。皖學使；

光三四署布。民十一死，年七三。

沈　焯　浙烏程。順六進士。順十一，陝鄉正考。

沈雲沛　雨人，雨辰。蘇海州。光二十庶。吏右；宣三病免。

沈欽霖　仲亨，芝堂。蘇吴江。嘉十五，湘鄉副考。道十三死，年六五。

沈業富　方穀；既堂。蘇高郵。乾十九庶。乾二七，晉鄉副考。河東運使；嘉十二死，年七六。

沈源深　叔眉。豫祥符。嘉十進士。兵右；光十九死，年五一。

沈瑞麟　秉成子。硯裔。浙歸安。宣二，使粤。

沈瑜慶　葆楨子。愛蒼；濤園。閩侯官。舉人。黔撫；辛亥光復時逃走。民七死，年六一(敬裕)。

沈葆楨　幼丹，翰宇。閩侯官。道二七庶。江督；光五死，文肅。

沈葆靖　閩布；光十一降。

沈嘉徵　滇按；乾二二革。

沈　圖　閣學；康三四死。

沈榮仁　勉之。浙歸安。雍元庶。乾六，川學。

沈德潛　碻士；歸愚，峴山。蘇長洲。乾四庶。禮右；乾十三休。乾三四死，年九七，文慤(奪)。

沈慰祖　學周。蘇吴縣。雍八庶。乾十，滇學。

沈樂善　同人；秋雯。直天津。乾六十庶。嘉五，閩鄉副考。

沈　潤　順三，豫鄉副考。

沈　潘　蘭秋。魯歷城。光九庶。鄂按；宣二罷。

沈　衛　淇泉。浙秀水。光二十庶。光二七，陝學。

沈學淳　小雲。浙錢塘。嘉元庶。嘉十三，桂學。

沈學廉　一士；瘦山。浙仁和。嘉十三庶。道元，湘鄉正考。

沈維炳　鄂孝感。明吏左。吏左；順二革。

沈維鐈　子彝；鼎甫，小湖。浙嘉興。嘉七庶。左副；道十八病免。道十九死，年七二。

沈錫輅　南指。浙仁和。康五七探花。雍四，晉學。

沈應奎　浙平湖。臺布；光十七召京。

沈翼機　澹初。浙海寧。康四五庶。雍元，贛學。

沈鎔經　浙烏程。同七進士。粤布；光十一死。

沈巍皆　講虞；舜卿。皖六安。嘉二二庶。道二，湘學。

沙木哈　涵齋。漢正白。閩布；雍元罷。

沙世悌爾　理右；順十七降。

沙哈里　左副；康三四死。

沙納海　滿洲。黑將；康四二休。

沙爾虎達　滿鑲藍。一等男，駐防寧古塔。順十六死，年六一，襄壯。

沙　澄　清卿。魯萊陽。順三庶。禮尚；康二五休。

●沙穆哈　即薩穆哈。

沙　賴　覺羅。工左；康二六革。

沙濟達喇　滿正白。理尚；順十三死，正直。

李人龍　光震。直深澤。明舉人。順八，浙鄉副考。

李其昌　魯長山。康三十進士。康五十，黔學。

李士焜　用績。直任丘。明進士。工左改浙右布，順十三降。

李士彬　伯質；百之。鄂蘄州。同四庶。光八，陝鄉副考。

李士鉁　嗣香。直天津。光六庶。光二八，湘鄉正考。

李士瑜　順永清。康三九進士。康五三，魯鄉正考。

李士楨　毅可。漢正白。粤撫；康二六休。康三四死，年七九。

李于培　因甫；滋園。魯安丘。嘉元進士。嘉六，桂鄉正考。永定河道；嘉二二死，年五三。

李中白　繪先。晉長治。順四庶。順八，順鄉正考。

李中梧　川左布；順十一休。

李中簡　廉衣；子静；文園。直任邱。乾十三庶。乾三一，武會副考。

李之芳　鄴園。魯武定。順四進士。文華；康二七休。康三三死，年七三，文襄。

李之粹　浙布；康二八革。

李化熙　五絃。魯長山。明兵右。刑尚；順十乞養。康八死。

李允昌　嵐如。豫永城。順六，蘇松學政。

李元度　次青。湘平江。舉人。黔布；光十三死。

李元英　甘按；雍六罷。

李元亮　漢鑲黃。户尚；乾二六死，勤恪。

李元振　貞孟；惕園。豫柘城。康三榜眼。工左；康四六休。康五八死，年八三。

李元華　采臣。皖六安。舉人。魯布；光三召京，

學。

革。
李元鼎 贛吉水。兵右；順十革，旋死。
李友棠 李紱孫。苕伯；西華。贛臨川。乾十庶。工右；乾四十革。嘉三死。
李天浴 敬茲。順大興。舉人。魯撫；康二二解。
李天培 粵布，鄂按；乾五四革。
李天祥 希文。直永年。康四二庶。康五一，湖鄉副考。
李天經 光禄；順元改左通政使。
李天馥 湘北；容齋。豫永城。順十五庶。武英；康三八死，年六五，文定。
李天寵 光地弟。世來；鑑塘。閩安溪。康五四庶。雍十，陝鄉副考。
李孔揚 蔚堂。直清苑。乾二五庶。乾三十，黔鄉正考。
李孔嘉 仲淑；董園，容庵。直景州。康三進士。康二三，魯鄉副考。
李孟羣 鶴人。豫光州。道二七進士。皖布；咸九戰死，武愍。
李日芃 漢正藍。諸生。操江巡撫；順十二死，忠敏。
李日芳 通政；順十三休。
李月桂 桂按；康六罷。
李　方 義莊；鏡塘。豫新安。道十二庶。道十九，陝鄉副考。
李文田 仲約；芍農。粵順德。咸九探花。禮右；光二一死，文誠。
李文耕 心田。滇昆陽。嘉七進士。黔按；道十二休。
李文敏 捷峯。陝西鄉。咸二進士。贛撫；光八病免。
李文鈜 雍十三；豫鄉正考。
李世仁 蘇布；康元解。
李世忠 江提；同三假。
李世昌 滇布；康二七罷。
李世倬 漢章；穀齋。漢正黄。左副；乾十八休。
李世傑 漢三；雲巖。黔黔西。川督，兵尚；乾五五休。乾五九死，年七九，恭勤。
李仙根 子静；南津。川遂寧。順十八榜眼。户右；康二三降。康二九死，年七十。
李占椿 江提；光三十解。
李可汧 康五，湖學。
李可桂 康三，浙學。
李可喬 陝城固。順六進士。順十八，鄂學。
李可端 次雲。粵南海。嘉元庶。嘉六，湘鄉正考。
李可瓊 石泉。粵南海。嘉十庶。嘉十五，魯鄉副考。
李弘文 太僕；雍元罷。
李永紹 繩其。魯寧海。康二四進士。工尚；雍五降，休。
李永陞 漢鑲黄。工尚；雍八革。
李永書 綏遠；芳園。拔貢。蘇按；乾三一革。乾三九死，年六九。
李　本 漢正藍。廕生。黔撫；乾四九死。
李本仁 藹如。浙錢塘。道十六庶。皖布；咸三革。
李本忠 滇提；乾三四死，勤毅。
李本晟 暘若。鄂蘄州。順六進士。浙撫；康二一死。
李本深 漢正黄。三等子，黔提；康十二從吴三桂反清，康二一殺。
李本楡 星白；晴嵐。魯長山。嘉四庶。嘉十二，湘鄉正考。
李本瑋 魯武定。雍十一進士。乾九，粵鄉副考。
●**李甲先** 李榕榜名。
李玉鳴 閩安溪。乾元進士。乾十八，鄂鄉副考。
李玉鋐 蘇通州。康四五進士。閩按；雍十二休。
●**李　立** 李贊元榜名。
李仲熊 順五，魯鄉副考。
李仲極 户右；康五一革。
李兆乾 魯按；順十六罷。
李光久 浙按；光二五解，專辦海防。
李光地 晉卿，厚庵；榕村。閩安溪。康九庶。文淵；康五七死，年七七，文貞。
李光座 彦升；東園。豫祥符。順六進士。贛按；康十九死，年七一。
⊙**李光涵** 榜名李攀龍。芸圃。順大興。道九庶。道十四，豫鄉副考。
李光雲 劍溪。閩閩縣。乾三六庶。太僕；嘉四休。
李光墺 廣卿。閩安溪。康六十庶。雍十三，魯學。
李光顯 閩同安。行伍。粵水提；嘉二四召京，旋死。

李先復 子來；曲江。川南部。舉人。工尚；雍二休。雍六死，年七八。

李如筠 介夫；虛谷。贛鄱陽。乾五二庶。乾五九，湘鄉正考。

李如蘭 長芳。晉榆次。諸生。川布；乾十二死，年六四。

李因培 其材；鶴峯。滇寧晉。乾十庶。兵右；乾十九革。鄂撫；乾三二殺。

李同聲 敬齋。晉大同。康四八庶。雍四，魯鄉副考。

李有用 閩水提；乾二二罷。

李有倫 順豐潤。康三進士。康二九，黔鄉副考。

李有棻 薌垣。寧布；光二九解。光三二死，年六六。

李用清 澄齋；菊圃。晉平定。同四庶。黔撫；光十一召京。陝布；光十四召京。光二四死。

李旭升 東生；晴崖。晉蔚州。康二一進士。吏左；雍元休。雍六死。

李　沙 通政；康四四休。

李汝嶠 方壺；少峯。蘇鎮洋。道十六庶。道二十，魯學。

李　舟 桂布；嘉五罷。

李佐賢 竹朋。魯利津。道十五庶。道二四，贛鄉副考。

李亨特 奉翰子。漢正藍。捐納。河東；嘉十八革。嘉二十死。

李呈祥 兵左；順十五假。工左；康三休，康四死。

李　宏 濟夫，用兹；湛亭。漢正藍。監生。南河；乾三六死。

李希杰 幼雲。漢正白。順尹；光三二解。

李希蓮 亦青。晉平定。咸十進士。陝布；光二四罷。

李廷松 倉場；康三十解。

·**李廷棨** 魯章丘。道九進士。道二六，霸昌道署順尹。

李廷揚 直滄州。乾二五進士。粵按；乾四九罷。

李廷欽 惕若。閩侯官。乾二八庶。光祿；乾五三罷。

李廷敬 廷揚弟。景叔；寧圃，味莊。直滄州。乾四十庶。蘇按；嘉四罷。

李廷鈺 長庚長子。潤堂。閩同安。襲伯爵。閩水提；咸六召京。咸十一死。

李廷樟 桂陸川。道十八進士。湘按；同十罷。

李廷簫 小軒。鄂黃安。咸三進士。甘布；光二七革。

李成林 豫布；康四二休。

李成棟 山西人。明總兵。粵提；順五反清，順六死。

李成謀 輿吾。湘芷江。長江水師提督；光十八死，勇恪。

李成龍 漢正紅。湖督；雍四改正白漢都。

李肖筠 贛鄱陽。乾四九進士。蘇按；乾十四罷。

李　杕 李國翰四世孫。漢鑲藍。襲三等伯，廣將；雍四召京。都統；雍十死。

李汪度 受之。浙仁和。乾二二庶。乾三九，湘學。

李侑華 光五；滇鄉正考。

李侍堯 李永芳玄孫。翊唐；欽齋。漢鑲黃。襲二等伯，閩督；乾五三死，恭毅。

李秉忠 豫按；雍五罷。

李秉衡 鑑堂。奉海城。捐納。魯撫；光二三遷川督(未任)。光二六死，忠節。

李來泰 石臺。贛臨川。順九進士。康二十，湖鄉正考。

李周望 渭湄；南屏。晉蔚州。康三六庶。禮尚；雍六憂免，雍八死。

李宗文 清植子。延彬；郁齋，竹人。閩安溪。乾十三庶。禮左；乾四二病免。

李宗孔 蘇江都。順四進士。順十一，川鄉正考。

李宗昉 靜遠；芝齡。蘇山陽。嘉七庶。禮尚；道二五病免，道二六死。

李宗傳 孝曾；海颿。皖桐城。嘉十三庶。桂布；道十九病免。道二十死，年七四。

李宗羲 雨亭。川開縣。道二七進士。江督；同十三病免，光十死。

李宗燾 柞生；午山，味椰。陝盩厔。道二四庶。豫布；同八病免。

李宗瀚 公博；春湖，北溟。贛臨川。乾五八庶。工左；道十一憂免。道十一死，年六三。

李宗寶 璞園。閩閩縣。乾二二庶。乾三十，豫學。

李岷琛　少東。川安縣。同十庶。鄂布；宣元病免。

李奉堯　侍堯弟。漢鑲黃。襲二等伯，直提；乾五二降。乾五四死，慎簡。

李奉翰　薌林。漢正藍。捐納。江督；嘉四死。

李承尹　順六，湘學。

李承恩　桂布；咸九罷。

李承紱　豫封丘。康十八進士。康三二，閩鄉副考。

李承堯　乾四八，贛鄉正考。

李承瑞　玉典。魯海陽。乾十六庶。乾十八，湘鄉正考。

李承霖　果亭。蘇丹徒。道二十狀元。道二三，桂學。

李承鄴　滇布；乾五五降(休)。

李昌垣　長文。順宛平。順四庶。順十一，閩鄉正考。

李昌祚　文孫；劍浦，過庭(廬)，來園。鄂漢陽。順九庶。大理；康三罷。康六死，年五二。

李明墀　玉樓。贛德化。湘撫；光七召京。

李　枏　研山；木庵。蘇興化。康二七庶。左都；康四三病免，康四四死。

李林松　蘇上海。嘉元進士。嘉六，粵鄉副考。

李林盛　漢正黃。甘提；康四三休。都統；康五三死。

李林隆　色稜子。漢正黃。襲三等男。陝提；康三七改鑲紅漢都，康四七死。

李杰龍　魯汶上。乾十武進士。浙提；乾四三改總兵，乾五三死。

李治運　寧人；漪亭。蘇吴江。雍八進士。浙按；乾三十乞養。乾三六死，年六二。

李法祖　皖布；康四八召京。

李迎春　桂右布；康六罷。

李迎晙　工右；順十死。

李芝蘭　江南按察使；康二罷。

李芳述　川合州。黔提；康四七死，年七七，壯敏。

李育德　川按；康五九罷。

李金鏞　秋亭。蘇無錫。光十四，辦理黑龍江等處礦務。光十六死。

李長庚　超人；西巖。閩同安。乾三六武進士。浙提；嘉十三戰死，年五七，忠毅。

李長春　湖左布；順十一罷。

李長森　皖太湖。乾四九進士。黔布；嘉十三革。

李長樂　漢春。皖盱眙。直提；光十五死，勤勇。

李南馨　閩長樂。乾三四武進士。閩水提；嘉六死。

李奕疇　書年。豫夏邑。乾四五庶。漕運；嘉二四降。道二休；道二四死，年九一。

李含中　梅谷。順通州。順十五進士。康二十，湖鄉副考。

李重華　實君；玉洲。蘇吴江。雍二庶。雍十，川鄉副考。

李　封　紫綬；松園。魯壽光。刑左；乾五三解。嘉元死，年七四。

李品芳　春臯；淡翁。浙東陽。道三庶。道十九，滇學。

李建泰　復余。晉曲沃。明大學士。弘文；順二革(殺)。

李星沅　子湘；石梧。湘湘陰。道十二庶。江督；道二九病免。欽；咸元死，年五五，文恭。

李昭煒　蠡蒓。皖婺源。同十三庶。工右；光三二休。

李思忠　葵陽。漢正黃。一等男，陝提；順十一休，順十四死。

李　苾　豫布；康五四罷。

李　茂　浙右布；順十八罷。

李若珠　閩陸提；咸十乞養。

李英貴　漢軍。倉場；雍元病免。旋授滿缺，革。

李若琳　魯新城。禮尚；順八革，旋死。

李起龍　晉按；順十二罷。

李家駒　柳溪。漢正黃。光二十庶。宣二，學右。宣三，資政院副總裁，奕閣法制院院使。△資政院總裁。

李振世　章六；卧衡。直長垣。康九進士。康二六，贛鄉副考。

李振祜　受之；錫名。皖太湖。刑尚；道二九病。道三十死，年七四，莊肅。

李振裕　經饒；醒齋。贛吉水。康九庶。户尚；康四八休。

李振庸　叶鏞；樅亭。皖太湖。嘉十四庶。嘉二一，浙鄉副考。

李振翥　雲軒，竹醉。皖太湖。嘉七庶。魯按；道十六革。

李哲明 星樵。鄂漢陽。光十八庶。光二九，黔鄉副考。

李師中 正甫；蝶園。魯高密。乾元庶。乾十六，閩鄉正考。

李恩慶 恩繹弟。季雲；集園。漢正白。道十三庶。道十七，鄂鄉副考。

李恩繹 巽甫；東雲。漢正白。嘉十三庶。桂布；道十九病免。

李　浩 直卿。滇晉寧。嘉十九庶。道二，鄂學。

李泰交 大來。黔貴築。嘉二五庶。道十一，粵學。道十四自殺。

李　桓 星沅子。叔虎；黼堂。湘湘陰。廕生。贛布署撫；同二病免。光十七死，年六五。

李桂林 子丹。直臨榆。光二庶。光十一，粵鄉正考。

李根雲 仙蟠；亦人。滇趙州。康五七庶。雍四，魯鄉正考。贛鹽道遷光禄(未任)。

李　迥 魯壽光。康三進士。刑右；康三二假。康三四死。

李　晌 河南人。舉人。魯按；乾五死。

李素質 康二二，桂學。

李翀霄 息六。晉絳州。拔貢。贛布；康九罷。

李　紱 巨來；穆堂。贛臨川。康四八庶。直督，工右；雍五革。戶右；乾元降詹事。閣學；乾八休。乾十五死，年七八。

•**李得勝** 皖蒙城。光六，總兵署川提。光十七死。

李國杞 南叔。皖太湖。道九庶。道十九，浙學。

李國杰 鴻章孫。偉侯。皖合肥。襲一等侯，農左丞；宣二，使比。

李國柱 直天津。行伍。湖提；乾四一休。乾四三死。

李國英 漢正紅。明總兵。川督；康五死，勤襄。

李國亮 朗庵。漢鑲藍。豫撫；康三九休。康四五死，年六六。

李國楝 黔威寧。行伍。桂提；道九死。

李國翰 伯潘。漢鑲藍。三等侯，鎮守漢中；順十五死，敏壯。

李國樑 直豐潤。乾二二武狀元。直提；乾五二死，恪慎。

李崇稷 康八，黔鄉正考。

李培元 蘊齋。豫祥符。同七庶。刑右；光二四罷。

李培榮 甘提；光二一革。

李基和 協萬，梅厓。漢鑲紅。康十二庶。贛撫；康四四革。

李敏行 豫夏邑。乾十三進士。乾三三，滇學。

李敏求 乾三，川鄉副考。

李敏啓 大理；雍二休。

李敏第 瀛少。豫夏邑。雍八庶。光禄；乾十六罷。

李清芳 同侯；韋園。閩安溪。乾元庶。兵右；乾二四乞養。

李清時 清芳弟。授侯；蕙圃。閩安溪。乾七庶。魯撫；乾三三死，年六七。

李清植 立侯；穆亭。閩安溪。雍二庶。禮左；乾九死，年五五。

李清鳳 蘇新陽。道十六進士。刑右；咸八病免。

李率泰 李永芳次子。壽疇；叔達。漢正藍。閩督；康三休。康五死，忠襄。

李紳文 皖潁州。康二七進士。康四四，晉學。

李紹周 次公；韶石。豫濟源。康三六庶。康四七，浙鄉副考。

李紹芬 馥庭。鄂安陸。滇布；光三十革。

李紱藻 伯虞。鄂沔陽。同十庶。倉侍；光三四死。

•**李逢亨** 陝平利。拔貢。永定河道署河東，嘉二一回任。

李逢辰 允中。蘇元和。嘉十九庶。道五，贛鄉副考。

李堯棟 松雲，東采；松堂，伯和。浙山陰。乾三七庶。湘撫；嘉二五召京。道元死，年六九。

李　湖 又川。贛南昌。乾四進士。粵撫；乾四十死，恭毅。

李　渭 菉涯；素園。直高邑。康六十進士。魯布；乾十九死，年七十。

李湘棻 雲舫。魯安丘。道十二庶。漕運；道二四憂免。

李焜瀛 鴻藻孫。符曾。直高陽。廕生。郵左丞；宣二署郵左。

李棠階 樹南；文園，强齋。豫河内。道二庶。禮尚；同四死，文清。

李棠馥 晉高平。順三進士。兵右；康元病免。康八休。

李棲鳳 瑞梧。漢鑲紅，甘武威人。皖撫；順四降。廣東總督；順十八休。康三死，襄敏。

李景仁 康八，粤鄉正考。

李朝斌 質堂。湘善化。江提；光十二病免。光二十死。

李朝鼎 立勳。粤新會。康二四庶。康三二，魯鄉正考。

李朝儀 藻舟。黔貴築。道二進士。順尹；光七死。

李馬霖 次楫。蘇興化。順十六庶。滇按；康二二罷。

李猶龍 紫函。陝洵陽。天津巡撫；順五革。順十死。

李斯義 化熙從孫。質君；静庵。魯長山。閩撫；康四六死。

李　皓 陝按；順十五罷。

李　菡 豐垣；滋園。順寶坻。道二庶。工尚；同二死，文恪。

李華之 魯諸城。康十五進士。刑左；康五九休。

李發甲 瀛仙。滇河陽。舉人。偏沅巡撫；康五六死。

李盛鐸 椒微；木齋。贛德化。光十五榜眼。使日；光二七召回。順天府丞。△晉布署撫。

李翔鳳 漢鑲紅。贛撫；順三死。

李登第 湘按；康八罷。

李象元 伯猷。粤澄海。康三十庶。康三八，魯鄉副考。

李象鵾 雲皋；雙圃。湘長沙。嘉十六庶。黔布；道二四病免。

⊙**李雲會** 榜名李雲龍。望越。贛豐城。康十五庶。康二三，滇鄉副考。

●**李雲龍** 李雲會榜名。

·**李雲麟** 雨蒼。漢正白。同五，喀喇領隊代辦伊將。

李　鈞 夢韶。直河間。嘉二二庶。東河；咸九病免。

李鈞簡 秉和，小松。鄂黄岡。乾五四庶。倉場；嘉十三憂免。順尹；道三死。

李欽式 蘇金壇。康十二進士。康三八，滇鄉副考。

李　閎 桂布；咸九罷。

李傳元 橘農。蘇新陽。光十五庶。浙按；宣三解。

李傳熊 尚佐；王漁。贛臨川。乾五二庶。乾五七，滇學。

李　準 直繩。川鄰水。粤水提，光復時去職。

李　嵩 湖右布；順三革。

李嵩陽 粤按；康四罷。

李　慎 勤伯。漢正藍。西寧辦事大臣；光十四病免。

李　慓 蘇華亭。順九進士。順十，豫學。

李　棨 蘇長洲。乾三七進士。乾四七，豫學。

李　棟 文來。魯德州。康三九庶。康四七，黔鄉副考。

李　熩 仲輝；桁堂。滇昆明。嘉二二庶。户左；道二八死。

李　熚 峻公；浣廬。順武清。魯撫；康三七革。康四一死，年六十。

李　煦 直天津。乾四武進士。黔提；乾三八革。處州鎮；乾四一死。

李熙齡 來泰；芸渠。贛南城。道九庶。道十四，黔鄉副考。

李　敬 聖一；退庵。蘇江寧。順四進士。刑左；康元罷。

李殿林 蔭墀。晉大同。同十庶。協，吏尚；宣三改典禮院掌院學士。

李殿圖 桓符；石渠。直高陽。乾三一庶。贛撫；嘉十一召京，降侍講。嘉十七死。

李葆實 秋圃。魯歷城。光九庶。光十五，豫鄉副考。

李經方 鴻章子。伯行。皖合肥。舉人。使英；宣二召回。宣三，署郵左。

李經楚 友三。皖合肥。廪貢。郵右丞；宣二署左丞。

李經邁 季皋。皖合肥。使奥。光三三辭免。宣三，候侍署民右。

李經羲 仲仙。皖合肥。優貢。雲督；辛亥光復逃。

△**李瑞清** 梅庵；清道人。贛臨川。光二一庶。蘇候補道；△寧布。

李載熙 敬之；采卿。粤嘉應。道二十庶。咸七，桂學。

李道生 務滋；德門，晴川。贛德安。道十六庶。禮右，咸五休。

李　鈵　蔭祖子。長源。漢正黃。廕生。皖撫；康三九病免，康四二死。

李鼎元　和叔；墨莊。味堂。川綿州。乾四三庶。嘉四，册封琉球國王副使。

李　僡　惠人。陝華陰。道二進士。魯撫；咸三死，恭毅。

李奭棠　貳公。順大興。順三探花。禮左；順十七病免。康六死。

李嘉彥　豫按；順十二罷。

李嘉端　吉臣；鐵梅。順大興。道九進士。皖撫；咸三革。

李嘉樂　德申；憲之。豫光州。同二庶。贛布；光十四召京。

李　臺　南有；笠山。黔廣順。乾二五庶。通政；乾五九罷。

李際期　庚生。豫孟津。明進士。兵尚；順十二死，僖平。

李榮宗　魯費縣。順三進士。鄂按；康六罷。

⊙**李榕**　榜名李甲先。申夫。川劍州。咸二庶。湘布；同八革。

李興元　若始。漢鑲黃。滇按；康十二吳三桂反清被囚，康十八殺。

李興祖　豫布；康四三革。

李興銳　勉林。湘瀏陽。諸生。江督；光三十死，勤恪。

李　蕤　茆川；新唐。順寶坻。道三庶。道二三，奉學。

李端遇　小岩。魯安丘。同二進士。工右；光二七解。

李端棻　信臣；苾園。黔貴築。同二庶。禮尚；光二四革。光三三死，年七五。

李福泰　星衢。魯濟寧。道二四進士。同十，閩撫改桂撫死，年六三。

李福興　滇提；宣三解。

李　綬　若信，佩庭；杏浦，竹溪。順宛平。乾十六庶。左都；乾五六死，年七九。

李鳳苞　丹厓。蘇崇明。使德；光十召回。光十三死。

李鳳翥　荷三；雲湖，紫庭。贛建昌。乾三六庶。工右；雍三降。閣學；乾七休。乾十死。

李儀古　淑復；尚友。直任丘。順六庶。康二，浙鄉正考。康九死，年四八。

李增階　粵水提；道十四革。

李寶秀　順三，陝鄉副考。

李徵庸　鐵船。川鄰水。光三進士。光二五，督辦四川礦務商務大臣。

李德立　崇園；升齋。魯濟寧。嘉十四庶。嘉二一，湘鄉副考。

李德莪　蘇新陽。道二四進士。滇按，光十病免。

李德儀　成之，吉羽；小綸。蘇新陽。道二七庶。咸八，川學。

李慶棻　漢正藍。黔撫；乾五四死。

李慶翱　公度；小湘。魯歷城。咸二庶。豫撫；光三降。光十五死，年七九。

李澄中　渭清；雷田。魯諸城。康十八庶。康二九，滇鄉正考。康三九死。

李　濆　雲門。鄂鍾祥。乾三六進士。兵左；嘉四降編修。

李　澐　黔按；道五病免。

李魯生　魯霑化。順尹；順三休，革。旋死，年七五。

李璋煜　魯諸城。嘉二五進士。蘇布；道三十病免。

李稷勳　姚琴，伯棨。川秀山。光二四庶。郵左參，宣二罷。

李蔭祖　繩武。漢正黃。廕生。湖督；順十七病免。康三死。

李蔭鑾　玉坡。直景州。光九庶。太僕；光三十罷。

李輝武　湘衡山。甘提；光四死。

李輝祖　元美；蒲陽。漢正黃。湖督，刑右；康三九革。康四一死，年六二。

李質粹　漢正白。川提；乾十一解。乾十五殺。

李調元　羹堂；雨村。川羅江。乾二八庶。乾四二，粵學。

李震成　順三，豫學。

李儒郊　鴻賓子。宋伯；東園。贛德化。道二庶。道十一，鄂鄉正考。

李學裕　餘三；周南。豫洛陽。雍五庶。皖布；乾十死。

李樹棠　鄂按；宣元罷。

李樹德　沛元。漢正黃。福將；康六一改署鑲白漢都。

李　勷　黔鎮遠。行伍。滇提；乾三一死，莊毅。

李　滋　康三九，滇鄉副考。

李　濤　（一）紫瀾；述齋。魯德州。康十五庶。刑右；康五四假。康五六死，年七三。

李　濤　（二）豫按；乾五六病免。

李翰芬　守一。粵香山。光二一庶。光三二，桂學使。

李　翮　魯金鄉。乾三七進士。乾四五，滇鄉副考。

李　衛　又玠。蘇銅山。直督；乾三病免，旋死，敏達。

李維鈞　浙嘉興。貢生。直督；雍三革。雍五死。

李維瀚　兵右；咸十病免。

李　錦　蘇江都。康十五進士。大理；康三八罷。

李　錫　漢正黃。蔭生。豫撫，工右；康五六革。

李錫秦　瞻仲；硯農。蘇寶山。舉人。桂撫；乾十九病免，旋死。

李錄予　山公。順大興。康九庶。吏左，康四五解。

李錦麟　黔鎮遠。行伍。桂提；道九死。

李應薦　諫臣，柱三；愚庵。魯日照。康十五庶。閣學；康三三革，康四三死。

李鴻章　少荃。皖合肥。道二七庶。直督，文華，一等肅毅伯；光二七死，文忠。

李鴻逵　逵九；小川。贛德安。同四庶。光二三，奉學。

李鴻裔　眉生；香巖，蘇鄰。川中江。蘇按；同七病免。光十一死，年五五。

李鴻賓　鹿苹。贛德化。嘉六庶。廣督；道十二革。道二十死。

李鴻霔　魯新城。康三進士。康十七，浙鄉副考。

李鴻藻　寄雲；蘭孫。直高陽。咸二庶。協，禮尚；光二三死，年七八，文正。

李擢英　豫商水。光三進士。禮右參。△典禮院直學士。

李　懋　大木；勉齋。魯壽光。康二四庶。康三二，桂鄉正考。

李　燦　浙提；乾五病免。

·**李禧**　雍十三，辦理苗疆事務。

李臨馴　友春；葆齋。贛上猶。道十八庶。道二四，湘鄉正考。

李羲文　川布；道十五召京。

李聯芳　芝軒；實齋。陝平利，鄂麻城人。同十庶。閣學；光三四罷。典禮院學士。

李聯琇　宗瀚子。季瑩，小湖。贛臨川。道二五庶。大理；光四死，年五九。

李鍾峨　雪原。川通江。康四五庶。康五六，閩學。

李鍾僑　世邠，抑亭。閩安溪。康五一庶。雍四，贛學。

李　蟠　根大。蘇銅山。康三六狀元。康三八，順鄉正考。

李繩武　漢正黃。陝提，京口將軍；乾二二死。

李　鎧　公凱。蘇山陽。康十八庶。閣學；康三三革。

李鎮鼎　棲鳳子。漢鑲紅。粵提；康三六死。

李　馥　汝嘉；鹿山。閩閩縣。舉人。浙撫；雍二解。

李馥蒸　順十五，贛學。

李　霨　景霱，臺書；坦園。直高陽。順三庶。保和；康二三死，年六十，文勤。

李　瀚　文瀾。漢鑲黃。舉人。滇撫；乾四十未任死，年六五。

李瀚章　鴻章兄。筱泉。皖合肥。拔貢。廣督；光二一病免。光二五死，勤恪。

●**李攀龍**　李光涵榜名。

⊙**李贊元**　榜名李立。望石，匡侯。魯大嵩衛（海陽）。順十二庶。督捕；康十七死。

李鵬鳴　康二，浙鄉副考。

李龠通　直高陽。道三進士。浙按；道二六罷。

李　蘭　汀倩；西園。直樂亭。康五七庶。皖布；乾元死，年四五。

李寶嵒　宣三，黔提。

李續宜　克讓；希庵。湘湘鄉。皖撫；同二死，勇毅。

李續賓　克惠；迪庵。湘湘鄉。浙布；咸八戰死，忠武。

李鶴年　子和；雪岑。奉義州。道二五庶。東河；光十四革。

李　鑑　川安縣。明宣化巡撫。宣大總督，寧夏巡撫；順八死。

李　麟　陝咸陽。行伍。陝提；雍元改鑾儀使。雍六死。

●**李顯祖**　賜名塞白理。

李顯貴 漢軍。京口將軍;康十休。

李騰元 稱其;彪塘。川綿州。乾四九庶。乾六十,魯鄉副考。

李鑾宣 石農。晉静樂。乾五五進士。滇撫;嘉二二死。

杜本崇 喬生。湘善化。光十五庶。光十九,閩鄉正考。

杜立德 純一;敬修。順寶坻。明進士。保和;康二一休。康三十死,年八一,文端。

杜玉林 凝臺;曲江。蘇金匱。乾十九進士。刑右;乾五十革。刑郎;乾五二死,年六十。

杜星泗 江提;康五七解。康五八死。

杜　彤 子丹;仰滋。直天津。光十八庶。光三二,新學使。

杜受田 杜堮子。錫之;芝農。魯濱州。道三庶。協,刑尚;咸元解。咸二死,年六五,文正。

杜官德 浙布;乾二四解。

杜　敏 吏右;康四八革。

杜喜 甘布;康三二罷。

杜喀禪 左副;康四三罷。

杜　堮 石樵。魯濱州。嘉六庶。禮左;道十六病免。文端。

杜　琮 桂按;乾五十罷。

杜　愷 湖提;乾六解。

杜瑞聯 棣雲,聚五;鶴田。晉太谷。咸二庶。滇撫;光九降。

杜賚 滿洲。寧將;乾十九罷。

杜學禮 湘臨武。道二四進士。咸元,晉鄉副考。

杜嘎爾 滿正藍。定左;光十五死,武靖。

杜　翰 受田子,翮兄。季園。魯濱州。道二四庶。署禮右,軍;同五死。

⊙杜臻 榜名徐臻。肇余;慕徐。浙秀水。順十五庶。禮尚;康二九休。康四二死。

杜篤祜 振門。晉蒲州。明舉人。左都;康十二休,旋死。

杜　聯 耀川;蓮衢。浙會稽。道三十庶。禮右;同七病免。

杜　翮 受田子。雲巢。魯濱州。道十五庶。户右;咸八憂免。

杜　鎮 子静。直南宫。順十五進士。康二,川鄉副考。

狄　敬 文止;陶鄰。蘇溧陽。順六進士。順十二,鄂學。潼關道;康六休。康十九死,年六六。

狄夢松 文濤。蘇溧陽。乾五八庶。嘉九,晉鄉正考。

狄　聽 蘇溧陽。道九進士。道十五,黔鄉副考。

步文政 順三,豫鄉正考。

步際桐 弱侯,唐封;香南。直棗强。道九庶。道十五,川鄉副考。

阜保 (一)太僕;乾三九休。

阜保 (二)滿鑲黄。西將;嘉十五改廣將,未任改鑲藍蒙都。嘉二二死。

阜保 (三)蔭方。滿鑲黄。道二五庶。刑尚;光四改正紅蒙都。光八死。

阜陞 川提;咸十罷。

秀林 滿鑲黄。吉將,吏尚;嘉十五降。

秀寧 楚翹。滿正藍。嘉六庶。刑左;嘉二三降。西寧辦事大臣;嘉二五解。△改名秀堃。

良培 左副;光二五假。

良揆 席卿。滿正白。禮左參;宣元憂免。

良弼 (一)夢臣。滿正白。同十進士。盛户;光二五降。

△良弼 (二)賚臣。滿鑲黄。留日,士官。△軍諮使,黨人彭家珍炸死。

良卿 滿正白。乾七進士。黔撫;乾三四革(殺)。

良貴 奉尹;嘉十四降員外郎。

良誠 瑶圃。宗室,隸正藍。乾十三庶。乾二六,詹事改通政。

良輔 光禄;嘉二三罷。

貝和諾 滿正黄。禮尚;康六十死。

宮朝標 蘇常熟。乾五四進士。乾六十,粤鄉副考。

車布登札布 策棱次子。蒙喀爾喀部。親王,定左;乾三八革,乾四七死。

車克 滿鑲白。秘書;康六休。康十死,文端。

車克慎 意園。魯濟寧。道十三庶。禮左;咸七罷。

***車林多爾濟** 道二八,定左參贊署將軍。

車順軌 子莊,伯循;雲衢。陝郃陽。道二十庶。道二九,湘學。

車鼎晉 平嶽,麗上。湘邵陽。康三六庶。康五三,閩學；康五七革。死年六六。

辛保 倉場；康四四革。

辛從益 謙受，筠谷。贛萬載。乾五五庶。吏右，蘇學；道七死，年六九。

辛寶 刑右；康三八革。

辰垣 川布；乾十九罷。

那丹珠 滿鑲藍。嘉十進士。閣學；嘉二一降。倉場；道十二罷。

那木札勒 工左；乾十七免。

那奇泰 黑將；嘉八革。

那彥成 阿桂孫。韶九，東甫；繹堂。滿正白。乾五四庶。三等子，直督；道十一革。道十三死，文毅。

那彥泰 青州將軍；乾十八改鑲白蒙都。

那彥寶 阿桂孫。滿正白。户右；嘉二五改鑲藍漢都。成將；道十三召京。

那晉 錫侯。滿鑲黃。閣學；光三四改正白蒙副。

那桐 琴軒。滿鑲黃。舉人。文淵；宣三，奕閣協理大臣。

那清安 竹汀；鶴侶。滿正白。嘉十進士。兵尚；道十四病免。同年死，恭勤。

那斯洪阿 閣學；道十七死。

那當阿 駐藏幫辦；道十四改哈密幫辦。

那漢泰 通政兼光禄；康五十罷。

那鼐 滿正紅。順十二滿洲進士。晉布；康二四革。

那蘇泰 駐藏辦事；乾二召京。

那蘇圖 羲文。滿鑲黃。刑尚，直督；乾十四死，恪勤。

谷應泰 賡虞。直豐潤。順四進士。順十三，浙學。

豆　斌 甘固原。行伍。安西提督；乾二四戰死，壯節。

阮　元 伯元，芸臺。蘇儀徵。乾五四庶。體仁；道十八休。道二九死，年八六，文達。

△阮忠樞 斗瞻。皖合肥。△袁閣署郵傳部副大臣。

阮葵生 學浩子。寶誠；唐山。蘇山陽。舉人。刑右；乾五四死，年六三。

阮爾詢 于岳；澄江。皖宣城。康二一庶。工左；康五五死。

阮學浩 裴園；緩堂，澹寧。蘇山陽。雍八進士。乾七，湘學。

阮學濬 學浩弟。澂園；薑村。蘇山陽。雍十一庶。乾三，黔鄉正考。

阮應商 蘇山陽。康四二進士。康五十，桂鄉副考。

八　　畫

來文 江將；雍七革。

來保 學圃。滿正白。文華，軍；乾二九死，年八四，文端。

來衮 國史學士；順七罷。

來朝 湘布；乾二九罷。

來道 工右；康四三革

來儀 宗室，隸正藍。綏將；嘉十六召京。嘉二一死。

來謙鳴 浙蕭山。雍元進士。閩按；乾十八革。

來靈 西寧辦事大臣；嘉二十改庫車辦事。

依克唐阿 堯山。滿鑲黃。盛將；光二五死，誠勇。

●卓布泰 卽趙布泰。

卓秉恬 靜波；海帆。川華陽。嘉七庶。武英；咸五死，年七四，文端

卓爾岱 寧布；乾三三罷。

卓爾海 滿洲。黑將；雍十解。

＊卓爾琿保 滿正藍。道二，寧夏副都統署將軍。道七死。

卓　橒 秉恬子。鶴溪。川華陽。道二十庶。吏右；咸五憂免。咸七死。

卓鼐 寧將；雍十二革。杭將；乾十六革。

卓　彝 靜巖。浙武康。順四庶。順十一，贛鄉正考。

卓羅 滿正白。吏尚；順九解。二等伯，靖南將軍；康七死，忠義。

卓靈阿 弘文學士；康八罷。

受慶 次農。宗室，隸正藍。道二庶。左副；道十五解。

周卜世 滿正黃。晉提；康十五解。都統；康四十休，旋死。

周人驥 紫昂，芷囊；蓮峯。直天津。雍五進士。黔撫；乾二七革。乾二八死，年六八。

周士賢 魯按；康四三罷。

周士鎧　豫按;咸九憂免。

周之桂　通政;康十二罷。

周之琦　稚圭。豫祥符。嘉十三庶。桂撫;道二六病免。同元死。

周之楨　貞木。贛新城。嘉十四庶。道八,陝學。

周之麟　石公。浙蕭山。順十六庶。通政;康三十死。

周元理　秉中。浙仁和。舉人。工尚;乾四六休。乾四七死,年七七。

周元鼎　陝三原。乾三六進士。乾六十,桂鄉正考。

周天成　弘文學士;康八革。

周天受　百禄。川巴縣。湘提;咸十死,忠壯。

周天培　天受弟。川巴縣。鄂提;咸九死,武壯。

周天爵　敬修。魯東阿。嘉十六進士。湖督;道二十革。漕督,桂撫;咸元專辦軍務。皖撫;咸三死,文忠。

周日贊　上襄;醇齋。蘇金匱。乾十六庶。乾二七,滇學。

周文葉　晉翼城。明舉人。甘撫;順十三死,僖敬。

⊙周正思　榜名周正峯。君諫。閩閩縣。雍十一庶。乾十二,豫鄉副考。

●周正峯　周正思榜名。

周召南　漢軍。延綏巡撫;順十六免。偏沅巡撫;康八免。

●周允欽　張允欽榜名。

周　弘　康八,晉鄉正考。

周永年　書昌。魯歷城。乾三六庶。乾四四,黔鄉副考。

周玉章　琡大;藥蘭。浙仁和。乾二庶。乾九,晉鄉正考。

周玉衡　器之。鄂荆門。舉人。贛按;咸六死,年六六,貞恪。

周玉麒　翰臣;崑麟。湘長沙。道二四庶。閩學;咸八假。

周兆基　廉堂。鄂江夏,蘇吴江人。乾四九庶。禮尚;嘉二二死。

周光裕　晉布;嘉二三召京。

周有堂　鄂黄岡。康五一進士。雍四,浙鄉副考。

周有德　彝初。漢鑲紅。貢生。雲督;康十九死。

△周自齊　子廙。魯單縣。△袁閣度支部副大臣。

周伯達　洱如;康岐。魯萊陽。明進士。江寧巡撫;順五死。

周作梅　道五;桂學。

周作楫　夢巖,小湖。贛太和。嘉二五庶。道十一,豫學。

周克寬　容皆。湘武陵。光三庶。光二三,滇鄉正考。宜三,詹事。

周廷棟　柱臣。順大興。乾三七進士。左都;嘉十三降。嘉十五死。

周系英　孟才;石芳。湘湘潭。乾五八庶。户左;道四死,年六十。

周季堂　鄂按;嘉十六革。

周承勃　陝咸寧。乾元進士。乾九,湘鄉副考。

周明新　浙象山。順九進士。順十七,贛鄉副考。

周於禮　立崖,綏遠;亦園。滇嶍峨。乾十六庶。乾二五,川鄉正考。

⊙周金然　榜名金然。礪巖;廣庵。浙山陰;蘇上海人。康二一庶。康三八,晉鄉正考。

周長發　蘭坡;石帆。浙會稽。乾元庶。乾十二,江鄉副考。

周亮工　元亮,減齋;櫟園。豫祥符。明御史。户右;順十二解。康十一死。

周　冠　廣生;礪庵。桂靈川。咸十庶。同十二,粤鄉副考。

周恒祺　子維;福皆。鄂黄陂。咸二庶。漕督;光八病免。

周爰訪　蘇吴江。康三進士。康三六,贛學。

周爰諏　政伯。陝蒲城。光十二庶。光二十,晉鄉正考。

周炳緒　道五,川鄉副考。

周家楣　小棠。蘇宜興。咸九庶。順尹,總;光十解。光十三死。

周　浩　瀚如。皖宣城。諸生。贛布;光三二革。

周悦勝　甘臯蘭。行伍。甘提;道二五死,壯敏(奪)。

周晉麒　珊梅。浙慈谿。同十三庶。光五,晉鄉副考。

周祖培　叔滋;芝台。豫商城。嘉二四庶。體仁;同六死,年七五,文勤。

周祖植　豫商城。嘉二四進士。蘇按;道二七病免。

周祖榮 仁先;心齋。漢鑲黃。雍五庶。雍十三,湖鄉副考。

周師忠 陝右布;順十八罷。

周起岐 蘇武進。順九進士。順十七,湘學。

周起渭 漁璜,桐野。黔貴築。康三三庶。詹事;康五三罷。

周起濱 粵布,太常;咸十一死。

周啓運 景垣。桂靈川。道六庶。豫按;咸三罷。

周國佐 振宇。漢軍。江寧巡撫;順十一解。

周清原 浣初,雅楫;蝶園。蘇武進。康十八庶。工右;康四六死。

周　漢 蘇溧陽。乾十進士。乾十五,黔學。乾十六死。

周景柱 甘按;乾三二召京。

周　琬 蘇江都。雍元進士。鄂撫;乾二六革。

周盛波 海舲。皖合肥。湘提;光十四死,剛敏。

周盛傳 盛波弟。薪如。皖合肥。湘提;光十一死,武壯。

周開捷 陝提;乾七病免。

周開銘 敬丹;桂午。湘益陽。同四庶。光五,甘鄉副考。

周開錫 壽珊。湘湘陰。舉人。閩布;同七罷。

周開麒 石生,稺功。蘇江寧。道三探花。甘布;道二一革。浙按;道二八休。

●**周瑩** 范周榜名。

周　煌 景垣;海珊。川涪州。乾二庶。左都;乾五十休。同年死,文恭。

周　瑛 川提;雍三改鑾儀使。

周瑞清 光禄,太常;光八革。

△**周瑞龍** 光十五,鎮筸鎮護湘撫。

周　頊 子愉;堇原。黔貴築。嘉二五庶。道二十,湘鄉正考。

周達武 夢熊。湘寧鄉。甘提;光二十死。

周道新 郁叔。順大興。康三三庶。刑右;康六一罷。

周壽昌 應甫;荇農。湘長沙。道二十五庶。閣學;光四罷。

周壽椿 蔭長;六泉。直河間。嘉十庶。嘉十五,閩鄉正考。

周寬世 厚齋。湘湘鄉。湘提;同五病免。光十三死。

周鳴鑾 魯單縣。嘉十四進士。川按;咸三罷。

周興岱 冠三;東屏。川涪州。乾三六庶。左都;嘉十四死。

周榮耀 光三一,使比,未任革。

周銘恩 曉春;筱村。順大興;蘇丹徒人。道十二庶。道十五,鄂鄉副考。

周德潤 生霖。桂臨桂。同元庶。閣學,總;旋罷直。刑右;光十八死。

周慶曾 燕孫;屺瞻。蘇常熟。康十八庶。康二三,浙鄉正考。

周　蓮 子迪。閩布;光三二解。

周儒臣 川布;宣三改滇布。

周學健 力堂。贛新建。雍元庶。南河;乾十三革(殺)。

周學濬 深甫;縵雲。浙烏程。道二四榜眼。道二六,桂學。

周樹模 少樸;沈觀。鄂天門。光十五庶。宣三,黑撫。

周範蓮 效白。蘇長洲。雍八庶。雍十三,黔鄉正考。

周錫恩 伯晉;蔭常。鄂羅田。光九庶。光十四,陝鄉副考。光二六死,年四九。

周錫章 成之。滇楚雄。嘉四庶。閩布;同七罷。

周龍甲 蘇山陽。順九進士。康五,魯學。

周龍官 翼皇;蓼圃。蘇山陽。雍五庶。乾元,粵鄉正考。

周　樽 壽南;眉亭。滇昆明。舉人。皖布;嘉元罷。

周　燦 星公。陝臨潼。順十六庶。康二五,川學。

周　鍔 蓮若;春田。湘長沙。乾五二進士。嘉五,黔學。

周　彝 策銘。蘇婁縣。康三六庶。康五一,滇鄉正考。

周　瓊 芝田。桂臨桂。乾四十庶。乾四五,湘鄉副考。

周　馥 玉山。皖建德。廣督;光三三解。民十死(慤慎)。

周　灝 迪荀;桐圃。湘茶陵。乾四庶。乾十五,粵鄉正考。

周蘊華 宣三,鹽政院總參議。
周 齡 鶴亭。蘇震澤。光三庶。光十一,豫鄉正考。
周 蘭 原名玉麒。蘭友;伯孩。浙仁和。同二庶。同六,陝學。
周 霱 雨甘;西屏。浙錢塘。雍八狀元。雍十三,陝學。
周鑾詒 薈生。湘永明。光三庶。光十一,粵鄉副考。
呢瑪善 三泰子。滿鑲黄。成將;道四死,勤襄。
呼延振 冠三;静齋。陝長安。道二四庶。咸元,滇鄉正考。
和世泰 (一)滿鑲紅。閣學;嘉十六革。理尚;嘉二一降。兵尚;嘉二五革。
和世泰 (二)杭將;道十九革。
和托 滿鑲紅。吏右;順六出征。康九死。
和色本 勿齋;錫三。滿正藍。道三庶。盛禮;咸六罷。
和其衷 滿正紅。陝撫;乾三一革。
和明 晉按;嘉三罷。
和春 雨亭。滿正黄。江將,欽;咸十死,忠壯。
和珅 致齋。滿正紅。一等公,文華,軍;嘉四革(殺)。
和起 滿鑲藍。寧將;乾二一戰死,武烈。
和淳 蘭莊。宗室,隸正藍。道十六庶。左副;咸三降。
和寧 太菴。蒙鑲黄。乾三六進士。刑尚。嘉二五,改名和瑛。道元死,簡勤。
和桂 丹亭。滿鑲白。嘉十庶。倉場;道三解。
和善 盛户;雍十罷。光禄;雍十二罷。
和舜武 滿鑲藍。魯撫;嘉二四死,恭慎。
和琳 和珅弟。希齋。滿正紅。川督;嘉元死,忠壯。
和隆武 滿正黄。襲一等子,吉將;乾四七死,壯毅。
和爾賡額 允修。滿鑲白。宣三,豫按。
和潤 月溪。宗室,隸鑲藍。道二十庶。工右;同三病免。
固慶 蓮溪。滿正黄。舉人。吉將;咸三革。
屈盡美 漢鑲白。漕督;康八降,旋死。
庚長 滿鑲黄。南河;咸十降。
宗元醇 豫魯山。道十二進士。順尹;咸三革。
宗查布 西將;康五九改西寧辦事。
宗敦一 順九,順學。
宗紳保 閣學;康五二解。
官文 秀峰。滿正白。一等伯,文華;同十死,文恭。
官保 (一)滿洲。盛户;乾二罷。
官保 (二)滿正黄。協,吏尚;乾四一休,旋死,文勤。
官清 江將;道六罷。
官達 粵布;雍五解。
官獻瑶 瑜卿,石溪。閩安溪。乾四庶。乾十二,陝學。
定安 静村。滿正黄。黑將;光十三授欽,辦理東三省練兵事宜,光二一撤銷。
定成 鎮平。滿正黄。光九進士。大理院正卿;宣三病免。△袁閣署法部副大臣,辭免。
定柱 (一)江南副總河;乾元裁免。
定柱 (二)滿鑲黄。江提;嘉六病免。巴里坤提督;嘉十七死。
定長 滿正黄。湖督;乾三三死。
宜巴漢 滿洲。左都;順十三病免。
宜永貴 漢正白。皖撫;順十八休。康七死。
宜兆雄 漢正白。直督;雍六召京。
●宜里布 即伊禮布。
宜昌阿 户右;康二三革。
宜思恭 允肅;省庵。漢正白。桂撫;康五九死,年六三。
宜 振 春宇。漢鑲黄。道二五庶。户右;光七病免。
宜理布 滿正白。襲一等伯,吏左;順十八改正白蒙都。康十七戰死,武壯。
⊙宜崇 榜名伊崇額。滿鑲紅。嘉二四進士。大理;咸十一罷。
宜興 宗室,隸鑲紅。左都改步統;嘉十四死。
宜緜 滿正白。陝督;嘉四召京。嘉十七死。
岱奇 漢鑲白。户左署陝撫;乾七死。
岱琳布 右衛將軍;乾十三罷。
岳世仁 川中江。道三十庶。咸五,晉學。
岳代 晉按;康五九罷。

岳色 左副；雍三罷。
岳良 崧亭。滿正紅。晉布；道十三召京。
岳宏譽 蘇武進。順十八進士。康三三，湖學。
岳昇龍 見之。川成都。川提；康四九休。康五二死，敏肅。
岳林 理右；光十二死。
岳度 文江。川南江。康三三庶。康四一，晉鄉正考。
岳思泰 吏左；康十休。
岳貞 康八，順鄉副考。
岳起 小瀛。滿鑲白。舉人。蘇撫；嘉八署禮左，死。
岳祥 鄂按；道六病免。
岳祺 小琴。宗室，隸鑲藍。同四進士。通政；光十七罷。
岳超龍 昇龍弟。川成都。湖提；雍十死。
岳爾岱 吏右；雍五罷。倉場；雍十病免。
岳興阿 (一)江將；道二七病免。
岳興阿 (二)岱青。滿正藍。鄂布；咸四戰死，剛節。
岳慶 滇按；嘉十五降道員。
岳樂 太祖孫；安親王。順十，宣威大將軍。康十三，定遠平寇大將軍。康二八死。
岳樑 柱臣。蒙古。大理；光三二改鑲藍蒙都。
岳諾惠 滿洲。刑右；康十四死。
岳濬 鍾琪子。厚川；星源。川成都。滇撫；乾十五革。通參；乾十八死。
岳鍾琪 東美；容齋。川成都。寧遠大將軍；雍十革。三等公，川提；乾十九死，襄勤。
岳鍾璜 鍾琪從弟。呂瑞。川成都。川提；乾三一死，莊恪。
岳鎮南 衡山，文峯。魯利津。道二庶。滇布；道二四罷。
岳齡安 陝布；道元罷。
岳蘭 左副；康四十休。
帕海 盛户；康四一罷。
孟卜 浙按；康三四罷。
孟世泰 黔布；康四一罷。大理；康五四休。
孟生蕙 鶴亭；蘭舟。晉太谷。乾二八庶。乾四四，滇鄉副考。
孟古爾代 陝布；康十四罷。
孟住 廣將；道二改正黃漢都。
孟良允 浙右布；順七罷。
孟明輔 兵尚；順十一降。
孟邵 少逸；鷺洲。川中江。乾二五庶。大理；嘉九休。
孟保 刑右；咸九解。
孟俄洛 覺羅。吉將；康五四死。
孟述緒 滿正白。順十二進士。康元，滇學。
孟喬芳 心亭。漢鑲紅。明副將。川陝三邊總督；順十一死，忠毅。
孟超然 朝舉；瓶庵。閩閩縣。乾二五庶。乾三二，川學。嘉二死，年六七。
孟慶榮 紱臣。直永年。光十六庶。光三三，學右丞。
孟額 刑右；康三六休。
季邦楨 士周。蘇江陰。同十進士。閩布；光二四解。
季芝昌 雲書；仙九。蘇江陰。道十二探花。閩督；咸二病免。咸十死，文敏。
●季璟 榜名趙璟。
季愈 退如。蘇寶應。康三九榜眼。康四八，粵學。
尚之信 可喜長子。漢鑲藍。平南王，康十七授奮武大將軍。康十九殺。
尚可喜 漢鑲藍。智順王，平南王。順三，平南大將軍。康十五死。
尚安 滿洲。粵撫；乾四九革。
尚宗瑞 漢鑲藍。西將；光十七病免。
尚其亨 會臣。漢鑲藍。光十八進士。宣三，閩布。
尚金章 豫儀封。順十六，桂學。
尚善 貝勒。康十三，安遠靖寇大將軍。康十七死。
尚慶潮 學川。豫羅山。咸十一，魯學。
尚賢 駐藏；光十二召京。
尚簡保 荆將；乾二二死。
尚瀠 浙提；雍七死。
奉寬 栗亭。覺羅，隸正藍。乾七庶。兵右；乾三九死，文勤。
奇臣 綏將；嘉九改烏魯木齊都統。

奇明保　滿正白。杭將；道二二召京。道二三死，年七一。

奇寵格　閩按；乾四三召京。

奇豐額　麗川。滿正白。乾三四進士。蘇撫；乾六十革。主事；嘉十一死。

坤　滿正黃。康十三，振武將軍。康二六死。

承光　刑右；道元罷。

承芳　刑左；咸七罷。

承祐　默齋。閣學；光三二改馬蘭鎮。

承　蔭　小村。漢鑲黃。光二進士。光十五，江鄉副考。

承翰　墨莊。滿鑲紅。同十庶。太僕；光十四罷。

承齡　子久。滿鑲黃。道十六進士。黔按；同四死。

承繼　駐藏；同十三死。

拉布敦　滿正黃。左都；乾十五死，壯果。

拉都渾　理左；康五十降。理左；康六一罷。

拉篤祜　兵右；康二六解。

拉錫　蒙正白。署江將；雍六召京。領衛；雍十一死。

拉錫希布　閣學；雍元休。

拕穆齊圖　粵布；乾二二改閣讀學。

拔海　康四一，湘鄉副考。

拔錫　甘布；康二五罷。

忠泰　直按；乾五五罷。

忠廉　宜三，左副。

怡良　悅亭。滿正紅。江督；咸七病免。同六死。

怡康　太常；咸八罷。

性桂　滿正藍。吏尚；乾三休。乾十二死，恭簡。

房之騏　魯右布；順三降。

房可壯　魯益都。左都；順九休。順十死。

房　嵩　申公。魯東阿。康十八進士。康三二，豫鄉副考。

旺札爾　拉錫子。蒙正白。理右；乾二六死，恪慎。

旺沁班巴爾　寧將；乾五五革。

昇寅　賓旭。滿鑲黃。舉人。禮尚；道十四死，勤直。

昇福　魯按；咸七召京。

***昌伊蘇**　道二二，伊犂鎮署直提。

明山　(一)滿正藍。雍八進士。浙布；乾二六罷。陝督；乾三六革。乾四四死。

明山　(二)滿鑲藍。刑尚；道十四病免，旋死。

明安　(一)刑右；康五五死。

明安　(二)滿鑲黃。襲一等侯，工左，步統；嘉七革。嘉八死。

明安泰　蘇按；道元召京。

明安達禮　蒙正白。二等子，吏尚；康六病免。康八死，敏果。

明志　户左；道六罷。

明桂　大理；光二十罷。

明亮　滿鑲黃。三等襄勇侯，武英；道元休。道二死，年八七，文襄。

明俊　廣將；嘉十四罷。

明珠　端範。滿正黃。武英；康二七革。內大臣；康四七死，年七四。

明訓　鼎雲。蒙正黃。嘉二十五庶。吏右；咸二休。

明藹　(一)覺羅。閣學；乾三五罷。

明　藹　(二)元甫。漢正黃。工左；同十三死，勤恪。

明啓　左副；光三二改鑲黃蒙都。

明叙　蒙鑲黃。盛工；嘉二四改喀喇沙爾辦事大臣。道二死。

明舒　太常；康四二罷。

明通　奉尹；乾四五罷。

明瑞　筠亭。滿鑲黃。伊將，雲督；乾三三死，果烈。

明祿　晉按；乾五四病免。

明圖　工左；雍四降閣學。

明愛　理左；康二五休。

明福　蒙正黃。乾十三繙譯進士。盛將；乾三四解。

明緒　滿鑲紅。伊將；同五死，忠節。

明興　(一)滿鑲黃。吏右；乾五八降。工右；嘉十革。嘉十二死。

***明興**　(二)同六，杭州副都統署將軍。

明興阿　盛户；道五罷。

明德　(一)滿正紅。滇撫；乾三五死。

明德　(二)閣學；乾四六罷。工右；嘉九免。

明徵　華庭。贛按；光二八罷。

明誼 蒙正黄。定左;咸五病免。咸七死。

明額禮 盛刑;康三二休。

易元善 石坪。鄂漢陽。嘉七庶。嘉十二,黔鄉正考。

易佩紳 笏山。湘龍陽。蘇布;光十三病免。

易長楨 子濬,晴江。蘇上元。道九庶。道十四,晉鄉正考。

易長華 蘇上元。嘉二四進士。道八,陝鄉副考。

易 貞 丞午。豫商城。光十五進士。宣三,典禮院學士。

易 棠 召甘。湘善化。道九進士。陝督;咸九病免。同二死。

易道沛 鄂漢陽。順六進士。康二,黔鄉副考。

易 禧 嘉二四,陝鄉副考。

易 謙 嘉五,粤鄉副考。

況 澄 少吴。桂臨桂。道二庶。光十四,陝鄉副考。

法良 兵左;康四一革。

法明 湘按;乾三七解。

法保 工右;雍七革。

法若真 漢儒;黄石,黄山。魯膠州。順三庶。湘右布;康二革。死年八六。

法海 淵若。滿鑲黄。康三三庶。兵尚;雍五革。乾二死。

法特哈 盛户;康四四死。

法敏 肇功。滿鑲藍。陝撫;雍五解。盛工;乾四赴北路軍營。

法喇 覺羅。左都;康五一罷。

法福禮 (一)西寧辦事大臣;乾四五罷。

法福禮 (二)閣學;道三十改和闐辦事。

法爾哈 户右;康三四罷。

法楆 魯靈山衛。康十八進士。康二九,晉鄉副考。

法豐阿 西寧辦事;道二三召京。

法靈阿 甘提;乾四四革。

杭艾 滿鑲藍。禮尚;康二四革。

杭奕禄 滿鑲紅。左都;乾十一休。乾十三死。

杭 愛 滿鑲白。川撫;康二二死,勤襄。

杭齊蘇 順五,閩鄉副考。

東純 滿正藍。蔭生。成將;咸十死,恭介。

松安 文濤。閣學;光二三改馬蘭鎮。

松廷 滿正藍。監生。倉場;咸十降。咸十二死。

松林 滿洲。奉尹;光二三病免。

松阿哩 西將;乾二五罷。

松峻 芸樵。滿正黄。嘉二四庶。工右;道二十改泰寧鎮。

松堮 峻峯。滿鑲白。黔布;宣元革。

松寧 吉將。嘉二十五,改名松箖。道三死。

松森 吟濤。宗室,隸正藍。同四庶。理尚;光二十休。

松 筠 湘浦。蒙正藍。繙譯生員。武英;嘉二二降補都統。道十四休;道十五死,年八二,文清。

●**松葰** 柏葰原名。

松椿 峻峰。滿鑲藍。漕督;光二六解。

松溎 壽泉。滿鑲藍。咸十庶。刑尚,荆將;光三三死。

松壽 鶴齡。滿正白。閩督;△抗拒光復自殺(忠節)。

松福 閣學;道元革。

松齡 滿正紅。乾二六進士。嘉六,册立朝鮮王后正使。

林士傅 裕弼;可舟。閩侯官。道三庶。道十二,黔鄉正考。

林 壬 二有;又晴。閩詔安。光三庶。光十一,晉鄉正考。

林之望 小穎;遠村。皖懷遠。道二七庶。鄂布;光元召京。

林之濬 巨川;象湖。閩惠安。康四五庶。康五五,蘇學;康五七革。

林天木 雍七,滇鄉副考。

林天擎 滇撫;順十七革。湖廣巡撫;康九病免。

林天齡 受恒;錫三。閩長樂。咸十庶。蘇學;光四死。

* **林文察** 署閩水提;同二戰死,剛愍。

林令旭 豫仲;晴江。蘇婁縣。雍八庶。太常;乾八病免。

林召棠 芾南。粤吴川。道二狀元。道十一,陝鄉正考。

林本植 湖提;康四二休。

林君陞 粵提;乾二十休,旋死。

林明倫 穆庵。粵始興。乾十三庶。乾十八,魯鄉正考。乾二一死,年三五。

林枝春 繼仁;青圃。閩福清。乾二庶。乾十二,贛學。

林則徐 元撫;少穆;竢村老人。閩侯官。嘉十六庶。廣督,欽;道二十革。雲督;道二九病免。道三十,欽,死於途中,文忠。

林建猷 閩水提;咸六召京。

林述訓 綬卿。魯按;道十二解。

林映棠 川奉節。道十五進士。道二六,豫鄉副考。

林洪烈 閩晉江。康三十進士。康五六,湖鄉副考。

林炳章 惠亭。閩侯官。光二十庶。宣三,奕閣參議。

林　孫 粵澄海。行伍。浙提;嘉二五召京,道四死。

林泰曾 閩侯官。馬尾船政學堂。北洋海軍左翼總兵;光二一殉國。

林祖成 光禄;雍四罷。

林起龍 北海。順大興。順三進士。漕督;康六降。

林　啓 迪臣。閩侯官。光二庶。光十一,陝學。

林國柱 薇卿。浙蕭山。同十庶。光五,黔學。

林　紱 閩侯官。道二進士。鄂按;道二十降。

林紹年 贊虞;健齋。閩閩縣。同十三庶。宣三,民右署學右。△袁閣弼德院顧問。

林堯英 蜚伯;澹亭。閩莆田。順十八進士。康二十,魯鄉副考。

林揚祖 岵瞻。閩莆田。道九進士。道二十,桂鄉副考。

林開謩 貽書。閩長樂。光二一庶。宣元,署贛學使。

林雲京 士蔚;雙城。閩福清。順六庶。順十一,魯鄉正考。

林　源 太僕;雍八罷。

林　儁 川布;嘉四病免。

林壽圖 穎叔。閩閩縣。道二五進士。陝布;同七乞養。

林肇元 貞伯。閩侯官。舉人。黔撫;光八免。

林福祥 粵香山。浙布;同元革。

林維源 太僕;光二一罷。

林德馨 刑右;順十二死。

林鴻年 勿村。閩侯官。道十六狀元。滇撫;同五革。

林麟焻 石來。閩莆田。康九進士。康三三,黔學。

林灝深 朗溪。閩侯官。光二一進士。學左參;宣三,奕閣弼德院參議。

＊**果陞阿** 道二十,吉林副都統署將軍。

果勒敏 (一)盛兵;乾三十罷。

果勒敏 (二)杏岑。滿鑲黃。杭將;光四召京。

果勒豐阿 綏將;嘉二三革。定左;道三病免。杭將;道七死。

果齊斯歡 益亭。宗室,隸鑲藍。嘉七庶。黑將;道八死,文僖。

牧可登 芝園。蒙正白。雍元庶。刑左;雍九革。

武之亨 鄂孝感。順十八進士。康三三,陝學。

●**武天亨** 武新亨榜名。

武文蔚 鄂按;同三病免。

武廷适 桂布;康五七罷。

武延祚 魯按;順五病免。

武　忱 甘布;乾二三革。

武忠額 滿正白。嘉十三進士。理尚;道十八降。

武柱 太常;乾二六罷。

武格 滿正黃。刑左授揚武將軍。工尚;雍十革。

武國楹 閩布;康五一罷。

武隆阿 滿正黃。魯撫;道六授欽,赴臺灣。

武隆額 (一)光禄;乾五六罷。

武隆額 (二)湘提;咸六革。

武　棠 次南。晉陽高。道六進士。蘇布;咸元病免。

武進陞 晉寧鄉。浙提;乾二二休。浙提;乾三十死,良毅。

⊙**武新亨** 榜名天亨;改名雲衢。敬之;芸渠。晉文水。道十三庶。道十七,贛鄉副考。

武繩謨 川提;乾十三改滇提,乾十四罷。

祁文友 粵東莞。順十五進士。康八,江鄉副考。

祁世長 寯藻子。子禾;敏齋。晉壽陽。咸十庶。工尚;光十八死,文恪。

祁充格 滿鑲白。弘文;順八殺。

祁　彦 粵左布;康二罷。

祁宿藻 寯藻弟。幼章,子儒。晉壽陽。道十八庶。

寧布；咸三死，文節(追)。

祁國祚 贛按；康五九罷。

祁通額 滿洲。工左；康二十病免。

祁 墳 竹軒。晉高平。嘉元進士。廣督；道二四死，恭恪。

祁寯藻 叔穎，淳甫；春浦。晉壽陽。嘉十九庶。體仁，軍；咸四休。咸五死，文端。

祁徹白 滿洲。禮尚；康十休，康十三死。

舍圖肯 滿洲。盛將；乾三二革。

芭格 閣學；康五三革。

芮永肩 後庚；鐵巖。順寶坻。乾二五庶。乾五一，陝學。

花沙納 毓仲；松岑。蒙正黃。道十二庶。吏尚；咸九死，文定。

花 杰 建標；曉亭。黔貴筑。嘉四庶。贛布；道十八罷。

花尚阿 滿正黃。盛户；嘉十降。盛禮；嘉十八休。

花詠春 花杰子。魚南；思白。黔貴筑。嘉二四庶。道十一，桂鄉副考。

花善 滿鑲黃。甘撫；康十六死。

花鄯 滿鑲藍。甘撫；康六十降。

花蓮布 蒙鑲黃。黔提；嘉元死，壯節。

邵曰濂 蓮伯；子長。浙餘姚。同七庶。太常；光十二革。

邵友濂 邵燦子。初名維埏。小村。浙餘姚。湘撫；光二一解。光二七死。

邵正笏 魚竹，容水；長庵。浙錢塘。嘉二四庶。道五，豫鄉副考。

邵甲名 冠羣；丹畦。順大興。嘉二四庶。桂布；道二四病免。

邵甘 滿鑲白。漕督；康三三革。

邵玉清 履潔。直天津。乾四九探花。乾五一，魯鄉副考。

邵名世 魯布；順三罷。

邵印佳 康十一，滇鄉副考。

邵自昌 蕃孫；楚帆。順大興。乾四三庶。左都；嘉十七病免，嘉十八死。

邵亨豫 汴生。順宛平，蘇昭文人。道三十庶。陝撫；光元病免。吏左；光九死。

⊙邵吴遠 榜名吴遠，改名邵遠平。吕璜；戒三。浙仁和。康十八庶。康十，贛學。

邵延齡 静山；耐軒。浙平湖。順十八進士。康二六，贛學。

邵松年 亨豫子。伯英；息庵。順宛平，蘇昭文人。光九庶。光十七，豫學。

邵 洪 基孫。浙鄞縣。乾三六進士。禮右；嘉十六死。

邵晉涵 與桐；二雲。浙餘姚。乾三六庶。乾四五，桂鄉正考。嘉元死，年五四。

邵 泰 峙東；北崖。蘇吴縣。康六十庶。雍四，川鄉副考。

邵 基 學址，岳咫；思蓼。浙鄞縣。康六十庶。蘇撫；乾二死。

邵庚曾 湘芷；南椒。順大興。乾二六庶。乾四一，豫學。

邵嗣堯 子昆。晉猗氏。康九進士。康三三，蘇學。

邵 瑛 瑶圃。浙餘姚。乾四九榜眼。嘉三，鄂鄉副考。

邵福瀛 蘇常熟。舉人。宣二，農右參。

●邵遠平 邵吴遠改名。

邵樹本 立人；�村。浙錢塘。乾十三庶。乾二四，晉學。

邵積誠 實孚；怡璞。閩侯官。同七庶。黔布；光二九罷。

邵穆布 滿鑲藍。江督；康四八免。

邵 燦 耀圃；又村。浙餘姚。道十二庶。漕督；咸九死，文靖。

邵 觀 順大興。康三十進士。奉尹；康五四革。

邱良功 閩同安。行伍。浙提；嘉二二死，剛勇。

邱若龍 江提；乾三七死。

邱茂華 豫左布；順三罷。

邱庭漋 叔大；芷房。順宛平，蘇元和人。乾三七庶。魯布；嘉十二解。

邱桂山 順宛平。乾四十進士。乾四八，閩鄉副考。

邱園卜 康二九，湖學。

邱鳴泰 晉布；道十二降。

邱樹棠 景召；南屏。鄂漢陽。嘉七進士。晉撫；道四降閩按。倉場；道十改三四京候。道十一死。

金士松 亭立；聽濤。順宛平，蘇吴江人。乾二五庶。兵尚；嘉五死，文簡。

金之俊 豈凡。蘇吴江。明兵侍。祕書；康元休。康九死，文通。

金以坦 漢軍。京口將軍；雍六改鑲藍漢副。

金世揚 漢正黄。工左；雍三解。

金世榮 漢正黄。兵尚；康四六降

金世德 維城子。孟球。漢正黄。廕生。直隸巡撫；康十九休，旋死，清慧。

金世鑑 萬含。漢正黄。工右；康二三降。奉尹；康二八死。

金玉和 漢正黄。二等男，工右；順元改副將，旋戰死。

金光悌 汝恭；蘭畦。皖英山。乾四五進士。刑尚；嘉十七死，年六六。

金光祖 漢正白。廣督；康二十免。

金汝祥 工左；康二五解。

金廷獻 漢軍。偏沅巡撫；順十病免。

金保泰 忠甫。浙錢塘。同十庶。光十七，江鄉正考。

金　相 琢章；勉齋。直天津。雍五庶。雍十三，閩鄉副考。

金　柱 浙左布；順四罷。

金洪銓 蘇嘉定。雍十一進士。乾六，肇高學政。

金　甡 雨叔；海住。浙仁和。乾七狀元。禮左；乾三八病免。乾四七死，年八一。

金祖静 安安。蘇吴縣。黔按；乾三六休。

金啓復 滇按；雍元召京。晉按；雍三罷。

金國均 可亭，應三。鄂黄陂。道十八榜眼。道二三，陝學。

金國琛 逸亭。蘇陽湖。粵按；光五死。

金培生 閩布；康五一罷。

●金然 周金然榜名。

金　溶 廣蘊。順大興。雍八進士。乾元，黔鄉副考。乾四二死，年七三。

金　順 和甫。滿鑲藍。伊將；光十二死，忠介。

金　儁 漢軍。監生。魯撫；康二十解。

金　榜 輔之，蘂中；檠齋。皖歙縣。乾三七狀元。乾四二，晉鄉副考。嘉六死，年六七。

金維城 漢正黄。兵左；順十革。順十五死。

金維藩 浙按；康十二罷。桂按；康二三罷。

金運昌 景亭。皖盱眙。烏魯木齊提督；光十一病免，光十二死。

金　鉷 震方。漢鑲白。桂撫；乾元召京。刑左；乾二革。豫布；乾五未任死。

金德瑛 汝白，慕齋；檜門。浙仁和，皖休寧人。乾元狀元。左都；乾二六死，年六二。

金德嘉 會公；蔚齋，豫齋。鄂廣濟。康二一庶。康二六，黔鄉正考。

金　輝 兵左；乾四四死。

金　鋐 冶公。順宛平。順九庶。浙撫；康二八革。

金　樸 康五十，粵鄉副考。

金　鼐 工左；康二三降。光禄；康三十罷。

金應琦 皖歙縣。舉人。晉撫，刑右；嘉十五降，旋死。

金應璧 左副；雍元解。

金應麟 亞伯。浙錢塘。舉人。直按；道二十召京。理少；道二三休。

金聲桓 虎符。遼東。明總兵。江西提督；順五反清。順六死。

金　簡 漢正黄。吏尚；乾五九死，勤恪。

金　鎮 又鑣。順宛平。蘇按；康二三病免。康二四死，年六四。

金　鐃 閩閩縣。順九進士。康五，湘學。

金　鑒 漢鑲白。刑右；康四二降。

金　礪 漢鑲紅。明武進士。川陝三邊總督；順十三休。康元死。

金寶 閣學；康四八革。

金鶴清 翰皋；稚穀。浙桐鄉。道二五榜眼。道二六，黔鄉正考。

長庚 少白。滿正黄。陝督；辛亥光復去職。民四死，（恭厚）。

長旺 太常；道三罷。

長齊 閩陸提；乾四九罷。

長春 （一）湘提；道二四死。

長春 （二）西將；光三二召京。

長柱 湘布；乾十一召京。盛工；乾十四召京。

長清 （一）西將；乾五二死，莊毅。

長清 （二）策楞孫。滿鑲紅。福將；道十七死，勤毅。

長敍 彝庭。滿鑲紅。户右；光六罷。

長琇　左副；嘉十五死。
長善　樂初。滿鑲紅。杭將；光十五死。
長萃　季超；允升。滿鑲藍。光三庶。倉場；光二七革。
長順　鶴汀。滿正白。吉將；光三十死，忠靖。
長禄　遠帆。滿正紅。寧布；光二五病免。
長福　大理；乾三六休。
長賡　笏臣。漢正黄。豫布；光五召京。
長臻　滿正藍。東河；咸五死。
長鼐　滿正白。江督；康六一死。
長齡　納延泰子。懋亭。蒙正白。一等公，文華；道十八死，年八一，文襄。
長麟　(一) 牧庵。覺羅，隸正藍。乾四十進士。陝督；嘉六召京。嘉十六死，文敏。
長麟　(二)石農。滿鑲藍。光六庶。户右，光二一革。
阿山　(一)滿鑲黄。三等公，鎮守平陽等處將軍；順三罷。順四死。
阿山　(二)滿鑲藍。刑尚；康四六革。康五三死。
阿山　(三)滿洲。盛兵；乾八休。
阿世坦　閣學；康四七革。
阿世熙　光禄；康元罷。
阿永阿　覺羅。刑右；乾三十革。
阿必達　滿正白。工右；乾五六病免，旋死。
阿米達　甘布；康五十憂免。
阿克丹　允庭。宗室，隸正白。理尚；光二九死。
阿克敦　恒巖；立軒。滿正藍。康四八庶。協，刑尚；乾二十休。乾二一死，文勤。
阿克善　覺羅，隸正黄。兵右；順十解。順十四戰死。
阿克敦布　刑右；同二改察都。
阿克當阿　工左；乾元改東陵内務大臣。
阿克達春　小山。滿正白。晉撫；光十八解。
阿成阿　滿洲。左副；雍十一改鑲黄護統。
阿里衮　訥親弟。松崖。滿正白。協，户尚；乾三四死，襄壯。
阿昌阿　理左；光十二病免。
阿明阿　工左；嘉十四革。
阿林保　雨窗。滿正白。江督；嘉十四死，敬敏。
阿迪斯　阿桂子。滿正白。成將；嘉五革。
阿金　雲舉。滿鑲白。康三十庶。康三八，閩鄉正考。
阿哈尼堪　滿鑲黄。禮尚；順八死。
阿哈碩塞　滿洲。刑左；康十二死。
阿哈達　滿正紅。直隸巡撫；康二四解。
阿思哈　(一)滿洲。吏尚；康八殺。
阿思哈　(二)補堂。滿正黄。雲督，吏左，漕督；乾四一死，莊恪。
阿思海　青州將軍；乾三召京。
阿思祜　左副；康八降。
阿彥達　蒙鑲黄。道十二進士。倉場；咸七罷。
阿席熙　滿鑲紅。江督；康二十降。
阿桂　阿克敦子。廣庭；雲巖。滿正藍，擡入正白。武英，軍；嘉二死，年八二，文成。
阿珥賽　康五九，閩學。
阿勒清阿　滿正藍。刑尚；咸元病免。
*阿勒精阿　咸三，宜昌鎮署鄂提。同年死，勇慎。
阿密達　滿正白。康十三，内大臣授揚威將軍。
阿敏爾圖　駐藏；乾三一病免。
阿喇尼　滿鑲藍。理尚；康二九解。
阿喇善　滿鑲黄。刑尚；順七解。左都；順九革。順十二死。
阿喇彌　滿洲。盛户；康三三革。
阿揚阿　覺羅，隸正紅。左都；乾五四死。
阿隆阿　閣學；嘉十罷。
阿琳　(一)黔按；康四五罷。
阿琳　(二)詹事；乾十五休。
阿塔　覺羅。晉撫；康八降。
阿睦爾撒納　親王。左副；乾二十革。
阿肅　敬之；雨齋。滿正白。乾十九庶。吏左；乾四八革。閣學；乾五五降光少。乾五七死。
阿彰阿　黔按；乾六十病免。
阿精阿　(一)滿洲。刑左；嘉三死。
阿精阿　(二)廣將；道二二休。
阿爾邦阿　漢正白。户右；道十五病免。
阿爾松阿　阿靈阿子。滿鑲黄。二等公，刑尚；雍二解。雍四殺。
阿爾拜　吏左；康三九解。
阿爾津　滿正藍。順十二，寧南靖寇大將軍。一等子。順十五死。

阿爾泰　滿正黄。武英;乾三六革。乾三八殺。
阿爾筏　左副;康五二病休。康五三死。
阿爾賽　漢正黄。户尚;乾十死。
阿齊圖　九門提督;雍十解。
阿魯　滿洲。寧將;乾五死,果達。
阿穆爾圖　滿洲。盛將;康十二死,襄壯。
阿穆瑚瑚　滿正藍。理尚;康二三罷。
阿範　覺羅。刑右;康十四休。
阿霖　滿正紅。贛撫;道三休。道六死。
阿錫鼐　工左;雍二革。
阿濟格　太祖第十二子,英親王。順元,靖遠大將軍。順八殺。
阿禮布　滇布;嘉八罷。鄂布;嘉十二罷。
阿禮瑚　盛刑;康二七革。
阿藍太　閣學;康四三休。
阿璽泰　盛户;康四五革。
阿蘭泰　(一)滿鑲藍。武英;康三八死,文清。
阿蘭泰　(二)雍十一,閣讀學辦副總河。
阿蘭泰　(三)蒙正白。盛將;乾十九改定北將軍參贊。乾二五死。
阿靈阿　(一)滿鑲黄。理尚;康五五死。
阿靈阿　(二)實甫。滿鑲黄。舉人。兵尚;咸七死,愨勤。
青保　駐藏;雍十二革。
青麐　龍賓;墨卿。滿正白。道二一庶。鄂撫;咸四殺。

九　畫

亮保　滿鑲白。乾四六進士。詹事;嘉四罷。
侯良翰　豫蘭陽。順三進士。順十八,粵學。
侯居廣　襲爵子。漢鑲紅。魯布;康五三罷。
侯　桐　葉唐。蘇無錫。嘉二五庶。吏左;咸二休。
侯　璋　晉陽曲。康六進士。康十七,湖鄉副考。
侯襲爵　漢鑲紅。黔提;康二七死。
俄莫克圖　滿洲。禮左;順元革。
俄羅塞臣　滿正藍。左都;順九休。
俊達　粵布;光元死。
保年　頤庵。滿洲。廣將;光二四死。
保成　(一)黔提;乾五五罷。
保成　(二)礪堂。滿鑲黄。吏右;乾五六改熱河副都。寧將;嘉三死。
保昌　滿正藍。倉場;道十一改熱河都統。定左;道十九召京。福將;道二二召京。兵尚;道三十死,敬僖。
•保恒　艾峯。滿正藍。咸三,署直提。
保泰　(一)理左;乾四五赴藏。倉場;乾五一改科布多參贊。
保泰　(二)閩按;咸八罷。
保祝　滿鑲黄。直提;乾十改正紅蒙都。乾十二死,恭簡。
保寧　蒙正白。襲三等公,武英;嘉十一休。嘉十三死,文端。
保德　(一)乾二,散秩大臣充頒詔朝鮮正使。
保德　(二)涼州將軍;乾二十召京。
信恪　立民。滿鑲黄。江將;光二九病免。
信勤　懷民。滿鑲黄。綏將;宣二病免。
俞化鵬　皖壽州。康三十進士。順尹;康六一解。
俞之琰　以徐。浙桐鄉。順十五庶。康二,湖鄉副考。
俞兆岳　岱禎。浙海寧。廩生。吏左;乾二革。
俞兆晟　叔穎。浙海鹽。康四五庶。工尚;乾三罷。
俞明震　恪士。順宛平。光十六庶。宣二,署甘學使。△署甘布。
俞東枝　岱青;心垣。湘善化。道六庶。道十一,豫鄉正考。
俞金鼇　直天津。乾七武進士。湖提;乾五八解,旋死。
俞长策　之琰長子。馭世;檀溪。浙桐鄉。康四五,陝鄉正考。
俞長贊　子襄。順大興。道二一庶。閣學;咸二罷。
俞奎垣　襲芸。浙德清。咸二庶。咸八,鄂學。
俞恒澤　順大興。嘉四進士。嘉二一,川學。
俞陛雲　階青。浙德清。光二四探花。光二八,川鄉正考。
俞　梅　師嚴。蘇泰州。康四二庶。康五一,晉鄉副考。
俞益謨　甘寧夏。湖提;康五十解。
⊙俞陳琛　碑作陳琛。夢符。浙錢塘。康九庶。康十七,陝鄉副考。
俞廉三　㢳軒。浙山陰。監生。光三三,開缺晉撫充修訂法律大臣，協理開辦資政院事務。宣三，倉場。

俞樾 蔭甫；曲園。浙德清。道三十庶。咸五，豫學。

俞鴻圖 北晟子。麟一。浙海鹽。康五一庶。雍十，豫學。雍十一革，雍十二殺。

俞鍾穎 蘇常熟。宣三，豫布。

南天祥 滇昆明。行伍。江提；乾六休。

南洙源 湖廣左布；順四罷。

南逢海 閣學；康三十休。

哈山 滿鑲紅。康十八庶。刑尚；康五二革。康五八死，年八七。

哈元生 直河間。黔提；雍十三授揚威將軍，乾元革。乾三死。

哈占 滿鑲藍。禮尚；康二五病免，旋死。

哈芬 工左；咸三改晉撫，旋革。

哈勒吉那 西寧辦事；乾元召京。咸五，定左參贊署將軍。

哈國興 直河間。乾十七武進士。陝提；乾三八死，壯武。

哈朗阿 滿洲。道十，鑲紅蒙都授揚威將軍長齡參贊。道二一，正藍蒙都授揚威將軍奕經參贊。

哈喇庫 左都；順六罷。

哈寧阿 禮左；嘉二三革。兵右；道元罷。

哈雅爾圖 滿正黃。舉人。左都；康三八降。大理；康四四免。

哈當阿 蒙正黃。閩水提；嘉四死。

哈靖阿 桂按；乾四四革。

哈達 滿洲。吉將；雍八改荊將，旋召京授內大臣。

哈達哈 滿鑲藍。二等公，兵尚；乾二二革。乾二四死。

哈福納 左副；乾五八罷。

哈爾松阿 滿洲。盛禮；康二二死。

哈爾哈齊 滿正黃。禮尚；康十六革。

哈爾庫 浙陸提；康六解。

哈魯堪 滿正黃。盛兵；嘉十八死。

哈穆 工右；康四二死。

哈豐阿 滿鑲黃。廣將；道二十死，慤勤。

哈攀龍 直河間。乾二武狀元。黔提；乾二四休，乾二五死。

帥方蔚 叔起；子文。贛奉新。道六探花。道八，魯鄉副考。

帥念祖 宗德；蘭皋。贛奉新。雍元庶。桂布；乾九解。

帥承瀛 士登；仙舟。鄂黃梅。嘉元探花。刑右，浙撫；道二一死。

帥承瀚 承瀛弟。海門。鄂黃梅。嘉十庶。左副；道二一病免。

帥顏保 希福次子。滿正黃。禮尚；康二二休。康二三死，年四四。

奎昌 詹事；道三罷。

奎林 直方。滿鑲黃。一等男，成將；乾五七死，武毅。

奎芳 滿正黃。宣三，定左。

奎俊 樂峰。滿正白。川督，吏尚；光三二改內務府大臣。宣三，奕閣弼德院顧問。

奎舒 蒙正紅。理左；嘉四革。嘉十四死。

奎章 星垣。蒙鑲藍。道二五庶。通政；同元改和闐辦事。

奎斌 樂山。蒙鑲白。鄂撫；光十五改察都。

奎順 定左；光三一召京。

奎照 英和子。玉庭。滿正白。嘉十九庶。禮尚，軍；道二一病免。左都；道二三病免。

奎煥 章甫。駐藏；光二二召京。

·**奎綬** 道九進士。咸三，鳳廬道署皖布。

·**奎誠** 滿正藍。光二七，綏遠副都署將軍。

奎潤 星齋。宗室，隸正藍。同二庶。禮尚；光十六死。

奎耀 英和次子。芝圃。滿正白。嘉十六庶。通政；道八革。

奕山 聖祖第十四子恂郡王允禵四世孫。靜軒。隸鑲藍。左都，靖逆將軍；道二一革。黑將；咸九革。內大臣；光四死，莊簡。

奕年 宗室。左副；光二一病免。

奕杕 子特。宗室。左副；光三二休。

奕劻 高宗第十七子永璘孫。輔廷。隸鑲藍。慶親王；宣三，內閣總理大臣。

奕紀 宗室，隸鑲紅。户尚；道二十革。同二死。

奕格　宗室。黑將；咸五病免。

奕梁　宗室。寧將；同二病免。

奕訢　文宗弟，隸鑲白。恭親王，軍，總；光二四死，忠。

奕湘　楚江。宗室，隸正藍。盛將；咸六病免。

奕經　奕紀兄。潤峯。宗室，隸鑲紅。協，吏尚，揚威將軍；道二二革。刑右；咸三死。

奕榕　宗室。寧將；光十一病免。

奕鍼　宗室。工右；咸二病。

奕興　宗室。定左；咸五病免。

奕慶　餘齋。宗室。太常；同元改烏什辦事。盛工；同十二召京。

奕澤　宗室，隸正紅。嘉十六庶。盛工；道十七解。

奕譞　文宗弟，德宗生父；醇親王，總理海署；光十六死，賢。

奕顥　宗室，隸正藍。兵尚；道十八革。

姚三辰　舜揚；巽湖。浙仁和。康五二庶。吏左；乾二死。

姚士藟　綏仲；華會。皖桐城。康二七庶。康三五，湖鄉正考。

姚天成　浙仁和。乾四十進士。乾四五，鄂鄉副考。

姚元之　伯昂；薦青。皖桐城。嘉十庶。左都；道十八降。閣學；道二三休。咸二死。

姚文田　秋農；梅漪。浙歸安。嘉四狀元。禮尚；道七死，年七十，文僖。

姚文倬　稷臣。浙仁和。光十六庶。宣三，閩學使。

姚文然　弱侯。皖桐城。刑尚；康十七死，端恪。

姚世榮　公桓；蒔塘。浙仁和。康六十庶。雍九，贛學。

姚令儀　心嘉；一如。蘇婁縣。拔貢。川布；嘉十四死，年五六。

姚丙然　菊坡。浙錢塘。光十二庶。光二三，魯學。

姚立德　三辰孫。次功。浙仁和。廕生。東河；乾四四革。乾四八死。

*** 姚田**　漢鑲紅。光九，江寧副都統署將軍。

姚兆統　康三二，江鄉副考。

姚成烈　申甫；雲岫。浙仁和。乾十進士。禮尚；乾五一死。

姚延著　象懸；榕似。浙烏程。順六進士。豫右布；順十七憂免。

姚祖同　亮甫。浙錢塘。舉人。豫撫；道二降按察。左副；道十一休。道二二死。

姚祖頊　順宛平。順十五進士。康三二，江鄉副考。

姚啓聖　熙止(之)；憂庵。漢鑲紅，浙會稽人。明諸生。閩督；康二二死，年六十。

姚　堂　閩水提；雍元死。

姚　梁　桂按；乾五四罷。

姚淳燾　子瞻；陟山。浙烏程。康六進士。康二二，湖學。

姚　棻　香茝。皖桐城。乾二六進士。閩撫；嘉二病免。

姚舒密　釋笏。魯鉅野。光二十庶。光二三，晉鄉正考。

姚　瑩　石甫。皖桐城。嘉十三進士。桂按；咸二死。

姚　鼐　姬傳，夢穀；惜抱。皖桐城。乾二八庶。乾三三，魯鄉副考。嘉二十死，年八五。

姚締虞　歷升；岱麓。鄂黃陂。順十五進士。川提；康二七死。

姚學塽　晉堂，鏡塘。浙歸安。嘉元進士。嘉十三，黔順副考。

姚學瑛　陝按；嘉二革。

姚　頤　震初；雪門。贛泰和。乾四五榜眼。甘按；乾五三死。

姚　諧　皖按；康四八罷。

姚錫光　石泉。蘇丹徒。拔貢。陸右；宣二裁。宣三，候侍任奕閣弼德院顧問。

姚錫華　曼伯。蘇上元。道二一進士。滇布；咸十病免。同九死，年六七。

姚覲元　文田孫。彥侍。浙歸安。粵布；光八革。

⊙**姜元衡**　榜名黃元衡。玉璿。魯即墨。順六庶。順十三，直學。

姜承爝　禹九。浙山陰。康三十庶。康三八，桂鄉正考。

姜宸英　西溟；湛園。浙慈谿。康三六探花。康三八，順鄉副考。

姜桂題　翰卿。皖亳縣。宣三，直提。

姜　堅　石夫。蘇甘泉。嘉二四庶。道二，黔鄉正考。

婁　晟　光宇；度香。蘇元和。乾三一進士。工尚；嘉十一病免。嘉十五死。

婁朝勳　蘇丹陽。康三九進士。康五九，滇鄉正考。

婁登高　桂按；康三一罷。

婁順龍　見田；麟玉。直大名。舉人。川按；乾八召京。

婁開陽　鄂黄陂。乾三六進士。黔按；乾五八罷。光禄；嘉八死。

婁穎新　文庸。蘇如皐。雍元進士。直按；雍十病免。

婁　檣　崑麓。晉保德。康二四進士。吏左；康四三死，年五八。

彥德　亦庵。滿正黄。定左；道十召京。綏將；道十七召京。

拜音布　荆將；康六一休。

拜音達　工右；順七罷。

拜音達禮　漢正白。廣將；康三七死。

拜淩阿　廣將；乾三八病免。

拜禮　閣學；康二八病免。康三一死。

思格色　户左；康三五革。

恒文　滿正黄。雲督；乾二二革(殺)。

恒光　黔布；乾三十病免。

恒伯　西寧辦事大臣；嘉十二革。

恒秀　宗室，隸正白。吉將；乾五九革。副都；嘉四死。

恒明　月舫。滿鑲白。太僕；光九改烏里雅蘇台參贊。

恒春　宜亭。滿正白。嘉二五進士。刑尚；咸二降。雲督；咸七自殺。

恒恩　左副；同五死。

恒訓　詁亭。西將；光九死。

⊙**恒敏**　嘉二五改名恒敬。滿鑲藍。寧布；嘉二五召京。光禄；道三改哈密辦事。

恒通　荆將；道二七降，休。

恒傑　禮右；嘉四降閣學。

恒寧　荆將；道元罷。

恒禄　宗室。工右；乾十四解。盛將；乾三七死，恭慤。

●**恒敬**　(一)恒敏嘉二十五改名。

恒敬　(二)滿正藍。西寧辦事；道十二病免。

恒祺　子久。滿正白。咸十一，武備院卿幫辦總署。工左，總；同五死，勤敏。

恒　瑞　宗室，隸正白。駐藏幫辦；乾四六改熱河副都。福將；乾五二解。西將；嘉六死。

恒壽　奉尹；光二五解。綏將；光二九死。

恒福　壁昌子。月川。蒙鑲黄。直督；咸十一病免。同元死，恭勤。

恒　毓　鍾甫。滿洲。盛户；咸五改烏魯木齊都統。

·**恒興**　道十八，杭州副都統署將軍。

恒　齡　閣學；道三革。

施天裔　泰瞻。魯泰安。桂撫；康二四革。

施世綸　施琅仲子。文賢。漢鑲黄。廕生。漕督；康六一死。

施世驃　施琅六子。文秉。漢鑲黄。閩水提；康六十死，勇果。

⊙**施何牧**　榜名何牧。蘇崇明。康二七進士。康四一，黔鄉正考。

施　杓　鯉門。順大興。乾五四庶。乾五七，陜鄉正考。

施培應　芳谷；起東。滇昆明。乾二二庶。乾二七，晉鄉正考。

施得高　閩水提；咸三病免。

施　琅　尊侯；琢公。漢鑲黄，閩晉江人。明總兵。靖海侯，閩水提；康三五死，年七六，襄壯。

施朝幹　培叔。蘇儀徵。乾二八進士。宗人府丞；嘉二死。

施閏章　尚白；愚山。皖宣城。順十三，魯學。康十八庶。康二十，豫鄉正考。

施　愚　鶴雛。川涪州。光二四庶。宣三，編修任奕閣弼德院參議。

施維翰　及甫；研山。蘇華亭。順九進士。福建總督；康二三死，年六三，清惠。

施肇基　植之。浙仁和。光三三，游學法政科進士。宣二，外右丞。△使美。

星安　盛工；康三三革。

星峨泰　閣學；康五五罷。

星　訥　滿正白。二等男，工尚；康十休。康十三死，敏襄。

春山　長人；丹崖。滿鑲藍。康五一庶。盛兵；乾十罷。

春佑　輔廷。宗室，隸正紅。閣學；道二一罷。理尚；咸十改熱都。

春桂　滿洲。甘按；光二四解。

春寧　滿正黄。襲一等男，綏將；嘉十二死，壯勇。

春熙　介軒。滿鑲藍。道十五庶。滇按；咸元解。

△春禄　宣三，武昌起義後廣州漢軍副都統署將軍。

春福　定左；光五降。

春臺　錫祺。滿洲。康五二進士。康五九，閩鄉副考。

段大章　果山。川巴縣。道十八庶。甘布；咸五解。

段友蘭　春巖。贛永新。光十五庶。光十七，閩鄉副考。

段永福　陜長安。浙提；道二二死，勇毅。

段光清　鏡湖。皖宿松。浙按；咸十革。

段如蕙　皖按；雍三罷。

段汝舟　蘇武進。乾十進士。乾十五，魯鄉副考。

段志熙　浙布；康五八罷。

段秀林　湖提；乾四二病免。

段昌祚　豫濟源。順三進士。康八，浙鄉副考。

段芝貴　香巖。皖合肥。署黑撫；光三三解。

段起賢　署陜提；乾十一罷。

段國璋　太常；順十休。

段　琨　江提；道十八病免。

△段祺瑞　芝泉。皖合肥。宣三武昌起義後第二軍總統署湖督。

段應舉　漢鑲藍。閩陸提；康十七免，旋死。

段　曦　滇南寧。康三六進士。雍四；豫鄉正考。

炳文　秋岩。滿鑲白。閩陸提；咸四革。

炳綱　黔布；咸六召京。

洗　斌　咸十一，晉學。

洪之傑　念庵。鄂江陵。順十六進士。蘇撫；康二九革。

洪尼喀　倉場；康二八免，康二九死。

洪永安　閩提；宣三病免。

洪名香　粤水提；咸五休。

洪良品　右丞(臣)。鄂黄岡。同七庶。同十二，晉鄉正考。户給；死年七一。

洪昌燕　敬傳；張伯。浙錢塘。咸六探花。咸八，豫鄉正考。

洪承疇　亨九。漢鑲黄，閩南安人。明總督。武英；順十八休。康四死，文襄。

洪亮吉　君直，稚存，華峯；北江，更生。蘇陽湖。乾五五榜眼。乾五七，黔學。嘉十四死，年六四。

洪貞謙　豫按；同元革。

洪啓槐　皖寧國。順十二進士。康十，黔學。

洪　梧　桐生。皖歙縣。乾五五庶。乾六十，浙鄉副考。

洪　鈞　陶士；文卿。蘇吴縣。同七狀元。使俄德奥荷；光十六召回。兵左；光十九死，年五五。

洪　琮　谷一，瑞玉。皖歙縣。順九進士。康十二，陜學。康二三死，年六五。

洪調綸　幼元；耒農。鄂江夏。盛六庶。同元，豫鄉副考。

洪　樸　皖歙縣。乾三六進士。乾四二，鄂學。

柏之蕃　漢鑲黄。廣將；雍十二降。

柏永馥　陜提；康九罷

柏成　乾二四，署散秩大臣充册封朝鮮王妃正使。

柏修　覺羅。工左；乾二改鑲藍護統。

柏琨　鄂布；乾二九改副都。閣學；乾四一罷。

柏貴　雨田。蒙正黄。舉人。粤撫；咸九死。

⊙柏葰　厚名松葰。静濤。蒙正藍。道六庶。文淵，軍；咸八殺。

柏壽　太僕；同七罷。

柏錦林　雲卿。魯濟陽。光六庶。光二十，湘鄉正考。

柏　謙　藴皋(高)。蘇崇明。雍八庶。乾三，閩鄉副考。乾三十死，年六九。

查木揚　滿洲。杭將；康三八死，敏恪。

查文經　耕麓。鄂京山。道六進士。蘇按；咸四革。

查布扎納　康五一，滇鄉副考。

查布海　滿洲。禮右；康六休。康十四死。

查克旦　滿鑲白。左都；乾五革。

查林布　晉布；康五三革。

查　昇　仲韋，聲山。浙錢塘。康三八，贛鄉正考。康四二庶。

查哈喇　覺羅。工左；康十一革。

查郎阿　松莊。滿鑲白。文華；乾十二休，旋死。

查　淳　贛按；嘉十四罷。
查弼納　滿正黄。兵尚；雍九死。
查嗣庭　横浦，脊木。浙海寧。康四五庶。禮左；雍四革。
查嗣瑮　德尹；查浦。浙海寧。康三九庶。康五三，順學。
查　瑩　韞輝；映山。魯海豐，浙海寧人。乾三一庶。乾四五，桂學。
查　禮　恂叔；儉堂。順宛平。湘撫；乾四七死。
柯永昇　永盛弟。漢鑲紅。湖廣巡撫；康二七死。
柯永盛　汝極從子。漢鑲紅。晉提；康七裁免。康八休，康十四死。
柯永蓁　汝極子。漢鑲紅。三等男，京口將軍；康十七革。康二四死。
柯汝極　漢鑲紅。禮左；順五，改副都統。順七死。
柯劭忞　鳳笙。魯膠州。光十二庶。光三十，黔學。△典禮院直學士。
柯逢時　遜庵。鄂武昌。光九庶。黔撫；光三十解。宣三，督辦土藥統税事宜。
柯喬年　松齡。豫固始。康四二庶。雍元，魯鄉副考。
柯　鼎　黔布；康二六罷。
柯廣邕　閩長樂。順六進士。康二，豫鄉副考。
柯　璜　禹峯，醇清。鄂大冶。乾十九庶。乾三三，粤鄉副考。
柯　藩　陝提；嘉三革，授南陽鎮。
柯　願　閩龍溪。康三進士。康二六，魯鄉副考。
柳天擎　江南按察；康元罷。
柳國勳　贛按；雍六解。
柳寅東　鳳瞻。川梓潼。明順天巡按。順天巡撫；順四革。
柴大紀　浙江山。閩陸提；乾五三殺。
柴廷望　駿虔；月峰。直南皮。康十二進士。康四十，黔學。死年六六。
柴　望αι　浙仁和。順四進士。粤布；康二七革。
柴望岱　直曲周。順三進士。順八，晉鄉副考。
珂什克　太僕；嘉十九改駐藏幫辦，嘉二四召京。
科爾昆　覺羅，隸鑲白。吏尚；順十七降。刑尚；康二罷。
科爾坤　滿鑲黄。吏尚；康二七解。
科爾科代　滿洲。兵尚；康十解。康十八死。
科魁　滿洲。杭州駐防昂邦章京；康二罷。
胡一䴉　桂布；康十九罷。
胡大任　鄂監利。道十八進士。晉布；同八休。
胡中和　元廷。湘湘鄉。滇提；光七憂免，光九死。
胡中藻　翰選。贛新建。乾元庶。乾九，陝學。
胡介祉　兆龍子。順天。豫按；康三四罷。
●胡什巴　即吴什巴。
胡什塔　通政；康三四罷。
胡之彬　陝右布；順四罷。
胡之駿　蘇山陽。順三進士。順八，閩鄉副考。
胡文伯　友仁。魯海陽。附貢。皖撫；乾三五降湘布，再降桂按，革。乾四三死，年八四。
胡文華　德輝。漢正白。南贛巡撫；康二死。
胡世安　處静；菊潭。川井研。祕書；順十八休。康二死。
胡世藻　魯章丘。康十五進士。康三九，豫學。
胡永亨　皖舒城。康九進士。康二三，贛鄉副考。
胡玉坦　皖按；光八召京。
胡全才　體舜。晉文水。湖督；順十三死，勤毅。
胡兆龍　子衮；宛委。順天。吏左；康元病免。康三死，年三七。
胡在恪　念蒿。鄂江陵。順十二進士。順十五，下江學政。
胡作梅　修予；抑齋。鄂荆門。康二一庶。禮右；康五七死。
胡克家　占蒙；果亭。贛鄱陽。乾四五進士。漕督；嘉十四革。蘇撫；嘉二二死。
胡　定　敬醇，登賢；静園。贛泰和。雍十一庶。乾三，桂鄉副考。
胡孚宸　愚生；公度。鄂江夏。光三庶。光二六，桂鄉正考。光三四，綏遠道護綏將。
胡廷幹　鼎臣。豫光州。同十三進士。贛撫；光三二解。
胡　沙　工右；順十二罷。
胡尚衡　皖涇縣。順九進士。順十七，浙學。
胡季堂　胡煦子。升夫；雲坡。豫光山。廕生。直督；嘉五病免，旋死，莊敏。
胡昇猷　允大。順大興，浙山陰人。順四進士。刑尚；康二六；降。左副；康三十死。

胡林翼 達源子。貺生；潤芝。湘益陽。道十六庶。鄂撫；咸十一死，年五十，文忠。

胡　枚 浙石門。乾六十進士。嘉十五，黔學。

胡承珙 景孟；墨莊。皖涇縣。嘉十庶。嘉十五，粵鄉副考。

胡長齡 西庚。蘇通州。乾五四狀元。禮尚；嘉十九病免，旋死。

胡建樞 皖鳳陽。舉人。魯按△遷魯撫。

胡彥穎 石田。浙德清。康五四庶。雍二，粵鄉副考。

胡　拜 滇提；康十三罷。

胡茂禎 陝榆林。明總兵。湖提；康十八死。

胡　偉 咸二，桂學。

胡家玉 小蓮。贛新建。道二一探花。左都；同十二降。光十二死。

胡泰福 鄂江夏。同七進士。光十一，晉鄉副考。

胡祖蔭 定丞。湘益陽。廕生。光三四，郵右參。

胡高望 希吕；崑圃，豫堂。浙仁和。乾二六榜眼。左都；嘉三休，旋死，文恪。

胡國英 俊三。蘇吴縣。嘉二二庶。道元，桂鄉副考。

胡國廉 光三四，總理瓊崖墾礦事宜。

胡密塞 大理；康十八革。

胡密達 滿洲。盛禮；康七休，康十二死。

胡　章 粵左布；順十一革。

胡惟德 馨吾。浙歸安。使俄；光三三召回。外右丞，使日；宣二召回。外左，會辦税務大臣；△袁閣外務部副大臣。

胡紹芬 直按；乾十一罷。

胡紹南 豫汝陽。乾十三進士。乾三十，鄂學。

胡紹鼎 雨方；牧亭。鄂孝感。乾十九庶。乾三三，滇鄉副考。

胡鈞璜 晉交城。乾四九進士。乾五三，川鄉副考。

胡景桂 月舫；直生。直永年。光九庶。陝按；光三一罷。

胡期恒 獻徵子。其衡。湘武陵。舉人。甘撫；雍三革。

胡　勝 捷甫。順寶坻。同十三庶。光八，桂鄉正考。

胡喬年 魯生。鄂天門。同七庶。光二，滇鄉副考。

胡　焯 光伯；禎軒。湘武陵。道二一庶。咸二，粵鄉副考。

胡湘林 葵甫；再蓮。贛新建。光三庶。粵布；宣元病免。

胡統虞 孝緒。湘武陵。明進士。祕書學士，順九降讀學，旋死，年四九。

胡蛟齡 陵九。皖涇縣。雍元庶。乾十六，魯鄉正考。

胡　貴 爾恒。閩同安。行伍。粵提；乾二五死，勤慤。

胡　超 甘提；道二六革。

胡開益 仲謙；牧堂。順宛平。嘉七庶。詹事；道十降。

胡會恩 孟綸；茗山。浙德清。康十五榜眼。刑尚；康五二假。康五四死。

胡　煦 蒼曉；紫弦。豫光山。康五一庶。禮左；雍九休。乾元死，年八二，文良。

胡　敬 以莊；書農。浙仁和。嘉十庶。嘉二四，皖學。

胡瑞瀾 子安；觀甫，小泉。鄂江夏。道二一庶。兵左；光三革。大理；光十二罷。

胡聘之 蘄生。鄂天門。同四庶。晉撫；光二五解。

胡達源 清甫；雲閣。湘益陽。嘉二四探花。道八，黔學。

胡鼎彝 鋭生；右銘，小汀。陝榆林。光十八庶。光二七，鄂學。

胡圖 杭將；康二六死，敏恪。

胡福宏 贛按；順六罷。

胡興仁 恕堂。湘保靖。拔貢。浙撫；咸九召京。

胡肇智 季臨；霽林。皖績溪。吏左；同十病免。

胡澤潢 星岡，仲恒；咸池。湘寧鄉。乾七庶。乾二四，閩鄉副考。

胡燏棻 雲楣。皖泗州。同十三庶。郵右；光三二死。

胡　潤 京蒙，河九。鄂通山。康三十庶。康五一，蘇學。

胡應泰 芸竹。順大興。道十五庶。道二四，魯鄉副考。

胡翹元 羽堯；澹園。贛樂平。乾二六庶。乾五一，魯學。

胡戴仁 鄂布；康二七降。

胡簡敬 又弓。蘇沭陽。順十二庶。吏右；康五降。

胡 瀛 一山。川宜賓。康五七庶。晉布；乾五召京。

胡獻徵 統虞子。存仁。湘武陵。廕生。蘇布；康二七解。

胡寶瑔 泰舒。皖歙縣。豫撫；乾二八死，恪靖。

胡 鑑 遂叔；藕灣。浙鄞縣。嘉二五庶。道十二，湘鄉副考。

胥 琬 魯濰縣。順十八進士。康二九，晉學。

苗胙土 叔康。晉澤州。南贛汀韶巡撫；順三死。

苗 澄 大生。直任縣。川督；康六解。

苗壽 駐藏；雍十二革。

⊙**苟華南** 敬華南榜名，“特旨”改姓敬。立中；蓮峯。川華陽。乾十三庶。乾二一，晉鄉正考。

英元 宗室，隸正黃。左都；同十三死，恭毅。

英 年 菊儕。漢正白。貢生。左都；光二六殺。

英秀 (一)粵按；同五罷。

英秀 (二)華卿。滿鑲紅。宣三，奕閣承宣廳副廳長。

英和 德保子。樹琴；煦齋。滿正白。乾五八庶。協，理尚；道七革。授熱都。

英俊 湘提；道三十革。

英俄爾岱 滿正白。户尚；順五死。

英奎 伯文。陝按；同十二召京。

英桂 香巖。滿正藍。舉人。體仁；光四休。同年死，文勤。

英祥 豪卿。川按；光元病免。

英善 滿洲。左都；嘉十一降。太常；嘉十四死。

英惠 勒保子。滿鑲紅。襲三等侯，兵右；嘉二四降。科布多參贊；道十二死。

英隆 菊人。盛將；咸五改熱都。

英 廉 計六；夢堂。漢鑲黃。舉人。東閣；乾四八死，年七七，文肅。

英煦 和卿。滿鑲黃。同十庶。盛刑；光二五解。

英瑞 (一)滿正白。舉人。刑左；道八病免。道二十死。

英瑞 (二)鳳岡。滿正白。光三三，大理院正卿改專任修訂法律大臣。

英綬 勒保子。滿鑲紅。工右；嘉十九解。閣學；嘉二三革。

英緜 宗室，隸正黃。緝臣。光三三，禮左丞。

英翰 西林。滿正紅。舉人。廣督；光元解。烏魯木齊都統；光二死，果敏。

范士楫 順二，陝鄉正考。

范文光 順八；陝鄉正考。

范文程 憲斗；輝(煇)嶽。漢鑲黃。一等子，祕書；順十一休。康五死，年七十，文肅。

范光宗 談一。陝郃陽；浙鄞縣人。康二七庶。康四八，閩學。

范廷元 掄三。浙鄞縣。順六庶。粵右布；康二罷。

范廷楷 端楨。魯諸城。乾元進士。贛按；乾二十革。

⊙**范周** 榜名周莖。端臣。蘇吳縣。順六庶。順十一，順鄉正考。

范宜恒 文程曾孫。漢鑲黃。户尚；嘉二死。

范宜清 文程曾孫。漢鑲黃。盛兵；乾五六罷。

范宜賓 漢鑲黃。左副；乾三五降。

范承典 經甫；小雲。順大興，蘇江寧人。道二十庶。道二三，豫鄉副考。

范承烈 文程五子。彥公。漢鑲黃。户左；康四六改正藍漢副。

范承謨 文程次子。覲公；螺山。漢鑲黃。順九庶。閩督；康十三耿精忠反清被囚，康十五殺，忠貞。

范承勳 文程三子。蘇公；眉山，九松。漢鑲黃。兵尚；康四三休。康五三死，年七四。

范建中 漢鑲黃。廕生。左副；乾三五降。

范建豐 漢鑲黃。吏右；嘉九革。

范思皇 斗邑。鄂蘄水。乾十六庶。乾二二，閩學。

范 咸 貞吉；九池，浣浦。浙仁和。雍元庶。雍十，晉學。

范時秀 漢鑲黃。湘按；康二五召京。

范時紀 漢鑲黃。廕生。禮左；乾四三改副都，旋死。

范時崇 承謨子。自牧；蒼巖。漢鑲黃。兵尚；康五九病免，旋死，年五八。

范時捷 文程四子承斌子。子上；敬存。漢鑲黃。襲一等子，陜撫；雍二免。散秩；乾三死。

范時綬　紱齋。漢鑲黄。贛撫；乾三十降。刑尚；乾三六改正白漢都。乾四七死。

范時繹　承勳子。漢鑲黄。工尚；雍十二革。乾六死。

范　栻　浙錢塘。乾三一進士。乾三六，桂學。

范　梁　昴生；楣孫。浙錢塘。道二十進士。桂布；光七召京。光九死，年七六。

●**范朝瑛**　陸朝瑛榜名，江南通志作范朝瑛。

范登仕　贛左布；順十四罷。

范達禮　漢鑲黄。左副改滿缺倉場；順十七解。

●**范鳴璚**　范鳴龢榜名。

⊙**范鳴龢**　榜名鳴璚。鶴生。鄂武昌。咸二庶。同六，贛鄉副考。

范　璨　電文，約軒；松巖。蘇吴縣。雍二庶。工右；乾十一休。乾三一死，年八七。

范　鏊　叔度；攝生。順大興，蘇江寧人。乾四五庶。乾六十，湘學。

茅元銘　耕亭；栗園。蘇丹徒。乾三七庶。嘉六，武會副考。

紀山　滿鑲紅。川撫；乾十三革。

紀成斌　川提；雍九病休。

紀哈里　覺羅。都統授宣威將軍；康二十死。

紀　昀　曉嵐，春帆；石雲。直獻縣。乾十九庶。協，禮尚；嘉十死，年八二，文達。

紀振疆　閣學；康十三罷。

紀　愈　孟起；魯齋。順文安。康六進士。康十四，豫鄉正考。康二七死。

紀爾他布　又作吉勒塔布。滿正紅。兵尚；康三十解。

紀爾他渾　兵左；康四三罷。

衍　秀　漢鑲黄。道三進士。閣學；同五改泰寧鎮。倉場；同九罷。

衍慶　鄂布；道十三罷。

述德　蘇按；嘉四召京。

重綸　黔提；咸元病免。

郁　崑　湫山。浙蕭山。同十探花。光二，粤鄉副考。

邢福山　伯衡。贛新昌。嘉二五庶。大理；道二八乞養。

郄瑞玉　道十一，江鄉副考。

韋業祥　伯謙。桂永寧。同四庶。同十一，黔學。

韋逢標　皖蕪湖。嘉四進士。嘉十三，粤鄉副考。

韋圖布　陜布；乾五五罷。

韋謙恒　慎旃，慎占；約軒。皖蕪湖。乾二八探花。黔按；乾四十革。

音達禮　閣學；康四七病免。

十　畫

亳濟　閣學；康三五死。

⊙**倉景恬**　景愉榜名。少坪。豫中牟。道十八庶。豫撫；光十六死。

●**倉景愉**　景恬改名。

倉德　乾十三，川布遷太常，旋革。

倪文蔚　豹臣，豹岑。皖望江。咸二庶。豫撫；光十六死。

倪良燿　孟炎；濂舫。皖望江。蘇布；咸三降。咸四死，年六三。

倪定得　蘇吴縣。行伍。閩水提；嘉十病免。嘉十一死。

倪承寬　餘疆；敬堂。浙仁和。乾十九探花。倉場；乾三九革。太常；乾四八死，年七二。

倪　杰　浙會稽。道九進士。大理；同八罷。

倪思淳　箴汝；松泉。滇建水。乾四九庶。嘉五，晉鄉副考。

⊙**倪師孟**　榜名沈師孟。南琛；嶧堂。浙歸安，蘇吴江人。雍元庶。乾三，川鄉正考。

倪國璉　紫珍；稼疇。浙仁和。雍元庶。乾五；湘學。

△**倪嗣沖**　丹忱。皖阜陽。豫布。

倪鴻範　浙提；乾二四罷。

＊**倫布多爾濟**　道六，署定左。

倫達禮　覺羅。閩按；乾四病免。

倭仁　艮峯。蒙正紅。道九庶。文華；同十死，文端。

倭什布　滿正紅。陜督；嘉十一革。嘉十五死。

倭什訥　禮右；道二七改馬蘭鎮。

倭什琿布　崇庵。滿鑲紅。禮尚；同五病免。

倭内　滿洲。盛將；康十七解。

倭倫　滿正白。晉撫；康三八降。

•倭楞泰　道十，吉林副都統護將軍。

党居易　閩按；康四三罷。

党崇雅　于姜。陝寶雞。明户侍。國史；順十二休。康五死。

党聲振　陝華州。康十五進士。康三五，閩鄉正考。

剛林　公茂。滿正黄。國史；順八殺。

剛塔　滿正藍。陝提；乾四九革，乾五十死。

剛毅　子良。滿鑲藍。協，吏尚；光二六革，死。

原衷戴　念聖；簡齋。陝蒲城。雍五庶。雍十，晉鄉副考。

原毓宗　兵左；順十五假。

凌如焕　榆山，琢成。蘇上海。康五四庶。兵右；乾六乞養，乾十四死。

凌紹衣　閣學；康五一罷，康五二死。

凌紹雯　子文；北堂。浙仁和。康二七庶。康四四，陝鄉正考。

凌福彭　潤臺。粤番禺。順尹；宣元改直布。

凌　燽　贛按；乾七乞養。

叟塞　順九，侍讀充殿試讀卷官。

員盡忠　粤左布；順十八罷。

員鳳林　梧岡。陝三原。咸六進士。皖布；光二九病免。

唐仁廉　湘東安。粤陸提；光二一死。

唐友耕　滇大關廳。滇提，署川提；光八死。

唐壬森　叔未；根石。浙蘭溪。道二七庶。左副；光三病免。

唐文治　蔚芝。蘇太倉。光十八進士。農左；光三二暫署尚書。

唐文淑　黔畢節。行伍。黔提；道十五死。

唐仲冕　六枳；陶山。湘善化。乾五八進士。陝布；道三休。道七死，年七五。

唐希順　甘武威。行伍。川提；康四七死。

唐宗堯　豫布；康三一罷。

唐定奎　俊侯。皖合肥。閩陸提；光十二病免。光十三死，果介。

唐保柱　滿洲。盛將；雍二解。

唐咸仰　豫按；光十一召京。

唐　炯　鄂生。黔遵義。舉人。滇撫；光十革。光十三死。

唐孫華　實君；東江，息廬老人。蘇太倉。康二七進士。康三五，浙鄉副考。督辦雲南礦務；光三二病免。宣元死。

唐　倖　直提；道十九死，勤壯。

唐訓方　義渠。湘常寧。舉人。皖撫；同二降。直布；同五召京。光三死，年六八。

唐　淮　晴川；西園。浙秀水。乾二五庶。乾四二，湘學。

唐執玉　益功，朝卿；薊門。蘇武進。康四二進士。刑尚，署直督；雍十一死，年六五。

唐紹儀　宣統朝改名紹怡。少川。粤香山。奉撫；宣元解。郵尚；宣二病免。奕閣郵傳大臣。

唐喀禄　蒙正藍。理左；乾二二革。乾二三死。

唐朝彝　偕藻。閩平和。康六庶。宗人府丞；康三四罷。

唐景崇　景崧弟。春卿。桂灌陽。同十庶。學尚。△袁閣學部大臣。民三死(文簡)。

唐景崧　維(薇)卿。桂灌陽。同四庶。臺布署撫；光二一召京。光二八死。

唐椿森　益齡；暉庭。桂宣化。光二庶。光十一，甘鄉正考。

唐綏祖　繼祖弟。孺懷；莪村。蘇江都。舉人。鄂撫；乾十五革。乾十九死，年六九。

唐際盛　鄂按；同五召京。

唐樹森　穀九。湘湘鄉。黔布；光二二死。

唐樹楠　陝按；光二十病免。

唐樹義　子方。黔遵義。舉人。鄂布；道二九病免。署鄂按；咸四戰死。

唐贇堯　載歌；寓庵。浙會稽。順九進士。順十四，晉鄉副考。

唐繼祖　序皇；范山。蘇江都。康六庶。豫布；康三一罷。

唐　鑑　翕澤；鏡海。湘善化。嘉十四庶。太常；道二五病免。咸七死。

哲　先　工右；雍五革。

●哲庫納　即折庫納。

庫克吉泰　仁龕。西將；同八改熱都。

庫勒納　滿鑲藍。吏尚；康三九解。康四七死。

庫爾喀　晉按；康二四罷。

庫爾闡　滿正藍。左都；順五免。

庫魯克達爾漢阿賴　西安駐防；順九罷。

庫禮　滿正白。户右；順八病免。順十三死，僖恪。

宮兆麟　伯厚。皖懷遠。貢生。黔撫；乾三五降甘按，乾三六革。乾四六死。

宮　煥　辛楣；星如。皖懷遠。嘉十三庶。嘉二一，川鄉正考。

宮煥文　蘇泰州。雍十一進士。通政；乾三二假。

宮夢仁　宗袞；定三。蘇泰州。康十二庶。閩撫；康三七解。

宮爾勸　九敘；怡雲。魯高密。舉人。滇布；乾十五罷。

宮慕久　蘇按；道二八罷。

容保　綏將；乾四一病免。

容海　粵按；道五病免。

容閎　純甫。粵澳門。留美。駐美副使；光七召回。

容照　那彦成子。滿正白。左副；道十五改馬蘭鎮。

師若琪　直安肅。康三進士。康十四，豫鄉副考。

師曾　季瞻。蒙正白。兵左；光十九休。

師懿德　甘寧夏。甘提；康五七改鑾儀使。雍元休，雍十二死。

席卜臣　滿鑲白。康十三，都統授鎮西將軍。

席　式　陝咸寧。順六進士。川布；康十九罷。

席伯　寧夏將軍；雍八死，襄壯。

席哈納　滿鑲白。舉人。文淵；康四七休。

席柱　滿正藍。工尚；康三十降。西將；康五五革。

席珠　督捕；康三一降。

席特納　工右；康二五休。

席密圖　督捕；康三六革。

席格　陝布；康二五罷。

席教事　晉臨汾。順三進士。順十六，川學。

席達禮　滿洲。理左；順十八罷。康三死，僖敬。

席爾登　閣學；康三六解。

席爾達　滿鑲紅。舉人。禮尚；康四五死。

席爾圖　盛工；康四九降。

席寶田　研薌。湘東安。滇按；同三降知府。光十五死，年六二。

席蘭泰　滿洲。盛禮；康二七休。

孫人龍　約亭；瑞人。浙烏程。雍八庶。乾九，肇高學政。

孫士毅　智治，致遠；補山。浙仁和。乾二六進士。三等男，文淵；嘉元死，年七七，文靖。

孫允恭　蘇丹徒。順六進士。浙按；康三十罷。

孫允驥　順十八，湘學。

孫之獬　魯淄川。禮左；順二招撫江西，旋革。順四死。

孫日萱　春叔。皖休寧。道六庶。道十一，粵鄉副考。

孫曰秉　德元；葆年。奉承德。乾二六進士。滇撫；嘉七召京，旋死，年七一。

孫　代　江南右布；康元罷。

孫永清　宏圖，宏度；春臺。蘇無錫。舉人。桂撫；乾五五死，年五七。

孫玉庭　佳(嘉)樹；寄圃。魯濟寧。乾四十庶。體仁；道五降調，休。道十四死，年八三。

孫全謀　閩龍溪。行伍。粵水提；嘉二一死。

孫光祀　溯玉；祚庭。魯歷城。順十二庶。兵右；康十八降調。

孫在豐　屺瞻；安菱湖人。浙德清。康九榜眼。工左；康二七解。閣學；康二八死，年四六。

孫如僅　亦何；松坪。魯濟寧。咸元狀元。閣學；同三罷。

⊙**孫自式**　榜名鄒自式。王度；衣月。蘇武進。順四庶。順八，順鄉副考。

孫衣言　鏘鳴弟。劭聞，琴西。浙瑞安。道三十庶。太僕；光六病免。光十六死。

孫孝愉　嘉淦子。晉興縣。直按；乾三五病免。

孫廷槐　右階。浙仁和。乾七庶。魯按；乾四十降。

孫廷銓　原名廷鉉，字伯度。枚先，道相；沚亭。魯益都。祕書；康三休。康十四死，年六二，文定。

孫廷璧　順大興。乾二五武探花。鄂提改巴里坤提督；嘉十死。

孫延齡　孔有德壻。漢正紅。三等伯，廣西將軍；康十三反清。康十六吴三桂殺。

孫　汶　宗岱；望山。魯膠州。嘉七庶。嘉十八，閩鄉正考。

孫　卓　子立。皖宣城。康十八榜眼。禮右；雍七降太常。雍十罷。

孫定遼 漢鑲紅。明副將。湖提；順四戰死。

孫宗錫 公復。湘善化。光三庶。光八，黔學。

孫含中 象淵。魯昌邑。乾二八庶。浙布；乾四三罷。

孫居湜 贛按；康三五罷。

孫念祖 心農；淥湖。浙會稽。咸九榜眼。同二，鄂學。

孫承澤 耳伯；北海。順大興。吏右；順十休。康十五死，年八三。

孫　治 川華陽。道十八進士。直按；同元革。

孫果 覺羅。禮右；康二六罷。

孫昌期 康十四，江鄉正考。

孫昌齡 左副；順六死。

孫長紱 小山。鄂棗陽。咸六進士。贛布；同六召京。

孫建宗 左副；順十二外調。太僕；順十五死。

孫思克 藎臣。漢正白。三等男，康三五，振武將軍。甘提；康三九死，襄武。

孫茂蘭 漢正黃。寧夏巡撫；順十一解。

孫家穀 稼生。皖鳳臺。咸六進士。浙按；光八召京。

孫家鼐 燮臣；蟄生，澹靜老人。皖壽州。咸九狀元。武英；宣元死，年八二，文正。

孫恩壽 直清苑。咸三進士。同元，黔鄉副考。

孫晉墀 雲溪。直玉田。道二十庶。咸二，晉學。

孫　栝 浙按；乾五二罷。

孫致彌 愷似；松坪。蘇嘉定。康二七庶。康四一，晉鄉副考。

孫效曾 恂士，心持。浙仁和。乾二八庶。乾三三，滇鄉正考。

孫起蛟 甘武威。行伍。粵提；乾五七死。

孫起綸 魯安丘。康九進士。康二九，滇學。

孫啓賢 順三，晉學。

孫國璽 振九。漢正白。皖撫；乾四死。

孫紹武 緯文。漢正黃。監生。黔撫；乾十三死。

孫紹陽 春圃。豫儀封。吏右丞；宣三裁，改典禮院直學士。

孫善寶 玉庭子。簣谷。魯濟寧。蘇撫；道二五病免。

孫登第 川按；順十五罷。

孫渣濟 滿鑲紅。工尚；雍二革。雍八死。

孫詒經 子授。浙錢塘。咸十庶。户左；光十六死，文慤。

孫　韶 鳳書；友石。甘武威。康五一庶。贛按署鄂布；雍十一死。

孫象賢 晉興縣。順十二進士。順十七，川鄉副考。

孫欽昂 子定；師竹。豫滎陽。咸六庶。同三，桂學。

孫開華 賡堂。湘慈利。閩陸提；光十九死。

●**孫塔** 即遜塔。

孫　楫 毓溎子。子舟，濟川；駕航。魯濟寧。咸二庶。順尹；光二十罷。

孫瑞珍 玉庭幼子，善寶弟。符卿；奇庵。魯濟寧。道三庶。户尚；咸四病免。咸八死，文定。

孫道仁 開華子。静山。湘慈利。宣二，閩提。

孫爾準 永清子。平叔；萊甫。蘇金匱。嘉十庶。閩督；道十二死，文靖。

孫鼎臣 子餘；芝房。湘善化。道二五庶。道二九，黔鄉正考。咸九死。

孫嘉淦 錫公，懿齋，静軒。晉興縣。康五二庶。協，吏尚；乾十八死，年七一，文定。

孫嘉樂 令宜。浙仁和。乾二六進士。川按；乾四七召京。嘉五死，年六八。

孫葆元 蓮塘。直鹽山。道九庶。吏左；同三休。

孫　灝 泳之。鄂漢陽。乾十庶。乾十五，川鄉副考。

孫肇興 工左；順十四休。康元死。

孫毓汶 萊衫。魯濟寧。咸六榜眼。兵尚；光二一病。光二五死，文恪。

孫毓溎 玉庭孫。梧江。魯濟寧。道二四狀元。浙按；咸二病免。

孫銘恩 書常；蘭檢。蘇通州。道十五庶。兵右；咸四降，旋死，文節。

孫鳳翔 文起，梧岡；棣園。魯濰縣。同元庶。豫布；光十二病免。光十三死。

孫徵灝 孫可望子。漢鑲紅。一等公，兵尚；康五五死，清端。

孫澤魁 湘按；光十一召京。

孫　蕙 樹百。魯淄川。順十八進士。康二十，閩鄉正考。

孫翼謀 鵬九，硯伯；穀庭。閩侯官。咸二庶。湘布；光十五罷。

孫　勷 子未；莪山，誠齋。魯德州。康二四庶。康四四，黔學。

孫　藩 永清弟。振宇。蘇無錫。皖布；嘉六病免。

孫　籀 浙嘉善。順六進士。順十，晉學。

孫鏘鳴 渠田，韶甫；旭庵。浙瑞安。道二一庶。道二九，桂學。光二七死，年八四。

孫寶琦 慕韓。浙錢塘。使法；使德。魯撫；△病免。

孫　蘭 贛按；康二七罷。

孫蘭芬 魯布；雍十革。

孫　灝 載黄；虚船，竹所。浙錢塘。雍八庶。通政；乾三一死，年六七。

孫纘功 順昌平。康二一進士。康四一，滇學。

孫　觀 國賓；省齋。皖舒城。道二七庶。直布；光四召京。

●奚德慎 即希德慎。

奚應龍 桂提；咸七罷。

夏一鶚 漢正白。貢生。贛撫；順九死。

夏力恕 觀川。鄂孝感。康六十庶。雍二，晉鄉正考。

夏子鐊 路門。蘇高郵。同二庶。同九，川學。

夏之蓉 芙裳；醴谷。蘇高郵。乾元庶。乾九，廣韶學政。

夏　玉 漢軍。魯撫；順十一降。

夏同善 舜樂；子松。浙仁和。咸六庶。吏右；光六病免，旋死，文敬。

夏同龢 用卿。黔麻哈州。光二四狀元。

夏安遠 贛德化。順九進士。順十七，豫鄉正考。

夏廷芝 茹紫。蘇高郵。雍十一庶。乾十二，鄂學。

夏廷榘 修恕孫。拾珊。贛新建。道十三庶。道二十，黔鄉副考。

夏廷樾 鄂布；咸五罷。

夏辛酉 庚堂。魯鄆城。滇提；光三四死，壯武。

夏　旹 菽軒。湘桂陽。舉人。陝撫；光三一解。

夏修恕 渾初；森圃。贛新建。嘉七庶。皖按；道十二降。

夏家鎬 伯音。蘇江寧。咸三進士。刑右，總；光八病免。

夏孫桐 閏枝。蘇江陰。光十八庶。光二六，川鄉正考。

夏啓瑜 同甫。浙鄞縣。光二十庶。光二三，甘學。

夏毓秀 琅溪。滇昆明。鄂提；宣二死，勇恪。

徐士林 式儒；兩峰。魯文登。康五二進士。蘇撫；乾六假，旋死。

徐士芬 誦清；辛庵。浙平湖。嘉二四庶。户右；道二六病免。

徐士穀 稼生。贛豐城。道十六庶。道二六，川學，

徐大貴 漢正白。二等男，刑右；順八改正白漢副。駐防杭州。康十八死。

徐化成 文侯。順昌平。拔貢。湖廣巡撫；康十二降。

徐仁鑄 致靖子。研甫。順宛平，蘇宜興人。光十五庶。光二三，湘學。

徐以升 階五；恕齋。浙德清。雍元庶。粵按；乾十六革。

徐以烜 徐本子。養資；潤亭。浙錢塘。雍八庶。禮左；乾二二降。署閣學；乾三十病免。乾三六死。

徐元文 乾學弟，秉義兄。公肅；立齋。蘇崑山。順十六狀元。文華；康二九休。康三十死，年五八。

徐元正 徐倬子。子貞；静園。浙德清。康二四庶。工尚；康五十乞養。康五九死。

徐元珙 輯五；荆山。蘇武進。順十二進士。左副；康二六病免。康二七死。

徐元夢 善長；蝶園。滿正白。康十二庶。協，户尚；雍四革。乾六死，年八七，文定。

徐元勳 雅樵，竹盟；傳山，銘臣。浙海寧。道二九，湘鄉副考。

徐之銘 新齋。黔開泰。道十六庶。滇撫；同二革。同三死。

徐日暄 潤友；敬齋。贛高安。康二七庶。康三五，晉鄉正考。

徐文達 仁山。皖南陵。閩按；光十六死。

徐世昌 菊人；水竹邨人。直天津。光十二庶。體仁，軍；宣三，内閣協理大臣。

徐世茂 宗人府丞；康十八罷。

徐　本　徐潮三子。立人；是齋。浙錢塘。康五七庶。東閣，軍；乾九休。乾十二死，文穆。

徐永楨　閩撫；順十八休。

徐立綱　條甫；鐵崖。浙上虞。乾四十庶。乾四五，皖學。

徐用儀　筱雲。浙海鹽。副貢。兵尚；光二六殺，忠愍(追)。

徐印川　黔提；宣二病免。

徐如澍　洵南；春帆。黔銅仁。乾四十庶。嘉十八，奉學。

徐光文　杏池。順宛平，皖歙縣人。乾十庶。乾三六，豫學。

徐汝嶧　浙烏程。康二一進士。康四三，豫學。

徐旭齡　元文。浙錢塘。順十二進士。漕督；康二六死，清獻。

徐有壬　鈞卿。順宛平。道九進士。蘇撫；咸十戰死，節愍。

徐廷楷　直提；同四罷。

徐廷璽　工左；康三一降。奉尹；康三七，協理河工。

徐延旭　曉山。魯臨清。咸十進士。桂撫；光十革，旋死。

●**徐延熙**　吴延熙榜名。

徐志晉　浙武康。乾四五進士。嘉三，贛鄉副考。

徐　杞　徐潮次子，徐本弟。集功；静谷。浙錢塘。康五一庶。陝撫，宗人府丞；乾十五休。乾三四死。

徐來麟　豫右布；順十五罷。

徐宗幹　樹人。蘇通州。嘉二五進士。閩撫；同五死，清惠。

徐宗溥　浙仁和。舉人。宣三，弈閣參議。

徐宗彝　順十一，豫鄉正考。

徐承恩　鄂布；道七病免。

徐承祖　孫麒。蘇無錫。使日；光十三召回。

徐承煜　徐桐子。楠士。漢正藍。拔貢。刑左；光二七殺。

徐明弼　皖蕪湖。順四進士。康三，陝學。

⊙**徐昂發**　榜名管昂發。大臨。蘇長洲。康三九進士。康五九，贛學。

徐治都　漢正白。湖提；康三六死，襄毅。

徐法績　定甫，幼公；熙庵。陝涇陽。嘉二二庶。道十二，湘鄉正考。

徐秉義　乾學弟。彦和；果亭。蘇崑山。康十二探花。吏右；康四一革。閣學；康四三休。康五十死。

徐　松　星伯。順大興。嘉十庶。嘉十五，湘學。

徐　炘　晴圃。順大興。舉人。陝撫；道十降。湘按；道十一召京。光禄；道十四病免。旋死。

徐　垣　芷亭，紫庭。順大興，浙會稽人。乾四庶。鄂布；乾二七死，年五一。

徐　炟　蘇興化。順六進士。粤布；康十一罷。

徐　炯　蘇崑山。康二一進士。康三八，魯學。

徐　相　輔亭。漢正藍。道十八庶。道二三，閩鄉正考。

徐思莊　柳臣。贛龍南。道二庶。魯按；道二七罷。

徐　倬　方虎；蘋村。浙德清。康十二庶。康三二，順鄉正考。康五一死，年九十。

徐　恕　蘇青浦。乾十六進士。魯布；乾四四死。

徐　桐　澤醇子，徐相弟。蔭軒。漢正藍。道三十庶。體仁；光二六死。

徐　郙　頌閣。蘇嘉定。同元狀元。協，禮尚；光三二休。光三三死。

徐致祥　季和。蘇嘉定。咸十庶。兵右；光二五死，年六二。

徐致靖　子静。順宛平，蘇宜興人。光二庶。禮右；光二四革。

徐致覺　皖六安。順六庶。順十一，湖鄉正考。

徐起元　貞復，望仁。奉遼陽。左都；順八休。大理；順十休。順十六死，年七四，敬僖。

徐啓文　黻青；夢江。順大興，浙會稽人。咸二庶。咸十一，豫鄉副考。

徐國相　行清。漢正白。湖督；康二七革。康三八死。

徐　堂　允升。豫祥符。乾十三庶。乾十六，魯鄉副考。

徐乾學　原一；健庵。蘇崑山。康九探花。刑尚；康二七病免。康三三死，年六四。

徐湛恩　沛潢。漢正藍。桂按；雍五召京。乾二十死，年八四。

徐　琳　奉天府。康四五進士。蘇按；雍五革。湘按；乾七罷。鄂按；乾十二革。

・徐紹楨　固卿。粤番禺。舉人。光三四，蘇松鎮署江北提督。

徐　憪　蘇江寧。順六進士。鄂布；康二一罷。

徐爲卿　浙左布；順十一解。

徐　琪　花農。浙仁和。光六庶。閣學；光二七革。

徐華清　閩陸提；道三十死，威恪。

徐雲瑞　(一)鹿溪。浙錢塘。康五一庶。雍二，陝鄉副考。

徐雲瑞　(二)書祥；曉村。蘇甘泉。道九庶。道十四，湘鄉正考。

徐會澧　東甫。魯諸城。同七庶。兵尚；光三一死。

徐嗣曾　宛東。浙海寧。乾二八進士。閩撫；乾五五死。

徐　煒　乾十二，黔鄉正考。

⊙徐焕然　榜名羊焕然。晉叔。浙海鹽。雍二庶。雍七，贛鄉副考。

徐葆光　亮直；澄齋。蘇吴縣。康五一探花。康五七，派充往琉球國副使。

●徐經遠　陸經遠榜名。

徐　鼎　豫遂平。康五二進士。鄂布；雍八罷。

徐壽朋　進齋。直清苑，浙紹興人。使朝；光二七召回。太僕，外左；光二七死。

徐嘉炎　勝力；華隱。浙秀水。康十八進士。閣學；康三八休。康四三死。

徐嘉賓　滇布；乾六罷。

徐聚倫　容齋。浙山陰。康五七庶。豫布；雍十解。

徐　端　肇之。浙德清。監生。南河；嘉十五降通判，嘉十七死。

徐誥武　孟樞；簡庵。蘇金壇。順十八庶。户右；康三一死。

徐德裕　湘按；乾十罷。

徐　潮　青來；浩軒。浙錢塘。康十二庶。吏尚；康四九休。康五四死，年六九，文敬。

徐　璒　藴齋。皖歙縣。嘉二二庶。鄂按；道二一降道員。

徐養仁　粤布；康十七罷。

徐養元　順二，鄂學。

徐樹屏　蘇崑山。康五一進士。康五九，贛學。

徐樹脩　蘇崑山。康三三進士。康五十，豫鄉正考。

徐樹銘　壽蘅。湘長沙。道二七庶。工尚；光二六死。

徐樹穀　蘇崑山。康二四進士。康二六，晉鄉副考。

徐澤醇　梅橋。漢正藍。川督；咸二召京。禮尚；咸八死，恭勤。

●徐臻　杜臻榜名。

徐謂弟　直長垣。順九進士。康二，川鄉正考。

徐　迺　述卿；少鶴。蘇長洲。嘉十榜眼。閣學；道三病免，旋死。

徐　錕　徐績子。秋潭。漢正藍。福將；道十三革。駐藏幫辦；道十四召京。道二二死，年七五。

徐廣縉　靖侯；仲深。豫鹿邑。嘉二五庶。廣督；道二九授一等子。湖督，授欽；咸二革。咸八死。

徐濡芳　蘭皋。浙仁和。順十六進士。康二九，閩學。

徐　績　漢正藍。舉人。工左；乾四七革。宗人府丞；嘉十休。嘉十六死，年八十。

徐　瀚　道元，川鄉副考。

徐　鏞　詠之。皖桐城。嘉十四庶。太僕；道十九罷。

徐寶善　廉峯；壺園，静軒。皖歙縣。嘉二五庶。道十四，湘鄉副考。

徐寶森　贛南昌。道十三進士。皖布；道二五罷。

徐繼畬　健男；牧田，松龕。晉五台。道六庶。閩撫；咸元召京。太僕；同五改管理同文館，總。同八休。

徐繼孺　友稺。魯曹縣。光十六庶。光二十，豫學。

徐繼煒　工右；康十六革。

徐　鐸　令民。蘇鹽城。乾元庶。魯布；乾二三死，年六六。

徐　鑑　鏡秋。漢鑲黄。乾四五庶。乾五四，湘鄉正考。

徐　欔　浙布；康五二罷。

・振格　光三二，江寧副都統署將軍。

恕舒　兵右；康三二解。

恩丕　禮左；康四九改孝陵總管。

恩合　海嵐。吉將；同四署盛將，革。

恩存　荆將；宣二改鑲紅漢都。

恩承　露圃。滿鑲黄。咸三進士。東閣；光十八死，文恪。

恩明　奉尹；嘉五降。

恩長　滿鑲藍。豫撫；嘉十六改，降、革。嘉二一死。

恩格德　滿鑲藍。禮尚；順十五革。

恩桂　小山。宗室，隸鑲藍。道二庶。吏尚；道二八死，文肅。

恩特　工左；康四三革。

恩特亨額　蒙正紅。陝督；道二二死。

恩寧　蘭士。滿正紅。嘉十三庶。兵右；嘉二十降大理。吏左；嘉二十五改名恩銘。道元改馬蘭鎮。刑尚；道十九改熱河都統。

恩普　雨堂。蒙鑲藍。乾五五庶。户右；嘉十一死。

恩棠　理左；光十六罷。

恩順　子誠(澄)。滿鑲白。光九庶。理右；△袁閣弼德院顧問。

恩華　(一)絨庵。宗室，隸鑲藍。理尚；咸三革，咸四死。

恩華　(二)詠春。蒙鑲紅。光二九進士。宣三，學郎中授奕閣弼德院參議。

恩壽　藝棠。滿鑲白。同十三進士。陝撫；宣三病免。

恩福　户右；光九改熱都。

恩銘　(一)恩寧嘉二十五改名恩銘。

恩銘　(二)新甫。滿鑲白。舉人。皖撫；光三三黨人徐錫麟殺，忠愍。

恩慶　駐藏幫辦；同五罷。

恩澤　(一)雨三。蒙鑲藍。黑將；光二五病免，旋死，壯敏。

△**恩澤**　(二)宣三，荆州副都統遷廣將。

恩錫　竹樵。滿正白。蘇布；光三罷。

恩霙　大理；光八罷。

恩額德　禮尚；康十病免。

恩麟　(一)蒙正黄。道十八進士。甘布；同四解。駐藏；同十一降。

恩麟　(一)兵右；光八休。

恭阿拉　原名恭煦。滿鑲黄。禮尚；嘉十七死，勤愨。

⊙**恭泰**　榜名公春。蘭岩。滿鑲黄。乾四三庶。盛兵；嘉三罷。

恭壽　問松。滿正白。成將；光二四死。

恭鏜　琦善子。振魁。滿正黄。黑將；光十五改杭將，旋死。

時大杭　濟川。桂灌陽。道十八庶。道二三，豫鄉正考。

時鈞轍　若彬；西岩。蘇嘉定。雍十一庶。乾十二，陝鄉副考。

晉昌　宗室，隸正藍。輔國公，伊將；嘉十八革。

晉淑軾　晉洪洞。順三進士。通政；順十七休。康四死。

晉隆　滿正白。監生。理尚；嘉二二革。

晏安瀾　海澄。陝鎮安。宣三，度右參授鹽政丞。

晏斯盛　虞際；一齋。贛新喻。康六十庶。鄂撫；乾十乞養。乾十七死。

晏端書　彤甫；巢雲。蘇儀徵。道十八庶。左副署廣督；同二召京。同三，憂免。

書山　德齡子。滿鑲黄。刑右；乾二三改辦屯田。乾四十死。

書元　盛户；咸六降。

●**書明阿**　左副；嘉十七改名書敏。又作書銘。

●**書敏**　嘉二十五改名書銘。

書敬　宗室，隸鑲紅。廣將；嘉七召京。嘉八死。

⊙**書銘**　滿鑲藍。盛兵；道六休。道十五死。

書興　太常；嘉十八革。

書麟　紱齋。滿鑲黄。江督；乾五九革。協，吏尚，湖督；嘉六死，文勤。

效良　駐藏幫辦；道五病免。

效曾　述堂。蒙正白。蘇布；光三一召京。

殷化行　熙如。陝咸陽。康九武進士。粤提；康四一休。康四九死。

殷兆鏞　壽彭子。譜經。蘇吴江。道二十庶。禮左；光七病免。光九死。

殷如璋　秋樵。蘇甘泉。同十進士。光十九，浙鄉正考。

殷李堯　瀛琛；厚培。蘇昭文。光二庶。光十四，鄂鄉副考。

殷泰　滿鑲紅。川陝總督；康五二休。康五三死，清端。

殷特布　滿正紅。禮尚；康五六革。

殷圖　滿洲。吉將；康二八革。

殷壽彭　雉斟；述齋。蘇吴江。道二十庶。詹事；咸十一罷。

烏三泰　乾三三，副將軍。乾三四，參贊。

烏大經　陝長安。乾二八武進士。滇提；嘉九死。

烏拉布　少雲。滿鑲黄。同十三進士。工左；光十六死。

烏拉喜崇阿　達峯。滿鑲黄。咸六進士。兵尚；光二十休。

烏　珍　恪謹。漢正白。宣元，民左。

烏爾恭額　敬齋。滿鑲黄。舉人。浙撫；道二十革。道二一死。

烏爾棍泰　滿鑲黄。閣學；咸八死。

烏爾卿額　滿鑲藍。江提；嘉十九改喀什噶爾辦事大臣。道九死。

烏爾圖納遜　蒙正白。理尚；嘉六死。

烏赫圖　西將；乾九召京。

浦文焯　浙嘉善。康四五進士。直按；雍三革。

浦安　遠帆。滿鑲黄。咸三庶。咸八，閩鄉副考，旋殺。

浦　霖　浙嘉善。乾三一進士。閩撫；乾六十革。

海成　滿正黄。贛撫；乾四二革。工右；乾四五解。

海　明　（一）理右；乾三二罷。

海明　（二）滿鑲藍。湖督；乾三七死，勤恪。

海　枚　秋帆。駐藏；咸三解。

海　亮　直提；乾十四降馬蘭鎮。

海　常　京口將軍；乾二一罷。

海淩阿　滿鑲黄。湘提；道十二戰死，勇壯。

海望　滿正黄。户尚；乾二十，勤恪。

海寧　明山子。滿正藍。浙撫；乾五五死，勤毅。

海禄　蒙正藍。閩陸提；乾五六死。

海瑛　崑圃。覺羅，隸鑲紅。黔布；同二病免。

海壽　滿正白。工尚；雍十二解。

海　福　光禄；嘉二一休。

海爾圖　李國翰長子。漢鑲藍。户左；順十三革。都統；康二十死。

海　慶　豫布；嘉二十罷。

海樸　駐藏；道二三革。

海齡　覺羅，隸正藍。監生。刑左；道十改泰寧鎮，旋病免。道十五死。

海寶　滿鑲白。康三三進士。康五二，滇學。

海蘭察　滿鑲黄　一等公，乾五二授參贊。乾五八死，武壯。

涂天相　燮庵；存齋，迂叟。鄂孝感。康四二庶。刑尚；乾二免。

涂以輈　贛新城。嘉四進士。嘉九，江鄉副考。嘉十二，鄂學。

涂宗瀛　朗軒。皖六安。舉人。湖督；光九病免。光二十死，年八三。

涂逢震　鶩(京)伯；石溪。贛南昌。乾四榜眼。工左；乾十三降。

涂　銓　鄂潛江。康九進士。康二三，川鄉副考。

涂慶瀾　海屏。閩莆田。同十三庶。光五，黔鄉副考。

泰寧　工右；嘉三罷。

泰圖璧　滿洲。吏左；康八殺。

栗　燿　仲然。晋渾源。舉人。鄂按；同元病免。

栗毓美　友梅；樸園。晋渾源。拔貢。東河；道二十死，恭勤。

根特　滿正黄。康十三，副都統授平寇將軍，旋死。

格布舍　滿正白。寧將；道十死，昭武。

格爾布　盛户；雍三罷。

格爾古德　宜亭。滿鑲藍。直隸巡撫；康二三死，年四四，文清。

格爾特　甘按；乾四十罷。

桂中行　履真。贛臨川。湘按；光二三死。

桂文燦　子淳；星垣。粤南海。道九庶。道十九，湘鄉副考。咸四死，年四八。

桂全　刑左；光十六死。

桂良　燕山。滿正紅。文華，軍，總；同元死，文端。

*桂成　同六，歸化城副都統署綏將。

桂明　陝提；咸五病免。

桂林　鶴年子。滿鑲藍。廕生。廣督；乾四四死，莊敏。

桂芳　圖思德孫。香東。覺羅，隸鑲藍。嘉四庶。漕督；嘉十九死，文敏。

桂春　月亭。滿正藍。使俄(未任)，光二六直總。

倉場;宣三署綏將,改署民政大臣。
桂昂 閣學;光七罷。
桂涵 川東鄉。川提;道十三死,壯勇。
桂清 蓮舫。滿正白。倉場;光五死。
桂樿 滿正黄。工右;光十六改鑲白漢副。
桂森 閣學;道十七降。
桂斌 文圃。光禄;光二二罷。
桂德 滿鑲藍。盛刑;道二八死。
桂輪 長齡子。蒙正白。杭將;道二七病免。
桂霖 香雨。滿正黄。同十三進士。駐藏幫辦;光三十病免。
桂豐 駐藏幫辦;光四召京。
桂齡 漢正黄。嘉元進士。太僕;道十七罷。
桑厄恩特 康十四,侍衛充派往朝鮮國副使。
桑成鼎 鄂按;雍三革。
桑芸 粤左布;順十七死。
桑春榮 柏儕,百齋。順宛平。道十二庶。刑尚;光五病免。光八死,文恪。
⊙**桑峨** 又作桑額。李國翰子。漢鑲藍。滇提;康二五死。
桑格 閣學;雍七休。
桑開運 順玉田。順十二進士。康十七,魯學。
●**桑額** (一)卽桑峨。
桑額 (二)吏尚;康五一死。
桓格 滿鑲白。杭將;道十八降。
特古忒 理左管尚;雍十一罷。
特克慎 (一)太僕;嘉六休。
特克慎 (二)蒙正藍。左都;嘉十四休。嘉十五死。
特成額 蒙正紅。雲督;乾五一革。兵左;嘉元死。
特依順 鑑堂。定左;道二九死。
特依順保 滿正白。伊將;道十八召京。内大臣;道二十死。
特昇額 滇按;乾五一召京。
特晉 兵左;順十一罷。
特清額 策楞子。滿鑲黄。成將;嘉十六死。
特通阿 陝按;嘉二五死。
特普欽 忍庵。漢鑲紅。黑將;同六病免。
特登額 芳山。滿鑲紅。嘉十進士。刑左;道十一改馬蘭鎮。兵尚;咸二病免。
特圖慎 如全。蒙正白。理尚;光三二改鑲藍蒙都。福將;光三三病免。
特默德 吏左;康四一革。
珠隆阿 (一)閣學;嘉十三罷。
珠隆阿 (二)滿正黄。黔提,寧將;嘉十四死。
珠爾松阿 通政;嘉二二罷。
珠魯訥 滿鑲白。工右;乾三三死。
班布爾善 宗室。輔國公,祕書;康八殺。
班迪 滿正藍。舉人。理尚;康三九免。
班第 蒙鑲黄。兵尚;乾二十死,義烈。
班敦 覺羅。太僕;康十二罷。
班璉 魯按;順十八罷。
砥柱 奉尹;嘉十七罷。
祖之望 載璜,子久;舫齋。閩浦城。乾四三庶。刑尚;嘉十八病免。嘉十九死,年六十。
祖允圖 左副;康五十罷。
祖文明 閩布;康四十解。
祖可法 漢正黄。總兵駐防武昌;順三病免。旋死,順僖。
祖永烈 漢軍。駐防蘇州;康三撤。
祖秉圭 漢鑲黄。舉人。桂撫;雍六免。
祖秉衡 漢軍。京口將軍;雍七改正白漢都。
祖良璧 澤洪子。漢鑲黄。福將;康五七死。
祖重光 漢鑲藍。貢生。順天巡撫;順十八免。
祖建衡 桂右布;順十七罷。
祖業弘 蘇按;康五六罷。
祖澤洪 漢鑲黄。吏左;順四解。
祖澤深 漢軍。湖右布;康二罷。
祖澤溥 漢鑲黄。閩督;康八休。康十八死。
祖澤潛 漢鑲黄。順十二進士。康十三,浙學。
祖澤遠 漢鑲黄。湖督;順十三降,旋死。
祝世允 漢鑲紅。户右;順八革。户左;順十二改鑲紅漢都。
祝世昌 漢鑲紅。晉撫;順七死,僖靖。
祝廷彪 虎臣;毅齋。川雙流。行伍。浙提;道二十休。道二二死,年七三。
●**祝孝承** 祝慶承榜名。
祝昌 康五;贛鄉副考。
祝曾 蘭坡。豫固始。乾五五進士。嘉三,晉鄉正考。

祝雲棟 榴村。豫固始。乾三六庶。乾四五，湘學。

祝萬年 浙海寧。乾四九進士。祕書學士；順九罷。

祝萬春 禮左；順十二休。

祝德麟 止堂，芷塘。浙海寧。乾二八庶。乾四二，陝學。

⊙**祝慶承** 榜名孝承。竹湖。豫固始。乾五四庶。直布；嘉二五召京。太僕；道二休。

祝慶蕃 蘅畦。豫固始。嘉十九榜眼。禮尚；道二七降。

祝瀛元 紫笙。順大興。宣二，農左丞。

祕丕笈 直故城。康十二進士。康三八，陝學。

秦大士 魯一；磵泉。蘇江寧。乾十七狀元。乾二七，閩鄉正考。乾四二死，年六三。

秦才管 皖南陵。順四進士。順十三，陝學。

秦世楨 瑞寰。漢正藍。貢生。操江巡撫；順十三降。

秦布 西將；乾五召京。

***秦如虎** 記名提督署湘提；同三病免。

秦百里 宛來。晉鳳台。乾十六庶。乾二五，豫學。

秦定三 竹坡。鄂興國。道六武榜眼。閩陸提；咸七死，武節。（湖北通志謚作恭武）

秦宗游 愼齋。浙山陰。康十八庶。康二九，豫鄉正考。

秦承恩 大士子。芝軒。蘇江寧。乾二六庶。刑尚；嘉十三降編修。嘉十四死。

秦承業 大士次子。補之；易堂。蘇江寧。乾四六庶。乾五六，晉鄉正考。

秦　炌 豫按；乾十九罷。

秦松齡 留僊；對巖。蘇無錫。康十八庶。康二三，順鄉正考。

秦勇均 健資；柱川。蘇金匱。乾四探花。陝按；乾三五病免。死年七一。

秦　泉 繼賢；漪園。蘇無錫。乾三四庶。乾四八，豫鄉副考。

秦炳直 子質。光二三，粵陸提。

秦泰鈞 蕙田子。静軒。蘇金匱。乾十九庶。乾二五，浙鄉副考。

秦國龍 魯日照。康三九進士。閩布；雍四罷。

秦　清 陝華州。乾三一進士。通政；嘉二罷。

秦道然 松齡子。雒生；泉南。蘇無錫。康四八庶。康五六，贛鄉副考。死年九十。

秦雄飛 蘇金匱。乾十九進士。贛布；乾四六罷。

秦　煥 蘇山陽。咸十進士。桂按；光十七死。

秦嘉兆 贛左布；順十四罷。

秦綬章 佩鶴。蘇嘉定。光九庶。兵左；光三三改鑲黃蒙副。

秦　鉽 克繩。蘇無錫。順十二探花。贛按；康六降。死年六八。

秦　潮 端崖；步皋。蘇無錫。乾三一庶。乾三八，皖學。

秦澍春 雨亭。直遵化。同十三庶。光十一，甘學。

秦樹聲 幼衡。豫固始。光十二進士。宣三，粵學使。

秦　璜 廣將；乾三七革。

秦蕙田 松齡孫。樹峯(灃)；味經。蘇金匱。乾元探花。禮右；乾十二憂免。乾二九死，年六三，文恭。

秦鍾英 黔提；咸元死。

秦鍾簡 敬臨。桂靈川。同七庶。光五，黔鄉正考。

秦　瀛 淩滄，小峴；遂庵。蘇無錫。舉人。刑右；嘉十五病免。道元死，年七九。

秦　鐄 乾十六，浙鄉副考。

秦夔揚 韶臣。蘇嘉定。光九庶。光二十，浙鄉副考。

秦　鏢 鄂按；乾三六降。

秦　黌 序堂；西巖，石翁。蘇江都。乾十七庶。乾二五，魯鄉正考。

留保 松裔。滿鑲黃。康六十庶。禮左；雍十三罷。吏右；乾十二罷。

留保住 蒙正白。理尚；嘉元病免，旋死。

能泰 滿鑲白。川撫，户右；康四九革。左都；雍三革。

能特 晉布；康三一罷。

能圖 滿正紅。刑尚；順十七革。

耿之昌 豫虞城。康五一進士。雍四，陝鄉副考。

耿仲明 雲臺。漢正黃。懷順王，靖南王。順三，平南大將軍。康十死，忠敏。

耿效忠 漢正黃。順十二進士。順尹；康十九罷。

耿　焞 漢正黃。明貢生。宣大山西總督；順五革。魯撫；順十五降。

耿額　滿鑲黃。兵尚；康五十革。

耿獻忠　伯良。陝武功。粵左布；順六罷。

耿麟奇　漢正黃。粵按；雍十三罷。

虔禮寶　席珍，律齋；古愚。漢正黃。舉人。桂布；乾五二憂免。

翁元圻　載青；鳳西。浙餘姚。乾四六進士。湘布；嘉二五召京。死年七六。

翁心存　二銘；邃庵。蘇常熟。道二庶。體仁；咸九休。大學士銜管工部；同元死，文端。

翁方綱　正三；覃溪。順大興。乾十七庶。閣學，降鴻臚；嘉二三死，年八六。

翁同書　心存長子。祖庚；藥房。蘇常熟。道二十庶。皖撫；咸十一革。同四死，文勤。

翁同爵　心存二子。玉甫。蘇常熟。廕生。鄂撫；光三死。

翁同龢　心存三子。聲甫，叔平，瓶生；松禪。蘇常熟。咸六狀元。協，户尚；光二四解。光三十死，年七五，文恭(追)。

翁叔元　寶林；鐵庵。蘇常熟。康十五探花。刑尚康三六休。康四十死，年六九。

翁祖望　浙錢塘。順六進士。康五，魯鄉副考。

翁曾桂　同書子。小山。蘇常熟。浙布；光三一解。

翁斌孫　心存曾孫，同書次子曾源子。弢夫。蘇常熟。光三庶。宣三，直按。

翁嵩年　浙仁和。康二七進士。康四一，粵學。

翁　藻　浙仁和。雍元進士。蘇按；乾十四革。

耆英　介春。宗室，隸正藍。文淵；道三十降員外郎。咸八，殺。

耆瑞　盛兵；咸三病免。

耆齡　(一) 九峯。覺羅，隸正黃。舉人。閩督，福將；同二死，恪慎。

耆齡　(二) 壽民。滿正紅。監生。閣學；宣元改馬蘭鎮。

茹　棻　稚葵；古香。浙會稽。乾四九狀元。兵尚；道元死。

衮泰　荆將；乾八休。

袁一相　浙左布；康六罷。

袁乃湔　晉翼城。康二四進士。康二二，黔學。

袁大化　行南。皖渦陽。宣二，新撫。

袁文觀　贛崇仁。乾十九進士。乾三六，閩鄉副考。

袁世凱　甲三姪孫。慰亭(庭)。豫項城。貢生。外尚，軍；光三四免。△内閣總理大臣。

袁甲三　午橋。豫項城。道十五進士。太僕署漕督，授欽；同二死，端敏。

袁守侗　執沖；愚谷。魯長山。舉人。直督；乾四八死，年六一，清慤。

袁守誠　晉按；乾四六罷。

袁　佑　杜少；霽軒。直東明。康十八庶。康三五，浙鄉正考。

袁克定　世凱長子。雲臺。豫項城。宣二，農右丞。

袁希祖　荀陔；玉方。鄂漢陽。道二七庶。閣學；咸十死。

袁秉直　贛布；嘉二三召京。

袁泳錫　純之；雪舟。魯歷城。道二四庶。咸三，桂學。

袁承寵　鄂按；乾元召京。

袁芳松　大理；乾四五休。

袁保恒　甲三子。小塢，小午。豫項城。道三十庶。刑左；光四死，年五三，文誠。

袁　昶　爽秋。浙桐鄉。光二進士。太常，總；光二六殺，忠節(追)。

袁時中　向若；來庵。浙鄞縣。康六進士。康二二，黔學。

袁　善　心谷。蘇丹徒。同十庶。光八，黔鄉正考。

袁彭年　順四，粵學。

袁開第　黔布；光三二召京。

袁廓宇　子遠。陝富平。明舉人。偏沅巡撫；順十八病免。

袁嘉穀　樹五。滇石屏。光二九庶。宣三，署浙學使。

袁樹勳　海觀。湘湘潭。廣督；宣二病免。民四死，年六九。

袁懋功　懋德弟。九敍。順香河。魯撫；康十死，清獻。

袁懋德　順香河。通政；康十八罷。

袁鴻讀　豫睢州。順十二進士。康八，湖鄉副考。

袁　鑒　澍甘；春圃。浙錢塘。乾二二庶。寧布；乾五二降。

納木扎勒　蒙正白。工尚；乾二三戰死，武毅。

納世通　覺羅，隸鑲藍。工右；乾三十革，殺。

納布 兵左;康十四革。

納延泰 蒙正藍。理尚;乾二五革。理右;乾二七死。

納桑阿 盛户;康十二罷。

納海 豫按;雍六召京。

納清保 閣學;嘉八罷。

納都户 又作納都祜。滿鑲黄。一等男,左副;順十七死。

納爾松阿 西寧辦事;嘉二三革。

納爾泰 盛禮;乾十五罷。

納爾濟 盛兵;咸九解。

納齊哈 滿鑲白。鄂撫;雍三死,勤恪。

納壘 陝按;康三六休。

納麟寶 即那林保。滿正黄。乾四三進士。乾五三,粤鄉副考。

索玉 西將;乾三二革。

索納 直布;嘉十九召京。西寧辦事;道元召京。

索善 左副;乾五罷。

索爾納 滿正紅。舉人。左都;乾四二休。乾四八死。

索文 甘提;咸九死,武靖。

索柱 (一)滿鑲藍。康十五進士。康二十,閩鄉副考。

索柱 (二)乾元,左副;乾四,改工右。

索洪 吏右;順八改。

索拜 駐藏;乾九任滿,協同辦事。

索泰 介山。滿鑲白。康四五庶。康五六,浙鄉正考。

索琳 滿正藍。浙布;乾三十往庫倫。理右;乾四三革。副都赴藏;乾四五道死。

索爾果 户左;順八解。

索爾遜 甘按;康二六罷。

索諾木 侍讀學士;順九充殿試讀卷官。

索諾木扎木楚 直按;乾六十罷。

索諾木策凌 盛將;乾四七革。

索諾和 滿正藍。兵尚;康三五革。

索額圖 滿正黄。保和;康十九病免。領衛;康四十休。康四二死。

貢楚克扎布 刑左;嘉十二改察都。

貢璜 潢之;荆山。浙湯溪。道二五庶。魯布;同三召京。

逢潤吉 光元,浙鄉副考。

託合齊 滿洲。九門提督;康五十殺。

●託津 即托津。

託倫 贛布;乾五七解。贛按;嘉二罷。

●託時 即托時。

託恩多 滿鑲紅。吏尚;乾三三革。署左都;乾三四改西陵總管。乾四五死。

⊙託庸 又作托庸。師儉。滿鑲黄。吏尚;乾三八休,旋死,誠毅。

託雲 駐藏幫辦;乾三四召京。

託賴 滿鑲紅。刑尚;雍元降。

郜焕元 凌玉;雪嵐。直長垣。順四進士。順十,湖學。

郝士鈞 子權。順霸州。康二七庶。康三五,贛鄉正考。

郝士錞 順霸州。康十八進士。康五三,滇學。

郝玉麟 敬亭。漢鑲白。吏尚,江督;乾五降。刑右;乾六休。乾十死。

郝林 郝浴子。中美;筠亭。直定州。康二一進士。禮左;雍四休。雍十死,年七九。

郝晉 魯棲霞。保定巡撫;順三降。

郝浴 雪海,冰滌;復陽。直定州。順六進士。桂撫;康二二死,年六一。

郝惟訥 郝傑子。敏公;端甫。順霸州。順四進士。吏尚;康十九憂免。康二二死,恭定。

郝惟諤 順霸州。左副;康五二死。

·郝絅 順元,署晉按。

郝傑 君萬;械清。直霸州。明進士。户右;順十二病免。順十六死。

郝碩 玉麟子。漢鑲白。贛撫;乾四九革,殺。

郎永清 定庵。漢鑲黄。魯撫;康二五死,年六七。

郎廷佐 一柱。漢鑲黄。閩督;康十五死。

郎廷相 廷佐弟。均衡。漢鑲黄。閩督;康十七解。康二七死。

郎廷極 永清三子。紫衡。漢鑲黄。江督,漕督;康五四死,温勤。

郎廷棟 永清四子。樸齋。漢鑲黄。湘按;康四九罷。

郎廷樞 永清長子。漢鑲黄。魯布;康二六罷。

郎奇 光禄;康四二罷。
郎若伊 晉代州。乾三六進士。直布,乾四八病免。
郎球 滿正藍。户尚;順十三革。康五死,年七三。
郎談 滿正白。都統授安北將軍,昭武將軍。康三四死,年六二。
馬九玉 漢軍。福將;康二一召京。
馬人龍 友夔。魯齊河。乾二六庶。乾四四,湘鄉副考。
馬三奇 漢鑲黄。京口將軍;康五二革。
馬大用 閩水提;乾二四死,慎慤。
馬士芳 大理;康四九休。
*****馬士傑** 雍九,廣州左翼副都統署將軍。
馬之先 漢鑲藍。川陝三邊總督;順十四死,勤僖。
馬之腴 直東光。順六進士。順十六,陝學。
馬之鵬 文淵。鄂蒲圻。康五十,魯鄉正考。
馬化麒 川提;康十八罷。
馬　元 川松潘。行伍。桂提;嘉二五死,壯勤。
馬世炌 蘇按;雍八革。
馬世濟 雄鎮子。漢鑲紅。廕生。漕督;康二八病免。
馬丕瑶 玉山。豫安陽。同元進士。粤撫;光二一死。
馬玉崑 景山。皖蒙城。直提;光三四死,忠武。
馬　全 川提;乾三八死,壯節。
馬光先 漢鑲黄。三等男,晉左布;順十一罷。
馬光輝 光先弟。漢鑲黄。明武舉。直督;順十一病免。順十二死,忠靖。
馬光潤 浙會稽。嘉二二進士。道八,川鄉正考。
馬如龍 (一)刑右;順六罷。
馬如龍 (二)見五。陝綏德。舉人。晉撫;康四十死。
⊙**馬如龍** (三)本名現。滇建水。回族。湘提;光四病免。光十七死。
馬吉樟 丕瑶子。積生,吉升。豫安陽。光九庶。宣二,鄂按。
馬汝爲 宣臣。滇元江。康四二庶。康五十,湖鄉副考。
馬汝龍 刑左;順九罷。
馬汝驥 倉場;康二五革。
馬自德 漢軍。京口將軍;康三八免。康三九死。
馬希納 滿洲。吏尚;康九病免。康十三死。
馬成堯 光禄;順六罷。
馬步元 梅生。魯安丘。光十五庶。光二十,甘鄉正考。
馬秀儒 魯安丘。道十五進士。鄂布;咸八病免。
馬見伯 際伯弟。甘寧夏。康三十武進士。陝提;康六十死。
馬良 閣學;康五二革。
馬佩瑶 香谷。豫光州。道三十庶。咸八,浙鄉副考。
馬金門 二竹;綏堂。魯蓬萊。雍元庶。陝按;乾十四罷。
*****馬金敘** 光三二,漳州鎮署閩提。
馬　亮 漢正黄。成將;宣元死,勇僖。
馬哈達 滿洲。杭將;康二三改正白滿都。
馬思喀 滿洲。康三五,領衛授平北大將軍。康三六,授昭武將軍。
馬相如 蘭谿;襄伯。漢正藍。同元庶。陝按;光二五病免。
馬負書 漢鑲黄。乾元武狀元。閩陸提;乾三二死,昭毅。
馬恩培 鄂按;光二四病免。
馬恩溥 雨農。滇太和。咸三庶。閣學;同十三罷。
馬書欣 晉介休。乾五二進士。豫按;嘉十五罷。
馬得功 漢鑲黄。明總兵。三等侯,閩提;康三死,襄武。
馬得勝 陝提;乾二三罷。
馬國柱 漢正白。諸生。江南總督;康三死。
馬啓泰 泰初。陝涇陽。乾三六庶。詹事;乾五六降。
馬朗古 閣學;康十二降。
●**馬現** 馬如龍原名。
⊙**馬紹曾** 榜名馬燁曾。覲揚。浙平湖。順六庶。刑左;康十罷。
馬　彪 甘西寧。行伍。湖提;乾四九,勤襄。
馬　寧 漢正白。明參將。湖提;康十三解。康十九死。
馬喇 (一)滿洲。廣將;康三一死,敏恪。
馬喇 (二)滿正黄。工尚;雍十革。總理藏務;雍十三死，年六三。

馬喀 陝布；雍四革。

馬斯良 閩布；康二四革。

＊**馬盛治** 仲平。桂永安。光二七，柳慶鎮署陝提。光二八死。

馬逸姿 皖布；康五一罷。

馬進泰 工右；雍四革。

馬進寶 晉隰州。明副將。蘇松提督；順十七殺。

馬 雄 甘固原。二等男，桂提；康十三從吴三桂反清。康十七死。

馬雄鎮 鳴佩子。錫蕃；坦公。漢鑲紅。桂撫；康十三孫延齡反清被囚。康十六殺，文毅。

馬會伯 甘寧夏。康三九武狀元。兵尚；雍八革。乾元死。

馬新貽 穀山。魯菏澤。道二七進士。江督；同九死，端敏。

馬殿甲 豫鄧州。嘉十六武狀元。桂提；道二八病免。道二九死。

馬 煥 陝提；雍四革。

馬 瑜 甘張掖。江提；嘉二四死，壯勤。

馬葉曾 工右；順十八罷。

⊙**馬壽金** 榜名馬鑄。松崖，順宛平。道二十庶。咸九，陝鄉正考。

馬鳴佩 潤甫。漢鑲紅。江南總督；順十三病免。康五死。

馬際伯 會伯從兄，見伯、覲伯兄。甘寧夏。川提；康五一死，襄毅。

馬維騏 介堂。滇阿迷州。光二八，川提。

馬爾拜 荆將；乾十五改天津都統。

馬爾泰 滿正黄。閩督；乾十一召京。乾十三死。

馬爾齊哈 刑左；雍二罷。

馬爾漢 滿正白。吏尚；康四八休。康五八死，恭勤(追)。

馬爾賽 (一) 滿正白。户尚；康八死，忠敏(奪)。

馬爾賽 (二) 圖海孫。滿正黄。一等公，武英，軍；雍十革，殺。

馬齊 米思翰次子。滿鑲黄。武英；康四八革。二等伯，保和；雍十三休。乾四死，年八八，文穆。

馬銘勳 湖提；乾三六革。

馬德昭 甘提；同十一罷。

馬履泰 叔安；菽庵，秋藥。浙仁和。乾五二庶。嘉九，陝學。

馬慧裕 朗山。漢正黄。乾三六庶。禮尚；嘉二一死，清恪。

馬 豫 覲我。陝綏德。康四五庶。康五九，豫學。雍元革。

●**馬燁曾** 馬紹曾榜名。

馬龍圖 閩水提；乾二六革。

馬濟勝 魯菏澤。閩陸提；道十六死，昭武。

馬應國 川成都。桂提；道元降。曹州鎮；道十二死。

馬禮 閣學；康四八解。

馬邇都 國史學士；順十一革。

馬騰龍 甘提；道二二病免。

馬蘭泰 滿正黄。雍十一，都統直軍；旋出征。

馬靈阿 兵左，詹事，左副；乾十五革。

●**馬鑄** 馬壽金榜名。

●**高一琯** 高琯碑作高一琯。

高人鑑 受甫；螺舟。浙錢塘。道十二庶。道二一，粤學。

高士俊 漢軍。明舉人。湖廣巡撫；順五免。川按；順十三死。

高 山 居東；峙江。魯歷城。雍元庶。閩布；乾十二降。

高曰聰 魯膠州。康十二進士。康二六，閩學。

＊**高文涵** 廣州副都統署將軍。

高必宏 粤布；康五一罷。

高民瞻 漢正黄。舉人。川撫；順十七免。

高去奢 順二，江北學政。

高光斗 魯嘉祥。明進士。偏沅巡撫；順四降。

高而謙 子益。閩長樂。宣元，滇交涉使授外左丞。

高成齡 笙三；古愚。直任丘。舉人。晉布；雍六解。

高 杞 高斌孫。南有。滿鑲黄。湘撫；嘉八革。刑左；嘉十八改熱都，嘉二二革。兵員；道二休。道六死。

高辛允 通政；順十六罷。

高辛印 弗若；效元。陝韓城。明進士。工右；康十病免。康二四死，年七三。(王熙撰墓誌銘

作高辛傳）

高其位 宜之；韞園。漢鑲黄。文淵；雍四休。雍五死，文恪。

高其倬 章之；芙沼。漢鑲黄。康三三庶。户尚；乾三死，文良。

高其佩 韋之；且園。漢鑲黄。刑右；雍五革。雍十二死。

高明忠 漢軍。江寧駐防；康元改江寧總兵。

高承爵 子懋；一庵。漢鑲白。皖撫；康四十解。康四八死，年五九。

高　枚 卜園；小樓。浙蕭山。道六庶。道十一，晉鄉副考。

高　枏 城南，澂蘭。川瀘州。光十五庶。光十九，晉鄉副考。

高　玢 豫柘城。康三十進士。康四七，魯鄉副考。

高拱乾 浙按；康三七罷。

高恒 高斌子。立齋。滿鑲黄。户右；乾三三革，殺。

高晉 高斌從子。昭德。滿鑲黄。文華，江督；乾四三死，文端。

高　珩 念東；葱佩；紫霞道人。魯淄川。明進士。刑右；康十九休。

高　起 漢鑲黄。兵尚；雍十三解。乾十三死。

高起龍 霖蒼。漢鑲白。監生。黔撫；乾四三休。

高釗中 勉之。豫項城。光二庶。光八，鄂學。

高啓桂 魯布；乾四七罷。

高崇基 仲繼；紫峯。直静海。道三十進士。桂撫；光十五死。

高凌霨 澤畬。直天津。舉人。宣二，鄂布。

高連陞 果臣。湘寧鄉。甘提；同八死，勇烈。

高　景 仙斗。直新安。刑尚；康三解。

高景蕃 崧瞻，怡園。浙仁和。雍二進士。乾十五，滇鄉正考。

高斌 右文；東軒。滿鑲黄。文淵；乾十三革。南河；乾十八革。乾二十死，年六三，文定。

⊙**高琯** 碑作高一琯。西白。漢鑲黄。康十五庶。康二十，滇鄉副考。

高　越 川布；乾十四罷。

高　裔 素侯。順宛平。康十五庶。大理；康三九憂免，旋死，年五四。

高萬鵬 搏九；甲生。陝城固。同七庶。湘布；光十五罷。

高壽名 順大興。康二四進士。康四四，粵鄉副考。

高熙喆 亦愚；仲瑊。魯滕縣。光十二庶。光二十，晉鄉正考。

高夢説 皖按；康二八罷。

高　誠 鄂按；乾二八革。

高爾公 蘇武進。康九進士。康二九，陝學。

高爾位 漢正黄。舉人。工尚；康三十休。康四十死，年七七。

高爾儼 中孚；岱輿。直静海。弘文；順十一病免。順十二死，文端。

高賡恩 熙庭。順寧河。光二庶。光十，川學。

高層雲 二鮑；謖苑，菰邨。蘇華亭。康十五進士。康二三，桂鄉副考。康二九死，年五七。

高　璘 漢鑲黄。粵提；乾五六革。嘉四死。

高緯書 閩布；康四六罷。

高樸 高恒子。滿鑲黄。兵左；乾四三革，殺。

高樹勳 鏡霞，建庵；南渠。陝城固。道三庶。道十五，魯鄉副考。

高　積 黔按；乾三四解。

高維新 景周；雨嵐。直寧晉。康四八庶。川按；雍十三革。

高龍光 閩長樂。順十六進士。康二三，晉學。

高燮曾 理臣。鄂孝感。同十三庶。光十一，晉學。

高聯璧 晉清原。康十五進士。康三八，桂學。

高翼辰 閩布；康十八罷。

高　曜 遠修；東野。蘇婁縣。康二四庶。康三二，豫鄉正考。

高顯貴 漢鑲紅。雍五進士。雍十三，豫鄉副考。

十　一　畫

偉善 寧將；乾三八罷。

偉瑸 盛工；乾七休。

偏圖 漢正白。滇提；康五十改鑲白漢副。康五五死，襄敏。

勒什布 吏左；乾元改正黄滿副。

勒方錡 少仲。贛新建。黔撫；光七改東河，病免。

勒克 盛户；乾二十革。

勒克德渾 太祖曾孫。郡王。順二，平南大將軍。順九死，年三四，恭惠。

勒貝 滿正藍。康十九，副都授鎮南將軍。康二十死。

勒保 温福子。宜軒。滿鑲紅。公，川督；授經略；嘉四革。一等伯，武英，軍；嘉十九休。嘉二四死，文襄。

勒爾金 黔按；乾二六罷。

勒爾錦 順承郡王。康十二，寧南靖寇大將軍；康十九革。

勒爾謹 滿鑲白。乾十，繙譯進士。陝督；乾四六革，殺。

勒德 閣學；康三四罷。

勒德洪 覺羅，隸正紅。武英，康二七革。

勒彌森 覺羅。左都；乾三十死。

商　載 仲言；吟巢。順大興。嘉六庶。嘉十二，晉鄉副考。

啓秀 穎之。滿正白。同四庶。禮尚；光二六革，殺。

啓鈞 宣三，浙按。

國多歡 黑將；乾二八召京。

國俊 西將；光二六病免。

國柱 石民，石堂。滿正黃。乾十庶。太僕；乾二四革。

國英 鼎臣。滿鑲白。浙按；乾十召京。

國泰 文綬子。滿鑲白。魯撫；乾四七革。乾四九殺。

***國祥** 宗室，隸正藍。道六，寧夏副都統護將軍。

國棟 滿鑲黃。乾七進士。皖布；乾四七解。

國瑞 杭將；同四革。

國璉 滿鑲白。康五七進士。光禄；乾十二罷。

張一麐 仲仁。蘇吴縣。舉人。宣三，奕閣弼德院參議。

張九鈞 陶萬。湘湘潭。雍十一進士。乾三，陝鄉副考。

張九徵 公選；湘曉。蘇丹徒。順四進士。康三，豫學。

張九鎰 九鈞弟。權萬；橘洲。湘湘潭。乾二庶。乾十六，陝鄉正考。

張人駿 千里；安圃。直豐潤。同七庶。江督；辛亥南京光復逃。

張三讓 大理；順元罷。

張士第 江南左布；順三罷。

張士甄 繡紫；鐵冶。順通州。順六庶。吏尚；康三三死。

張大任 豫右布改湖左布；順六休。

張大有 書登；慕華。陝郃陽。康三三庶。禮尚；雍十死，文敬。

張大受 匠門。蘇嘉定。康四庶。康五九，黔學。

張大猷 漢鑲黃。三等子，梅勒章京鎮守江寧。順九死。

張大鏞 鄂江夏。嘉元進士。嘉三，黔鄉副考。

張中元 魁軒。漢正黃。江寧巡撫；順十六革。

張之洞 孝達；香濤。直南皮。同二探花。體仁，軍；宣元死，年七三，文襄。

張之浚 順大興。雍八進士。晉按；乾十六降道員。

張之萬 之洞從兄。子青。直南皮。道二七狀元。東閣，軍；光二三死，年八七，文達。

張五緯 魯按；嘉二三革。

⊙**張仁黼** 榜名世恩。劭予。豫固始。光二庶。吏右；光三四死。

張元奇 珍午，君常；薑齋。閩侯官。光十二庶。袁閣學部副大臣。

張元濟 菊生。浙海鹽。光十八庶。光三三，郵左參。△袁閣學部副大臣。

⊙**張允欽** 榜名周允欽。蘇長洲。順九進士。康五，順鄉正考。

張允隨 覲臣；時齋。漢鑲黃。東閣；乾十六死，年五九，文和。

張元臣 志伊。黔銅仁。康三六進士。康四八，江南學政。

張元懷 直宣化。康五二庶。浙布；雍十革。

張天植 （一）次先。浙秀水。順六探花。兵右；順十五罷。

***張天植** （二）雍元，署京口將軍。

張天禄 漢鑲黃。明總兵。三等子，蘇松提督；順十二革。順十六死。

張天駿 閩水提；乾十六解。

張日晸 曉瞻。黔貴筑；蘇吴縣。嘉二二庶。滇撫；

道三十死。
張文炳 直滄州。順三進士。順五，陝鄉副考。
張文浩 順大興。捐納。南河；道四解。道十四死。
張文煥 黔提；康六一病免。
張文德 （一）黔按；康十八罷。
張文德 （二）湘鳳凰。行伍。黔提；光七死。
張文燦 鄂布；康五九罷。太僕；雍元革。
張文衡 聚奎。漢鑲黄。明諸生。甘撫；順五死。
張文韜 直新城。順九進士。康七二，閩學。
張 井 儀九；芥航，晴橰，畏堂。陝膚施。嘉六進士。南河；道十三病免。道十五死，年六十。
●**張世恩** 張仁黼榜名。
張世培 心田。順通州。光二一庶。光二一，川鄉副考。
張世爵 户左；康五十死。
＊**張仙保** 道十六，福州副都統署將軍。
張仕可 蘇丹徒。康十五進士。康三六，豫學。
⊙**張仕遇** 榜名朱士遇。秉鈞；有爲。蘇華亭。雍元庶。乾三，川學。
張令璜 魯東阿。康四八進士。吏左；雍四降。
張正榕 友榆。川奉節。道二五庶。咸八，桂學。
張正興 漢鑲黄。福將；乾二降。
張可前 鄂江陵。順九進士。兵左；康二八假。
張四教 魯萊蕪。順三進士。皖布；康四十罷。
張必禄 川巴州。滇提；道二六休。道三十死，武壯。
張永茂 閩布；康二九革。
張玉良 璧田。川巴縣。行伍。桂提；咸十革。咸十一戰死，忠壯。
張玉書 九徵子。素存。蘇丹徒。順十八庶。文華；康五十死，年七十，文貞。
●**張玉麒** 張韜榜名。
張仲信 贛布；康四一罷。
張仲第 漢正黄。延綏巡撫；順十八病免。
張仲德 粤布；康二十罷。
張仲舉 漢鑲紅。閩撫；康二九解。
張光豸 影繡。直南宫。康十八庶。康二六，陝學。
張光祖 豫新鄉。順六進士。康元，川學。
張光第 皖布；咸十一召京。
張兆棟 友山。魯濰縣。道二五進士。閩撫；光十革。光十三死。
張印塘 鑑湖；雨樵。直豐潤。舉人。皖按；咸三革。
張吉午 通政；康二七休。
張守岱 奉山，星農；東巖。魯海豐。道二五庶。咸五，滇鄉副考。
張安世 晉忻州。乾七進士。湘按；雍元罷。
張安茂 蘇青浦。順四進士。順九，浙學。
張存仁 漢鑲藍。明副將。一等子，閩督；順四病免。順八死，忠勤。
張汝梅 翰仙。豫密縣。魯撫；光二五免。
張如緒 魯濟寧。康三九進士。康四七，湖鄉副考。
張好奇 陝朝邑。順九進士。康十二，豫學。
張有傑 贛臨川。順十二進士。康十六，豫鄉正考。
張百熙 埜秋。湘長沙。同十三進士。郵尚；光三三死，文達。
張自昌 桂左布；順十四罷。
張自德 元公；潔源。漢軍，直豐潤人。豫撫；康七死，年六十。
張行志 光三一，陝提。
張 考 爾徵；松鶴。晉夏縣。雍元庶。乾三，桂學。
張伯行 孝先；敬庵，恕齋。豫儀封。禮尚；雍三死，年七五，清恪。
張伯琮 豫布；康五七革。
張亨嘉 燮鈞；鐵君。閩侯官。光九庶。禮左；宣二死，年六四，文厚。
張宏俊 識之；及庵。順大興，蘇宜興人。順四庶。閩按；康四死，年四三。
張希良 石虹。鄂黄安。康二四庶。康三六，浙學。
張 彤 魯按；嘉十六解。
張廷化 鄂按；乾五二乞養。
張廷玉 張英次子。衡臣；硯（研）齋。皖桐城。康三九庶。三等伯，保和，軍；乾十四休。乾二十死，年八四，文和。
張廷枚 卜臣。漢軍。閩布；雍十三召京。
張廷棟 陝布署撫；雍七解。
張廷瑑 張英四子。桓臣；思齋。皖桐城。雍元庶。工左；乾九降閣學。乾十一病免。乾二九死,年八四。
張廷樞 景峯;息園。陝韓城。康二一庶。刑尚;雍元降。雍七死,文端(追)。
張廷燎 光宇;蓮衢。豫舞陽。同十三庶。桂布;光三一解。
張廷選 子青;午橋。甘狄道。道十五庶。道十七,閩鄉副考。
張廷璐 張英三子。寶臣;藥齋。皖桐城。康五七榜眼。禮左;乾九休。乾十死。
張廷瓚 張英長子。卣臣;隨齋。皖桐城。康十八庶。康三八,魯鄉正考。
張　忻 静之。魯掖縣。明刑尚。天津巡撫;順四降。順十五死。
張志棟 青樵;敬修。魯昌邑。康十二庶。贛撫;康四三革。刑右;康五二革。
張志緒 浙餘姚。乾六十進士。晉布;道七休。
張成勳 陝漢陰廳。光三進士。光三四,總檢察廳丞。
張成龍 浙提;道二七死。
張見陞 粵東莞。行伍。閩水提;嘉十三革。嘉十八死。
張延闕 龍門。湘長沙。嘉十九進士。道十二,晉鄉副考。
⊙**張谷貞** 雍元改名國樑。甘寧朔。行伍。滇提;雍元死,勤果。
張佩綸 印塘子。幼樵;繩庵,蕢齋。直豐潤。同十庶。翰講學,閩船政大臣,光十革。光二九死。
張含輝 韞璘。魯掖縣。順九進士。康七,川學。
•**張宗本** 光二三,阿克蘇鎮署烏魯木齊提督。
張　坦 芑田;松坪,蓮勺。陝臨潼。乾十七庶。乾三十,湘鄉副考。
張坦熊 滇按;乾十六革。
張坦麟 畫臣。鄂漢陽。舉人。贛撫,閣學;雍八革。皖按;乾四罷。
張岳年 陝布;光二一罷。
張岳崧 翰山;子駿。粵定安。嘉十四庶。贛按;道十八罷。
張岳齡 閩按;光二病免。
張孟球 夔石;鈞庭。蘇長洲。康二四進士。豫按;康六十休。
張　尚 仙羽。漢軍。貢生。鄖陽撫治;順十七降。
張尚賢 漢軍。貢生。鳳陽巡撫;康四裁免,旋革。
張抱奇 直天津。順十五進士。贛按;康三二罷。
張承勳 張勇玄孫。漢正黄。襲一等侯,杭將;嘉九召京,旋死。
張　昜 康十二,黔學。
張昜賁 豫盧氏。順十二進士。康五,禮郎充册封安南國王副使。
張明先 雪書。湘安鄉。康二四庶。康三五,江鄉正考。
張　旺 桂提;康五一死。
張其光 浙提;光二二死。
張　杰 浙水提;康七裁免。康十一死。
張秉貞 元之。皖桐城。明浙撫。兵尚;順十二死,僖和。
張秉德 晉介休。嘉二五進士。光禄;道二三罷。
張所志 淡明。漢軍。贛布;康二六革。
張　玢 蔚石。湘湘潭。康四八庶。康五六,豫鄉副考。
張虎拜 召臣,錫山;嘯崖。直天津。乾三四進士。乾四五,豫學。
張　芾 黼侯;小浦。陝涇陽。道十五庶。贛撫;咸四革。咸十一,陝西回民擊斃,文毅。
張金鏞 良甫;海門。浙平湖。道二一庶。咸五,湘學。
張長庚 (一)漢鑲黄。湖督;康七裁免。副都;康十九罷。
張長庚 (二)黔按;嘉七革。
張青雲 楠亭。陝富平。粵陸提;道二八病免。咸四死,年七八。
張青選 鄂按;道七降。
張亮基 石卿。蘇銅山。舉人。湖督;咸三降魯撫,咸四革。黔撫;同六革。同十死,惠肅。
張　俊 傑三。烏魯木齊提督;光二六死,壯勤。
張　保 工左;雍七革。
張　勄 敬止。漢正黄。浙撫;康三九休。
張　勇 非熊。陝咸寧。明副將。靖逆侯,甘提;康二三死,襄壯。
張姚成 乾五四,湘學。

張拜賡　浙長興。乾十進士。乾十六,晉鄉副考。

張建基　順永清。道二四進士。鄂布;同十二病免。

張建勳　季端。桂臨桂。光十五狀元。宣三,黑學使。

張建績　粵布;康三七罷。黔布;康五十罷。

張思恭　漢軍。京口將軍;康二九死。

張思鑾　贛上饒。道十八進士。川按;咸九罷。

張星吉　翼辰。魯荷澤。光十二庶。光二九,滇鄉正考。

張星炳　敍墀。豫固始。光六庶。光十五;滇鄉副考。

張春發　蘭陔。贛新喻。滇提;光三十革。宣三死。

張映斗　雪子;蘇潭。浙烏程。雍十一庶。乾十二,川鄉正考。

張映辰　星指;藻川。浙仁和。雍十一庶。左副;乾二八死。

張映漢　魯海豐。乾四九進士。湖督;嘉二四召京。倉場;道三降。道十死。

張　汧　晉高平。順三庶。湖廣巡撫;康二六解。

張彥珩　豫洛陽。順三進士。黔按;康七罷。鄂布;康十三罷。

張衍重　子威,任叔;松岩,珩秋。魯海豐。道二一庶。咸二,黔鄉正考。

張　英　敦復;夢敦,樂圃。皖桐城。康六庶。文華;康四十休。康四七死,年七二,文端。

張英麟　振清(卿)。魯歷城。同四庶。奕閣都御史。民十三死,年八八。

張　茁　浙嘉善。順九進士。順十一,豫鄉副考。

張若涵　張英孫。履綏。皖桐城。雍元庶。雍七,鄂鄉副考。

張若渟　廷玉四子。聖泉。皖桐城。捐刑主。刑尚;嘉七死,勤恪。

張若潍　廷玉從子。樹穀。皖桐城。雍八進士。左都;乾四一休。乾五二死。

張若澄　廷玉次子。鏡壑。皖桐城。乾十庶。閣學;乾三二罷。

張若震　廷玉姪。宗岳。皖桐城。舉人。鄂撫;乾二一死。

張若麒　魯膠州。太僕;順十乞養。順十三休。

張若靄　廷玉長子。晴嵐。皖桐城。雍十一庶。閣學;乾十一死。

張茂炯　蘇吴縣。光三十進士。宣元,鹽政院總務所長。

張貞生　幹臣;簣山。贛廬陵。順十五進士。順十七,浙鄉正考。

張　倬　静軒。直安平。康九進士。康三三,滇學。

張家驤　子騰。浙鄞縣。同元庶。吏右;光十一死,文莊。

張師泌　師誠弟。養和;耐軒。浙歸安。嘉四庶。嘉九,黔鄉正考。

張師誠　心友;蘭渚。浙歸安。乾五五庶。倉場;道七死。

張師載　伯行子。又渠;愚齋。豫儀封。舉人。東河;乾二八死,年六九,愨敬。

張振勳　弼士。粵大埔。監生。光三三,太僕權理粵漢鐵路公司事宜。

張晉祺　子康;錫甫。漢鑲紅。道二一庶。同三,川鄉副考。

張晉熙　滇昆明。道三進士。豫布;道二二病免。

張書勳　在常。蘇吴縣。乾三一狀元。乾四二,鄂鄉正考。

張泰交　公孚;湘谷。晉陽城。浙撫;康四五休。

張泰開　履安;有堂。蘇金匱。乾七庶。左都;乾三三休。乾三九死,年八六,文恪。

張　桐　琴軒。豫祥符。道二一庶。道二九,晉鄉副考。

●**張能照**　張暉吉榜名。

張能鱗　玉甲;西山。順大興。順四進士。順十一,下江學政。

*__張致__　康五九,署黔提。

●**張祖榮**　顧祖榮榜名。

張純熙　晦先。直正定。順三進士。康五,黔學。

張起雲　晉大寧。行伍。閩陸提;雍九死,恪毅。

張起鵷　順尹;咸五病免。

張起麟　趾肇,玉函。蘇華亭。康四八庶。康五六,滇鄉副考。

張　适　甘按;雍三革。

張凱嵩　月卿。鄂江夏。道二五進士。雲督;同七革。滇撫;光十二死,年六七。

張國正　笏臣。漢鑲藍。魯布;光二四能。

張國柱 漢軍。滇提；康十二從吳三桂反清。康二十降清，康二二殺。
張國相 黔提；道二五病免。
張國淦 乾若。鄂蒲圻。舉人。宣三，奕閣統計局副局長。
張國樑 宗人府丞；乾六休。
◎**張國樑** （一）張谷貞雍元改名。
張國樑 （二）初名嘉祥。殿臣。粤高要。江提；咸十死，忠武。
張　培 乾三六，黔鄉副考。
張惟赤 浙海寧。順十二進士。康二，魯鄉正考。
張格 工左；康五二改正藍蒙副。
張　渠 濬川；認庵。直武强。副貢。鄂撫；乾五死。
張清華 蘭軒。粤番禺。同四庶。光元，黔鄉副考。
張祥河 詩舲。蘇婁縣。嘉二五進士。工尚；咸十一病免。同元死，温和。
張習孔 皖歙縣。順六進士。順九，魯學。
張紹先 通政；順七休。順十二死。
張紹華 小船。皖桐城。同十三進士。晉布；光三二病免。
張逢辰 黔布；乾三四召京。
張逵登 瀛洲。陝長安。舉人。贛撫，閣學；雍八革。皖按；乾四罷。
張　彪 虎臣。鄂提；△革。
張問政 漢鑲白。貢生。工右；康十九病免。康三十死。
張富年 蘇按；光十四罷。
張曾敭 潤生；小帆。直南皮。同十庶。晉撫；光三三病免。民十死，年七九。
張曾誼 若渟長子。皖桐城。浙按；嘉二罷。
張朝午 桂提；康五五死，襄毅。
張朝珍 玉笥。漢正藍。湖廣巡撫；康十九死。
張朝縉 甘布；嘉二革。
張朝璘 漢正藍。贛督；康四裁免。福建總督；康六休。
張敦培 蘇昭文。乾四十進士。乾四八，鄂鄉副考。
張　集 兵左；康四一死。
張集馨 椒雲。蘇儀徵。道九庶。豫布；咸元革。直布；咸三革。贛布；咸十一革。陝按；同四革。
張斯桂 駐日副使；光六召回。
張爲仁 致堂，滄粟。魯海豐。順十二進士。康十三，粤學。
張爲經 魯濟寧。康三十進士。康五十，粤鄉正考。
張爲儀 存中。浙海寧。雍十一庶。乾九，滇學。乾十死。
張無咎 晉按；乾八休。
張　湄 鷺洲；南漪，柳漁。浙錢塘。雍十一庶。乾十五，魯鄉正考。
張　琴 佇暉；桐廂。滇安寧。道三庶。道十七，晉學。
張發辰 豫杞縣。康九進士。康二六，滇鄉副考。
張登選 浙按；康十八罷。
張登瀛 海嶠。晉崞縣。同七庶。光二，黔學。
張　萃 直蠡縣。順十二進士。康九，川學。
張翔鳳 鳴岡；南野，召山。川富順。康三十庶。康四一，粤鄉副考。
張逸少 玉書子。天門。蘇丹徒。康三三庶。康五四，順學。
張雲翼 張勇子。鵬扶。陝咸寧。襲侯爵，江提；康四八死，恪定。
張雲藻 伯陶；�庵。蘇儀徵。道十五庶。桂布；道二九病免。
張　愫 陝富平。康二一進士。康四六，桂學。
張嗣昌 閩布；乾八召京。粤按；乾十病免。
⊙**張暉吉** 榜名張能照。若臨。蘇儀徵。乾三七庶。浙按；嘉二十休。
張敬修 湘善化。道十五進士。贛按；咸十一病免。
張殿元 直提；咸八革。
張　溥 粤提；乾二死，敦恪。
張　煒 赤侯；炳堂，詡齋。晉朔州。道二一庶。咸五，奉學。
張　煦 南坡。甘靈州。咸三進士。晉撫；光二一死。
張　照 得天；涇南。蘇華亭。康四八庶。吏尚；乾十死，文敏。
張　楷 瞻式；蒿亭。漢正藍。户尚；乾九死，年七五。
張　瑗 蘧若，静齋；松巖。康三十庶。皖祁門。康五一,豫學。
張　瑢　伯珩。晉陽城。陜撫;康元降。康三死,年四二。
張瑞徵　華平。魯萊陽。順九庶。順十四,浙鄉正考。
張聖佐　帝臣。漢正藍。貢生。豫撫;康五七革。兵左;雍元改鑲白漢都。
張聖弼　鄂布;雍元革。
張聖猷　鄂布;康五十降。
張　筠　弼臣;碧蓬。皖建德。光九庶。光二十,川鄉副考。
張裕犖　又牧,幼穆;樊川。皖桐城。乾十三庶。乾十八,魯鄉副考。
張　預　子虞。浙錢塘。光九庶。光十七,湘學。
張道祥　鄂按;康二五罷。
張道淵　學源;秋生。滇太和。同二庶。同十二,贛鄉副考。
張運蘭　凱章。湘湘鄉。閩按;同三戰死,忠毅。
⊙**張鉞**　(一)榜名董鉞。蘇上海。康五七進士。雍七,魯鄉副考。
張　鉞　(二)張睿子。左黃。蘇山陽。舉人。桂布;乾元免。乾三死,年六六。
張鼎延　慎之;玉調。豫永寧。兵右;順十休。順十六死。
張鼎華　研秋。粵番禺。光三庶。光十一,閩鄉副考。
張嘉祿　肖蕣;受百。浙鄞縣。光三庶。光十七,鄂鄉副考。
張榕端　子大;樸園。豫磁州。康十五庶。閣學;康四二病免。
張熙宇　玉田。川峨眉。道十三進士。皖按;咸三革。
張　睿　蘇山陽。康十八進士。刑右;康四九死。
張　端　君正。魯掖縣。國史;順十一死,文安。
張端卿　子方。滇太和。同四庶。皖布;光十二革。
張端誠　直南皮。乾四九進士。滇按;嘉四乞養。
張夢元　直天津。閩布;光十六病免。
張夢徵　鶴來。蘇華亭。康五七庶。雍七,粵鄉正考。
張　綬　紫紳;桂園。甘徽縣。乾四六庶。嘉六,桂學。
張興仁　讓之,馨伯;惕齋。浙錢塘。道二一庶。咸五,粵鄉副考。
張興留　魯肥城。咸六進士。同三,晉鄉副考。
張毓泰　贛右布;順六革。
張誠基　岸舫。魯金鄉。乾三四進士。贛撫;嘉七革。嘉二一死。
張遠基　兵右;順十一降。
張爾素　貢園。晉陽城。順三庶。刑左;康十死。
張　銑　(一)粵按;光六休。
•**張　銑**　(二)甘武威。光二九進士。宣二,焉耆知府暫護新疆學使。
張鳴岐　堅白。魯海豐。舉人。廣督;△辛亥光復逃。
張鳴鈞　雙南;笠濱。浙烏程。康五四庶。順尹;乾五革。
張鳴駿　順學;順四降調。
張　鳳　滇提;道元革。
張鳳成　鄂江陵。順四進士。順十一,粵鄉正考。
張鳳翔　魯堂邑。明兵左。工尚;順十休。順十四死。
張鳳儀　來之。陜澄城。舉人。晉撫;康十二解。
張廣泗　漢鑲紅。監生。川陜總督;乾十三革。
張廣信　閩陸提;咸九死,勤勇。
張廣建　勳伯。皖合肥。魯布;△署魯撫。
張慶銓　閩布;同四革。
⊙**張德地**　改名劉格;康七仍用原名。漢鑲藍。川撫;康十九革。康二二死。
張德桂　雲從,兼蘭。粵從化。康三三庶。康五十,湖鄉正考。
張德懋　允昭;芥洲,研農。直滿城。乾四九進士。乾五三,滇鄉副考。
⊙**張德彝**　本名德明,又作德彝。在初。漢鑲黃。同文館畢業。使英;光三一召回。
張嶟然　順二,贛學。
張潤民　晉夏縣。康六進士。康二九,豫學。
張澐卿　霽亭。滇太和。咸二進士。禮左;光九死。
張　樸　元禮。順宛平。乾十七庶。乾二七,粵學。
張　毅　夢元子。仁府。直天津。宣三,皖按。
張　蓮　直真定。康二一進士。康三二,桂鄉副考。

張蔭桓　樵野。粵南海。捐納。使美，户左，總；光二四革。光二六殺，年六四。

張蔭棠　慰伯。粵新會。外左丞；宣元使美。

張緒楷　豫商城。咸十進士。太常；光十一罷。

張儒秀　漢軍。魯撫；順五革。

張學庠　蘇長洲。康四八進士。康五四，順學。

張學華　漢三。粵番禺。光十六庶。宣三，贛按。

張學聖　直永平。明舉人。閩撫；順十革。

張學醇　皖按；同元革。

張學禮　順十一，兵副理事充册封琉球國王使臣。

張澧中　蘭沚。陝潼關。嘉二二進士。魯撫；道二八死。

張　勳　少軒。贛奉新。江南提督；△護江督。民十二死(忠武)。

張樹聲　振軒。皖合肥。廪生。廣督；光十死，靖達。

張豫章　既亭。蘇青浦。康二七探花。康四二，黔學。

張篤行　魯章丘。順三進士。順八，豫鄉副考。

張縉彥　豫新鄉。明兵尚。工右；順十九降。

⊙張輶　榜名張玉麒。幼軒。豫洛陽。嘉六庶。嘉二一，黔學。

張　霖　汝作；魯庵；卧松老衲。直撫寧。閩布；康三八解。

張錦枝　斯製；四香。贛彭澤。嘉元庶。嘉十二，桂鄉正考。

張錫庚　星白；秋舫。蘇丹徒。道十六庶。刑右；同元死，文貞。

張錫鑅　敬堂。皖靈壁。咸三庶。咸十，滇學。同六死。

△張錫鑾　金坡，今頗。浙錢塘。淮軍全軍翼長。△晉撫。

張　燮　子和；蕘友。蘇昭文。乾五八庶。嘉九，贛鄉副考。

△張謇　季直，嗇庵。蘇南通。光二十狀元。△袁閣，農工商部大臣。

張應宗　桂提；雍十二病免。

張應瑞　漢正白。順十二進士。康二，魯鄉副考。

張懋能　職在。贛奉新。康四五庶。康五六，浙鄉副考。

張懋誠　通政；雍八罷。

張鴻猷　順通州。順十八進士。康十六，豫鄉副考。

張　璨　闇公。陝綏德。康五七庶。湘布；乾八革。

張　衡　友石，羲文；晴峯。直景州。順十八進士。康十一，晉鄉副考。康四十死，年七四。

張聯桂　丹叔。蘇甘泉。桂撫；光二一病免。

張　翼　燕謀。光二七，幫辦路礦大臣。

張　謙　西山。鄂武昌。康三九進士。黔撫；雍三罷。

張　鍇　滇昆明。光二一進士。宣三，奕閣敘官局副局長。

張　驄　粵左布；康六罷。

張　曜　朗齋。順大興。粵水提，魯撫；光十七死，勤果。

張　燾　慕青。皖宣城。乾二八庶。乾五一，鄂學。

張　翊　乾五三，陝卿副考。

張　鎮　庚生。直武強。豫布；乾三八病免。

張鎮芳　馨庵。豫項城。光十八進士。宣三，湘按。

張懷芝　子志。魯東阿。宣三，甘提。第五鎮統制。△督辦邊防大臣授皖撫。

張　瀛　陝蒲城。道三十進士。晉布；光二病免。

張　翽　甘武威。乾三四進士。黔五九，黔卿副考。

張　鵬　搏萬；南溟。蘇丹徒。順十八進士。吏右；康二七假。康二八死，年六三。

張鵬沖　天飛，天扉；南華山人。蘇嘉定。雍五進士。詹事；乾十死，年五八。

張鵬展　從中；南崧。桂上林。乾五四庶。通政；嘉二四罷。

張鵬翮　寬宇；運青。川遂寧。康九庶。文華；雍三死，文端。

張懸錫　仲若；直清苑。明進士。直督；順十五降，旋死。

張繼辛　黔按；嘉三罷。

張耀祖　滇提；雍九革。

張顧行　陝韓城。康六進士。康二六，黔學。

張鶴齡　長儒；嘯圃。蘇陽湖。光十八庶。光三二，奉學使。光三四死。

張　鑅　振之。直南皮。道十五庶。咸二，奉學。

張　鑑　嘉十八，粵鄉正考。

張　鱗　小軒，掌夫。浙長興。嘉四庶。吏右；道十五死。

張體義　黔按；雍九革。

張　灝　卓人。順宛平，浙錢塘人。雍五庶。乾三，魯鄉副考。

張　纘　晉襄陵。康三三進士。康四四，桂鄉副考。

康五瑞　毓宜；芬洲。贛安福。康三六進士。雍元，粵鄉正考。

康　泰　甘張掖。行伍。川提；康六十戰死，壯勇。

康喀賴　又作康喀勒。滿鑲紅。梅勒額真駐防江寧；順四死。

康國器　友之。粵南海。桂布；同十一召京。光十死。

康基田　茂園。晉興縣。乾二二進士。南河，寧布；嘉十一降。嘉十八死，年八二。

康紹鏞　鐲南；蘭皋。晉興縣。嘉四進士。湘撫，署工左，光祿；道十一降。道十四死。

康綸鈞　晉興縣。乾五二進士。嘉六，陝學。

庸愛　户左；康四四革。

崇光　星階。滿正黃。吏左；光二六死。

* 崇安　康親王；雍十，暫管撫遠大將軍印。

崇尚　江將；嘉十病免。

崇保　峻峯。魯布；光十四病免。

崇厚　麟慶子。地山。滿鑲黃。舉人。左都；使俄；光五革。光十九死，年六七。

崇恩　仰之。滿正紅。廪貢。魯撫；咸九召京。閣學；同年降。

崇善　佑庭。宗室，隸鑲紅。福將；光三三病免。

崇椿　荆將；乾二七罷。

崇祿　滿鑲白。監生。兵尚；嘉二四降。禮左；嘉二五改正白蒙都。道元死。

崇綱　駐藏幫辦；光十二病免。

崇齡　延之；鶴汀。滿鑲黃。光十五庶。工左；光三二改正白漢副。

崇寬　盛禮；光二七罷。

崇福　厚庵。蒙正白。湘布；光七召京。

崇綺　賽尚阿子。文山。蒙正藍。同四狀元。户尚；光二六死。

崇綸　(一)荷卿。滿正白。鄂撫；咸四死。

崇　綸　(二)佩如。漢正白。武舉。工尚；光元死，勤恪。

崇實　麟慶子。樸山；適齋。滿鑲黃。道三十庶。刑尚；光二死，文勤。

崇勳　建侯。滿鑲黃。同四庶。刑左；光三二罷。

崇　禮　受之，壽之。漢正白。文淵；光三一休。光三三死，文恪。

崇歡　定左；光二三病免。

崔之鍈　仰庵。順霸州。順九庶。滇布；康十二從吴三桂反清，康二十殺。

崔　代　鄂布；康十五罷。

崔永安　磐石。漢正白。光六庶。直布；宣元乞養。

崔光前　湖右布；順四病免。

崔志道　同十二，桂鄉正考。

崔　侗　同人；葛民。順霸州。道十二進士。粵布；咸五死。

崔　官　太僕；康二二罷。

崔　俊　黔按；康四十罷。

⊙崔紀　榜名崔珺。君玉；南有，虞村，定軒。晉永濟。康五七庶。鄂撫；乾五降。蘇學；乾十五死。

崔國因　惠人。皖太平。同十庶。使美；光十八召回。

●崔珺　崔紀榜名。

崔　琳　晉蒲州。雍元進士。雍十，豫鄉副考。

崔景儀　雲客；一士。晉永濟，蘇陽湖人。乾四九庶。乾五四，桂鄉副考。

崔蔚林　夏章；定齋。直新安。順十五庶。康十八，武會副考。

崔爾仰　子高。晉聞喜。順十五進士。康九，浙學。康十死，年四七。

崔徵璧　文宿，杞功；方崖。直長垣。康九進士。工右；康五三罷。

崔　澄　漢鑲黃。舉人。直隸巡撫；康二五降。

崔維雅　大醇；默齋。直大名。舉人。桂布；康二三召京。

崔應階　吉升。鄂江夏。廕生。左都；乾四五休，旋死。

崧蕃　崧駿弟。錫侯。滿鑲藍。舉人。陝督；光三一改閩督，死。

崧駿　鎮青。滿鑲藍。舉人。漕督，浙撫；光十九死。

崑岡 筱峯。宗室，隸正藍。同元庶。文淵；光二九休。光三三死，文達。

崑　壽 静山。漢正白。福將；同五病免。

常大淳 正夫；蘭(南)陔。湘衡陽。道三庶。鄂撫；咸二死，文節。

常文 滿正藍。工左；道十二死。

常名揚 皖布；康四一罷。

常安 (一)履坦。滿鑲紅。諸生。浙撫；乾十二解，旋死。

常安 (二)鄂布；嘉十三召京。太常；嘉十四罷。

常有 工右；雍十二降。

常在 駐藏；乾三六死。

常存 湘提；咸四降副將。

常色禮 西將；雍八死。

常住 滿洲。康三九進士。康五一，黔鄉副考。

常志 兵左；咸五死。

常居仁 備之。晉樂平。順三庶。順五，湖鄉副考。

常明 (一)滿鑲紅。川督；嘉二二死，襄恪。

常明 (二)大理；光二六革。

常青 (一)滿鑲白。乾三三，授副將軍。

常青 (二)滿正藍。禮尚；乾五八死，恭簡。

常亮 (一)蘇布；乾二四罷。

常亮 (二)閣學；嘉十九降。

常保 盛工；雍五降。

常恒昌 修吉；静軒，芸閣。晉鳳臺。嘉十九庶。浙布；道二二休。

常英 子千。蒙鑲黄。嘉六庶。兵左；道四革。道十死。

常書 滿洲。吏左；康三六罷。

常恩 (一)潤伯。滿鑲黄。道三十進士。刑右；同十二病免。

常恩 (二)錫五。滿洲。杭將；光三十解。

常泰 (一)工左；康五八革。

常泰 (二)覺羅。左副；雍六罷。

常格 蘇布；嘉十九改光禄，旋革。

常起 滿鑲白。吏左；道四死。

常清 靖亭。伊將；同三革。

常授 理右；雍二罷。

常　紳 直雄縣。康二一進士。康五十，陝鄉正考。

常寧 世祖第五子，恭親王。康二九，授安北大將軍。康四二死。

常發祥 麟徵；其園。直灤州。光禄；嘉二十死，年六十。

常舒 滿正紅。理尚；康四四革。

常裕 少愚。蒙正黄。宣三，川按。

常進功 漢正黄。浙水提；康十八休。康二五死。

常鈞 滿鑲紅。湘撫；乾三一革。乾五四死。

常順 定左；同十三解。

常壽 滿正藍。禮尚；雍九死。

常福 (一)盛户；乾三一罷。

常　福 (二)漢正白。監生。兵左；道二病免。

常德 (一)吉將；雍十改副將軍。

常德 (二)滿正紅。太常；道三改葉爾羌辦事。道十九死。

常德壽 滿洲。户左；雍八死。

常賚 滿鑲白。滇撫；雍六革。刑右，内大臣；乾五休。

常翼聖 大理；康四十休。

常績 晉布；同元召京。

常鼐 滿正白。工尚；康十六革。

常豐 太常；道十六罷。

常額 吏左；康七罷。

常懷義 川崇寧。嘉六，天津鎮遷江提，未任。

常齡 粵布；嘉七解。

婁惺伯 晉按；順三革。

婁雲慶 峻山。湘長沙。湘提；光三十休。

培成 滿鑲黄。工左；咸四革。

培良 左副；光二五假。

基　溥 潤野。漢正白。吏左；同六死。

堃岫 子岩。滿正白。宣三，綏將。

巢可託 素侯；寄庵。滿正藍。刑尚；康四八革。

惟勤 鑑堂。宗室，隸鑲藍。嘉十四進士。兵右；道二三改烏魯木齊都統。

旌額禮 滿正白。吏左；乾三六改烏什辦事，旋死。

曹六興 皖布；道元召京。

曹仁虎 來殷，萊嬰；習庵。蘇嘉定。乾二六庶。乾四九，武會副考。

曹文埴 近薇；竹虛，薺原。皖歙縣。乾二五庶。户尚；乾五二乞養。嘉三死，文敏。

曹本榮 欣木；厚庵。鄂黄岡。順六庶。順十四，順鄉正考。康四死，年四四。

曹　禾 頌嘉；峨嵋。蘇江陰。康十八庶。康二十，魯鄉正考。

曹申吉 錫餘；澹餘。魯安丘。順十二庶。黔撫；康十二從吴三桂。康十九死，年四六。

曹汝霖 潤田。蘇上海。留日。宣二，外右。

曹克忠 直天津。粤水提；光十一病免。光二二死。

曹志忠 湘提；光三三罷。

曹秀先 芝田，冰持，恒所；地山，紫芝。贛新建。乾元庶。禮尚；乾四九死，年七七，文恪。

曹秉哲 秉濬弟。仲明；吉三。粤番禺。同四庶。魯按；光十七死。

曹秉濬 朗川。粤番禺。同元庶。同三，閩學。

曹首望 統六。直豐潤。康五，桂鄉正考。

曹貞吉 升六；實庵。魯安丘。康三進士。康三五，桂鄉副考。

曹　城 仲宣。皖歙縣。乾三六庶。吏左；嘉八病免。

曹師曾 秀先子。贛新建。兵左；嘉二五降。太常；道三假。道十二死。

曹恩濙 通政；道二四罷。

曹振鏞 文埴子。懌嘉；儷笙。皖歙縣。乾四六庶。武英，軍；道十五死，年八一，文正。

曹國柄 兵左；康七休。

曹惠華 贛新建。乾六十進士。嘉三，魯鄉副考。

曹登庸 薌溪；苑仙。豫光山。道二七庶。咸二，晉鄉副考。

曹詒孫 次謀。湘茶陵。光六榜眼。光十七，晉鄉副考。

曹源郊 石麟，東牧；尹東。蘇婁縣。康五七庶。雍四，粤鄉副考。

曹　溶 鑒躬。浙嘉興。户右，粤左布；順十三降。康二四死。

曹楙堅 樹蕃；艮甫。蘇吴縣。道十二庶。鄂按；咸四罷。

曹　煒 霞坪。蘇甘泉。同二庶。同九，鄂鄉正考。

曹　瑛 漢軍。工右；乾二六罷。

曹發先 贛新建。乾十三進士。乾二一，陝鄉副考。

曹鼎望 冠五；澹齋。直豐潤。順十六庶。康五，湖鄉副考。

曹熙衡 黔按；康二九罷。

曹福元 仲修。蘇吴縣。光九庶。光二十，桂鄉正考。

曹毓瑛 琢如。蘇江陰。拔貢。兵尚，軍；同五死，恭慤。

曹　儀 蘇太倉。康五二進士。雍四，鄂鄉副考。

曹廣楨 湘長沙。光十八進士。光三四，吉學使。

曹廣權 東瀛。湘長沙。宣元，禮左參；典禮院直學士。

曹澍鍾 雨若；穎生。鄂江夏。道十八庶。桂撫；咸十改專辦軍務。

曹　鼐 直左衛。康三六進士。康四四，川鄉副考。

曹錫齡 受之；定軒。晉汾陽。乾四十庶。乾四八，滇學。

曹錫寶 鴻書，劍亭；容圃。蘇上海。乾二二庶。乾三六，晉學。

曹鴻勛 仲銘。魯濰縣。光二狀元。陝撫；光三三解。宣二，協理開辦資政院事宜；旋死。

曹繩柱 匪石，介巖；壽安。贛新建。雍八進士。閩布；乾二八，年六二。

曹鑑倫 彝士，蓼懷。浙嘉善；蘇婁縣人。康十八庶。吏左；康五十死。

斌良 玉德子。笠耕；梅舫。滿正紅。駐藏；道二八死。

斌椿 友松。漢正白。同五，出使各國遊歷。

斌寧 寧將；嘉五罷。

斌静 黑將；嘉十八革。

敎化新 桂布；康二九罷。

敖色 滿洲。盛工；康十六休。

敖　成 陝長安。行伍。黔提；乾四九死，勇慤。

戚人鏡 仲蘭；蓉臺，鑑堂。浙錢塘。嘉十四庶。道元，黔學。道十死，年四七。

戚宗彝 鄂江夏。嘉十三進士。甘按；道十四病免。

戚蓼生 浙德清。乾三四進士。閩按；乾五七罷。

戚麟祥 聖來。浙德清。康四八庶。康六十，武會副考。

淑寶 桂布；乾三八派往喀什噶爾。

清安 吉甫。滿鑲黄。道三十庶。刑左；光十九死。

清安泰　(一)平階。滿鑲黄。乾四六進士。豫撫;嘉十四死。

清安泰　(二)秋浦。漢正藍。湘按;咸四病免。

清保　滿洲。盛將;乾二七改署正白漢都。

清盛　輔廷。滿正藍。魯布;咸十一降。

清鋭　秋圃。蒙鑲黄。光九繙譯進士。江將;宣二病免。宣三,奕閣弼德院顧問。

清馥　陝布;乾二三憂免。閣學;乾二八罷。

梁上國　斯儀;九山。閩長樂。乾四十庶。太常;嘉二十死,年六八。

梁士詒　翼夫;燕孫。粤三水。宣二,郵左參署右丞。△袁閣署郵傳部大臣。

梁中靖　輿亭;東園。晉靈石。嘉六庶。太僕;道十三罷。

梁化鳳　翀天;岐山。陝長安。順三武進士。江提;康十死,敏壯。

梁文山　望東。晉介休。雍十一庶。乾六,廣韶學政。

梁文科　左副;雍四革。

梁世勳　廷庸。陝三原。户左;康五七罷。

梁仲衡　湘南。直安肅。同七庶。刑右;光二八病免。

梁同新　應辰;矩亭。粤番禺。道十六庶。順尹;咸八罷。

梁如浩　孟(夢)亭。粤香山。留美。外右丞署奉左參贊;宣元病免。△袁閣郵傳部副大臣。

梁佐中　寧布;咸九罷。

梁肯堂　浙錢塘。舉人。刑尚,漕督;嘉四召京。嘉六死。

梁知先　魯鄒平。順三進士。順八,陝鄉副考。

梁星源　鄂布;咸二戰死,敏肅。

梁拱宸　奉尹;康十九罷。

△**梁啓超**　卓如;任公。粤新會。舉人。袁閣司法部副大臣。

梁國治　階平;堯(瑶)峯,豐山。浙會稽。乾十三狀元。東閣,軍;乾五一死,年六四,文定。

梁清標　玉立;蕉林,蒼巖。直正定。保和;康三十死。

梁清寬　清遠兄。敷五。直正定。順三庶。吏左;康七休。

梁清遠　直正定。順三進士。督捕;順十二假。

梁章鉅　閎中;茝林,芷鄰,退庵。閩長樂。嘉七庶。蘇撫;道二一病免。道二九死,年七五。

梁敦彦　崧生。粤順德。留美。外尚;宣二病免。奕閣及△袁閣外務部大臣。

梁敦書　詩正次子。浙錢塘。工右;乾五一死。

梁敦懷　滇布;嘉十八改太僕,旋免。

梁朝桂　甘中衛。行伍。湖提;乾五九革,旋死。

梁勝源　漢鑲紅。黔提;道二八死。

梁雲構　豫蘭陽。明兵侍。户右;順六死,康僖。

梁敬事　肯堂曾孫。主一;子恭,翰屏。浙錢塘。道十六庶。奉學;咸七罷。

梁詩正　養仲;薌林。浙錢塘。雍八探花。東閣;乾二八死,年六七,文莊。

梁　遂　豫鹿邑。順三進士。康五,川鄉副考。

梁鼎芬　星海;節庵。粤番禺。光六庶。鄂按;光三三病免。(忠勤)

梁萼涵　心芳;棣軒,君衡。魯榮城。嘉二五庶。滇撫;道二六病免。道二八革。

梁肇煌　檀甫。粤番禺。咸三庶。寧布;光十二召京。

梁　誠　震東。粤番禺。留美。使美;光三三召回。宣二,使德。

梁　鋐　子遠,仲琳。陝三原。順十二庶。倉場;康十八休。

梁　鼐　陝長安。閩督;康四九憂免。康五四死,年六一。

梁　儒　漢鑲白。順十二進士。康四,贛學。

梁鴻翥　陝三原。漕督署倉場;乾三四降。

梁　瀚　海樓;平橋。陝鄠縣。道十六庶。户左;同元罷。

梁寶常　楚香。直天津。道三庶。浙撫;道二八憂免(革)。

梁耀樞　斗南。粤順德。同十狀元。詹事;光十四罷。

梅之珩　左白。贛南城。康二四庶。康四四,順學。

梅立本　秋竢;望園。皖宣城。乾二二榜眼。乾三十,桂學。

梅東益　黔提;光二六解。

梅啓照　筱巖。贛南昌。東河;光九革。

梅瑴成 玉汝;循齋。皖宣城。康五四庶。左都;乾十八休。乾二九死,文穆。

梅　鋗 爾止;桐厓。皖宣城。康六進士。左都;康四六革。

章于天 漢軍。贛撫;順五免(殺)。

章有大 浙歸安。雍八進士。乾元;粵鄉副考。

章守勳 蘇清河。乾五二進士。乾六十,湘鄉副考。

章宗祥 仲和。浙歸安。留日。宣三,法制院副使。

章泰 貝子。康十九,授定遠平寇大將軍。

章　紳 粵提;乾四五解。

章　凱 桂按;嘉二五召京。

章雲鷺 紫儀。順兗平。順四庶。督捕;康十休。

章欽文 斐庵。順大興。貢生。豫撫;康二七革。

章　煦 曜青;桐門。浙錢塘。乾三七進士。文淵;嘉二五休。道四死,年八十,文簡。

章　鋆 酡芝;采南。浙鄞縣。咸二狀元。同二,閩學。光元死。

章　瓊 仲穀;璧田。皖廬江。道二一庶。道二九,浙鄉副考。

琅玕 覺羅,隸正藍。雲督;嘉九死,恪勤。

祥亨 荆將;光二五病免。

祥保 滿鑲黃。福將;嘉二五召京。正白漢都;道元休。道六死。

祥奎 川布;咸十一革。

祥厚 寬甫。宗室,隸鑲紅。江將,兼署江督;咸三爲太平軍殺,忠勇。

祥泰 (一)直按;嘉二五召京。

祥泰 (二)東屏。滿正白。閣學;光元病免。

祥康 宗室,隸正藍。吉將;道二十解。道二三死。

祥符 太僕;同六休。

祥裕 豫布;咸十降。

祥德 黔按;道三病免。

祥慶 素雲。滿正黃。乾二八庶。乾五三,贛鄉副考。

祥鼐 直布;乾四七罷。

祥霖 閣學;光二一改泰寧鎮。

祥麟 (一)粵陸提;道三十死,恭慤。

祥麟 (二)又作祥麐。仁趾。滿正黃。同十三庶。倉場;光二二改察都。

畢立克圖 蒙正藍。三等男,户左;順十三革。康十四,都統授平逆將軍。康二十死,恪僖。

畢　沅 緗蘅,弇山;秋帆;靈巖山人。蘇鎮洋。乾二五狀元。湖督;嘉二死,年六八。

畢忠吉 致中;鐵嵐。魯益都。順十五進士。康二四,黔學。

畢承昭 曼軍。魯文登。拔貢。粵布;咸九乞養。

畢保釐 東屏。鄂蘄水。咸十庶。同六,湘鄉副考。

畢振姬 亮泗。晉高平。順三進士。湖廣左布;順十八病免。

畢道遠 仲任;東河。魯淄川。道二一庶。禮尚;光十三病。光十五死。

畢　誼 直滄州。康五七進士。雍十,黔鄉正考。

畢應辰 滇昆明。道三十進士。咸十一,陝學。

眭朝棟 蘇丹陽。乾七進士。乾二十,黔學。

衆佛保 工右;乾十四解。

習振翎 贛峽江。乾四九進士。晉布;嘉二二革。

習　寯 載展。蘇吴縣。康五七庶。雍四,湘學。

符灃英 蘇金壇。順十二進士。康二,黔鄉正考。

·莊山 漢正白。光二九,内務府大臣署理左。

莊令輿 蓀服。蘇武進。康四五庶。康五三,浙鄉副考。

莊令翼 閩按;雍十三休。

莊有信 有恭弟。任可。粵番禺。乾七庶。乾十五,晉鄉正考。

莊有恭 容可;滋圃。粵番禺。乾四狀元。協,刑尚;乾三一革。閩撫;乾三二死。

莊存與 方耕。蘇武進。乾十榜眼。禮右;乾五一休。乾五三死,年七十。

莊冏生 應會子。玉驄。蘇武進。順四庶。順八,湖鄉正考。

莊受祺 衛生。蘇陽湖。道二十庶。浙布;咸十病免。

莊承籛 少彭。蘇武進。陝咸寧。乾三一庶。乾四八,魯鄉正考。

莊清度 蘇武進。康三六進士。雍二,湘鄉正考。

莊朝生 應會子,冏生弟。玉墀。蘇武進。順六庶。順十一,順鄉正考。

莊　楷 書田。蘇武進。康五二庶。雍元,川鄉正考。

莊慶良 湘布；宣二革。

莊應會 蘇武進。刑右；順十三罷。

莫里普 通政；康三五革。

莫音代 工左；康四八革。

莫洛 滿正紅。刑尚；康十三死，忠愍。

莫洛渾 通政；康十二降。

莫　晉 錫三；裴舟，寶齋。浙會稽。乾六十榜眼。倉場；道二降閣學。道三病免；道六死，年六六。

·**莫組紳** 記名署川提；光九死。

莫象年 康五十，黔鄉副考。

莫爾賡阿 陝按；道十五病免。

莫瞻菉 青友，以莊；韻亭。豫盧氏。乾三七庶。工左；嘉十一降。

莫　鏊 嘉十三，閩鄉副考。

紹昌 任庭。滿正白。光十五庶。法尚；宣三，奕閣法部大臣。△袁閣弼德院顧問。

紹英 越千。滿鑲黄。度左；光三二解。

紹祺 滿鑲黄。咸六庶。理尚；光十四死。

紹誠 葛民。滿鑲黄。晉布。光五召京。駐藏幫辦；光十七死。

紹彝 敘五。滿鑲黄。宣三，民左參。△民右丞。

通恩 湘布；嘉八召京。光禄；嘉十罷。

通智 滿正黄。監生。兵尚；乾元革。乾二二死。

通福壽 奉尹；乾二七革。

逢吉 覺羅。康五六，陝學。

逢泰 通政；雍十三罷。

連甲 蘭亭。滿鑲白。光十八庶。宣三，鄂布。△革。

連肖先 晉布；雍元召京。

連成 緒齋。滿正黄。杭將；同十二召京。

連　貴 禮左；道二八死。

連順 滿鑲藍。定左；光三十改鑲藍蒙都。

·**連魁** 宣三，荆州左翼副都統署將軍。△授將軍。

訥仁 静山。蒙鑲黄。咸三庶。盛工；光元病免。

訥勒亨額 宗室，隸正藍。嘉二四進士。盛刑；道二三罷。

訥勒赫 順承郡王。宣三，總理禁烟事務大臣。

訥欽 （一）滿洲。直提；同三赴寧夏。

訥欽 （二）子襄。滿正白。光三進士。駐藏幫辦；光二九休。

訥福 鄂布；嘉二四病免。

訥爾經額 近堂。滿正白。文淵，欽；咸三革。咸七死。

訥爾濟 汝舟。滿正白。道十五繙譯進士。盛兵；咸九解。

訥親 滿鑲黄。保和，軍；乾十三革，殺。

許乃安 榕皐，吉齋；退厘。浙錢塘。道十二庶。道十四，湘鄉副考。

許乃釗 貞恒；信臣，邃翁。浙錢塘。道十五庶。蘇撫；咸四革。光禄；咸十罷。

許乃普 乃釗六弟。季鴻，經崖；滇生。浙錢塘。嘉二五榜眼。吏尚；同五死，文恪。

·**許乃濟** 乃釗三弟。叔舟；青士。浙仁和。嘉十四庶。道十二，高廉道署粤按。

許三禮 典三，酉山。豫安陽。順十八進士。督捕；康二九病免。康三十死，年六七。

許天寵 豫提；康七裁免。

許日琛 浙錢塘。康六進士。康二六，陝鄉副考。

許文秀 漢軍。舉人。魯撫；順十八革。

許文謨 世亨子。川新都。武舉。浙提；道四死，壯勇。

許王猷 賓穆。浙嘉興。康五二庶。閣學；乾五革。

許世亨 川新都。桂提；乾五四戰死，昭毅。

許世昌 仲軒。順宛平。明舉人。閩撫；康五休。

△**許世英** 俊人，雋人。皖建德。拔貢。△晉按。

·**許仕盛** 署陝提；乾八改肅州鎮。乾十二召京。

許台身 使朝；光三十召回。

許兆椿 秋巖；茂堂。鄂雲夢。乾三七庶。浙撫；嘉十九死（未任）。

許兆麟 贛布；雍元召京。

許有麟 石卿。浙仁和。同七庶。光元，晉鄉副考。

⊙**許汝霖** 榜名汝龍。時庵；且然。浙海寧。康二一庶。禮尚；康四九休。康五九死。

●**許汝龍** 許汝霖榜名。

許作梅 順十一，浙鄉副考。

許宏勳 豫布；康三一罷。

許成麟 瑞符；慶堂。直保定。乾元武進士。桂提；乾三四降狼山鎮。

許希孔 滇昆明。雍八進士。工右；乾九罷。

許志進 謹齋。蘇山陽。康三十進士。康四一，閩鄉正考。

許邦光 汝韜；萊山。閩晉江。嘉十六庶。嘉二四，湘學。

許良彬 閩水提；雍十一死，莊毅。

許受衡 贛龍南。光二一進士。宣三，署總檢察廳丞。△授。

許其光 耀斗，懋昭；涑文。粵番禺。道三十榜眼。桂按；咸四罷。

許庚身 星叔。浙仁和。同元進士。兵尚，軍，總；光十九死，恭慎。

許承宣 力臣；筠庵。蘇江都，皖歙縣人。康十五庶。康二十，陝鄉正考。

許秉琦 稚筠。粵番禺。宣二，陸右丞。

許松年 蓉儁。浙瑞安。武舉。閩水提；道六革。道七死。

許松佶 皖布；乾二九罷。

許前彰 琴舫。皖六安。道六庶。道十九，魯鄉副考。

許　貞 藎臣。閩海澄。粵提；康三四死。

許　珏 静山。蘇無錫。使義；光三一召回。

許　容 季葦。豫虞城。舉人。湘撫；乾八革。乾十五死。

許　宸 江南按察；順十三罷。

許孫荃 四山，友蓀。皖合肥。康九庶。康二三，陝學。

許振禕 僊屏。贛奉新。同二庶。粵撫；光二四解。光二五死。

許祖京 依之。浙德清。乾三四進士。粵布；乾五九乞養。嘉十死，年七四。

許涵度 紫蒓。直清苑。光二進士。陝布；宣元解。民二死，年六二。

許　球 玉叔。皖歙縣。道三庶。道十二，贛鄉副考。

許祥光 賓衢。粵番禺。道十二進士。桂按；咸四罷。

許彭壽 乃普子，鈐身弟。仁山。浙仁和。道二七庶。閣學；同五死。

許朝璽 康二六，閩鄉副考。

許景澄 竹篔，竹筠。浙嘉興。同七庶。吏左；光二六殺。文肅(追)。

許隆遠 雍二，川鄉副考。

許鈐身 乃普子。仲韞。浙錢塘。使日；光二召回。閩按；光十六罷。

許嗣隆 山濤。蘇如皐。康二一庶。康三二，滇鄉正考。

許嗣興 漢鑲藍。閩撫；康四九解。

許道基 乾十八，桂學。

△**許鼎霖** 久香。蘇贛榆。資政院總裁。

許　暢 康二，陝鄉副考。

許澤新 穎初。黔貴筑。光三庶。閣學；宣三裁缺，授典禮院學士。

許　融 蘇武進。嘉二五進士。道十五，晉鄉副考。

許應藻 魚南。滇石屏。嘉二五庶。道十，鄂學。

許應騤 筠庵。粵番禺。道三十進士。閩督；光二九解。

許應鑅 應騤弟。星台。粵番禺。咸三進士。浙布；光十七免。

許　鎮 天倚。浙德清。康五一庶。康五六，黔鄉副考。

許纘曾 孝修；鶴沙。蘇上海。順六庶。豫按；康三罷。

郭一裕 鄂漢陽。滇撫；乾二二解。豫按；乾二七病免。乾三三死。

郭一鶚 立庵。豫洛陽。順六庶。粵左布；康三罷。

郭元灝 皖全椒。乾二六進士。乾三六，滇學。

郭之培 生洲。直任丘。順六進士。浙按；康十四死。

郭文匯 蘊泉。贛新建。嘉二五進士。甘布；道二一罷。

郭世隆 昌伯；逸齋。漢鑲紅。蔭生。刑尚；康五十革。康五五死，年七三。

郭世勳 漢正紅。粵撫；乾五九病，旋死。

郭丕 滿洲。杭將；康三三休。

郭四海 滿洲。刑尚；康二一死，文敏。

郭石渠 文淵；介嶷。黔安化。雍五庶。雍十三，陝鄉副考。

郭廷祚 工左；康十八罷。

郭成功 直提；雍五改寧夏鎮。

郭里 通政；康十八罷。

郭尚先 元開；蘭石。閩莆田。嘉十四庶。大理；道十二死，年四八。

郭承恩 捷三。晉潞城。嘉十庶。粵按；道十三罷。

郭　昌 豫太康。順十五進士。康十二，滇學。

郭松林 子美。湘湘潭。直提；光六死，武壯。

郭洪 滿正白。監生。甘撫；康三六革。

郭相忠 甘提；咸十一戰死。

郭柏蔭 彌廣；遠堂。閩侯官。道十二庶。鄂撫；同十二病免。光十死。

郭科 滿正白。工尚；順十八免。

郭茂泰 陝涇陽。順十六進士。康二三，川鄉正考。

郭晉熙 豫新鄉。康三九進士。康五一，桂鄉正考。

郭勒敏布 松年。蒙古。光禄；光十三病免。

郭　琇 華野，端甫。魯即墨。康九進士。湖督；康四二革。康五四死，年七八。

郭祥瑞 玉麓。豫新鄉。道二七進士。粵按；同六降。

郭曾炘 柏蔭孫。春榆。閩侯官。光六庶。禮右；宣三改典禮院副掌院學士(文安)。

郭朝宗 工右；順六罷。

郭朝祚 湘按；雍七革。

郭朝鼎 蘇按；乾元革。

郭　棻 芝仙；快圃。直清苑。順九庶。閣學；康二六革。

郭嵩燾 伯琛；筠仙；玉池老人。湘湘陰。道二七庶。粵撫，同五召京。兵左，使英；光五病免。光十七死。

郭夢齡 小房。魯濰縣。咸三進士。晉布；咸三革。

郭雄飛 次虎。魯濰縣。道二進士。直布；道二七罷。

郭琿 滿鑲紅。雲督；康五五死，勤恪。

郭肇基 魯金鄉。順三進士。桂撫；順七免，殺。

郭肇鐄 韻清；鳳池。皖全椒。乾二庶。乾六，閩鄉副考。

郭鳴鳳 閩右布；順十五罷。

郭徽祚 彦卿。直武强。康二七進士。康五十，晉鄉正考。

郭懷仁 樂山。皖合肥。同二庶。同九，桂學。

郭繼昌 厚庵。直正定。行伍。粵陸提；道二一死。

閆正祥 漢鑲黄。武舉。直提；乾五七病免。乾六十死。

閆相師 渭陽。甘高臺。行伍。甘提；乾二七病免，旋死，桓肅。

閆俊烈 魯濟陽。武舉。湘提；道六休。道十三死。

陳一炳 工右；康二六革。

陳士枚 勿齋。晉平定。道六進士。陝撫；道二八革。

陳士杰 雋丞。湖桂陽。拔貢。魯撫；光十二召京。光十八死。

陳士璠 魯章；魯齋，泉亭。浙錢塘。乾元庶。乾六，川鄉副考。

陳之龍 去亢。贛宜春。明舉人。鳳陽巡撫；順五降，旋死。

陳之遴 彦升；素庵。浙海寧。明中允。弘文；順十三革。

陳大文 簡亭。豫杞縣。乾三七進士。直督；嘉七病免。兵尚；嘉十病免。嘉二十死。

陳大用 陳福曾孫。甘寧夏。襲三等子，江提；乾六十革。嘉八死。

陳大受 占咸；可齋。湘祁陽。雍十一庶。協，吏尚，軍；乾十五改廣督。乾十六死，文肅。

陳大玠 閩惠安。雍二進士。乾六，粵鄉副考。

陳大復 蘇寶應。乾七進士。乾十八，桂鄉副考。

陳大晗 紫山。蘇溧陽。乾四庶。乾十六，粵鄉正考。

陳子遠 仲兼。閩閩縣。甘按；康八罷。

陳化成 蓮峯。閩同安。行伍。江提；道二二抗英殉國，忠愍。

陳　元 浙餘姚。康二七進士。康五三，豫鄉正考。

陳元龍 陳詵從弟。廣陵；乾齋。浙海寧。康二四榜眼。文淵；雍十一休。乾元死，文簡。

陳允恭 六觀；無逸，南麓。桂平樂。康三三庶。康五一，晉鄉正考。

陳中孚 元吕；心畬。鄂武昌。嘉六庶。漕督署魯撫；道六死。

陳之驥 蘇上元。道六進士。湘按；咸二病免。

陳天培 世凱孫。鄂恩施。浙提；雍七解。

陳太 滿洲。黑將；雍四召京。

陳　文 粵按；嘉七革。

陳文緯 晉布；嘉六降。

陳文藻 彦超；秋丞。閩閩縣。道十三庶。道十七，黔鄉正考。

陳　正　直清苑。康元進士。康三二，黔鄉副考。

陳正直　康三八，黔學。

陳世侃　陳詵五子。闇齋。浙海寧。康五二庶。康五六，晉鄉副考。

陳世倌　陳詵四子。秉之；蓮宇。浙海寧。康四二庶。文淵；乾二二休。乾二三死，文勤。

陳世倕　浙海寧。康四八進士。左副；雍十三罷。

陳世凱　贊伯。鄂恩施。明總兵。浙提；康二八死，襄敏。

陳世烈　允文；嘯廬。滇建水。乾二庶。乾十二，桂鄉正考。乾五四死，年八四。

陳　功　書常，克敏；敍齋。閩侯官。嘉二二庶。蘇按；嘉二三罷。

陳丹陛　鄂按；康三罷。

陳必成　順宛平。順十二進士。康九，滇學。

陳本忠　順昌平。乾三四進士。乾四八，乾學。

陳玉銘　潼溪。閩長樂。嘉十庶。道元，晉鄉正考。

陳用敷　浙海寧。乾二五進士。皖撫；嘉四病免。

陳兆文　蓀石。湘桂陽。光二庶。左副；光三二罷。

陳兆崙　句山；星齋。浙錢塘。乾元庶。太僕；乾三三假。乾三六死，年七二。

陳兆熊　伯元。蘇崇明。嘉二四庶。道五，閩鄉副考。

陳光弼　光二五，會辦四川礦務商務大臣。

陳年穀　漢正紅。順十二進士。順十七，陝鄉副考。

陳同禮　潤甫。皖懷寧。光九庶。光十五，桂鄉正考。

陳如岳　粵南海。光九進士。光十五，黔鄉正考。

陳名侃　夢陶。蘇江陰。舉人。左副；光三三革。

陳名夏　百史。蘇溧陽。明給諫。祕書；順十一殺。

陳守訓　蘇按；乾五一罷。

陳守創　業侯。贛高安。康三三庶。倉場，左副；乾六休。乾十二死。

陳安策　太僕；雍五罷。

陳存懋　竹香。贛贛縣。同十三庶。光八，鄂鄉正考。

陳汝弼　魯福山。康十八進士。康四十一，江鄉正考。

陳汝器　啓泰子。漢鑲紅。皖撫；康三七解。

陳用光　實思，石士；碩士，瘦石。贛新城。嘉六庶。禮左；道十五病免，旋死。

陳至言　山堂；青厓。浙蕭山。康三六庶。康四八，豫學。

陳　阡　雲谷。魯濰縣。道十八進士。贛撫；道三十解。

陳伯陶　子礪。粵東莞。光十八探花。江寧學使；宣二乞養。

陳宏謀　汝咨；榕門。桂臨桂。雍元庶。東閣；乾三六休。旋死，年七六，文恭。

陳宏業　贛右布；康三死。

陳　均　秉侯；一泓。蘇江陰。康四五庶。康五六，粵學。

陳希祖　玉方。贛新城。乾五五進士。嘉九，豫鄉副考。嘉二五死，年五四。

陳希曾　希祖弟。集正，雪香；鍾溪。贛新城。乾五八探花。工右；嘉二一病，旋死，年五一。

陳孚恩　子鶴。贛新城。拔貢。吏尚；咸十一革。同五死。

陳孝昇　滇布；嘉七罷。

陳孝泳　光禄；乾四四病免。

陳延慶　兆同；桂堂，古華。蘇奉賢。乾四六庶。乾五四，魯鄉副考。

陳廷桂　子犀；夢湖，花谷。皖和州。乾六十庶。蘇按；道三召京。道十二死，年七四。

陳廷敬　子端；説巖，午亭。晉澤州。順十五庶。文淵；康四九休。康五一死，文貞。

陳廷樞　浙歸安。順六進士。康二，桂鄉副考。

陳　沆　太初；秋舫。鄂蘄水。嘉二四狀元。道元，粵鄉正考。

陳沂震　起雷；狷亭。蘇吴江。康三九進士。康五五，魯學。

陳步瀛　淩(鱗)洲。蘇江寧。乾二六庶。黔撫；乾五四死。

陳良弼　左副；雍七革。

陳具慶　祕書學士；順五死。

陳邦彦　世南；春暉，匏廬。浙海寧。康四二庶。禮右；乾十六革。

陳邦瑞　瑶圃。浙慈谿。光二進士。度右。△袁閣弼德院顧問。

陳　祁　甘布；嘉十七罷。

陳其凝　秋崖。蘇上元。雍八庶。乾十二，魯學。

陳　卓　蘇江都。順四進士。順七，川學。

陳　協　順文安。順三進士。倉場；康二死。

陳　奇　黔提；康三一罷。

●陳宗楷　陸宗楷榜名。

陳宗嫣　鹿苹。魯東阿。度左丞；宣三，病免。

陳宗彝　直冀州。康九進士。康三八，桂鄉副考。

陳官俊　偉堂。魯濰縣。嘉十三庶。協，吏尚；道二九死，文愨。

陳岱霖　道二十，鄂鄉副考。

陳奉滋　時若。贛德化。乾二五進士。蘇布；嘉四死。

陳昌言　順二，江南學政。

陳昌齊　賓臣，劭園；觀樓。粵海康。乾三六庶。乾三九，鄂鄉副考。

陳　枚　簡甫；琴山。魯昌樂。道二十庶。道二三，湘鄉正考。

陳秉和　石卿。魯曲阜。同十庶。閣學；光二九罷。

陳　杰　漢正白。乾七武進士。浙提；乾五八革。

陳初哲　在初；永齋。蘇元和。乾三四狀元。乾四二，陝鄉正考。

陳金綬　川岳池。直提；咸六革，旋死。

陳亮疇　德生；魯農。蘇武進。咸三庶。咸八，滇學。

陳　奎　江提；乾四三罷。

陳　恂　特庵，浙錢塘。康三三庶。

陳昭常　簡始。粵新會。光二十庶。宣三，吉撫。

陳洪明　漢鑲藍。桂撫；康十五反清(康十八降清)。

陳秉直　漢鑲黃。浙撫；康十八解。康二五死。

陳科捷　瀛可；繩庵。閩安溪。乾十三庶。乾三二，湘學。

陳若霖　宗觀，雨亭；望坡。閩閩縣。乾五二庶。刑尚；道十二休，旋死。

陳　倓　定先；愛川。蘇儀徵。雍十一狀元。乾二，册封安南國王副使。

陳倫炯　次安。閩同安。廕生。浙提；乾十一降。乾十六死。

陳庭學　順宛平。乾三四進士。乾三六，滇鄉副考。

陳振瀛　紫蓬。順宛平；蘇吴江。同二庶。同九，桂鄉正考。

陳時夏　建長。滇元謀。康四五進士。蘇撫；雍六解。閣學；乾三死。

陳　浩　紫瀾；未齋，生香。順昌平。雍二庶。詹事；乾二二罷。

陳桂生　堅木；雲柯，薌谷。浙錢塘。優貢。蘇撫；嘉二五召京，旋休。道二十死。

陳桂洲　文馥；修堂。閩同安。乾七庶。乾二一，桂學。

陳桂森　和叔；耕崖。蘇常熟。乾三一庶。乾五四，粵學。乾五五死，年六二。

陳泰　滿鑲黃。國史；順八革。二等子，吏尚；順十二死，忠襄。

陳祚昌　順十七，黔鄉副考。

陳衷一　豫蘭陽。順三進士。順八，粵鄉正考。

陳高翔　粵按；乾八召京。

陳啓泰　魯生；伯平。湘長沙。同七庶。蘇撫；宣元死。

陳啓邁　子皐；竹伯。湖武陵。道二一庶。贛撫；咸五革。

陳　常　蘇無錫。順十二進士。康三二，粵鄉正考。

陳崇本　陳淮子。伯恭。乾四十庶。豫商丘。宗人府丞，嘉十五罷。

陳崇禮　閩布；道十七病免。

陳　捷　穎侯；鶴臯。浙新昌。康十八庶。康二六，豫鄉正考。

陳培基　順尹；順二降知州。

陳培楨　江南左布；順十五罷。

陳　淮　望之；藥洲。豫商丘。拔貢。贛撫；嘉元革。嘉十五死。

陳　冕　冠生。順宛平。光九狀元。光十五，湘鄉副考。

陳琇瑩　芸敏。閩侯官。光二庶。光十四，豫學。

陳逢泰　兵左；順十三罷。

陳　鼎　伯商。湘衡山。光六庶。光十五；浙鄉副考。

陳　喆　浙按；順十二降。

陳悳正　悳華弟。葛城。直安州。雍八進士。陝按；乾八革。死年七三。

陳悳華　悳榮弟。雲倬。直安州。雍二狀元。兵尚；乾九降。禮右；乾二九休。乾四八死，年八三。

陳悳榮 廷彥；密山。直安州。康五一進士。皖布；乾十二死。

陳曾佑 蘇生。鄂蘄水。光十五庶。甘學使；宣二解。

陳景亮 弼夫。閩閩縣。滇布；咸十二病免。

陳朝君 陝韓城。康三八，豫學。

陳　湜 舫仙。湘湘鄉。贛布；光二二死。

陳極新 德軒。漢正白。陝撫；順十六革。

陳　琪 花農。浙仁和。乾六十庶。詹事；嘉四罷。

●**陳琛** 俞陳琛榜名。

陳　筌 德榮子。兆璜。直安州。乾十七庶。乾三十，黔學。

●**陳筆鋒** 陳學穎榜名。

陳象樞 馭南；復齋。贛崇仁。雍八進士。乾三，川學。死年五八。

陳階平 閩水提；道二一休。

陳　雲 遠雯。順宛平，蘇吳江。乾五八榜眼。嘉九，粵鄉副考。道十四死，年六四。

陳雲誥 紫綸。直易州。光二九庶。宣三，奕閣弼德院參議。

陳　欽 崇甫。浙慈谿。同十庶。光二，陝鄉副考。

陳欽銘 少希。閩侯官。同七進士。蘇按；光十五使英，因病未任。

陳　會 遠齋。川營山。康四八庶。康五九，江鄉副考。

陳嗣龍 紹元；春溆。浙平湖。乾三四探花。左副；嘉十一降編修。嘉十二死。

陳嵩慶 復莽；荔峯。浙錢塘。嘉六庶。吏左；道十病免。

陳　戩 浙仁和。順十二進士。順十四，陝鄉副考。

陳　預 立凡，笠帆。順宛平，蘇吳江人。乾五五庶。魯撫；嘉二三署兵左，旋降主事。道三死。

陳萬全 萬青弟。軼群。浙石門。乾四九庶。兵左；嘉七死。

陳萬青 遠山。浙石門。乾四六榜眼。乾六十，陝學。

陳萬策 對初，謙季。閩晉江。康五七庶。詹事；雍五降。雍十二死，年六八。

陳與冏 弼臣。閩侯官。光六庶。光十四，魯鄉副考。

陳彝暉 浙烏程。康九進士。康三三，豫學。

陳　詵 叔大；實齋。浙海寧。舉人。禮尚；康五八休。康六一死，年八十，清恪。

陳壽祺 恭甫，葦仁；左海。閩閩縣。嘉四庶。嘉九，粵鄉副考。道十四死，年六四。

陳夢球 二受。閩侯官，閩同安人。康三三庶。康三八，湖鄉正考。

陳夢熊 閩侯官。行伍。粵水提；道五休。道八死。

陳嘉樹 亭玉；仲雲。蘇儀徵。道二庶。贛布；道二一罷。

陳學棻 桂生。鄂安陸。同元庶。工尚；光二六死，文恪。

⊙**陳學穎** 榜名陳筆鋒。閩長樂。乾四十進士。乾五六，粵鄉副考。

陳鳴夏 閩惠安。雍五武進士。粵提；乾二三死，恭毅。

陳熙晉 競生；卓堂。魯濟寧。道六庶。道二，滇鄉副考。

陳榮昌 筱圃。滇昆明。光九庶。宣三，魯學使。

陳敱永 學山。浙海寧。工尚；康十七休。康二十死，文和。

陳　福 箕演。陝榆林。武舉。三等男，陝提；康十四被殺，忠愍。

陳福壽 盛工；雍九降。

陳肇昌 鄂江夏。順十五進士。順尹；康三十罷。

陳維新 漢軍。桂撫；順十一病免。

陳毓秀 蘇江陰。同四進士。同十二，桂鄉副考。

陳際唐 宣三，新布。

陳鳳翔 竹香。贛崇仁。南河；嘉十七革，旋死。

陳慶升 采章；一括。黔安平。乾十三庶。乾十六，川鄉正考。

陳慶松 青丈；喬先，雲耕。順大興。道二一庶。道二九，滇學。

陳慶偕 慈圃。浙會稽。道十五進士。魯撫；咸二病免。

陳慶滋 贛按；光三一解。

陳　澐 陳沆兄。北愚；大雲。鄂蘄水。嘉二二庶。

道二,桂鄉副考。
陳　毅　士可。鄂黃陂。宣三;郵右參。△郵左參。
陳　瑾　順十四,閩學。
陳　璋　鍾庭。蘇長洲。康三三庶。康五一,順學。
陳輝祖　大受子。廕生。湘祁陽。閩督;乾四七革,旋殺。
陳　論　陳詵兄。謝浮。浙海寧。康三庶。刑右;康四三降。
陳憲曾　桂生子。子敏;鐵橋。浙錢塘。道二庶。詹事;道二五罷。
陳　壇　杏江;少文。豫商丘。道十五庶。道二二,湘學。
陳澤霖　直天津。光十五進士。贛按;光二六勤王。
陳樹萱　鵬年子。湘湘潭。諸生。户左;雍十三革。
陳豫明　廷敬次子。堯愷;濂村。晉澤州。康三三庶。乾十一,湘學。
陳　錦　天章。漢鑲藍。閩督;順九死。
△陳錦濤　瀾生。粵南海。留美。△袁閣度支部副大臣。
陳　燮　閩閩縣。乾二八進士。乾三六,江鄉副考。
陳　彝　六舟;聽軒。蘇儀徵。同元庶。皖撫;光十五改順尹。閣學;光二二病免。
陳應泰　漢軍。浙撫;順十五休。康元死。
陳懋侯　伯雙。閩閩縣。光二庶。光五,川學。
陳懋鼎　徵宇。閩閩縣。光十六進士。宣三,外左參。
陳　鴻　叔誠;午橋。浙錢塘。嘉十四庶。道二,滇學。
陳濟清　浙提;光二五死。
陳　燦　黔貴筑。光二進士。甘布;宣三解
陳　璚　鹿笙。桂貴縣。川布;光二九休。
陳　翼　芑庭。閩閩縣。同二庶。光二,陜學。
陳霞蔚　閩閩縣。乾四九進士。兵右;嘉九降。閣學;嘉十四憂免。嘉十五死。
陳鍾琛　魯布;嘉九召京。
陳鵬年　滄洲;北溟。湘湘潭。康三十進士。總河;雍元死,年六一,恪勤。
陳　璧　玉蒼。閩閩縣。光三進士。郵尚;宣元革。
陳　璸　文煥;眉川。粵海康。康三三進士。閩撫;康五七死,年六三,清端。
陳　爌　公朗。豫孟津。順三庶。陜左布;順十八罷。
陳寶禾　嵩慶子。子嘉。浙錢塘。道十五庶。道二四,陜鄉副考。
陳寶森　光五,甘鄉正考。
陳寶琛　伯潛;弢庵,橘隱。閩閩縣。同七庶。閣學;宣三授奕閣弼德院顧問。
陳寶箴　右銘。贛義寧。舉人。湘撫;光二四革。
陳繼昌　宏謀玄孫。蓮史。桂臨桂。嘉二五狀元。寧布;道二五病免。
⊙陳顧瀞　榜名顧瀞。又曌,牖曌;藕田,楝波。浙仁和。乾十庶。乾二一,粵學。
陳蘭彬　麗(荔)秋。粵吴川。咸三庶。使美;光七召回。左副,總;光十病免。
陳蘭疇　贊南;綺石。閩侯官。嘉元庶。嘉十二,桂學。
陳夔龍　小石。黔貴筑。光十二進士。直督;△病免。
陳夔麟　夔龍兄。少石。黔貴筑。光六庶。宣三,粵布。
陳　觀　贛新城。乾四九進士。倉場;嘉二一病免。
陳　鑾　芝楣;玉生。鄂江夏。嘉二五探花。江督;道十九死。
陳　驤　子騰。直天津。光二四庶。光三四,黔學使。
陶士璜　閩布;乾十六病免。
陶大均　杏南。浙會稽。宣二,贛按。
陶方琦　子珍;蘭當。浙會稽。光二庶。光五,湘學。
*陶世貴　光元,記提署甘提。
陶正中　田見,殿延;未堂。蘇無錫。雍元庶。晉布;乾十二降清河道。
陶正靖　柱中,稺衷;晚聞。蘇常熟。雍八庶。太常;乾五降。乾十死,年六四。
陶岱　滿正藍。户左署江督,倉場;康四十降,旋死。
陶廷杰　子俊,函三。黔都匀。嘉十九庶。陜布;道二五休。
陶　易　寧布;乾四三革。
陶茂林　湘長沙。甘提;同四革。署古州鎮,光十六死。
陶恩培 益芝;問雲。浙會稽。道十五庶。鄂撫;咸五戰死,文節。
陶煜文 粵陸提;咸二病免。
陶葆廉 拙存。浙秀水。附貢。宣三,奕閣弼德院參議。
陶慶增 吟�。蘇吳縣。道十五庶。道十九,鄂鄉副考。旋因廻避改浙鄉副考。
陶　模 方之,子方。浙秀水。同七庶。廣督;光二八死,勤肅。
陶　樑 寧求;鳧薌。蘇長洲。嘉十三庶。禮左;咸六病免。咸七死,年八六。
陶　澍 子霖;雲汀。湘安化。嘉七庶。江督;道十九死,年六二,文毅。
陸元烺 虹江。浙海寧。嘉二二進士。贛布;咸六病免。
陸元鼎 春江;少徐。浙仁和。同十三進士。蘇撫;光三二解。協理開辦資政院事宜;光三四病免。宣元死,年七八。
陸之祺 晉左布;順三罷。
陸仁恬 改名仁愷。民彝;澹吾。桂臨桂。咸二庶。咸十一,黔學。
陸以莊 平泉;履康。浙蕭山。嘉元庶。工尚;道七死,文恭。
陸有仁 靜巖。浙錢塘。乾三四進士。陝撫;嘉七死。
陸求可 咸一;密庵。蘇山陽。順十二進士。康元,閩學。
◐**陸式龍** 管式龍榜名。
陸伯焜 仲輝;璞堂。蘇青浦。乾四五庶。浙按;嘉四病免。嘉七死,年六一。
陸廷黻 光八,甘學。
陸　言 有章;心蘭。浙錢塘。嘉四庶。左副,豫布;道十二死。
⊙**陸宗楷** 榜名陳宗楷。鳧川;達先。浙錢塘。雍元進士。禮尚;乾三四降。
陸宗輿 潤生。浙海寧。留日。宣三,奕閣印鑄局局長。
陸肯堂 遂升;澹成。蘇長洲。康二四庶。康二六,贛鄉正考。
陸芝祥 姓湖;實庵。粵番禺。同七庶。光元,桂鄉副考。
陸建瀛 立夫。鄂沔陽。道二庶。江督;咸三革。太平軍殺。
陸祚蕃 子振;武園。浙平湖。康十二庶。康二六,桂學。
陸紹琦 景韓;儆巖。浙嘉興。康四八庶。雍元,桂學。
•**陸傳應** 同二,代理黔按。
陸堯松 荇舟;少盧。浙平湖。嘉十六庶。道五,黔鄉副考。
陸　湘 直清苑。乾三七進士。乾五四,黔學。
陸　舜 蘇泰州。康三進士。康十二,浙學。
⊙**陸朝瑛** 榜名范朝瑛。蘇吳江。順四進士。順十一,陝鄉副考。
陸開檠 浙嘉興。嘉六,鄂鄉副考。
陸　棻 次友,義山;雅坪。浙平湖。康十八庶。閣學,康三四病免。康三八死,年七十。
⊙**陸經遠** 榜名徐經遠。順宛平。康二一進士。通政;雍元休。
陸嘉穀 直按;光三四病免。
陸榮廷 幹卿。桂武緣。宣三,桂提。
陸爾熙 廣敷。蘇陽湖。同二庶。同九,陝鄉正考。
陸鳴珂 蘇上海。順十二進士。康三六,魯學。
陸德元 蘇長洲。康十五進士。康三六,陝學。
陸徵祥 子欣(興)。蘇上海。同文館。使荷;宣三,改使俄。
陸潤庠 雲灑;鳳石。蘇元和。同十三狀元。東閣;宣三改弼德院院長。民四死,年七五(文端)。
陸蔭奎 聚五。滇昆明。嘉二四庶。蘇布;道二六罷。
陸賜書 蘇長洲。康四五進士。雍二,陝鄉正考。
陸錫熊 健男;耳山。蘇上海。乾二六進士。左副;乾五七死,年五九。
陸應穀 樹嘉;稼堂。滇蒙自。道十二庶。贛撫;咸元召京。咸十死。
◐**陸興** 史陸興榜名。
陸鍾呂 豫商丘。康三進士。康二十,黔鄉副考。
陸鍾琦 申甫。順宛平,浙蕭山人。光十五庶。晉撫;△辛亥光復時抗拒被殺(文烈)。

陸　燿　青來;朗夫。蘇吴江。舉人。湘撫;乾五十病免,旋死,年六三。

陸寶忠　伯葵。蘇太倉。光二庶。都御史;光三四病免。旋死,文慎。

△**陸繼煇**　蔚廷。蘇太倉。同十庶。光五,鄂鄉正考。

陸費瑔　陸費墀孫。原名恩洪。玉泉;春颿。浙桐鄉。副貢。湘撫;道二九憂免。

陸費墀　丹叔;頤齋。浙桐鄉。乾三一庶。禮左;乾五一罷。

魚鸞翔　陝高陵。康二四進士。康三八,陝學。

鹿　祐　皖潁州。康二一進士。豫撫;康五三病。

鹿傳霖　滋軒;迂叟。直定興。同元庶。東閣,軍;宣二死,文端。

鹿學良　遂儕。直定興。光六進士。宣三,閩按。

麻勒吉　謙六。滿正黃。順九滿洲狀元。江督;康十二降。步統;康二八死。

麻爾圖　滿正黃。户尚;康二九降。

十　二　畫

傅以漸　子磐;星巖。魯聊城。順三狀元。武英;順十八休。康四死,年五七。

傅王露　浙山陰。康五七進士。雍七,贛學。

傅玉　滿鑲黃。西將;乾四九改杭將,未任召京。内大臣;嘉三死。

傅作楫　濟庵。川奉節。左副;康四四革。

傅宏烈　仲謀;竹君。贛進賢。桂撫;康十九死,忠毅。

*****傅廷臣**　光二十,宜昌鎮署鄂提。

傅良　馬齊子。滿鑲黃。襲一等伯,西將;乾四二召京。同年死,恭勤。

●**傅拉塔**　即傅臘塔。

傅恒　春和。滿鑲黃。一等忠勇公,保和,軍;乾三五死,文忠。

傅修　晉按;嘉九罷。

傅振邦　魯昌邑。道十六武進士。鄂提;光九病免。旋死,剛勇。

傅泰　滿洲。寧將;雍十改正紅滿都。

△**傅嵩炑**　華封。宣三,△代理邊務大臣。

傅清　傅恒弟。滿鑲黃。駐藏;乾十五死,襄烈。

傅清　穆如。滿鑲白。乾十三庶。滇布;乾二五革。

傅紳　吏右;雍三罷。

●**傅敏**　福敏榜名。

傅喀蟾　順三,昂邦章京鎮守西安。康八死。

傅景　西寧辦事大臣;乾三五召京。

傅景星　豫登封。明巡撫。工右;順十三休,旋死。

傅森　(一)覺羅。西將;乾二一罷。

傅森　(二)吏尚;乾三十改内大臣。

傅森　(三)滿鑲黃。監生。户尚;嘉六死。

傅　棠　繼夏;石坡。順宛平。嘉六庶。嘉二一,粵學。

傅爲詝　嘉言;謹齋,巖溪。滇建水。左副;乾三五休;旋死,年七十。

傅感丁　浙仁和。順九進士。通政;康二七罷。

傅達禮　滿正黃。翰掌;康十四罷,旋死。

傅壽彤　青餘。黔貴筑。咸三庶。豫按;光四罷。

傅　綬　東堂。滇安寧。嘉十九庶。道元,粵鄉副考。

傅維鱗　初名維楨。掌雷;歉齋。直靈壽。順三庶。工尚;康五病免,康六死。

傅爾丹　傅恒弟。滿鑲黃。駐藏;乾十五死,襄烈。

傅爾笏納　户左;康五八革。

傅慶貽　直清苑。咸六進士。皖布;光六革。

傅增淯　增湘兄。雨農。川江安。光十八庶。光二三,黔學。

傅增湘　沅叔。川江安。光二四庶。宣三,署直學使。

傅德　(一)盛工;康三五死。

傅德　(二)直布;雍二遷閣學。工右;雍十三罷。

傅鼐　(一)閣峯。滿鑲白。刑尚;乾元革。乾三死。

傅　鼐　(二)重庵。順宛平。湘按署布;嘉十六,壯肅(追)。

傅澤淵　浙布;雍元解。

傅繩勳　秋屏。魯聊城。嘉十九庶。蘇撫;咸元病免。

⊙**傅臘塔**　即傅拉塔。滿鑲黃。江督;康三三死,清端。

傅繕　詹事;康五八署甘按。通政;康六十罷。

傅蘭泰　夢巖。蒙正黄。光二一進士。宣三，度右丞。

傅顯　滿鑲紅。漕運；乾三四死，襄勤。

傅繼祖　滿洲。吏左；康四七解。

傑書　康親王。康十三，奉命大將軍。康三六死。

凱音布　(一)滿正黄。廕生。禮尚；康四七休。雍二死。

凱音布　(二)戩卿。滿鑲黄。嘉六庶。成將；道十九死。

勝保　克齋。滿鑲白。道二十舉人。兵左，欽；同元革、殺。

勞乃宣　玉初；韌叟。浙桐鄉。同十進士。宣二，江寧學使。△大學堂監督。民十死，年七九。

勞之辨　書升；介巖。浙石門。康三庶。左副；康四七革。康五三死。

勞崇光　辛陔。湖善化。道十二庶。雲督；同六死，文毅。

勞肇光　次薌。粤鶴山。光十五庶。光十七，滇鄉副考。

博定　黑將；康四七改領衛。

博明　希哲，晰齋。滿鑲藍。乾十七庶。乾二一，粤鄉副考。

博昌　烏魯木齊提督；光六病免。

博迪蘇　露庵。蒙正白。道十三庶。盛工；道二四病免。

博音岱　刑右；康五四革。

博洛　太祖孫。宗室。貝勒，理尚；順四晉郡王銜。端重親王；順六授定西大將軍。順九死，年四十。

博勒恭武　滿正白。鄂提；咸二革。咸三殺。

博啓圖　明瑞孫。滿鑲黄。襲一等公，工尚；道十四死，敬僖。

●**博清額**　即博清額。

博第　滿正藍。西將；乾十四改正白蒙都。乾二六死。

博通額　道元，鄂鄉副考。

⊙**博卿額**　又作博清額。虚宥。滿鑲紅。乾十三庶。理尚；乾五十死，恭勤。

博際　督捕；康三二降。

博爾屯　滿洲。阿爾泰將軍；雍七撤回。

博爾多　皖布；雍四改通政。

博興　滿洲。理左；乾六十改察都。嘉二三死。

博慶額　盛工；嘉十六解。

博羅色　蒙正白。理尚；康八免。

博羅特　理右；康十九死。

博霽　滿鑲白。西將兼管川陜總督；康四七死。

喻成龍　武功。漢正藍。湖督；康四四革。

喻增高　鳳岡。贛萍鄉。道十五庶。道十七，湘鄉正考。

喀代　滿正黄。兵尚；康十七免。康十九死。

喀拜　滿洲。甘撫；康四十革。

喀寧阿　滿鑲藍。刑尚；乾五五死。

喀喀木　滿鑲黄。三等男，吏左；靖南將軍鎮守江寧。康七死。

喀僼　通政；順十六罷。

喀爾吉善　澹園。滿正黄。閩督；乾二二死，莊恪。

喀爾崇義　盛户；乾四四解。

喀爾欽　亮工。滿鑲黄。雍元庶。乾三，晉學。乾六殺。

喀爾喀　警庵。滿正白。康三十庶。康三八，豫鄉副考。

喀爾圖　滿正白。廕生。刑尚；康二三休。康二五死。

喀蘭圖　蒙正黄。理尚；康十休。内大臣；康十二死，敏壯。

△**善佺**　芝樵。滿鑲白。舉人。宣三，法左參。△遷法右丞。

善耆　艾堂。宗室，隸鑲白。肅親王。宣三，奕閣理藩大臣。

善泰　晉布；乾六十罷。

善禄　蒙正白。綏將；咸四死，勤壯。

善慶　(一)滿正藍。嘉七進士。禮左；道二回副都任。

善　慶　(二)厚齋。漢鑲紅。福將，海署；光十四死，勤敏。

善德　滿鑲黄。杭將；乾五九召京。

善聯　星垣。滿鑲紅。鄂布署福將；光二六卸。

善燾　溥泉。宗室，隸鑲白。道十二庶。盛工；咸六署正黄漢副。

善寶 光禄;嘉十五降。

喇巴克 理左;康二六革。

喇布 濟度二子,簡親王。康十三,授揚威大將軍。

喇沙里 翰掌;順十八死,文敏。

喇哈達 滿洲。工尚;康三改鑲黄蒙都。杭將;康二一召京。

喇弼 太常;康二八死。

喇錫 閣學;康三四回讀學原任。太僕;康四四罷。

喜昌 桂亭。滿鑲白。西寧辦事;光六改烏里雅蘇台參贊。光十七死。

喜明 滿正藍。定左;嘉二三死,勤毅。

喜常 閣學;乾五十罷。

喬人傑 晉徐溝。鄂按;嘉九罷。

喬士容 晉猗氏。康六進士。康三八,晉學。

喬世臣 丹葵;蓼圃。魯滋陽。康六十庶。工右;雍十三死,年五十。

喬光烈 敬亭。蘇上海。乾二進士。湘撫;乾二九革。甘布;乾三十死。

喬用遷 見齋。鄂孝感。嘉十九進士。黔撫;咸元死。

喬松年 人傑孫。健侯;鶴儕。晉徐溝。道十五進士。東河;光元死,勤恪。

喬晉芳 春臯,心農。晉聞喜。道十五探花。道二四,湘鄉副考。

喬萊 子静;石林。蘇寶應。康十八庶。康二十,桂鄉正考。

喬雲名 晉猗氏。康三六進士。康五一,江鄉正考。

喬照 浙提;乾四九罷。

喬學尹 莘廬。晉猗氏。康五二庶。太僕;乾十一休。

喬遠瑛 鄂孝感。乾五五進士。嘉三,川鄉副考。

喬樹枏 孟仙;茂萱。川華陽。舉人。宣三,學左丞。民六死,年六八。

單功 直布;乾四四死。

單德謨 魯高密。雍五進士。乾元,江鄉副考。

單懋謙 地山。鄂襄陽。道十二庶。文淵;同十三休。光五死,文恪。

單壁 滿洲。盛禮;康三三休。

單疇書 魯高密。康三六進士。户右;雍七死。

屠之申 可如;舒齋。鄂孝感。直布;道九降。

屠沂 艾山;文亭。鄂孝感。康三三進士。浙撫;康六一病免。

屠嘉正 浙桐鄉。雍二進士。黔按;乾二十降。

屠粹忠 芝巖。浙定海。順十五進士。兵尚;康四五死。

屠賴 滿鑲藍。一等公,理尚;順十五免。

富尼善 滿鑲紅。皖布;乾五五解。黔撫;嘉七死。

富尼漢 滿正黄。豫撫;乾三五降。鄂布;乾三七罷。

富色鏗 寧將;嘉十八降。

富呢揚阿 海帆。滿鑲紅。舉人。陝督;道二五死。

富呢雅杭阿 容之。蒙鑲紅。道二四庶。盛户改閣學;咸八罷。

富志那 滿正紅。黔提;嘉十五死。

富成 滿鑲黄。成將;嘉四革。嘉五戰死。

富昌 (一)亦作富常。綏將;乾二二休。

富昌 (二)江將;嘉八召京。

富明 豫布;乾十五降。

富明安 滿鑲紅。湖督;乾三七死,恭恪。

富明阿 治安。漢正白。吉將;同九病免。光八死,威勤。

富炎泰 滿鑲藍。乾十九進士。大理;乾五七罷。

富俊 松岩。蒙正黄。乾四四繙譯進士。吉將;道十四死,年八六,文誠。

富信 黔布;道二召京。太僕;道六罷。

***富亮** 道九,荆州副都統護將軍。

富躬 滿鑲紅。乾十繙譯進士。皖撫;乾四九病免。

富勒渾 (一)蒙鑲白。舉人。湘撫;乾二三解。

富勒渾 (二)滿正藍。舉人。廣督;乾五一革。乾五五死。

富勒賀 滿正黄。乾四繙譯進士。太僕;乾四四降。

富勒赫 南河;乾二一召京。

***富勒銘額** 子約。光十六,伊犁副都統署將軍。

富崑 大理;嘉五休。

富寧安 阿蘭泰子。滿鑲藍。武英;雍六死,文恭。

富森 (一)盛刑,閣學;乾二十罷。

***富森** (二)咸十,荆州右翼副都統署將軍。

富祥　杭將;道十四休。
富順　吉將;光三一召京。
富貴　閣學;乾二三罷。
△富廉　左副;咸十一革。
富椿　杭將;乾四四休。
富楞泰　寧將;嘉四罷。
富僧阿　滿正黄。西將;乾四十死。
富僧德　滿鑲黄。西將;道十九革。護統;道二六死,武壯。
富僧額　盛兵;乾二三罷。
富察善　滿鑲黄。盛工兼奉尹;乾四三病免。乾五一死。
富綱　滿正藍。雲督;嘉四憂免。
富綸　桂布;嘉二三革。
富興阿　左副;咸五休。
富爾嵩阿　寧將;道九病免。
*富爾荪　光五,杭州副都統署將軍。
富德　(一)滿正黄。乾十七繙譯進士。盛兵;乾三六休。
富德　(二)滿正黄。一等侯,理尚;乾二七革。散秩;乾四四殺。
富德　(三)盛户;乾十三召京。
富鋭　滿正紅。兵尚;嘉四病免。旋死,恭恪。
富鴻基　磐伯;雲麓。閩晉江。順十五庶。禮右;康二二病免。康三一死。
甯之風　陝右布;康元罷。
甯世簪　筆公。皖潁州。康二四庶。康三二,黔鄉正考。
寧古禮　滿正藍。户尚;康二死,勤敏。
甯完我　公甫;萬涵。漢正紅。國史;順十五休。康四死,文毅。
甯曾綸　理堂。直樂亭。舉人。浙按;同元死。
嵇承志　嵇璜子。蘇無錫。舉人。東河;嘉九病免。順尹;嘉十一死。
嵇承謙　嵇璜子。受之;晴軒。蘇無錫。乾二六庶。乾三九,陝學。
嵇曾筠　松友;禮齋。蘇無錫。康四五庶。文華;乾三死,文敏。
嵇　璜　曾筠子。尚佐;黼廷,拙修。蘇無錫。雍八庶。文淵;乾五九死,年八四,文恭。
尋鑾煒　管香;幼雲。晉榮河。咸二庶。咸八,湘鄉正考。
復興　慶桂。滿鑲黄。廕生。定左;乾五四死,勤毅。
彭人瑛　晉安邑。康六十進士。湘按;乾二罷。
彭久餘　味之。鄂江夏。道十六進士。吏左;光四病免。
彭元瑞　廷訓子。掌仍,輯五;雲楣。贛南昌。乾二二庶。協,吏尚;乾五六降。工尚;嘉八休。嘉九死,年七三,文勤。
彭玉麐　雪琴。湘衡陽。諸生。江督,兵尚;均辭未任。巡閱長江水師;光十六死,剛直。
彭而述　子籛;禹峰。豫鄧州。明進士。桂右布;順十七降。康六死,年六十。
彭有義　漢軍。豫撫;康元解。
彭作邦　晉臨汾。嘉十九進士。道十四,川鄉副考。
彭希濂　蘇長洲。乾四九進士。刑右;嘉二四降閩按,旋死。
彭廷訓　尹作。贛南昌。康四五庶。康五九,晉學。
彭廷棟　甘寧夏。乾二二武進士。黔提;乾六十死。
彭邦疇　元瑞孫。錫九;春農。贛南昌。嘉十庶。道七,奉學。
彭定求　勤止;訪濂,南畇。蘇長洲。康十五狀元。康十六,順鄉正考。康五八死,年七五。
彭始摶　而述子。直上;方洲。豫鄧州。康二七庶。閣學;康五五假。
彭承堯　鄂松滋。武進士。桂提;嘉二死。
彭　冠　樹葵子。六一。豫夏邑。乾二二庶。乾二七,鄂鄉副考。
△彭英甲　△宣三,暫署陝布。
彭　述　向青。湘清泉。光十二庶。光二七,鄂學。
彭家屏　豫夏邑。康六十進士。蘇布;乾二十召京。
彭孫遹　駿孫;羨門。浙海鹽。康十八庶。吏右;康三六假。
彭振翼　甘布;雍三革。
彭　浚　寶臣。湘衡山。嘉十狀元。道三,奉學。
彭祖賢　藴章子。芍庭。蘇長洲。舉人。鄂撫;光十一死。
彭啓豐　定求孫。翰文;芝庭。蘇長洲。雍五狀元。兵左;乾二十乞養。乾四九死,年八四。

彭濬藜 少湘。湘長沙。光九庶。光二七,鄂學。

彭涵霖 迪修;養田。贛萍鄉。道二一庶。道二六,晉鄉副考。

彭　理 桂按;乾四二罷。

彭紹觀 啓豐次子。鏡瀾。蘇長洲。乾二二庶。乾三六,晉鄉副考。

彭舒萼 棣樓。湘長沙。道九庶。道十七,陝鄉正考。

彭會淇 四如;菉洲。蘇溧陽。康十五庶。工右;康四五休。

彭殿元 上虎。贛廬陵。康二七庶。康三二,順鄉副考。

彭瑞毓 子嘉;芝泉,葚畦。鄂江夏,蘇溧陽人。咸二庶。咸八,晉學。

彭楚漢 閩水提;光十八罷。

彭維新 肇周;石原。湘茶陵。康四五庶。協,户尚;雍十一革。兵尚;乾十二革。

彭樹葵 家屏從子。覲之;水南。豫夏邑。乾元庶。禮左;乾二三降。乾四十死,年六六。

彭　襄 子贊。川中江。順十二進士。康十一,粤鄉副考。

彭蘊章 啓豐曾孫。詠莪。蘇長洲。道十五進士。武英,軍;咸十休。同元死,文敬。

彭　鵬 奮斯;九峰,古愚,無山。閩莆田。順十七舉人。粤撫;康四三死,年六八。

揆叙 凱功。滿正黄。左都;康五六死,文端(奪)。

揆義 滿鑲黄。監生。鄂撫;乾三四革。

提橋 刑右;順二病免。

惠士奇 仲儒,天牧;半農。蘇吴縣。康四七庶。康五九,粤學。乾六死,年七一。

惠吉 詩塘。滿鑲黄。陝督;道二五死。

惠林 杏田。蒙鑲白。咸十庶。理右;光五休。

惠森 宣二,豫按。

⊙**惠端** 容圃。榜名慧端。宗室,隸鑲藍。嘉七庶。盛兵;道九解。道十五死。

惠慶 桂提;咸七解,議。

惠豐 滿鑲黄。禮尚;咸元死,恪慎。

惠齡 椿亭。蒙正白。陝督;嘉九死,勤襄。

惠顯 工左;道十二改歸化城副都統。

惠銘 篋庭。蒙古。西將;光二八罷。

惲世臨 季咸;次山。順大興,蘇陽湖人。道二五庶。湘撫;同四降。同十死,年五四。

惲光宸 濬生;薇叔。順大興,蘇陽湖人。道十八庶。贛撫;咸十死。

惲彦彬 光宸季子。次遠。蘇陽湖。同十庶。工右;光二四病免。

惲祖翼 彦彬從兄。叔謀;崧耘。蘇陽湖。浙撫;光二七憂免,旋死。

普陀保 閩陸提;光二三罷。

普保 介石。滿正黄。嘉六庶。盛禮;道十五休。

普恭 滿洲。禮尚,福將;道九死。

普泰 (一)宗室。兵左;乾四革。

普泰 (二)黔按;道二九召京。

*****普照** 雍元,署西將。

普福 蒙正黄。杭將,左都;嘉七死。

景日昣 豫登封。康三十進士。禮右;雍三假。

景方昶 其濬子。旭林。黔興義。光十五庶。光二八,豫鄉副考。

景安 滿鑲紅。户尚;嘉二五解。領衛;道三死。

景考祥 履齋。豫汲縣。康五二庶。雍元,湖鄉副考。

景其濬 劍泉。黔興義。咸二庶。閣學;光二罷。

景亮 閣學;道二五改巴里坤領隊。

景星 月汀。滿正白。舉人。福將;光二八病免。光三三,協理開辦資政院事宜;宣二死。

景厚 燮甫。宗室,隸鑲藍。光十二庶。宣三,禮左。

景紋 駐藏;同七降。

景淳 即景綸。

景敏 滿正白。貢生。黔撫;嘉十八死。

景善 茀亭。滿正白。同二庶。禮右;光二十休。

景廉 秋坪,儉卿,季泉;隅齋。滿正黄。咸二庶。兵尚;光十降。閣學;光十一死,年六二。

景禄 滿鑲黄。左都;嘉二三降。道元死。

景禐 佩珂。滿鑲藍。光二十庶。宣三,奕閣弼德院參議。

景福 介之;仰亭。滿鑲白。乾十七庶。兵右;乾四八死。

⊙**景綸** 原名景淳。吉將;同三解。

景慶　閣學；道二九革。

景熠　黑將；嘉六革。

景霖　星橋。滿正白。道十五庶。左副；同四改馬蘭鎮。

景謙　湘布；道五病免。

景豐　荆將；光七死。

景灃　東甫。滿鑲白。户左；光三二改鑲藍漢都。廣將；光三四改内務府大臣。

曾元海　叶蘇，少坡。閩閩縣。道二庶。道八，桂學。

曾元邁　循逸；嚴齋。鄂景陵。康五七庶。雍四，江鄉副考。

曾日理　浙按；乾三五革。

曾王孫　浙秀水。順十五進士。康三三，川學。

●**曾世琮**　曾用瓚榜名。

・**曾玉明**　同三，臺灣鎮署閩水提。

⊙**曾用瓚**　榜名曾世琮。虹受。湘湘潭。康四八進士。康五九，粵鄉正考。

曾　受　川成都。行伍。湘提；道十休，旋死。

曾秉忠　閩陸提；同元革。

曾紀澤　國藩子。劼剛。湘湘鄉。襲一等侯，使英，户右；光十二死，惠敏。

曾紀鳳　摯民。湘湘鄉。諸生。滇布；光十五乞養，旋死。

曾述棨　霽生。豫固始。光十八庶。宣三，外右丞。

曾國荃　國藩弟。沅甫。湘湘鄉。優貢。一等威毅伯，江督；光十六死，忠襄。

曾國藩　原名子城。伯涵；滌生。湘湘鄉。道十八庶。一等毅勇侯，武英，江督；同十一死，年六二，文正。

曾培祺　輿九；壽軒。漢鑲白。同十庶。光十一，豫鄉正考。

曾望顔　瞻孔；卓如。粵香山。道二庶。川督；咸十革。閣讀學；同九死。

曾習經　剛甫；蟄庵。粵揭陽。光十八進士。光三三，度左參。△署度右丞。

曾　勝　粵陸提；道十七死，勤勇。

曾華蓋　粵揭陽。康九進士。康二九，湖鄉副考。

曾鉌　懷清。滿正白。鄂撫；光二四革。

曾廣漢　左副；光二四革。光禄；光二九罷。

曾廣銓　使朝；光三二裁缺召回。改使德，未任。

曾廣鑾　左副；光二六乞養。

曾　燠　庶蕃；賓谷。贛南城。乾四六庶。黔撫；嘉二一乞養，降。兩淮鹽政；道十一死。

曾璧光　樞垣(元)。川洪雅。道三十庶。黔撫；光元死，文誠。

曾　鑑　焕如。川華陽。拔貢。光三二，法左丞。宣三；△袁閣法部副大臣。

朝　琦　甘布；康四四召京。

朝　銓　盛刑；乾三八病免。

期成額　兵左；乾四十死。

斐靈額　宗室。光禄；嘉元罷。

欽拜　兵左；雍四革。青州將軍；乾十改内大臣。

敦多禮　滿正紅。刑右；康二六革。

敦良　豫按；嘉二四罷。

敦柱　桂按；嘉十五罷。

敦拜　(一)滿正黄。一等子，盛將；順十七死，襄壯。

敦拜　(二)滿正藍。吏尚；康四五解。左都；雍元免。

敦福　滿鑲黄。倉場；乾四二降。

焦大聚　烏魯木齊提督；光三十罷。

焦以厚　蘇江寧。乾五二進士。嘉五，魯鄉副考。

焦友麟　子恭；笠泉。魯章丘。道十三庶。道二十，晉鄉副考。

焦安民　漢正紅。寧夏巡撫；順三兵變被殺。

焦佑瀛　桂樵。直天津。舉人。太僕；咸十一革。

焦和生　漢軍。乾四九進士。乾五七，川鄉副考。

焦映漢　桂按；康五七革。

焦祈年　穀貽；田祖。魯章丘。雍元庶。奉尹；雍十一病免，旋死。

焦　榮　豫新野。順十二進士。康二一，滇學。

焦毓瑞　輯五；石虹。魯章丘。順六庶。户右；康二四死。

渠本翹　楚南。晉祁縣。光十八進士。宣三，典禮院直學士。

渣克旦　兵左；雍元派往布隆吉爾。

渣克亶　康五九，散秩充祭諭朝鮮國王正使。

渥　赫　滿正藍。禮尚；康元休。康十一死。

游百川　匯東；梅溪。魯濱州。周元庶。倉場；光七革。

游智開 子代。湘新化。舉人。桂布;光二五病免。

湍多布 浙按;光二八罷。

湯之旭 湯斌孫。孟升;凝齋。豫睢州。康四五庶。康五三,江鄉副考。

湯右曾 西崖。浙仁和。康二七庶。吏右; 康六十專管翰掌。康六一死。

湯先甲 蕁南;辛齋。蘇宜興。乾十六庶。乾四十,粵學。

湯金釗 敦甫;勗兹。浙錢塘,浙蕭山人。嘉四庶。協,吏尚;道二一降。光禄;道二二休。咸六死,年八四,文端。

湯　斌 孔伯;荆峴,潛庵。豫睢州。順十八庶。工尚;康二六死,年六一,文正。

湯雲松 容生;鶴樓。贛南豐。道二十庶。蘇按;同元病免。

湯雄業 桂布;乾五八罷。

湯　聘 稼軒。浙仁和。乾元進士。黔撫; 乾三二革。乾三四死。

湯聘珍 魯布;光二一召京。

湯壽銘 滇布;光二九革。

湯壽潛 蟄仙。浙山陰。光十八庶。贛學使;宣二,乞養。

湯　濬 贛南豐。乾五二進士。嘉六,皖學。

湯　鵬 海秋。湘益陽。道三進士。道十九,陜鄉正考。

温代 滿洲。禮右;康二二改黑副都。

温予巽 季木;東川。陜漢陰廳。道十三庶。甘布;道二九罷。

温汝适 步容;質坡。粵順德。乾四九庶。兵右;嘉十九免。

温如玉 以栗;尹亭。直撫寧。乾十庶。乾十八,桂鄉正考。

温而遜 晉布;雍十三革。

温宗堯 欽甫。粵新寧。留美。駐藏;宣二解。

温承志 粵按;嘉十七死。

温承惠 景僑;慎餘,七十愚叟。晉太谷。鄂布;道元解。道十二死,年七八。

温忠翰 味秋。晉太谷。同二探花。鄂按; 道十二病免。

温保 滿洲。晉撫;康三五憂免, 康三六革。

温常綬 印侯;少華。晉太谷。乾三四庶。乾四五,浙鄉副考。

温敏 允懷。滿正藍。乾十庶。盛禮;乾三四罷。

温葆 晉按;乾四八罷。

温葆淳 宗人府丞;咸三罷。

温葆深 明叔。蘇上元。道二庶。户右;光二病免。

温達 滿鑲黄。文華;康五四死,文簡。

温察 左副;康四八休。

温福 履綏。滿鑲紅。武英,軍; 授定邊將軍,乾三八戰死。

温賢 粵水提;同五病免。

棍楚克策楞 滿鑲黄。黑將;道二七死。

森圖 晉布;雍元革。

登柱 太僕;乾五罷。

登德 禮左;雍二解。閣學;雍七休。

發度 宗室。黑將;康四八革。

童以圻 焕齋;秋湖。浙仁和。道二一庶。道二九,魯鄉副考。

童　華 惟兖,薇研。浙鄞縣。道十八庶。左都;光八降禮右。光十五死。

童欽承 在公;靖庵。浙會稽。順六進士。康十一,贛鄉副考。

童鳳三 梧岡。浙山陰。乾二五庶。吏左; 嘉四病免,旋死。

童鎮陞 浙鄞縣。行伍。江提; 嘉二五召京。道十一死。

琦昌 蒙鑲黄。道三進士。詹事;咸二罷。

琦善 静庵。滿正黄。襲一等侯,文淵,廣督;道二一革。協,陜督; 咸元革。欽,督辦江北軍務;咸四死,文勤。

琦琛 滿正藍。舉人。閣學;道十八改泰寧鎮。

琳寧 宗室,隸鑲藍。協,吏尚;嘉九革。禮尚;嘉九病免。嘉十死,勤僖。

程之偉 閩水提;光二十罷。

程之璿 浙右布;順十五罷。

程仁圻 方甫。黔廣順。康六十庶。粵布;乾六革。

程元章 冠文。豫上蔡。康六十探花。吏左; 乾五革。乾三二死。

程允和 宣三;長江水師提督。

程文炳 從周。皖阜陽。長江水師提督；宣二死，壯勤。

程文彝 銘仲；泮園。蘇婁縣，皖休寧人。康三庶。工右；康四四死。

程世淳 端立；澂江。皖歙縣。乾三六進士。乾四五，魯學。

程正揆 端伯。鄂孝感。工右；順十三解。

程甲化 閩莆田。順十八進士。康二九，川鄉正考。

程同文 春廬。浙桐鄉。嘉四進士。道二，奉學。

程光珠 魯按；雍二解。

程如絲 川按；雍五罷。

程汝璞 皖合肥。順四進士。康十二，黔學。

程伯鑾 原名中錚。藥隣；次坡。川墊江。嘉十庶。嘉十八，黔鄉副考。

程廷桂 楞香。蘇吴縣。道六進士。左副；咸八革。

⊙**程含章** 即羅含章；道八准復姓程。月川。滇景東。舉人。魯撫；道七免。閩布；道十病免。

程昌期 階平；蘭翹。皖歙縣。乾四五探花。乾六十，魯學。同年死，年四三。

程卓樑 贛宜黄。乾五四進士。桂按；嘉二三解。

程芳朝 其相。皖桐城。順四庶。太常；康九罷。

●**程奂采** 即程焕采。

程家督 國仁長子。小鶴。豫商城。嘉十庶。嘉十三，陝鄉副考。

程恩澤 昌期子。雲芬；春海。皖歙縣。嘉十六庶。工右；道十七死，年五三。

程祖洛 問源；梓庭。皖歙縣。嘉四進士。閩督；道十六憂免。道二八死，簡敬。

程祖誥 皖休寧。道三十進士。左副；光七休。

程國仁 濟棠；鶴樵。豫商城。嘉四庶。刑右；嘉二五解。黔撫；道四死，年六一。

程棫林 少珊，邵珊。黔思南。光十五庶。光十九，甘鄉正考。

程矞采 晴峯。贛新建。嘉十六進士。湖督；咸二革。咸七死。

程景伊 聘三；莘田，雪堂。蘇武進。乾四庶。文淵；乾四五死，文恭。

程盛修 楓儀；風沂。蘇泰州。雍八庶。順尹；乾二五乞養。

程　銓 順大興。嘉十九進士。鄂按；道十八召京。

⊙**程焕采** 亦作奂采。矞采弟。曉初；霽亭。贛新建。嘉二五庶。蘇布；道二九病免。

⊙**程楙采** 矞采從弟。榜名贊采。憩棠。贛新建。嘉十九庶。浙撫；道二三死。

程壽齡 漱泉。蘇甘泉。嘉七庶。嘉十五，滇學。

程儀洛 浙山陰。光三進士。晉按；光三一罷。幫辦土藥統税事務；光三四免。

程德全 雪樓。川雲陽。廩貢。蘇撫；辛亥光復時任民軍都督。

程德潤 玉樵。鄂天門。嘉十九進士。甘布；道二三革。

程德楷 憲甫；松亭。鄂麻城。嘉十庶。光禄；道十二病免。

程　憲 湘按；康二七罷。

程　豫 陝山陽。咸六進士。川布；光七召京。

程　誠 滇按；同十三降。

程鍾彦 驤超；芥亭。浙嘉善。雍十一庶。乾十二，豫鄉正考。

程　燾 九峯；雲軒。浙仁和。舉人。鄂撫；乾三三降贛布。乾三四召京，僕少。

程懷璟 滇按；道十五罷。

●**程贊采** 程楙采榜名。

程贊寧 嘉二十五改名程贊清。定甫；静軒。蘇儀徵。嘉七庶。晉按；道元召京。

程　巖 巨山；海蒼。贛鉛山。禮左；乾三一乞養。乾三三死，年五五。

盛安 滿鑲黄。刑尚；乾十三革。乾二四死。

盛宣懷 杏蓀。蘇武進。宣三，奕閣郵傳大臣，革。民五死。

盛思本 詒安；午舟。蘇陽湖。嘉十九庶。道十一，魯學。

盛炳緯 養園。浙鎮海。光六庶。光十一，川學。

盛煜 伯熙。宗室，隸鑲白。光三庶。光十四，魯鄉正考。

盛柱 滿正白。户右；嘉五革。副都；嘉十死。

盛桂 閣學；咸四病免。

盛泰 奉尹；道八召京。駐藏幫辦；道十病免。

盛惇崇 蘇陽湖。乾四六進士。甘布；嘉二十罷。

盛復選 太常；順十七降。

*盛壎 漢正黄。道二八，歸化城副都統署綏將。

舒明　蒙正黄。一等男,綏將;乾二七死。

舒明阿　滿鑲黄。襲一等公,杭將;道六死。

舒虎甗　閣學;康四三罷。

舒亮　滿正白。黑將;乾六十革。嘉三死。

舒英　覺羅,隸正黄。禮左;道十二病免。道十三死。

舒倫保　西將;咸四赴直隸。

舒恕　覺羅,隸正白。左都;康十九革。寧將;康三六撤。正藍滿都授揚威將軍;康四二死,年六五。

舒泰　駐藏;乾二十召回。

舒常　舒赫德子。滿正白。工尚,湖督;乾四三解。左都;嘉三死,恪僖。

舒清阿　宣三,大操西軍總統官。

舒淑　左副;康二六解。

舒淑布　陝布;康十八罷。

舒通阿　滿正藍。西寧辦事;道十六死。

舒寧　閣學;嘉二二降。閣學;道二罷。

舒喜　禮左;雍十一死。

舒楞額　吏右;雍十罷。

舒聘　左副;嘉九降。

舒輅　(一)滿洲。左都;康四四革。

舒輅　(二)滿正白。陝撫;乾十七死。

舒圖　滿洲。甘撫;乾四九解。

舒興阿　旺山,叔起;雲溪。滿鑲黄。道十二庶。陝督;咸三革。滇撫;咸七病免。

*__舒精阿__　咸五;西安副都統署將軍。

舒赫德　(一)晉按;康四七罷。

舒赫德　(二)徐元夢孫。伯容;明亭。滿正白。兵尚;乾二二革。

舒魯　覺羅。雍二,散秩充祭朝鮮國王世弟正使。

舒樹　甘撫;康三五免。

舒濂　滿正白。户右,駐藏幫辦;乾五六死。

舒蘭　滿正紅。工左;康五三降。康五九死。

舒靈阿　滿正藍。閩按;嘉二五病免。

策丹　蒙正黄。理左;嘉十五降。副都;嘉二三死。

策巴克　西寧辦事;嘉二罷。駐藏;嘉十革。

策凌　又作策稜。蒙古喀爾喀都。親王,額駙,定左;乾十五死,襄。

策楞　滿鑲黄。二等公。定左;乾十九革。乾二三死。

⊙**莽古賚**　亦作莽鵠賚。宗室,隸正藍。杭將;乾五十死。

莽色　盛户;康二七休。康三三死。

莽依圖　又作蟒吉圖。滿鑲白。康十六,授鎮南將軍。康十九死,年四七。

莽奕禄　滿正白。荆將;康四二病免。同年死,敏肅。

莽喀　荆將;康四六改正黄蒙都。

莽鵠立　樹本;卓然。滿鑲黄。甘撫;雍八赴西寧。署工尚;乾元死,敏肅。

●**莽鵠賚**　即莽古賚。

華山泰　綏將;咸五病免。

華日新　修德。贛鉛山。道二四庶。蘇布;同元解。

華世奎　璧臣。直天津。宣三,奕閣閣丞。

華色　通政;康四九罷。

華金壽　竹軒。直天津。同十三庶。吏左;光二六死。

華俊聲　少蘭。直天津。光十六庶。光二三,豫鄉正考。

華祝三　鼎臣,肇猷;堯峯,瘦石。贛鉛山。咸元,黔鄉副考。

華章志　惟貞。蘇無錫。順十六進士。康二九,黔學。

華善　石廷柱三子。漢正白。襲三等伯,額駙。康十三,授安南將軍。康三四死。

華　煇　再雲。贛崇仁。光九庶。光十五,鄂鄉副考。

華學瀾　瑞安。直天津。光十二庶。光二七,黔鄉正考。

華蓮布　奉尹;嘉二十罷。

華顯　覺羅,隸正黄。川陝總督;康四三死,文襄。

萇朵秀　行人司司副;康八,贛鄉副考。

荆山　滿正白。禮尚;康五六死,端簡。

荆道乾　健中;南谿。晉臨晉。舉人。皖撫;嘉六病。嘉七死,年七二。

舜拜　覺羅。盛兵;康三四休。康三九死。

賁昌　閣學;光三二休。

賁恒　塢樵。滿鑲白。同十庶。定左;光二四病免。刑尚;光二八病免。

費慶 雲西;月山。滿鑲白。嘉四庶。禮尚;道十七病免。

費　賢 哲生。漢正黄。光二三,奉學。

費元龍 浙歸安。乾元進士。川按;乾三三召京。

費丙章 會宜;新橋。浙仁和。嘉十三庶。豫布;道九罷。

費延釐 芸舫。蘇吴江。同四庶。同十二,豫學。

費念慈 屺懷;西蠡。蘇武進。光十五庶。光十七,浙鄉副考。

費金吾 曉亭。浙烏程。舉人。鄂撫;雍八死。

費南英 浙烏程。乾三八進士。乾三九,魯鄉副考。

費振勳 策雲,鶴江;蒙士。蘇震澤。乾四十進士。乾五四,桂學。

費　淳 筠浦。浙錢塘。乾二八進士。體仁;嘉十四降兵右。工尚;嘉十六死,文恪。

費揚古 滿正白。襲三等伯,晉一等公。康三四,授撫遠大將軍。歸化城將軍;康四十死,襄壯。

費揚固 宗室。輔國公,右衛將軍;康五七病休。

費揚武 滿洲。步統;康二三休。

費開綬 佩青;鶴江。蘇武進。嘉二五庶。贛撫;道三十免。

費齊 滿洲。盛户;順十八罷。

費錫章 浙歸安。順尹;嘉二二死。

貽穀 藹人。滿鑲黄。光十八庶。綏將;光三四革。

賀良楨 黔按;光十五罷。

賀長庚 晉布;嘉三罷。

賀長齡 耦耕;西厓,耐庵。湘善化。嘉十三庶。雲督;道二六降豫布。道二七休,革。道二八死。

⊙**賀壽慈** 初名于逵,榜名霖若。吉甫,雲舫;贅叟。鄂蒲圻。道二一庶。工尚;光五降左副,旋解。

賀熙齡 長齡弟。原名永清。光甫;蔗農。湘善化。嘉十九庶。道八,鄂學。道二六死,年五九。

賀賢智 虚齋。直遷安。乾四九庶。乾五四,江鄉副考。

●**賀霖若** 賀壽慈榜名。

都隆額 皖按;乾十二罷。

都興阿 直夫。滿正白。盛將;光元死,清慤。

都爾嘉 滿洲。黑將;乾五六召京。西寧辦事;嘉七革。

都賚 滿正紅。兵尚;乾二三革。

鄂山 潤泉。滿正藍。嘉元進士。刑尚;道十八死,年六九。

鄂內 滿洲。康十六,授討逆將軍。

鄂木順額 見吾;復亭。滿正藍。嘉二五庶。左副;道十二死。

鄂札 多鐸孫。信郡王。康十四,授撫遠大將軍。康十九,授副將軍。康四一死。

鄂克濟哈 滿正黄。漢中將軍;康二十召京。護統;康三八死。

鄂克遜 滿鑲黄。江將;康五七休。雍七死,年八八,文恭。

鄂忻 工右;乾三四罷。

鄂奇 滿洲。兵右;康五十革。

鄂岱 甘布;康四五罷。

鄂昌 鄂爾泰姪。滿鑲藍。舉人。甘撫;乾二十革、殺。

鄂芳 菊潭。滿鑲白。同二庶。同六,閩鄉副考。

鄂哈 禮左;康二五休。

鄂容安 鄂爾泰長子。休如;虚亭。滿鑲藍。雍十一庶。江督;康十九改定北將軍參贊。乾三十戰死,剛烈。

鄂海 滿鑲白。陝督;康六十免。雍三死。

鄂泰 滿正白。康十四,副都統授建威將軍。康十八死。

鄂莫克圖 順八,順鄉正考。

鄂寧 鄂爾泰四子。滿鑲藍。舉人。雲督;乾三三降閩撫。乾三四革。乾三五死。

鄂善 (一)滿鑲黄。甘撫;康十八解,旋死。

鄂善 (二)滿鑲黄。兵尚;乾六革。

鄂弼 鄂爾泰三子。滿鑲藍。川督;乾二八死,勤肅。

鄂雲布 滿正黄。黔撫;嘉十五召京。嘉十六死。

鄂順安 雲圃。滿正紅。豫撫;道二八革。駐藏幫辦;咸元病免。

鄂愷 滿鑲黄。陜撫;康二五降。

鄂爾多 滿正白。刑右;康二五改内務府大臣。吏尚;康三十死,敏恪。

鄂爾奇 鄂爾泰弟。季正;癯客,復庵。滿鑲藍。康五一庶。户尚;雍十一革。雍十三死。

鄂爾泰 毅庵。滿鑲藍。舉人。保和,軍;乾十死,年六九,文端。

鄂爾端 宗室,隸正藍。嘉二四進士。左副;道十九改泰寧鎮。

鄂爾賚 左副;雍十三罷。

鄂貌圖 麟閣;遇羲。滿洲。祕書學士;順十八死,年四八。

鄂齊珥 閣學;康五四病免。

鄂樂舜 原名鄂敏,鄂爾泰姪。滿鑲藍。魯撫;乾二一革、殺。

鄂輝 韞田。滿正白。三等男,川督;乾五六革。雲督;嘉三死,恪勤。

鄂賴 閣學;雍二改額外理侍。

鄂彌達 (一)滿洲。青州將軍;雍十二署天津都統。

鄂彌達 (二)滿正白。協,刑尚;乾二六死,文恭。

鄂彌達 (三)工右;乾五六改副都。

鄂禮 立庭。滿正白。駐藏;光八解。

鄂羅 陜布;康四五罷。

鄂羅舜 滿洲。江寧將軍;乾四四死。

鄂 寶 滿鑲黄。盛户;乾五二死。

鈕玉庚 潤生。順大興。同四庶。光二,魯學。

鈕汝騏 駕仙。浙桐鄉。乾四庶。乾十六,滇鄉正考。

鈕福保 右申;松泉。浙烏程。道十八狀元。道二十,桂學。

開音布 滿正白。步統;康四一死,肅敏。

開泰 兆新;敬庵。滿正黄。雍二庶。川督;乾二八死。

閔正鳳 陜提;道三十革。

閔受昌 思誠子。文敷。浙歸安。嘉二二庶。道十一,川鄉正考。

閔 度 順七,閩學。

閔思誠 鶚元子。中孚。浙歸安。乾三六庶。乾四八,陜鄉副考。

閔鶚元 少儀。浙歸安。乾十進士。蘇撫;乾五五革。嘉二死。

雲麟 蘭舫。漢正黄。嘉十九進士。陜布;道三十病免。

陽春 原名陽春保。儉齋。滿正白。駐藏;嘉十六革。閣讀學;嘉十八休。嘉二三死。

隆文 雲章。滿正紅。嘉十三庶。户尚;道二一死,端毅。

隆昇 福將;乾五革。

隆科多 滿鑲黄。吏尚兼理尚;雍三解。雍六死。

隆勛 左副;道二三休。

隆興 寧將;乾五八改鑲紅漢都。

隆慶 咸二,正藍漢副充朝鮮國副使。

隆福 滿正紅。寧將;嘉十五死。

隋人鵬 豫按;乾三罷。

雅布 濟度五子,簡親王。康三九,授副將軍。康四十死。

雅布蘭 覺羅,隸鑲紅。左都;康五死。

雅思哈 左副;康二三死。

雅泰 滿正藍。國史;順八死。

雅朗阿 綏將;乾四四免。

*雅達理 副都署杭將;康十五病免。

雅滿泰 蒙正黄。襲三等男,駐藏幫辦;嘉十七死。

雅爾呼達 閣學;乾十六改鑲紅蒙副。

雅爾哈善 蔚文。覺羅,隸正紅。繙譯舉人。兵尚,靖逆將軍;乾二三革。乾二四殺。

*雅爾堅 道十七,成都副都統署將軍。

雅爾圖 蒙鑲黄。兵左;乾十八病免。乾三二死。

雅德 滿正紅。閩督;乾五一革。嘉六死。

雅賴 滿正白。一等男,户尚;順八解。康三死。

●**集福** 即積福。

項一經 韋庵。鄂漢陽。順十六進士。黔按;康三十罷。

項家達 仲兼;豫齋。贛星子。乾三六庶。乾四二,豫鄉正考。

項景襄 去浮;眉山。浙錢塘。順十二庶。兵右;康二十病免。旋死,年五四。

順海 左副;嘉元罷。

湞 洲 鳳羽;韋紳。蘇武進。康四八庶。宗人府丞;雍三降。

馮大中 晉汾陽。嘉四進士。嘉十三,湘鄉正考。

馮子材 翠亭。粤欽州。桂提;光十二病免。黔提;光二九死,年八六,勇毅。

馮元方 晉振武衛。雍二進士。桂按;乾三罷。

馮元欽 載賡;南陔。蘇長洲。雍十一庶。乾十二,桂鄉副考。

馮允中 湖提;雍四改署大通鎮。

馮文蔚 聯棠;修庵。浙烏程。光二探花。閣學;光二二死。

馮兆岣 晉代州。乾四五進士。乾五九,滇鄉正考。

馮光裕 叔益;損庵。晉代州。舉人。浙撫;乾五死,年五七。

馮光熊 太占;魯巖。浙嘉興。舉人。左都;嘉六死,年八十許。

馮光遹 光勳弟。仲梓。蘇陽湖。同十三庶。陝按;光二七罷。

馮光勳 伯銘。蘇陽湖。同四庶。太僕;光十三罷。

馮如京 修隱,修武;秋水。晉振武衛。粤左布;順十六休。康八死,年六八。

馮汝騤 星巖。豫祥符。光九庶。贛撫;辛亥光復時殺(忠愍)。

馮成修 達天;潛齋。粤南海。乾四庶。乾二四,黔學。嘉元死,年九五。

馮廷丞 光裕孫。均弼。晉代州。鄂按;乾四九死,年五七。

馮廷櫆 大木。魯德州。康二一進士。康二六,湖鄉副考。

馮佩實 浙慈谿。康二一進士。康四八,滇學。

馮　忠 禮右;康五二改正白漢副。

馮秉仁 體元;静山。魯歷城。乾二庶。乾十二,贛鄉副考。

馮　杰 户右;順八死。

⊙馮芝 榜名馮纘。遜園。晉代州。嘉十三庶。禮左;道二九病免。

馮金鑑 心蘭。浙桐鄉。光二庶。光八,滇鄉副考。

馮南斌 浙提;光二十死,果勇。

馮　哲 直提;乾三二罷。

馮晉祚 介亭。晉代州。乾二五庶。左副;乾五十罷。

馮恩崑 伯巖。浙餘姚。光二十庶。光二六,湘鄉正考。

馮　浩 養吾;孟亭。浙桐鄉。乾十三庶。乾二一,江鄉副考。

馮桂芬 林一;景亭。蘇吴縣。道二十榜眼。道二四,桂鄉正考。同十三死。

馮祖悦 鍾驥;敏齋。晉代州。雍二進士。雍七,陝鄉正考。乾二十死,年六四。

馮培元 因伯;小亭。浙仁和。道二四庶。光禄;咸二死,文介。

馮景夏 樹臣;伯陽。浙桐鄉。左副;雍十一病免。乾六死,年七九。

馮集梧 馮浩少子,應榴弟。鷺亭;軒圃。浙桐鄉。乾五四,滇鄉正考。

馮　甦 再來。浙臨海。粤撫,刑左;康二十假。

馮雲驌 晉振武衛。康十五進士。康二十,江鄉正考。

馮　鈐 景夏子。咸六;枯堂。浙桐鄉。乾二進士。皖撫;乾三四革。乾三五死。

馮　銓 振鷺;伯衡。順涿州。明大學士。弘文;順十三休。康十七死,文敏(奪)。

馮　溥 孔博;易齋。魯益都。順四庶。文華;康二一休。康三十死,年八三,文毅。

馮　煦 夢華;蒿叟,蒿隱,蒿盦。蘇金壇。光十二探花。皖撫;光三四解。

馮　標 蘇金壇。順九進士。康六,粤學。

馮爾昌 玉雯,友文;仲山。魯安丘。同二庶。大理;光十六罷。

馮聖兆 魯望。直束鹿。延綏巡撫;順十五乞養。

馮德馨 魯濟寧。道三進士。湘撫;道三十召京,革。同七死。

馮　毅 漢鑲白。粤提;雍元死。

馮　瑾 浙按;康五罷。

馮應榴 詒曾,星實;踵息居士。浙桐鄉。乾二六進士。贛布;乾四九革。嘉五死,年六一。

馮贊勳 襄甫;愚階。桂宣化。嘉二五庶。道五,陝學。

馮譽驥 卓如;展雲。粤高要。道二四庶。陝撫;光九革。

●馮纘 馮芝榜名。

黄士傑 桂按;乾二死。

黄之雋 若木;㾕堂,石牧。蘇華亭。康六十庶。雍元,閩學。

黄中通 閩晉江。順六進士。桂按;康三罷。

黄中讃 習之;範亭。贛南昌。嘉十四庶。嘉十八,江鄉副考。

黄以霖 宣三,湘學使。

●**黄元衡** 姜元衡榜名。

黄元驥 魯布;康二七革。

黄少春 閩陸提;光三二病免。

黄日祚 閩晉江。順六進士。順七,豫學。

黄文煒 粤按;雍十解。

黄世芳 閩水提;康十七死。

黄正綱 粤提;乾三八死。

黄仕簡 黄梧曾孫。閩平和。襲一等海澄公。閩水提;乾五二革。乾五四死。

黄玉堂 仙裴。粤順德。同十三庶。光五,晉學。

黄兆麟 叔文,子郊;黻卿。湘善化。道二十庶。咸二,閩鄉副考。

黄有才 粤提;乾十六死。

黄安綬 閩按;咸十一死。

黄安濤 霽青;凝輿。浙嘉善。嘉十四庶。嘉二一,黔鄉正考。

黄因璉 東秀。贛新城。乾六十庶。嘉五,浙鄉副考。

黄自元 善長;敬輿,覲虞。湘安化。同七榜眼。同十二,江鄉副考。

黄自起 浙秀水。順六進士。順十二,湘學。

***黄呈祥** 光二九,臨元鎮署桂提。

黄均隆 册侌,策安。湘湘潭。光二庶。光三三,法右丞。

黄廷桂 丹崖。漢鑲紅。監生。武英,陝督;乾二四死,文襄。

黄志遴 熙允子。銓士,鷗湄。閩晉江。順三庶。湘左布;順十六罷。

⊙**黄良棟** 錢良棟榜名。翼安;芝雲。順大興,蘇元和人。乾三一庶。乾三六,鄂鄉副考。

黄叔琳 崑圃;宏獻。順大興。康三十探花。浙撫降魯布。詹事;乾七革。乾二一死,年八五。

黄叔琬 順大興。康四八進士。桂布;雍五降。

黄卓元 吉裳。黔安順。同十三庶。閣學;光二四病免。

黄宗漢 季雲,坡友;壽臣。閩晉江。道十五庶。川督;咸九召京。吏右;咸十一革。同三死。

黄岳牧 閩晉江。雍元進士。黔按;乾十五罷。

黄性震 元起;静庵。閩漳浦。湘布;康三十病免。康四十死,年六五。

***黄忠浩** 澤生。湘黔陽。宣二,暫署川提。

黄　明 浙布;康四七革。

黄秉中 惟一。漢鑲紅。閩撫;康五一革。康五七死,年六五。

黄秉鉞 漢軍。福將;康六一革。

黄武賢 滇提;光十三休。

黄宣泰 蘇山陽。順六進士。康五,豫鄉副考。

黄建筦 寧布;光三一解。

黄　炳 漢正白。魯撫,刑左;雍六革。

黄　紀 陝左布;順十二革。

黄　茂 閣學;康三六解。

黄　倬 恕陔,卓人。湘善化。道二十庶。吏左;光六病免。

黄宫柱 閩南平。康二一進士。康三八,贛鄉副考。

黄孫懋 訓昭。魯曲阜。乾元榜眼。閣學;乾七罷。

黄恩彤 石琴。魯寧陽。道六進士。粤撫;道二六革。

黄　桂 閩按;乾二四罷。

●**黄桂清** 黄桂鋆榜名。

⊙**黄桂鋆** 榜名黄桂清。伯香;澹齋。黔鎮寧。光九庶。光十五,滇鄉副考。

黄桂蘭 桂提;光十革。

黄　祐 啓彬;寧拙,素堂。贛新城。雍元庶。乾三,閩學。乾二九死,年六四。

黄　軒 (一) 犀馭。順大興。康二一庶。康二九,豫學。

黄　軒 (二) 騰達弟。小華。皖休寧。乾三六狀元。乾四二,魯鄉副考。

黄國材 漢正白。監生。工尚;雍七革。

黄紹第 體芳子。叔頌。浙瑞安。光十六庶。光二十,江鄉副考。

黄紹箕 體芳從子。仲弢。浙瑞安。光六庶。光三二,鄂學使。光三四死。

黄彭年 子壽。黔貴筑。道二七庶。鄂布;光十六死。

黄　焜　漢軍。鄂布；雍六革。

黄焜望　良棟子。耀寰。順大興。嘉元庶。嘉九，滇鄉正考。

黄　斐　雲襄；菉園。浙鄞縣。康九庶。左副；康三五死。

黄　琰　湘善化。雍五進士。乾六，晉鄉正考。

黄　琮　象坤；榘卿。滇昆明。道六庶。兵左；同二死，文潔。

黄　登　粤提；康四七死。

黄登賢　雲門，篘盟。順大興。乾元進士。漕督；乾三五降。乾四一死，年六八。

黄　統　伯垂；少岳。粤順德。道三十庶。咸二，黔學。

黄象雍　浙鄞縣。順六進士。順十四，粤鄉副考。

黄　雲　魯按；光三三召京。

黄雲企　蘇婁縣。康九進士。康二六，粤學。

黄　鈊　豫洛陽。乾七進士。順十四，豫鄉正考，旋革。

黄　煦　霽亭。贛南豐。同四庶。光十四，桂學。

*黄照臨　光十，冀寧道署晉按。

黄敬璣　魯曲阜。順四進士。順十七，黔鄉正考。

黄瑞麒　笥腴。湘善化。光三十庶。宣元，奕閣印鑄局副局長。△署局長，旋解。

黄虞再　甘伏羌。順十二進士。康十一，贛學。

黄　經　瑋齋，叔濟；郝存。粤順德。道二四庶。晉按；咸十罷。

黄聲杰　秀生。蘇泰州。光二庶。光十一，陝鄉正考。

黄與堅　庭表；忍庵。蘇太倉。康十八庶。康二三，黔鄉正考。

黄道行　刑左；康十二降。

黄　鈺　孝侯。皖休寧。咸三庶。刑左；光二病免。光七死。

黄　鉞　左田；左君，盲左。皖當塗。乾五五進士。户尚；道六休。道二一死，年九二，勤敏。

黄鼎楫　直宣化。康二七進士。康四一，江鄉副考。

黄圖安　四維。魯堂邑。寧夏巡撫；順十六降，旋死。

黄圖南　滄洲。閩永福。咸三庶。咸八，黔學。

黄槐森　作鑾；植亭。粤香山。同元庶。桂撫；光二七解。

黄熙允　刑右；順十病免。康九死。

黄毓恩　澤臣。鄂鍾祥。同四庶。閩布；光二三解。

黄　誥　宣廷。漢正黄。光二四庶。使義，光三四召回。

黄爾性　順大興。陝撫；順七降。

黄銘先　守旃；新甫。豫商城。道十五庶。道十七，晉鄉副考。

黄鳴傑　季侯。皖合肥。嘉四庶。浙撫；道五革。道二一死。

黄　澍　順四，湘學。

黄樂之　愛廬。粤順德。浙按；咸四召京。

黄　機　次辰；雪臺。浙錢塘。順四庶。文華；康二三休。康二五死，年七五，文僖。

黄錫彤　原名兆白。曉岱；子受。湘善化。咸九庶。同三，桂鄉正考。

黄　龍　贛按；康十二罷。

黄龍眉　必翔。浙海寧。康三三庶。康四一，滇鄉副考。

黄徽允　兵左；順十二休。

黄　檢　漢鑲紅。舉人。閩撫；乾四四革。

黄爵滋　德成；樹齋。贛宜黄。道三庶。刑左；道二二憂免。咸三死。

黄翼升　昌岐。湘湘鄉。長江水師提督；光二十死，年七十，武靖。

黄遵憲　公度。粤嘉應。舉人。光二四，使日（未任）。光三一死。

黄鍾音　子聲；毅甫。川重慶。道十三庶。桂按；咸七罷。

黄鴻中　仲宜；容堂。魯即墨。康五七庶。雍三，湘學。

黄彝年　枚岑。豫商城。光二庶。光五，粤鄉副考。

黄贊湯　尹咸；莘農。贛廬陵。道十三庶。粤撫；同二召京。

黄騰達　篘居，雲衢；斗槎。浙仁和。乾四四，黔鄉正考。

黄蘭谷　皖休寧。雍八進士。乾六，桂鄉副考。

黄體芳　漱蘭。浙瑞安。同二庶。兵左；光十一降通政。光十七休，光二五死。

熙色　乾五，涼州副都統署將軍。太僕；乾二七罷。

十三畫

⊙**廉兆綸**　榜名師敏。琴舫，保醇；樹峯。順寧河。道二十庶。倉場；同元休。同六死。

●**廉師敏**　廉兆綸榜名。

廉善　淑之。滿正黄。嘉四進士。刑左；道三死。

廉敬　聚之。滿鑲黄。成將；道二八召京，旋死。

嵩申　犢山。滿鑲黄。同七庶。刑尚；光十七死，文恪。

嵩孚　蓮舫。宗室，隸正藍。湖督；道十改喀喇沙爾辦事。

嵩祝　滿鑲白。文華；雍五革。雍十三死，年七九。

嵩崑　書農。滿鑲紅。黔撫；光二三革。

嵩溥　盛户；道十三召京。

嵩貴　補堂，撫棠。蒙正黄。乾二六庶。詹事；乾五四死。

嵩椿　宗室，隸鑲藍。一等公，盛將；乾五六召京。乾六十死，勤僖。

嵩溥　富綱子。滿正藍。綏將；道二十休。道二六死。

嵩壽　希福曾孫，帥顔保孫，赫奕子。茂承；雲依。滿正黄。雍元庶。禮右；乾二十死。

嵩濂　駐藏幫辦；道十四罷。

塔永阿　閣學；乾十九改正白滿副。

塔永寧　滿正紅。晉撫；乾二四死。

塔沭　吏右；雍十罷。

塔拜　杭將；康六一解。

塔琦　滿正紅。刑右；乾五十解。嘉五死。

塔進泰　户左；康五三休。

塔彰阿　工右，閣學；乾五一休。

塔爾岱　黑將；雍十一改靖邊右副都統。

塔齊布　智亭。滿鑲黄。湘提；咸五死，忠武。

塗應泰　天交。奉鐵嶺。贛按；康九革。康三三死，年七二。

⊙**塞白理**　李思忠子。李顯祖賜名。漢正黄。浙提；康十四死，年四十三。

塞色黑　滿洲。禮尚；康二十休。

塞克德　左副；康二三解。

塞欽　陝按；雍五解。

塞楞額　(一)刑右；康二七解。

塞楞額　(二)滿正白。康四八進士。湖督；乾十三革、殺。

塞爾圖　滿正白。刑尚；雍五革。

塞爾赫　慄庵；曉亭；北阡季子。宗室。兵右；乾十二死。

塞德　覺羅。户右；雍四革。

●**塞赫**　即色赫

愛仁　麗川。蒙鑲紅。兵尚；同二死，清恪。

愛必達　滿鑲黄。湖督；乾二八召京，革。乾三六死。

愛星阿　(一)滿正黄。襲一等公。順十七，内大臣授定西將軍。康三死。

愛星阿　(二)直提；嘉四病免。

愛　廉　閣學；光十九罷。

慎毓林　延青；芙卿，壬父。浙歸安。道三十庶。咸九，陝學。

新柱　滿鑲黄。盛將；乾三三死，勤肅。

會章　延煦子。東橋。宗室，隸正藍。光二庶。理右；光二八病免。

敬信　子齋。宗室，隸正白。體仁；光三十休。光三三死，文恪。

●**敬華南**　苟華南改名。

敬徵　宗室，隸鑲白。肅親王永錫子，輔國公。協，户尚；道二五降。同年授工尚，旋革。咸元死，文愨。

敬敫　宗室，隸鑲白。福將；道二七死。

熙成　蒙正藍。閣學；道二七憂免。旋死。

熙昌　松筠子。蒙正藍。吏左署熱都；嘉二三死，敬慎。

熙彦　雋甫。滿正白。光十八進士。宣三，農左。

熙敬　潄莊。滿鑲黄。吏尚；光二六死。

熙瑛　菊彭。滿鑲藍。光十五庶。學左；光三一死。

熙麟　挹雲。滿鑲黄。道十八進士。陝督；同三死，忠勤。

煜綸　星東。宗室，隸正紅。道二四庶。盛兵；同元罷。

溥溥　甘按；道七死。

準良　仲萊。滿鑲黄。光九進士。閣學；光二五改泰寧鎮。西寧辦事；光三十召京。

準泰　健齋。滿正紅。魯撫；乾十六革。

準塔　滿正白。三等子，駐防廬鳳。順二出征；順四死，襄毅。

溥良　溥善弟。玉岑。宗室，隸正藍。光六庶。禮尚；宣元改察都。

溥治　左副；道二十罷。

溥倫　彝庵。宗室，隸鑲紅。宣宗長子隱智親王長孫，貝勒銜貝子。光三三，資政院總裁。宣三，奕閣農工商部大臣。

溥偉　奕訢孫，襲恭親王。禁烟大臣；宣三解。

溥善　小峯。宗室，隸正藍。廕生。閣學署農右；宣三裁免，授典禮院學士。

溥興　溥善弟。倬雲。宗室，隸正藍。刑尚；光三二改正白漢都。

溥頲　仲路。宗室，隸鑲紅。舉人。左都；光三一改察都。

溥鋼　工右；光三二改鑲紅漢副。

溥顧　藎臣。宗室。吏右；光二八病。

楊士琦　殿邦孫。杏城。皖泗州。農右；光三三改駐滬幫辦電政大臣。△袁閣郵傳部大臣。

楊士徽　大鯤孫。若游。蘇武進。康五一庶。康五六，川鄉正考。

楊士燮　味蒓。皖泗州。光二十進士。光二八，晉鄉副考。

楊士驤　士琦弟。萍石；蓮府。皖泗州。光十二庶。直督；宣元死，年五十，文敬。

楊大鯤　陶雲，九搏。蘇武進。順十六庶。魯按；康二三罷。

楊大鶴　大鯤弟。九皋；芝田。蘇武進。康十八庶。康三七，川學。

楊中訥　雍建弟。耑木；晚研。浙海寧。康三十庶。康四八，江南學政。康四九革。

●**楊以曾**　楊以增榜名。

⊙**楊以增**　榜名以曾。益之；至堂。魯聊城。道二進士。南河；咸六死，端勤。

楊天祥　粵右布；康六罷。

楊天霖　雨三。晉萬泉。光十二庶。光二十，陝鄉副考。

楊天縱　景聖。陝渭南；雍十改入川成都。黔提；雍九休。雍十死，襄壯。

⊙**楊引祚**　榜名吴引祚。鄂枝江。順十五進士。康二十，晉鄉副考。

楊曰鯤　嘉十二，川鄉副考。

楊文定　皖定遠。道十三進士。蘇撫；咸三革。

楊文乾　元統；霖宰。漢正白。監生。粵撫；雍五假。

楊文瑩　雪漁。浙錢塘。光三庶。光九，黔學。

楊文鼎　晉卿。滇蒙自。舉人。湘撫；宣三改陝撫(未任)。

楊方興　浡然。漢鑲黄。諸生。總河；順十四休。康四死。

楊正中　爾茂。順通州。順十五庶。禮左；康二二死。

楊仙枝　簡人。晉晉寧衛，晉澤州人。康六庶。康十一，魯鄉正考。

楊永斌　壽廷。滇昆明。舉人。吏右；乾四休。乾五死。

楊永寧　地一。晉聞喜。順九庶。吏右；康二一死。

楊本鉞　湖按；順四罷。

＊**楊玉科**　雲階。湘善化。光元，右江鎮署滇提。

楊立方　乾二一，滇鄉副考。

楊仲興　直庭。粵嘉應。雍八進士。鄂按；乾三九召京。

楊兆魯　蘇無錫。順九進士。順十二，贛學。

楊兆鋆　使比；光三一召回。

△**楊光羲**　宣三，△郵右參。

楊存理　浙海寧。康四二進士。康五三，滇鄉正考。

楊名時　賓實；凝齋。蘇江陰。康三十庶。吏尚；雍五解。乾二死，年七七，文定。

楊名高　漢鑲黄。閩提；順十三革，旋死。

楊名颺　崙峯。滇石屏州。舉人。陝撫；道十六革。

楊名顯　粵右布；順十罷。

楊式穀　稼生；貽堂，似之。豫商城。道二一庶。吏左；同元罷。

楊汝穀　令貽；石湖。皖懷寧。康三九進士。左都；乾三休。乾五死，年七六，勤恪。

楊西狩　康十四，陝學。

楊佐國 於常；荆湖。鄂荆門。順十八進士。康二十，桂鄉副考。
楊宏緒 浙按；雍十三革。
楊廷棟 大宇。皖宣城。雍八庶。乾六，滇學。
楊廷璋 奉峨。漢鑲黄。直督，刑尚；乾三七死，年八四，勤慤。
楊廷樺 順大興。乾二二進士。閩布；乾四七降。魯按；乾五一革。
楊廷耀 漢正黄。監生。魯撫；康三五革。
楊岐珍 西園。皖壽州。閩水提；光二九死。
楊希銓 仲衡；硯芬。蘇常熟。嘉十六庶。道二，豫鄉正考。
楊志信 蘭如。皖六安。乾四九庶。魯布；嘉十三病免。
楊佩璋 筱村。豫長葛。光三庶。閣學；宣三裁免，授典禮院學士。
楊宗仁 天爵。漢正白。監生。湖督；雍三死，清端。
楊宗義 宗仁弟。漢正白。監生。豫撫；雍元憂免。
楊奇烈 黔按；康元罷。
楊周憲 康二六，江鄉副考。
⊙**楊岳斌** 原名載福。厚庵。湘善化。陝督；同五病免。巡閲長江；光十六死，勇慤。
楊昌濬 石泉。湘湘鄉。諸生。陝督；光二一解。光二三死。
楊秉璋 禮南。皖懷寧。咸六庶。同三，川學。
楊泗孫 鍾魯；濱石。蘇常熟。咸二榜眼。同元，魯鄉副考。
楊　芳 誠村。黔松桃。湘提；道二二病免。道二六死，勤勇。
楊金龍 江提；光三二死。
楊長春 漢鑲黄。浙提；雍四死，勤恪。
楊長桂 滇按；嘉九召京。
楊　度 皙子。湘湘潭。舉人，留日。宣三，奕閣統計局長。△袁閣學部副大臣。
楊重英 漢正白。蘇按；乾三二留滇。
楊重雅 本名元白。慶伯。贛德興。道二一庶。桂撫；光五召京，死。
楊思聖 猶龍；雪樵。直鉅鹿。順三庶。川左布；康二死，年四四。
楊　炳 蔚文。鄂鍾祥。雍元探花。雍十，閩學。
·**楊炳鋥** 同二，署甘按。
楊柱 盛兵；康六一革。
楊茂勳 漢鑲紅。川督；康十九解。康三二死。
楊述曾 二思；企山。蘇陽湖。乾七榜眼。乾十六，陝鄉副考。乾三二死，年七十。
楊家驥 德生。浙慈谿。光十六庶。光二三，贛鄉副考。
楊書香 慧堂；芸坪。直武邑。道三十庶。光元，奉學。
楊時化 順三，魯鄉正考。
楊時薦 仲升；賢甫。直鉅鹿。順三進士。督捕；康五死。
楊能格 簡侯；季良。漢正紅。道十六庶。甘按；同五罷。
楊泰亨 問渠；理庵。浙慈谿。同四庶。同九，湘鄉副考。
楊振麟 粵按；道十三病免。陝布；道二十病免。
楊素蘊 鑄湄，筠湄；退庵。陝宜君。順九進士。湖廣巡撫；康二八革。同年死，年六十。
楊　健 剛亨。湘清泉。嘉元進士。鄂撫；道十降，休。道二三死，年七九。
楊國楨 遇春子。海梁。川崇慶。襲侯爵，閩督；道二二病免。
楊國興 順天巡撫；順九病免。
楊啓元 陝提；雍三革。
楊　培 伯深；心畬。黔貴筑。道十三庶。川布；咸六召京。
楊　晙 冬可。直曲周。桂按；康十六乞養。
楊　晟 少川。粵東莞。留日、德。使奥，使德；光三三召回。
楊　捷 元凱；月三。奉義州。江提；康二九死，年七四，敏壯。
楊捷三 少泉。豫祥符。光十六庶。光二三，川鄉副考。
·**楊�** 乾元，涼州鎮署陝提。
楊　琳 玉峯。漢正紅。廣督；雍二死。
楊　紹 湘武陵。康四八進士。直布；雍七革。
楊　凱 賡起。蘇儀徵。湖提；乾元革。乾二五死，年八二。

楊　寧　廣將；乾三二改川提，旋改都統。

楊　揆　川布；嘉九死。

楊景素　楊捷曾孫。樸園。蘇甘泉。直督；乾四四死，年六九。

楊朝麟　蘇布；康五八罷。

楊　舒　禮左；康三九罷。

楊超曾　楊紹從子。孟班；駿驤。湘武陵。康五四庶。吏尚；乾七憂免。同年死，文敏。

楊雍建　自西；以齋。浙海寧。順十二進士。兵左；康二五乞養。康四三死。

楊嗣璟　瞀陽；星野。桂臨桂。雍五庶。禮右；乾十二改。宗人府丞；乾二四罷。

楊　熙　漢軍。閩撫；康十七休。

楊殿邦　翰平；疊雲。皖泗州。嘉十九庶。漕督；咸三革。

楊　義　晉洪洞。工尚；順十八休。康元死。

楊　瑄　玉符。蘇婁縣。康十五庶。閣學；康四八解。

楊萬春　魯淄川。康三三進士。康六一，豫學。

•楊裕深　咸六；鹽運使署浙布。

●楊載福　楊岳斌原名，同元改。

楊道淳　川按；順八罷。

楊運昌　子立。豫河内。順三庶。工左；康十一假。

楊遇明　漢軍。粤提；康九休。

楊遇春　時齋。川崇慶。武舉。侯爵，陝督；道十五病免。道十七死，忠武。

楊鼎勳　少銘。川華陽。湘提；同七死，忠勤。

△楊壽枬　味雲。蘇無錫。宣三，△度右參。

楊壽楠　蓮植；培山。贛清江。乾三四庶。乾三九，黔鄉副考。

楊壽樞　蔭伯。蘇無錫。宣三，奕閣制誥局長。

楊福　宗室。黑將；康五四死，襄毅。

楊福祺　子厚；潤生。魯歷城。道十八庶。道二四，閩鄉副考。

•楊盡信　雍元，西寧鎮署陝提。

楊毓蘭　豫新鄉。順四進士。康九，魯學。

楊爾淑　敬庵。直新安。康十五庶。通政；康三七死。

楊爾德　質爲；升聞。浙嘉善，蘇婁縣人。康五七庶。雍四，粤學。

●楊際春　楊慶琛榜名。

楊鳳起　漢正紅。偏沅巡撫；康三七解。

楊鳳翔　漢軍。京口將軍；康二九休。康三十死，敏壯。

楊　謐　廷耀子。静山。漢正黄。川撫；乾二革。

楊　魁　楊謐孫。漢正黄。監生。閩撫；乾四七病免，旋死。

⊙楊慶琛　榜名際春。閩侯官。嘉二五進士。光禄；道二三休。

楊慶麟　振甫。蘇吴縣。道三十庶。粤布；光五死。

楊　樞　星垣。漢正黄。使日、比；宣二病免。

楊　璡　浙按；乾四五罷。

△楊慕時　宜三，△福山鎮署江北提督。

楊　雍　魯臨清。順十二進士。通政；順十三罷。

楊　儒　子通。漢正紅。舉人。户左，使美，使俄；光二八死。

楊懌曾　咸甫；介坪。皖六安。嘉六庶。鄂撫；道十三死。

楊　勳　粤嘉應。乾四進士。乾十六，川鄉副考。

楊篤生　豫洧川。康二四進士。康四四，閩學。

楊　頤　子異；蓉圃，蔗農。粤茂名。同四庶。兵左，光二五死，年七六。

楊　霖　江提；咸二死。

楊　霈　慰農。漢鑲黄。道九進士。湖督；咸五革。

楊錫紱　方來；蘭畹。贛清江。雍五進士。漕督；乾三三死，年六八，勤慤。

楊應琚　文乾子。佩之。漢正白。東閣；乾三二革、殺。

楊懋恬　錫紱孫。雪帆。贛清江。拔貢。鄂撫；道六死。

楊鴻吉　蘇丹徒。咸九進士。道二，皖學。

楊　璥　執玉。順宛平。明進士。順二，陝學。

楊聲遠　順大興。漕督；順四革。

楊鐘岳　大山。粤揭陽。康三庶。康十七，閩學。

楊鐘嶽　閩連江。乾三一進士。魯按；乾四九罷。

楊　簣　竹圃。閩連城。嘉二五進士。寧布；道十八召京。

楊　顯　孚若。陝華州。康三三庶。康四四，贛學。

⊙楊鏞　江南通志作顧鏞。常孟。蘇吴縣。順四進士。順十六，粤學。

楊　鯤　陝咸寧。直提；雍七革。

楊麟祥　工左；順九罷。

楊龥時　遜齋。粵大埔。乾元庶。乾三，晉鄉副考。

楊藻鳳　晉寧鄉。順四進士。順十六，鄂學。

楊　霽　子和。漢正紅。同四探花。同六，桂學。

楊　護　邁功。贛金谿。乾四九進士。浙撫；嘉二三降。道五死，年八五。

楊　灝　湘布；乾二一革。

楊纘緒　式光。粵澄海。康六十庶。陝按；乾二四休。

業布沖額　烏魯木齊提督；同三病免。

楁讜　滿正白。道二十進士。浙布；咸二死。

瑚世泰　吏左；乾四四罷。

瑚松額　(一)太僕；嘉二二革。

瑚松額　(二)滿正黃。陝督；道二十病免。道二七死，果毅。

●瑚素通阿　瑚圖靈阿改名。

瑚圖禮　(一)和庵。滿正白。乾五二庶。吏尚；嘉十六降副都。禮尚；嘉十九死。

瑚圖禮　(二)大理；光五休。

瑚圖靈阿　(一)定左；乾四一病免。

⊙瑚圖靈阿　(二)宜緜子。嘉十改名瑚素通阿。滿正白。乾五二進士。刑左；嘉十三病免。

瑚寶　滿鑲白。雍五進士。漕督；乾二一死，恭恪。

瑛　棨　蘭坡。漢正白。豫撫；咸十降陝按。陝撫；同二革。晉按；光四召京。

瑞元　鐵保子。容堂；少梅。滿正黃。鄂按；咸二死，端節。

瑞良　鼎臣。滿正黃。監生。贛撫；光三四免。宣二，授吏右。

瑞昌　(一)雲閣。滿鑲黃。杭將；咸十一死。

瑞昌　(二)滿正白。晉按；同元革。駐藏幫辦；同六病免。同十三死。

瑞保　執桓；芝軒。滿鑲黃。乾四十庶。閣學；乾五二罷。

瑞洵　景蘇。滿正黃。光十二庶。光二五，科布多參贊大臣兼總署大臣；光二七解。

瑞常　芝生。蒙鑲紅。道十二庶。文華；同十一死，文端。

瑞興　詩軒。宗室，隸鑲紅。道九進士。杭將；宣二解。

瑞澂　琦善孫，恭鏜子。莘儒。滿正黃。湖督；辛亥武昌光復逃，△革。民四死。

瑞璋　茀侯。滿正白。寧布；光二二革。

瑞聯　睦庵。宗室，隸正藍。咸三庶兵尚；光九病免。

瑞璸　滿鑲白。閩撫；同元休。

瑞豐　玉如。滿鑲紅。光禄；光三二裁免。光三四，鑲紅蒙副署度左。宣三，△倉場。

瑞　齡　漢正白。嘉二五，散秩大臣充往朝鮮國頒遺詔使臣。

瑞麟　(一)浙布；嘉二三罷。

瑞麟　(二)盛刑；嘉二五降員外郎。

瑞麟　(三)澄泉。滿正藍。文淵，廣督；同十三死，文莊。

禄成　蒙正紅。黑將；道八革(自殺)。

禄康　宗室，隸正藍。東閣；嘉十五革。嘉二五死。

禄普　綏將；道二三改鑲紅蒙都。

嵩保　直按；乾五十死。

督達理　太常；乾二七休。

睦森　滿洲。署吉將；康五九罷。

虞二球　浙定海。順十五進士。康十二，蕪學。

虞鳴球　蘇金匱。乾十三進士。順尹；乾五十罷。

萬方雍　湘按；道十罷。

萬正色　惟高。閩晉江。滇提；康二七革。康三十死。

萬　全　滇右布；康元罷。

萬年茂　少槐(懷)；南泉。鄂黄岡。乾元庶。乾六，魯鄉正考。乾五七死，年九十。

萬承風　卜東；和圃。贛義寧。乾四六庶。兵左；嘉十七病免。旋死，文恪(追)。

萬承蒼　宇光；孺廬。贛南昌。康五二庶。乾元，桂鄉正考。

萬青藜　文甫；照齋，藕舲。贛德化。道二十庶。吏尚；光八休。光九死，文勤。

萬貢珍　荔門，子偉。蘇宜興。道三庶。大理；咸元革。

萬啓昀　贛南昌。嘉十四進士。嘉十八，川鄉副考。

萬啓琛　蘇布；同四罷。

萬國宣 浙按;乾十三革。

萬培因 閩崇安。咸九進士。川按;光二六罷。

萬寧 滿正黄。左副;嘉十一罷。

萬 㦤 直南樂。康十五進士。康三八,川學。

萬 經 授一;九沙。浙鄞縣。康四二庶。康五三,黔學;康五七革。死年八三。

萬福 (一)覺羅,隸正白。江將;乾五十死,莊靖。

萬福 (二)川提;咸九革。

萬際瑞 粵提;雍四改登州鎮。

萬鍾傑 汝興;荔村。滇昆明。拔貢。閩按;乾五三解。

葆亨 芝岑。滿正藍。晉布;光六革。

葉一棟 廷幹。贛新建。乾元庶。閣學,左副;乾十五革。

葉九思 漢鑲藍。舉人。户左;康五一罷。

葉大焯 恂甫。閩閩縣。同七庶。光八,粵學。

葉方藹 子吉;訒庵。蘇崑山。順十六探花。刑右;康二一死,文敏。

葉世倬 子雲。蘇上元。閩撫;道三休,旋死。

葉申萬 覲國六子。維千,芷汀;六英。閩閩縣。嘉十庶。嘉十八,湘鄉副考。道十一死,年五九。

葉永元 黔按;光十四罷。

葉名琛 崑臣。鄂漢陽。道十五庶。一等男,體仁,廣督;咸七革。(英國侵略軍俘去印度,咸九死。)

葉在琦 肖韓。閩閩縣。光十二庶。光十七,滇學。

葉存仁 刑右,東河;乾二九死。

葉圭書 汝芝孫。易庵;芸士。直滄州。魯按;咸十降。

葉汝芝 仲田;草亭。附貢。直滄州。浙按;道二召京。

葉 臣 滿鑲黄。二等子,隨勒克德渾進攻江南;順五死,年六三。

葉伯英 冠卿。皖懷寧。附貢。陜撫;光十四死。

葉克書 滿正紅。三等男,盛京總管;順十四革。順十五死。

葉 宏 贛浮梁。乾十三進士。乾二四,魯鄉副考。

葉宏緩 蘇崑山。康三十進士。康五三,晉鄉正考。

葉成額 滿洲。工尚;康六降。康十死。

葉廷杰 豫光州。道二五進士。咸八,魯鄉副考。

葉志超 曙青。皖合肥。直提;光二十革。光二七死。

葉 酉 書山。皖桐城。乾四庶。乾十五,湘學。

葉佩蓀 丹穎;辛麓。浙歸安。乾十九進士。湘布;乾四七降知府。乾四九死,年五四。

葉昌熾 鞠裳;緣督廬主人。蘇長洲。光十五庶。光二八,甘學。民六死,年六九。

葉初春 贛湖口。工左;順二憂免,旋死。

葉映榴 丙霞;蒼巖。蘇上海。順十八庶。康十七,陜學。

葉相德 閩水提;乾三四死,壯果。

葉祖珪 閩侯官。粵水提;光三一死。

葉紹本 紹楏弟。立人;筠潭,仁甫,筠甫。浙歸安。嘉六庶。晉布;道十一召京。

葉紹春 浙提;咸六罷。

葉紹楏 佩蓀子。振湘;琴柯。浙歸安。乾五八庶。桂撫;嘉二三降。道元死。

葉舒 左副;康四三罷。

葉爾愷 伯高。浙仁和。光十八庶。宣三,滇學使。

葉穆濟 滿鑲白。晉撫;康三二病免,旋死。

葉觀儀 棣如。蘇六合。道十三庶。閣學;道二九罷。

葉繼雯 雲素。鄂漢陽。乾五五進士。嘉六,魯鄉副考。

葉觀國 家光;毅庵。閩閩縣。乾十六庶。乾四六,武會副考。

葉觀潮 閩閩縣。舉人。東河;嘉二五革。道元死。

葛斗南 魯單縣。康四二進士。川按;雍五罷。

葛方晉 樨香。浙仁和。嘉七庶。嘉十八,豫學。

葛俊起 豫虞城。雍十一進士。太僕;乾三四休。

葛思泰 滿鑲黄。川陜總督;康三一休,死。

葛 峻 乾十八,滇學。

葛景萊 方晉子。恂伯;蓬山,又卿。浙仁和。道二一庶。道二六,豫學。

葛森 盛刑;乾三病免。

葛德潤 澤躬;述齋。晉安邑。雍十一進士。乾十五,鄂學。乾三六死,年七一。

葛寶華 振卿。浙山陰。光九進士。禮尚;宣二死,勤恪。

蔼繼孔 蘇按;雍二改閣讀學。

董元卿 漢軍。京口將軍;康三七病免。

董元醇 改名元章。子厚;竹坡。豫洛陽。咸二庶。咸九,魯鄉副考。

董之燧 康五一,閩鄉副考。

董天弼 霖蒼。順大興。武進士。川提;乾三六革。署川提;乾三八革,戰死。

董天機 漢軍。順天巡撫;順十五革。

董永艾 魯布,蘇按;雍六革。

董兆奎 瑞峯。直完縣。同元庶。同四,浙鄉副考。

董安國 漢鑲紅。總河;康三七革。

董吉那 江寧將軍;雍四召京。

董朱衮 魯青城。順六進士。康九,晉學。

董宏毅 士超;任庵。漢正紅。左副;康五五降。

董廷恩 漢鑲紅。粤布;康五五革。

董延祚 閩布;康三二罷。

董　玘 玉崖;文山。滇通海。康三九庶。康四四,閩鄉正考。

董邦達 孚存;東山。浙富陽。雍十一庶。禮尚;乾三四死,年八二,文恪。

董佩笈 蘇武進。康二一進士。康四八,贛學。

董宗聖 漢軍。延綏巡撫;順十一免。順十二死。

董　孟 陝提;乾二八罷。

董　芳 湖提;雍十三革。陝咸寧。黔提;乾二二死。

董阿賴 滿洲。左都;順六罷。

董昭祚 湘布;康四七革。

董思凝 魯平原。康二七進士。康三五,滇鄉副考。

董　恂 原名醇。韞卿。蘇甘泉。户尚;光八休。

董國祥 漢軍。吏右;順十三降。順尹;順十六革。

董國興 漢軍。舉人。閩撫;康二二病免。

董國禮 漢軍。盛户;康五八罷。

董彩鳳 陝洛川。嘉元進士。嘉五,豫鄉副考。

董　淳 川布;道九休。

董教增 益甫;觀橋。蘇上元。乾五二探花。閩督;嘉二五病免。道二死,文恪。

董　訥 兹重;默庵。魯平原。康六探花。左都;康三三革。康四十死。

董象緯 粤提;雍三改鑾儀使。

●董鉞 張鉞榜名。

董福祥 星五。甘固原。烏魯木齊提督;光二六革。光三四死,年七十。

董　誥 邦達子。雅倫;蔗林。浙富陽。乾二八庶。文華,軍;嘉二三休。同年死,文恭。

董學禮 漢正黄。一等子,湖提;康三解。康五死。

董篤行 天因;瀛賓。豫洛陽。順三庶。左副;康七休。康二六死,年七六。

董衛國 佑君。漢正白。湖督;康二三死。

董應魁 捷軒。漢軍。粤撫;順十八休。

董應徵 錫九。直高陽。拔貢。晉右布;順十二降。

董額 多鐸三子,信郡王。康十三授定西大將軍。康四五死。

董顯忠 閩右布;順十七罷。黔布;康七罷。

裘元善 行簡長子。葆初;春洲。贛新建。嘉十九庶。嘉二四,黔學。

裘曰修 君弼子。叔度;漫士。贛新建。乾四庶。工尚;乾三八死,年六二,文達。

裘充佩 光禄;康四十罷。

裘充美 順昌平。康十五進士。康十七,晉鄉副考。

裘行簡 曰修子。敬之。贛新建。舉人。直督;嘉十一死,年五三,恭勤。

裘君弼 思補。贛新建。康三六進士。康五一,川鄉正考。

補熙 滿鑲黄。廕生。漕督;乾二憂免。綏將;乾十四病免。乾十八死,温僖。

裕　庚 朗西。漢正白。使日;直總。使法;光二八召回。

裕長 壽泉。滿正白。監生。鄂撫;光二六解,旋死。

裕厚 筱鵬。蒙正黄。光三三,民左丞。

裕恩 禧恩弟。宗室,隸正藍。理右;嘉二五革。吏右;道十九改熱都。道二六死。

裕泰 東巖。滿正紅。陝督;咸元死,莊毅。

裕康 陝布;道二六署撫。

裕祥 吉臣。滿鑲黄。光二進士。成將;光二五病免。

裕隆 郅臣。滿正黄。繙譯舉人。宣三,奕閣制誥局副局長。

裕瑞 集菴。滿鑲黄。川督;咸四革。綏將;同七死,恪勤。

裕祿 崇綸子。壽山。滿正白。禮尚，軍。直督；光二六死。

裕寬 澤生。滿正白。廕生。豫撫；光二十解。

裕誠 舒明阿子。芸台。滿鑲黄。襲一等公，文華；咸八死，文端。

裕德 崇綸子。壽田。滿正白。光二庶。東閣；光三一死，文慎。

裕鋼 駐藏；光二八罷。

裕謙 原名裕泰。魯山。蒙鑲黄。嘉二二庶。江督，欽差赴浙；道二一抗英戰死，靖節。

裕鐸 閩布；同二革。

裕麟 石卿。黔布；同四病免。

綏色 刑左；康四一革。

經文岱 陝提；同元病免。

經閬 薪傳。滿正白。乾七庶。乾十二，閩鄉副考。

經額布 秋山。滿正黄。吉將；道二八降。

肅順 鄭親王端華弟。雨亭。宗室，隸鑲藍。協，户尚；咸十一殺。

肅普洞阿 太常；乾五一休。

責岱 通政；康八罷。

賈允升 猷廷；東愚。魯黄縣。乾六十庶。兵左；道十一休。道十三死。

賈克慎 亮才。晉陽曲。嘉二五庶。道十四，黔學。

賈洪詒 金門。鄂均州。道二十進士。滇撫；同三革。光二三死，年九三。

賈致恩 賈楨子。魯黄縣。浙布；光十七罷。

賈　楨 允升長子。筠堂。魯黄縣。道六榜眼。武英；同七休。同十三死，年七七，文端。

賈　瑜 石齋。晉陽曲。道十五庶。道十九，魯鄉正考。

賈　瑚 殷六；小樵。晉夏縣。咸九庶。咸十一，鄂學。

賈漢復 膠侯；静庵。漢正藍。陝撫；康七召京。康十六死，年七二。

賈　臻 運生；退崖。直故城。道十二庶。黔布；同四召京。

*** 賈鴻增** 光二七，參將署陝提。

解元才 晉朔州。順三進士。順十四，川鄉正考。

解幾貞 陝韓城。順九進士。康十三，蘇學。

解　煜 星垣。直臨榆。同二庶。同六，豫鄉正考。

解　遜 桂提；乾三九革。

路　峨 甘提；乾三七死。

路振揚 陝長安。署直提；乾元回鑾儀使原任。

路振聲 甘提；雍元罷。

路超吉 陝大荔。粤提；嘉元降涼州鎮。嘉十五死。

路慎莊 子端；小舟。陝盩厔。道十六庶。道二十，閩鄉副考。

遇昌 蘇按；嘉十二革。

道慶 刑右；道二九罷。

達三泰 滿鑲黄。甘提；嘉四戰死，壯節。

達素 滿鑲黄。順十六，内大臣授安南將軍。康八革。

達色 (一)閣學；康四九罷。

達色 (二)滿洲。寧將；乾三十罷。

達沖阿 福將；嘉十四罷。

達里保 桂提；道二四罷。

達佳 江將；康四五死。

達岱 閣學；康二二死。

達虎 閣學；康三三病免。

達哈他 卽達哈塔。滿正白。順九繙譯進士。吏尚；康二六死。

達哈塔 理左；康二十死。

達洪阿 厚庵。滿鑲黄。西寧辦事；道二六病免。咸四死。

達拜 康五四，江寧副都統遷杭將，旋罷。

達　桂 馨山。漢正黄。黑將；光三一召京。署吉將；光三三裁免。

達勒當阿 阿靈阿子。滿鑲黄。襲一等子，協，吏尚；乾二二革。乾二五死。

達啓 滇提；乾三一革。

達淩阿 瑞庵。滿鑲黄。西將；道十死，武壯。

達敏 禮左；乾四一罷。閣學；乾四六罷。

達都 (一)滿洲。盛將；康七死。

達都 (二)滿正白。左都；康二一死。

達椿 香圃。滿鑲白。乾二五庶。禮尚；嘉七死。

達壽 (一)閣學；康四八革。

達壽 (二)茀一；摯夫。滿正紅。光二十庶。宣三，理左署資政院副總裁。△袁閣理藩部大臣。

達爾占 滿洲。荆將;康五四休。康五九死。
達爾布 滿鑲紅。晉撫;康十五革。
達爾吉善 直布;乾四六革。
達爾泰 禮右;順七罷。
達爾漢 通政;康三七革。
達爾濟 滿洲。雍九,護統授建勳將軍。
達慶 (一)蒙正黄。倉場;嘉十四降。
達慶 (二)刑右;同十罷。
達肅 西寧辦事;雍十二死。
達禮虎 閣學;康五四休。
達蘇喀 光禄;康二七罷。
詹功顯 浙提;道二六病免。
詹嗣賢 希伯。蘇儀徵。同十三庶。光八,桂學。
詹惟聖 皖建德。順九進士。康十七,贛學。
詹養沉 心淵。皖婺源。順十六庶。康二,順鄉副考。
詹霸 秘書學士;順七罷。
載卓 宗室,隸鑲紅。荆將;光三三病免。
載昌 克臣。宗室,隸鑲藍。光十六庶。閣學;光三四革。
載洵 德宗弟。郡王銜貝勒,隸鑲白。宣三,奕閣海軍大臣。
載英 太常;光八病免。
載振 奕劻長子。育周。貝子,隸鑲藍。農尚;光三三免。宣三,奕閣弼德院顧問。
載崇 宗室。刑右;光二死。
載勛 莊親王。步統;光二六革。
載堪 宗室。兵左;咸十一罷。
載銓 定郡王。工尚;道十六襲爵免。步統;咸三解。
載搜 宗室。鎮國公。宣元,專司訓練近衛軍大臣。
載蓴 宗室。通政;光二六罷。
載肅 奕紀子。秋濤。宗室,隸鑲紅。道三十庶。盛工;同三罷。
載漪 端郡王,隸鑲白。光二六,軍,總。旋革。
載濤 德宗弟。隸鑲白。貝勒。宣三,軍諮大臣。
載慶 宗室。閣學;光五休。
載增 宗室。閣學;道二九革。咸五,荆州副都統署將軍。
載澤 蔭坪。貝子銜鎮國公,隸鑲白。宣三,奕閣度支部大臣。
載齡 鶴峯;芷庵。宗室,隸正藍。道二一庶。體仁;光六休。光九死,文恪。
載鶩 奕山子。宗室,隸鑲藍。理左;同十三病免。
載灃 德宗弟。醇親王,隸鑲白。直軍;光三四攝政王。
農起 滿正紅。晉撫;乾五十死。
鄒一桂 升恒弟。元(原)褒;小山。蘇無錫。雍五庶。禮左;乾二一降閣學。乾二三休。乾三七死,年八七。
鄒士聰 石瞻。鄂麻城。康二七庶。閣學;康五四休。
鄒升恒 泰和。蘇無錫。康五七庶。雍十一,豫學。乾元,晉鄉正考。
鄒汝魯 鄂麻城。康三十進士。太常;雍五革。
●**鄒自式** 孫自式榜名;江南通志作孫自式。
鄒奕孝 升恒孫。念喬。蘇金匱。乾二二探花。工左;乾五八死。
鄒度琪 謙受。贛新建。順十五庶。順十七,湖鄉正考。
鄒炳泰 夢皋子。仲文;曉屏。蘇無錫。乾三七庶。協,吏尚;嘉十八降,旋休。嘉二五死。
鄒家燮 秀升;理堂。贛樂平。嘉六探花。嘉九,黔鄉副考。
鄒振杰 道二六,桂鄉副考。
鄒　球 贛安福。康二一進士。康四七,晉鄉副考。
鄒植行 禮耕。蘇無錫。嘉十庶。道二,晉學。
鄒　琯 贛南豐。康三十進士。康五一,粵鄉副考。
鄒嘉來 紫東。蘇吴縣。光十二進士。宣三,奕閣署外務部大臣,弼德院副院長。
鄒嘉琳 皖按;康四四罷。
鄒夢皋 蘇金匱。乾二五進士。乾三十,滇鄉副考。
鄒福保 詠春。蘇元和。光十二榜眼。光十九,贛鄉副考。
鄒鳴鶴 鍾泉。蘇無錫。道二進士。桂撫;咸二革。辦理江防;咸三死,壯節(追)。
鄒　嶧 蘇山陽。康三進士。康二一,滇學。
鄒　瀚 浙仁和。乾十進士。皖按;嘉二五召京。

鄒馨蘭　滇按；光二六病免。
鄔景從　康六，豫學。
鄔　赫　盛刑；康三十降。
雷以誠　鶴臯。鄂咸寧。道三進士。刑左；咸三革。光禄；同元休。光十死，年七九。
雷正綰　偉堂。川中江。陝提；光二二解。光二三死。
雷多壽　陝渭南。光三十進士。宣三，北鹽廳長。
雷　虎　户右；康十一病免。
雷補同　譜桐。蘇華亭。使奥；宣二召回。
雷　暢　晉按；乾三四罷。
雷　興　漢正黄。諸生。豫撫；順十死。
雷　鋐　貫一；翠庭。閩寧化。雍十一庶。左副；乾二一乞養。乾二五死。
•雷震春　朝彦。皖合肥。通永鎮署江北提督；宣二革。
雷繼尊　甘提；康四十死，敏愨。
雍吉訥　江將；雍三召京。
雍泰　滿洲。陝撫；康五四死。
靳文鋭　敏斯；續山。魯聊城。嘉元庶。嘉六，陝鄉正考。
靳　輔　紫垣。漢鑲黄。總河；康三一死，年六十，文襄。
靳　讓　豫尉氏。康十八進士。康四三，浙學。

十　四　畫

僧保住　宗室。刑右；嘉元改以副都統留哈密辦事。
僧　格　漢正白。理尚；乾三休。
僧格林沁　蒙古科爾沁親王。咸八授欽（英法聯軍）；咸十授欽（捻軍）。同四，被捻軍擊斃。
嘉謨　滿鑲藍。繙譯生員。倉場；乾四二革，旋死。
圖克善　滿鑲藍。晉撫；康十九病免。
圖伽布　西寧辦事；咸八改烏魯木齊都統。
圖明額　（一）滿鑲藍。晉按；道十七召京。道二七死。
圖明額　（二）西將；光三病免。
圖思德　覺羅，隸鑲黄。諸生。湖督；乾四四死，恭愨。
圖海　麟洲。滿正黄。三等公，中和；康二十死，文襄。
圖桑阿　（一）豫按；乾二四休。
圖桑阿　（二）湘布；乾四三罷。
圖桑阿　（三）滿正白。襲一等侯，定左；嘉二革。烏魯木齊提督；嘉六死。
圖納　謹堂。滿正藍。舉人。刑尚；康三六死，文恪。
圖納哈　閣學；康三一解。
圖喇　滿正黄。杭將；康十三病免。
圖敏　時泉。滿鑲黄。乾三七庶。閣學；乾五六罷。
圖理琛　瑶圃。滿正黄。兵右；雍六革。閣學；乾二病免。乾五死。
圖爾白紳　杭州駐防；康七罷。康十四死，敏果。
圖爾炳阿　滿正白。湘撫；乾三十死。
圖爾宸　自中。滿正白。順十二滿洲狀元。工右；康三七休。
圖爾特　兵右；康六降。工左；康十三罷。
圖爾泰　奉尹；乾十六改僕少。太常；乾二三罷。
圖薩布　滿正紅。舉人。粤撫；乾五四病免，旋死。
圖鞳布　榜名作圖黔布。德裕；裕軒。滿鑲紅。乾十三庶。乾二五，魯鄉副考。
圖蘭　閣學；雍五罷。
蔭昌　午樓。滿正白。使德；宣二召回。宣三，陸軍大臣，軍諮大臣；奕閣陸軍大臣。
廖文錦　彦雲。蘇嘉定。嘉十六庶。道元，江鄉副考。道十四死。
廖旦　滿正黄。吏尚；康二七休。
廖坤培　西巖。川會理。同元庶。同六，黔學。
●廖金城　廖鴻荃榜名。
廖　瑛　閩永定。乾二進士。贛按；乾三十革。
廖壽恒　壽豐弟。仲山；抑齋。蘇嘉定。同二庶。禮尚，軍，總；光二六病免。光二九死，年六五。
廖壽豐　穀似，闇齋；止齋。蘇嘉定。同十庶。浙撫；光二四病免。光二六死，年六六。
廖賡謨　虞徵。蘇華亭。康四二庶。康五三，川學。
⊙廖鴻荃　鴻藻弟。榜名金城。斯和；鈺夫。閩侯官。嘉十四榜眼。工尚；道二四革。文恪。
廖鴻藻　儀卿。閩閩縣。嘉十四庶。嘉十八，川鄉正考。

廖騰煃 户右；康五四休。

察尼 多鐸四子。貝勒。盛將；康二七死，年四八，恪僖。

察杭阿 鑑泉。滿鑲白。理尚；光六死。

察庫 户左；康十八罷。

賓麟 宗室。倉場；乾三五改盛户，旋革。

對哈納 亦作對喀納。滿正藍。文華；康十四死，年五七，文端。

對琳 盛工；雍十三革。

壽 山 眉峰。漢正白。黑將；光二六解。

壽以仁 浙餘杭。順六進士。康六，滇學。

壽西特 康十四，内大臣充往朝鮮國正使。

壽 昌 漢正白。兵右；光二四罷。

壽耆 子年；芝巖。宗室，隸正藍。光九榜眼。宣三，奕閣理藩部大臣，改荆將，旋召京。

壽蔭 午卿。宗室，隸正紅。廣將；光三二召京。

壽鼐 左副；康四十休。

壽勳 挹卿。蒙鑲黄。光三二，兵左改陸左、陸軍副大臣。△袁閣署陸軍大臣。

夢吉 鑑侯。滿正藍。乾三四庶。通政；乾五八罷。

夢麟 文子；午塘，謝山。蒙正白。乾十庶。工右；乾二三死。

彰寶 滿鑲黄。繙譯舉人。雲督；乾三九病免，旋革。乾四二死。

毓 秀 李侍堯子。紫庭。漢鑲黄。杭將；嘉二三死。

毓奇 滿鑲黄。漕督；乾五四革。

毓 岱 漢鑲黄。監生。贛撫；道四病免。

毓科 右坪。滿正藍。贛撫；咸十一降。西寧辦事；同二病免。

毓書 盛刑；道二九改熱都。

毓朗 月華。貝勒，隸正藍。宣二，直軍。宣三，軍諮大臣；△卸。

毓善 藴如。宗室，隸鑲藍。光三四，吏左參；宣三改典禮院直學士。

毓隆 溥良子。少岑。宗室，隸正藍。光二十庶。閣學；宣三改典禮院學士。

毓禄 曉山。滿正白。道二一進士。工左；同六病免。

毓 賢 佐臣。漢正黄。晉撫；光二六解、殺。

毓檢 滿正藍。道十六庶。詹事，大理，駐藏幫辦；咸五罷。

熊一瀟 漢若；蔚懷。贛南昌。康三庶。工尚；康三八病免。康四六死。

熊文舉 贛新建。兵左；康二休。康八死。

熊亦奇 餘波。贛新昌。光九庶。光二三，鄂鄉副考。

熊伯龍 次侯；鍾陵。鄂漢陽。順六榜眼。順十八，武會副考。

熊 枚 存甫。贛鉛山。乾三六進士。工尚，左都；嘉十一降。順丞；嘉十二革。嘉十三死。

熊常錞 熊枚孫。象于。贛鉛山。嘉十四庶。粤布；道二十病免。

熊 焯 陝咸寧。順六進士。康五，豫鄉正考。

熊爲霖 浣青；嶠鶴。贛新建。乾七庶。乾二四，黔鄉副考。

熊暉吉 孚有；梅亭。贛新昌。雍二庶。大理；乾七罷。

熊 葦 敏思；澄山。順涿州。康三三庶。康五三，贛鄉正考。

熊遇泰 拱舒；東崖。贛新建。嘉十三庶。道元，江鄉副考。

熊維傑 浙按；順十罷。

熊學鵬 一瀟孫。贛南昌。雍八進士。粤撫；乾四一革。乾四四死。

熊奮渭 刑左；順十八休。

熊賜履 敬修，素九；青岳，愚齋。鄂孝感。順十五庶。武英；康十五革。禮尚；康二七憂免。康四八死，年七五，文端。

熊賜瓚 賜履弟。宗玉。鄂孝感。順十五庶。康二，閩鄉正考。

熊賜瓚 賜履弟。遜修。鄂孝感。康十五庶。康二六，浙鄉正考。

滿丕 （一）滿正藍。理左；康四一罷。

滿丕 （二）滿正黄。工左署湖督；康六一回任，雍元改鑲黄漢副。

滿色 禮右；乾八休。

滿保 （一）凫山。覺羅，隸正黄。康三三庶。閩督；雍三死。

滿保　(二)滿洲。康四五進士。康五六，川鄉副考。

滿都　晉布；康四三罷。

滿普　陝按；康五十罷。

滿篤　滿鑲紅。工尚；康五二降。

滿達海　太祖孫，代善七子。貝子。理尚；順四卸。順六，征西大將軍。順九死。

滿慶　駐藏；咸九罷。

滿闢　兵左；康四五罷。

漆紹文　馥來，復來。贛新昌。康五一庶。湘布；雍五罷。

榮玉材　漢正紅。滇提；咸五病免。

榮全　滿正黄。襲一等侯，伊將；光二召京。光五死。

榮柱　滿正白。盛刑；乾五四降奉尹，乾五六革。嘉七死。

榮國祚　光禄；康二二罷。

榮　惠　迪甫。兵右，盛禮；光二九罷。

榮銓　伯衡。滿洲。浙布；光二七革。

榮禄　仲華。滿正白。蔭生。文華，軍；光二九死，文忠。

榮慶　華卿。蒙正黄。光十二庶。協，禮尚；宣三授弼德院院長。

榮勳　竹農。滿正白。宣三，吏右改理左。

榮麟　滿正藍。乾五四進士。倉場；嘉十九降。道十五死。

窩星額　滿鑲白。閣學；嘉九死。

端木坦　蘇江寧。嘉十六進士。道五，滇鄉副考。

端方　午橋；陶齋。滿正白。舉人。直督；宣元革。宣三，督辦粤漢川漢鐵路大臣。△革命軍殺。(忠敏)。

端華　鄭親王。户左；道二六襲爵卸。步統；咸十一解、殺。

端緒　仲綱。滿正白。禮右參；宣三改典禮院總務廳廳長。

瑭古泰　滿正藍。盛户，閣學；乾四三病免。乾四五死。

瑭琦　皖按；乾三九解。

瑪祜　滿鑲紅。順九繙譯進士。江寧巡撫；康十五死，清恪。

瑪喇　滿鑲白。工尚；康二十革。

瑪興阿　滿鑲白。吏左；乾五七死。

瑪爾吉阿　閩陸提；嘉四罷。

瑪爾拜　直提；乾十一改副都。

碩色　静庵。滿正黄。湖督；乾二四死，恭勤。

碩博會　覺羅。吏右；順十七降。左副；康六降。

碩詹　滿正紅。户左；順九革。盛京右翼都統；康二死，明敏。

碩爾對　刑右；順八解。

碩鼐　左副；康三三休。

福川　皖布；乾四六罷。

福什寶　閣學；乾十休。

福永　巴里坤提督；乾三三改正藍蒙都。

福申　佑之；禹門。滿正黄。嘉十六庶。閣學；道八革。

福全　世祖二子。裕親王。康二九，授撫遠大將軍。康四二死。

福克精阿　滿正白。西寧辦事；嘉二十召京。吉將；道十一革。道十五死。

福明安　欽文。蒙鑲紅。乾十三庶。滇布；乾四五罷。

福長安　傅恒四子。滿鑲黄。襲一等侯，户尚；嘉四革。副都統；嘉二二死。

福保　嘉升；景堂。滿正白。乾三一庶。奉尹；嘉二罷。

福昂　浙布；嘉十九降郎中。

福珠隆阿　又作福珠洪阿。滿正黄。江提；咸三戰死，壯敏。

福陞　滇提；同二革。

福勒洪阿　理左；道九罷。

福康安　傅恒子。瑶林；敬齋。滿鑲黄。封貝子。武英，閩督；嘉元死，文襄。

⊙**福敏**　榜名傅敏，又作富敏。龍翰；湘鄉。滿鑲白。康三六庶。武英；乾十休。乾二一死，年八四，文端。

福崧　碩色孫。滿正黄。兵尚；嘉十八革。嘉二四死。

福連　黔按；咸八死。

福彭　岳託玄孫；平郡王。雍十一，授定邊大將軍。乾十三死。

福寧 滿鑲藍。川督；嘉二免。駐藏；嘉九改正白蒙都。嘉十一休；嘉十九死。

福善 通政；乾三罷。

福隆安 傅恒子。滿鑲黄。高宗壻，妻和嘉公主。一等公，兵尚；乾四九死，勤恪。

福會 寧將；嘉十九召京。

福楙 幼農。蒙正紅。光六庶。閣學；光十四罷。

福禄 (一)蒙正白。西將；乾三三改正白領衛。乾三四休，乾三六死。

福禄 (二)理左；乾五四休。

福裕 倭仁子。餘庵。蒙正紅。奉尹；光二一休。

福興 滿正白。綏將；同六病免。光四死，莊愍。

福興額 通政；嘉十七罷。

福德 理左；乾四一病免。盛工；乾四八罷。

福慶 蘭泉。滿鑲黄。兵尚；嘉十八革。嘉二四死。

福增格 贊侯；松崖。滿洲。福將；乾二八罷。

福增額 廣將；乾四五罷。

福潤 倭仁姪。少農。蒙正紅。皖撫；光二二病免。光二八死。

福緜 滿鑲紅。倉場；道七解。道十一死。

福鼐 駐藏；乾二九召京。理左；乾三二罷。

福錕 箴庭。宗室，隸鑲藍。咸九進士。體仁，總；光二一休。光二二死，文慎。

福　濟 元修。滿鑲白。道十三庶。定左；同十革。光元死。

聞人熙 浙會稽。嘉十四進士。道二，鄂鄉正考。

聞　棠 雲枚；静儒。蘇鎮洋。乾元庶。乾六，鄂鄉副考。

聞嘉言 太常；嘉六降通參。

翟文賁 魯益都。順三進士。順六，浙學。

翟國彦 粵水提；光六病免。

翟　槐 公樹；立齋。皖涇縣。乾四十庶。乾五三，滇鄉正考。

翟　誥 錫三。皖涇縣。監生。湘按；咸十一召京。

翟鳳翥 翼經；象陸。晉聞喜。順三進士。閩左布；順十八降鹽驛道。康七死，年六三。

翟錦觀 絅之；筠莊。黔貴筑。嘉十庶。滇按；道十病免。

⊙**管式龍** 榜名陸式龍。南棠。浙海鹽。康五二庶。雍六，鄂學。

管廷鶚 士一。魯莒州。光二庶。大理；光三二裁免。光三三，署左副，病免。

管承澤 漢軍。川布；雍六改正黄漢副。

●**管昂發** 徐昂發榜名。

管起鳳 豫左布；順十五罷。

管效忠 漢軍。江寧駐防；順十一，移駐鎮江。順十七革。

管源忠 漢軍。廣將；雍三休。

管幹貞 成進士時禮部改作“珍”，乾六十復用“貞”。陽復；松崖。蘇陽湖。乾三一庶。漕督；嘉二降。嘉三死，年六五。

管竭忠 漢軍。浙布；康四五罷。

管遹群 幹貞子。兆籛；椒軒。蘇陽湖。道三進士。浙撫；道二三解。

管　寶 閣學；康五三休。

蒯光典 德標從子。禮卿。皖合肥。光九庶。游歐學生監督；宣二死，年五四。

蒯賀蓀 士薌。順大興。舉人。浙按；光元病免。

蒯德標 蔗農。皖合肥。舉人。粵布；光十六病免。光二十死。

蒲安臣 美國人。Anson Burlingame 同七，出使各國大臣。

蒲尚佐 川松潘。行伍。甘提；嘉二十病免，旋死。

蒼　保 漢鑲白。閩水提；嘉七病免，旋死。

裴宗錫 徫度子。午橋；二知。晉曲沃。捐納。滇撫；乾四四死，年六八。

裴　褎 又作裴衷。豫新安。康三進士。康二九，江鄉副考。

裴徫度 晉武；香山，中矩。晉曲沃。諸生。左都；雍五革。乾五死，年七三。

裴　鉽 浙提；乾七革。

裴蔭森 蘇阜寧。同二進士。閩按；光十四改督辦船政。光禄，船政；光十六病免。

裴維侒 韻珊；君復。豫祥符。光六庶。光二九，奉學。光三三，截缺常少署順尹。

裴憲度 陝高陵。順十八進士。康二三，粤學。

裴　謙 受之；子光。晉陽曲。乾三七庶。乾四五，陝鄉副考。

裴　鑑　静涵;印川。蘇句容。嘉二四庶。道二,湘鄉副考。

綦汝楫　松友。魯高密。順十二庶。弘文學士;康七解。

維慶　桂亭。滿鑲黄。寧將;光十四死,恪勤。

綽克托　順十八,理左;康八,革。

綽克託　(一)宗室。輔國公,盛將;康三七革。

綽克託　(二)滿正紅。户尚;乾五四死,恪勤。

綽貝　工左;順十罷。

綽奇　滿鑲白。工尚;雍五革。

綽和諾　荆將;乾三九革,旋死。

綽哈布　勝亭。漢鑲紅。成將;光三四死,武勤。

綽哈納　杭將;道五罷。

綽勒多　滿洲。黑將;乾二七死,質慤。

綽爾多　黑將;乾十九罷。

綽爾岱　工右;雍二罷。

綳楚克車林　蒙鑲黄。光三三,庫倫辦事大臣會辦蒙古礦務。

綿文　達齋。宗室。禮右;光三二罷。

綿佐　定左;嘉八改右翼前鋒統領。

綿宜　佩卿。宗室,隸鑲白。禮左;光二四死。

綿洵　宗室,隸鑲白。荆將;咸八死,莊武。

綿恩　定親王。嘉四,管步統。

綿愉　惠親王。咸三,奉命大將軍。

綿森　宗室,隸正藍。刑尚;同七死,端慤。

綿齡　荆將;道四死。

臧大受　魯壽張。康十五進士。康三八,粵學。

臧國祚　工右;順八革。

臧濟臣　未齋。魯諸城。同十庶。光五,鄂學。

豪格　太宗第一子。肅親王。順三,定遠大將軍。順五革,旋死。

趙士麟　麟伯;玉峰。滇河陽。康三進士。吏左;康三八死,年七一。

趙大鯨　横山;學齋。浙仁和。雍二庶。左副;乾九罷。

趙　山　督捕;康三四革。

趙之垣　左副;乾四降鴻少。

趙之桓　宏燦子。甘寧夏。直隸巡撫;雍元革。

趙之鼎　潔庵。直滿城。刑左;康二六病免。

趙之隨　魯長山。康十五進士。康三七,滇學。

趙仁基　厚子;悔廬。蘇陽湖。道六進士。鄂按;道二一死,年五三。

趙以炯　鶴林,仲瑩。黔貴陽府。光十二狀元。光十七,桂學。

趙允輸　太僕;順十三罷。

趙日冕　章技。贛新建。順九庶。鄂按;康十罷。

趙文楷　逸書;介山。皖太湖。嘉元狀元。嘉四,充册封琉球國王正使。

趙文煚　玉藻。魯膠州。康九庶。康十四,粵鄉正考。

趙世顯　仁伯。漢鑲黄。總河;康六十召京。

⊙**趙布泰**　又作卓布泰。滿鑲黄。刑左;順十改内大臣。順十七死,武襄。

趙未彤　六滋;序堂。魯萊陽。乾五五進士。嘉十三,川鄉正考。

趙申季　申喬弟。行瞻。蘇武進。康三六進士。康四四,魯學。

趙申喬　慎旃;松伍。蘇武進。康九庶。户尚;康五九休。同年死,年七七,恭毅。

趙兆麟　玉書。陝富平。明舉人。鄖陽撫治;順十病免。

趙　光　仲明;蓉舫。滇昆明。嘉二五庶。刑尚;同四死,文恪。

趙光祖　裕昆;述園。直盧龍。嘉十九庶。滇布;道二九召京。

●**趙有淳**　趙佑宸榜名。

趙守易　直完縣。康三三進士。康五一,川鄉副考。

趙向奎　蘇布;雍七革。

趙　佑　啓人;鹿泉。浙仁和。乾十七庶。左都;嘉五死。

⊙**趙佑宸**　榜名有淳。粹甫;蕊史。浙鄞縣。咸六庶。大理;光十二罷。

趙作舟　乘如;浮山。魯東平。康十八庶。康二六,黔鄉副考。

趙宏本　黔按;雍七罷。

趙宏恩　良棟子。芸書。甘寧夏。工尚,左都;乾二三死。

趙宏運　鄂按;雍元召京。

趙宏燦　良棟長子。甘寧夏。一等伯,兵尚;康五六死,敏恪。

趙宏燮 良棟子。亮工;理庵。甘寧夏。襲子爵,直隸巡撫;康六一死,年六七,肅敏。

趙廷臣 君鄰。漢鑲黃。貢生。浙江總督;康八死,清獻。

趙廷珍 敬忱。順武清。光二一進士。宣三,奕閣承宣廳長。

趙良棟 擎之;西華。甘寧夏。雲督;康二一召京,休。康三六死,年七七,襄忠。

趙良璧 浙布;康四十罷。

趙良霨 肖巖。皖涇縣。乾六十進士。嘉三,粵鄉正考。

趙佩湘 蘇丹徒。乾五八進士。嘉十五,川學。

趙京仕 倉場;順八休。

趙尚輔 翼之。川萬縣。光九庶。光十四,鄂學。

趙宜喜 滇布;嘉二一罷。

趙　坤 甘寧夏。行伍。湖提;雍四改鑾儀使。雍十三死。

趙函乙 皖合肥。順四進士。順九,江南學政。

趙林翹 閩右布;順六休。

趙秉沖 蘇上海。監生。户右;嘉十九死。

趙秉鈞 智庵。豫臨汝。民右;宣元休。宣三,△袁閣民政部大臣。

趙長齡 怡山;静庵,玉班。魯利津。道十二庶。晉撫;同七解。

趙青藜 然乙;星閣,生校。皖涇縣。乾元庶。乾六,浙鄉副考。

趙炳言 竹泉。浙歸安。嘉二二進士。刑右;道二九死。

趙炳麟 竺垣。桂全州。光二一庶。宣三,督辦廣西全省鐵路。

趙　柄 寄權;斗垣,衡西。蘇上海。嘉二二庶。道元,閩鄉副考。

趙　昀 文楷子。芸譜,季芝;岵存。皖太湖。道二一庶。咸二,滇鄉正考。

趙　珀 江提;康六十召京。康六一死。

趙英孫 川布;乾二九罷。

趙　城 亘輿。滇通海。康五四庶。豫布;乾十召京。

趙　晉 晝三,二令;秀山。閩閩縣。康四二榜眼。康五一,江鄉副考。

趙　晃 朗存;約堂。順武清。雍二庶。雍九,桂學。

趙執信 仲符;秋谷,飴山。魯益都。康十八庶。康二三,晉鄉正考。

趙泰臨 敬亭。魯膠州。康四二庶。康五三,滇鄉副考。

趙　珣 鍾琳;鐸亭。順武清。康二一進士。康四九,豫學。

趙啓霖 芷蓀。湘湘潭。光十八庶。川學使;宣二乞養。

趙國祚 漢鑲紅。晉提;康十八休。康二七死,年八十,敏壯。

趙國麟 仁圃。魯泰安。康四五進士。文淵;乾六降。禮尚;乾七革。乾十六死。

趙　崙 魯萊陽。順十五進士。康十一,閩鄉副考。

△趙惟熙 芝珊。贛南豐。光十六庶。宣三,△甘按。

趙祥星 漢正白。貢生。魯撫;康十八革。大理;康三二死。

趙　渙 順二,湘學;順三降。

趙舒翹 展如。陝長安。同十三進士。刑尚;光二六革、殺。

趙盛奎 菊言。直深州。刑右,軍;道十九病免。

趙進美 嶷叔,韞退;清止。魯益都。明進士。閩按;康二三罷。

趙開心 靈伯;洞門。湘長沙。左都;順十一降。倉場;康二死。

趙亮熙 寅臣。川宜賓。咸十進士。光十四,黔鄉副考。

趙慎畛 遵路;笛樓,蓼生。湘武陵。嘉元庶。雲督;道六死,文恪。

趙　楫 子舟。蘇丹徒。道十六庶。道二三,川鄉副考。

趙煥聯 滇按;同五乞養。

趙　新 又銘;古彝。閩侯官。咸二庶。同元,桂鄉副考。

趙殿最 奏功;鐵巖。浙仁和。康四二進士。工尚;乾四降。

趙　瑗 蘧叔。滇昆陽。乾十七庶。乾二四,鄂鄉副考。

趙萬春 黔提;咸四革。

趙福星 鳳陽巡撫;順二革。

趙爾巽 公鑲;次珊。漢正藍。同十三庶。宣三,東三省總督。

趙爾豐 爾巽弟。季和。漢正藍。宣三,川滇邊務大臣兼署川督;抗拒革命被殺。

趙　銓 魯陵縣。乾三六進士。豫按;乾四三罷。

*__趙德昌__ 安義鎮署黔提;同六死,剛節。

趙德潾 宜喜孫。子白。贛南豐。道十二庶。蘇按;道二三罷。

趙德轍 静山。晉解州。道十五進士。蘇撫;咸八免。

趙濱彦 浙歸安。湘布;宣三召京。△魯布。

⊙**趙璟** 季璟榜名。蘇無錫。雍八進士。工左;康二一改鑲紅漢都。

趙　隨 浙嘉興。康六進士。康二三,閩學。

趙　賴 漢正藍。黔提;康二一改正藍漢都。康二六休。康三一死。

趙應奎 豫商丘。桂提;康二二死,襄壯。

趙濟美 鍾秀。魯蒲臺。順十六庶。康二五,粵學。

趙聯元 順十七,魯鄉副考。

趙　鐄 漢正黄。兵左。嘉三死。

趙鴻文 晉按;嘉二五召京。

趙　纛 順十五,黔學。

趙繼鼎 户右;順十一休。

遜柱 滿鑲紅。文淵;雍十一休。同年死,年八四。

⊙**遜塔** 郎孫塔。滿鑲藍。工尚;順十七解。康四死,忠襄。

誠安 滿洲。左都;嘉二五改鑲紅漢都。

誠存 滿正紅。左副;嘉十二休。嘉十五死。

誠端 述堂。滿鑲黄。盛工;道九降。阿克蘇辦事;道二三死。

誠　璋 玉如。漢正白。宣三,農左參兼奕閣弼德院參議。

誠勳 果泉。滿正白。蔭生。廣將;宣三奕閣弼德院顧問。

輔德 滿鑲紅。監生。浙撫;乾三十死。

鄢翼明 滿正白。順十二進士。順十七,豫鄉副考。

赫申 户左;康四九休。

赫成額 户右;雍元往歸化城。

赫昇額 鄂布;乾三一革。

赫奕 帥顔保子。澹士。滿正黄。工尚;康五五革。

*__赫星__ 雍十三,寧夏副都統署將軍。

赫特賀 蓉峯。蒙鑲紅。道三進士。通政,駐藏;咸七病免。

赫勝額 黔布;雍六革。

赫業 又作赫葉。滿洲。康十二,都統授安西將軍。

赫壽 滿正黄。理尚;康五八死。

赫碩 陝按;康四五罷。

赫碩咨 滿正黄。監生。禮尚;康五五革。

赫赫 滿正黄。監生。盛户;乾二四改正紅漢副。閣學;乾二九革。乾三二死。

赫慶 陝按;乾十病免。左副;乾二八罷。

赫瞻 通政;乾十二罷。

銓林 滿鑲藍。咸八繙譯舉人。閣學;光八罷。

銘安 鼎臣。滿鑲黄。咸六庶。盛將;光九病免。宣三死,年八四,文肅。

魁元 文農。滿洲。桂布;光二五罷。

魁玉 時若。滿鑲紅。成將;光三病免。光十死,果肅。

魁保 蒙鑲白。湘提;嘉二十病免。嘉二三死。

魁倫 敍齋。滿正黄。川督;嘉五革、殺。

魁　聯 蔭庭。漢正白。湘按;咸五降知府。

魁齡 華峯。滿正紅。咸二進士。户尚;光四病免。同年死,端恪。

鳳山 (一)光禄;光十三罷。

鳳山 (二)禹門。漢鑲白。繙譯舉人。廣將;宣三被黨人所殺(勤節)。

鳳全 茀堂。滿鑲黄。駐藏幫辦;光三一被殺,威愍。

鳳秀 輝堂。滿洲。盛工;光二二罷。

鳳來 道十六,閩按遷布,罷。

鳳鳴 竹岡。滿正黄。同十三庶。工左;光二六死。

齊大勇 養浩;鳳嵓。直昌黎。湖提;乾二四革。

齊世武 滿正白。蔭生。刑尚;康五十革。

齊台南 次風;瓊臺,息園。浙天台。乾元庶。禮右；乾十四休。乾三二死，年六六。

齊布森 滿鑲紅。盛工；道六病免。道七死。

齊　式 甘按；乾三罷。

* **齊克唐阿** 道九，荆州副都統護將軍。

齊忠甲 迪生。吉伊通。光二十庶。光二九，浙鄉副考。

齊承彥 小筠。直天津。舉人。刑尚；同六死，恭勤。

齊國儒 湖廣左布；順六罷。

齊　慎 禮堂。豫新野。川提；道二四死，勇毅。

齊達色 大理；乾十三罷。

齊嘉紹 直天津。乾五五進士。乾六十，晉鄉正考。

齊禧 盛工；康三七病免。

齊　鯤 澄瀛，北瀛。閩侯官。嘉六庶。嘉十二，充册封琉球國王正使。

齊耀琳 震巖。吉伊通。光二一庶。宣三，蘇布。△豫撫兼管皖撫。

齊蘇勒 篤之。滿正白。總河；雍七死，勤恪。

十　五　畫

劉人鏡 士熙。蘇寶山。同文館。宣三，使荷。

劉三元 粵右布；順十二罷。

劉士龍 豫睢州。順九進士。康十四，晉鄉副考。

劉于潯 養素。贛南昌。舉人。甘按；同三病免。

劉大譲 直滄州。順九進士。順十七，閩鄉副考。

劉大懿 魯按；嘉十九解。

劉子正 直吴橋。順十二進士。康二，陝鄉正考。

劉子章 道闇；豹南。黔貴筑。舉人。康四一，贛鄉正考。

劉　凡 皖壽州。康十五進士。康三八，粵鄉副考。

劉之源 漢鑲黄。三等子，鎮海大將軍駐防京口；康三休。康八死。

劉元亮 菊農。魯章丘。光十五庶。光二三，桂學。光三四死，年四八。

劉元琬 豫汝陽。順六進士。康十，浙學。

劉元弼 禮右；順六罷。

劉元慧 子睿。直正定。順十八進士。左副；康三七病免。

劉元勳 漢臣。陝咸寧。順十六庶。粵按；康三四罷。

劉元燮 孟調；理齋，梅垞。湘湘潭。雍八庶。雍十三，浙鄉副考。

劉　允 陝按；順三解，順五革。

劉允孝 甘肅州。武舉。鄂提；道二二病免。署江提；同年死，年六七。

劉心源 幼丹。鄂嘉魚。光二庶。桂按；光三一解。

劉曰炷 康四七，粵鄉副考。

劉　斗 直清苑。福建總督；康十一降。

劉正宗 可宗；憲石。魯安丘。文華；順十七革，旋死。

劉世安 静皆。漢鑲黄。光十五探花。光二十，甘學。

劉世奇 川按；康三革。

劉世明 豫河内。閩督；雍十改副將軍。甘提；雍十二革。

劉世珩 瑞芬子。蔥石；聚卿，楚園。皖貴池。舉人。光三三，度右參。宣三，△度左參。

劉永亨 子嘉。甘秦州。倉場；光三三死。

劉永澄 左副；乾八病免。

劉永慶 豫項城。軍令司正使，署江北提督；光三二死。

劉永譽 通政；順十二休。

劉玉珂 佩如。鄂安陸。光十二庶。光十七，桂鄉正考。

劉玉麟 葆林。粵香山。留美。光三一，使法。宣二，外右丞使英。

劉仲金 兵右；順八罷。

劉兆麒 瑞圖。漢鑲白。浙江總督；康十一降。崇明水提，黑龍江總管；康三一休。康四七死，年八十。

劉光才 江提；宣三病免。

劉光美 漢祚子。漢正紅。皖撫；康四八降。

劉光弼 漢鑲藍。贛提；順十六休。康十二死。

劉如漢 倬章；雙士。川巴縣。順十六庶。贛撫；康二十憂免。

劉名譽 嘉樹。桂臨桂。光六庶。光十四，豫鄉副考。

劉有銘 緘三；鐫山。直南皮。道二七庶。刑左；同十三降太常，光二罷。

劉式訓 箏笙；紫箴。蘇南匯。同文館。光三一，使法。
劉自紘 湖廣右布;順六休。
劉亨地 元燮子。載人;寅橋。湘湘潭。乾二二庶。乾四二,粤鄉副考。
劉吴龍 紹聞;平田。贛南昌。雍元庶。刑尚;乾七死,年五三,清愨。
劉君輔 滇會澤。行伍。湘提;嘉元休。嘉二二死。
劉宏遇 漢正藍。晉撫;順十一降。順十八死。
劉廷枚 叔濤。蘇吴縣。同七庶。光十。浙學。
劉廷斌 川温江。行伍。粤陸提;道十三革,旋死。
劉廷琛 (一)黔布,桂布;雍二召京。
劉廷琛 (二)幼雲。贛德化。光二十庶。學右參;光三四改大學堂監督。
劉廷檢 順通州。道十五進士。道二九,滇鄉副考。
劉廷璣 玉衡。漢鑲白。贛按;康四三降。
劉步蟾 閩侯官。船政學堂。光十四,北洋海軍右翼總兵。光二一,署提督,旋死。
劉良佐 漢鑲黄。明總兵。直提;康五病免。康六死。
劉邦柱 浙陸提;康八革。
劉　侃 魯沂水。康三九進士。康四四,晉鄉副考。
劉　典 克盦。湘湘鄉。陝撫;同八乞養。通政;光四死,果敏。
劉宗魏 文韓;雲門。贛贛縣。乾十三庶。乾十六,晉鄉正考。
劉定裕 仲容。鄂孝感。道十八庶。道二三,豫學。
劉始恢 蘇山陽。康九進士。康二十,閩鄉副考。
劉坤一 峴莊。湘新寧。廩生。江督;光二八死,忠誠。
劉　廸 川閬中。康六進士。康二六,浙鄉副考。
劉　昌 瀛洲。豫祥符。工尚;順十七休。康九死,勤僖。
劉昌臣 又昌。湘武陵。順十二進士。順十六,魯學。
劉　忠 閩提;順五改援剿提督。順十三戰死。
劉於義 喻旃;蔚園。蘇武進。康五一庶。協,吏尚;乾十三死,年七四,文恪。
劉　枬 太常;雍九降。
劉松山 壽卿。湘湘鄉。粤陸提;同九戰死,忠壯。
劉　果 (一)毅卿。魯諸城。順十六進士。康十七,江南學政。
劉　果 (二)少岩。豫太康。光十二進士。禮右丞;宣三改典禮院學士。
劉果遠 順十三,鄂學。
劉秉恬 德引。晉洪洞。舉人。川督;乾三八革。兵左;嘉五死。
劉秉政 漢正紅。閩撫;康十三降耿精忠。
劉秉愉 晉洪洞。鄂按;乾三八病免。
劉秉璋 仲良。皖廬江。咸十庶。川督;光二十解。光三一死。
劉秉權 秉政弟。漢正紅。粤撫;康十四死,端勤。
劉武元 鎮藩。漢鑲紅。南贛巡撫;順十病免。順十一死,明靖。
劉　芬 (一)贛新建。乾二二進士。乾四五,閩鄉副考。
劉　芬 (二)巴里坤提督;嘉二五罷。
劉芳聲 户左;雍九革。
劉芳藹 皖宣城。雍五進士。鄂按;乾十五召京。
劉芳躅 增美;鍾山。順宛平。魯撫;康九憂免。
劉長佑 印渠。湘新寧。拔貢。雲督;光八病免。光十三死,武慎。
*** 劉長清** 咸元,署川提。
劉長發 蘇江都。康六進士。康二三,粤鄉副考。
劉青照 (一)蘇陽湖。乾四五進士。乾五四,閩鄉副考。
劉青照 (二)藜仙。川什邡。同四庶。同九,黔學。
劉星煒 映榆;圃三。蘇武進。乾十三庶。工左;乾三五病免。
劉春霖 雨三。黔安順。同七庶。滇布;光三四解。
劉　相 刑右;雍元革。
劉　柏 皖按;乾六召京。
劉　炳 殿虎;嘯谷。直任丘。乾七庶。乾十二,晉鄉正考。
劉　珏 粤按;嘉二二罷。
劉若曾 仲魯。直鹽山。光十五庶。宣三,理少任修訂法律大臣。△署法制院院使。
劉若璪 權之子。嗣庭。湘長沙。乾四九庶。乾五四,川鄉副考。
劉郇膏 松巖。豫太康。道二七進士。蘇布;同五憂免。

劉重鱗　左副;道二五罷。
劉家謨　豫羅山。光九進士。光二六,桂學。
劉　峩　先資;宜軒。魯單縣。兵尚;乾六十休。同年死,年七三,恪簡。
劉書年　有雲;偶石。直獻縣。道二五庶。咸二,浙鄉副考。
劉師恕　秘書;艾堂。蘇寶應。康三九庶。吏右;雍六降。閣學充閩觀風整俗使;乾十一免。乾二一死。
劉　浩　漢軍。工右;乾四四革。
劉　烒　贛南豐。乾三四進士。刑右;嘉十病免,旋死。
劉校之　中壘;書堂。湘長沙。乾二六庶。乾三九,黔學。
劉恩溥　博泉。直吴橋。同四庶。倉場;光三二解。光三四死。
劉祚遠　正宗子。子延。魯安丘。直隸巡撫;順十七解。
劉　益　川布;乾三六革、殺。
劉純煒　魯諸城。乾四進士。浙布,順尹;乾四十解。
劉起龍　粤新安。行伍。閩水提;道十死。
劉國黻　禹美。蘇寶應。康二一進士。康二六,桂鄉正考。
*劉國寶　建昌鎮署川提;光六病免。
劉啓端　正卿。蘇寶應。光十五庶。光十七,鄂鄉正考。
劉　崑　玉昆;韞齋。滇景東。道二一庶。户右;咸十一革。湘撫;同十免。
劉彬士　輔文;�。鄂黄陂。嘉六榜眼。倉場;道十三病免。
劉　清　天一;朗渠。黔廣順。拔貢。晉布;嘉十四降。改武職授曹州鎮;道二休。道七死。
劉清泰　漢正紅。閩督;順十一病免。河南總督;康四病免,旋死。
劉　梅　直故城。順十五進士。康十一,湘鄉正考。
●劉格　即張德地;康七仍用原名。
劉　章　豫布;乾元召京。
劉喜海　燕庭。魯諸城。浙布;道二八休。
劉彭年　省盦。直天津。光十五庶。民右丞;宣元免。
劉　墉　統勳子。崇如;石庵。魯諸城。乾十六庶。體仁;嘉九死,年八五,文清。
劉　曾　滇按;康五六罷。
劉景宸　豫安陽。同元進士。同九,川鄉副考。
劉景榮　漢正白。順九進士。蘇按;康九罷。
劉景璋　晉布;同七病免。
劉　湘　順涿州。乾十三進士。乾二一,川鄉正考。
劉　湄　芷林;岸淮。魯清平。乾三四庶。左副;嘉七死。
劉　棨　弢子。魯諸城。康二四進士。川布;康五七死,年六二。
劉斯嵋　劉烒子。彌山;眉生。贛南豐。嘉十六庶。魯布;道十八罷。
劉　球　公琬;介庵。魯陽穀。康三十庶。康四一,贛學。
劉統勳　劉棨子。爾鈍;延清。魯諸城。雍二庶。東閣,軍;乾三八死,年七五,文正。
劉　順　順天。雍五武進士。巴里坤提督;乾二六死,壯靖。
劉傳福　雅賓。蘇吴縣。同十三庶。光十五,陝鄉副考。
劉嵩齡　洵南;山祝。漢鑲白。康五二庶。雍四,陝鄉正考。
劉夢蘭　伯徵;覺香。湘武陵。嘉二四庶。道八,豫鄉副考。
劉　愈　蘇山陽。康二一進士。康三二,魯鄉副考。
劉　滋　霖蒼。直任丘。順十八進士。康三三,晉學。康三六死,年六五。
劉源澄　順固安。順九進士。康八,粤鄉副考。
劉源灝　鑑泉。順永清。道三庶。雲督;咸十一休。同四死。
劉　楷　皖南陵。康十八進士。光禄;康三十罷。
劉　楗　玉壘;公愚。順大城。順三進士。刑尚;康十八休。同年死,年六三,端敏。
劉業長　滇按;雍六罷。
劉　煇　順十七,粤鄉副考。
劉熙載　融齋;伯簡。蘇興化。道二四庶。同三,粤學。光七死,年六九。
劉殿衡　玉伯。漢鑲白。湖廣巡撫;康四七憂免。

劉瑞芬　芝田。皖貴池。使英俄，使英法。粤撫；光十八死。

劉瑞祺　伯符；景臣。贛德化。同元庶。晉撫；光十七死。

劉福姚　伯崇。桂臨桂。光十八狀元。光十九，黔鄉正考。

劉盛藻　浙按；光九死。

劉　紘　陝洛川。順八進士。順十七，滇鄉正考。

劉策先　鄂按；同十二罷。

劉裕鈖　鄂江夏。道三進士。皖布；咸三署撫。

劉　達　兵左；康六休。

＊劉道宗　署川提；光元死。

劉運鮒　劉楷子。西臨。皖南陵。康五七庶。雍四，湘鄉正考。

劉　慥　君顧；介亭。滇永北。晉布；乾二五病免。乾三二死，年六一。

劉漢祚　漢正白。閩撫；順十六休。

劉漢儒　順大興。明巡撫。左副；順三休。康四死。

△劉嘉斌　蘇丹徒。光二一進士。宣三，郎中署法右參；△授。

劉嘉琛　賁南。直天津。光二一庶。光三三，陝學使。

劉榮慶　粤陸提；道十二革。

劉穀孫　皖廬江。光三十進士。宣二，甘按。

劉種之　星煒子。存子。蘇武進。乾三一庶。乾五一，豫學。

劉　暟　魯布；康四二解。

劉　綸　脊涵；繩庵，如叔。蘇武進。乾元庶。文淵，軍；乾三八死，文定。

劉興漢　晉汾陽。順十六進士。江南按察；順十八罷。

劉肇國　國史學士；順十三病免。

劉　蓉　孟容；霞仙(軒)。湘湘鄉。諸生。陝撫；同五病免。同十二死。

劉銘傳　省三。皖合肥。直提；同八病免。臺撫；光十七病免。光二一死，壯肅。

劉鳳誥　承牧，金門。贛萍鄉。乾五四探花。吏右；嘉十四革。道十死。

＊劉鳳翥　光十，西安鎮署陝提。

劉齊衔　冰如。閩閩縣。道二一進士。豫布；光三革。

劉德芳　川按；康四三罷。

劉廣國　鄂潛江。順六進士。康五，浙鄉副考。

劉慶蕃　豫學；順三降。

劉　溥　江湄；鏡河。豫祥符。道十三庶。道十七，桂鄉正考。

劉　誼　鄂鍾祥。嘉二五進士。宗人府丞；道二五罷。

劉蔭樞　喬南，相斗。陝韓城。康十五進士。黔撫；康五六解。雍元死，年八七。

劉鋭恒　宣三，滇提。

劉　鼎　豫汲縣。康十五進士。蘇布；康二六罷。

劉　嶟　寧布；乾五一召京。

劉學謙　益齋。直天津。光十二庶。光二三，陝鄉副考。

劉　櫰　滇布；康三九罷。

劉樹堂　景韓。滇保山。監生。浙撫；光二六革。

劉錫五　受茲；澄齋。晉介休。乾四六庶。乾五四，滇鄉副考。

劉錫嘏　純齋。順通州。乾三四庶。乾四二，川學。

劉錫鴻　雲生。粤南海。使德；光四召回。

劉錦棠　松山姪。毅齋。湘湘鄉。監生。一等男，新撫；光十七假。光二十死，襄勤。

劉餘祐　申徵；玉吾；燕香居士。順宛平。明兵左。户尚；順十革，旋死。

劉　璈　毅吉。錦棠弟。湘湘鄉。晉按；光二三罷。

劉龍光　鄂黄陂。乾十進士。乾二四，黔鄉副考。

劉嶽昭　蓋臣。湘湘鄉。雲督；光元革。光九死。

劉應鼎　川布；雍十二革。

劉應賓　元禎；思皇。魯沂水。皖撫；順三革，旋死。

劉　謙　益侯；思齋。直武强。康十二進士。左都；康五四革。

劉謙吉　蘇山陽。康三進士。康三三，魯學。

＊劉鍾琳　宣三，長蘆運使署湘按。

劉鴻儒　魯一。直遷安。順三進士。左都；康十二解，旋死。

劉鴻翱　次白。魯濰縣。嘉十四進士。閩撫；道二五病免。

＊劉　鎮　咸七，鑲紅漢都署西將。

劉　勷　思贊。晉介休。直隸河督；雍二革。

劉　繹　詹(瞻)巖。贛永豐。道十五狀元。道十七，魯學。光四死，年八二。

劉藩長　光祿；乾六革。

劉　霖　濬夫。直高陽。順三進士。康十七，浙學。

劉韻珂　玉坡。魯汶上。拔貢。閩督；道三十病免，旋革。咸二死。

劉寶第　滇按；道元休。

劉　灝　安東。順霸州。順三進士。順十四，粤鄉正考。

劉　藻　素存。魯菏澤。乾元庶。鄂撫；乾三一革，旋死。

劉耀椿　莊年。魯安丘。嘉二五庶。川按；道二二解。

劉躍雲　劉綸子。服(伏)先；青垣。蘇武進。乾三一探花。禮右；乾六十休。兵左；嘉十休。

劉鐶之　統勳孫，堪子。佩循；蓮勺。魯諸城。乾五四進士。吏尚；道元死，文恭。

劉　儼　魯安丘。康三三進士。康五十，閩鄉副考。

劉權之　德輿；雲房。湘長沙。乾二五庶。體仁；嘉十八休。嘉二三死，年八十，文恪。

劉　鑑　漢正黄。烏魯木齊提督；乾四九革。正黄漢副；乾五六死。

劉顯第　川布；康二五罷。

劉顯貴　湖廣左布；康元死。

劉體元　魯壽光。康十五進士。康三六，桂學。

劉體重　子厚；梅坪，青溪。晉趙城。舉人。鄂布；道二二病免。同年死，年七四。

劉　灝　西谷；波千。陝涇陽。康二七庶。康三二，湖鄉正考。

厲恩官　錫功；硯秋。蘇儀徵。道二十庶。宗人府丞；同二罷。

厲雲官　伯符。蘇儀徵。鄂布；同四憂免。

廣玉　浙布；嘉十八罷。

廣成　左副；乾二三免。

廣昌　左副；道二五降。

廣林　喬臣。蒙正黄。嘉十九進士。盛工；咸三召京。

廣科　杭將；光五死，勤愨。

廣厚　滿鑲黄。乾三進士。湘撫；嘉二十死。

廣泰　滿鑲藍。皖按；嘉十八罷。閣學，工右；道五改馬蘭鎮，旋死。

廣敏　盛兵；嘉十一罷。

廣惠　直按；道元罷。

廣壽　紹彭。滿鑲黄。咸九繙譯進士。吏尚；光十死，敏達。

廣福　宣三，杭將。

廣興　賡虞。滿鑲黄。刑左；嘉十三革、殺。

廣鳳　竹桐。滿鑲藍。閣學；咸十一署工左。

廣德　桂按；乾四一改粤按。

廣慶　魯布；嘉二四解。駐藏幫辦；道八召京。

寬明　太僕；道十四休。

△**奭良**　召南。滿鑲黄。宣三，△淮揚道暫署江北提督。

增海　宗室，隸正藍。盛將；乾三八死，勤果。

增　崇　壽臣。漢正黄。兵左；光三二改組去職。

增祺　瑞堂。滿鑲白。荆將；宣三召京，奕閣弼德院顧問。民八死，(簡愨)。

增壽　(一)盛工；雍四革。

增壽　(二)浙布；光五罷。

增壽保　左副；乾十八死。

增福　嚮亭。滿鑲藍。乾四繙譯進士。閩撫；乾四四病免。

增綬保　光祿；乾十三降。

增慶　理右；同元革。

增韞　子固。蒙鑲黄。浙撫；辛亥光復時拒抗被殺。

曇麒　閣學；宣元憂免。

徵瑞　滿正白。工左；嘉十九革。嘉二十死。

德文　(一)魯按；乾十六降。

德文　(二)焕章。滿正白。乾五五庶。禮尚；嘉十八革。吏右；嘉二四死。

德生　厚圃。滿正黄。乾四三庶。乾五三，黔鄉正考。

德全　倉場；同元解。

德安　鄂提；咸九罷。

德克金布　成將；道二十死，勤勇。

德克進布　湘按；乾四九革。

＊**德克登額**　道六，西安鎮署陝提。

德克精阿　甘按；嘉二十罷。

德希壽　左副；雍十三革。

德成　(一)粤按；乾三九罷。
德成　(二)滿正黄。工左；乾五六革。嘉六死。
德成額　蒙正黄。桂提；嘉十六死。
德明　(一)滿鑲黄。户尚；雍十死，端勤。
德明　(二)滿鑲黄。禮尚；嘉五死，恪勤。
●德明　(三)張德彝原名。
德昌　樹堂。滿鑲黄。乾四十庶。詹事；乾五一罷。
德沛　濟齋。宗室，隸正藍。吏尚；乾十三病免。乾十四死，年六九。
德保　仲容，懷玉，潤亭；定圃，龐村。滿正白。乾二庶。禮尚；乾五四死，文莊。
德奎　左副；道五降。
德春　愛棠。滿鑲黄。嘉二四庶。倉場；道二五改泰寧鎮。
德英　潤堂。蒙鑲白。黑將；同十三死，莊毅。
德英阿　滿鑲藍。伊將；道九死，剛果。
德音　滿正白。晉撫；雍元召京。
德風　滿正白。乾十七進士。盛户；乾四十革。
德厚　遠村。覺羅；隸正紅。嘉十九進士。兵左；道二九休。
德泰　(一)粤按；乾六十革。桂按；嘉十八罷。
德泰　(二)駐藏幫辦；同十一革。
德珠　倉場；康三九解。
德珠布　滿正白。江將；道二四召京。
德勒克多爾濟　蒙鑲黄。定左；同六解。
德勒格楞貴　寧將；嘉四改鑲黄蒙都。綏將；嘉八罷。
德敏　滿鑲白。荆將；乾二六罷。乾二八死，温慤。
德寧　蒙鑲黄。乾四九進士。嘉二四，陝學。
德寧阿　滿鑲藍。成將；嘉二五改烏魯木齊都統。
*德勝　蒙鑲白。咸四，綏遠副都統署將軍。
德舒　滿鑲紅。繙譯舉人。閩布；乾二一憂免。乾二四，戰死。
德　順　道二五，鑲黄蒙副充朝鮮國副使。
德楞泰　惇堂。蒙正黄。西將；嘉十五死，壯果。
德楞額　定左；道二十休。
德椿　工右；光五休。
德瑛　(一)滿鑲黄。户尚；嘉十四降工左，休。嘉二十死。
德瑛　(二)閣學；咸八罷。
德新　(一)治亭；新之。滿鑲黄。康五四庶。閣學；雍十一罷。
德新　(二)滿洲。閣學，盛工，閣學；乾十罷。
德　壽　静山。漢鑲黄。漕督；光二九死。
德福　(一)盛禮；乾六罷。
德福　(二)滿鑲白。刑尚；乾四七死，勤肅。
德興　臨皋。滿鑲黄。嘉二二庶。西寧辦事；道二五召京。刑尚；咸五死，文恭。
德興阿　滿正黄。正白漢副授欽，督辦江北軍務；咸八革。
德爾格　盛兵；乾二十罷。
德爾泰　滿鑲白。乾四繙譯進士。大理；乾四八休。
德爾敏　滿鑲藍。工左，左副；乾二六死。
德爾素　西寧辦事；乾二三召京。
德誠　默庵。宗室，隸鑲藍。道六庶。倉場；道三十死。
德通　滿鑲紅。左都；乾十五降。通政；乾二六罷。
德蔭　豫按；同五罷。
*德濟　光三一，杭州副都統署將軍。
●德彝　張德彝又名。
德馨　曉峯。滿鑲紅。贛撫；光三一革。
德齡　(一)松如。滿鑲黄。康五四庶。鄂撫，西寧辦事；乾二改鑲紅漢副。盛禮；乾十七乞養。
德齡　(二)蒙正黄。道十三進士。閣學；咸三罷。
撒爾岱　蒙古。順六，侍衛充册封朝鮮國王妃副使。
慕天顔　拱極；鶴鳴。甘寧静。順十二進士。漕督；康二七革。康三五死。
慕成額　盛刑；康五二休。
慕榮幹　次和。魯蓬萊。同七庶。光八，陝學。
慕　鑒　甘静寧。嘉元進士。嘉六，豫鄉副考。
慧中　吏右；乾十九休。
慧成　裕亭；秋谷。滿鑲黄。道十六庶。閩督；咸三革。同三死。
●慧端　惠端榜名。
慶山　滿正藍。定左；道十四病免。道二一死。
慶玉　兩峯。滿鑲黄。鄂按；乾四六罷。

慶如 定左;咸十改鑲白漢都。

慶成 漢正白。户右,直提;嘉三傷免。福將;嘉十七死,襄恪。

慶明 (一)閣學;嘉二十降,休。

慶明 (二)光禄;咸十罷。理右;同二改烏什辦事。

慶昀 滿正白。寧將;同四死,莊恪。

慶怡 怡園。宗室,隸正藍。輔國公,荆將;嘉十六革。嘉十八死。

慶林 甘按;道十二降道邑。奉尹;道十九病免。

慶炆 陝布,通政;嘉二一罷。

慶保 蕉園。滿鑲黄。閩督,左都,定左,廣將;道十二休。

慶春 福將;光五病免。

慶英 兵左;咸十一革。

慶恕 雲閣。滿正黄。光三一,西寧辦事。

慶桂 尹繼善四子。樹齋。滿鑲黄。文淵,軍;嘉十八休。嘉二一死,年八二,文恪。

慶陞 星皆。户右;光四病免。

慶寅 桂提;咸十死。

慶常 藹堂。漢鑲紅。使法;光二五召回。

慶格 皖布;嘉十四降。

慶敏 理右;道十五解。

慶祥 蒙正白。伊將;道五往喀什噶爾。

慶章 陝布,光禄;嘉十病免。

慶善 (一)左副;嘉元罷。

慶善 (二)浙布,道十一召京。

慶善 (三)駐藏;光二六死。

慶復 瑞園。漢鑲黄。襲一等公,文華;乾十二革、殺。

慶惠 保寧次子。蒙正白。熱都;道二死,勤僖。

慶廉 滿正白。豫撫;咸十降。贛布;咸十一休。

慶愛 滿正白。桂按;光十二召京。

慶溥 尹繼善子,慶桂弟。涵齋。滿鑲黄。理尚;嘉二二改熱都。道七死。

慶祺 雲舫。宗室,隸正藍。道十二,進士。倉場,直督;咸九死,恭肅。

慶禄 黔布;道二十病免。

慶裕 蘭圃(譜)。滿正白。福將;光二一死。

慶福 雲亭。理右;光二十降。左副;光二八改泰寧鎮。

慶端 滿鑲黄。同二,閩督改杭將。

慶綿 太僕;光三二裁免。光三三,正白漢副。

慶蕃 飈生。滿鑲白。陸左參,宣二裁免。

慶霖 尹繼善子。晴村。滿鑲黄。福將;嘉十病免。嘉十一死。

慶錫 閣學;道二七改馬蘭鎮。

慶齡 詹事;乾五四罷。

慶麟 (一)班第孫。蒙鑲黄。襲一等公,駐藏;乾五三降。

慶麟 (二)滿正藍。咸元繙譯舉人。禮左;光十一罷。

歐堪善 韶文;眉庵。粵樂昌。乾二庶。乾十八,晉學。

歐陽中鵠 節吾;瓣薑。湘瀏陽。宣三,桂按。

歐陽旭 蘇丹徒。康十二進士。康三六,滇學。

歐陽正墉 鄂按;光六罷。

歐陽永裿 贛按;乾四十罷。

歐陽利見 健飛。湘祁陽。浙提;光十五病免。光二一死。年七一。

歐陽保恒 同元,黔鄉正考。

歐陽保極 用甫。鄂江夏。咸十探花。光元,桂學。

△**歐陽熙** 旭庵。贛彭澤。光十五庶。宣三,△禮郎中署印鑄局副局長。

歐陽瑾 贛分宜。雍十一進士。倉場;乾三五解。

歐陽蒸 順二,豫鄉正考;革。

敷文 遜修;霖巖。滿鑲黄。雍八庶。盛兵;乾十一病免。乾十七死。

潘士良 魯濟寧。明刑右。鄖陽撫治;順四解,旋死。

潘中立 松溪。贛新城。雍十一進士。乾六,黔鄉正考。

潘允敏 穎少;葦村。蘇溧陽。康五一庶。雍七,陝學。

潘世恩 奕藻從子。槐堂;芝軒。蘇吴縣。乾五八狀元。武英,軍;道三十休。咸四死,文恭。

●**潘汝桐** 潘衍桐榜名。

潘光藻 賓石;湘門。鄂興國。嘉二二庶。道五,川學。

潘宗洛 書原;巢雲,垠谷。蘇宜興。康二七庶。偏沅巡撫;康五二革。康五五死,年六十。

潘育龍 飛天。甘靖遠。行伍。陝提;康五八死,襄勇。

潘奕雋 守愚;榕皋;水雲漫士。蘇吴縣。乾三四進士。乾五一,黔鄉副考。

潘奕藻 奕雋弟。思質。蘇吴縣。乾四九庶。乾五三,湘鄉副考。

潘思榘 絜方;補堂。蘇陽湖。雍二庶。閩撫;乾十七死,年五八,敏惠。

潘炳年 耀如,幼畬。閩長樂。同十庶。光十五,桂鄉正考。

⊙**潘衍桐** 榜名汝桐。衍鋆弟。振清,嶧琴。粤南海。同七庶。光十四,浙學。

潘衍鋆 任卿。粤南海。同四庶。光二,湘鄉正考。

潘恭辰 撫凝;紅㮀。浙錢塘。嘉六庶。滇布;道二四召京。

潘效蘇 少泉。湘湘鄉。新撫;光三一革。

潘祖蔭 世恩孫。伯寅;東鏞,鄭盦。蘇吴縣。咸二探花。工尚;光十六死,年六一,文勤。

潘從津 麒生弟。夏聲。蘇溧陽。康三十庶。康五十,陝學。

潘紹周 陝西安。直提;乾十四病免。乾十八死。

潘曾起 文開;容齋。蘇荆溪。乾三七庶。乾四五,黔學。

潘曾瑩 世恩次子。申甫;星齋。蘇吴縣。道二一庶。工左;咸十罷。光四死,年七一。

潘朝選 世衡。漢軍。拔貢。直隸巡撫;順十七解。

潘斯濂 兆瑞;蓮舫。粤南海。道二七庶。光五,奉學。

潘超先 黔布;康十八罷。

潘雲鵬 康三八,閩鄉副考。

潘　楷 粤順德。道九進士。黔按;咸七召京。

潘萬才 黔提;光三一憂免,署江北提督。

潘鼎新 琴軒。皖廬江。舉人。桂撫;光十一革。光十四死。

潘　慶 桂提;咸十一病免。

潘錫恩 雲閣。皖涇縣。嘉十六庶。南河;道二八病免。咸六死,文慎。

潘　錦 閩崇安。康二七進士。康四七,桂鄉副考。

潘駿文 錫恩子。彬卿。皖涇縣。廩貢。魯按;光九降。

潘瀛選 仙客;梅庵。蘇宜興。順六進士。順十四,浙鄉副考。

潘麒生 一韓。蘇溧陽。康二一庶。康二九,晉鄉正考。

潘　鐸 振之;木君。蘇江寧。道十二庶。雲督;同二被殺,忠毅。

潘　霨 偉如。蘇吴縣。黔撫;光十七召京。光十八死。

潘寶鐄 椒堂。粤番禺。光二庶。光五,桂鄉副考。

潘體震 元山。魯樂陵。康四二庶。康五一,黔鄉正考。

潘體豐 閩布;雍十解。

潤祥 補亭。滿鑲藍。倉場;嘉二三死。

潤德 盛刑;道元罷。

樂拜 滿洲。甘撫;康五三死。

樂善 滿正黄。吉將,直提;咸十死,威毅。

樂斌 彦臺。覺羅,隸正黄。陝督;同元革。光元死。

樊　廷 原名王剛。甘武威,改川潼川。陝提;乾元罷。乾三死,勇毅。

樊恭煦 介軒。浙仁和。同十庶。宣二,蘇學使。

樊增祥 樊燮子。嘉父,雲門;樊山。鄂恩施。光三庶。宣三,寧布。

樊澤遠 崑來。川宜賓。康二四庶。康四四,粤學。

***樊燮** 鄂恩施。咸八,永州鎮署湘提。

樊　續 順五,贛學。

樓希昊 贛按;康元罷。

樓　儼 敬思。浙義烏。贛按;雍十召京。

瑺亨 晉按;嘉五革。

瑺弼 滿鑲白。貢生。贛撫;道元死。

瑺齡 桂布;乾四九罷。

***璋格** 宗室。乾元,署直提。

蔡乃煌 伯浩。粤番禺。郵左參;光三四免。

蔡士英 魁吾。漢正白。漕督;順十八休。同年死,襄敏。

蔡之定 麟昭;生甫。浙德清。乾五八庶。嘉十八,豫鄉正考。

蔡升元 徵元;方麓。浙德清。康二一狀元。禮尚;康六十免。康六一死,年七一。

蔡世松 友石。蘇上元。嘉十六庶。順尹;道十五降。

蔡世遠 聞之;梁村;梁山先生。閩漳浦。康四八庶。禮左;雍八降。雍十二死,年五二,文勤。

蔡仕舢 蘋村;詒霞。閩南安。舉人。浙撫;雍九降,旋死。

蔡永年 順尹;順六罷。

蔡共武 毅堂。浙仁和。乾四六庶。乾五三,湘鄉正考。

蔡希邠 湘按;道二五革。

蔡廷衡 小霞;咸一。浙仁和。乾四三榜眼。甘布;嘉十四解。

蔡成貴 鄂襄陽。行伍。滇提;乾六休。乾十五死。

蔡　良 士英子。漢正白。廣將;雍九死,勤恪。

蔡宗茂 世松子。小石。蘇上元。道十三庶。陝按;咸八死。

蔡念慈 共武孫。慰曾;蘧庵。浙仁和。道二一庶。道二六,閩鄉副考。

蔡秉公 雨田。贛南昌。康二七進士。康四七,黔鄉正考。

·**蔡金章** 光七,廣督標中軍副將署廣陸提。

蔡金臺 燕生。贛德化。光十二庶。光十七,甘學。

蔡長澐 世遠仲子。巨源;克齋。閩漳浦。兵右;乾二八死,年五三。

蔡　炯 贛德化。嘉元進士。甘按;道五召京。

蔡家玕 崙美;玉山。贛上猶。嘉二四庶。道十九,閩鄉副考。

蔡振武 廷衡子。宜之;麟洲。浙仁和。道十六庶。道二三,川學。

蔡起俊 鄂按;雍二召京。

蔡啓僔 碩公;崑揚。浙德清。康九狀元。康十一,順鄉正考。

蔡　新 世遠族子。次明;緝齋。葛山。閩漳浦。乾元庶。文華;乾五十休。嘉四死,年九三,文端。

蔡　珽 毓榮子。若璞;禹功。漢正白。康三六庶。吏尚。左都;雍四降奉尹,雍五召京。乾八死。

△**蔡紹基** 宣三,△外左丞。

蔡逢年 蘇丹徒。咸二進士。同九,鄂鄉正考。

蔡揚宗 賡堂。湘湘潭。乾四庶。乾十五,晉學。

蔡　琦 魯按;康五五罷。

蔡　鈞 和甫。浙仁和。使日;光二九召回。

蔡　嵩 蘇上海。康五二進士。宗人府丞;雍七罷。

蔡　鼎 漢正白。烏魯木齊提督;道元召京。道十二死。

蔡毓榮 士英次子。仁庵。漢正白。雲督,兵右;康二五革。康三八死。

蔡廣揚 金和;雲士。浙德清。道二庶。道十七,粵學。

△**蔡儒楷** 志賡。贛南昌。舉人。宣三,△直學使。

蔡錦泉 春帆。粵順德。道十二庶。道十六,湘學。

蔡應彪 浙仁和。乾二進士。黔布;乾三七罷。

蔡鴻業 蘇華亭。乾十三進士。刑右;乾三十革。甘布;乾三五憂免。乾四三死。

蔡瓊枝 蘇無錫。順四進士。順十一,川鄉副考。

蔡攀龍 閩同安。行伍。閩水提;乾五三降狼山鎮。嘉三死。

蔡　聯 康二,滇鄉正考。

蔣大成 浙仁和。康六十進士。雍四,豫鄉副考。

蔣允焄 霞峯。黔貴筑。乾二庶。閩按;乾四一罷。

蔣元益 希元;時庵。蘇長洲。乾十庶。兵右;乾四三休。

蔣予蒲 曰綸子。南樵,元庭;爰亭。豫睢州。乾四六庶。倉場;嘉二十革。嘉二四死。

蔣曰綸 金門;霽園。豫睢州。乾二五庶。工右;嘉八死。

蔣文慶 蔚亭。漢正白。嘉十九進士。皖撫;咸三戰死,忠愍。

蔣永修 蘇宜興。康十六,湖學。康二一死。

蔣玉龍 川提;同二病免。旋死,勇果。

蔣立鏞 祥墀子。笙陔。鄂天門。嘉十六狀元。閣學;道十九罷。

蔣兆奎 聚五。陝渭南。乾三一進士。魯撫;嘉五降。嘉七死。

蔣　伊 渭公。蘇常熟。康十二庶。康二三,豫學。

蔣印修 康十二,魯學。

蔣式芬 穀圃;亦璞。直蠡縣。光三庶。光二六,鄂學。

蔣　艮 仲仁。豫商城。光六庶。光十五,魯鄉副考。

蔣攸銛 穎芳；礪堂。漢鑲藍。乾四九庶。體仁，江督；道十降兵左。同年死，年六五。

蔣宏道 裕庵。晉臨汾。左都；康三五病免。康四二死。

蔣宏緒 康二九，粵學。

蔣廷柱 閣學；康十二降。

蔣廷錫 陳錫弟。揚生；酉君，南沙。蘇常熟。康四二庶。文淵；雍十死，年六十，文肅。

⊙**蔣志章** 榜名志淳。恪卿；璞山。贛鉛山。道二五庶。陝撫；同十死，文恪。

●**蔣志淳** 蔣志章榜名。

蔣良騏 千之。桂全州。乾十六庶。通政；乾五三罷。

蔣宗漢 滇鶴慶。黔提；光二九死。

蔣　洄 陳錫子。愷思。蘇常熟。康五二進士。晉布；雍十改加侍郎銜辦理屯田。

蔣和寧 用安；蓉龕。蘇陽湖。乾十七庶。乾二七，黔鄉正考。

蔣　炳 曉蒼。晴巖。蘇陽湖。舉人。湘撫；乾二二革。倉場；乾二九死，年六七。

蔣　洲 廷錫子。履祥。蘇常熟。魯撫；乾二二革。

蔣師瀹 慕劉；晦之，東橋。浙仁和。乾四五庶。乾五七，閩鄉副考。

蔣書升 直故城。康四二進士。康四七，閩鄉副考。

•**蔣啓敭** 明叔；玉峯。桂全州。道二進士。咸五，豫河北道署東河。

蔣國柱 漢鑲白。工右，浙撫；康七死。

蔣　寅 蘇丹徒。順十二進士。太僕；康三一罷。

蔣祥墀 盈階；丹林。鄂天門。乾五五庶。左副；道十一降。道二十死，年七九。

蔣益澧 薌泉。湘湘鄉。粵撫；同四降。晉按；同八病免。同十三死，果敏。

蔣陳錫 文孫；雨亭。蘇常熟。康十二庶。雲督；康五四革。康六十死，年七十。

●**蔣琦淳** 蔣琦齡榜名。

●**蔣琦齡** 啓敭子。榜名蔣琦淳。申甫；月石。桂全州。道二十庶。順尹，咸六休。

蔣　超 虎臣。蘇金壇。順四探花。康六，順學。

●**蔣雲官** 蔣雲寬榜名。

⊙**蔣雲寬** 榜名雲官。牧叔；錦橋。湘永明。嘉四庶。嘉十八，贛鄉副考。道三死，年五八。

蔣　溥 廷錫長子。質甫；恒軒。蘇常熟。雍八庶。武英；乾二六死，文恪。

蔣嘉年 陝按；乾二七罷。

蔣　漣 陳錫子。檀人；省庵。蘇常熟。康四八庶。太僕；乾六休。

蔣肇奎 粵布；嘉三罷。

蔣毓英 漢鑲藍。湘布；康三四罷。

蔣赫德 本名元恒。漢鑲白。明諸生。文華，弘文；康九死，年五六，文端。

蔣德昌 浙海寧。康二一進士。康四六，湖學。

蔣徵蒲 川按；咸十一解。

蔣　蔚 乾七，川學。

蔣學凝 陝布；光四病免。

蔣賜棨 蔣溥次子。戟門。蘇常熟。貢生。户左；嘉四降光禄。嘉七死。

蔣　檙 蔣溥長子。作梅。蘇常熟。乾十六庶。兵右；乾三二死。

蔣霨遠 攸銛子。濂孫（生）。漢鑲藍。道十五進士。黔撫；咸十死，勤愨。

蔣繼勳 賜棨子。繩武；培元。蘇常熟。皖布；嘉十九降。道九死，年七六。

褚成博 孝通；伯約。浙餘杭。光六庶。光十七，豫鄉副考。

褚廷璋 左莪；筠心。蘇長洲。乾二八庶。乾三六，湘學。

線一信 成之。漢正白。浙撫；康三六革。

線國安 漢正紅。三等伯，桂提；順十六解。都統，鎮守廣西，康五休。

線　緡 漢正白。繙譯生員。偏沅巡撫；順六革。

緼布 金簡子。滿正黄。工尚；嘉十四病免，旋死。

賚塔 滿正白。三等男。康十三，都統授平南將軍。康十九，授征南大將軍。康二三死，襄毅。

慶音 滿正黄。左都；嘉十二降。嘉二十死。

慶音布 滿鑲藍。盛禮；嘉六死。

慶泰 閣學；嘉二十降。

慶福 滿鑲藍。繙譯舉人。理尚；咸七死。

譚齡 駐藏幫辦；咸四病免。

談九乾 浙德清。康十五進士。康二三，滇鄉副考。

談祖綬 浙德清。乾五二進士。乾六十，黔學。

鄧仁堃 厚甫。湘武岡。拔貢。贛按；咸七降。同五死。

鄧文洋 筆山。湘湘鄉。乾十九庶。乾三五，川鄉副考。

•**鄧正峯** 光二七，署鄂提。

鄧世杰 皖蕪湖。雍二進士。雍七，黔鄉副考。

鄧再馨 蘭溪。黔普安。乾四九庶。乾五四，湘鄉副考。

鄧　旭 元昭。皖壽州。順四庶。順八，贛鄉正考。

鄧廷枏 伯材；雙坡。桂新寧。道二四庶。粵布；同十一召京。

鄧廷楨 鄧旭六世孫。維周；嶰筠。蘇江寧。嘉六庶。廣督，閩督；道二一革。陝撫；道二六死，年七二。

鄧廷喆 康五八，閣中書充祭諭安南國王正使。

鄧承修 鐵香。粵歸善。舉人。鴻臚，總；光十一赴桂勘界。光十四休，光十七死。

•**鄧承偉** 鎮迪道署西寧辦事。

鄧秉恒 隴江。魯歷城。順六進士。康十一，豫鄉副考。

鄧長泰 漢鑲黄。吏右；順元革。從征，一等男；康十五死。

鄧時敏 遜齋。川廣安。乾元庶。大理；乾三九休。

鄧啓元 幼季；允庭。閩德化。雍五榜眼。雍十，鄂鄉副考。

鄧紹良 臣若。湘乾州。浙提；咸八戰死，忠武。

鄧華熙 小赤。粵順德。黔撫；光二八病免。

鄧萬林 粵陸提；光二八解。

鄧爾恒 廷楨子。子久。蘇江寧。道十三庶。陝撫；咸十一被殺，文愨。

鄧　增 錦亭。粵新會。陝提；光三一死。

鄧錫禮 贛萍鄉。乾十進士。川按；乾二六解。

鄧鍾岳 東長；悔廬。魯東昌。康六十狀元。禮左；乾十三休。

鄧　瀛 登三；介槎。閩上杭。道九庶。道十九，晉鄉正考。

鄭大進 退谷。粵揭陽。乾元進士。直督；乾四七死，勤恪。

鄭之謨 謀初，野謀。鄂咸寧。順十八庶。康五，陝鄉正考。

鄭元善 體仁；鶴汀。直廣宗。道二一進士。豫撫；同元降道員。

鄭日奎 次公；静庵。贛貴谿。順十六庶。康十一，川鄉副考。

鄭文焕 陝咸寧。行伍。川提；乾九召京。開化鎮；乾十一死。

鄭任鑰 惟啓。閩侯官。康四五庶。左副；雍五革。

鄭光圻 嘉六，滇鄉正考。

鄭　江 璣尺；筠谷。浙錢塘。康五七庶。雍十三，皖學。乾十死，年六四。

鄭孝胥 蘇龕。閩閩縣。舉人。宣三，湘布。

鄭　沅 敦謹孫。叔進。湘長沙。光二十探花。光二九，川學。

鄭廷樾 湖廣左布；順十一罷。

鄭步雲 浙歸安。乾十七進士。乾三三，鄂鄉副考。

⊙**鄭秀** 榜名艾秀。贛金谿。順九進士。康五，江鄉副考。

鄭叔忱 爾丹。閩長樂。光十六庶。光二八，奉學。

鄭其儲 又梁，虚齋。鄂石首。康五一庶。雍四，川鄉正考。乾十九死，年七十。

鄭虎文 炳也；誠齋。浙秀水。乾七庶。乾二三，湘學。

鄭　重 蘇高郵。雍二進士。刑左；康三三罷。

鄭衍熙 緝夫。皖英山。光二庶。光五，甘學。

鄭　晃 閩浦城。康三三進士。康五二，粵學。

鄭祖琛 夢白。浙烏程。嘉十進士。桂撫；道三十革。

鄭蛟麟 川提；康十一改鑾儀使。

鄭高祥 閩水提；咸三革。

鄭崑璧 晉文水。順十五進士。康十二，湖學。

鄭嵩齡 芝巖。蘇上元。同七庶。同十二，豫鄉正考。

鄭　清 陝按；順五降。

鄭清濂 閩閩縣。宣元游學工科進士。宣二，海軍顧問。

鄭紹忠 粵水提；光二二死。

鄭敦謹 松峯，叔厚；小山，睦軒。湘長沙。道十五庶。刑尚；同十病免。同十一死，年八三，恪慎。

鄭開極 肇修。閩侯官。順十八庶。康二九，浙學。

鄭源璹 直豐潤。貢生。湘布；嘉四革、殺。

鄭瑞玉 石臣；朗如。川廣安。嘉二四庶。道十一，贛學。

鄭裕國 直布；道二休。

鄭際唐 開極曾孫。大章；雲門。閩侯官。乾三四庶。閣學；乾五五罷。

鄭載颺 浙縉雲。康六進士。康二十，晉鄉副考。

鄭僑生 蘇邳州。康六進士。康二六，湖學。

鄭　端 司直；德信。直棗强。順六進士。蘇撫；康二一死。

鄭製錦 直布；嘉二罷。

鄭　誠 宣三，郵員外郎督辦張綏鐵路。

鄭魁士 直萬全。行伍。浙提；咸十降。署直提；同八病免。同十二死，忠烈。

鄭　遠 閩仙遊。雍五進士。直按；乾十四罷。

鄭錫瀛 順大興。道二五進士。左副；同八罷。

鄭禪寶 魯布；乾二召京。浙按；乾四罷。

鄭瓊韶 九丹。閩侯官。道二十庶。咸五，川學。

鄭藻如 玉軒。閩閩縣。使美，光禄；光十一病免。

鞏阿岱 滿洲。吏尚；順四罷。

鞏建豐 子文。甘伏羌。康五二庶。雍四，滇學。

魯伯赫 户右；康三八改鑲黄護統。

魯　超 豫按；康二七罷。粵布；康四十罷。

魯　瑚 刑左；康四五降。

魯　瑗 廷玉。贛新城。康二四庶。康三二，晉鄉正考。

魯鼎新 桂左布；順八革。

魯應星 康二六，豫鄉副考。

黎世序 原名承惠。景和；湛溪。豫羅山。南河；道四死，勤襄。

黎兆棠 召民。粵順德。咸六進士。光禄，督辦船政；光九解。

黎致遠 寧先；抑堂。閩長汀。康四八庶。奉尹；雍九死，年五六。

黎庶昌 蒓齋。黔遵義。廪貢。使日；光十六召回。

黎培敬 開周；簡堂。湘湘潭。咸十庶。蘇撫；光七病免。光八死，文肅。

黎榮翰 璧侯。粵順德。光二庶。光十七，陝學。

勳滿岱 蒙古。盛兵；乾十三病免。

十　六　畫

儒林 子爲。滿正藍。盛刑；光三一改山海關副都統。

冀如錫 公治，鎔我。直永平。順四進士。工尚；康十六革。康二五死，年七四。

冀　棟 隆吉。直永年。康五四庶。左副；雍九革。

冀　霖 魯臨清。康三三進士。康四九，贛學。

噶什圖 太常；康十罷。

噶什圖 滿鑲紅。陝撫，西寧辦事，盛禮；雍三罷。

噶世圖 刑左；康二九休。

噶勒彬 太常；道八罷。

噶敏圖 户右；康四四改正紅漢都。

噶褚哈 滿洲。兵尚；康八殺。

噶達渾 滿正紅。兵尚；順十四死，敏壯。

噶爾哈圖 吏左；順十罷。

噶爾泰 (一)刑左；康三十休。

噶爾泰 (二)户右；雍八死。

噶爾弼 滿鑲紅。盛將；雍五死。

噶爾漢 噶達渾子。滿正紅。荆將；康二七改正紅蒙都。

噶爾圖 (一)滿鑲白。刑左；康二六革。晉撫；康三四免。

噶爾圖 (二)康四二，一等侍衛充册封朝鮮國王妃副使。

噶爾錫 青州將軍；乾二十回天津都統原任。

噶邇薩 左副；康三一死。

噶禮 滿正紅。廕生。江督；康五一革。康五三殺。

璧昌 和瑛子。星泉，東垣。蒙鑲黄。福將；咸四死，勤襄。

憲德 明安達禮孫。蒙正白。廕生。刑尚；雍十三解，督辦陵工。乾五死。

曉巻 皖按；乾三四革。

樸壽 仁山。滿鑲黄。光三三，福將。宣三，△辛亥光復抗拒被殺，(忠肅)。

穆丹 荔帷。滿鑲白。左都；康五一死。

穆占 滿正黄。康十五，授征南將軍。康二二死。

穆臣　左副;康十八死。

穆克登　(一)阿爾泰將軍;雍四免。

穆克登　(二)豫按;乾五二罷。

穆克登布　滿正白。江將;嘉二三改正藍漢都。理尚;道二罷。道四死,勇肅。

穆克登阿　滿鑲紅。川提;嘉三革。署松潘鎮;嘉五休。嘉十二死。

穆克登額　崇階。滿鑲黃。廕生。禮尚;道六病。道九死。

穆克德訥　廣將;同二召京。

穆廷栻　符公。直臨榆。康六武進士。閩陸提;康六十死,清恪。

穆成額　(一)晉布;康十一罷。

穆成額　(二)順十二,會試蒙古讀卷。

穆里瑪　滿鑲黃。工尚;順十七改都統。一等男。康二,授靖西將軍。康八殺。

穆和倫　(一)滿鑲藍。户尚;康五七降,旋死。

穆和倫　(二)太常;乾九罷。

穆和藺　滿正黄。舉人。豫撫;乾五九革。嘉元死。

穆特恩　鑄農。滿正白。廣將;咸六死,勤恪。

穆清阿　直按;咸四罷。

穆森　江將;雍十召京。

穆舒　秘書學士;康六罷。

穆隆阿　咸十一,内大臣充往朝鮮國副使。同五,正白滿副署西將。

穆圖善　春巖。滿鑲黃。福將;光十三死,果勇。

穆彰阿　廣泰子。鶴舫。滿鑲藍。嘉十庶。文華,軍;咸元革。咸六死。

穆稱額　禮左;康二五革。

穆精額　滿正黄。吏右;乾五七死。

穆誠額　閣學;康十二病免。康十六死。

穆爾台　工右;康六十罷。

穆爾泰　杭將;乾三九解。

穆爾賽　滿正藍。晉撫;康二四革、殺。

穆蔭　清軒。滿正白。兵尚,軍;咸十一革。

穆禮布　陝布;康三十罷。

穆騰阿　西將;同二革。江將;光六改鑲黃蒙都。

穆騰額　駐藏;咸二病免。

穆馨阿　吟濤。滿鑲白。嘉二二庶。太僕;道十五罷。

穆蘭岱　滿正藍。西寧辦事;道十病免,旋死。

積拉堪　宗室,隸鑲藍。輔國公,杭將;嘉二二死。

積朗阿　閩布;嘉十八罷。

積善　(一)滿鑲藍。康四八進士。贛按;雍五解。

積善　(二)宗韓;構山,粹齋。漢鑲白。乾十庶。乾二七,川鄉正考。

積喇明阿　閩按;道二九病免。

⊙**積福**　亦作集福。蒙鑲黃。寧將;乾五二改正白蒙都。乾五四死。

積德　左副;乾十七死。

盧士杰　子英;藝圃。豫光州。咸三庶。漕督;光十四死。

盧元偉　贛南康。乾五五進士。晉按;道四罷。

盧六藝　粵左布;順八罷。

盧文弨　紹弓;抱經,磯漁,檠齋,弓父。浙餘姚。乾十七探花。乾三一,湘學。乾六十死,年七九。

盧宏熹　浙仁和。康四五進士。康五一,桂鄉副考。

盧定勳　贛上饒。康二一進士。浙布;光二召京。

盧　坤　静之;厚山。順涿州。嘉四庶。廣督;道十五死,年六四,敏肅。

盧明楷　端臣,又李;鈍齋。贛寧都。乾十六庶。詹事;乾三一死,年六五。

盧　易　閩惠安。康六,桂學。

盧秉純　性香;義肥。晉襄陵。雍八庶。雍十三,鄂鄉正考。

盧　炳　滇石屏。康二七進士。康五一,魯鄉正考。

盧　浙　讓瀾;容莽。贛武寧。嘉四進士。太僕;道十死,年七四。

盧崇峻　漢鑲黃。廣督,河督,山陝總督;康八降。

盧崇義　桂按;康四十罷。

盧崇興　皖按;康二三罷。贛布;康四一罷。

盧崇耀　漢軍。廕生。廣將;康四一改鑲白漢都。

盧　崟　雲谷。蘇江寧。同十庶。光五,滇學。

盧　焯　光植;漢亭。漢鑲黃。捐納。鄂撫;乾二二革。乾三二死,年七五。

盧　靖　木齋。鄂沔陽。光三四,奉學使。

盧　詢　舜徒。漢軍。兵尚;雍三解。

盧　熙　誠齋。陝鳳翔。康十八庶。康二六,滇鄉正考。

盧興祖　漢鑲白。廣督；康六解，旋死。

盧蔭溥　盧見曾孫。霖生；南石。魯德州。乾四六庶。體仁；道十三休。道十九死，年八十，文肅。

盧　震　亨一。漢鑲白。貢生。偏沅巡撫；康十三殺。

盧震陽　贛左布；順十二罷。

盧憲觀　賓王。順宛平。乾二庶。魯按；乾二二病免。

興永朝　漢鑲黃。漕督；康三三改鑲黃漢副。康三六死，年七十。

●興兆　卽興肇。

興奎　(一)滿鑲白。巴里坤提督；嘉四改烏魯木齊都統。寧將；嘉十四仍改烏都，嘉十八革。道四死。

興奎　(二)豫按；同十三罷。浙按；光二罷。

興科　滿鑲黃。監生。奉尹，駐藏；道十三召京。道十九死。

興恩　承齋。盛工；光九罷。

興泰　履山；孚山。滿正黃。乾元庶。乾十二，肇高學政。

興桂　詹事；乾四八休。

興陞　榮齋。奉尹；光二十罷。

興廉　石海。滿鑲紅。咸二繙譯舉人。倉場；光十七革。

興祿　荷田。滿洲。滇按；光二三革。滇布；光三三革。

⊙興肇　卽興兆。宗室，隸鑲藍。襲輔國公，江將；嘉十九改正藍漢都。嘉二二休。

衛周允　晉曲沃。明御史。兵左；順十一降。順十七死。

衛周祚　周允弟。文錫；聞石。晉曲沃。明户郎。國史；康十一休。康十四死，年六四，文清。

衛昌績　子久；鐵峯。晉陽城。康四五庶。雍四，桂學。

衛哲治　我愚；鑑泉。豫濟源。拔貢。工尚；乾二一休。

衛奏翰　康二六；桂鄉副考。

衛既齊　爾錫；伯嚴。晉猗氏。雍三庶。黔撫；康三一革。康四十死，年五七。

衛執蒲　禹濤。陝蒲城。順十八進士。左副；康二八罷。

衛紹芳　晉猗氏。順三進士。順十七，黔學。

衛運揚　陝韓城。順十六進士。康十四，粵鄉副考。

衛榮光　静瀾。豫新鄉。咸二庶。晉撫；光十五病免。光十六死。

衛　廉　伯恭。豫濟源。乾十九庶。乾二七，魯鄉副考。

衛　齡　滿鑲紅。晉撫；嘉二二革。和闐領隊；嘉二四死。

豫山　東屏。滿正黃。晉撫；光十六死。

豫　師　錫之。漢鑲黃。咸二進士。西寧辦事；光四解。

賴恩爵　粵水提；道二九病免。

賴都　滿正黃。舉人。禮尚；雍五休。

遲日益　漢正白。貢生。湖廣巡撫；順十一革。

遲日巽　漢正白。豫按；康二六罷。

遲　炘　漢正白。黔布；康五八降。

遲　煊　漢正白。順十二進士。康十一，粵學。

遲維臺　漢正白。湘按；雍三召京。

遲變龍　漢正白。諸生。贛左布；順五死。

諶名臣　順十七，江鄉副考。

諶厚光　蘊山。黔平遠。道六庶。道十一，川鄉副考。

諸以謙　撝堂；訒庵。浙仁和。乾四十進士。豫布；嘉二十病免。道元死，年七七。

諸重光　申之；桐嶼。浙餘姚。乾二五榜眼。乾二七，魯鄉正考。

諸舜發　蘇青浦。順四進士。順十，陝學。

諸滿　江將；康四六死。

諸　錦　襄七；草廬。浙秀水。乾元庶。乾十二，晉鄉副考。

諾木齊岱　理左；康五六罷。

諾木歡　西寧辦事；乾四六召京。

諾岷　慶源。滿正藍。晉撫；雍三病免。雍十二死。

諾倫　綏將；乾三七罷。

諾敏　圖海子。滿正黃。禮尚；康二六改正黃蒙都。康三二死，年四九。

諾穆渾　(一)陝布;雍三罷。

諾穆渾　(二)太僕;乾四六罷。

諾穆圖　滇提;康三三改鑲藍漢都。

諾穆親　諾岷子。滿正藍。乾十七繙譯進士。滇撫;乾三七降。刑左;乾六十死。

諾邁　閩陸提;康二十召京。

諾羅布　宗室。杭將;康五四襲順承郡王卸。

錢三錫　蘇太倉。康十五進士。户左;康三八罷。

錢士雲　鶴皋。滇昆明。乾十庶。兵左;乾四八休。乾五一死。

錢大昕　曉徵;辛楣,竹汀。蘇嘉定。乾十五庶。乾三九,粤學。嘉九死,年七七。

錢以塏　蔗山。浙嘉善。康二七進士。禮尚;雍九休。雍十死,恭恪。

錢王任　順九,桂學。

***錢玉興**　光二一,重慶鎮署川提。

錢本誠　胄尹;勉耘。蘇太倉。雍五庶。雍十,粤鄉副考。

錢　江　浙嘉興。順六進士。康十三,魯學。

錢汝誠　陳羣子。立之;東麓。浙嘉興。乾十三庶。户右;乾三十乞養。刑右;乾四四死。

●**錢良棟**　榜名黄良棟。

錢受祺　浙錢塘。順九進士。順十三,晉學。

錢受穀　黄輿;沖齋。浙秀水。乾二五庶。乾三十,湘鄉正考。乾三七死,年五八。

●**錢昌齡**　錢寶甫榜名。

錢炘和　滇昆明。道十五進士。直布;咸八休。

錢　林　錢琦四子。原名福林。東生,志枚。浙仁和。嘉二四,川鄉正考。

錢金甫　越江。蘇上海。康十八庶。康二三,贛鄉正考。

錢　度　希裴。蘇武進。乾元進士。桂撫;乾三三降滇布。乾三七殺。

錢　恂　念劬。浙歸安。使荷,使義;宣元召回。

錢　珏　朗亭。浙長興。舉人。魯撫;康二八解,革。康四二死。

錢桂森　馨伯;樨庵,犀盦。蘇泰州。道三十庶。閣學;光十八病免。

錢　栻　錢琦弟。希南;次軒,静園。浙仁和。乾四三庶。嘉六,川學。

錢晉錫　順尹;康四三罷。

⊙**錢振倫**　榜名福元。楞仙。浙歸安。道十八庶。道二四,川鄉正考。

錢能訓　幹臣。浙嘉善。宣三,陝布護撫;△光復逃。

錢　捷　浙象山。順九進士。康二十,黔學。

錢紹隆　越江。浙嘉善。康十二進士。康二九。陝鄉副考。

錢陳羣　主敬;香樹;柘南居士。浙嘉興。康六十庶。禮左;乾十七病免。乾三九死,年八九,文端。

錢　棨　振威;湘舲。蘇長洲。乾四六狀元。閣學;嘉四死。

錢朝鼎　左副;順十六罷。

錢　琦　湘人,湘蓴;璵沙,述堂;耕石老人(農)。浙仁和。乾二庶。閩布;乾四三休。

錢開仕　陳羣孫。補之;漆林。浙嘉興。乾五四庶。乾六十,滇學。

錢開宗　亢子。浙仁和。順九庶。順十四,江鄉副考;革。

錢　楷　宗範,裴山。浙嘉興。乾五四庶。皖撫;嘉十七死,年五三。

錢　綎　直元城。順四進士。左副;康十二罷。

錢　載　坤一;蘀石,瓠尊。浙秀水。乾十七庶。禮左;乾四八休。乾五八死。

錢鼎銘　寶琛子。調甫。蘇太倉。舉人。豫撫;光元死,敏肅。

錢夢虎　浙寧海。粤提;嘉十四病免。道四死。

●**錢福元**　錢振崙榜名。

錢福昌　原名攀龍。超衢;辰田。浙平湖。道九榜眼。道十七,豫學。

錢福祚　陳羣孫。爾受,錫嘉。浙嘉興。乾五五庶。嘉四,閩學。

錢維城　宗磐,茶山,幼安,稼軒。蘇武進。乾十狀元。刑左;乾三七憂,旋死,文敏。

錢齊保　閣學;康三九革。

錢　鋆　川布;乾四四病免。

錢學彬　質甫。滇昆明。乾五五庶。嘉十二,黔學。

●**錢鋑**　錢寶廉榜名。

錢　樾　撫棠;黼堂。浙嘉善。乾三七庶。吏右;嘉九降閣學，旋革。閣學；嘉十六憂免。嘉二十死。

錢　臻　陳羣孫。潤齋。浙嘉興。魯撫；道元降湘布，道二休。道十九死。

錢錫寶　宣三，駐藏右參議。

錢應溥　子密；葆慎；閒静老人。浙嘉興。拔貢。工尚；光二五病免。光二七死，年七八，恭勤。

錢謙益　受之；牧齋。蘇常熟。明禮侍。秘書學士；順三病免。

錢駿祥　應溥子。新甫。浙嘉興。光十五庶。光二十，晉學。

⊙**錢寶甫**　榜名昌齡。子壽；恬齋。浙秀水。嘉四庶。晉布；道六病免。

錢寶青　錢樾曾孫。萍矼；蘖莊。浙嘉善。道二一庶。左副；咸十死。

錢寶琛　楚玉；伯瑜，頤叟。蘇太倉。嘉二四庶。鄂撫；道二一免。

⊙**錢寶廉**　榜名錢鋑。湘吟。浙嘉善。道三十庶。吏右；光七死。

錢　灃　東注；南園。滇昆明。乾三六庶。乾四八，湘學。

錦格　魯按；乾五一革。

錫良　清弼。蒙鑲藍。同十三進士。東三省總督；宣三病免。民六死，年六六，(文誠)。

錫保　勒克德渾孫。順承郡王；雍九授靖邊大將軍。雍十一革，削爵。

錫珍　席卿。蒙鑲黃。同七庶。吏尚，總；光十五死。

錫振　次笏。滿正白。寧將；光二六罷。

錫　桐　閏生。漢正黄。光三一，陝按。

錫鈞　聘之。蒙鑲白。光二庶。光三四，翰林院學士(詹事改)。

錫琨　滿鑲藍。宣二，陸右參。

• **錫綸**　子猷。滿正藍。光十一，伊犂參贊署將軍。

錫爾璊　滿正藍。乾四繙譯進士。江將；乾二十死。

錫齡　遐庵；鶴亭。宗室，隸鑲藍。道二一庶。盛兵；咸六罷。

錫縝　原名錫淳。厚庵。滿正藍。咸六進士。駐藏；光五病免。

閻　印　漢正黄。順尹；順十三休。

閻廷謨　豫孟津。順十三進士。鄂按；康七罷。

閻泰和　晉平遥。乾三七進士。太僕；嘉元罷。順尹；嘉九解。

閻循琦　景韓；惕庵，瑋庭。魯昌樂。乾七庶。工尚；乾四十死，年六六，恭定。

閻堯熙　涑陽。晉夏縣。康四五進士。川布；乾七罷。旋死，年六九。

閻敬銘　丹初。陝朝邑。道二五庶。東閣，軍，總；光十四病免。光十八死，文介。

閻毓偉　晉徐溝。順九進士。康五，陝鄉副考。

閻興邦　弢仲；梅公。漢鑲黄。黔撫；康三七死。

閻錫爵　戒過；荆州。豫固始。康三十庶。康四四，桂學。

霍叔瑾　通政；康十休。

• **霍忠武**　道九，西安副都統署將軍。

霍　昇　桂提；乾三病免。

霍　備　奉尹；乾十一解。

霍　達　非聞。陝武功。明巡撫。工尚；順十八病免，旋死。

霍穆歡　紹先。宗室，隸正藍。咸六進士。閣學；光十八罷。

駱成驤　公驌。川資州。光二一狀元。宣三，晉學使。

駱秉章　籲門；儒齋。粵花縣。道十二庶。協、川督；同六死，文忠。

駱朝貴　桂臨桂。鄂提；嘉十五死。

駱養性　復初。鄂嘉魚。天津總督；順元革。順六死。

鮑之鍾　雅堂，論山。蘇丹徒。乾三四進士。乾四八，黔鄉副考。

鮑桂星　雙五；覺生。皖歙縣。嘉四庶。工右；嘉十九革。詹事；道五死。

鮑起豹　皖六安。湘提；咸四革。咸八死。

鮑　超　春霆。川奉節。湘提；光八病免。光十四死，忠壯。

鮑源深　華潭；穆堂，澹庵。皖歙縣。道二七庶。晉撫；光二病免。

鮑勳茂　通政；道十一休。

鮑　臨　敦夫。浙山陰。同十三庶。光十五，閩鄉正考。

龍元任 莘田。粵順德。嘉二二庶。道元，晉學。道十五，豫鄉正考。

龍元僖 蘭簃。粵順德。道十五庶。太常；咸三乞養。

龍汝言 錦珊，子嘉。皖桐城。嘉十九狀元。嘉二一，鄂鄉正考。

龍承祖 蘇布；乾四四解。

龍啓瑞 輯五，翰臣。桂臨桂。道二一狀元。贛布；咸八死。

龍湛霖 芝生。湘攸縣。同元庶。刑右；光二四病免。光三一死，年六九。

龍　瑛 白華。湘湘潭。嘉二二庶。道十二，晉鄉正考。

龍濟光 子誠。滇蒙自。桂提；宣三授二五鎮統制。

龍錫慶 浙布；光二二罷。

十　七　畫

勵守謙 杜訥曾孫，廷儀孫。自牧。直靜海。乾十庶。乾三十，滇鄉正考。

勵杜訥 近公。直靜海。刑右；康四二死，文恪。

勵廷儀 杜訥子。令式。直靜海。康三九庶。吏尚；雍十死，文恭。

勵宗萬 廷儀子。滋大；衣園。直靜海。康六十庶。刑右；乾十一革。光少；乾二四死。

應寶時 敏齋。浙永康。蘇按；光元召京。

濟世 滿正黄。工尚；康八殺。

●濟世哈 卽濟席哈。滿正黄。三等男，刑尚，都統；順十七授靖東將軍。康元死，勇壯(追)。

濟　度 濟爾哈朗二子。簡親王，順十一授定遠大將軍；順十七死。

●濟席哈 卽濟世哈。

濟禄 俊甫。滿正白。荆將；光二九死。

濟爾哈朗 太祖姪。鄭親王；順五授定遠大將軍。順十二死，年五七。

濮子潼 紫銓；止潛。浙錢塘。光三庶。蘇布；光三二罷。

檀　璣 斗生。皖望江。同十三庶。光二六，閩學。

禧恩 仲蕃。宗室，隸正藍。協，户尚；咸二死，文莊。

禧佛 滿鑲白。刑尚；康二六革。

禪卜 陝布；康三七罷。

禪代 吏左，左副；順十八罷。

禪布 雅泰子。滿正藍。兵左；康二七改江寧副都。

禪塔海 滿洲。刑左；康二三革。

聯元 仙蘅。滿鑲紅。同七庶。閣學，總；光二六殺，文直(追)。

·聯昌 光二，重慶鎮署川提。

聯　芳 春卿。漢鑲白。同文館。外右；宣二改荆將。

聯奎 盛兵；咸六病免。

聯英 秀峯。滿鑲黄。蘇布；咸三降。漕督；咸十病免。

聯康 盛兵；同四召京。

聯順 滿鑲黄。理尚；咸七解。

聯魁 星樵。滿鑲紅。新撫；宣二召京。

聯豫 建侯。駐藏；光三四召京，仍留。

薄有德 聿修。順大興。康四二庶。康五二，湖學。

薦良 理右；康四九死。

薛大烈 甘臯蘭。行伍。粵陸提；嘉十九降。河北鎮；嘉二十死，襄恪。

薛允升 克猷；雲陔。陝長安。咸六進士。刑尚；光二三降。宗人府丞；光二四病免。光二七死，年八二。

薛所蘊 豫孟縣。禮左；順十四休。康六死。

薛信宸 侯執。蘇無錫。順六進士。浙右布；順十七降。

薛柱斗 焕文。陝延長。拔貢。刑右；康二七解。

薛書堂 書香；少柳。豫靈寶。咸二庶。咸九，鄂鄉副考。

薛　陞 黔畢節。黔提；道二二病免。咸元死，勤勇。

薛　琪 乾六十，晉鄉副考。

薛　焕 覲唐(堂)。川興文。舉人。蘇撫；同元改通商大臣。工右，總；同三降，同五乞養。光六死。

薛鼎臣 順十七，湖鄉副考。

薛福辰 撫平。蘇無錫。左副；光十五病免。

薛福成 叔耘，庸盦。蘇無錫。副貢。使英、大理；

光十九召回。光二二死，年五七。

薛　澐　子大；弱園。閩侯官。順九庶。順十四，湖鄉正考。

薛　韞　叔芳；尺庵；小輪老人。陜雒南。雍八庶。乾元，桂鄉副考。

薛寶辰　允升子。壽萱。陜長安。光十五庶。光十九，晉鄉正考。

薩布素　滿鑲黄。黑將；康四十革，旋死。

薩迎阿　湘林。滿鑲黄。盛工；道十一改署鑲白漢副。伊將；道三十召京。咸七，署西將；同年死，恪僖。

薩保　午橋。滿鑲紅。黑將；光三十卸。

薩哈布　禮左；雍元改額外侍郎。

薩哈岱　福將；乾四十召京。

薩哈亮　晉布；乾六革。

薩哈爾濟　閣學；乾五七罷。

薩炳阿　滿正黄。福將；道十二死。

薩海　滿鑲黄。左都；康三三休。康四一死。

薩彬圖　達椿子。滿鑲白。乾四五進士。漕督；嘉十四降。盛户；嘉十六革，旋死。

薩敏　盛工；嘉七罷。

薩弼圖　滿正白。陜撫；康三一免。

薩淩阿　滿正黄。西寧辦事；光十八病免。

薩喇善　宗室，隸正白。吉將；乾二五革。乾三八死。

薩喇勒　蒙古一等公，定邊右副將軍；乾二一革。

薩廉　穆彰阿子。儉齋。滿鑲藍。光六庶。禮左；光三二改正黄護統。

薩睦哈　陜布；康六一罷。

薩載　滿正黄。繙譯舉人。江督；乾五一死，誠恪。

薩爾哈岱　杭將；乾二五死。

薩爾納　左都；雍四革。

薩爾圖　户右；康八降。

薩爾臺　刑左；康五五休。

薩德布　滇提；道二七改以總兵候補。

薩蔭圖　霽謙。蒙鑲黄。使俄；宣三召回。

⊙**薩穆哈**　即沙穆哈。滿正黄。順十二進士。工尚；康四三革，旋死。

薩鎮冰　鼎銘。閩閩縣。留英。提督任籌辦海軍大臣。宣三，長江水師提督；△袁閣海軍大臣。

薩騰安　滿正黄。桂按；嘉元罷。

蕭九成　韶亭。魯日照。乾三七庶。乾五四，滇學。

蕭永藻　采之。漢鑲白。文華；雍五革。雍七死，年八六。

蕭孚泗　湘湘鄉。一等男，閩陸提；同三憂免。光十死，壯肅。

蕭良城　漢溪。鄂黄陂。道十三庶。道十七，湘學。

蕭時彦　滇左布；順十七罷。

蕭時馥　種香，仲香；梅生。黔開州。道二十庶。道二七，陜學。

●**蕭晉卿**　蕭晉蕃榜名。

⊙**蕭晉蕃**　榜名蕭晉卿。敌廷。湘長沙。同四庶。光二，晉鄉副考。

蕭浚蘭　儀卿；薌泉。贛高安。道二四庶。滇布；同二革。同十二死，年五二。

蕭起元　漢軍。浙撫；順十一降。

蕭惟豫　介石；韓坡。魯德州。順十五庶。康三，順學。

＊**蕭榮芳**　同二，丁憂副將代辦桂提。

蕭福禄　甘河州。行伍。浙提；道八休。同年死，襄恪。

蕭　韶　贛布；光十四罷。

蕭廣運　肖齋。鄂黄陂。乾三四庶。乾四二，黔學。

褱泰　乾三，散秩大臣充册封朝鮮國世子正使。

繆孔昭　豫按；乾元罷。

繆曰藻　文子；南有居士。蘇吴縣。康五四榜眼。雍十，肇高學政。

繆正心　鄂布；康九罷。

繆玉銘　順宛平。嘉十四進士。道元，黔鄉副考。

繆　沅　湘沚，澧南；餘園。蘇泰州。康四八探花。刑左；雍七死，年五八。

繆其吉　魯布；乾五五罷。

繆　晉　省薇；申甫。蘇江陰。乾四十庶。乾四五，鄂鄉正考。

繆齊納　江將；康三四死。

縻瑜奇　太僕；道六病免。

賽什雅勒泰　石溪。滿正黄。閣學；道二七罷。

賽沖阿　滿正黄。理尚，西將；道四召京。領衛；道八死，襄勤。

賽尚阿　鶴汀。蒙正藍。繙譯舉人。文華，軍；咸元授欽，咸二革。正紅蒙副；光元死。

賽音伯爾格圖　理右；乾五十死。

賽音達禮　晉按；康十五革。

賽弼漢　户左；康三十死。

賽　瑋　魯靖海衛。康九進士。康三六，晉學。

邁拉遜　安圖子。滿正藍。左都；乾四四病免。乾五三死。

邁柱　滿鑲藍。武英；乾二休。乾三死，文恭。

邁音達　兵左；康八革。

邁途　刑左；康三六休。

謝于道　敏公，存莪。浙鄞縣。康十二庶。康二五，滇學。

謝王寵　賓于。甘靈州。康四五庶。左副；雍八改宗人府丞，雍十病休。

***謝宏儀**　順二，招撫廣西。

謝佩賢　偉如。贛南城。光十六庶。光二三，閩鄉副考。

謝　旻　侶桐。蘇武進。工右；雍十二革。

謝金章　閩陸提；道十八死，勤襄。

謝振定　一之；薌泉。湘湘鄉。乾四五庶。嘉九，陝鄉副考。

謝　陞　廷揚。魯德州。明大學士。建極殿大學士；順二死，清義。

謝啓光　魯章邱。明南兵左。工尚；順八革。順十五死。

謝啓昆　良璧，蘊山；蘇潭。贛南康。乾二六庶。桂撫；嘉七死。

謝階樹　欣植，子玉；向亭。贛宜黃。嘉十三榜眼。嘉二一，湘學。

謝雋杭　南川。魯福山。光六庶。光十一，湘鄉正考。

謝溶生　容川。蘇儀徵。乾十庶。禮左；乾二六降。太常；乾三八革。

謝　道　户右；順十七裁免。

謝道承　又紹，古梅。閩閩縣。康六十庶。閣學；乾六罷。

謝　墉　崑城；金圃，東墅。浙嘉善。乾十七庶。吏左；乾五三降閣學。乾五四再降編修；乾六十休，旋死。

謝維藩　麐伯。湘巴陵。同元庶。同十二，晉學。光四死，年四五。

謝履忠　一侯；卣臣。滇昆明。康四二庶。康五一，閩鄉正考。

謝履厚　履忠弟。坤厚。滇昆明。康四八庶。康五六，蘇學。

謝賜履　建侯。桂全州。舉人。魯撫；康六一免。左副；雍三降。

謝膺禧　順大興。咸三進士。皖按；光三病免。

謝　覲　蘇上元。順六進士。康十二，晉學。

鍾　方　午亭。漢正黃。駐藏幫辦；道二四改哈密辦事。

鍾世臣　浙提；雍二死。

鍾秀　蘇布；同七死。

鍾岱　倉場；同七改泰寧鎮。

鍾性樸　子文。順大興。順五，豫鄉副考。

鍾昌　汝毓，仰山。滿正白。嘉十四庶。吏左；道十一改馬蘭鎮。道十二死。

鍾保　(一)滿鑲黃。鄂撫；乾二召京。刑左；乾七休。

鍾　保　(二)漢正黃。道十二進士。道二三，桂鄉副考。

鍾昭　桂按；乾十五病免。

鍾音　聞軒。滿鑲藍。乾元庶。禮尚；乾四三死，文恪。

鍾音鴻　子賓。鄂興國。道十八庶。道二三，魯鄉副考。

●**鍾　格**　榜名鍾裕，碑作鍾格。

鍾泰　綏將；光二八死。

鍾國義　浙山陰。順十五進士。康八，閩鄉副考。

鍾啓峋　伯平；嵐山。鄂興國。道二五庶。咸九，浙鄉副考。

鍾培　皖按；光三三罷。

鍾　朗　玉行。皖建德。順十六庶。康九，陝學。

鍾　琇　鄂黃安。順九進士。康五，贛鄉正考。

鍾　祥　雲亭。漢鑲黃。嘉十三進士。閩督；道十九革。東河；道二九死。

⊙**鍾裕**　碑作鍾格。漢鑲黃。道九進士。道二十，黔學。

鍾　鼎　刑右；順十七改隴右道。

鍾濂　稚泉。蒙正藍。盛兵;光十一病免。

鍾　衡　仲恒;代峯。浙長興。雍八庶。雍十三,粤鄉正考。

鍾駿聲　雨辰;亦谿。浙仁和。咸十狀元。同六,川學。

鍾寶三　閩水提;咸八革。

鍾寶華　荐山。浙蕭山。咸六庶。同三,陝學。

鍾蘭枝　芬齋。浙海寧。乾十三庶。閣學;乾三一乞養。

鍾靈　秀之。滿鑲藍。光六庶。盛工;光三一改正黃漢副。

闊普通武　安甫。滿正白。光十二庶。禮左,西寧辦事;光二九休。

鞠　愷　廷和。魯海陽。乾十七庶。乾二一,浙鄉副考。

韓大信　也約;鶴莊。直天津。嘉二四庶。道十二,浙鄉正考。

韓文綺　蔚林;三橋。浙仁和。乾六十進士。魯撫;道四降按察。左副;道十降。道二一死。

韓世琦　心庸。漢正紅。四川巡撫;康二四革。康二五死。

韓充美　魯即墨。順三進士。順八,晉鄉正考。

韓光基　韓菼孫。蘇長洲。工尚;乾十七死。

韓克均　德凝;蕓昉。晉汾陽。嘉元庶。閩撫;道十一休。道二十死,年七五。

韓良卿　良輔弟。省月。甘甘州。康五一武進士。甘提;乾五死,勤毅。

韓良輔　翼公。甘甘州。康三十武探花。桂撫;雍五革。雍七死。

韓岱　宗室,隸正白。吏尚;順十一革。

韓彦曾　韓菼孫。瀝芳。蘇長洲。雍八庶。乾十二,閩鄉正考。

韓掄衡　直高陽。嘉元進士。嘉五,桂鄉副考。

韓　崶　桂舲。蘇元和。拔貢。刑尚;道四革。署刑侍;道六休。道十四死。

韓　菼　元少;慕廬。蘇長洲。康十二狀元。禮尚;康四三死,文懿。

韓　超　寓仲;南溪。直昌黎。副貢。黔撫;同元解。光四死,年七九,果靖。

韓　椿　樹年;海濤。浙布;咸四罷。

韓　瑛　順通州。康三九進士。康五九,桂鄉副考。

韓鼎晉　峙霍;樹屏。川長壽。乾六十庶。工左,道八休。

韓　銑　光二四,補用道辦理四川礦務商務。

韓　勳　良輔長子。建侯。甘甘州。武舉。黔提;乾八死,果壯。

韓　鐩　順大興。捐通判。東河;乾四七憂免。兵左;嘉四改守裕陵。嘉六休,嘉九死。

黏本盛　道恒;質公。閩安溪。明舉人。康五,滇鄉正考。

十　八　畫

儲龍光　蘇宜興。雍二進士。閩按;乾八罷。

儲麟趾　梅夫;履醇;釗復。蘇荆溪。乾四庶。宗人府丞;乾三二病免。

叢　澍　汝霖。蘇江寧。康三三庶。康五三,桂學;康五七革。

戴三錫　晉藩;羨門。順大興。乾五八進士。川督;道九召京。道十死,年七三。

戴心亨　第元長子。習之;若士。贛大庾。乾四十庶。乾五三,鄂學。

戴永椿　翼皇;卯君。浙仁和。雍元庶。蘇按;乾三召京。

●**戴有禧**　嚴有禧榜名。

戴兆春　戴熙孫。青來。浙錢塘。光三庶。光十四,陝鄉正考。

戴呑　陝布;康三三罷。

戴均元　第元弟。修原;可亭。贛大庾。乾四十庶。文淵;道四休。道二十死,年九五。

戴京曾　順十,魯學。

戴宗沅　南江。皖來安。嘉十三庶。刑右;道十三死。

戴明說　定園。直滄洲。太僕;順十五憂免。順十七死。

戴展誠　邃庵。湘武陵。光二一庶。光三三,學右參。

戴納　晉按;康三六罷。

戴　绂　繡臣;道園,耕煙。浙烏程。康三十庶。康四八,順學。

戴第元　正字;篔圃。贛大庾。乾二二庶。乾四三,皖學。

戴通 督捕；康三五死。

⊙**戴雄** 即王雄，道十復姓。浙提；道十六死，果毅。

戴敦元 士旋；金谿。浙開化。乾五五庶。刑尚；道十四病免。同年死，簡恪。

戴都里 禮右；康三八罷。

戴鼎恒 浙烏程。嘉十四進士。嘉十八，滇鄉副考。

戴夢麟 奉尹；康五一罷。

戴　熙 醇士，蒓溪；鹿牀。浙錢塘。道十二庶。兵右；道二九病免。咸十死，文節。

戴　璠 魯金州。康十五進士。太僕；康四九罷。

戴　璐 永椿孫。敏夫。浙烏程。乾二八進士。太僕；嘉六降鴻少。

戴聯奎 紫垣；静生。順大興，蘇如臯人。乾四十庶。兵尚；道二死。

戴　聰 春堂。浙浦江。嘉四庶。嘉十三，川鄉副考。

戴鴻慈 少懷。粤南海。光二庶。協，法尚，軍；宣二死，文誠。

戴　瀚 巨川，逢源；雪村。蘇上元。雍元榜眼。雍七，閩學。

戴　璽 順玉田。順十五進士。康二三，晉鄉副考。

戴　蘇 康四四，黔鄉副考。

戴蘭芬 畹香；湘圃。皖天長。道二狀元。道十，陝學。

戴　鐸 川布；雍元解。

戴衢亨 第元子。荷之；蓮士。贛大庾。乾四三狀元。體仁，軍；嘉十六死，年五七，文端。

歸允肅 孝儀；惺崖。蘇常熟。康十八狀元。康二十，順鄉正考。

歸宣光 允肅孫。念祖。蘇常熟。舉人。工尚；乾二七，昭簡。

歸景照 浙布；乾五七革。

瞿廷韶 賡甫。順宛平。鄂布；光二九罷。

瞿　昂 子皋。順宛平。嘉七庶。嘉二一，豫鄉正考。

瞿　溶 仁甫；麗江。蘇武進。嘉十九庶。道八，滇鄉副考。

瞿鴻禨 子玖，止盦；西巖老人。湘善化。同十庶。協，外尚，軍；光三三解。民七死，年六九，（文慎）。

瞻岱 陝提；乾五死，恭勤。

瞻柱 閩布；嘉十革。

聶士成 功亭。皖合肥。直提；光二六抗擊八國侵略聯軍戰死，忠節。

聶明楷 陝左布；順二罷。

聶緝槼 仲芳。湘衡山。副貢。浙撫；光三一解。

聶銑敏 鎬敏弟。蓉峰。湘衡山。嘉十庶。嘉二四，川學。

△**聶憲藩** 士成子。維城。皖合肥。留日。宣三，△魯按。

聶鎬敏 京圃。湘衡山。嘉六庶。嘉十六，皖學。

簡　上 謙居；石湖。川巴縣。舉人。順七，蘇學。

簡昌琪 湘邵陽。乾二二進士。乾三五，粤鄉副考。

藍元枚 廷珍孫。簡侯。閩漳浦。閩水提；乾五二死，襄毅。

藍廷珍 藍理從孫。荆璞。閩漳浦。閩水提；雍七死，襄毅。

藍拜 滿鑲藍。刑尚；順九解，專任都統。康四死。

●**藍兹** 藍潤榜名。

藍　理 義甫，義山。閩漳浦。閩陸提；康五十革。康五八死，年七二。

⊙**藍潤** 榜名藍兹。海重；凫渚。魯即墨。順三庶。湖廣左布，順十八罷。

藍應元 資仲，古蘿。閩漳浦。乾二五庶。禮左；乾五三病免。

藍欽奎 粤程鄉。雍十一進士。晉按；乾三一革。

豐安 滿正黄。荆將；乾二八改正紅蒙副。乾三四死。

豐昇額 阿里衮子。滿正白。户尚；乾四二死，誠武。

豐烈 裕甫。宗室，隸鑲白。工右，盛兵；光十八罷。

豐紳 （一）瑞庵。滿鑲黄。成將；嘉十八憂免。同年死，襄勤。

豐紳 （二）漢文。滿正白。寧將；光二四死，靖果。

豐紳泰 荷亭。甘布；光三四罷。

豐紳濟倫 福隆安子，和嘉公主生。滿鑲黄。兵尚；

嘉八革。盛兵；嘉十二死。

豐盛阿 光禄；乾五八罷。

＊**豐盛額** 雍十三，都統辦理軍機事務。

雙成 就園。滿正藍。寧將；咸七罷。

雙林 滿正紅。滇提；嘉二三降古州鎮。江提；嘉二四死。

雙喜 (一)盛户；乾十休。

雙喜 (二)杭將；嘉十四罷。

雙鼎 鄂按；乾五一罷。

雙福 (一)滿正白。鄂提；咸三戰死，武烈。

雙福 (二)盛禮；同元降。

雙慶 有亭。滿正白。雍十一庶。倉場，禮左；乾三十降。乾三六死。

雙鋭 直提；咸七死，恭慤。

顔以燠 敍五。粵連平。東河；咸二降道員。

顔光敩 學山。魯曲阜。康二七庶。康三三，浙學。

顔希深 若愚。粵連平。捐同知。黔撫；乾四五死。

顔伯燾 希深孫，檢子。魯輿(余)。粵連平。嘉十九庶。閩督；道二一革。咸三死。

顔宗儀 挹甫；雪廬。浙海鹽。咸三庶。咸九，滇學。

顔培天 贛萍鄉。乾三七進士。嘉六，豫鄉正考。

顔培瑚 夏廷；稼珊。粵連平。道二一庶。咸元，陝鄉副考。

顔崇溈 酌山。魯曲阜。乾四三庶。乾五一，川鄉副考。

顔清如 川提；雍十三革。湖提；乾四休。

顔敏 乃來；澹叟。順宛平。順六進士。桂布；康二一死。

顔壽 覺羅。右衛；雍二降。

＊**顔朝斌** 咸八，安義鎮署鄂提。

顔惠慶 駿人。蘇上海。光三二游學譯科進士。宣三，外右參。

顔鳴皋 閩陸提；嘉九罷。

顔　檢 希深子。惺甫。粵連平。拔貢。直督；嘉十降。浙撫；嘉二十革。漕督；道五降。道十二死。

顔鍾驥 伯燾子。粵連平。浙布；宣二罷。

額色黑 滿鑲白。國史；順十八死，文恪。

額奇 宗室。兵右；順十八免。

額星格 滿洲。吏右，兵左；康二六革。

額倫布 覺羅。陝布；康五十罷。

額倫特 (一)滿洲。盛兵；康四一罷。

額倫特 (二)滿鑲紅。湖督；康五五署西將。乾五八戰死，忠勇。

額庫禮 滿正白。順九滿洲進士。户左；康二二改正白蒙副。

額特布 奉尹，寧布；道元罷。

額勒布 履豐；約齋。滿正紅。户右；嘉九降。大理；嘉十三罷。

額勒伯克 蒙正白。黑將；嘉三死。

額勒亨額 駐藏幫辦；咸二罷。

額勒和布 筱山。滿鑲藍。咸二繙譯進士。武英，軍；光二二休。光二六死，文恭。

額勒春 (一)宗室。吏左；嘉二革。

＊**額勒春** (二)介如。滿正黄。光二五，江寧副都統護將軍。

額勒渾 道十，散秩大臣充赴朝鮮國正使。

額勒登 滿洲。吉將；乾二二死，恭簡。

額勒登保 珠軒。滿正黄。西將；嘉七授經略。嘉十死，年五八，忠毅。

額勒精額 玉如。滿鑲紅。咸九進士。豫布；光二四罷。

額黑納 閣學；康六一罷。

額楚 江將；康二十死。

額僧格 滿鑲藍。杭將；乾三三死。

額爾格圖 滇提；乾二八死，勤恪。

額爾景額 禮左；乾三二死。

額爾德 覺羅，隸鑲黄。户左；順十三革。副都；康十死。

額爾德蒙額 宗室。青州將軍；乾二六解。涼州，杭將；乾四二召京。

額爾圖 滿洲。盛將；乾九解。青州將軍；乾十四革，

額爾黑圖 理左；康三一罷。

額赫里 滿鑲白。三等男，工尚；康七免。康十死。

額赫禮 盛刑；康三九革。

額騰伊 黔布；道十六罷。

魏大斌 粵長樂。乾二六武進士。粵提；嘉十降。道二死。

魏元烺 元煜弟。麗泉。直昌黎。嘉十三庶。兵尚；咸四死，勤恪。

魏元煜 升之，愛軒。直昌黎。乾五八庶。漕督；道五死。

魏天賞 崍庵。豫遂平。明進士，順三補庶。國史學士；順十乞養。

魏方泰 日乾；魯峯。贛廣昌。康三九庶。禮右；雍四休。雍六死，年七二。

魏光燾 午莊。湘邵陽。監生。閩督；光三一免。

魏希徵 子相。魯鄆城。康十五庶。康二九，順鄉副考。

魏廷珍 君璧。直景州。康五二探花。工尚；乾五革。乾二一死，年八八，文簡。

魏定國 方泰子。步于；慎齋。贛廣昌。康四五庶。吏右；乾十三休。乾二十死，年七八。

魏　琯 督捕；順十一降。

魏執中 順十，豫按遷閩右布，未任。閩按；康十五罷。

魏景桐 桂布；宣三病免。

魏象樞 環極，環溪；庸齋；寒松老人。晉蔚州。順三庶。刑尚；康二三休。康二六死，年七一，敏果。

魏裔介 石生；貞庵，崑林。直柏鄉。順三庶。保和；康十休。康二五死，年七一，文毅(追)。

魏經國 漢正白。直提；雍八死，僖恪。

魏夢龍 浙仁和。乾十三進士。乾二四，滇鄉副考。

魏　齊 刑左；康五十休。

魏學渠 子存；青城。浙嘉善。康八，湖學。

魏學誠 象樞子。無僞；一齋。晉蔚州。康二一庶。康四四，蘇學。

魏聯奎 豫汜水。光十二進士。宣三，法左參。△法右丞署左丞。

魏雙鳳 雝伯，陽伯。直獲鹿。順十五進士。宗人府丞；康三一死，年六六。

魏　瀚 季渚。閩侯官。宣元，游學工科進士。宣二，海軍顧問。

十　九　畫

龐際雲 省三。直寧津。咸二庶。滇布；光十二罷。

龐鳴玉 光十四，滇鄉正考。

龐鴻文 鍾璐子。絅堂。蘇常熟。光二庶。光二十，鄂學。

龐鴻書 鍾璐次子。劬盦；鄺亭。蘇常熟。光六庶。黔撫；宣三病免。

龐鍾璐 寶生；蘊山。蘇上海，蘇常熟人。道二七探花。刑尚；同十一休。光二死，文恪。

龐　璽 次符；印川。晉代州。同十三庶。光十一，滇鄉副考。

懷塔布 瑞麟子。紹先。滿正藍。廕生。禮尚；光二四革。理尚；光二六死，恪勤。

羅士菁 雅林。滇石屏。嘉二五庶。道十一，閩鄉副考。

羅大春 湘提；光五革。

羅山 青州將軍；乾十六死。

羅文俊 泰瞻；蘿村。粵南海。道二探花。工左；道二五免。道三十死，年六十。

羅正鈞 順循。湘湘潭。魯學使；宣二罷。

羅光宋 贛新建。順九進士。順十四，川鄉副考。

羅　多 漢軍。山陝總督；康十一降。

羅孝連 湘郴州。黔提；光二五死，武勤。

羅　典 徽五；慎齋。湘湘潭。乾十六庶。乾三十，川學。嘉十三死，年九十。

羅其昌 大理；雍六革。

●**羅含章** 卽程含章，道八准復姓程。

羅秉倫 通政；康三九罷。

羅長裿 申田。湘湘鄉。光二一庶。宣三，駐藏左參贊。

羅思舉 天鵬。川東鄉。鄂提；道二十死，壯勇。

羅修源 星來；碧泉。湘湘潭。乾四十庶。乾五一，桂鄉副考。

羅家彥 寶田，葆恬。鄂天門。嘉十三庶。道十二，贛鄉正考。

羅殷泰 川布；雍四召京。

羅託 宗室。順十四，授寧南靖寇大將軍。順十七，授安南將軍。

羅國俊 賓初；九峯。湘湘鄉。乾三四庶。禮左；嘉四死。

羅密 直布；雍三召京。

羅彩鳳 宗人府丞；乾七罷。

羅惇衍 星齋；椒生。粵順德。道十五庶。户尚；同八憂免。同十三死，文恪。

羅敏 吏右，兵右；康十休。

羅　森 約齋。順大興。順四進士。川撫；康十三降吴三桂反清。

羅源漢 方城；南川。湘長沙。雍十一庶。工尚；乾四七休。

羅　煐 魯按；乾五九降道員。

羅嘉福 訏庭；秬生。順大興。道二五庶。咸五，陝鄉副考。

羅察 工左；康三九降。禮右；康四三解。

羅榮光 湘乾州。光二六，天津鎮遷烏魯木齊提督(仍留)。光二六，抗擊八國侵略聯軍殉國，年六七。

羅碩 滿正白。工左；順十一解。大理；康四死。

羅鳳山 浙黄巖。行伍。粤水提；道元死，勤勇。

羅維垣 湘善化。光十六進士。宣三，法左參。△署法右丞。

羅還春 泰初；旭莊。贛吉水。乾七庶。乾二五，粤鄉副考。

羅憲汶 順二，順鄉副考。

羅錦森 浙臨安。乾四十進士。乾五一，湘鄉正考。

羅應鼇 甘提；道三十死，簡恪。

羅遵殿 有光；澹村。皖宿松。道十五進士。浙撫；咸十戰死，壯節。

羅豐 左都；順八革。

羅瞻 禮右；雍元罷。

羅繞典 蘭陔；蘇溪。湘安化。道九庶。雲督；咸四死，文僖。

羅豐禄 稷臣。使英；光二七改使俄(未任)。

羅繪錦 繡錦弟。漢鑲藍。黔撫；康六休。

羅繡錦 漢鑲藍。明諸生。湖督；順九死。

邊廷英 育之。直任丘。嘉六進士。嘉二四，鄂鄉副考。

邊浴禮 子廉，夔友；袖石。直任丘。道二四庶。豫布；咸十一革。

邊聲廷 直任丘。大理；康二七降。

邊寶泉 蓮溪；潤民，仲誠。漢鑲紅。同二庶。閩督；光二四死。

邊繼祖 佩文；紹南，秋崖。直任丘。乾十三庶。乾三六，鄂學。

譚上連 湘衡陽。烏魯木齊提督；光十六死。

譚五格 漢正黄。滇提；乾三三革。

譚　元 順宛平。嘉元進士。嘉六，陝鄉副考。

譚布 滿正黄。三等男，工尚；順八罷。康五死。

譚光祥 尚忠子。君農；退齋。贛南豐。乾五八庶。嘉九，滇學。

譚行義 川三台。武舉。閩陸提；乾十八死，恭慤。

譚廷襄 竹崖。浙山陰。道十三庶。刑尚；同九死，端恪。

譚尚忠 因夏；蓍亭。贛南豐。乾十六進士。閩撫，吏左；嘉二死。

譚尚箴 湘衡山。康三三進士。康四四，浙鄉副考。

譚宗浚 叔裕。粤南海。同十三榜眼。光二，川學。

譚拜 滿正白。二等男，吏尚；順七死。

譚泰 滿正黄。一等子，吏尚；順五授征南大將軍。順八殺。

譚啓瑞 鈞培三子。智雲，芝耘。黔鎮遠。光十八庶。光二三，桂鄉副考。

譚鈞培 寅賓；序初。黔鎮遠。同元庶。滇撫；光二十死。

譚碧理 青崖。湘湘潭。江提；光二四死。

譚　篆 玉章；灌村。鄂景陵。順十五庶。順十七，江鄉正考。

譚學衡 翼彰。粤新會。宣二，海軍處參贊授海軍副大臣。宣三，△袁閣署海軍大臣。民五死。

譚鍾麟 雲覲；文卿。湘茶陵。咸六庶。廣督；光二五召京。光三一死，文勤。

譚繼洵 敬甫。湘瀏陽。咸十進士。鄂撫；光二四革。

鏗特 户右；康二罷。

關以鏞 黔按；光三三罷。

關天培 滋圃。蘇山陽。行伍。粤水提；道二一抗英殉國，忠節。

關色 盛禮；雍三死。

關聖保 滿鑲藍。兵右；道二四病免。道二五死。

關　槐 柱生，曙笙；雲巖，晉軒。浙仁和。乾四五庶。閣學；嘉二乞養。

關福 閣學；道十九罷。

麒德 閣學；光三四罷。

麒慶 玉符。滿正白。道二一進士。工左，倉場；同二改熱都。

麒麟保 左副；乾十九罷。

二 十 畫

嚴士鋐 震叔。蘇丹徒。拔貢。湘按；嘉二五病免。道八死，年八三。

嚴正矩 户左；順十八罷。户左；康十休。

嚴正基 厚吾；仙舫。湘漵浦。副貢。通政；咸七病免。同二死。

嚴民法 我斯子。養雲。浙歸安。雍元庶。雍七，粤鄉副考。

⊙**嚴有禧** 榜名戴有禧。厚載。蘇常熟。雍元進士。湘按；乾二七降。乾三一死，年七三。

嚴如熤 正基子。炳文；樂園。湘漵浦。優貢。陝按；道六死，年六八。

嚴自明 陝鳳翔。明參將。粤提；康十五從吴三桂反清。康十六，降清，改鑾儀使；旋死。

嚴 沆 子餐；顥亭。浙餘杭。順十二庶。倉場；康十七死。

嚴我斯 就思；存庵。浙歸安。康三狀元。禮左；康二六葬假。

嚴良訓 嚴福孫。迪甫。蘇吴縣。道十二庶。豫布；道三十召京。

嚴宗喆 贛分宜。雍五進士。雍七，桂鄉正考。

嚴宗溥 志周；如園。閩閩縣。康三九庶。康四四，晉鄉正考。

嚴思位 次良，西武。浙平湖。康四八庶。康五六，粤鄉正考。

嚴 泰 漢鑲白。甘撫；康三四死。

嚴 修 範孫；促屬生。直天津。光九庶。學右；宣二病免。宣三，△袁閣度支部大臣。

嚴 烺 (一)存吾；匡山。滇宜良。嘉元庶。甘布；嘉二一降。

嚴 烺 (二)小農。浙仁和。監生。東河；道十一病免。道二十死。

嚴 復 初名宗光。又陵；幾道。閩侯官。船政學堂，留英。宣二，海軍顧問。民十死，年六九。

嚴曾榘 嚴沆長子。方貽，螻庵；柱峯。浙餘杭。康三庶。兵右；康三九死。

嚴雋熙 黔按；宣元革。

嚴源燾 民法子。濟之；桐峯。浙歸安。雍二庶。雍七，黔鄉正考。

嚴瑞龍 淩雲。川閬中。康五七庶。鄂撫；乾十六革。

嚴虞惇 寶成；輿庵。蘇華亭。康三六榜眼。康五一，湖鄉正考。

嚴 福 景仁；愛亭。蘇吴縣。乾四十庶。乾四四，豫鄉正考。

嚴樹森 初名澍森。渭春。川新繁。舉人。鄂撫；同三降道員。桂撫；光二死。

嚴繩孫 蓀友；滿漁；藕蕩漁人。蘇無錫。康十八庶。康二十，晉鄉正考。

寶山 直提；同二降。

寶廷 竹坡。宗室，隸鑲藍。同七庶。禮右；光八革。

寶昌 朗軒。滿正黄。同十三庶。禮右；光十五降。閣學；光二二改。太僕；光二四裁免。

寶珣 東山。滿鑲黄。道二一進士。兵右；同十二病免。

寶清 刑左；道二八革。駐藏幫辦；咸三死。

寶琳 夢蓮。滿正黄。額駙，吉將；乾五九死，勤恪。

寶善 滿鑲藍。兵左；道十六死。

寶森 振甫。宗室，隸鑲藍。咸十庶。盛刑；光十二病免。

寶棻 湘石。蒙正藍。豫撫；宣三免。

寶源 盛禮；嘉五革。

寶熙 瑞臣。宗室，隸正藍。光十八庶。學左；宣三免。△修訂法律大臣。

寶興 獻山。覺羅，隸鑲黄。嘉十五庶。文淵；道二八死，年七二，文莊。

寶銘 鼎臣。宗室，隸正藍。吏左丞；宣三，奕閣銓敍局局長。

寶鋆 鋭卿；佩蘅。滿鑲白。道十八進士。武英，軍，總；光十休。光十七死，文靖。

竇光鼐 元調；東皋。魯諸城。乾七庶。左都；乾六十死，年七六。

竇振彪 閩水提；道三十死。

賽啓瑛　修五；亦亭。漢正白。川布；乾三召京。

賽　瓊　晉平定州。乾七武進士。粵提；乾五九休。嘉十一死。

耀年　雲舫。蒙正黄。同元進士。兵左；光十三死。

耀海　左副；乾四五休。

藺惟謙　陝蒲城。康三九進士。康五九，閩鄉正考。

蘇丹　寧將；雍三改正紅滿都。

蘇元春　子熙。桂永安。桂提；光二九革。光三四死。

蘇布通阿　川提；咸四署江將。

蘇仲山　重亭，又甫；海村。魯日照。道二七庶。咸三，陝鄉正考。

蘇兆登　晏林；樸園。魯霑化。嘉四榜眼。閩按；道元罷。

蘇兆熊　桂提；道十三病免。

蘇汝霖　蘇石棣。順九進士。康十二，桂學。

蘇克濟　滿正黄。廕生。晉撫；康六十憂免。

蘇努　貝子。盛將；康四七免。

蘇宏祖　光啓。漢正紅。舉人。南贛巡撫；康元解。康三死。

蘇廷玉　鼇石。閩同安。嘉十九庶。川布；道十八降粵按，道二十罷。

蘇廷魁　德輔；賡堂。粵高要。道十五庶。東河；同十病免。光四死。

蘇沖阿　德楞泰子。蒙正黄。襲一等侯，理左；嘉二一降。道八，署黑將；道九死。

蘇成額　滿鑲白。漕督；道十三改熱都。

蘇明良　閩陸提；乾七改粵提。乾八死。

蘇明阿　滿鑲白。黔撫；道五降。贛布；道六降。

蘇昌　滿正藍。閩督；乾三二死，愨勤。

蘇昌臣　魯按；康三七罷。

蘇　俊　用章。魯武城。康十五進士。康二三，浙副考。

蘇拜　禮右；康二四解。

蘇庫　覺羅。禮尚；雍元病免。乾五死。

蘇納海　滿正白。國史；康五殺。康八，襄愍(追)。

蘇　偉　魯武城。康三十進士。康三八，湖鄉正考。

蘇勒布　潁川。滿正紅。道二一進士。盛禮；光六病免。

蘇勒芳阿　西將；道十九死，壯敏。

蘇勒當阿　滿鑲白。廣將；道十五死。

蘇崇阿　蘇布；乾二五革。

蘇淩阿　滿正白。繙譯舉人。東閣；嘉四休，旋死。

蘇清阿　滿鑲紅。道十八進士。吉將；道十五死，剛愨。

蘇章阿　盛工；乾十九罷。

蘇寧阿　蒙正白。寧將；嘉七召京。鑲黄蒙都署甘提；嘉十死。

蘇都禮　太僕；道十九罷。

蘇楞額　滿正白。工尚；嘉二五解，旋死。

蘇敬衡　兆登子。伯輿；蕉林。魯霑化。道十六探花。甘按；道二七罷。閩按；咸三罷。

蘇彰阿　滇布；道二五罷。

蘇爾德　(一)盛禮；康五二改鑲黄蒙都。

蘇爾德　(二)滿鑲黄。晉撫；乾三三降。桂布；乾四一革。

蘇赫　滿正藍。吏尚；康三一死。

蘇赫納　刑左；康四四病免。

蘇　銑　直交河。順三進士。贛按；康三罷。

蘇　銓　康八，江鄉正考。

蘇鳳文　虞階。黔貴筑。舉人。漕督；同十解。

蘇霖渤　海門；觀崖。滇趙州。雍元進士。乾六，晉學。

蘇應珂　蘇武進。嘉十九進士。道十七，粵鄉副考。

＊**蘇嚕岱**　秀峯。蒙鑲藍。光二八，成都副都統署將軍。

蘇瞻　晉布；康六一罷。

蘇　繹　會人；魯山，止齋。浙錢塘。嘉十庶。嘉十八，粵鄉副考。

蘇　靈　順大興。甘提；乾五七降。桂提；嘉六死。

蘊著　(一)滿正紅。舉人。漕督；乾十四革。

蘊著　(二)宗室。工尚；乾三二革。

繼　志　琴言。漢正白。道二庶。道八，晉鄉副考。

繼昌　(一)蓮龕。滿正白。舉人。湘布；道八革。道九死。

繼　昌　(二)蓮溪。漢正白。光三庶。甘布；光三四死。

繼格　瑞昌子。述堂。滿正白。咸二進士。廣將；光二一解。

繼善 盛禮;嘉七革。奉尹;嘉十六解。

繼祿 子受。漢正黄。宣三,奕閣弼德院顧問。

覺和托 刑右;康十二革。

覺和託 兵右;康五五死。

覺善 滿正紅。左都;順八解。副都;順十五休。康三死,敏勇。

黨古禮 光祿;雍三罷。

黨阿賴 滿鑲紅。左都;康六十病免。

黨務禮 工左;康二六改西安副都。

黨愛 陝撫;康三六休。

齡住 皖按;道三罷。

齡椿 (一)工右;道二病免。

齡椿 (二)粵按;咸九病免。

齡鏗 滿正白。盛兵;道二七病免。道二八死。

二一畫

蘭第錫 寵章。晉吉州。舉人。南河;嘉二死。

夔舒 湘按;乾二二解。

續昌 燕甫。蒙正白。監生。光十一,湘按開缺直總。户左,總;光十八病免。

續齡 左副;道二三革。

鐵良 寶臣。滿鑲白。監生。陸尚,軍,籌辦海軍事務大臣;宣二病免。

鐵保 冶亭;梅庵。滿正黄。乾三七進士。吏尚;嘉十九革。道四死。

鐵祺 壽卿。蒙正白。同二庶。理右;光八休。

鐵圖 禮左;康四九解。

鐵麟 仁山。宗室,隸正藍。嘉二四,荆將。道二七死,文恪。

霸進泰 工右;順十八死。

顧八代 文起。滿鑲黄。禮尚;康三二革。康四七死。

顧元熙 麗内;耕石。蘇長洲。嘉十四庶。嘉二四,粵學。

顧巴西 滿洲。禮右;康十二死。

顧仔 予肩;瞻廬。蘇安東。康五七庶。雍五,粵學。

顧汝修 息存;密齋。川華陽。乾七庶。順尹;乾十六革。乾二六,理少充安南國副使。

*顧宏譽 雍九,福州右翼副都統署將軍。

顧芝 浙仁和。康四八進士。康五九,黔鄉副考。

顧長紱 贛建昌。乾三四進士。浙布;乾五八憂免。

顧奎 碩山。蘇甘泉。同四庶。光二,黔鄉正考。

顧汧 伊在;芝巖。順大興,蘇長洲人。康十二庶。豫撫;康三四降。

顧悦履 丹宸;培園。浙海寧。康三三探花。閣學;康五六死。

⊙**顧祖榮** 榜名張祖榮。順宛平,浙錢塘人。康十二庶。閣學;康三九憂免。康四二死。

顧祖鎮 景范。蘇吴縣。康五七庶。工左;雍十三革。

顧耿臣 浙嘉善。順十五進士。康八,黔鄉副考。

顧皋 晴芬,緘石;甦齋。蘇金匱。嘉六狀元。户左;道十一死,年七十。

顧琮 顧八代孫。用方。滿鑲黄。監生。河東;乾十九死,年七十。

顧雲臣 子青。蘇山陽。同四庶。同十二,湘學。

顧瑗 顧璜弟。雅蘧。豫祥符。光十八庶。光二八,贛鄉副考。

顧葵 穎園。蘇元和。乾三六庶。乾四四,川鄉正考。

顧圖河 書宜。蘇江都。康三三榜眼。康四四,湖學。

顧蒓 吴羹,希翰;南雅,息廬。蘇吴縣。嘉七庶。嘉十七,滇學。

顧肇新 康民。蘇吴縣。舉人。農右;光三二死。

顧爾泰 詹事;康六一革。

顧爾馬渾 順二,户主充册封朝鮮國王世子副使。

顧德慶 雲崖;厚齋。晉陽曲。乾五四庶。工右;道六病免。

顧魯 理左;雍九罷。

顧震 葦田,鳴夏。浙錢塘。乾二六庶。乾四二,江鄉副考。

顧學潮 浙布;乾五五病免。

顧璜 漁溪。豫祥符。光二庶。光三四,幫辦開辦資政院事務。

顧濟美 桂布;乾二八罷。

顧贊 蘇吴縣。順六進士。順十一,粵鄉副考。

●**顧瀹** 陳顧瀹榜名。

顧藻 懿樸;觀廬。蘇崇明。康十五庶。工左;康四十死，年五六。

●顧　鏞　楊鏞，江南通志作顧鏞。

饒士端　楨庭。贛南城。光十八庶。光二七，甘鄉正考。

饒廷選　枚臣。閩侯官。行伍。浙提；同元死，果壯。

饒芝祥　符九。贛南城。光二十庶。光二九，鄂鄉副考。

饒鉤春　曉升。贛新城。嘉十三庶。嘉十五，江鄉副考。

饒學曙　霽南；雲浦，筠圃。贛廣昌。乾十六榜眼。乾二五，滇鄉副考。

饒應祺　子維。鄂恩施。舉人。光二八，新撫改皖撫，死。

鶴年　春山子。芝仙，鳴皋。滿鑲藍。乾元庶。魯撫遷廣督；乾二二仍回原任。同年死，文勤。

鶴林　光禄；嘉八休。

二　二　畫

囊吉里　甘按；康三五革。甘布；康四一革。

龔大萬　體六；懷青，荻浦。湖武陵。乾三六庶。乾四二，桂鄉正考。

龔心湛　仙洲(舟)。皖合肥。留英。宣三，黔按。

龔文焕　霞城。閩光澤。嘉二四庶。道十二，江鄉副考。

⊙龔文齡　榜名昌齡。蔗汀；西園。閩侯官。嘉二五庶。工右；咸五解。

龔守正　象曾；季思。浙仁和。嘉七庶。禮尚；道二三病免。

龔自閎　守正子。應皋；叔雨。浙仁和。道二四庶。工右；光五死。

龔佳育　祖錫；介岑。浙仁和。光禄；康二四死。

龔易圖　藹人。閩閩縣。咸九庶。湘布；光十一革。

●龔昌齡　龔文齡榜名。

龔承鈞　春庭；湘浦。湘湘潭。同二榜眼。同九，晉學。

龔　章　惕持，含五。粵歸善。康十二庶。康二六，江鄉副考。

龔　渤　遂可；學耕。滇麗江。乾元庶。乾十二，川鄉副考。

龔照瑗　仰蘧。皖合肥。使英；光二二召回。宗人府丞；光二三罷。

龔　裕　惇夫；月舫。蘇清河。嘉二二庶。鄂撫；咸二革。

龔鼎孳　孝升；芝麓。皖合肥。禮尚；康十二死，端毅。

龔　綬　若士，寶章；若卿。滇昆明。嘉十六庶。川布；道二三革。

龔維琳　春溪。閩晉江。道六庶。道十四，湘學。

龔鎮湘　湘善化。同七進士。光八，晉鄉副考。

龔　鐙　屏侯；聲甫。蘇武進。嘉十四庶。閣學；道十三死，年五四。

龔　鯤　湘按；道八罷。

龔麗正　闇齋。浙仁和。嘉元庶。嘉十三，桂鄉正考。

龔寶蓮　静軒。順大興。道二一榜眼。詹事；咸六罷。

龔　鐸　于路。順大興。康三三庶。康五一，桂學。

龔騄文　熙上；簡庵。粵高要。乾二八庶。宗人府丞；嘉六休。

二　三　畫

麟書　芝龕。宗室，隸正藍。咸三進士。武英；光二四死，文慎。

麟桂　蘇布；咸四罷。

麟祥　鄂布；嘉二五召京。

麟趾　蕉園。滿洲。署浙布；咸十一戰死。

麟興　工左；咸十一罷。定左；同八革。

麟魁　梅谷。滿鑲白。道六庶。協，兵尚；同元死，文端。

麟慶　見亭。滿鑲黄。嘉十四進士。南河；道二二革。

二　四　畫

靈杰　蔚生。宗室，隸正藍。魯按；光七病免。

靈保　滿正黄。直按；嘉十七罷。

靈桂　小山；薌生。宗室，隸正藍。道十八庶。武英；光十一死，文恭。

靈海　駐藏幫辦；道元召京。

鹽　圖　滄來。漢鑲紅。蘇按，嘉十四降。

二　五　畫

觀成　滿鑲白。成將；嘉三革。西安副都統兼署將軍；嘉十休。嘉十三死。

觀岱　光禄；嘉四罷。

觀明　滿鑲黄。盛將；嘉十六革。嘉二三死。

觀保　伯雄；補亭。滿正白。乾二庶。禮尚；乾三四革。理尚；乾三九革。乾四一死，文恭。

觀音保　黔布；乾三五革。

觀喜　吉蘭。滿鑲紅。荆將；道九死，果毅。

觀　鍼　閣學；嘉十革。

别號索引

檢字表

索　引

子玖　瞿鴻禨
子良　剛毅
子言　王颺言
子和　文沖
子和　李鶴年
子和　張　燮
子和　楊　霽
子固　成克鞏
子固　增韞
子來　李先復
子定　孫欽昂
子底　王士禄
子岩　堃岫
子松　夏同善
子昆　邵嗣堯
子欣　陸徵祥
子武　王九齡
子受　黄錫彤
子受　繼禄
子長　邵曰濂
子青　張之萬
子青　張廷選
子青　顧雲臣
子俊　陶廷杰
子厚　王祖培
子厚　何彤雲
子厚　楊福琪
子厚　董元醇
子厚　劉體重
子美　郭松林
子威　張衍重
子垕　余　堃
子珍　陶方琦
子相　魏希徵
子約　富勒銘額
子英　盧士杰
子苾　吴式芬
子迪　周　蓮
子貞　何紹基
子貞　吴樹本
子貞　徐元正
子重　王材任
子郊　黄兆麟
子修　吴慶坻
子峨　何如璋
子城　曾國藩
子振　陸祚蕃
子恭　梁敬事
子恭　焦友麟
子恭　奕杕
子皋　瞿　昂
子真　王士禛
子益　白允謙
子益　高而謙
子高　崔爾仰
子健　永順
子健　吴元炳
子偉　萬貢珍
子康　張晉祺
子密　錢應溥
子培　沈曾植
子堅　王德固
子授　孫詒經
子惇　吴大受
子惇　沈家本
子敏　陳憲曾
子淥　沈兆霖
子淳　桂文燿
子犀　陳廷桂
子異　左孝同
子異　楊　頤
子莊　車順軌
子衮　胡兆龍
子野　王大鶴
子通　楊　儒
子卿　王　澤
子循　王遵訓
子惠　岐元
子然　丁　浩
子湄　田喜霽
子湘　李星沅
子爲　儒林
子臯　陳啓邁
子雲　沈學原
子雍　王　熙
子廉　邊浴禮
子敬　陳廷敬
子猷　錫綸
子靖　吴建勳
子瑜　周　項
子虞　張　預
子嘉　陳寶禾
子嘉　彭瑞毓
子嘉　劉永亨
子嘉　龍汝言
子壽　黄彭年
子壽　錢寶甫
子熙　王　燕
子熙　蘇元春
子睿　劉元慧
子端　路慎莊
子維　周恒祺
子維　饒應祺
子誠　恩順
子賓　鍾音鴻
子遠　袁廓宇
子遠　梁　鋐
子儀　王福祥
子儁　吴覲禮
子廙　周自齊
子實　吴寶恕
子澄　恩順
子磐　傅以漸
子箴　方濬頤
子蔚　王　炳
子質　秦炳直
子儒　祁宿藻
子樸　于德培
子興　陸徵祥
子蕃　王丕釐
子静　李中簡
子静　李仙根
子静　杜　鎮
子静　徐致靖
子静　喬　萊
子霖　陶　澍
子頤　百齡
子餘　孫鼎臣
子餐　嚴　沆
子懋　永隆
子懋　高承爵
子濬　易長禎
子臨　司徒照
子聲　黄鍾音
子襄　俞長贊
子襄　訥欽
子謙　布彦泰
子駿　張岳崧
子齋　敬信
子彝　沈維鐈
子瞻　姚淳燾
子懷　王茂蔭
子繩　于　準
子贊　彭　襄
子礪　陳伯陶
子馨　石文桂
子騰　張家驤
子騰　陳　驤
子鶴　陳孚恩
子權　郝士鈞
子鑁　彭而述
小山　王貽桂
小山　白　鎔
小山　沈桂芬
小山　李鴻逵
小山　阿克達春
小山　孫長紱
小山　恩桂
小山　翁曾桂
小山　鄒一桂

小山　郭敦謹
小山　靈桂
小午　袁保恒
小尹　伊湯安
小汀　全慶
小汀　朱彭壽
小汀　胡鼎彝
小石　陳夔龍
小石　蔡宗茂
小帆　吉明
小舟　路慎莊
小宋　何　璟
小村　承蔭
小村　邵友濂
小赤　鄧華熙
小坡　王思軾
小坡　宋　澍
小岩　李端遇
小岩　李鈞簡
小房　郭夢齡
小亭　馮培元
小眉　吴應棻
小泉　胡瑞瀾
小唐　朱　琛
小峴　秦　瀛
小峯　溥善
小浦　張　芾
小晉　朱　棨
小軒　李廷簫
小軒　張　鱗
小笠　何裕承
小船　張紹華
小湖　沈維鐈
小湖　李慶翶
小湖　李聯琇
小湖　周作楫
小棠　周家楣
小琴　岳琪(一)
小華　王惟詢
小華　黄　軒
小雲　文瑞
小雲　范承典
小塢　袁保恒
小筠　齊承彦
小農　嚴　烺
小墅　宋延春
小艙　李德儀
小樓　高　枚
小樵　賈　瑚
小穎　吴應枚
小穎　林之望
小謝　于　枋
小瀛　岳起
小霞　蔡廷衡
小蓮　胡家玉
小鶴　程家督
大木　李　懋
大山　楊鍾岳
大山　馮廷槐
大生　苗　澄
大年　朱　椿
大宇　楊廷棟
大來　李泰交
大春　吴　椿
大章　鄭際唐
大雲　陳　澐
大醇　崔維雅
大臨　徐昂發
士一　管廷鶚
士一　季邦楨
士可　陳　毅
士旋　戴敦元
士登　帥承瀛
士超　董宏毅
士熙　劉人鏡
士薌　蒯賀蓀
士蔚　林雲京

四　畫

中安　王　恕
中孚　王宗誠
中孚　高爾儼
中孚　閔思誠
中美　郝　林
中矩　裴律度
中錚　程伯鑾
中壘　劉校之
丹山　吴鳳藻
丹忱　倪嗣沖
丹叔　張聯奎
丹叔　陸費墀
丹厓　李鳳苞
丹初　閻敬銘
丹林　蔣祥墀
丹亭　和桂
丹思　王敬銘
丹宸　顧悦履
丹崖　朱一鳳
丹崖　春山
丹崖　黄廷桂
丹畦　何桂珍
丹畦　邵甲名
丹揆　王清穆
丹溪　和潤
丹葵　喬世臣
丹穎　葉佩蓀
予肩　顧　仔
五紘　李化熙
亢子　錢開宗
仁山　王　珊
仁山　徐文達
仁山　許彭壽
仁山　鐵麟
仁先　周祖榮
仁伯　趙世顯
仁甫　吴昌壽
仁甫　瞿　溶
仁府　張　毅
仁圃　宋如林
仁圃　趙國麟
仁庵　蔡毓榮
仁趾　祥麟(二)
仁龕　庫克吉泰
今頗　張錫鑾
介山　索泰
介山　趙文楷
介之　景福
介夫　李如筠
介石　蕭惟豫
介如　普保
介如　額勒春
介臣　田智枚
介臣　台布
介岑　龔佳育
介坪　楊懌曾
介亭　馮晉祚
介亭　劉　慥
介春　耆英
介軒　春熙
介軒　樊恭煦
介庵　劉　琰
介堂　王　綬
介堂　馬維騏
介嶶　郭石渠
介艇　王　廉
介槎　鄧　瀛
介巖　曹繩柱
介巖　勞之辨
公平　宋　權
公冶　冀如錫
公定　王之鼎
公孚　張泰交
公甫　甯完我
公度　李慶翶
公度　胡孚宸
公度　黄遵憲
公垂　王　紳
公茂　剛林
公桓　姚世榮
公朗　陳　爌

公博　李宗瀚
公凱　李　鎧
公復　孫宗錫
公琢　田種玉
公琬　劉　琰
公愚　劉　楗
公肅　徐元文
公樹　翟　槐
公選　張九徵
公穎　志銳
公驌　駱成驤
公鑲　趙爾巽
六一　彭　冠
六吉　吕謙恒
六舟　陳　彝
六持　孫效曾
六泉　周壽椿
六枳　唐仲冕
六英　葉申萬
六滋　趙未彤
六貽　嚴曾榘
六翰　王化鶴
六觀　陳允恭
允大　胡昇猷
允中　李逢辰
允升　長　萃
允升　徐　堂
允文　陳世烈
允亭　王　猷
允昭　張德懋
允修　元展成
允修　和爾賡額
允恭　年希堯
允庭　阿克丹
允庭　鄧啓元
允彪　何　煊
允滄　艾元徵
允肅　宜思恭
允懷　温敏
允謙　王憲曾
元山　潘體震
元之　張秉貞
元公　張自德
元少　韓　菼
元文　徐旭齡
元平　宋　權
元吕　陳中孚
元孚　尹會一
元廷　胡中和
元甫　明善
元長　尹繼善
元亮　王奐曾
元亮　周亮工
元恒　蔣赫德
元昭　鄧　旭
元美　李輝祖
元修　福濟
元庭　蔣予蒲
元素　吕謙恒
元起　黄性震
元凱　楊　捷
元統　楊文乾
元開　郭尚先
元敬　孔昭虔
元禎　劉應賓
元撫　林則徐
元褒　鄒一桂
元調　竇光鼐
元燮　王者臣
元禮　張　模
勿樹　林鴻年
勿齋　和色本
勿庵　王以銜
勿齋　陳士枚
升之　魏元煜
升六　曹貞吉
升夫　胡季堂
升聞　楊爾德
升齋　李德立
午山　李宗燾
午舟　盛思本
午亭　沈　烜
午亭　陳廷敬
午亭　鍾方
午堂　王　集
午莊　魏光燾
午卿　壽蔭
午晴　于　枋
午塘　夢麟
午樓　蔭昌
午橋　袁甲三
午橋　張廷選
午橋　陳　鴻
午橋　端方
午橋　裴宗錫
午橋　薩保
及之　吴　鼐
及甫　申　甫
及甫　施維翰
及庵　張宏俊
及超　史大成
友三　李經楚
友山　張兆棟
友之　康國器
友仁　胡文伯
友文　馮爾昌
友石　文輝
友石　孫　詒
友石　張　衡
友石　蔡世松
友松　斌椿
友春　李臨訓
友梅　栗毓美
友陳　汪元方
友萊　王榮商
友榆　張正椿
友穉　徐繼孺
友蘇　許孫荃
友夔　馬人龍
尹作　彭廷訓
尹東　曹源郊
尹亭　温如玉
尹咸　黄贊湯
尺生　沈兆霖
尺庵　薛　韞
引恬　宋延春
孔伯　湯　斌
孔修　文慶
孔博　馮　溥
少川　唐紹儀
少川　楊　晟
少文　陳　壇
少白　長庚
少石　陳夔麟
少仲　勒方錡
少吴　況　澄
少岑　毓隆
少希　陳欽銘
少村　吴昌壽
少坡　曾元海
少岳　黄　統
少東　李岷琛
少泉　楊捷三
少泉　潘效蘇
少珊　程棫林
少徐　陸元朗
少峯　李汝嶠
少荃　李鴻章
少軒　張　勳
少梅　瑞元
少卿　薛書堂
少彭　莊承籛
少湘　彭清藜
少華　温常綬
少逸　孟　邵
少雯　王緒曾
少雲　烏拉布
少愚　常裕
少農　福潤
少槐　萬年茂

少銘　楊鼎勳
少儀　閔鶚元
少樸　周樹模
少穆　林則徐
少盧　陸堯松
少霑　孔祥霖
少懷　戴鴻慈
少榱　萬年茂
少蘭　丁乃揚
少蘭　華俊聲
少鶴　支清彦
少鶴　徐　頲
少巖　劉　果(二)
太占　馮光熊
太初　陳　沆
太莽　和寧
天一　劉　清
天交　塗應泰
天如　于　廣
天因　董篤行
天牧　惠士奇
天門　張逸少
天飛　張鵬沖
天倚　許　鎮
天泉　汪　灝
天敍　但明倫
天益　吕謙恒
天章　陳　錦
天扉　張鵬沖
天爵　楊宗仁
天鵬　羅思舉
壬父　慎毓林
心友　張師誠
心田　李文耕
心田　張世培
心谷　袁　善
心垣　俞東枝
心亭　孟喬芳
心芳　梁萼涵
心畬　陳中孚
心農　孫念祖
心農　喬晉芳
心嘉　姚令儀
心齋　丁守存
心齋　王祖光
心齋　沈　涵
心齋　周祖榮
心蘭　馬金鑑
心蘭　陸　言
方之　陶　模
方甫　程仁圻
方來　楊錫紱
方來　吴　紱
方虎　徐　倬
方洲　彭始搏
方城　羅源漢
方耕　莊存與
方崖　崔徵璧
方壺　李汝嶠
方輅　王元炎
方穀　沈業富
方巃　蔡升元
日乾　魏方泰
月三　楊　捷
月川　恒福
月川　程含章
月山　貴慶
月汀　景星
月石　蔣琦淳
月亭　桂春
月峯　柴廷望
月舫　胡景桂
月舫　恒明
月舫　龔　裕
月卿　張凱嵩
月華　毓朗
文一　王錫奎
文一　崇綺
文一　董　屺
文子　夢麟
文子　繆曰藻
文水　任　濬
文止　狄　敬
文江　岳　度
文甫　萬青藜
文秉　施世驃
文亭　屠　沂
文侯　徐化成
文宿　崔徵璧
文圃　桂斌
文峯　岳鎮南
文孫　李昌祚
文孫　蔣陳錫
文悔　王以慜
文益　王　郎
文起　宋學洙
文起　孫鳳翔
文起　顧八代
文軒　汪彦博
文庸　姜穎新
文淵　郭石渠
文衆　李　榛
文卿　洪　鈞
文卿　譚鍾麟
文量　史積容
文開　潘曾瑩
文焕　陳　璸
文園　李中簡
文園　李棠階
文農　魁元
文漪　汪　灝
文敷　閔受昌
文賢　施世綸
文錫　衛周祚
文濤　狄夢松
文濤　松安
文聲　沈士駿
文韓　劉宗魏
文馥　陳桂洲
文齡　龔易圖
文瀾　李　瀚
水南　彭樹葵
木天　世臣
木舟　王中孚
木君　潘　鐸
木庵　李　枬
木齋　王丕烈
木齋　李盛鐸
木齋　盧　靖
斗生　檀　璣
斗南　全魁
斗南　梁耀樞
斗垣　趙　炳
斗嵒　范思皇
斗槎　黄騰逹
斗瞻　阮忠樞
止堂　祝德麟
止潛　濮子潼
止盦　瞿鴻禨
止齋　吉綸
止齋　廖壽豐
止齋　蘇　繹
王度　鄒自式

五　畫

且然　許汝霖
且園　高其佩
世邠　李鍾僑
世來　李天寵
世南　陳邦彦
世衡　潘朝選
丙青　王世琪
丙霞　葉映榴
主一　梁敬事
主敬　錢陳羣
仙斗　高　景
仙舟　戈　源
仙舟　帥承瀛
仙舟　龔心湛
仙羽　張　尚

仙客　潘瀛選
仙洲　龔心湛
仙舫　嚴正基
仙槎　何淩漢
仙裴　黄玉堂
仙蟠　李根雲
仙蘅　聯元
代峯　鍾　衡
令公　勵廷儀
令之　卞永譽
令民　徐　鐸
令宜　孫嘉樂
令貽　楊汝穀
以徐　俞之琰
以粟　温如玉
以莊　胡　敬
以莊　莫瞻菉
以齋　楊雍建
功亭　聶士成
北海　林起龍
北海　孫承澤
北崖　邵　泰
北埜　王如辰
北堂　凌紹雯
北愚　陳　澐
北溟　于成龍(一)
北溟　陳鵬年
北墅　于　辰
北濱　李宗瀚
北瀛　齊　鯤
册龕　黄均隆
半農　惠士奇
占咸　陳大受
占蒙　胡克家
冬可　楊　晙
去亢　陳之龍
去浮　項景襄
古香　茹　棻
古梅　謝道承
古華　陳延慶
古傷　王以慜
古微　朱祖謀
古愚　虔禮寶
古愚　高成齡
古愚　彭　鵬
古彝　趙　新
古蘿　藍應元
句山　陳兆崙
召山　張翔鳳
召民　黎兆棠
召廿　易　棠
召臣　張虎拜
召南　丁紹周
召南　奭　良
可如　屠之紳
可舟　杜士傅
可宗　劉正宗
可亭　朱　軾
可亭　吴駿昌
可亭　金國均
可亭　戴均元
可莊　王仁堪
可齋　陳大受
史亭　王嘉曾
右之　宋德宜
右文　高　斌
右民　方汝翼
右申　鈕福保
右丞　洪良品
右臣　洪良品
右君　朱之弼
右甫　朱爲弼
右坪　毓科
右階　孫廷槐
右銘　胡鼎彝
右銘　陳寶箴
司直　鄭　端
叶文　方　振
叶蘇　曾元海
叶鏞　李振庸
四山　許孫荃
四如　彭會淇
四香　張錦枝
四維　黄圖安
弗若　高辛印
平山　吴式敏
平田　劉吴龍
平叔　孫爾華
平泉　陸以莊
平珊　王乃徵
平軒　王　治
平華　王耀辰
平階　清安泰
平橋　梁　瀚
平嶽　車鼎晉
左白　梅之珩
左田　黄　鉞
左吾　王國棟
左君　黄　鉞
左海　陳壽祺
左莪　褚廷璋
左黄　張　鉞
巨川　林之濬
巨川　戴　瀚
巨山　程　巖
巨來　李　紱
巨源　戈　濤
巨源　蔡長澐
幼丹　沈葆楨
幼丹　劉心源
幼公　徐法績
幼元　洪調緯
幼安　錢維城
幼季　鄧啓元
幼芬　王奕清
幼徇　王凱泰
幼峯　王奕清
幼軒　王凱泰
幼軒　張　楢
幼庵　朱之弼
幼章　祁宿藻
幼嵐　沈秉堃
幼畬　潘炳年
幼華　王又旦
幼雲　李希杰
幼雲　尋鑾煒
幼雲　劉廷琛(二)
幼農　福懋
幼樵　張佩綸
幼穆　張裕棨
幼衡　秦樹聲
必翔　黄龍眉
民彝　陸仁恬
永年　吴　昺
永清　賀熙齡
永祺　王舜年
永齋　王思訓
永齋　陳初哲
汀倩　李　蘭
未岩　王敬銘
未堂　陶正中
未齋　陳　浩
未齋　臧濟臣
本如　匡　源
正三　翁方綱
正夫　常大淳
正宇　戴第元
正甫　李師中
正卿　劉啓端
立人　邵樹本
立人　徐　本
立人　葉紹本
立凡　陳　預
立山　朱國柱
立中　荀華南
立之　錢汝誠
立夫　陸建瀛
立民　信恪
立侯　李清植
立庭　鄂禮

立軒　甘國璧
立軒　阿克敦
立庵　史大成
立庵　吴存禮
立庵　郭一鶚
立崖　周於禮
立勳　李朝鼎
立齋　徐元文
立齋　高　恒
立齋　翟　槐
玉山　方履中
玉山　周　馥
玉山　馬丕瑶
玉山　蔡家玕
玉方　袁希祖
玉方　陳希祖
玉文　王榮琯
玉立　梁清標
玉生　陳　鑾
玉田　張熙宇
玉甲　張能鱗
玉如　瑞豐
玉如　誠璋
玉如　額勒精額
玉存　朱　琦
玉汝　梅穀成
玉行　鍾　朗
玉伯　劉殿衡
玉吾　劉餘祐
玉岑　溥良
玉甫　翁同爵
玉其　王度昭
玉典　李承瑞
玉函　張起麟
玉叔　宋　琬
玉叔　許　球
玉坡　李蔭鑾
玉坡　劉韻珂
玉昆　劉　琨
玉松　吴　雲
玉初　勞乃宣
玉亭　伯麟
玉洲　李重華
玉泉　陸費瑔
玉庭　奎照
玉峯　王得禄
玉峯　白鍾山
玉峯　楊　琳
玉峯　趙士麟
玉峯　蔣啓敭
玉書　王封溁
玉書　呈　麟
玉書　趙兆麟
玉班　趙長麟
玉軒　鄭藻如
玉崖　董　屺
玉章　譚　篆
玉笥　張朝珍
玉符　楊　瑄
玉符　麒慶
玉階　朱佩蓮
玉雯　馮爾昌
玉粲　汪廷珍
玉農　巴揚阿
玉漁　李傳熊
玉銘　王宏祚
玉墀　蔣朝生
玉蒼　陳　璧
玉樓　李明墀
玉調　張鼎延
玉樵　程德潤
玉衡　劉廷璣
玉隨　吴國對
玉壘　劉　楗
玉璿　姜元衡
玉騧　吴國龍
玉麓　郭祥瑞
玉藻　趙文煚
玉驄　莊問生
石川　方　覲
石士　陳用光
石公　周之麟
石友　色楞額(二)
石夫　姜　堅
石民　國柱
石生　周開麒
石田　胡彦穎
石帆　周長發
石臣　余國柱
石臣　鄭瑞玉
石君　朱　珪
石甫　吴駿昌
石甫　姚　瑩
石來　林麟焻
石坡　傅　棠
石坪　易元善
石林　喬　萊
石牧　黄之雋
石芳　周系英
石原　彭維新
石泉　李可瓊
石泉　姚錫光
石泉　楊昌濬
石虹　張希良
石虹　焦毓瑞
石峯　朱文鐄
石海　興廉
石翁　秦　瀛
石軒　玉　崑
石庵　劉　墉
石崖　朱克簡
石堂　國柱
石梧　李星沅
石卿　張亮基
石卿　許有麟
石卿　陳秉和
石卿　裕麟
石湖　楊汝穀
石湖　簡　上
石渠　王天禄
石渠　李殿圖
石琴　黄恩彤
石雲　紀　昀
石溪　官獻瑶
石溪　涂逢震
石溪　賽什雅勒泰
石農　王益朋
石農　李鑾宣
石農　長麟
石臺　李來泰
石樵　杜　蕚
石濤　文志鯨
石齋　賈　瑜
石瞻　鄒士聰
石麟　曹邲源
白華　吴省欽
白華　龍　瑛
白齋　王際華
生甫　蔡之定
生洲　郭之培
生校　趙青藜
生霖　周德潤
田生　余　甸
田見　陶正中
田祖　焦祁年
申之　諸重光
申公　房　嵩
申夫　李　榕
申生　高萬鵬
申田　羅長裿
申甫　姚成烈
申甫　陸鍾琦
申甫　蔣琦淳
申甫　繆　晉
申甫　潘曾瑩
申徵　劉餘祐
用方　顧琮
用安　蔣和寧
用甫　歐陽保極
用兹　李　宏

用章　蘇　俊
用卿　夏同龢
用賓　廷杰
用績　李士焜

六　畫

亘輿　趙　城
丞午　易　貞
亦人　李根雲
亦民　何　俊
亦石　史陸輿
亦何　孫如僅
亦青　李希蓮
亦亭　竇啟瑛
亦庵　彦德
亦園　周於禮
亦愚　高熙喆
亦璞　蔣式芬
亦溪　丁紹周
亦溪　鍾駿聲
仰山　朱　嶟
仰山　鍾昌
仰之　崇恩
仰亭　景福
仰庵　崔之鍈
仰滋　杜　彤
仰蘧　龔照瑗
仲山　馮爾昌
仲山　廖壽恒
仲仁　張一麐
仲仁　蔣　艮
仲升　楊時薦
仲文　王麟書
仲文　鄒炳泰
仲仙　李經羲
仲平　伊克坦
仲平　馬盛治
仲生　石　申
仲田　葉汝芝
仲任　畢道遠
仲亨　沈欽霖
仲甫　左　輔
仲良　劉秉璋
仲言　商　載
仲弢　黄紹箕
仲度　王廷鉽
仲怡　吴重憙
仲和　史佩蒼
仲和　章宗祥
仲明　甘文焜
仲明　曹秉哲
仲明　趙　光
仲芳　聶緝槼
仲宣　吴　棠
仲宣　曹　城
仲宣　黄鴻中
仲恒　胡澤潢
仲恒　鍾　衡
仲若　張懸錫
仲約　李文田
仲香　蕭時馥
仲修　曹福元
仲容　劉定裕
仲容　德保
仲兼　陳子達
仲兼　項家達
仲軒　許世昌
仲偉　查　昇
仲深　徐廣縉
仲淑　李孔嘉
仲梓　馮光遹
仲復　沈秉成
仲然　栗　燿
仲琳　梁　鋐
仲華　榮禄
仲萊　準良
仲雲　吴振棫
仲雲　陳嘉樹
仲愛　王　�
仲猷　李象元
仲瑊　高熙赫
仲路　溥頲
仲綱　端緒
仲誠　邊寶泉
仲銘　吴鼎昌
仲銘　曹鴻勛
仲蓮　王慶祺
仲魯　劉若曾
仲瑩　趙以炯
仲輝　李　煌
仲輝　陸伯焜
仲毅　章　瓊
仲調　白夢鼐
仲儒　惠士奇
仲蕃　禧恩
仲衡　楊希銓
仲謀　傅宏烈
仲謙　吉和
仲謙　胡開益
仲禮　任鳳厚
仲瀛　文海
仲韞　許鈴身
仲藺　戚人鏡
仲巒　高崇基
任公　梁啓超
任可　莊有信
任庭　紹昌
任叔　張衍重
任庵　佟圖勳
任庵　董宏毅
任卿　潘衍鋆
企山　楊述曾
伊平　宋　衡
伊在　顧　汧
伊輔　丁善慶
伏先　劉躍雲
休如　鄂容安
休承　朱士彦
充齋　沈　荃
兆白　黄錫彤
兆同　陳延慶
兆新　開　新
兆瑞　潘斯濂
兆璜　陳　筌
兆鑊　管遹羣
先資　劉　峩
光宇　姜　晟
光宇　張廷燎
光伯　胡　焯
光甫　賀熙齡
光河　卞士雲
光啓　蘇宏祖
光植　盧　焯
光震　李人龍
匠門　張大受
匡山　嚴　烺
匡侯　李贊元
再中　沈　烜
再來　馮　甦
再翁　吴振棫
再雲　華　燀
再歐　沈文豪
再蘧　胡湘林
印川　裴　鑑
印川　龐　璽
印侯　温常綬
印渠　劉長佑
冰如　劉齊衡
冰持　曹秀先
冰壺　王　清
冰滁　郝　浴
吉三　曹秉哲
吉升　馬吉樟
吉升　崔應階
吉安　沈元泰
吉臣　佟國佐
吉臣　李嘉端
吉臣　裕祥
吉羽　李德儀
吉甫　升允

吉甫　沈世煒
吉甫　清安
吉甫　賀壽慈
吉求　朱昌頤
吉符　吴嘉瑞
吉雲　王履謙
吉裳　黄卓元
吉齋　許乃安
吉蘭　觀喜
同人　沈樂善
同甫　夏啓瑜
同侯　李清芳
向之　于　辰
向之　吴廷燮(二)
向甫　王賡榮
向青　彭　述
向亭　謝樹階
向若　袁時中
因伯　馮培元
因甫　李于培
因夏　譚尚忠
式光　楊纘緒
式如　吴　瑴
式岩　文格
式儒　徐士林
宇光　萬承蒼
宇春　毛鳳儀
守一　李翰芬
守旃　黄銘先
守愚　潘奕雋
安之　王原膴
安公　王　倓
安安　金祖静
安甫　闊普通武
安東　劉　瀾
安圃　張人駿
安敦　托渾布
屺瞻　周慶曾
屺瞻　孫在豐
屺懷　費念慈
存子　劉種之
存中　張爲儀
存仁　胡獻徵
存吾　余　集
存吾　嚴　烺
存甫　吴贊成
存甫　熊　枚
存莪　謝于道
存庵　嚴我斯
存齋　涂天相
好德　朱　攸
如全　特圖慎
如叔　劉　綸
如園　嚴宗溥
在公　童欽存
在言　西庫
在初　張德彝
在初　陳初哲
在兹　王繼文
在常　張書勳
圭庵　吴觀禮
地一　楊永寧
地山　何廷謙
地山　崇厚
地山　單懋謙
旭林　景方昶
旭初　毛昶熙
旭庵　孫鏘鳴
旭庵　歐陽熙
旭莊　羅暹春
旭臨　吴　烜
曲江　李先復
曲江　杜玉林
有光　羅遵殿
有年　西成(一)
有亭　雙慶
有堂　張泰開
有章　陸　言
有爲　張仕遇
有雲　劉書年
次山　王　峻
次山　玉輅
次山　宋玉珂
次山　惲世臨
次公　李紹周
次公　鄭日奎
次友　陸　棻
次平　吴若準
次功　姚立德
次白　劉鴻翺
次先　張天植
次安　陳倫炯
次辰　黄　機
次良　嚴思位
次坡　程伯鑾
次和　慕榮幹
次明　蔡　新
次虎　郭熊飛
次青　李元度
次南　武　棠
次侯　熊伯龍
次珊　趙爾巽
次重　王　勱
次風　齊召南
次軒　錢　栻
次屏　王之翰
次符　龐　壐
次棠　于蔭霖
次雲　李可端
次楫　李爲霖
次筠　錫振
次農　受慶
次遠　惲彦彬
次謀　曹詒孫
次薌　勞肇光
次籛　王壽彭
汍瀾　文志鯨
汝白　金德瑛
汝存　王沛憻
汝舟　訥爾濟
汝作　張　霖
汝咨　陳宏謀
汝恭　金光悌
汝敬　王沛思
汝嘉　李　馥
汝毓　鍾昌
汝興　萬鍾傑
汝霖　叢　澍
汝韜　許邦光
江湄　劉　濤
朵山　朱昌頤
百之　李士彬
百史　陳名夏
百先　世善
百禄　周天受
百齋　桑春榮
耳山　陸錫熊
耳伯　孫承澤
自中　圖爾宸
自西　楊雍建
自牧　范時崇
自牧　勵守謙
羽香　毛鳳儀
羽堯　胡翹元
竹汀　那清安
竹汀　錢大昕
竹如　吴廷棟
竹伯　陳啓邁
竹君　傅宏烈
竹辰　卞士雲
竹辰　尹濟源
竹言　吴福年
竹岡　鳳鳴
竹坪　成林(二)
竹坡　秦定三
竹坡　董元醇
竹坡　寶廷
竹朋　李佐賢
竹所　孫　灝
竹垞　朱彝尊

七　畫

克臣	載昌	吟濤	松森	孝修	許纘曾	志賡	蔡儒楷
克昌	吕熾	吟濤	穆馨阿	孝通	褚成博	快圃	郭棻
克思	何其睿	含五	龔章	孝源	王舜年	成之	李德儀
克庵	劉典	含谿	王秉韜	孝曾	李宗傳	成之	周錫章
克敏	陳功	吴羹	顧蒓	孝揚	王永譽	成之	線一信
克惠	李續賓	吕瑞	岳鍾璜	孝傳	汪永錫	我愚	衛哲治
克猷	薛允升	吕璜	邵吴遠	孝達	張之洞	我裕	李啓昆
克齋	勝保	序初	譚均培	孝鳳	王家璧	戒三	邵吴遠
克齋	蔡長澐	序皇	唐繼祖	孝儀	歸允肅	戒過	閻錫爵
克繩	秦鉽	序堂	秦釁	孝徵	王謩	戒頑	王連瑛
克讓	李續宜	序堂	趙未彤	孝緒	胡統虞	灼三	王士俊
劬庵	龐鴻書	宋伯	李儒郊	均弼	馮廷丞	汴生	邵亨豫
劭予	張仁黼	宏宇	王來任	均廡	王鄖	沅甫	曾國荃
劭民	廷雍	宏度	孫永清	均衡	郎廷相	沅叔	傅增湘
劭園	陳昌齊	宏圖	孫永清	壯其	方猷	沈觀	周樹模
劭聞	孫衣言	宏駿	王雲錦	延之	崇壽	沖之	吴省欽
冏卿	介錫周	宏獻	黄叔琳	延青	慎毓林	沖甫	王憲曾
卣臣	張廷瓚	岐山	梁化鳳	延青	劉統勳	沖齋	錢受穀
卣臣	謝履忠	岑暉	王懿德	延彬	李宗文	沚亭	孫廷銓
冶子	朱良裘	希元	蔡元益	廷玉	魯瑗	沛元	李樹德
冶公	金鋐	希文	李天祥	廷和	鞠愷	沛清	宋澍
冶夫	汪煉南	希白	王青蓮	廷彦	陳惪榮	沛潢	徐湛恩
冶亭	鐵保	希伯	詹嗣賢	廷庸	梁世勳	杏江	汪學金
冶源	白鎔	希吕	胡高望	廷揚	謝陞	杏田	惠林
君正	張端	希南	錢栻	廷雲	吕朝瑞	杏田	陳壇
君玉	崔紀	希哲	博明	廷幹	葉一棟	杏池	徐光文
君直	洪亮吉	希庵	李續宜	廷韓	吴玉綸	杏岑	果勒敏
君宣	汪士鍠	希郭	吴其泰	彤甫	晏端書	杏南	陶大均
君修	多宏安	希裴	錢度	抑亭	李鍾僑	杏城	楊士琦
君常	張元奇	希齋	和琳	抑庵	吴薾	杏浦	李綬
君復	裴維侒	希翰	顧蒓	抑堂	黎致遠	杏蓀	盛宣懷
君萬	郝傑	孚于	石禮嘉	抑齋	胡作梅	杜少	袁佑
君鄰	趙廷臣	孚山	興泰	抑齋	廖壽恒	杞功	崔徵璧
君衡	梁萼涵	孚存	董邦達	巡卿	丁振鐸	步于	魏定國
君諫	周正思	孚有	熊暉吉	忍庵	特普欽	步武	刁承祖
君璧	魏廷珍	孚若	楊顒	忍庵	黄與堅	步容	温汝适
君顧	劉慥	孝升	龔鼎孳	志山	王奕仁	步皋	秦潮
吟巢	商載	孝先	王希曾	志伊	張元臣	秀山	趙晉
吟�	陳慶增	孝先	張伯行	志周	嚴宗溥	秀之	鍾靈
吟樹	毛謨	孝侯	黄鈺	志枚	錢林	秀升	鄭家夔

秀生　黃羣杰
秀峯　官文
秀峯　聯英
秀峯　蘇魯岱
秀卿　王鍾靈
甸侯　吳建勳
肖庭　王祖同
肖莽　張嘉禄
肖韓　葉在琦
肖齋　蕭廣運
肖巖　趙良霌
芍庭　彭祖賢
芍棠　王之春
芍農　李文田
芑田　張　坦
芑庭　陳　翼
良甫　張金鏞
良圃　戴第元
良宰　王懿德
良璧　謝啓昆
迂叟　涂天相
言如　孔傳綸
言遠　王　庭
見五　馬如龍(二)
見田　姜順龍
見吾　鄂木順額
見亭　麟慶
見復　何桂馨
見樓　吳光悦
見齋　喬用遷
辛陔　勞崇光
辛庵　徐士芬
辛楣　宮　煥
辛楣　錢大昕
辛齋　湯先甲
辛麓　葉佩蓀
辰田　錢福昌
辰嶽　王　鷺
酉山　朱福基(二)
酉山　張　謙
酉山　許三禮
酉君　蔣廷錫
谷一　洪　琮
赤山　于覺世
赤侯　張　煒
阮亭　王士禎

八　畫

亞伯　金應麟
京伯　涂逢震
京圃　聶鎬敏
京蒙　胡　潤
佩之　尹銘綬
佩之　楊應琚
佩文　邊繼祖
佩如　崇綸(二)
佩如　劉玉珂
佩青　費開綬
佩珂　景禐
佩庭　李　綬
佩珩　汪鳴相
佩循　劉鐶之
佩瑜　丁道津
佩葱　吳品珩
佩聲　宋玉珂
佩蘅　寶鋆
佩鶴　秦綬章
佳樹　孫玉庭
來殷　曹仁虎
來泰　李熙齡
來庵　袁時中
來園　李昌祚
依之　許祖京
兩石　余國柱
兩峯　徐士林
兩峯　慶玉
其材　李因培
其相　程芳朝
其園　常發祥
其衡　胡期恒
典三　許三禮
劼剛　曾紀澤
函三　陶廷杰
卓人　張　灝
卓人　黃　倬
卓士　吳　傑
卓如　梁啓超
卓如　曾望顔
卓如　馮譽驥
卓峯　文炳
卓堂　陳熙曾
卓然　莽鵠立
協萬　李基和
叔子　于敏中
叔大　邱庭漋
叔大　陳　詵
叔文　黃兆麟
叔平　文　治
叔平　翁同龢
叔未　唐壬森
叔玉　王兆琛
叔安　文　瑞（一）
叔安　馬履泰
叔舟　許乃濟
叔虎　李　桓
叔芝　趙　昀
叔芳　薛　韞
叔雨　龔自閎
叔厚　鄭敦謹
叔度　裘曰修
叔度　范　鏊
叔眉　沈源深
叔師　王文雄
叔時　史申義
叔起　帥方蔚
叔起　舒興阿
叔益　馮光裕
叔耘　薛福成
叔啓　白恩佑
叔康　苗胙土
叔庵　文瑞(一)
叔基　朱福詵
叔培　王　植(二)
叔滋　周祖培
叔琦　吳廷珍
叔進　鄭　沅
叔裕　譚宗浚
叔達　李率泰
叔頌　黃紹第
叔誠　陳　鴻
叔駒　方　昂
叔濤　劉廷枚
叔濟　黃　經
叔衡　丁立鈞
叔謀　惲祖翼
叔穎　祁寯藻
叔穎　俞兆晟
叔輿　史善載
叔麓　戈　岱
叔寶　伍銓萃
受之　李振祜
受之　李汪度
受之　崇禮
受之　曹錫齡
受之　嵇承謙
受之　裴　謙
受之　錢謙益
受百　張嘉禄
受甫　高人鑑
受茲　介福
受茲　劉錫五
受恒　林天齡
周南　李學裕
周謨　方　顯
味之　彭久餘
味秋　温忠翰
味根　江忠義
味堂　李鼎元
味莊　李廷敬
味雲　楊壽枏

味梛　李宗燾
味經　秦蕙田
味蒓　楊士燮
和甫　兆惠
和甫　吴存義
和甫　金順
和甫　蔡　鈞
和叔　李鼎元
和叔　陳桂森
和庵　吴保泰
和庵　瑚圖禮
和卿　英煦
和圃　萬承風
固卿　徐紹楨
居東　高　山
姓湖　陸芝祥
弢子　劉　棨
弢夫　翁斌孫
弢仲　閻興邦
弢庵　陳寶琛
弨甫　何彤然
庚生　李際期
庚生　張　鎮
庚堂　夏辛酉
宗之　王興吾
宗之　沈上墉
宗玉　熊錫璵
宗岳　張若震
宗晏　沈　栻
宗袞　宫夢仁
宗華　吕耀曾
宗德　帥念祖
宗磐　錢維城
宗範　錢　楷
宗韓　積善(二)
宗覲　陳若霖
定九　王　鼎
定三　宫夢仁
定丞　胡祖蔭
定先　陳　倓
定甫　王　拯
定甫　徐法績
定甫　程贊寧
定圃　德保
定軒　崔　紀
定軒　曹錫齡
定庵　郎永清
定園　戴明説
定齋　崔蔚林
定巖　沈昌宇
宛來　秦百里
宛委　胡兆龍
宛東　徐嗣曾
宜之　高其位
宜之　蔡振武
宜田　方觀承
宜亭　恒春
宜亭　格爾古德
宜笏　江　球
宜軒　勒保
宜軒　劉　峩
岫雲　余　恂
岱仙　于嗣登
岱青　岳興阿
岱青　俞東枝
岱禎　俞兆岳
岱輿　高爾儼
岱麓　姚締虞
岱巖　沈　珩
岳咫　邵　基
岵存　趙　昀
岵瞻　王景曾
岵瞻　林揚祖
岷樵　江忠源
岸舫　張誠基
岸淮　劉　湄
孟九　朱之錫
孟才　周系英
孟升　湯之旭
孟仙　喬樹枏
孟炎　倪良燿
孟亭　梁如浩
孟亭　馮　浩
孟容　劉　蓉
孟班　楊超曾
孟起　紀　愈
孟球　金世德
孟卿　王　玥
孟新　白夢鼐
孟暘　吴敬義
孟綸　胡會恩
孟樞　徐誥武
孟調　劉元燮
季友　王鴻緒
季方　吴士端
季木　温予巽
季正　鄂爾奇
季直　張　謇
季和　徐致祥
季和　趙爾豐
季芝　趙　昀
季良　楊能格
季侯　黄鳴傑
季思　龔守正
季泉　景廉
季咸　惲世臨
季皋　李經臯
季高　左宗棠
季高　田嵩年
季卿　支恒榮
季渚　魏　瀚
季超　長萃
季雲　李恩慶
季雲　黄宗漢
季園　杜　翰
季葦　許　容
季端　張建勳
季瑩　李聯琇
季樵　王錫蕃
季臨　胡肇智
季鴻　許乃普
季瞻　師曾
尚友　李儀古
尚白　施閏章
尚佐　李傳熊
尚佐　嵇　璜
奉山　張守岱
奉峩　楊廷璋
奇庵　孫瑞珍
坡友　黄宗漢
坤一　錢　載
坤厚　謝履厚
坦公　馬雄鎮
坦庵　吕履恒
坦園　何世璂
坦園　李　霨
坦齋　王蘭生
坳堂　方　昂
承牧　劉鳳誥
承惠　黎世序
承齋　興恩
抱經　盧文弨
拊宜　王奕鴻
拙安　王仲愚
拙安　沈兆澐
拙存　陶葆廉
拙修　嵇　璜
拙齋　呑珠
忠甫　金保泰
忠普　田興恕
念石　王一驥
念劬　于朋舉
念劬　錢　恂
念宏　王肇衍
念東　高　珩
念修　何逢僖
念祖　歸宣光
念庵　孔尚先
念庵　王沛憻
念庵　洪之傑

禹峯	柯　瑾
禹峯	彭而述
禹庭	丁汝昌
禹濤	衛執蒲
知亭	托津
秉之	陳世倌
秉中	周元理
秉和	李鈞簡
秉侯	陳　均
秉鈞	張仕遇
盲左	黄　鉞
直上	彭始摶
直夫	都興阿
直方	宋徵輿
直方	奎林
直生	胡景桂
直侯	白　洵
直庭	楊仲興
直卿	李　浩
直繩	李　準
育之	邊廷英
育周	載振
肯夫	朱逌然
虎臣	祝廷彪
虎臣	張　彪
虎臣	蔣　超
虎符	金聲桓
竺垣	趙炳麟
芝仙	鶴年
芝仙	郭　棻
芝台	周祖培
芝生	瑞常
芝生	龍湛霖
芝田	汪　鏞
芝田	周　瓊
芝田	曹秀先
芝田	楊大鶴
芝田	劉瑞芬
芝岑	葆亨
芝房	汪鳳藻
芝房	孫鼎臣
芝亭	文瑞(二)
芝泉	段祺瑞
芝泉	彭瑞毓
芝洞	宋伯魯
芝珊	趙惟熙
芝圃	先福
芝圃	奎耀
芝庭	彭啓豐
芝耘	譚啓瑞
芝軒	李聯芳
芝軒	秦承恩
芝軒	瑞保
芝軒	潘世恩
芝堂	沈欽霖
芝棟	宋伯魯
芝雲	黄良棟
芝園	牧可登
芝楣	陳　鑾
芝農	杜受田
芝樵	善佺
芝龕	麟書
芝麓	龔鼎孳
芝齡	李宗昉
芝巖	屠粹忠
芝巖	壽耆
芝巖	鄭嵩齡
芝巖	顧　汧
芥子	王太岳
芥舟	戈　濤
芥亭	程鍾彦
芥洲	張德懋
芥航	張　井
芬洲	康五瑞
芬齋	鍾蘭枝
花谷	陳廷桂
花農	徐　琪
花農	陳　琪
芳山	特登額
芳谷	施培應
芳園	李永書
芷汀	葉申萬
芷甫	朱昌頤
芷房	邱庭漋
芷林	劉　湄
芷亭	徐　垣
芷庭	王恩祥
芷庵	載齡
芷舲	司徒照
芷塘	祝德麟
芷蓀	趙啓霖
芷鄰	梁章鉅
芷谿	丁田樹
芷囊	周人驥
芷灣	宋　湘
芸士	葉圭書
芸子	宋育仁
芸竹	胡應泰
芸坪	楊書香
芸昉	韓克均
芸書	趙宏恩
芸舫	費延釐
芸敏	陳琇瑩
芸渠	李熙齡
芸渠	武新亨
芸圃	李光涵
芸臺	阮　元
芸臺	裕誠
芸閣	文廷式
芸樵	松峻
芸譜	趙　昀
芹村	田嘉穀
芙沼	高其倬
芙卿	慎毓林
芙裳	夏之蓉
芾村	毛樹棠
芾南	林召棠
卧山	吴元龍
卧衡	李振世
采之	蕭永藻
采臣	王人文
采臣	李元華
采南	章　鋆
采章	陳慶升
采卿	李載熙
近公	勵杜訥
近堂	朱續晫
近堂	訥爾經額
近雯	方　覲
近微	王天鑑
近微	白　潢
近薇	白　潢
近薇	曹文埴
邵珊	程棫林
金如	王廷試
金坡	張錫鑾
金和	蔡賡揚
金門	吕　宫
金門	賈洪詒
金門	劉鳳誥
金門	蔣曰綸
金圃	謝　墉
金谿	戴敦元
雨人	何汝霖
雨人	沈雲沛
雨三	恩澤(一)
雨三	楊天霖
雨三	劉春霖
雨山	吉爾杭阿
雨方	胡紹鼎
雨民	吴達善
雨生	丁日昌
雨田	柏貴
雨田	蔡秉公
雨甘	毛式郇
雨甘	周　霱
雨村	吕猶龍
雨村	李調元
雨辰	沈雲沛
雨辰	鍾駿聲

雨來　田　霈
雨叔　金　甡
雨亭　李宗羲
雨亭　和春
雨亭　秦澍春
雨亭　陳若霖
雨亭　肅順
雨亭　蔣陳錫
雨若　曹澍鍾
雨恭　宋　權
雨堂　恩普
雨嵐　高維新
雨窗　阿林保
雨園　汪潤之
雨農　馬恩溥
雨農　傅增堉
雨蒼　李雲麟
雨樵　張印塘
雨齋　阿肅
長人　艾元徵
長人　春山
長仁　吳元龍
長文　李昌垣
長伯　吳三桂
長庚　吳　光
長芳　李如蘭
長音　呂　宫
長修　宋學洙
長庵　邵正笏
長源　李　鈉
長儒　張鶴齡
青士　許乃濟
青丈　陳慶松
青友　莫瞻菉
青來　徐　潮
青來　陸　燿
青來　戴兆春
青岳　熊賜履
青垣　劉躍雲
青紆　吳綬詔
青圃　林枝春
青崖　陳至言
青崖　譚碧理
青壇　成克鞏
青樵　張志棟
非熊　張　勇
非聞　霍　達

九　畫

亭立　金士松
亭玉　陳嘉樹
亮工　年羹堯
亮工　喀爾欽
亮才　賈克慎
亮甫　姚祖同
亮泗　畢振姬
亮直　徐葆光
侯執　薛信宸
侶桐　謝　旻
俊人　許世英
俊三　胡國英
俊甫　濟祿
俊侯　唐定奎
俊峯　吳華年
保之　王培佑
保醇　廉兆綸
俟軒　沈近思
信臣　李端棻
信臣　許乃釗
信芳　王蘭生
信初　王遵訓
勇循　王澄慧
勉之　沈棨仁
勉之　高釗中
勉林　李興鋭
勉旃　汪道誠
勉耘　錢本誠
勉齋　宋敏求
勉齋　李　懋
勉齋　金　相
冠九　如　山
冠三　周興岱
冠三　呼延振
冠山　吳華孫
冠五　曹鼎望
冠文　程元章
冠生　陳　冕
冠卿　葉伯英
冠羣　邵甲名
厚川　岳　濬
厚山　盧　坤
厚子　趙仁基
厚夫　汪彦博
厚甫　鄧仁堃
厚吾　嚴正基
厚圃　德生
厚庵　朱宏祚
厚庵　李光地
厚庵　崇福
厚庵　曹本榮
厚庵　郭繼昌
厚庵　楊岳斌
厚庵　達洪阿
厚庵　錫縝
厚培　殷李堯
厚載　嚴有禧
厚齋　王　篤
厚齋　玉麟(二)
厚齋　周培世
厚齋　善慶
厚齋　顧德慶
南山　扎拉芬泰
南川　謝雋杭
南川　羅源漢
南石　盧蔭溥
南江　戴宗沅
南有　李　臺
南有　高　杞
南有　崔　紀
南沙　蔣廷錫
南村　吳廷楨
南厓　朱　珪
南叔　李國杞
南坡　張　煦
南季　沈宗敬
南指　沈錫輅
南津　李仙根
南畇　彭定求
南陔　王紹蘭
南陔　常大淳
南陔　馮元欽
南崧　張鵬展
南屏　李周望
南屏　邱樹棠
南野　張翔鳳
南椒　邵庚青
南渠　高樹勳
南琛　倪師孟
南雅　顧　蒓
南園　錢　灃
南溪　韓　超
南溟　張　鵬
南雷　沈世煒
南澇　張　湄
南樵　蔣予蒲
南衡　宋壽圖
南谿　荆道乾
南藕　方維甸
南麓　陳允恭
咸一　陸求可
咸一　蔡廷衡
咸六　馮　鈐
咸池　胡澤潢
咸甫　楊懌曾
度汪　沈　涵
度香　姜　晟
宣臣　吳甫生
宣廷　黄　誥
宥涵　吳啓昆
峙江　高　山

峙東　邵　泰
峙霍　韓鼎晉
帝臣　張聖佐
弇山　畢　沅
奎山　朱定元
奕巖　宋　鎔
奏功　趙殿最
奏篪　沈棣華
姚堂　田文烈
姚琴　李稷勳
建長　陳時夏
建侯　白　桓
建侯　崇　勳
建侯　謝賜履
建侯　聯豫
建侯　韓　勳
建庵　高樹勳
建猷　吳士功
建標　花　杰
建霞　江　標
建霞　朱鳳標
律原　光聰諧
律原　趙宏燮
律齋　虔禮寶
後庚　芮永肩
彥公　范承烈
彥升　李光座
彥升　陳之遴
彥功　宋大業
彥甫　吳廷棟
彥和　徐秉義
彥侍　姚覲元
彥亭　樂斌
彥卿　岑毓英
彥卿　郭徽祚
彥超　陳文翯
彥雲　廖文錦
拱如　王耀辰
拱極　慕天顏
拱舒　熊遇泰

拾珊　夏廷榘
持齋　汪廷璵
思及　王　檢(一)
思白　汪　薇
思白　花詠春
思皇　劉應賓
思惟　王紹蘭
思補　裘君弼
思蓼　邵　基
思質　潘奕藻
思齋　王宏祚
思齋　王　植(二)
思齋　張廷瑑
思齋　劉　謙
思贊　劉　勷
思顯　王奐曾
恂士　孫效曾
恂伯　葛景萊
恂叔　查　禮
恂畬　葉大焯
恒所　曹秀先
恒軒　吳大澂
恒軒　蔣　溥
恒麓　王之樞
恒巖　阿克敦
恪士　俞明震
恪庭　沈宗敬
恪卿　蔣志章
恪謹　烏珍
恬齋　錢寶甫
爰亭　蔣予蒲
星一　吳光悅
星五　董福祥
星公　周　燦
星白　李本楡
星白　張錫庚
星台　許應鑅
星田　吕倌孫
星如　宮　煥
星伯　徐　松

星來　羅修源
星東　煜綸
星叔　許庚身
星岡　胡澤潢
星垣　奎章
星垣　桂文燿
星垣　善聯
星垣　楊　樞
星垣　解　煜
星指　張映辰
星泉　壁昌
星皆　慶陞
星座　王　綍
星海　梁鼎芬
星野　楊嗣璟
星階　崇光
星源　岳　濬
星農　張守岱
星閣　趙青藜
星聚　王毓賢
星實　馮應榴
星橋　景霖
星樵　李哲明
星樵　聯魁
星齋　奎潤
星齋　陳兆崙
星齋　潘曾瑩
星齋　羅惇衍
星巖　文煜
星巖　傅以漸
星巖　馮汝騤
星衢　李福泰
映山　宋玉珂
映山　查　瑩
映楡　劉星煒
春田　周　鍔
春宇　宜振
春帆　吳贊成
春帆　紀　昀
春帆　徐如澍

春帆　蔡錦泉
春江　陸元鼎
春甫　吳恩韶
春叔　孫日萱
春和　傅　恒
春庭　龔承鈞
春洲　裘元善
春皋　李品芳
春皋　喬晉芳
春圃　王安國
春圃　志和
春圃　孫紹陽
春圃　袁　鑒
春浦　祁寯藻
春海　程恩澤
春卿　唐景崇
春卿　聯芳
春堂　戴　聰
春巢　吳式敏
春湖　李宗瀚
春暉　吳樹萱
春暉　陳邦彥
春溪　龔維琳
春楡　郭曾炘
春農　汪承霈
春農　彭邦疇
春臺　孫永清
春霆　鮑　超
春澤　王棨第
春廬　程同文
春颿　陸費瑔
春巖　王懿德
春巖　段友蘭
春巖　穆圖善
昭子　沈　珩
昭扆　伍光建
昭德　高　晉
是齋　徐　本
衵仙　吳鴻甲
炳也　鄭虎文

炳文　嚴如熤
炳如　甘文焜
炳堂　張　煒
炳儀　吴隆元
泉之　吴省蘭
泉南　秦道然
泉亭　陳士璠
洛湄　丁　泰
洞門　趙開心
洱如　周伯達
洵南　徐如澍
洵南　劉嵩齡
枯堂　馮　鈐
柏齋　桑春榮
柞生　李宗燾
查浦　查嗣瑮
柱三　李應薦
柱川　秦勇均
柱中　陶正靖
柱生　闞　槐
柱臣　周廷棟
柱臣　岳樑
柱峯　嚴曾榘
栟園　程文彝
柳汀　王緒曾
柳臣　徐思莊
柳門　汪鳴鑾
柳溪　李家駒
柳漁　張　湄
珍午　張元奇
珊梅　周晉麒
秋山　文俊
秋山　經額布
秋水　馬如京
秋生　張道淵
秋丞　陳文翯
秋帆　海枚
秋帆　畢　沅
秋谷　趙執信
秋谷　慧成

秋坪　景廉
秋岩　炳文
秋亭　李金鏞
秋涘　梅立本
秋浦　清安泰
秋舫　張錫庚
秋舫　陳　沆
秋屏　傅繩勳
秋崖　陳其凝
秋崖　邊述祖
秋湖　童以炘
秋畬　吉年
秋雯　沈樂善
秋圃　李葆實
秋圃　清鋭
秋塍　吕序程
秋農　姚文田
秋瑞　王際華
秋潭　文孚
秋潭　徐　錕
秋輦　何彦昇
秋樵　殷如璋
秋瀛　文徵
秋濤　戴肅
秋藥　馬履泰
秋巖　許兆椿
畏庵　多宏安
畏堂　張　井
相斗　劉蔭樞
相如　何金蘭
省三　劉銘傳
省三　龐際雲
省月　韓良卿
省崖　王　鼎
省庵　宜思恭
省庵　蔣　漣
省盦　劉彭年
省薇　繆其吉
省齋　王師曾
省齋　孫　觀

眉川　陳　璸
眉山　范承勳
眉山　項景襄
眉生　李鴻裔
眉生　劉斯嵋
眉長　王思軾
眉亭　周　樽
眉孫　沈晉祥
眉峯　壽山
眉庵　吴應棻
眉庵　歐堪善
盈階　蔣祥墀
胄尹　錢本誠
胄司　史　夔
胥庭　王　熙
耐圃　于敏中
耐圃　伊湯安
耐軒　邵延齡
耐軒　張師泌
耐庵　朱　蘭
耐庵　賀長齡
耑木　楊中訥
美存　吴其彦
虹江　陸元朗
虹舫　朱方增
虹受　曾用璜
苑仙　曹登庸
茗山　胡會恩
茗伯　李友棠
若士　龔　綬
若千　王時憲
若木　黄之雋
若始　李興元
若信　李　綬
若卿　龔　綬
若彬　時鈞轍
若游　楊士徽
若愚　顔希深
若璞　蔡　珽
若臨　張暉吉

若瞻　朱　軾
范山　唐繼祖
茆川　李　蒓
苾園　李端棻
苾遠　王企埥
茀一　達壽(二)
茀亭　景善
茀侯　瑞璋
茀堂　鳳全
約亭　孫人龍
約軒　范　璨
約軒　韋謙恒
約堂　趙　晃
約齋　額勒布
約齋　羅　森
紅樣　潘恭辰
致中　畢忠吉
致堂　張爲仁
致齋　和珅
貞木　周之楨
貞吉　范　咸
貞伯　林肇元
貞甫　王　師
貞孟　李元振
貞恒　許乃釗
貞起　朱夢元
貞復　徐起元
貞蕤　沈　荃
迪生　齊忠甲
迪臣　林　啓
迪甫　榮惠
迪甫　嚴良訓
迪前　吴　光
迪修　彭涵霖
迪荀　周　燾
迪庵　李續賓
述文　王丕烈
述卿　徐　頲
述堂　效曾
述堂　誠端

述堂　錢　琦
述堂　繼格
述園　趙光祖
述齋　李　濤
述齋　殷壽彭
述齋　葛德潤
計六　英廉
重亭　蘇仲山
重常　于敏中
重庵　傅　鼐(二)
郇亭　汪鳴鑾
郁叔　周道新
郁齋　李宗文
韋之　高其佩
韋庵　項一經
韋紳　湏　洲
韋園　李清芳
香山　裴律度
香谷　任蘭枝
香谷　馬佩瑶
香東　桂芳
香雨　桂霖
香亭　吴玉綸
香南　朱　荃
香南　步際桐
香泉　汪存寬
香圃　達椿
香莲　姚　棻
香湖　王青蓮
香樹　錢陳羣
香濤　張之洞
香巖　李鴻裔
香巖　段芝貴
香巖　英桂
風沂　程盛修
飛天　潘育龍
飛淵　吴應龍
飛濤　丁　澎

十　畫

乘如　趙作舟
俶南　文碩
修之　王永吉
修五　竇啟瑛
修予　胡作梅
修吉　于德培
修吉　常恒昌
修伯　朱學勤
修武　馮如京
修原　戴均元
修庵　馮文蔚
修堂　陳桂洲
修德　華日新
修隱　馮如京
倬章　劉如漢
倬雲　成書
倬雲　溥興
兼三　田六善
兼蘭　張德桂
剛甫　曾習經
剛亭　楊　健
匪石　曹繩柱
匪厓　吴　涵
原一　徐乾學
原褒　鄒一桂
唐臣　任際虞
唐封　步際桐
哲生　貴賢
哲甫　吴其濬
圃三　劉星煒
展如　趙舒翹
展雲　馮譽驥
弱侯　步際桐
弱侯　姚文然
弱園　薛　澐
庭表　黄與堅
庭芷　吕耀斗
唐山　阮葵生
唐堂　黄之雋
孫麒　徐承祖
家光　葉觀國
容川　謝溶生
容大　吴　涵
容之　富尼雅杭阿
容水　邵正笏
容可　莊有恭
容生　湯雲松
容壯　史致儼
容皆　周克寬
容圃　惠端
容圃　曹錫寶
容庵　李孔嘉
容堂　黄鴻中
容堂　瑞元
容莊　史致儼
容莽　盧　浙
容齋　方　振
容齋　李天馥
容齋　岳鍾琪
容齋　徐聚倫
容齋　潘曾起
峨嵋　曹　禾
峴山　沈德潛
峴莊　劉坤一
峻山　婁雲慶
峻公　李　煒
峻峯　松椿
峻峯　松崿
峻峯　崇保
師竹　孫欽昂
師茗　汪由敦
師敏　汪由敦
師鄦　江　標
師薛　成世瑄
師嚴　俞　梅
席珍　虔禮寶
席卿　良揆
席卿　錫珍
姬傳　姚　鼐
城南　高　枏
夏廷　顏培瑚
夏章　崔蔚林
夏聲　潘從津
振九　孫國璽
振之　玉麟(二)
振之　張　鏷
振之　潘　鐸
振斗　孔傳炣
振甲　于成龍(二)
振宇　周國佐
振宇　孫　藩
振甫　楊慶麟
振甫　寶森
振門　杜篤祜
振威　錢　棨
振軒　張樹聲
振清　張英麟
振清　潘衍桐
振卿　張英麟
振卿　葛寶華
振湘　葉紹楏
振魁　恭鏜
振聲　王蘭生
振鷺　馮　銓
挹山　王承堯
挹甫　顏宗儀
挹卿　燾勳
挹清　吴宗濂
挹雲　熙麟
恕陔　黄　倬
恕堂　胡興仁
恕齋　徐以升
恕齋　張伯行
恭甫　陳壽祺
恭銘　吴樹本
息六　李翀霄
息存　顧汝修
息庵　邵松年

息園　張廷樞
息園　齊召南
息廬　顧　蒓
悦亭　怡良
悔廬　趙仁基
悔廬　鄧鍾岳
悟齋　白遇道
時泉　圖敏
時若　陳奉兹
時若　魁玉
時庵　許汝霖
時庵　蔣元益
時齋　汪承霈
時齋　張允隨
時齋　楊遇春
晉川　王會汾
晉公　王朝恩
晉叔　徐焕然
晉珊　余聯沅
晉軒　闕　槐
晉堂　姚學塽
晉卿　王樹枏
晉卿　李光地
晉卿　楊文鼎
晉綺　吴家麒
晉劉　王　繩
晉齋　宋　筠
晉藩　戴三錫
晏林　蘇兆登
書山　葉　酉
書升　勞之辨
書田　莊　楷
書年　李奕疇
書昌　周永年
書宜　顧圖河
書香　薛書堂
書原　潘宗洛
書常　孫銘恩
書常　陳　功
書堂　劉校之
書祥　徐雲瑞
書登　張大有
書農　胡　敬
書農　嵩崑
效元　高辛印
效白　周範蓮
殷六　賈　瑚
涬然　楊方興
浣青　熊爲霖
浣浦　范　咸
浣初　周清源
浣廬　李　煒
浩軒　徐　潮
浮山　趙作舟
浴曾　吴　沂
海文　王雲錦
海帆　于齊慶
海帆　卓秉恬
海帆　富呢揚阿
海住　金　甡
海村　蘇仲山
海門　帥承瀛
海門　張金鏞
海門　蘇霖渤
海秋　湯　鵬
海眉　任克溥
海珊　周　煌
海重　藍　潤
海屏　涂慶瀾
海梁　楊國楨
海舲　周盛波
海嵐　恩合
海蒼　程　巖
海嶠　張登瀛
海樓　梁　瀚
海澄　晏安瀾
海濤　韓　椿
海驅　李宗傳
海觀　袁樹勳
涇南　張　照
涑文　許其光
涑陽　閻堯熙
涓來　王澤宏
泰交　吴壽昌
泰叔　沈昌宇
泰和　鄒升恒
泰初　馬啓泰
泰初　羅暹春
泰符　王宗燦
泰舒　胡寶瑔
泰瞻　施天裔
泰瞻　羅文俊
泰巖　丁思孔
栗亭　奉寬
栗園　光聰諧
栗園　茅元銘
栘香　吴樹棻
根大　李　蟠
根石　唐丘森
根雲　何桂清
桂午　周開銘
桂生　陳學棻
桂林　卞三元
桂亭　喜昌
桂亭　維慶
桂堂　陳延慶
桂舲　韓　崶
桂卿　朱福詵
桂園　張　瑗
桂樵　焦佑瀛
桐生　丁立幹
桐生　洪　梧
桐叔　何師儉
桐厓　梅　鋗
桐圃　周　燾
桐峯　嚴源燾
桐軒　朱鳳標
桐野　周起渭
桐廂　張　琴
桐嶼　諸重光
桐藩　何宗韓
桓臣　張廷瑑
桓符　李殿圖
栯堂　李　煌
特庵　陳　恂
狷亭　陳沂震
飈生　慶蕃
病山　王乃徵
兹重　董　訥
珠軒　額勒登保
珩秋　張衍重
矩亭　梁同新
甡忠　史在甲
祕書　劉師恕
祖庚　翁同書
祖恩　王景澄
祖錫　顧佳育
祝三　宋　慶
祚庭　孫光祀
秩庸　伍廷芳
秩齋　甘家斌
秬生　羅嘉福
留僊　秦松齡
脊木　查嗣庭
脊涵　劉　綸
益三　世增
益之　楊以增
益功　唐執玉
益吾　王先謙
益甫　董教增
益芝　陶恩培
益亭　果齊斯歡
益侯　劉　謙
益軒　王憲曾
益齋　朱延熙
益齋　劉學謙
益齡　唐椿森
虔孫　左敬祖
耼天　梁化鳳
笏山　申　甫

笏山　易佩紳
笏臣　長賡
笏臣　張國正
笑山　王發桂
荔村　萬鍾傑
荔門　萬貢珍
荔秋　陳蘭彬
荔亭　王錫奎
荔帷　穆丹
荔園　史　譜
荔裳　宋　琬
茶山　錢維城
茹紫　夏廷芝
荀陔　袁希祖
荃溪　孔昭虔
荇舟　陸堯松
荇洲　汪　滏
荇農　周壽昌
莘農　伊里布
莘農　黄贊湯
莘廬　喬學尹
草亭　葉汝芝
草廬　諸　錦
茂京　王原祁
茂承　嵩壽
茂衍　王孫蔚
茂軒　何學林
茂堂　許兆椿
茂園　康基田
茂萱　喬樹枏
茂韓　白如梅
舫仙　陳　湜
舫齋　史陸輿
舫齋　祖之望
純一　杜立德
純之　袁泳錫
純甫　容　閎
純嘏　王新命
純齋　劉錫嘏
素九　熊賜履
素公　白色純
素存　張玉書
素存　劉　藻
素侯　高　裔
素侯　巢可託
素修　王　清
素庵　白　瀛
素庵　陳之遴
素堂　何師儉
素堂　黄　祐
素雲　祥慶
素園　李　渭
耕亭　茅元銘
耕娱　王文韶
耕崖　陳桂森
耕煙　戴　紱
耕道　甘汝來
耕麓　查文經
耕巖　史　夔
豹臣　倪文蔚
豹岑　倪文蔚
豹南　劉子章
貢三　文琳
起東　施培應
起雷　陳沂震
退如　季　愈
退谷　鄭大進
退圃　王文韶
退旃　吴　椿
退庵　李　敬
退庵　梁章鉅
退庵　楊素藴
退崖　賈　臻
退齋　譚光祥
訏庭　羅嘉福
訒庵　方　昂
訒庵　諸以謙
訒齋　張　煒
訓昭　黄孫懋
軒圃　馮集梧
酌山　顔崇潙
郝存　黄　經
豈凡　金之俊
釗復　儲麟趾
陟山　姚淳燾
高岡　佟鳳彩

十一畫

乾若　張國淦
乾齋　陳元龍
偉人　王　杰
偉如　潘　霨
偉侯　謝佩賢
偉侯　李國杰
偉堂　陳官俊
偉堂　雷正綰
偕藻　唐朝彝
健中　荆道乾
健行　余正健
健男　徐繼畬
健男　陸錫熊
健沖　朱一蜚
健侯　喬松年
健飛　歐陽利見
健庵　徐乾學
健資　秦勇均
健餘　尹會一
健齋　林紹年
健齋　準泰
務滋　李道生
勗兹　湯金釗
勗齋　王奕鴻
瓠尊　錢　載
瓠廬　陳邦彦
唱初　吴鴻甲
商霖　傅森(二)
問山　史致儼
問亭　方觀承
問雲　陶恩培
問渠　楊泰亨
問源　程祖洛
啓人　趙　佑
啓彬　黄　祐
國賓　孫　觀
屏侯　龔　鐙
屏庵　孟超然
張伯　洪昌燕
強齋　李棠階
庶熙　全懋績
庶蕃　曾　燠
康民　顧肇新
康岐　周伯達
庸盦　薛福成
庸齋　魏象樞
寄庵　巢可託
寄雲　毛鴻賓
寄雲　李鴻藻
寄權　趙　柄
寅士　何　煊
寅生　汪旭初
寅禾　汪世樽
寅臣　趙亮熙
寅谷　王　昕
寅東　王震生
寅庵　毛鴻賓
寅橋　劉亨地
寅賓　譚鈞培
密山　陳惪榮
密庵　陸求可
密齋　顧汝修
崇如　劉　墉
崇甫　陳　欽
崇庵　倭什琿布
崇階　穆克登額
崇園　李德立
崇廣　田志勤
崧生　梁敦彦
崧甫　吴鍾駿
崧亭　岳　良
崧圃　吴　璥

崧耘　惲祖翼
崧瞻　高景蕃
崑臣　葉名琛
崑良　王廷璧
崑圃　胡高望
崑圃　海瑛
崑圃　黄叔琳
崑城　謝　墉
崑揚　蔡啓傳
崑麓　姜　橚
崑麟　周玉麒
嵍峯　楊名颺
崍庵　魏天賞
崙美　蔡家玕
常孟　楊　鏞
埜秋　張百熙
執玉　楊　璥
執如　石韞玉
執沖　袁守侗
執桓　瑞保
培山　楊壽柟
培元　蔣繼勳
培叔　施朝幹
培園　顧悦履
基平　王太岳
堅木　陳桂生
堅白　張鳴岐
堇原　周　頊
得天　張　照
從中　張鵬展
從周　程文炳
彬卿　潘駿文
巢松　吴慈鶴
巢雲　王　垓
巢雲　晏端書
巢雲　潘宗洛
捷三　郭承恩
捷甫　胡　勝
捷軒　王登聯
捷軒　董應魁
捷峯　李文敏
掄三　范廷玉
授一　萬　經
授侯　李清時
惇夫　龔　裕
惇堂　德楞泰
惕持　龔　章
惕若　李廷欽
惕庵　閻循琦
惕園　李元振
惕齋　余正健
惕齋　張興仁
惜抱　姚　鼐
惟一　黄秉中
惟衣　汪守和
惟亮　吴士功
惟兖　童　華
惟貞　華章志
惟高　萬正色
惟啓　鄭任鑰
惟敘　甘立功
惟弼　甘立猷
既亭　張豫章
既堂　方　墉
既堂　沈業富
晚研　楊中訥
晚楓　吴家麒
晚聞　陶正靖
晝三　趙　晉
晦之　蔣師爚
晦先　張純熙
晦若　于式枚
曼生　王引之
曼伯　朱壽鏞
曼伯　姚錫華
曼軍　畢承昭
望山　尹濟善
望山　孫　汶
望之　史致儼
望之　陳　淮
望仁　徐起元
望石　李贊元
望西　田喜霽
望坡　陳若霖
望東　梁文山
望崑　吴熊光
望越　李雲會
望雲　吴仁傑
望園　梅立本
望溪　方　苞
朗山　馬慧裕
朗山　曹秉濬
朗夫　陸　燿
朗西　裕庚
朗存　趙　晃
朗如　鄭瑞玉
朗青　王德榜
朗亭　沈兆霖
朗亭　錢　珏
朗軒　涂宗瀛
朗軒　寶昌
朗渠　劉　清
朗溪　林灝深
朗齋　李國亮
朗齋　張　曜
爽秋　袁　昶
敘五　紹彝
敘五　顔以燠
敘墀　張星炳
敘齋　陳　功
敏公　郝惟訥
敏公　謝于道
敏夫　戴　璐
敏生　王　智
敏思　熊　葦
敏斯　靳文鋭
敏齋　祁世長
敏齋　馮祖悦
敏齋　應寶時
敔廷　蕭晉蕃
戛韶　吴廷巽
涵尹　汪晉徵
涵齋　沙木哈
淇泉　沈　衛
淑之　廉善
淑復　李儀古
淥湖　孫念祖
淩玉　郜焕元
淩洲　陳步瀛
淩雲　吴士功
淩雲　嚴瑞龍
淩滄　秦　瀛
淡明　張所志
淡翁　李品芳
深甫　周學濬
淳甫　祁寯藻
淵之　王　丙
淵若　法海
清止　趙進美
清如　王景澄
清如　吴嘉洤
清甫　胡達源
清南　任鳳厚
清軒　穆蔭
清卿　吴大澂
清卿　沙　澄
清弼　錫良
清遠　王文奎
梁村　蔡世遠
梅公　閻興邦
梅夫　儲麟趾
梅生　馬步元
梅生　陳學棻
梅生　蕭時馥
梅冶　王　謩
梅岑　王廷相
梅谷　李含中
梅谷　麟魁
梅垣　李基和
梅坪　劉體重

梅亭 熊暉吉
梅垞 劉元燮
梅舫 斌良(二)
梅庵 李瑞清
梅庵 潘瀛選
梅庵 鐵保
梅梁 吴 傑
梅漪 姚文田
梅橋 徐澤醇
梅齋 汪 楫
梅麓 朱之錫
梓庭 程祖洛
條甫 徐立綱
梧江 孫毓溎
梧岡 員鳳林
梧岡 童鳳三
梧崗 孫鳳翔
章之 高其倬
章六 李振世
章甫 奎焕
章我 趙曰冕
琅公 石 琳
琅若 尹琳基
琅溪 夏毓秀
理臣 高燮曾
理庵 楊泰亨
理庵 趙宏燮
理堂 甯曾綸
理堂 鄒家燮
理齋 劉元燮
研山 李 楫
研山 施維翰
研生 朱以增
研甫 徐仁鑄
研秋 張鼎華
研農 玉麟(二)
研農 張德懋
研薌 席寶田
研齋 張廷玉
處静 胡世安

習之 黄中謨
習之 戴心亨
習庵 曹仁虎
翊唐 李侍堯
翊雲 毛鴻賓
笙三 高成齡
笙陔 文海
笙陔 蔣立鏞
笠三 李 臺
笠帆 陳 預
笠泉 焦友麟
笠耕 斌良(二)
笠濱 張鳴鈞
笥腴 黄瑞麒
符九 饒芝祥
符公 穆廷栻
符尹 汪晉徵
符卿 孫瑞珍
符曾 李焜瀛
笘誃 江 標
笛樓 趙慎畛
荷之 李鳳翥
荷之 戴衢亨
荷田 興 禄
荷屋 吴榮光
荷亭 豐紳泰
荷卿 崇綸(一)
荻林 沈廷芳
荻浦 龔大萬
莊年 劉耀椿
莘田 程景伊
莘田 龍元任
莘野 王仕任
莘農 伊里布
莘鋤 王 縡
莘儒 瑞澂
莄林 梁章鉅
莪山 孫 勷
莪村 唐綏祖
袞甫 汪榮寶

紫山 陳大睔
紫辰 王 珽
紫來 米漢雯
紫函 李猶龍
紫弦 胡 煦
紫昂 周人驥
紫松 余步雲
紫東 鄒嘉來
紫封 沈曾桐
紫垣 沈辰垣
紫垣 靳 輔
紫垣 戴聯奎
紫珍 倪國璉
紫庭 李鳳翥
紫庭 徐 垣
紫庭 毓秀
紫峯 高崇基
紫笙 祝瀛元
紫紳 張 綬
紫卿 沈炳垣
紫筠 成觀瑄
紫蒓 許涵度
紫綬 李 封
紫綸 陳雲誥
紫銓 濮子潼
紫儀 章雲鷺
紫蓬 陳振瀛
紫箴 劉式訓
紫衡 郎廷極
紫瀾 王瑞徵
紫瀾 李 濤
紫瀾 陳 浩
紱臣 孟慶榮
紱堂 呈麟
紱齋 范時綬
紱齋 書麟
紹弓 盧文弨
紹元 陳嗣龍
紹先 霍穆歡
紹先 懷塔布

紹衣 王啓緒
紹岐 沈文鎬
紹甫 王懿德
紹南 邊繼祖
紹宸 王英楷
紹祖 初彭齡
紹彭 廣 壽
紹聞 劉吴龍
紹薪 王 傳
組似 伊秉綬
絅堂 龐鴻文
絅堂 翟錦觀
絅庵 石文晟
絅齋 王 煜
絅齋 吴士鑑
絅齋 恒文
粡雲 王慶平
趾肇 張起麟
逢源 戴 瀚
訥人 吴恩韶
訪濂 彭定求
野園 介福
野謀 鄭之諶
郯師 史致光
雪子 張映斗
雪帆 宋 晉
雪帆 楊懋恬
雪舟 袁泳錫
雪岑 李鶴年
雪村 戴 瀚
雪門 姚 頤
雪香 陳希曾
雪原 李鍾峩
雪書 張明先
雪海 郝 浴
雪軒 王有齡
雪堂 程景伊
雪嵐 郜焕元
雪琴 彭玉麐
雪漁 楊文瑩

雪臺	黃機	善長	徐元夢	復初	駱養性	景孟	胡承珙
雪樓	程德全	善長	黃自元	復亭	鄂木順額	景亭	金運昌
雪樵	牛鑑	喬生	杜本崇	復庵	王承烈	景亭	馮桂芬
雪樵	楊思聖	喬先	陳慶松	復庵	鄂爾奇	景垣	周啓運
雪橋	牛樹梅	喬臣	廣林	復陽	郝浴	景垣	周煌
雪廬	顔宗儀	喬南	劉蔭樞	復莽	陳崇慶	景范	顧祖鎮
陵九	胡蛟齡	巽甫	李恩繹	復齋	陳象樞	景唐	朱夢元
陶士	洪鈞	巽泉	汪守和	循逸	曾元邁	景唐	吳邦慶
陶山	唐仲冕	巽湖	姚三辰	循齋	梅毂成	景峯	張廷樞
陶雲	楊大鯤	弼士	張振勳	掌仍	彭元瑞	景庵	介福
陶萬	張九鈞	弼夫	陳景亮	掌夫	張鱗	景堂	福保
陶隣	狄敬	弼臣	阿爾賽	掌疇	傅維鱗	景聖	楊天縱
陶齋	端方	弼臣	張筠	揖堂	王廣	景僑	溫承惠
陸海	佟養甲	弼臣	陳輿冏	揚生	蔣廷錫	景韓	陸紹琦
問松	恭壽	寧人	李治運	撖堂	朱嶟	景韓	劉樹堂
魚竹	邵正笏	寧先	黎致遠	惠人	李德	景韓	閻循琦
魚南	花詠春	寧求	陶梁	惠人	崔國因	景蘇	瑞洵
魚南	許應藻	寧叔	王嘉曾	惠民	王雲銘	景鷫	李爵
魚門	沈炳垣	寧拙	黃祐	惠仲	王世仕	晳子	楊度
鹿山	李馥	寧圖	李廷敬	惠亭	林柄章	晴川	李道生
鹿牀	戴熙	寓仲	韓超	惺甫	顔檢	晴川	唐淮
鹿苹	李鴻賓	寓庵	唐廣堯	惺庵	何裕承	晴江	易長楨
鹿苹	沈恩嘉	嵐山	鍾啓峋	惺崖	歸允肅	晴江	林令旭
鹿苹	陳宗媯	嵐如	李允岊	惺園	王杰	晴村	慶霖
鹿泉	趙佑	帽谷	王維珍	惺齋	王培佑	晴芬	顧臯
鹿笙	陳瑤	就思	嚴我斯	爲高	吳英	晴圃	徐炘
鹿溪	徐雲瑞	就園	雙成	斯和	廖鴻荃	晴峯	張衡
鹿關	田需	尊一	吳嗣爵	斯製	張錦枝	晴峯	程喬采
		尊侯	施琅	斯儀	梁上國	晴軒	嵇承謙
十二畫		堯山	依克唐阿	景山	馬玉崑	晴崖	李旭升
		堯仙	呂佺孫	景仁	嚴福	晴嵐	李本榆
傑三	張俊	堯峯	梁國治	景召	邱樹棠	晴嵐	張若瀛
凱功	揆敍	堯峯	華祝三	景先	朱曙孫	晴穉	張井
凱章	張運蘭	堯階	岑春蓂	景行	丁思孔	晴嚴	蔣炳
勝力	徐嘉炎	堯愷	陳豫明	景臣	劉瑞祺	智冶	孫士毅
勝之	王同愈	堯衢	余肇康	景叔	李廷敬	智亭	塔齊布
勝亭	綽哈布	壺園	徐寶善	景初	沈初	智泉	色普徵額
卿雯	余集	幾道	嚴復	景周	吳宗濂	智庵	趙秉鈞
博川	文祥	復余	李建泰	景周	高維新	智雲	譚啓瑞
博泉	劉恩溥	復來	漆紹文	景和	黎世序	晰齋	博明
喻斾	劉於義						

曾覝 王贈芳
朝采 汪霦
朝彦 雷震春
朝卿 唐執玉
朝舉 孟超然
斐庵 章欽文
欽文 福明安
欽伯 沈栻
欽甫 温宗堯
欽齋 李侍堯
敦五 但明倫
敦夫 鮑臨
敦甫 巴克坦布
敦甫 湯金釗
敦復 張英
戟門 蔣賜棨
無山 彭鵬
無逸 陳允恭
無僞 魏學誠
然乙 趙青藜
減齊 周亮工
渠田 孫鏘鳴
渭仁 方象瑛
渭公 蔣伊
渭春 嚴樹森
渭崖 白麟
渭崖 吉夢熊
渭清 李澄中
渭陽 閻相師
渭湄 李周望
渭賢 吉夢熊
渾初 夏修恕
湘人 錢琦
湘山 何樞
湘止 繆沅
湘北 李天馥
湘石 寶棻
湘帆 朱國淳
湘吟 錢寶廉
湘谷 張泰交
湘林 薩迎阿
湘芷 邵庚曾
湘門 潘光藻
湘南 梁仲衡
湘圃 戴蘭芬
湘浦 松筠
湘浦 龔承鈞
湘舲 錢棨
湘蕁 錢琦
湘鄰 福敏
湘曉 張九徵
湛山 吴士功
湛亭 李宏
湛清 朱錫恩
湛園 姜宸英
湛溪 黎世序
湜庵 王遵訓
楝波 陳顧灕
棣如 葉覲儀
棣軒 吴同甲
棣軒 梁蕚涵
棣華 吴廷琛
棣雲 杜瑞聯
棣園 孫鳳翔
棣樓 彭舒蕚
森圃 夏修恕
植之 施肇基
植青 王蔭槐
植亭 黄槐森
椒生 羅惇衍
椒軒 管遹羣
椒堂 潘寶鐄
椒雲 張集馨
椒園 史致蕃
椒園 沈廷芳
椒微 李盛鐸
棫清 郝傑
犀川 王士俊
犀馭 黄軒
犀盦 錢桂森
猶龍 楊思聖
琢公 施琅
琢如 曹毓瑛
琢成 淩如焕
琢堂 石韞玉
琢章 金相
琴山 陳枚
琴西 孫衣言
琴言 繼志
琴柯 葉紹楏
琴舫 許前軫
琴舫 廉兆綸
琴軒 潘鼎新
琴軒 那桐
琴軒 張桐
琡大 周玉章
登三 鄧瀛
登賢 胡定
登儒 王曰高
盛齋 克蒙額
硯伯 孫翼謀
硯芬 楊希銓
硯秋 厲恩官
硯農 田雨公
硯農 李錫泰
硯裔 沈瑞麟
硯齋 張廷玉
畫臣 張坦麟
舒齋 屠之紳
虚舟 朱勳
虚谷 李如筠
虚亭 鄂容安
虚宥 博卿額
虚船 孫灝
虚齋 賀賢智
虚齋 鄭其儲
羨門 彭孫遹
羨門 戴三錫
翕庵 伊闢
翕澤 唐鑑
筆山 汪如淵
筆山 鄧文泮
筆公 甯世簪
策安 黄均隆
策雲 費振勳
策銘 周彝
菉洲 彭會淇
菉涯 李渭
菊人 吴毓英
菊人 英隆
菊人 徐世昌
菊生 張元濟
菊言 趙盛奎
菊坡 姚丙然
菊圃 李用清
菊彭 熙瑛
瑛尊 朱恩紱
菊溪 百齡
菊農 劉元亮
菊潭 胡世安
菊潭 鄂芳
菊儕 英年
華平 張瑞徵
華封 傅嵩炑
華峯 魁齡
華庭 明徵
華野 郭琇
華會 姚士藟
華卿 英秀
華卿 榮慶
華潭 鮑源深
華隱 徐嘉炎
菰邨 高層雲
菽原 王藻
菽軒 夏旹
菽庵 馬履泰
菽堂 朱爲弼
萊山 許邦光
萊公 丁泰
萊公 于準

萊甫　孫爾準
萊衫　孫毓汶
萊嬰　曹仁虎
萍石　楊士驤
萍虹　錢寶青
荐山　鍾寶華
荆山　吴士玉
荆山　徐元珙
荆州　閻錫爵
荆峴　湯　斌
荆湖　楊佐國
荆璞　藍廷珍
荆韜　介孝瑹
絜方　潘思榘
統六　曹首望
覃溪　翁方綱
舜徒　盧　詢
舜卿　沈巍皆
舜揚　姚三辰
舜樂　夏同善
象于　熊常錞
象天　王　璣
象坤　黄　琮
象陸　翟鳳翥
象曾　龔守正
象湖　林之濬
象淵　孫含中
象溪　仲永檀
象懸　姚延著
貫一　雷　鋐
貳公　李爽棠
貺生　胡林翼
貽上　王士禛
貽安　盛思本
貽書　林開謩
貽曾　馮應榴
超人　李長庚
超衢　錢福昌
越千　紹英
越江　錢金甫
越江　錢紹隆
進齋　徐壽朋
逵臣　延鴻
逸才　宋邦綏
逸亭　金國琛
逸叟　左孝同
逸書　趙文楷
逸齋　郭世隆
詠之　徐　鏞
詠春　恩華
詠春　鄒福保
詠莪　彭蘊章
詠裳　朱善祥
詠齋　朱士彦
詒堂　楊士毅
詒霞　蔡仕舢
詁亭　恒訓
軼羣　陳萬全
酡芝　章　鋆
鄂生　唐　炯
鄂敏　鄂樂舜
鈍齋　盧明楷
鈞庭　張孟球
鈞卿　徐有壬
閏生　錫桐
開之　宋文運
開周　黎培敬
開祥　方履中
閎中　梁章鉅
雲士　吴　郡
雲士　蔡賡颺
雲生　劉錫鴻
雲西　貴慶
雲汀　陶　澍
雲谷　盧　崟
雲谷　陳　阡
雲岡　王時鴻
雲岫　姚成烈
雲坡　胡季堂
雲房　劉權之
雲枚　聞　棠
雲芬　程恩澤
雲門　朱昌祚
雲門　何淩漢
雲門　李　潢
雲門　黄登賢
雲門　劉宗魏
雲門　樊增祥
雲門　鄭際唐
雲亭　鍾祥
雲亭　慶福
雲客　崔景儀
雲柯　陳桂生
雲臯　司馬騊
雲臯　李象鵾
雲陔　薛允升
雲倬　陳悳華
雲圃　鄂順安
雲書　季芝昌
雲浦　饒學曙
雲舫　王文錦
雲舫　李湘棻
雲舫　慶祺
雲舫　耀年
雲素　葉繼雯
雲耕　陳慶松
雲軒　李振翥
雲軒　程　燾
雲崖　顧德慶
雲從　張德桂
雲巢　吴文鎔
雲巢　沈兆澐
雲巢　杜　翻
雲章　汪鳳藻
雲章　隆文
雲卿　伍長華
雲卿　柏錦林
雲湖　但明倫
雲湖　李鳳翥
雲椒　沈　初
雲階　岑春煊
雲階　楊玉科
雲溪　王　紘
雲溪　朱　襄
雲溪　孫晉墀
雲溪　舒興阿
雲楣　王榮第
雲楣　胡燏棻
雲楣　彭元瑞
雲臺　耿仲明
雲臺　袁克定
雲閣　胡達源
雲閣　瑞昌(一)
雲閣　慶恕
雲閣　潘錫恩
雲轝　阿金
雲樵　吴芳培
雲壑　汪如洋
雲襄　黄　斐
雲覲　譚鍾麟
雲麓　富鴻基
雲鬴　賀壽慈
雲灑　陸潤庠
雲巖　吴　垣(一)
雲巖　吴　鴻
雲巖　李士傑
雲巖　阿桂
雲巖　闞　槐
雲衢　車順軌
雲衢　武新亨
雲衢　黄騰達
陽伯　魏雙鳳
陽復　管幹貞
隆吉　冀　棟
隅齋　景廉
階五　徐以升
階平　布泰
階平　梁國治
階平　程昌期
階青　俞陛雲

雁汀　王慶雲
雁舟　吴嘉瑞
雅伯　吴在詩
雅坪　陸　棻
雅林　羅士菁
雅倫　董　誥
雅堂　鮑之鍾
雅楫　周清源
雅賓　劉傳福
雅樵　徐元勳
雅蘧　顧　瑗
集正　陳希曾
集功　徐　杞
集庵　裕瑞
集園　李恩慶
順循　羅正鈞
靭叟　勞乃宣
馭世　俞長策
馭南　陳象樞
黄山　法若真
黄石　法若真
黄湄　王又旦
黄與　錢受穀

十三畫

傳山　徐元勳
僊石　劉書年
僊屏　許振禕
備之　常居仁
勤止　彭定求
勤伯　李　慎
匯白　佟國器
匯東　游百川
嗇翁　張　謇
嗣香　李士鉁
嗣庭　劉若璪
嗣捷　吴鼎昌
廉夫　王連瑛
廉衣　李中簡
廉甫　王宗誠
廉峯　徐寶善
廉堂　周兆基
嵩南　宋　衡
嵩喬　世臣
媿能　吴　英
塢樵　貴恒
幹臣　朱桂楨
幹臣　張貞生
幹臣　錢能訓
幹卿　陸榮廷
損庵　馮光裕
意園　車克慎
愚山　施閏章
愚生　胡孚宸
愚谷　袁守侗
愚庵　李應薦
愚階　馮贊勳
愚齋　張師載
愚齋　熊賜履
愛川　陳　倓
愛山　托渾布
愛亭　嚴　福
愛庭　吴敬恒
愛軒　魏元煜
愛棠　德春
愛蒼　沈瑜慶
愛廬　黄樂之
愙齋　吴大澂
慎之　張鼎延
慎五　丁體常
慎夫　王　繻
慎占　韋謙恒
慎旃　韋謙恒
慎旃　趙申喬
慎庵　王興吾
慎餘　温承惠
慎齋　史在甲
慎齋　秦宗游
慎齋　魏定國
慎齋　羅　典
愷似　孫致彌
愷思　蔣　泂
慄庵　塞爾赫
戩卿　凱音布
新之　吴鼎昌
新之　德新(一)
新甫　恩銘(二)
新甫　黄銘先
新甫　錢駿祥
新圃　甘守先
新唐　李　蕤
新橋　費丙章
新齋　徐之銘
暉庭　唐椿森
暘若　李本晟
會人　蘇　繹
會公　金德嘉
會臣　尚其亨
會宜　費丙章
勁齋　顧　臯
敬之　李載熙
敬之　武新亨
敬之　阿肅
敬之　裘行簡
敬丹　周開銘
敬止　張　勱
敬可　朱克簡
敬存　范時捷
敬忱　趙廷珍
敬甫　譚繼洵
敬修　杜立德
敬修　周天爵
敬修　張志棟
敬修　熊賜履
敬亭　吴甫生
敬亭　沈起元
敬亭　郝玉麟
敬亭　喬光烈
敬亭　趙泰臨
敬哉　王崇簡
敬思　樓　儼
敬玆　李天浴
敬庵　張伯行
敬庵　開泰
敬庵　楊爾淑
敬堂　田雨公
敬堂　佟景文
敬堂　倪承寬
敬堂　張錫鑅
敬傳　洪昌燕
敬園　毛輝祖
敬醇　胡　定
敬箴　汪學金
敬儒　何逢僖
敬疆　吴慶坻
敬輿　吴樹本
敬輿　黄自元
敬臨　秦鍾簡
敬齋　吴廷熙
敬齋　李同聲
敬齋　徐日晅
敬齋　烏爾恭泰
敬齋　福康安
殿臣　張國樑(二)
殿延　陶正中
殿虎　劉　炳
殿侯　于建章
殿垣　吴榮光
煇嶽　范文程
焕文　薛柱斗
焕如　曾　鑑
焕其　吴德章
焕庭　田文烈
焕堂　基溥
焕章　史彪古
焕章　德文(二)
焕襄　宋　湘
焕齋　童以炘
煦齋　英和
熙上　龔驂文

蕁南　湯先甲
葑塘　姚世榮
補之　秦承業
補之　錢開仕
補帆　王凱泰
補亭　潤祥
補堂　阿思哈(二)
補堂　潘思榘
裕甫　豐烈
裕昆　趙光祖
裕亭　慧成
裕軒　圖鞳布
裕庵　蔣宏道
裕弼　林士傅
綏山　王紹隆
綏仲　姚士藟
綏堂　馬金門
綏遠　周於禮
經千　王　紘
經才　吴緯炳
經田　朱家寶
經甫　范承典
經耘　汪存寬
經崖　許乃普
經笙　沈桂芬
經饒　李振裕
粲齋　盧文弨
肅堂　吴　魯
賁園　張爾素
資仲　藍應元
路門　夏子錫
運生　賈　臻
運青　張鵬翮
遇午　王祚興
遇羲　鄂貌圖
過庭　李昌祚
過廬　李昌祚
遐庵　錫齡
遐穀　方觀承
道希　文廷式
道恒　黏本盛
道相　孫廷銓
道園　戴　紱
道闇　劉子章
逵九　李鴻逵
達川　江忠濬
達天　馮承修
達先　陸宗楷
達峯　烏拉喜崇阿
達齋　玉德
達齋　綿文
遂可　龔　渤
詩軒　瑞興
詩舲　張祥河
詩塘　惠吉
詹巖　劉　繹
載人　劉亨地
載青　翁元圻
載展　習　寯
載歌　唐賡堯
載黄　孫　灝
載賡　馮元欽
載璜　祖之望
鈺夫　廖鴻荃
電文　范　璨
雉斟　殷壽彭
雋人　許世英
雋丞　陳士杰
雋甫　熙彦
靖侯　徐廣縉
靖亭　常清
靖庵　童欽承
韵濤　江樹昀
頌年　汪貽書
頌臣　卞寶第
頌嘉　曹　禾
頌閣　徐　郙
頌褒　汪如淵
飲茗　方濬頤
梟川　陸宗楷
梟山　滿保(一)
梟渚　藍　潤
梟塘　李驥元
梟薌　陶　樑
鼎卜　介錫周
鼎臣　胡廷幹
鼎臣　國英
鼎臣　華祝三
鼎臣　瑞良
鼎臣　銘安
鼎臣　寶銘
鼎甫　沈維鐈
鼎雲　明訓

十四畫

嘉升　福保
嘉父　樊增祥
嘉言　傅爲詝
嘉祥　張國樑
嘉樹　孫玉庭
嘉樹　劉名譽
嘉謨　汪如淵
廓軒　志鋭
實士　吴鳳藻
實生　伍長華
實君　毛慶蕃
實君　李重華
實君　唐孫華
實孚　邵積誠
實甫　王　篤
實甫　阿靈阿
實思　陳用光
實庵　曹申吉
實庵　曹貞吉
實庵　陸芝祥
實齋　李聯芳
實齋　陳　詵
對初　陳萬策
對溪　何宗韓
對巖　秦松齡
壽川　朱方增
壽山　裕禄
壽之　崇禮
壽平　余誠格
壽民　耆齡(二)
壽田　裕德
壽安　曹繩柱
壽臣　黄宗漢
壽臣　增崇
壽廷　楊永斌
壽南　周　樽
壽泉　松溎
壽泉　裕長
壽珊　周開錫
壽庭　吴樹萱
壽軒　何福堃
壽軒　曾培祺
壽卿　劉松山
壽卿　鐵祺
壽萱　何福堃
壽萱　薛寶辰
壽衡　徐樹銘
壽疇　李率泰
夢白　鄭祖琛
夢江　徐啓文
夢臣　良弼
夢亭　梁如浩
夢堂　英廉
夢陶　陳名侃
夢湘　王以慜
夢湘　王　玥
夢湖　陳廷桂
夢敦　張　英
夢符　俞陳琛
夢琴　有泰
夢華　馮　煦
夢熊　周達武
夢韶　李　鈞
夢穀　姚　鼐
夢蓮　寶琳

夢鷗　孔傳綸
夢巖　周作楫
夢巖　傅繭泰
摶九　高萬鵬
摶萬　張　鵬
摐亭　李振庸
慈圃　陳慶偕
爾丹　鄭叔忱
爾止　梅　鋗
爾受　錢福祚
爾恒　胡　貴
爾茂　楊正中
爾鈍　劉統勳
爾徵　張　考
爾錫　衛既齊
爾爵　王　瓚
歉齋　傅維鱗
滌生　曾國藩
漁村　史致光
漁莊　王　澎
漁溪　顧　璜
漁璜　周起渭
漆林　錢開仕
滙尹　朱祖謀
漢三　李世傑
漢三　張學華
漢文　豐紳(二)
漢臣　劉元勳
漢亭　盧　焯
漢春　李長樂
漢若　熊一瀟
漢章　吴一蜚
漢章　李世倬
漢溪　蕭良城
漢儀　王嘉曾
漢儒　法若真
漢橋　王映斗
漪亭　李治運
漪清　王　澄
漪園　秦　泉
漫士　裘曰修
漫堂　宋　犖
漱山　郁　崑
漱六　左　瑛
漱泉　程壽齡
漱蘭　黄體芳
溆莊　熙敬
榮齋　興陞
構山　積善(二)
槐江　吴熊光
槐堂　潘世恩
榕似　姚延著
榕村　李光地
榕門　陳宏謀
榕皋　許乃安
榕皋　潘奕雋
槃亭　吕士端
槃卿　黄　琮
榴村　祝雲棟
毓川　方世儁
毓仲　花沙納
毓秀　白鍾山
毓宣　康瑞五
端立　程世淳
端臣　范　周
端臣　盧明楷
端甫　成章
端甫　郝惟訥
端甫　郭　琇
端伯　程正揆
端崖　秦　潮
端植　范廷楷
端範　明珠
瑶田　良誠
瑶林　福康安
瑶圃　左　瑛
瑶圃　邵　瑛
瑶圃　陳邦瑞
瑶圃　圖理琛
瑶峯　梁國治
碧泉　羅修源
碧蓬　張　筠
碩士　陳用光
碩山　顧奎
碩公　蔡啓僔
甄甫　吴文鎔
禎軒　胡　焯
福天　何裕誠
福林　錢　林
福皆　周恒祺
福茨　吴引孫
種香　蕭時馥
稱其　李驥元
監唐　王協和
聚五　杜瑞聯
聚五　陸蔭奎
聚五　蔣兆奎
聚之　廉敬
聚奎　張文衡
聚卿　劉世珩
聞之　蔡世遠
聞石　衛周祚
聞軒　鍾音
蜚伯　林堯英
翠亭　馮子材
翠庭　雷　鋐
筝笙　劉式訓
箕演　陳　福
管香　尋鑾煒
蒙士　費振勳
蒙齋　田　雯
蒲田　王瑞徵
蒲陽　李輝祖
蒻塘　朱佩蓮
蒼水　何曰佩
蒼忱　吕　宫
蒼曉　胡　煦
蒼巖　范時崇
蒼巖　梁清標
蒼巖　葉映榴
蓀友　嚴繩孫
蓀石　陳兆文
蓀服　王會汾
蓀服　莊令輿
蒿亭　張　楷
蒿叟　馮　煦
蒿庵　馮　煦
蒿隱　馮　煦
蓉圃　吴鳳藻
蓉圃　楊　頤
蓉峯　赫特賀
蓉峯　聶銑敏
蓉舫　趙　光
蓉雋　許松年
蓉塘　吴壽昌
蓉臺　戚人鏡
蓉龕　蔣和寧
蒓涘　戴　熙
蒓卿　朱益濬
蒓卿　汪廷儒
蒓薌　王紹曾
蒓齋　黎庶昌
裴山　錢　楷
裴舟　莫　晉
裴園　阮學浩
綬卿　吴禄貞
綬卿　林述訓
綬遠　李永書
維千　葉申萬
維周　鄧廷楨
維埏　邵友濂
維城　聶憲藩
維卿　唐景崧
維楨　傅維鱗
綸霞　田　雯
粹甫　趙佑宸
粹金　王士鑰
粹齋　積善(二)
與九　曾培祺
與吾　李成謀

輿亭　梁中靖
輿桐　邵晉涵
輿軒　王思沂
署冰　王以銜
肇之　徐　端
肇功　法敏
肇余　杜　臻
肇周　彭維新
肇修　鄭開極
肇猷　華祝三
臺書　李　霨
賓于　謝王寵
賓王　盧憲觀
賓石　潘光藻
賓旭　昇寅
賓臣　陳昌齊
賓谷　曾　燠
賓初　羅國俊
賓實　楊名時
賓穆　許王猷
賓鴻　吕序程
豪卿　英祥
遜功　王承烈
遜甫　吴式敏
遜修　熊賜瓚
遜修　敷　文
遜庵　柯逢時
遜齋　甘汝來
遜齋　楊鵬時
遜齋　鄧時敏
遜衢　許祥光
遠山　陳萬青
遠帆　長禄
遠帆　浦　安
遠村　林之望
遠村　德厚
遠修　高　曜
遠堂　郭柏蔭
遠雯　陳　雲
遠齋　玉明
遠齋　陳　會
誕登　何　澄
誠甫　孔慶鎔
誠村　楊　芳
誠軒　王奂曾
誠齋　孫　勷
誠齋　鄭虎文
誠齋　盧　熙
誦孫　丁嘉葆
誦孫　吴式芬
誦清　徐士芬
説巖　陳廷敬
輔之　金　榜
輔文　劉彬士
輔廷　奕　劻
輔廷　春佑(二)
輔廷　清盛
輔亭　徐　相
銀河　包　括
銅川　吴　琠
銓士　黄志遴
銘仲　程文彝
銘臣　徐元勳
銘佩　吴延熙
閣峰　傅鼐(一)
雷因　李澄中
雒生　秦道然
韶九　那彦成
韶文　歐堪善
韶石　李紹周
韶臣　秦夔揚
韶甫　孫鏘鳴
韶亭　蕭九成
飴山　趙執信
飴原　沈　岐
魁吾　蔡士英
魁軒　張中元
鳳九　方　苞
鳳丹　王以銜
鳳石　陸潤庠
鳳西　翁元圻
鳳羽　滇　洲
鳳岡　英瑞(二)
鳳岡　喻增高
鳳書　孫　韶
鳳笙　柯劭忞
鳳喈　王鳴盛
鳳崗　齊大勇
鳳瞻　柳寅東
鳴周　沈　岐
鳴岡　張翔鳳
鳴夏　顧　震

十五畫

儀九　張　井
儀卿　廖鴻荃
儀卿　蕭浚蘭
儆絃　史貽直
儆巖　陸紹琦
儉堂　查　禮
儉卿　景廉
儉齋　陽春
儉齋　薩廉
劍芝　池生春
劍亭　曹錫寶
劍泉　景其濬
劍虹　吴文焕
劍浦　李昌祚
劍溪　李光雲
勱庵　張雲藻
嘯谷　劉　炳
嘯舲　王祖培
嘯庵　汪元方
嘯崖　張虎拜
嘯園　張鶴齡
嘯廬　陳世烈
履山　興泰
履吉　吴　坦
履安　張泰開
履真　桂中行
履坦　常安(一)
履康　陸以莊
履祥　蔣　洲
履綏　張若涵
履綏　温福
履潔　邵玉清
履醇　儲麟趾
履齋　景考祥
履豐　額勒布
廙軒　俞廉三
廣生　周　冠
廣庭　阿桂
廣庵　周金然
廣陵　陳元龍
廣卿　李光壎
廣敷　陸爾熙
廣蘊　金　溶
寬夫　平　恕
寬宇　張鵬翮
嶠鶴　熊爲霖
嶢山　田從典
影繡　張光豸
增美　劉芳躅
墨莊　李鼎元
墨莊　承翰
墨莊　胡承珙
墨卿　伊秉綬
徵元　蔡升元
徵宇　陳懋鼎
德允　查嗣瑮
德元　孫曰秉
德升　劉秉恬
德生　陳亮疇
德生　楊家驥
德申　李嘉樂
德成　黄爵滋
德門　李道生
德信　鄭　端
德軒　陳樞新
德符　玉保(二)

蓮溪　固　慶
蓮溪　邊寶泉
蓮溪　繼昌(二)
蓮舫　桂清
蓮舫　嵩孚
蓮舫　潘斯濂
蓮期　吴懷清
蓮普　王成璐
蓮塘　孫葆光
蓮龕　繼昌(一)
蓮衢　杜　臻
蓮衢　張廷燎
蓼天　宋德宜
蓼生　趙慎畛
蓼圃　周龍宫
蓼圃　喬世臣
蓼園　吴玉綸
蓼谿　王中孚
蓼懷　曹鑑倫
蔚文　楊　炳
蔚文　雅爾哈善
蔚生　靈杰
蔚石　張　玢
蔚廷　陸繼輝
蔚其　文寧
蔚林　韓文綺
蔚芝　唐文治
蔚亭　蔣文慶
蔚若　吴郁生
蔚堂　李孔揚
蔚園　劉於義
蔚齋　金德嘉
蔚懷　熊一瀟
薔汀　方　覲
蔭方　阜保(三)
蔭伯　楊壽樞
蔭甫　俞　樾
蔭坪　載　澤
蔭長　周壽椿
蔭軒　徐　桐
蔭常　周錫恩
蔭堂　王榕吉
蔭堂　朱　澍
蔭堂　史　譜
蔭庭　魁聯
蔭華　吴　椿
蔭臺　王仲愚
蔭墀　李殿林
蔥石　劉世珩
蔗山　蒯德標
蔗山　錢以愷
蔗汀　龔文齡
蔗林　董　誥
蔗農　賀熙齡
蔗農　楊　頤
緘三　劉有銘
緘石　顧　皋
緘庵　恩華
緩堂　阮學浩
緝夫　鄭衍熙
緝臣　英綮
緯文　孫紹武
緗蘅　畢　沅
緒齋　連成
耦耕　賀長齡
賚臣　良弼(二)
賡甫　瞿廷韶
賡起　楊　凱
賡庵　吴正治
賡堂　孫開華
賡堂　蔡揚宗
賡堂　蘇廷魁
賡虞　谷應泰
賡虞　廣興
賡載　史貽謨
賢甫　楊時薦
質公　黏本盛
質夫　丁立幹
質夫　文彬
質君　李斯義
質甫　蔣　溥
質甫　錢學彬
質堂　李朝斌
質爲　楊爾德
適龕　吴樹棻
適齋　崇實
遯園　馮　芝
調甫　何增元
調甫　錢鼎銘
談一　范光宗
論山　鮑之鍾
輝堂　鳳秀
輝嶽　范文程
醇士　戴　熙
醇清　柯　璜
醇卿　汪廷儒
醇齋　周日贊
鄭公　吴嗣富
鄭龕　潘祖蔭
鋭生　胡鼎彝
鋭卿　寶鋆
閬峰　玉保(二)
閬甫　吴信中
震凡　吴孳昌
震方　金　鉷
震叔　嚴士鋐
震東　梁　誠
震初　姚　頤
震南　吴廷琛
震巖　齊耀琳
頡雲　吴　鴻
養吾　馮　浩
養仲　梁詩正
養和　張師泌
養浩　齊大勇
養素　劉于潯
養雲　嚴民法
養資　徐以烜
駕六　吴敬義
駕仙　鈕汝騏
駕航　孫　楫
魯一　秦大士
魯一　劉鴻儒
魯山　裕　謙
魯山　蘇　繹
魯公　王奕仁
魯生　胡喬年
魯生　陳啓泰
魯余　顔伯燾
魯風　王思沂
魯峯　魏方泰
魯庵　張　霖
魯堂　王師曾
魯望　馮聖兆
魯章　陳士璠
魯農　陳亮疇
魯薌　王毓藻
魯輿　顔伯燾
魯齋　紀　愈
魯齋　陳士璠
魯巖　馮光熊

十六畫

儒齋　駱秉章
勳臣　余虎恩
勳伯　張廣建
凝只　田逢吉
凝臺　杜玉林
凝輿　黄安濤
凝齋　湯之旭
凝齋　楊名時
器之　周玉衡
彊村　朱祖謀
寰九　白　瀛
嶧琴　潘衍桐
嶧堂　倪師孟
嶧嘉　曹振庸
嶰筠　鄧廷楨
學山　陳𢿫永
學山　顔光敩

學川 尚慶潮
學址 邵　基
學周 沈慰祖
學圃 來保
學庭 伊都立
學耕 龔　渤
學源 張道淵
學齋 趙大鯨
奮斯 彭　鵬
憲之 李嘉樂
憲斗 范文程
憲石 劉正宗
憲甫 程德楷
憩伯 張蔭棠
憩棠 程楙采
曇繡 吴　俊
曉山 王履謙
曉山 徐延旭
曉山 毓禄
曉升 饒絢春
曉村 徐雲瑞
曉林 王植(二)
曉亭 花　杰
曉亭 費金吾
曉亭 塞爾赫
曉峯 德馨
曉春 周銘恩
曉岱 黄錫彤
曉初 程奂采
曉屏 鄒炳泰
曉嵐 紀　昀
曉園 汪永錫
曉蒼 蔣　炳
曉蒼 王站住
曉蒼 沈炳垣
曉徵 錢大昕
曉瞻 張曰晸
曉蘇 吕佩芬
曉巖 王　昕
曉巖 宋邦綏

熾庭 田國俊
燎光 吴棨光
燕山 桂良
燕生 蔡金臺
燕甫 續昌
燕孫 周慶曾
燕孫 梁士詒
燕庭 劉喜海
燕謀 張　翼
燕鎬 王　藻
澧南 繆　沅
澤生 黄忠浩
澤生 裕寬
澤臣 黄毓恩
澤躬 葛德潤
澤畬 高淩霨
澹人 吴綬詔
澹士 赫奕
澹子 朱克簡
澹吾 陸以恬
澹村 羅遵殿
澹初 沈翼機
澹亭 林堯英
澹叟 顔　敏
澹軒 吴嗣爵
澹庵 何世璂
澹庵 鮑源深
澹寧 阮學浩
澹園 喀爾吉善
澹齋 曹鼎望
澹齋 黄桂鋆
澹餘 曹申吉
濂生 蔣霨遠
濂村 陳豫明
濂甫 丁紹周
濂孫 蔣霨遠
濂舫 倪良燿
樵野 張蔭桓
樸山 崇實
樸孫 孚琦

樸庵 朱桂楨
樸園 栗毓美
樸園 張榕端
樸園 楊景素
樸園 蘇兆登
樸齋 郎廷棟
樸巖 吕耀曾
樹人 徐宗幹
樹五 袁嘉穀
樹本 莽鵠立
樹先 王奕鴻
樹百 孫　蕙
樹年 韓　椿
樹臣 馮景夏
樹南 延煦
樹南 李棠階
樹峯 秦蕙田
樹峯 廉兆綸
樹屏 吴嗣爵
樹屏 韓鼎晉
樹堂 德昌
樹滋 田嘉穀
樹琴 英和
樹嘉 陸應穀
樹穀 張若淮
樹蕃 曹楙堅
樹齋 黄爵滋
樹齋 慶桂
樹澧 秦蕙田
樾亭 于蔭霖
橘生 吴其泰
橘洲 張九鎰
橘浦 戈　源
橘農 李傳元
横山 趙大鯨
横浦 查嗣庭
横雲 王鴻緒
歷升 姚締虞
璞山 蔣志章
璞堂 陸伯焜

璞園 李宗寶
璞巖 孔毓珣
璣尺 鄭　江
穆如 傅清
穆亭 李清植
穆庵 林明倫
穆堂 李　紱
穆堂 鮑源深
穆齋 全魁
積生 馬吉樟
穎之 啓秀
穎少 潘允敏
穎生 曹澍鍾
穎初 許澤新
穎芝 吴穎培
穎芳 蔣攸銛
穎叔 林壽圖
穎侯 陳　捷
穎庵 吴應枚
穎園 顧　葵
穉功 周開麒
穉香 葛方晉
穉衷 陶正靖
盧源 伊　闢
融齋 劉熙載
翰山 張岳崧
翰文 彭啟豐
翰仙 張汝梅
翰平 楊邦殿
翰宇 沈葆楨
翰如 何國宗
翰臣 周玉麒
翰臣 龍啓瑞
翰臯 金鶴清
翰卿 姜桂題
翰選 胡中藻
篤之 齊蘇勒
篔谷 孫善寶
篔坡 温汝适
築巖 吴福年

蕃孫　邵自昌
蕊史　趙佑宸
蕊淛　白乃貞
蕊淵　吴鳴珂
蕉林　梁清標
蕉林　蘇敬衡
蕉園　慶保
蕉飲　麟趾
蕉飲　史申義
蕘友　張　燮
澫漁　嚴繩孫
蕙吟　吴廷芬
蕙圃　李清時
縉華　何曰佩
興庵　嚴虞惇
衛生　莊受祺
衡三　丁　槐
衡山　岳鎮南
衡玉　汪廷璵
衡西　趙　柄
衡臣　張廷玉
衡甫　丁寶銓
衡甫　汪本銓
豫仲　林令旭
豫甫　立山
豫堂　胡高望
豫齋　金德嘉
豫齋　項家達
遴叔　胡　鑑
遵路　趙慎畛
諫臣　李應薦
謀初　鄭之諶
賚南　劉嘉琛
輯五　徐元珙
輯五　彭元瑞
輯五　焦毓瑞
輯五　龍啓瑞
輯齋　蔡　新
醒齋　李振裕
鄴園　李之芳
錦亭　鄧　增
錦珊　龍汝言
錦浦　毛輝祖
錦堂　朱夢元
錦橋　蔣雲寬
錫九　彭邦疇
錫九　董應徵
錫三　林天齡
錫三　和色本
錫三　莫　晉
錫三　翟　誥
錫山　張虎拜
錫之　延祉
錫之　杜受田
錫之　豫師
錫五　常恩
錫公　孫嘉淦
錫功　厲恩官
錫名　李振祜
錫甫　張晉祺
錫侯　那晉
錫侯　崧蕃
錫振　王　拯
錫鬯　朱彝尊
錫淳　錫縝
錫祺　春臺
錫嘉　錢福祚
錫蕃　宋　晉
錫蕃　馬雄鎮
錫餘　曹申吉
霖生　盧蔭溥
霖宰　楊文乾
霖蒼　高起龍
霖蒼　董天弼
霖蒼　劉　滋
霖巖　敷文
隨齋　任蘭枝
隨齋　張廷瓚
静山　邵延齡
静山　孫道仁
静山　崑壽
静山　許　玨
静山　訥仁
静山　馮秉仁
静山　楊　謐
静山　趙德轍
静之　克明
静之　張　忻
静之　盧　坤
静生　戴聯奎
静村　定安
静谷　徐　杞
静波　卓秉恬
静皆　劉世安
静軒　奕山
静軒　孫嘉淦
静軒　徐寶善
静軒　秦泰鈞
静軒　張　倬
静軒　常恒昌
静軒　程贊寧
静軒　龔寶蓮
静庵　李斯義
静庵　琦善
静庵　黄性震
静庵　賈漢復
静庵　碩色
静庵　趙長齡
静庵　鄭日奎
静崖　汪學金
静涵　裴　鑑
静園　胡　定
静園　徐元正
静園　錢　栻
静遠　李宗昉
静儒　聞　棠
静濤　柏葰
静齋　朱　理
静齋　呼延振
静齋　張　瑗
静瀾　衛榮光
静巖　卓　彝
静巖　陸有仁
頤叟　錢寶琛
頤庵　保年
頤園　初彭齡
頤齋　陸費墀
餘三　李學裕
餘波　熊亦奇
餘庵　福裕
餘園　繆　沅
餘齋　有慶
餘齋　奕慶
餘疆　倪承寬
默庵　董　訥
默庵　德誠
默齋　承祐
默齋　崔維琳
默巖　吴國對
龍洲　王鍾靈
龍賓　青麐
龍翰　福敏

十七畫

彌山　劉斯嵋
彌廣　郭柏蔭
嶷叔　趙進叔
孺子　余　恂
孺廬　萬承蒼
孺懷　唐綏祖
徽五　羅　典
徽蔭　朱宏祚
擎之　趙良棟
應三　金國均
應辰　梁同新
應甫　周壽昌
應皋　龔自閎
應維　白麟
懋功　朱昌祚
懋自　王宏祚

懋亭　長齡
懋昭　許其光
營陽　楊嗣璟
燮臣　朱　理
燮臣　吳樹梅
燮臣　孫家鼐
燮甫　景厚
燮和　方　煒
燮庵　涂天相
燮鈞　張亨嘉
濟川　孫　楫
濟川　時大杭
濟之　嚴源燾
濟夫　李　宏
濟庵　傅作楫
濟堂　程國仁
濟儒　吳舒帷
濟齋　德沛
濤園　沈瑜慶
濬川　張　渠
濬生　惲光宸
濱石　楊泗孫
潞勳　汪彥博
檀人　蔣　漣
檀甫　梁肇煌
檀溪　俞長策
檜門　金德瑛
檠齋　金　榜
檢齋　王士棻
環極　魏象樞
環溪　魏象樞
磯漁　盧文弨
磵泉　秦大士
穗生　于式枚
聯棠　馮文蔚
聲山　查　昇
聲伯　丁振鐸
聲甫　翁同龢
聲甫　龔　鐙
羲文　那蘇圖
羲文　張　衡
羲音　呂賢基
螺山　范承謨
螺舟　高人鑑
蟄仙　湯壽潛
蕢臺　任兆堅
薦青　姚元之
薈生　周鑾詒
薈亭　譚尚忠
薛澱　王九齡
薑村　阮學濬
薑畦　彭瑞毓
薑齋　張元奇
薇叔　惲光宸
薇客　吳敬羲
薇研　童　華
薇卿　林國柱
薇卿　唐景崧
薪如　周盛傳
薪傳　經　聞
薊門　唐執玉
薆亭　吳敬恒
薆堂　王廣蔭
薌生　靈桂
薌谷　陳桂生
薌林　李奉翰
薌林　梁詩正
薌垣　李有棻
薌泉　蔣益澧
薌泉　蕭浚蘭
薌泉　謝振定
薌溪　曹登庸
襄七　諸　錦
襄子　于朋舉
襄西　仲永檀
襄臣　石贊清
襄伯　馬相如
襄甫　馮贊勳
襄璞　王顯祚
績山　靳文銳
縵雲　周學濬
臨皋　德興
邁功　楊　護
謖苑　高層雲
謙之　何　焆
謙六　麻勒吉
謙受　辛從益
謙受　鄒度珙
謙居　簡　上
謙季　陳萬策
講虞　沈巍皆
謝山　夢　麟
謝浮　陳　論
轅文　宋徵輿
鍾山　佟毓秀
鍾山　劉芳躅
鍾如　汪　錞
鍾甫　恒　毓
鍾秀　趙濟美
鍾泉　鄒鳴鶴
鍾庭　陳　璋
鍾陵　熊伯龍
鍾琳　趙　珣
鍾溪　陳希曾
鍾魯　楊泗孫
鍾驥　馮祖悅
闇公　張　璨
闇齋　呂　熾
闇齋　沈近思
闇齋　陳世倌
闇齋　廖壽豐
闇齋　龔麗正
霞九　王贈芳
霞仙　劉　蓉
霞坪　曹　煒
霞青　文岱
霞城　龔文煥
霞峯　石文焯
霞峯　蔣以焄
霞軒　劉　蓉
霞莊　方象瑛
鞠仁　吳毓英
鞠農　吳敬修
鞠裳　葉昌熾
鴻書　曹錫寶
黻青　徐啓文
駿人　顔惠慶
駿孫　彭孫遹
駿虔　柴廷望
駿起　吳家麒
駿驤　楊超曾

十八畫

彝士　曹鑑倫
彝初　周有德
彝庭　長敍
彝庵　溥倫
爵生　王　垿
曜青　章　煦
曙青　葉志超
曙笙　關　槐
歸愚　沈德潛
璵沙　錢　琦
璧田　張玉良
璧田　章　瓊
璧臣　華世奎
璧侯　黎榮翰
禮南　楊佩璋
禮堂　王鳴盛
禮堂　齊　慎
禮耕　鄒植行
禮卿　蒯光典
禮齋　嵇曾筠
瞻孔　曾望顔
瞻仲　李錫泰
瞻式　張　楷
瞻汝　丁　煒
瞻廬　顧　仔
瞻巖　劉　繹
職在　張懋能

翼子　王燕緒
翼之　趙尚輔
翼公　韓良輔
翼夫　梁士詒
翼安　黄良棟
翼辰　張星吉
翼皇　周龍官
翼皇　戴永椿
翼聖　任啓運
翼經　翟鳳翥
翼彰　譚學衡
簡人　楊仙枝
簡甫　陳　枚
簡始　陳昭常
簡亭　陳大文
簡侯　楊能格
簡侯　藍元枚
簡堂　黎培敬
簡庵　徐誥武
簡庵　龔駿文
簡齋　原衷戴
簣山　張貞生
簣齋　張佩綸
薰亭　汪滋畹
藉茅　王無咎
藎臣　孫思克
藎臣　許　貞
藎臣　溥顧
藎臣　劉嶽昭
薺原　曹文埴
賽村　邵樹本
繡臣　戴　紱
繡紫　張士甄
贅叟　賀壽慈
邃升　陸肯堂
邃翁　許乃釗
邃庵　翁心存
邃庵　戴展誠
謹堂　汪由敦
謹堂　圖納
謹齋　許志進
謹齋　傅爲詝
覲之　彭樹葵
覲公　范承謨
覲臣　張允隨
覲唐　薛　焕
覲堂　薛　焕
覲揚　馬紹曾
覲虞　黄自元
豐山　梁國治
豐垣　李　菡
鏄南　康紹鏞
鎮之　王汝璧
鎮平　定成
鎮青　崧駿
鎮藩　劉武元
鎔我　冀如錫
雙士　劉如漢
雙五　鮑桂星
雙坡　鄧廷枏
雙南　張鳴鈞
雙圃　李象鵾
雙峯　年羹堯
雙城　林雲京
雝伯　魏雙鳳
顓士　王頊齡
顓庵　王　掞
馥來　滦紹文
馥庭　李紹芬
鯉門　施　杓
鯉退　趙進美
鯉璘　張含輝
麐伯　謝維藩
麐照　王圖炳

十九畫

鄉亭　增福
龐村　德保
寵章　蘭第錫
攀龍　錢福昌
懷民　信勤
懷玉　德保
懷青　龔大萬
懷清　曾鉌
瀚如　周　浩
瀛少　李敏第
瀛仙　李發甲
瀛可　陳科捷
瀛洲　張連登
瀛洲　劉　昌
瀛琛　殷李堯
瀛賓　董篤行
瀝芳　韓彦曾
櫟園　周亮工
櫝山　嵩申
瓊臺　齊召南
瓣薑　歐陽中鵠
疇五　王思訓
羹堂　李調元
翽羽　朱鳳英
藝圃　盧士杰
藝棠　恩壽
藜仙　劉青照
藥房　翁同書
藥洲　陳　淮
藥鄰　程伯鑾
藥齋　張廷璐
藕田　陳顧瀞
藕舲　萬青藜
藕塘　王瑋慶
藕灣　胡　鑑
繩之　史念祖
繩其　李永紹
繩武　李蔭祖
繩武　蔣繼勳
繩庵　張佩綸
繩庵　陳科捷
繩庵　劉　綸
繪先　李中白
藺蘭　孔傳綸
繹堂　沈　荃
繹堂　那彦成
贊臣　希元
贊臣　吴廷斌
贊伯　陳世凱
贊侯　福增格
贊虞　林紹年
識之　張宏俊
鏡山　丁田樹
鏡心　石葆元
鏡汀　申啓賢
鏡汀　佟景文
鏡兆　于　鼎
鏡宇　吕海寰
鏡河　劉　潯
鏡海　毛昶熙
鏡海　唐　鑑
鏡堂　文光
鏡堂　牛　鑑
鏡湖　段光清
鏡塘　李　方
鏡塘　姚學塽
鏡壑　張若澄
鏡霞　高樹勳
鏡瀾　彭紹觀
隴江　鄧秉恒
韞田　鄂輝
韞卿　董　恂
韞園　高其位
韞輝　查　瑩
韞齋　劉　崑
韻亭　莫瞻菉
韻皋　吴慈鶴
韻珊　裴維侒
韻清　郭肇鐄
鵬九　孫翼謀
鵬扶　張雲翼
麓門　張廷閬
麓園　王麟書
麓臺　王原祁

二十畫

二十一畫

外號索引

諡號索引

檢字表

毅: 勇

節: 愍

質: 慤

襄: 壯忠武勇恪烈敏勤愍毅

簡: 恪勤敬慤懿

索　引

（注）凡人名外加括弧（　）的，係辛亥武昌起義後及民國時代"清室"所給的僞謚。

凡人名後有〇記號的，表示追給謚號。

凡人名後有×記號的，表示削去謚號。

文烈　(陸鍾琦)
文康　宋　權
文敏　伊里布
文敏　百齡
文敏　長麟(一)
文敏　桂芳
文敏　張　照
文敏　曹文埴
文敏　郭四海
文敏　喇沙里
文敏　嵇曾筠
文敏　馮　銓×
文敏　楊超曾
文敏　葉方藹
文敏　錢維城
文清　李棠階
文清　松筠
文清　阿蘭泰
文清　格爾古德
文清　劉　墉
文清　衛周祚
文莊　張家驤
文莊　梁詩正
文莊　瑞麟(三)
文莊　德保
文莊　禧恩
文莊　寶興
文通　王永吉
文勤　王文韶
文勤　王凱泰
文勤　王慶雲
文勤　永貴
文勤　李　霨
文勤　周祖培
文勤　官保(二)
文勤　奉寬
文勤　阿克敦
文勤　英桂
文勤　書麟
文勤　翁同書
文勤　崇實
文勤　陳世倌
文勤　彭元瑞
文勤　琦善
文勤　萬青藜
文勤　潘祖蔭
文勤　蔡世遠
文勤　譚鍾麟
文勤　鶴年
文慎　王廣蔭
文慎　伯麟
文慎　陸寶忠
文慎　福錕
文慎　潘錫恩
文慎　(瞿鴻禨)
文慎　麟書
文敬　文孚
文敬　夏同善
文敬　徐　潮
文敬　張大有
文敬　彭蘊章
文敬　楊士驤
文靖　王　熙
文靖　孫士毅
文靖　孫爾準
文靖　寶鋆
文肅　王安國
文肅　沈葆楨
文肅　英廉
文肅　范文程
文肅　恩桂
文肅　許景澄〇
文肅　陳大受
文肅　銘安
文肅　蔣廷錫
文肅　黎培敬
文肅　盧蔭溥
文達　毛昶熙
文達　阮　元
文達　紀　昀
文達　張之萬
文達　張百熙
文達　崑岡
文達　裘曰修
文僖　伊圖
文僖　吳正治
文僖　果齊斯歡
文僖　姚文田
文僖　黃　機
文僖　羅繞典
文端　文慶
文端　王　杰
文端　(世續)
文端　田從典
文端　伊桑阿
文端　伍彌泰
文端　朱　軾
文端　朱鳳標
文端　朱　嶟
文端　吳　琠
文端　汪元方
文端　汪由敦
文端　汪廷珍
文端　杜立德
文端　杜　堮
文端　來保
文端　卓秉恬
文端　祁寯藻
文端　保寧
文端　倭仁
文端　桂良
文端　翁心存
文端　高　晉
文端　高爾儼
文端　張廷樞〇
文端　張　英
文端　張鵬翮
文端　(陸潤庠)
文端　鹿傳霖
文端　揆敘×
文端　湯金釗
文端　鄂爾泰
文端　瑞常
文端　裕誠
文端　賈　楨
文端　對哈納
文端　熊賜履
文端　福敏
文端　蔡　新
文端　蔣赫德
文端　錢陳羣
文端　戴衢亨
文端　麟魁
文誠　丁寶楨
文誠　王蘭生
文誠　李文田
文誠　富俊
文誠　曾璧光
文誠　(錫良)
文誠　戴鴻慈
文慤　沈德潛×
文慤　孫詒經
文慤　陳官俊
文慤　敬徵
文慤　鄧爾恒
文毅　那彥成
文毅　馬雄鎮
文毅　勞崇光
文毅　甯完我
文毅　馮　溥
文毅　魏裔介〇
文潔　黃　琮
文節　呂賢基
文節　祁宿藻〇
文節　孫銘恩
文節　常大淳
文節　陶恩培
文節　戴　熙
文穆　徐　本
文穆　馬齊

文穆　梅㲄成
文襄　于敏中
文襄　左宗棠
文襄　兆惠
文襄　李之芳
文襄　明亮
文襄　長齡
文襄　洪承疇
文襄　勒保
文襄　張之洞
文襄　華顯
文襄　黄廷桂
文襄　靳　輔
文襄　圖海
文襄　福康安
文簡　王士正
文簡　王引之
文簡　吴　襄
文簡　希福(一)
文簡　金士松
文簡　(唐景崇)
文簡　章　煦
文簡　陳元龍
文簡　温　達
文簡　魏廷珍
文懿　韓　菼

正

正直　沙濟達喇

壯

壯果　拉布敦
壯果　葉相德
壯果　德楞泰
壯武　哈國興
壯武　夏辛酉
壯勇　春寧
壯勇　桂涵
壯勇　康　泰
壯勇　許文謨
壯勇　羅思舉
壯敏　王萬象
壯敏　李芳述
壯敏　周悦勝×
壯敏　恩澤(一)
壯敏　福珠隆阿
壯敏　蘇勒芳阿
壯勤　馬　元
壯勤　馬　瑜
壯勤　程文炳
壯靖　劉　順
壯肅　傅鼐(二)○
壯肅　劉銘傳
壯肅　蕭孚泗
壯僖　八十六
壯愍　吴進義
壯毅　和隆武
壯節　王文雄
壯節　豆　斌
壯節　花蓮布
壯節　馬　全
壯節　達三泰
壯節　鄭鳴鶴○
壯節　羅遵殿

良

良毅　武進陞

忠

忠介　金　順
忠壯　史榮椿
忠壯　全順
忠壯　周天受
忠壯　和春
忠壯　和琳
忠壯　張玉良
忠壯　劉松山
忠果　甘文焜
忠武　向　榮
忠武　李續賓
忠武　馬玉崑
忠武　張國樑
忠武　(張　勳)
忠武　塔齊布
忠武　楊遇春
忠武　鄧紹良
忠勇　王進寶
忠勇　石廷柱
忠勇　額倫特(二)
忠恪　延茂
忠貞　范承謨
忠烈　江忠源
忠烈　鄭魁士
忠敏　李日芃
忠敏　耿仲明
忠敏　馬爾賽(一)×
忠敏　(端方)
忠勤　宋　慶
忠勤　張存仁
忠勤　(梁鼎芬)
忠勤　熙麟
忠勤　楊鼎勳
忠愍　(世增)
忠愍　徐用儀○
忠愍　恩銘(二)
忠愍　莫洛
忠愍　陳化成
忠愍　陳福
忠愍　(馮汝騤)
忠靖　長順
忠靖　馬光輝
忠義　卓羅
忠肅　(樸壽)
忠誠　劉坤一
忠慤　佟國瑶
忠慤　蔣文慶
忠毅　王之鼎
忠毅　李長庚
忠毅　張運蘭
忠毅　傅宏烈
忠毅　潘　鐸
忠毅　額勒登保
忠節　李秉衡
忠節　明緒
忠節　(松壽)
忠節　袁　昶○
忠節　聶士成
忠節　關天培
忠襄　李率泰
忠襄　陳　泰
忠襄　曾國荃
忠襄　遜塔

明

明敏　碩詹
明靖　劉武元

果

果壯　韓　勳
果壯　饒廷選
果勇　三泰(二)
果勇　馮南斌
果勇　穆圖善
果烈　明瑞
果敏　英翰
果敏　劉　典
果敏　蔣益澧
果靖　韓　超
果肅　魁玉
果達　阿魯
果毅　王得禄
果毅　瑚松額(二)
果毅　戴　雄
果毅　觀喜

武

武介　扎拉芬
武壯　孔有德
武壯　吴長慶
武壯　周天培

武壯　周盛傳
武壯　海蘭察
武壯　張必祿
武壯　郭松林
武壯　富僧德
武壯　達淩阿
武烈　和起
武烈　雙福
武寧　吳　郡
武勤　綽哈布
武勤　羅孝連
武慎　劉長佑
武愍　李孟羣
武靖　杜嘎爾
武靖　索文
武靖　黄翼升
武毅　奎林
武毅　納木扎勒
武節　秦定三
武襄　趙布泰

勇

勇壯　海淩阿
勇壯　濟世哈
勇壯　濟席哈〇
勇果　施世驃
勇果　蔣玉龍
勇烈　吉爾杭阿
勇烈　高連陞
勇恪　吳鳳柱
勇恪　李成謀
勇恪　夏毓秀
勇慎　王兆夢
勇慎　阿勒精阿
勇肅　穆克登額
勇僖　馬　亮
勇慤　敖　成
勇慤　楊岳斌
勇毅　西淩阿
勇毅　李續宜
勇毅　段永福
勇毅　馮子材
勇毅　齊　慎
勇毅　樊　廷

威

威恪　扎勒罕泰
威恪　徐華清
威勤　巴揚阿
威勤　富明阿
威愍　鳳全
威毅　樂善

恪

恪定　張雲翼
恪恭　巴渾德
恪敏　方觀承
恪敏　永保
恪勤　那蘇圖
恪勤　琅玕
恪勤　陳鵬年
恪勤　鄂　輝
恪勤　裕瑞
恪勤　維慶
恪勤　綽克托(二)
恪勤　德　明(二)
恪勤　懷塔布
恪慎　何汝霖
恪慎　成德(二)
恪慎　李國樑
恪慎　旺扎爾
恪慎　耆齡(一)
恪慎　惠豐
恪慎　鄭敦謹
恪靖　胡寶瑔
恪僖　畢立克圖
恪僖　舒常
恪僖　察尼
恪僖　薩迎阿
恪毅　張起雲
恪簡　劉　我

昭

昭武　格布舍
昭武　馬濟勝
昭毅　三德
昭毅　馬負書
昭毅　許世亨
昭簡　歸宣光

剛

剛果　德英阿
剛直　彭玉麐
剛勇　邱良功
剛勇　傅振邦
剛烈　鄂容安
剛敏　周盛波
剛愍　林文察
剛慤　蘇清阿
剛節　岳興阿(一)
剛節　趙德昌

恭

恭介　東純
恭定　吳紹詩
恭定　郯維訥
恭定　閻循琦
恭武　秦定三
恭厚　(長庚)
恭恪　祁　墳
恭恪　富明安
恭恪　富鋭
恭恪　瑚寶
恭恪　錢以愷
恭惠　何　煟
恭惠　勒克德渾
恭勤　王進泰
恭勤　布彦達賚
恭勤　李世傑
恭勤　那清安
恭勤　恒福
恭勤　徐澤醇
恭勤　栗毓美
恭勤　馬爾漢〇
恭勤　傅良
恭勤　裘行簡
恭勤　碩色
恭勤　齊承彦
恭勤　錢應溥
恭勤　瞻岱
恭慎　和舜武
恭慎　許庚身
恭靖　佛尼勒
恭肅　慶祺
恭慤　恒祿
恭慤　曹毓瑛
恭慤　祥麟(一)
恭慤　圖思德
恭慤　雙鋭
恭慤　譚行義
恭毅　李侍堯
恭毅　李　湖
恭毅　李　僡
恭毅　英元
恭毅　趙申喬
恭簡　性桂
恭簡　保　祝
恭簡　常青(二)
恭簡　額勒登

桓

桓肅　閆相師

康

康僖　梁雲構

敏

敏壯　巴哈納
敏壯　李國翰
敏壯　梁化鳳

敏壯　喀蘭圖
敏壯　楊　捷
敏壯　楊鳳翔
敏壯　趙國祚
敏壯　噶達渾
敏果　米思翰
敏果　明安達禮
敏果　圖爾白紳
敏果　魏象樞
敏勇　覺善
敏恪　查木揚
敏恪　胡　圖
敏恪　馬喇(一)
敏恪　趙宏燦
敏惠　潘思榘
敏肅　岳昇龍
敏肅　梁星源
敏肅　莽奕祿
敏肅　盧　坤
敏肅　錢鼎銘
敏達　李　衛
敏達　廣壽
敏愨　王維珍
敏愨　雷繼尊
敏襄　星訥

清

清恪　馬慧裕
清恪　張伯行
清恪　陳　詵
清恪　鄂爾多
清恪　愛仁
清恪　瑪祜
清恪　穆廷栻
清惠　徐宗幹
清義　薛　陞
清端　于成龍(一)
清端　孫徵灝
清端　殷泰
清端　陳　璸
清端　傅臘塔
清端　楊宗仁
清愨　袁守侗
清愨　都興阿
清愨　劉吳龍
清慧　金世德
清獻　白清額
清獻　徐旭齡
清獻　袁懋功
清獻　趙廷臣

莊

莊武　綿洵
莊恪　白鍾山
莊恪　甘汝來
莊恪　朱桂楨
莊恪　岳鍾璜
莊恪　阿思哈(二)
莊恪　喀爾吉善
莊恪　慶昀
莊敏　胡季堂
莊敏　桂林
莊靖　萬福
莊肅　李振祜
莊愨　福興
莊毅　李　勳
莊毅　長清
莊毅　許良彬
莊毅　裕泰
莊毅　德英
莊簡　奕山

惠

惠敏　曾紀澤
惠肅　張亮基

敦

敦恪　張　溥

温

温和　張祥河
温勤　郎廷極
温僖　孔毓珣
温僖　補熙
温愨　德敏

順

順僖　多爾濟達爾漢
順僖　祖可法

勤

勤壯　唐　倖
勤壯　善祿
勤果　汪道誠
勤果　張谷貞
勤果　張　曜
勤果　增海
勤直　昇寅
勤勇　巴哈布
勤勇　王　浚
勤勇　李長樂
勤勇　張廣信
勤勇　曾　勝
勤勇　楊　芳
勤勇　德克金布
勤勇　薛　陞
勤勇　羅鳳山
勤恪　永瑋
勤恪　存誠
勤恪　朱　綱
勤恪　李元亮
勤恪　李興鋭
勤恪　李瀚章
勤恪　明善(二)
勤恪　金　簡
勤恪　海明(二)
勤恪　海望
勤恪　納齊哈
勤恪　張若渟
勤恪　崇綸(二)
勤恪　郭瑮
勤恪　傅隆安
勤恪　喬松年
勤恪　楊汝穀
勤恪　楊長春
勤恪　葛寶華
勤恪　福隆安
勤恪　齊蘇勒
勤恪　蔡　良
勤恪　蔣霨遠
勤恪　鄭大進
勤恪　穆特恩
勤恪　額爾格圖
勤恪　魏元烺
勤恪　寶琳
勤敏　善慶(二)
勤敏　甯古禮
勤敏　黄　鉞
勤惠　吴　棠
勤愍　朱昌祚
勤肅　陶　模
勤肅　鄂弼
勤肅　新柱
勤肅　德福
勤僖　白色純
勤僖　佟鳳彩
勤僖　汪　新
勤僖　馬之先
勤僖　琳寧
勤僖　嵩椿
勤僖　劉　昌
勤僖　慶惠
勤愨　王　郡
勤愨　胡　貴
勤愨　恭阿拉
勤愨　楊廷璋
勤愨　楊錫紱
勤愨　廣　科
勤毅　吴達善
勤毅　李本忠
勤毅　長清(二)

勤毅　胡全才
勤毅　海寧
勤毅　喜明
勤毅　復興
勤毅　韓良卿
勤節　(鳳山(二))
勤襄　方維甸
勤襄　何占鼇
勤襄　李國英
勤襄　呢瑪善
勤襄　杭愛
勤襄　馬　彪
勤襄　惠齡
勤襄　謝金章
勤襄　璧昌

愼

愼愨　馬大用
愼簡　李奉堯

敬

敬敏　阿林保
敬愼　熙昌
敬裕　(沈瑜慶)
敬僖　永慶(二)×
敬僖　吉倫泰
敬僖　保昌(二)
敬僖　徐起元

靖

靖果　豐紳(二)
靖達　張樹聲
靖毅　王懿德
靖節　裕謙

義

義烈　班第

肅

肅敏　開音布
肅敏　趙宏燮

僖

僖平　李際期
僖和　張秉貞
僖恪　庫禮
僖恪　魏經國
僖敬　周文葉
僖敬　席達禮
僖靖　祝世昌

端

端恪　姚文然
端恪　魁　齡
端恪　譚廷襄
端敏　袁甲三
端敏　馬新貽
端敏　劉　楗
端敏　蔡士英
端勤　劉秉權
端勤　德明(一)
端肅　田文鏡
端愨　宋文運
端愨　綿森(二)
端毅　隆文
端毅　龔鼎孳
端節　瑞元
端簡　王宏祚
端簡　何世璂
端簡　荊山

誠

誠武　豐昇額
誠勇　依克唐阿
誠恪　江忠義
誠恪　薩載
誠毅　三和
誠毅　託庸

愨

愨勤　阿靈阿(二)
愨勤　哈豐阿
愨勤　蘇昌
愨愼　(周　馥)
愨愍　王登聯
愨僖　吳景道
愨毅　張師載

毅

毅勇　田　雄

節

節愍　徐有壬

質

質愨　綽勒多

襄

襄壯　王國光
襄壯　沙爾虎達
襄壯　阿里衮
襄壯　阿穆爾圖
襄壯　施　琅
襄壯　張　勇
襄壯　敦拜
襄壯　費揚古
襄壯　楊天縱
襄壯　趙應奎
襄忠　趙良棟
襄武　伊勒圖
襄武　孫思克
襄武　馬得功
襄勇　潘育龍
襄恪　慶成
襄恪　薛大烈
襄恪　常明
襄恪　蕭福禄
襄烈　傅清
襄烈　傅爾丹
襄敏　王可臣
襄敏　伊爾德
襄敏　朱瑪喇
襄敏　吴達海
襄敏　李棲鳳
襄敏　偏圖
襄敏　陳世凱
襄勤　于成龍(二)
襄勤　岑毓英
襄勤　岳鍾琪
襄勤　傅顯
襄勤　劉錦棠
襄勤　賽沖阿
襄勤　豐紳(一)
襄愍　巴賽
襄愍　瓦爾喀×
襄愍　蘇納海
襄毅　徐治都
襄毅　馬際伯
襄毅　張朝午
襄毅　準塔
襄毅　楊　福
襄毅　賚塔
襄毅　藍元枚
襄毅　藍廷珍

簡

簡恪　戴敦元
簡恪　羅應鼇
簡勤　和寧
簡敬　程祖洛
簡愨　(增祺)
簡懿　吴納哈

籍貫索引

地名對照表

（注） 籍貫一般以州縣爲主，其它均在地名前附加符號，說明於下：
△表示府名
▲表示廳名
*表示衛名
⊙係特殊情况，參見附説(一)

三畫

三水(粤)
三原(陜)
三臺(川)
上元(蘇)
上林(桂)
上杭(閩)
上海(蘇)
上高(贛)
上猶(贛)
上虞(浙)
上蔡(豫)
上饒(贛)
弋陽(贛)
山陰(浙)
山陽(陜)
山陽(蘇)
大名(直)
大同(晉)
大冶(鄂)
大足(川)
大城(順)
大埔(粤)
大荔(陜)
大庾(贛)
大寧(晉)
大興(順)
▲大關(滇)

四畫

中江(川)
中牟(豫)
中衛(甘)
丹徒(蘇)
丹陽(蘇)
五臺(晉)
井研(川)
什邡(川)
仁和(浙)
介休(晉)
六合(蘇)
六安(皖)
△元江(滇)
元和(蘇)
元城(直)
元謀(滇)
分宜(贛)
巴州(川)
巴陵(湘)
巴縣(川)
太平(皖)
太平(晉)
太谷(晉)
太和(滇)
太倉(蘇)
太原(晉)
太康(豫)
太湖(皖)
天台(浙)
天長(皖)
天門(鄂)
天津(直)
日照(魯)
文水(晉)
文安(順)
文登(魯)
文縣(甘)

五畫

仙遊(閩)
代州(晉)
古田(閩)
句容(蘇)
平江(湘)
平利(陜)
平定(晉)
平和(閩)
平度(魯)
平原(魯)
平陰(魯)
平湖(浙)
平越(黔)
平遥(晉)
平遠(黔)
平樂(桂)
*左衛(直)
▲永北(滇)
永平(直)
永安(桂)
永年(直)
永定(閩)
永昌(滇)
永明(湘)
永城(豫)
永康(浙)
永清(順)
永寧(晉)
永寧(豫)
永寧(桂)
永新(贛)
永福(閩)
永濟(晉)
永豐(贛)

正定(直)
玉田(順)
玉田(直)
玉屏(黔)
⊙白鹽井(滇)
△石阡(黔)
石門(浙)
石門(湘)
石首(鄂)
石屏(滇)
石埭(皖)
△甘州(甘)
甘泉(蘇)

六畫

交河(直)
交城(晉)
伊通(吉)
伏羌(甘)
休寧(皖)
任丘(直)
任縣(直)
全州(桂)
全椒(皖)
光山(豫)
光州(豫)
光澤(閩)
吉水(晉)
吉州(贛)
合州(川)
合肥(皖)
同安(閩)
安化(湘)
安化(黔)
安平(直)
安平(黔)
安州(直)
安邑(晉)
安東(蘇)
安岳(川)
安丘(魯)
安陸(鄂)
安寧(滇)
△安順(黔)
安陽(豫)
安溪(閩)
安肅(直)
安鄉(湘)
安福(贛)
安縣(川)
如皋(蘇)
曲沃(晉)
曲周(直)
曲阜(魯)
汜水(豫)
汝州(豫)
汝陽(豫)
江山(浙)
江安(川)
江夏(鄂)
江陵(鄂)
江陰(蘇)
江寧(蘇)
江都(蘇)
江華(湘)
△西安(陝)
西安(浙)
西林(桂)
西寧(甘)
西華(豫)
西鄉(陝)
考城(豫)

七畫

▲伯都訥(吉)
利津(魯)
均州(鄂)
吴川(粤)
吴江(蘇)
吴橋(直)
吴縣(蘇)
完縣(直)
孝感(鄂)
延長(陝)
延津(豫)
忻州(晉)
成都(川)
攸縣(湘)
沁水(晉)
沁州(晉)
汲縣(豫)
汾陽(晉)
沔陽(鄂)
沂水(魯)
沂州(魯)
汶上(魯)
杞縣(豫)
束鹿(直)
狄道(甘)
秀山(川)
秀水(浙)

八畫

京山(鄂)
來安(皖)
和州(皖)
固安(順)
固始(豫)
固原(甘)
定安(粤)
定州(直)
定海(浙)
定遠(皖)
定興(直)
宜君(陝)
宜良(滇)
宜春(贛)
宜黄(贛)
宜賓(川)
宜興(蘇)
宛平(順)
岳池(川)
孟津(豫)
孟縣(豫)
始興(粤)
△奉天(奉)
奉新(贛)
奉節(川)
奉賢(蘇)
承德(直)
承德(奉)
昌平(順)
昌邑(魯)
昌樂(魯)
昌黎(直)
易州(直)
昆明(滇)
昆陽(滇)
泗州(皖)
沭陽(蘇)
河内(豫)
河州(甘)
河間(直)
河陽(滇)
東平(魯)
東光(直)
東安(浙)
△東昌(魯)
東明(直)
東阿(魯)
東莞(粤)
東陽(浙)
東鄉(川)
▲松桃(黔)
松滋(鄂)
松陽(浙)
▲松潘(川)
枝江(鄂)
武功(陝)
武安(豫)

武邑(直)
武岡(湘)
武昌(鄂)
武定(魯)
武威(甘)
武城(魯)
武陟(豫)
武康(浙)
武强(直)
武清(順)
武陵(湘)
武寧(贛)
武進(蘇)
武緣(桂)
祁州(直)
祁門(皖)
祁陽(湘)
祁縣(晉)
盱眙(皖)
盂縣(晉)
肥城(魯)
花縣(粤)
芷江(湘)
邳州(蘇)
邵陽(湘)
金山(蘇)
金州(魯)
金鄉(魯)
金匱(蘇)
金壇(蘇)
金谿(贛)
長山(魯)
長汀(閩)
長安(陜)
長沙(湘)
長治(晉)
長垣(直)
長洲(蘇)
長泰(閩)
長清(魯)
長壽(川)
長葛(豫)
長興(浙)
長樂(閩)
長樂(粤)
阜城(直)
阜寧(蘇)
阜陽(皖)
阿迷(滇)
青城(魯)
青浦(蘇)
青陽(皖)

九畫

侯官(閩)
保山(滇)
保定(直)
保靖(湘)
保德(晉)
即墨(魯)
南平(閩)
南皮(鄂)
南充(川)
南安(閩)
南江(川)
南昌(贛)
南宫(直)
南城(贛)
南海(粤)
南陵(皖)
南康(贛)
南部(川)
南寧(滇)
南匯(蘇)
南樂(直)
南鄭(陜)
南豐(贛)
咸寧(陜)
咸寧(鄂)
咸陽(陜)
宣化(直)
宣化(桂)
宣城(皖)
△威寧(黔)
威遠(川)
封丘(豫)
建水(滇)
建昌(贛)
建德(皖)
△思南(黔)
昭文(蘇)
星子(贛)
洪洞(晉)
洪雅(川)
洵陽(陜)
淯川(豫)
洋縣(陜)
洛川(陜)
洛陽(豫)
柘城(豫)
柏鄉(直)
故城(直)
茌平(魯)
英山(皖)
茂名(粤)
重慶(川)
郃陽(陜)
香山(粤)
香河(順)

十畫

亳縣(皖)
峨眉(川)
峽江(贛)
師宗(滇)
城固(陜)
夏邑(晉)
夏縣(豫)
徐溝(晉)
晉江(閩)
•晉寧(晉)
晉寧(滇)
朔州(晉)
•振武(晉)
恩施(鄂)
烏程(浙)
泰州(蘇)
泰安(魯)
泰和(贛)
泰興(蘇)
浦江(浙)
浦城(閩)
浮梁(贛)
海州(蘇)
海城(奉)
海康(粤)
海寧(浙)
海陽(魯)
海澄(閩)
海豐(魯)
海鹽(浙)
涇陽(陜)
涇縣(皖)
桂陽(湘)
桐城(皖)
桐鄉(浙)
桃源(湘)
皋蘭(甘)
秦州(甘)
益都(魯)
益陽(湘)
茶陵(湘)
馬平(桂)
馬邑(晉)
高臺(甘)
高平(晉)
高安(贛)
高邑(直)
高要(粤)
高堂(魯)

高陵(陜)
高密(魯)
高陽(直)
高郵(蘇)

十一畫

乾州(陜)
▲乾州(湘)
商水(豫)
商丘(豫)
商城(豫)
宿松(皖)
密縣(豫)
崇仁(贛)
崇安(閩)
崇明(蘇)
崇寧(川)
崇慶(川)
崑山(蘇)
崞縣(晉)
張掖(甘)
常寧(湘)
常熟(蘇)
尉氏(豫)
婁縣(蘇)
堂邑(魯)
從化(粵)
掖縣(魯)
曹縣(魯)
望江(皖)
旌德(皖)
涪州(川)
涿州(順)
淄川(魯)
深州(直)
深澤(直)
清平(魯)
清江(贛)
清河(蘇)
清泉(湘)
清苑(直)
清原(晉)
清澗(陜)
梓潼(川)
猗氏(晉)
章丘(魯)
祥符(豫)
畢節(黔)
聊城(魯)
莆田(閩)
莒州(魯)
△紹興(浙)
通州(順)
通州(蘇)
通江(川)
通城(鄂)
通海(滇)
通渭(甘)
連平(粵)
連江(閩)
連城(閩)
郴州(湘)
陳留(豫)
陵縣(魯)
陸川(桂)
鹿邑(豫)
麻哈(黔)
麻城(鄂)

十二畫

博平(魯)
博野(直)
單縣(魯)
善化(湘)
富平(陜)
富陽(浙)
富順(川)
寧化(閩)
寧州(滇)
寧河(順)
寧洋(閩)
寧津(直)
寧夏(甘)
寧晉(直)
寧朔(甘)
寧海(魯)
寧海(浙)
寧國(皖)
寧陽(魯)
寧都(贛)
寧鄉(晉)
寧鄉(湘)
婺源(皖)
彭澤(贛)
揭陽(粵)
惠安(閩)
景州(直)
▲景東(滇)
景陵(鄂)
普安(黔)
普寧(粵)
朝邑(陜)
欽州(粵)
棲霞(魯)
棗强(直)
棗陽(鄂)
無錫(蘇)
渦陽(皖)
渭南(陜)
渾源(晉)
湖口(贛)
湘陰(湘)
湘鄉(湘)
湘潭(湘)
湯溪(浙)
温江(川)
登州(魯)
登封(豫)
程鄉(粵)
番禺(粵)
舒城(皖)
菏澤(魯)
華州(陜)
華亭(蘇)
華陰(陜)
華陽(川)
萊州(魯)
萊陽(魯)
萊蕪(魯)
萍鄉(贛)
荆門(鄂)
荆溪(蘇)
象山(浙)
貴池(皖)
貴筑(黔)
貴谿(贛)
貴縣(桂)
費縣(魯)
賀縣(桂)
進賢(贛)
都匀(黔)
鄆城(魯)
開化(浙)
開平(粵)
開州(直)
開州(黔)
開泰(黔)
開縣(川)
雲陽(川)
雲夢(鄂)
陽曲(晉)
陽城(晉)
陽高(晉)
陽湖(蘇)
陽穀(魯)
雄縣(直)
項城(豫)
順德(粵)
黄安(鄂)
黄岡(鄂)

黄陂(鄂)
黄梅(鄂)
黄縣(魯)
黄巖(浙)

十三畫

會理(川)
會寧(甘)
會稽(浙)
會澤(滇)
新化(湘)
新安(直)
新安(豫)
新安(粤)
新昌(贛)
新昌(浙)
新建(贛)
新城(直)
新城(豫)
新城(贛)
新野(豫)
新喻(贛)
新寧(湘)
新寧(桂)
新寧(粤)
新都(川)
新陽(蘇)
新會(粤)
新鄉(豫)
新繁(川)
溧陽(蘇)
滄州(直)
滋陽(魯)
滁州(皖)
楚雄(滇)
榆次(晉)
榆林(陝)
靖江(蘇)
•靖海(魯)
靖遠(甘)
瑞安(浙)
當塗(皖)
睢州(豫)
虞城(豫)
義州(奉)
義烏(浙)
義寧(皖)
萬全(直)
萬泉(晉)
萬載(贛)
萬縣(川)
綏德(陝)
绛州(晉)
解州(晉)
肅州(甘)
資州(川)
運城(晉)
道州(湘)
遂平(豫)
遂安(浙)
遂寧(川)
達縣(川)
鄒平(魯)
鉛山(贛)
鉅野(魯)
鉅鹿(直)

十四畫

嘉定(川)
嘉定(蘇)
嘉祥(魯)
嘉魚(鄂)
嘉善(浙)
嘉義(閩)
嘉興(浙)
嘉應(粤)
壽州(皖)
壽光(魯)
壽張(魯)
壽陽(晉)
嵩峩(滇)
墊江(川)
慈利(湘)
慈谿(浙)
滿城(直)
▲漢陰(陝)
漢陽(鄂)
滎陽(豫)
漳浦(閩)
溆浦(湘)
滎河(晉)
滎城(魯)
福山(魯)
福清(閩)
監利(鄂)
蒲州(晉)
蒲圻(鄂)
蒲城(陝)
蒲臺(魯)
蒙自(滇)
蒙城(皖)
綿州(川)
舞陽(豫)
聞喜(晉)
趙州(直)
趙州(滇)
趙城(晉)
鄞縣(浙)
鄠縣(陝)
銅山(蘇)
銅仁(黔)
銅梁(川)
閩縣(閩)
韶安(閩)
雒南(陝)
鳳翔(陝)
鳳陽(皖)
鳳凰(湘)
鳳臺(皖)
鳳臺(晉)
齊河(魯)

十五畫

儀封(豫)
儀徵(蘇)
劍州(川)
廣安(川)
廣宗(直)
廣昌(贛)
廣順(黔)
廣濟(鄂)
德化(贛)
德化(閩)
德安(贛)
德州(魯)
德清(浙)
德慶(粤)
德興(贛)
撫寧(直)
魯山(豫)
潛江(鄂)
潼川(川)
潼關(陝)
澄城(陝)
澄海(粤)
潁上(皖)
潁州(皖)
樂平(晉)
樂平(贛)
樂安(魯)
樂昌(粤)
樂亭(直)
樂陵(魯)
磁州(豫)
稷山(晉)
膚施(陝)
膠州(魯)
滕縣(魯)
蔚州(晉)
蓬萊(魯)

▲蓮花(贛)
諸城(魯)
鄰水(川)
鄧州(豫)
鄱陽(贛)
閬中(川)
震澤(蘇)

十六畫

澤州(晉)
⊙澳門(粤)
歷城(魯)
歙縣(皖)
盧氏(豫)
盧龍(直)
蕪湖(皖)
縉雲(浙)
興化(蘇)
興文(川)
興國(鄂)
興義(黔)
興縣(晉)
衡山(湘)
衡陽(湘)
⊙遼東(奉)
遼陽(奉)
遷安(直)
遵化(直)
遵義(黔)
諸暨(浙)
錢塘(浙)
霍山(皖)
霑化(魯)
静海(直)
静寧(甘)
静樂(晉)
餘杭(浙)
餘姚(浙)
△黔西(黔)
黔陽(湘)
龍南(贛)
龍游(浙)
龍溪(閩)
龍陽(湘)

十七畫

冀州(直)
徽縣(甘)
營山(川)
潞城(晉)
濟寧(魯)
濟陽(魯)
濟源(豫)
濰縣(魯)
濱州(魯)
盩厔(陝)
薊州(順)
獲鹿(直)
蕭山(浙)
襄陵(晉)
襄陽(鄂)
臨川(贛)
臨安(浙)
臨汾(晉)
臨武(湘)
臨桂(桂)
臨晉(晉)
臨海(浙)
臨淄(魯)
臨清(魯)
臨榆(直)
臨潼(陝)
績溪(皖)
隰州(晉)
鍾祥(鄂)
韓城(陝)

十八畫

瀏陽(湘)
歸安(浙)
歸善(粤)
翼城(晉)
豐城(贛)
豐順(粤)
豐潤(直)
鎮洋(蘇)
鎮海(浙)
鎮寧(黔)
⊙鎮筸(湘)
鎮遠(黔)
雙流(川)

十九畫

廬江(皖)
廬陵(贛)
懷寧(皖)
懷遠(皖)
瀘州(川)
羅山(豫)
羅田(鄂)
羅江(川)
麗江(滇)

二十畫

寶山(蘇)
寶坻(順)
寶應(蘇)
寶豐(豫)
寶鷄(陝)
獻縣(直)
蘄水(鄂)
蘄州(鄂)
醴泉(陝)

二一畫

灌陽(桂)
蠡縣(直)
蘭山(魯)
蘭陽(豫)
蘭溪(浙)
鐵嶺(奉)
霸州(順)
鶴山(粤)
鶴慶(滇)

二四畫

贛榆(蘇)
贛縣(贛)
*靈山(魯)
靈川(桂)
靈石(晉)
靈州(甘)
靈壽(直)
靈璧(皖)
靈寶(豫)
鹽山(直)
鹽亭(川)
鹽城(蘇)

二六畫

灤州(直)

地名對照附説

(一)對照表内加有⊙符號的，依其原載籍貫，並非州、縣或府、廳、衛名，其特殊情况略説如下:

白鹽井: 在雲南永北縣南，爲提舉司轄地；民國時代改設鹽豐縣。

澳門: 廣東廣州府香山縣境内。

遼東: 泛指遼東半島一帶地方。

鎮筸: 湖南辰州府乾州廳(後改直隸廳)所屬，康熙置鳳凰廳(後改直隸廳)於此。因係軍事重地，特將沅州總兵移駐，故稱鎮筸鎮。

(二)部分地名時有變化，或分或併、或置或廢、或改或遷，本書所注各人籍貫，一般均依當時實際情况，故新舊並存，或前後互見。兹舉兩例説明於下:

(甲)玉田，清初原屬順天府，雍正四年改屬直隸永平府。桑開運、戴璽均順治朝進士，籍貫作順天玉田；孫晉墀係道光朝進士，籍貫則作直隸玉田。故在對照表内，玉田一名重見。

又蔚州原屬山西大同府，雍正六年改屬直隸宣化府。李旭升、李周望、魏象樞、魏學誠等均係順治、康熙時人，故蔚州只見於山西。

(乙)清原，清初屬山西太原府，乾隆二八年裁廢，併入徐溝縣。高聯璧係康熙朝進士，故仍用清原籍貫。

索　引

（注）凡人名前加有＊符號的，表示另有同時兼用的原籍。
凡人名外加有（　）括弧的，表示同時兼用的原籍。
凡人名前加有⊙符號的，表示出仕後所改的籍貫。
凡人名前加有〔　〕括弧的，表示改籍前的原籍。

宗　室

玉福
玉鼎柱
佛格
成剛
成寬
和潤
岳琪
果齊斯歡
奕山
奕劻
恩桂
恩華(一)
惟勤
惠端
景厚
嵩椿
肅順
載昌
載振
載鷟
毓善
福錕
德誠
積拉堪
興肇
錫齡
寶森

（不明）

弘康
弘善
永琨
永愨
申穆德
如松
吳達海
奕年
奕杕
奕格
奕梁
奕榕
奕毓
奕興
奕慶
恒禄
班布爾善
普泰
斐靈額
發度
費揚固
塞爾赫
溥顧
楊福
載堪
載摟
僧保住
實麟
綽克託(一)
綿文
璋格
諾羅布
額奇
額勒春
額爾德蒙額
羅託
蘊著(二)
(注）宗室鑲黄旗未見有人隸屬，不列。

覺　羅

正　黄

伍拉納
阿克善
耆齡
舒英
華顯
滿保(一)
樂斌

正　白

吉慶(二)
萬福

正　紅

巴延三
外庫
石麟
廷雍
成允
阿揚阿
勒德洪
雅爾哈善
德厚

正　藍

奉寬
長麟(一)
海齡
琅玕

鑲　黄

圖思德
額爾德
寶興

鑲　白

巴彦學
巴哈納
科爾昆

鑲　紅

伊圖
海瑛
雅布蘭

鑲　藍

桂芳
納世通

（不明）

巴哈布(一)
白清
伊禮布(一)
伍實
吴拜(一)
志信
沙賴
孟俄洛
明善
法喇
阿永阿
阿塔
阿範
柏修
查哈喇
紀哈里
倫達禮
班敦
勒彌森
常泰(二)
傅森(一)
舒魯

舜拜
塞德
碩博會
顏壽
額倫布
額倫特
蘇庫

滿洲

正黃

七十五
巴揚阿
巴渾德
扎拉芬泰
扎拉芬
扎拉豐阿
文格
世禄
世纘
布彦泰
布泰
布雅努
平瑞
永來
永順
玉保(二)
玉麟(二)
伊桑阿(一)
伊都立
伊爾德
兆惠
吉林泰
安珠瑚
伯麟
希福(一)
希爾根
成格
成琦
成寧
貝和諾
周卜世
和春
和隆武
固慶
官保(二)
定安
定成
定長
坤
拉布敦
明珠
松峻
武格
武隆阿
花尚阿
長庚
阿思哈(二)
阿爾泰
哈雅爾圖
哈爾哈齊
哈魯堪
奎芳
帥顏保
彦德
恒文
春寧
查弼納
剛林
恭鏜
海成
海望
根特
桂祥
桂霖
桂齡
珠隆阿(二)
納麟寶
索額圖
馬喇(二)
馬爾泰
馬爾賽(二)
馬蘭泰
國柱
崇光
崇綸
祥慶
祥麟(二)
通智
連成
麻勒吉
麻爾圖
傅達禮
凱音布
喀代
喀爾吉善
富尼漢
富勒賀
富僧阿
富德(一)
富德(二)
揆叙
普保
景廉
敦拜
琦善
鄂克濟哈
鄂雲布
開泰
廉善
嵩壽
愛星阿(一)
瑚松額(二)
瑞元
瑞良
瑞洵
瑞澂
萬寧
裕隆
經額布
圖海
圖喇
圖理琛
廖旦
滿丕(二)
榮全
碩色
福申
福珠隆阿
福崧
赫奕
赫壽
赫碩咨
赫赫
魁倫
鳳鳴
德生
德成(二)
德興阿
慶恕
樂善

縕布
賡音
穆占
穆和藺
穆精額
興泰
豫山
賴都
諾敏
濟世
濟席哈
薩載
薩炳阿
薩淩阿
薩穆哈
薩騰安
賽什雅勒泰
賽沖阿
豐安
額勒春
額勒登保
譚布
譚泰
寶昌
寶琳
蘇克濟
蘇勒布
鐵保
靈保

正　白

巴泰(二)
文彬
牛鈕(二)
世臣
永常
永貴
永興
永慶(二)
白麟
伊巴漢
伊江阿
伊克坦
伊勒圖
伊湯安
全慶
先福
安布禄
安鲐
色普徵額
色楞額(二)
西成(二)
西淩阿
佈勒亨
佛倫
佛爾國春
廷杰
折爾肯(一)
成文
沙濟達喇
秀寧
良揆
良弼(一)
良卿
那彦成
那彦寶
那清安
來保
卓羅
官文
宜理布
宜縣
孟述緒
奇明保
奇豐額
松壽
武忠額
長順
長鼐
阿必達
阿克達春
阿里衮
阿林保
阿迪斯
阿密達
阿肅
青麐
奎俊
奎照
奎耀
恒春
恒祺
英和
英俄爾岱
英瑞(一)
英瑞(二)
倭倫
庫禮
容照
徐元夢
恩錫
恭壽
晋隆
海壽
格布舍
桂清
特依順保
郎談
馬爾賽(一)
啓秀
崇綸(一)
常鼐
堃岫
旌額禮
祥泰
紹昌
訥欽(二)
訥爾經額
訥爾濟
郭洪
郭科
博勒恭武
喀爾喀
喀爾圖
景星
景敏
景善
景霖
曾鉌
盛柱
舒亮
舒常
舒輅(二)
舒赫德(二)
舒濂
莽奕禄
荆山
費揚古
都興阿
鄂泰
鄂爾多
鄂輝
鄂彌達(二)
鄂禮
開音布
陽春
塞楞額(二)
塞爾圖
熙彦
準塔
椿壽
瑚圖禮(一)
瑚圖靈阿(一)
瑞昌(二)
瑞璋
裕長
裕禄
裕寬
裕德
經聞

達哈他
達都(二)
圖桑阿(三)
圖爾炳阿
圖爾宸
滕昌
毓禄
榮柱
榮禄
榮勳
端方
端緒
福克精阿(二)
福保
福興
誠勳
鄢翼明
齊世武
齊蘇勒
徵瑞
德文(二)
德保
德音
德風
德珠布
慶昀
慶廉
慶愛
慶裕
賚塔
穆克登布
穆特恩
穆蔭
錫振
濟禄
薩弼圖
鍾昌
闊普通武
豐昇額
豐紳(二)

雙福
雙慶
額庫禮
羅碩
譚拜
麒慶
齡鑑
蘇納海
蘇淩阿
蘇楞額
繼昌(一)
觀保

正　紅

三全
三寶
扎郎阿
文沖
文祥(二)
文寧
文圖
永隆
玉寧
玉德
吉勒塔布
多福
托明阿
西庫
希福(二)
成孚
成德(一)
那蘇
和其衷
和珅
和琳
岳良
怡良
明德(一)
松齡
阿哈達

阿霖
長禄
英惠
英翰
紀爾他布
倭什布
孫渣濟
恩寧
殷特布
桂良
能圖
素爾納
崇恩
常舒
常德(二)
斌良
耆齡(二)
莫洛
郭璞
富志那
富鋭
敦多禮
舒蘭
都賚
鄂恒安
隆文
隆福
雅德
塔永寧
塔琦
準泰
葉克書
裕泰
達壽(二)
農起
圖薩布
碩詹
綽克託(二)
誠存
魁齡

德舒
德通
德馨
噶達渾
噶爾漢
噶爾圖
噶禮
雙林
額勒布
蘊著(一)
覺善

正　藍

文奎
文煜
文綸
文蔚
牛鈕(一)
古尼音布
永德(一)
安圖
吳達禮(一)
呈麟
孚琦
志和
成德(二)
杜嘎爾
秀寧
卓爾琿保
和色本
岳興阿
性桂
明山(一)
東純
松廷
長臻
阿克敦
阿桂
阿勒清阿
阿爾津

俄羅塞臣
保昌
保恒
奎誠
恒敬(二)
英桂
剛塔
庫爾闌
席柱
海寧
桂春
班迪
索琳
索諾和
郎球
勒貝
常青(二)
常壽
巢可託
清盛
博第
善慶(一)
喜明
富勒渾
富綱
甯古禮
敦拜
渥赫
温敏
琦琛
琳寧
舒通阿
舒靈阿
鄂山
鄂木順額
雅泰
嵩溥
瑞麟(三)
葆亨
圖納

對哈納
夢麟
毓科
毓檢
滿丕(一)
榮麟
瑭古泰
慶山
慶麟(二)
儒林
穆爾賽
穆蘭岱
諾岷
諾穆親
錫綸
錫縝
禧恩
禪布
邁拉遜
雙成
懷塔布
蘇昌
蘇赫

鑲黄

九十
三泰
仁和
介福
尹泰
尹繼善
巴山
巴錫
扎拉罕泰
文孚
文瑞
尼滿
布克沙
瓦岱
伊里布

伊星阿
伊桑阿(二)
兆那蘇圖
吉爾杭阿
同興
存泰
夸岱
多永武
托津
托時
米思翰
西成(一)
克明
完顔偉
希福納
阜保(二)
阜保(三)
秀林
良弼(二)
那晉
那桐
那蘇圖
依克唐阿
呢瑪善
和寧
庚長
定柱
承齡
昇寅
明安(二)
明亮
明瑞
明興(一)
果勒敏
法海
花鄯
阿山(一)
阿哈尼堪
阿喇善
阿爾松阿

阿靈阿(一)
阿靈阿(二)
保成(二)
保祝
信恪
信勤
哈豐阿
奎林
科爾坤
英煦
恩承
恭阿拉
恭泰
書山
書麟
烏拉布
烏拉喜崇阿
烏爾恭額
烏爾棍泰
浦安
海淩阿
海蘭察
特清額
留保
耿額
納都户
託庸
馬齊
高杞
高恒
高晉
高起
高斌
高樸
國棟
崇厚
崇實
崇勳
常恩(一)
培成

清安
清安泰(一)
祥保
紹英
紹祺
紹誠
紹彝
訥親
傅玉
傅良
傅恒
傅清
傅森(三)
傅爾丹
傅臘塔
凱音布
博啓圖
喀喀木
喀爾欽
善德
富成
富僧德
富察善
復興
揆義
惠吉
惠豐
景祿
敦福
溫達
棍楚克策楞
盛安
舒明阿
舒興阿
策楞
莽鵠立
貽穀
鄂克遜
鄂善(一)
鄂善(二)
鄂愷
鄂寶
隆科多
廉敬
嵩申
塔齊布
愛必達
新柱
熙敬
熙麟
準良
瑞昌(一)
瑞保
葉臣
葛思泰
補熙
裕祥
裕瑞
裕誠
達三泰
達素
達洪阿
達勒當阿
達淩阿
圖敏
彰寶
毓琦
毓岱
福長安
福康安
福隆安
福慶
維慶
誠端
銘安
鳳全
廣厚
廣壽
廣興
奭良
德明(一)
德明(二)
德昌
德春
德瑛(一)
德新(一)
德興(二)
德齡(一)
慧成
慶玉
慶保
慶桂
慶溥
慶端
慶霖
敷文
緼布
樸壽
穆克登額
穆里瑪
穆圖善
興科
聯英
聯順
薩布素
薩迎阿
薩海
鍾保(一)
鍾裕
豐紳(一)
豐紳濟倫
寶珣
蘇爾德(二)
顧八代
顧琮
麟慶
覲明

鑲　白

八十六
三和
五福(三)
文岱
文綬
尼堪(三)
布彥圖
布蘭泰
永世
永祚
全魁
托克湍
朱天保
朱都納
朱瑪喇
何洛會
佛柱(二)
成林(二)
成書
成格
車克
和桂
岳起
杭愛
松塄
祁充格
邵甘
阿金
亮保
恒明
星訥
查克旦
查郎阿
炳文
席卜臣
席哈納
恩順
恩壽
恩銘(二)
海寶
桓格

珠魯訥
能泰
納齊哈
索泰
高起龍
勒爾謹
國英
國泰
國璉
崇禄
常青(一)
常起
常賚
逋甲
傅清
傅森(二)
傅鼐(一)
勝保
博霽
善佺
喜昌
景福
景灃
莽依圖
貴恒
貴慶
鄂芳
鄂海
嵩祝
瑚寶
瑞璸
葉穆濟
達椿
察杭阿
窩星額
瑪喇
瑪興阿
福敏
福濟
綽奇

增祺
德敏
德福
德爾春
慶蕃
瑺弼
噶爾圖(一)
穆丹
穆馨阿
興奎(一)
禧佛
薩彬圖
額色黑
額赫里
寶鋆
蘇成額
蘇明阿
蘇勒當阿
鐵良
麟魁
觀成

鑲　紅

三德
文治
文俊
文海
文康
文瑞
文碩
文慶
文澂
永保
玉山
王崑
瓦爾喀
伊圖
伊爾敦
伊蘭泰
同麟

安寧(一)
托留
色爾圖(一)
佛尼勒
吴拉岱
吴拜(二)
延鴻
志鋭
和世泰(一)
和托
宜崇
承翰
明緒
杭奕禄
長敍
常清(二)
長善
阿席熙
哈山
英秀
英綬
紀山
倭什琿布
席爾達
殷泰
特登額
託恩多
託賴
勒保
康喀賴
崇壽
常安(一)
常明
常鈞
傅顯
博卿額
善聯
富尼善
富呢揚阿
富明安

富躬
景安
温福
嵩崑
瑞豐
董安國
達爾布
圖鞳布
滿篤
瑪祜
福緜
遜柱
輔德
魁玉
齊布森
噶爾弼
噶爾圖(三)
穆克登阿
興廉
衡齡
聯元
聯魁
薩保
額倫特(二)
額勒精額
蘇清阿
黨阿賴
觀喜

鑲　藍

介山
巴海
巴都禮
文光
文保
文海
玉通
玉麟(一)
吉年
吉祥

吉綸
如山
成林(一)
吴赫
延祉
折庫納
成林
沙爾虎達
那丹珠
和起
和舜武
岳興阿(二)
明山(二)
法敏
杭艾
松椿
松淮
邵穆布
金順
長萃
長麟(二)
阿山(二)
阿喇尼
阿爾賽
阿蘭泰(一)
哈占
哈達哈
恒敏
春山
春熙
剛毅
庫勒納
恩長
恩格德
書銘
烏爾卿額
海明(二)
格爾古德
桂林
桂德

索柱
崧蕃
崧駿
常文
連順
陶岱
博明
喀寧阿
屠賴
富炎泰
富寧安
景禝
鄂昌
鄂容安
鄂弼
鄂寧
鄂爾奇
鄂爾泰
鄂樂舜
熙瑛
嘉謀
圖克善
圖明額(一)
福寧
遜塔
銓林
廣泰
廣鳳
增福
德英阿
德爾敏
德寧阿
潤祥
賡音布
賡福
穆和倫(一)
穆彰阿
積善(一)
薩廉
邁柱

鍾音
藍拜
額勒和布
額僧格
闕聖保
寶廷
寶善
鶴年

（不明）

五福(一)
巴靈阿
木和林
代都
台布(二)
台柱
台湧
尼雅翰
布丹
布顔(一)
玉輅
白清馥
印啟
吉黨阿
多索禮
色赫
色爾圖(二)
西琳
佛喜
佛葆
佟保
努山
吴扎布
吴努春
吴庫禮
孝順
沙納海
杜賚
卓爾海
和寧

官保(一)
宜巴漢
岳諾惠
尚安
松林
祁通額
祁徹白
舍圖肯
阿山(三)
阿成阿
阿哈碩塞
阿思哈(一)
阿喇彌
阿精阿(一)
阿魯
阿穆爾圖
俄莫克圖
保年
哈朗阿
哈達
哈爾松阿
春桂
春臺
恒毓
查木揚
查布海
英善
科爾坤代
科魁
胡密達
倭内
唐保住
唐達禮
席蘭泰
殷圖
泰圖璧
託合齊
馬希納
馬哈達
馬思喀

馬喇(一)
常住
常書
常恩(二)
常德壽
敖色
清保
訥欽(一)
陳太
郭丕
郭四海
傅泰
傅繼祖
博爾屯
博興
喀拜

喇哈達
單璧
普恭
温代
温保
舒輅(一)
舒圖
費揚武
費齊
都爾嘉
鄂内
鄂奇
鄂貌圖
鄂彌達(一)
鄂羅舜
塞色黑

睦森
葉成額
董阿賴
達色(二)
達都(一)
達爾占
達爾濟
雍泰
滿保(二)
榮銓
福增格
綽勒多
誠安
赫業
魁元
鳳秀

德新(二)
慶常
樂拜
鞏阿岱
噶褚哈
興禄
禪塔海
額星格
額倫特(一)
額勒登
額勒精額
額爾圖
羅柏修
顧巴西
麟趾

蒙古

正黄

升泰
巴哈布(二)
台斐音
台費蔭
立山
玉恒
伍彌泰
伍彌烏遜
有泰
希元
希賢
成德(三)
明訓
明福
明誼
花沙納
哈當阿

柏貴
恩麟
常裕
傅蘭泰
喀蘭圖
富俊
普禄
舒明
策丹
雅滿泰
嵩貴
裕厚
達慶(一)
榮慶
德成額
德楞泰
德齡(二)
耀年
蘇沖阿

正白

五靈阿
伍忠阿
伍齡安
色誠
佛爾卿額
拉錫
旺扎爾
明安達禮
牧可登
長齡
阿蘭泰(三)
保寧
師曾
效曾
烏爾圖納遜
桂輪
特圖慎

留保住
納木扎勒
崇福
博迪蘇
博羅色
善禄
惠齡
福禄(一)
慶祥
慶惠
憲德
額勒伯克
蘇寧阿
續昌
鐵祺

正紅

色克精額
成玉

奎舒
倭仁
恩特亨額
特成額
禄成
福楙
福裕
福潤

正　藍

巴哈布(三)
文興
台布(一)
全順
多山
托渾布
松筠
柏葰
唐喀禄
海禄
特克慎
納延泰
崇綺
畢立克圖
熙成
熙昌
錫爾瑺
賽尚阿
寶棻

鑲　黄

巴禄
文俊
全保
吉倫泰
多爾濟達爾漢
多諾
色布騰巴勒珠爾
和寧
明敍
花蓮布
阿彦達
恒福
班第
常英
清鋭
訥仁
琦昌
雅爾圖
裕謙
壽勳
綳楚克車林
增韞
德勒克多爾濟
德寧
慶麟(一)
璧昌
積福
錫珍
薩蔭圖

鑲　白

本智
玉保
吉恒
百祥
延昌
奎斌
富勒渾
惠林
魁保
德英
德勝
錫鈞

鑲　紅

文暉
色卜星額
恩華(二)
富呢雅杭阿
愛仁
瑞常
福明安
赫特賀

鑲　藍

升允
布彦達賚
吉蘭泰
奎章
恩普
恩澤(一)
錫良
錫嘏
蘇噜岱

(不明)

岳良
郭勒敏布
惠銘
撒爾岱

喀爾喀部

成衮扎布
車布登扎布
策淩

科爾沁旗

僧格林沁

厄魯特部

薩喇勒

漢　軍

正　黄

巴克坦布
文　琳
王來任
王宗燦
王福祥
包太隆
左世永
田文鏡
朱國治
百　齡
吴景道
成章
成　勷
李世倬
李本深
李林盛
李林隆
李思忠
李家駒
李蔭祖
李　鈵
李輝祖
李樹德
李　錫
李繩武
李顯祖

金世揚
金世德
金玉和
金維城
金　簡
阿爾賽
長賡
孫茂蘭
孫紹武
祖可法
耿仲明
耿效忠
耿　焞
耿鱗奇
虔禮寶
馬　亮
馬慧裕
高民瞻
高爾位
張中元
張仲第
張承勳
張　勧
崑　壽
常進功
盛　壎
貴　賢
雲　麟
塞白理
楊廷耀
楊　謐
楊　魁
楊　樞
董學禮
達　桂
雷　興
毓　賢
趙　鉷
劉　鑑
增　崇
德　壽
錫　桐
閻　印
鍾　方
鍾　保(二)
譚五格
繼　禄

正　白

三　泰
于時躍
巴寧阿
文　炳
王可臣
王同昌
王站住
王國安
王輔臣
王懿曾
世　增
石文炳
石文桂
石文焯
石文晟
石成峩
石廷柱
石　琳
石禮哈
石禮嘉
申　保
吉　和
有　慶
江有良
何天培
克蒙額
延　茂
沈永忠
李士禎
李希杰
李恩慶
李恩繹
李雲麟
李質粹
宜永貴
宜兆雄
宜思恭
阿爾邦阿
拜音達禮
胡文華
英　年
孫思克
孫國璽
夏一鶚
徐大貴
徐治都
徐國相
烏珍
馬國柱
馬　寧
偏　圖
張應瑞
崇　綸(二)
崇　禮
崔永安
常　福(二)
斌　椿
莊　山
陳　杰
陳極新
富明阿
華　善
黄　炳
黄國材
楊文乾
楊宗仁
楊宗義
楊重英
楊應琚
瑛　棨
瑞　齡
董衛國
裕　庚
僧　格
壽　山
壽　昌
誠　璋
趙祥星
魁　聯
劉景棨
劉漢祚
慶　成
蔡士英
蔡　良
蔡　珽
蔡　鼎
蔡毓榮
蔣文慶
線一信
線　縉
遲日益
遲日巽
遲　炘
遲　煊
遲維臺
遲變龍
魏經國
繼　志
繼　昌(二)
繼　格

正　紅

孔有德
王之鼎
王永譽
王國光
王毓賢
吴必淳
吴存禮
吴興祚
吕猶龍

李國英
孫延齡
陳年穀
甯完我
焦安民
楊能格
楊　琳
楊鳳起
楊　儒
楊　霽
董宏毅
榮玉材
劉光美
劉秉政
劉秉權
劉清泰
線國安
韓世琦
蘇宏祖

正　藍

巴　顏
屯　泰
王　集
王　樑
白鍾山
甘文焜
甘國壁
佟世雍
佟延年
佟康年
佟國允
佟國佐
佟國楨
佟國瑶
佟國器
佟國鼐
佟國勷
佟彭年
佟圖賴
佟鳳彩
佟毓秀
佟養甲
佟養量
佟養鉅
佟徽年
李日芃
李　本
李亨特
李　宏
李奉翰
李率泰
李　慎
李慶棻
徐承煜
徐　相
徐　桐
徐湛恩
徐澤醇
徐　錕
徐　績
秦世楨
馬相如
張朝珍
張朝璘
張　楷
張聖佐
清安泰
喻成龍
賈漢復
趙爾巽
趙爾豐
趙　賴
劉宏遇

鑲　黄

丁文盛
丁思孔
于成龍(二)
文　緒
王用霖
王繼文
石調聲
田國榮
田　雄
年希堯
年遐齡
年羹堯
佟景文
李元亮
李永陞
李侍堯
李奉堯
李興元
李　瀚
周祖榮
宜　振
承　蔭
施世驃
施世綸
施　琅
洪承疇
柏之蕃
英　廉
范文程
范宜恒
范宜清
范宜賓
范承烈
范承謨
范承勳
范建中
范建豐
范時秀
范時紀
范時崇
范時捷
范時綬
范時繹
范達禮
衍　秀
徐　鑑
祖秉圭
祖良璧
祖澤洪
祖澤溥
祖澤潛
祖澤遠
郎永清
郎廷佐
郎廷相
郎廷極
郎廷棟
郎廷樞
馬三奇
馬光先
馬光輝
馬負書
馬得功
高其位
高其倬
高其佩
高　瑄
高　琹
高顯貴
張大猷
張允隨
張天禄
張文衡
張正興
張長庚
張德彝
崔　澄
閆正祥
陳　泰
楊方興
楊名高
楊廷璋
楊長春
楊　霈

靳　輔
毓　秀
趙世顯
趙布泰
趙廷臣
劉之源
劉世安
劉良佐
德　壽
慶　善(二)
慶　復
鄧長泰
盧崇峻
盧　焯
興永朝
豫　師
閻興邦
鍾　祥

鑲　白

毛文銓
•王文奎
王　柄
王進泰
白如梅
白色純
白　洵
白　潢
朱宏祚
•朱昌祚
朱　紱
朱　絳
朱　綱
朱　藻
沈志祥
屈盡美
岱　奇
金　鉷
金　璽
郝玉麟
郝　碩
高承爵
張問政
基　溥
梁　儒
曾培祺
馮　毅
蒼　保
鳳　山(二)
劉兆麒
劉廷璣
劉嵩齡
劉殿衡
蔣國柱
蔣赫德
積　善(二)
盧典祖
盧　震
聯　芳
蕭永藻
嚴　泰

鑲　紅

卞三元
卞永式
卞永譽
王光裕
王秉仁
王秉韜
王國棟
王朝恩
王登聯
安世鼎
朱文鏡
吴汝玠
李基和
•李棲鳳
李翔鳳
李鎮鼎
周有德
孟喬芳
金　礪
侯居廣
侯襲爵
姚啓聖
柯永昇
柯永盛
柯永蓁
柯汝極
孫定遼
孫澂灝
祝世允
祝世昌
特普欽
馬世濟
馬雄鎮
馬鳴佩
張仲舉
張晉祺
張廣泗
梁勝灝
陳汝器
郭世隆
郭世勳
善　慶
黄廷桂
黄秉中
黄　檢
楊茂勳
董安國
董廷恩
綽哈布
趙國祚
劉武元
慶　常
邊寶泉
鼇　圖

鑲　藍

巴　泰(一)
王士鑰
王來用
王新命
王維珍
申朝紀
朱延慶
李　杕
李國亮
李國翰
尚之信
尚可喜
尚其亨
尚宗瑞
姚　田
段應舉
海爾圖
桑　峩
祖重光
馬之先
張存仁
張國正
張德地
許嗣興
陳洪明
陳秉直
陳　錦
葉九思
劉光弼
蔣攸銛
蔣毓英
蔣霨遠
羅繪錦
羅繡錦

（不明）

五　福
王國昌
王國雄
王　淳
王　鈦

左世永
白秉貞
朱國柱
李英貴
李顯貴
周召南
周國佐
金以坦
金廷獻
金　儁
阿爾賽
夏　玉
徐國相
祖永烈
祖秉衡
祖澤深
馬九玉
馬自德
高士俊
高明忠
張正興
張廷枚
張　尚
張尚賢
張所志
張思恭
張國柱
張儒秀
曹　瑛
章于天
許文秀
陳維新
陳應泰
彭有義
焦和生
黄秉鉞
黄　焜
楊　熙
楊遇明
楊鳳翔

董天機
董國祥
董國興
董國禮
董應魁
管承澤
管效忠
管源忠
管竭忠
劉　浩
潘朝選
盧崇耀
盧　詢
蕭起元
羅　多

山　西

大同

土國寶
任承恩
李同聲
李殿林

大寧

張起雲

五臺

徐繼畬

介休

白恩佑
馬書欣
張秉德
梁文山
劉錫五
劉　勳

太平

王奂曾

太谷

牛天畀
安際虞
杜瑞聯
孟生蕙

温承堯
温忠翰
温常綬

太原

亢得時

文水

武新亨
胡全才
鄧崑璧

代州

郎若伊
馮兆峋
馮光裕
馮廷丞
馮　芝
馮晉祚
馮祖悦
龐　壐

平定

李用清
李希蓮
陳士枚
竇　璸

平遥

閻泰和

永寧

于成龍(一)
于　準

永濟

崔　紀
•崔景儀

交城

胡釣璜

吉州

蘭第錫

安邑

王尹方
何　遠
宋在詩
彭人瑛

葛德潤

曲沃

李建泰
裴宗錫
裴律度
衛周允
衛周祚

忻州

張安世

汾陽

吕文櫻
宋其沅
曹錫齡
馮大中
劉興漢
韓克均

沁水

王同春
王承堯
王　度

沁州

吴　琠

祁縣

渠本翹

盂縣

田雨公
田國俊
田嵩年

長治

吕和鐘
李中白

保德

姜　樆

洪洞

晉淑軾
楊　義
劉秉恬

夏縣

張　考
張潤民

賈　瑚
閻堯熙
徐溝
喬人傑
喬松年
閻毓偉
振武衛
馮元方
馮如京
馮雲驌
晉寧衛
•楊仙枝
朔州
王賡榮
張　煒
解元才
馬邑
田喜霽
高平
田逢吉
李棠馥
祁　塤
張　汧
畢振姬
崞縣
張登瀛
清源
高聯璧
猗氏
邵嗣堯
喬士容
喬雲名
喬學尹
衛既齊
衛紹芳
寧鄉
武進陞
楊藻鳳
渾源
栗毓美
栗　燿
榆次
李如蘭
陽曲
王　植(一)
侯　璋
賈克慎
賈　瑜
裴　謙
陽城
王瑶臺
王　璋
白允彝
田六善
田從典
田嘉穀
田　懋
張泰交
張　瑃
張爾素
衛昌績
顧德慶
陽高
武　棠
萬泉
楊天霖
絳州
李翀霄
運城
吕崇烈
壽陽
祁世長
祁宿藻
祁寯藻
榮河
尋鑾煒
蒲州
田厥茂
杜篤祜
崔　琳
解州
介孝瑹
介錫周
趙德轍
趙城
劉體重
聞喜
王鍾靈
朱　棐
崔爾仰
喬晉芳
楊永寧
翟鳳翥
鳳臺
秦百里
常恒昌
澤州
苗胙土
陳廷敬
陳豫明
(楊仙枝)
樂平
常居仁
稷山
王文在
蔚州
李旭升
李周望
魏象樞
魏學誠
興縣
王思軾
白　瀛
孫孝愉
孫嘉淦
孫象賢
康基田
康紹鏞
康綸鈞
靜樂
李鑾宣
襄陵
張　纘
盧秉純
潞城
郭承恩
臨汾
王　師
王亶望
席教事
彭作邦
蔣宏道
臨晉
荆道乾
隰州
馬進寶
翼城
上官鉉
王廷諫
周文葉
袁乃湔
靈石
何乃瑩
何福堃
梁中靖
(不分)
李成棟

山　東

日照
丁士一
丁守存
丁　泰
丁惟禔
尹琳基
李應薦
秦國龍
蕭九成
蘇仲山
文登

于可託
徐士林
畢承昭

平度

王培佑

平原

董思凝
董　訥

平陰

朱纘啅

安丘

王　簡
李于培
李湘棻
李端遇
孫起綸
馬步元
馬秀儒
曹申吉
曹貞吉
馮爾昌
劉正宗
劉祚遠
劉燿椿
劉　儼

曲阜

孔昭虔
孔祥霖
孔傳炣
孔毓珣
孔毓璞
孔慶鎔
王　澄
陳秉和
黄孫懋
黄敬璣
顔光敏
顔崇溈

利津

李佐賢
岳鎮南
趙長齡

汶上

李杰龍
劉韻珂

沂水

劉　侃
劉應賓

沂州

王者臣

昌邑

孫含中
張志棟
傅振邦

昌樂

陳　枚
閻循琦

東平

趙作舟

東昌

鄧鍾岳

東阿

周天爵
房　嵩
張令璜
張懷芝
陳宗溈

武定

王雲銘
李之芳
李本瑋

武城

蘇　俊

肥城

張興留

金州衛

戴　璠

金鄉

李　翮
張誠基
郭肇基

長山

王榕吉
李其昌
李化熙
李本楡
李斯義
袁守侗
趙之隨

長清

王履謙(一)

青城

董朱衮

即墨

姜元衡
郭　琇
黄鴻中
藍　潤

泰安

施天裔
趙國麟

茌平

王曰高

海陽

李承瑞
李贊元
胡文伯
鞠　愷

海豐

王惟詢
王　清
吴式芬
吴式敏
吴自肅
吴　垣(二)
吴　峋
吴重憙
吴紹詩
吴　壇
•査瑩
張守岱
張映漢
張衍重
張爲仁
張鳴岐

益都

王承露
任　濬
房可壯
孫廷銓
曹忠吉
馮　溥
翟文賁
趙執信
趙進美

高堂

朱昌祚

高密

王颺昌
任兆堅
李師中
宫爾勸
單德謨
單疇書
綦汝楫

堂邑

張鳳翔
黄圖安

掖縣

毛澔秀
王舜年
張含輝
張　端

曹縣

徐繼孺

淄川

孫之獬
孫　蕙
高　珩
畢道遠

楊萬春

清平

劉　湄

章丘

李廷棨
胡世藻
張篤行
焦友麟
焦祈年
焦毓瑞
劉元亮

菏澤

馬新貽
馬濟勝
張星吉
劉　藻

莒州

管廷鶚

陵縣

趙　銓

博平

王　令
王功成

寧海

孔尚先
李永紹

寧陽

黄恩彤

單縣

周自齊
周鳴鑾
葛斗南
劉　峩

棲霞

郝　晉

滋陽

仙鶴林
喬世臣

登州

王仕任

聊城

王師曾
任克溥
傅以漸
傅繩勳
楊以增
靳文鋭

萊州

宋　慶

萊陽

王　垿
王　鋌
初彭齡
宋　琬
沙　澄
周伯達
張瑞徵
趙未彤
趙　崙

萊蕪

張四教

費縣

李榮宗

鄆城

夏辛酉
魏希徵

陽穀

王之麟
劉　琰

黄縣

丁培鎰
王允中
王錫蕃
賈允升
賈致恩
賈　楨

新城

于覺世
王士禄
王士禛
伊　闢
何世璂
李若琳
李鴻霔

靖海衛

賽　璋

鉅野

姚舒密

壽光

李　封
李　迥
李　懋
劉體元

壽張

臧大受

嘉祥

高光斗

榮成

梁蕚涵

福山

王兆琛
王啓緒
王　騭
王燕緒
王　檢(一)
王顯緒
陳汝弼
謝雋杭

蒲臺

趙濟美

鄒平

梁知先

齊河

王　俊
馬人龍

德州

石雲倬
田　雯
田　需
吴華年
李　棅
李　濤
孫　勷
馮廷櫆
盧蔭溥
蕭惟豫
謝　陞

滕縣

高熙喆

膠州

于　廣
王如辰
王　垓
王　紘
匡　源
匡蘭馨
宋可發
法若真
柯劭忞
孫　汶
高日聰
張若麒
趙文煛
趙泰臨

樂安

成其範

樂陵

王榮第
王榮琯
史　評
史　譜
潘體震

蓬萊

王一驥
馬金門
慕榮幹

諸城

王中孚
王沛思
王沛憻

王度昭
王祺海
王　鏌
李華之
李澄中
李璋焜
范廷楷
徐會澧
臧濟臣
劉　果(一)
劉純煒
劉喜海
劉　墉
劉　棨
劉統勳
劉鐶之
竇光鼐

歷城

尹濟源
毛式郇
毛輝祖
毛鴻賓
方　昂
朱　攸
吴樹梅
吴樹棻
汪　鏞
沈　潛
李葆實
李慶翶
周永年
孫光祀
袁泳錫
高　山
張英麟
馮秉仁
楊福祺
鄧秉恒

霑化

李魯生
蘇兆登
蘇敬衡

濰縣

王之翰
王壽彭
王震起
田智枚
宋玉珂
胥　琬
孫鳳翔
張兆棟
曹鴻勛
陳　阡
陳官俊
郭夢齡
郭雄飛
劉鴻翺

濟寧

王天眷
王仲愚
鍾永檀
李福泰
李德立
車克慎
孫玉庭
孫如僅
孫善寶
孫瑞珍
孫　楫
孫毓汶
孫毓溎
張如緒
張爲經
陳熙曾
馮德馨
潘士良

濟陽

艾元徵
柏錦林
閆俊烈

濱州

杜受田
杜　蕚
杜　翰
杜　翻
游百川

臨清

汪　灝
楊　鼐
冀　霖

臨淄

王緒曾
王龍永

蘭山

宋　澍

靈山衛

法　檦

四　川

三臺

譚行義

大足

向　棨
江國霖

中江

王乃徵
李鴻裔
岳世仁
孟　邵
彭　襄
雷正綰

井研

胡世安

什邡

劉青照(二)

巴州

余　堃
張必禄

巴縣

周天受
周天培
段大章
張玉良
劉如漢
簡　上

合州

李芳述

安岳

王炳瀛

安縣

李岷琛
李　鑑

江安

傅增湆
傅增湘

成都

何占鼇
冶大雄
吴廷剛
岳昇龍
岳超龍
岳　濬
岳鍾琪
岳鍾璜
馬應國
曾　受
⊙楊天縱

秀山

李稷勳

宜賓

胡　瀛
樊澤遠
趙亮熙

岳池

陳金綬

奉節

林映棠
張正椿
傅作楫
鮑　超

東鄉
桂　涵
羅思舉
松潘廳
馬　元
蒲尚佐
長壽
汪敍疇
韓鼎晉
南充
王　升
南江
岳　度
南部
李先復
威遠
王蔭槐
洪雅
曾璧光
重慶
黄鍾音
峨眉
張熙宇
崇寧
常懷義
崇慶
吕天倖
楊國楨
楊遇春
涪州
周　煌
周興岱
施　愚
梓潼
柳寅東
通江
李鍾峩
富順
王廷弼
宋育仁

張翔鳳
温江
劉廷斌
華陽
卓秉恬
卓　㮨
苟華南
孫　治
喬樹枏
曾　鑑
楊鼎勳
顧汝修
開縣
李宗羲
雲陽
程德全
新都
許文謨
許世亨
新繁
嚴樹森
會理
廖坤培
萬縣
趙尚輔
資州
駱成驤
達縣
王正誼
遂寧
李仙根
張鵬翮
嘉定
朱曙孫
墊江
程伯鑾
綿州
李鼎元
李驥元
銅梁

王汝翼
王　恕
劍州
李　榕
廣安
余步雲
鄧時敏
鄭瑞玉
潼川
⊙樊廷
閬中
劉　迪
嚴瑞龍
鄰水
甘家斌
李　準
李徵庸
興文
薛　焕
營山
于德培
陳　會
璧山
何增元
雙流
祝廷彪
瀘州
王　檢(二)
高　枏
羅江
李調元
鹽亭
江長貴

甘　肅

中衛
梁朝桂
文縣
何宗韓
甘州

韓良卿
韓良輔
韓良勳
伏羌
黄虞再
鞏建豐
西寧
馬　彪
狄道
張廷選
固原
豆　斌
馬　雄
董福祥
河州
蕭福禄
武威
尤　渤
牛　鑑
(李棲鳳)
唐希順
孫起蛟
孫　詔
張　銑(二)
張　翻
〔樊　廷〕
皋蘭
周悦勝
薛大烈
秦州
劉永亨
高臺
閆相師
張掖
馬　瑜
康　泰
通渭
牛樹梅
會寧
王萬祥

靖遠
王進寶
宋可進
宋　愛
寧夏
俞益謨
師懿德
馬見伯
馬會伯
馬際伯
陳大用
彭廷棟
趙之垣
趙宏恩
趙宏燦
趙宏燮
趙良棟
趙　坤
寧朔
吳進義
張谷貞
靖遠
潘育龍
肅州
劉允孝
靜寧
慕天顔
慕天鋆
徽縣
張　綬
靈州
張　煦
謝王寵

吉　林

伊通
齊忠甲
齊耀琳
伯都訥廳
于蔭霖

安　徽

六安
沈巍皆
李元華
徐致覺
涂宗瀛
許前軫
楊志信
楊懌曾
天長
王協和
戴蘭芬
太平
崔國因
太湖
朱延熙
李長森
李振祜
李振庸
李振翥
李國杞
趙文楷
趙　昫
石棣
蘇汝霖
休寧
吳正治
吳廷芬
(吳敬羲)
汪士鍠
汪存寬
汪晉徵
汪滋畹
汪　楫
(汪鳴鑾)
•汪　潍
(金德瑛)
孫曰萱
程祖誥
黄　軒
黄　鉞
黄蘭谷
合肥
丁壽昌
王　賡
李國杰
李經方
李經楚
李經邁
李經羲
李鴻章
李瀚章
阮忠樞
周盛波
周盛傳
段芝貴
段祺瑞
唐定奎
張廣建
張樹聲
許孫荃
郭懷仁
程汝璞
黄鳴傑
葉志超
雷震春
蒯光典
蒯德標
趙函乙
劉銘傳
聶士成
聶憲藩
龔照瑗
龔鼎孳
全椒
吳　鼒
吳國對
吳國龍
吳　鼐
郭元灐
郭肇鐄
定遠
方　煒
方燕年
方　鍇
方濬頤
何廷謙
楊文定
來安
戴宗沅
泗州
胡熽棻
楊士琦
楊士燮
楊士驤
楊殿邦
和州
陳廷桂
盱眙
吳　棠
李長樂
金運昌
祁門
張　瑗
青陽
王宗誠
吳　襄
阜陽
倪嗣沖
程文炳
南陵
秦才管
劉　楷
劉運鮒
宿松
石葆元
石　綸
段光清
羅遵殿

宣城
阮爾詢
周　浩
施閏章
孫　卓
張　燾
梅立本
梅轂成
梅　鋗
楊廷棟
劉芳藹
建德
周　馥
張　筠
許世英
詹惟聖
鍾　朗
涇縣
朱　理
吴廷斌
吴芳培
吴敬恒
胡尚衡
胡承珙
胡蛟齡
翟　槐
翟　誥
趙良霨
趙青藜
潘錫恩
潘駿文
英山
金光悌
鄭衍熙
桐城
方受疇
方　苞
方若珽
方維甸
方履中
方觀承
左　衢
光聰諧
江　皋
江爲龍
汪志伊
李宗傳
姚士藟
姚元之
姚文然
姚　棻
姚　瑩
姚　鼐
徐　鏞
張廷玉
張廷瑑
張廷璐
張廷瓚
張秉貞
張　英
張若涵
張若渟
張若潍
張若澄
張若震
張若靄
張紹華
張曾誼
張裕榮
程芳朝
葉　酉
龍汝言
亳州
姜桂題
旌德
吕光亨
吕佩芬
吕朝瑞
吕鳳岐
吕賢基
望江
何　俊
余誠格
倪文蔚
倪良燿
檀　璣
寧國
洪啓槐
渦陽
袁大化
婺源
李昭煒
詹養沉
舒城
胡永亨
孫　觀
貴池
劉世珩
劉瑞芬
滁州
王　煜
吕本元
當塗
黄　鉞
壽州
俞化鵬
孫家鼐
楊岐珍
劉　凡
鄧　旭
蒙城
李得勝
馬玉崑
鳳陽
胡建樞
鳳臺
孫家穀
潁上
汪振基
潁州
李紳文
鹿　佑
甯世簪
歙縣
王茂蔭
江　蘭
朱文翰
吴華孫
吴　椿
吴綬詔
汪元方
(汪由敦)
(汪　瀧)
汪　薇
金　榜
金應琦
洪　梧
洪　琮
洪　樸
胡寶瑔
(徐光文)
徐　璂
徐寶善
張習孔
曹文埴
曹　城
曹振鏞
許　球
程世淳
程昌期
程恩澤
程祖洛
鮑桂星
鮑源深
蕪湖
王　澤
朱　襄
韋運標
韋謙恒
徐明弼

鄧世杰

霍山

吴廷棟

績溪

方　體

胡肇智

廬江

丁汝昌

吴長慶

吴贊誠

宋　衡

章　瓊

劉秉璋

劉穀孫

潘鼎新

懷寧

丁田樹

王嘉善

任　塾

江濬源

陳同禮

楊汝穀

楊秉璋

葉伯英

懷遠

林之望

宫兆麟

宫　焕

盱眙

張錫鑅

江　　西

上高

任際虞

上猶

李臨馴

蔡家玕

上饒

張思鐙

盧定勳

弋陽

江樹昀

大庾

戴心亨

戴均元

戴第元

戴衢亨

分宜

歐陽瑾

嚴宗喆

永新

段友蘭

永豐

劉　繹

安福

康五瑞

鄒　球

吉水

李元鼎

李振裕

羅暹春

宜春

陳之龍

宜黄

黄爵滋

謝階樹

奉新

甘立功

甘立猷

甘汝來

宋延春

帥方蔚

帥念祖

張　勳

張懋能

許振禕

武寧

盧　浙

金谿

江　球

楊　護

鄭　秀

南昌

方　振

朱鳳英

李　湖

徐寶森

涂逢震

梅啓照

彭元瑞

彭廷訓

彭邦疇

黄中謨

萬承蒼

萬啓昀

熊一瀟

熊學鵬

劉于潯

劉吴龍

蔡秉公

蔡儒楷

南城

李熙齡

梅之珩

曾　燠

謝佩賢

饒士端

饒芝祥

南康

盧元偉

謝啓昆

南豐

湯雲松

湯　蕃

黄　煦

鄒　琯

趙惟熙

趙德潾

劉　焻

劉斯嵋

譚光祥

譚尚忠

建昌

李鳳翥

顧長紱

星子

項家達

泰和

周作楫

姚　頤

胡　定

峽江

習振翎

浮梁

葉　鉉

高安

朱　軾

徐日暄

陳守創

蕭浚蘭

崇仁

袁文觀

陳象樞

陳鳳翔

華　煇

清江

楊壽楠

楊錫紱

楊懋恬

寧都

盧明楷

彭澤

汪鳴相

張錦枝

歐陽熙

湖口

葉初春

萍鄉

文廷式

王景澄

喻增高
彭涵霖
劉鳳誥
鄧錫禮
顏培元
貴谿
朱　琛
朱夢元
鄭日奎
進賢
傅宏烈
新昌
毛　逵
邢福山
熊亦奇
熊暉吉
漆紹文
新建
吴坤修
周學健
胡中藻
胡家玉
胡湘林
夏廷榘
夏修恕
勒方錡
曹秀先
曹師曾
曹惪華
曹發先
曹繩柱
郭文匯
程矞采
程焕采
程楙采
葉一棟
裘元善
裘曰修
裘行簡
裘君弼

鄒度珙
熊文舉
熊爲霖
熊遇泰
趙曰冕
劉　芬(一)
羅光憲
新城
汪　河
周之楨
涂以輈
陳用光
陳希祖
陳希曾
陳孚恩
陳　觀
黄因璉
黄　祐
潘中立
魯　瑗
饒絢春
新喻
晏斯盛
張春發
義寧
陳寶箴
萬承風
萬載
辛從益
鉛山
程　巖
華日新
熊　枚
熊常錞
蔣志章
廣昌
魏方泰
魏定國
饒學曙
德化

李明墀
李盛鐸
李道生
李儒郊
李鴻賓
夏安遠
陳奉滋
萬青藜
劉廷琛(二)
劉瑞祺
蔡金臺
蔡　炯
德安
李鴻逵
德興
楊重雅
樂平
汪守和
汪道誠
胡翹仁
鄒家燮
蓮花廳
朱益濬
朱益藩
鄱陽
王　傳
史彪古
李如筠
李肖筠
胡克家
龍南
徐思莊
許受衡
臨川
李友棠
李來泰
李宗瀚
李　紱
李傳熊
李瑞清

李聯琇
程中行
豐城
毛慶蕃
李雲會
徐士穀
廬陵
王贈芳
張貞生
彭殿元
黄贊湯
贛縣
何其睿
陳存懋
劉宗魏

江　蘇

上元
伍長華
朱之翰
朱桂楨
何其興
吴廷燮(二)
易長楨
易長華
姚錫華
陳之驥
陳其凝
温葆深
葉世倬
董教增
蔡士松
蔡宗茂
鄭嵩齡
謝　觀
戴　瀚
上海
王慶平
朱良裘
李林松

淩如焕
張　鉞(一)
曹汝霖
曹錫寶
許纘曾
陸鳴珂
陸徵祥
陸錫熊
喬光烈
葉映榴
趙秉沖
趙　柄
蔡　嵩
錢金甫
顔惠慶
龐鍾璐

山陽

丁寶銓
吴虎炳
汪廷珍
李宗昉
李　鎧
阮葵生
阮學詢
阮學濬
阮應商
周龍甲
周龍官
胡之駿
張　鉞(二)
張　睿
許志進
陸求可
黄宜泰
鄒　嶧
劉始恢
劉　愈
劉謙吉
闞天培
顧雲臣

丹徒

丁立鈞
丁立幹
丁紹周
支恒榮
(王天禄)
王芥園
王際有
吉夢熊
何金蘭
李承霖
(周銘恩)
姚錫光
茅元銘
孫允恭
袁　善
張九徵
張任可
張玉書
張逸少
張錫庚
張　鵬
楊鴻吉
趙佩湘
趙　楫
劉嘉斌
歐陽旭
蔡逢年
蔣　寅
鮑之鍾
嚴士鋐

丹陽

姜朝勳
眭朝棟

六合

葉覲儀

元和

王同愈
江　標
吴廷琛
吴郁生
江榮寶
汪鳳梁
汪鳳藻
沈士駿
李逢辰
(邱庭漋)
姜　晟
陳初哲
陸潤庠
(黄良棟)
鄒福保
韓　崶
顧　葵

太倉

王奕清
王奕鴻
王原祁
王時憲
王　掞
王發祥
王　譽
沈起元
唐文治
唐孫華
曹　儀
陸寶忠
陸繼煇
黄輿堅
錢三錫
錢本誠
錢鼎銘
錢寶琛

句容

孔毓汶
裴　鑑

甘泉

王　桂
汪承元
姜　堅
徐雲瑞
殷如璋
張聯桂
曹　煒
程壽齡
楊景素
董　恂
顧　奎

安東

顧　仔

如皋

姜穎新
許嗣龍
(戴聯奎)

江陰

何彦昇
吴鴻甲
季邦楨
季芝昌
夏孫桐
曹　禾
曹毓瑛
陳名侃
陳　均
陳毓秀
楊名時
繆　晉

江寧

司馬騊
白夢鼐
何汝霖
吴　坦
吴啓昆
吴鼎昌
李　敬
(范承典)
(范　鏊)
夏家鎬
徐　惺
秦大士

秦承恩
秦承業
陳步瀛
焦以厚
端木坦
潘　鐸
鄧廷楨
鄧爾恒
盧　崟
叢　澍
江都
于齊慶
方　覲
王　誥
史申義
史念祖
史致儼
吴之黼
李宗孔
李　錦
周　琬
周開麒
唐綏祖
唐繼祖
秦　黌
許承宣
陳　卓
劉長發
顧圖河
吴江
王　錕
何桂馨
吴士玉
沈欽霖
李治運
李重華
(周兆基)
周爰訪
金之俊
(金士松)
(倪師孟)
殷兆鏞
殷壽彭
陳沂震
(陳振瀛)
(陳　預)
陸朝瑛
陸　燿
費延釐
吴縣
毛鳳儀
石韞玉
朱　雲
吴大澂
吴廷珍
吴　俊
吴信中
吴恩韶
吴慈鶴
吴嘉洤
吴毓英
吴蔭培
吴樹萱
吴鍾駿
吴寶恕
宋如林
宋聚業
汪永瑞
汪　倓
沈旭初
沈慰祖
邵　泰
金祖静
洪　鈞
胡國英
范　周
范　瑑
倪定得
徐葆光
張一麐
(張日晸)
張書勳
張茂炯
曹楙堅
曹福元
習　寯
陶慶曾
惠士奇
程廷桂
馮桂芬
楊慶麟
楊　鏞
鄒嘉來
劉廷枚
劉傳福
潘世恩
潘奕雋
潘奕藻
潘祖蔭
潘曾瑩
潘　霨
繆曰藻
嚴良訓
嚴　福
顧祖鎮
顧　蒓
顧　贊
邳州
鄭僑生
宣興
史陸輿
任道鎔
吴　紱
周家楣
(徐仁鑄)
(徐致靖)
(張宏俊)
湯先甲
萬貢珍
潘宗洛
潘瀛選
蔣永修
儲龍光
奉賢
陳延慶
沭陽
胡簡敬
武進
丁嘉葆
吴守寀
吴孝銘
吴珂鳴
吴應龍
吕　宫
吕爾昌
周起岐
周清源
岳宏譽
段汝舟
唐執玉
孫自式
徐元珙
高爾公
莊令輿
莊存與
莊承籛
莊閬生
莊清度
莊朝生
莊　楷
莊應會
許　融
陳亮疇
程景伊
盛宣懷
費念慈
費開綬
須　洲
楊士徵
楊大鯤

楊大鶴
董佩笈
趙申季
趙申喬
劉於義
劉星煒
劉種之
劉　綸
劉躍雲
錢　度
錢維城
謝　旻
瞿　溶
蘇應珂
龔　鐙
金山
王紹曾
王嘉曾
金匱
王康侯
王　寬
杜玉林
周日贊
孫爾準
秦勇均
秦泰均
秦雄飛
秦蕙田
張泰開
虞鳴球
鄒奕孝
鄒夢皋
顧　皋
金壇
于　辰
于明寶
于　枋
于朋舉
于　振
于敏中

于雯峻
于　鼎
于漢翔
王家棟
李欽式
徐誥武
符澗英
馮　煦
馮　標
蔣　超
長洲
王世琛
吴士端
吴廷楨
吴　雲
吴　頤
宋大業
宋邦綏
宋壽圖
宋德宜
宋駿業
宋　鎔
汪　份
沈德潛
李　棨
周範蓮
徐昂發
徐　頲
張允欽
張孟球
張學庠
陳　璋
陶　樑
陸肯堂
陸德元
陸賜書
彭希濂
彭定求
彭祖賢
彭啓豐

彭紹觀
彭藴章
馮元欽
葉昌熾
蔣元益
褚廷璋
錢　棨
韓彦曾
韓　菼
顧元熙
(顧　汧)
阜寧
王文錦
裴蔭森
青浦
王丕烈
沈　荃
徐　恕
張安茂
張豫章
陸伯焜
諸舜發
南匯
吴省欽
吴省蘭
劉式訓
昭文
吴熊光
(邵亨豫)
(邵松年)
殷李堯
張敦培
張　燮
泰州
俞　梅
宫焕文
宫夢仁
陸　舜
程盛修
黄羣杰

繆　沅
泰興
吴存義
海州
沈雲沛
高郵
王引之
王永吉
王安國
王壽昌
吴三桂
吴同甲
沈業富
夏之蓉
夏子錫
夏廷芝
鄭　重
崑山
沈旭初
徐元文
徐秉義
徐　炯
徐乾學
徐樹屏
徐樹庸
徐樹穀
葉方藹
葉宏緩
崇明
王希曾
王清穆
何　棅
沈文鎬
李鳳苞
施何牧
柏　謙
陳兆熊
顧　藻
常熟
王　峻

沈　栻
言朝標
周慶曾
邵福瀛
俞鍾穎
翁心存
翁同書
翁同龢
翁同龢
翁叔元
翁曾桂
翁斌孫
陳桂森
陶正靖
楊希銓
楊泗孫
蔣　伊
蔣廷錫
蔣　泂
蔣　洲
蔣陳錫
蔣　溥
蔣　漣
蔣賜棨
蔣　檙
蔣繼勳
錢謙益
歸允肅
歸宣光
龐鴻文
龐鴻書
龐鍾璐
嚴有禧

婁縣

王奕仁
朱　椿
吴元龍
吴樹本
沈宗敬
周　彝
林令旭
姚令儀
高　曜
張祥河
曹源郊
(曹鑑倫)
程文彝
黄雲企
楊　瑄
(楊爾德)

清河

章守勳
龔　裕

通州

王廣蔭
王　藻
沈　岐
李玉鉉
胡長齡
孫銘恩
徐宗幹
張　謇

無錫

王雲錦
王會汾
王　綷
朱福基(二)
李金鏞
侯　桐
孫永清
孫　蕃
徐承祖
秦松齡
秦　泉
秦道然
秦　鉽
秦　潮
秦　瀛
許　珏
陳　常
陶正中
嵇承志
嵇承謙
嵇曾筠
嵇　璜
華章志
楊兆魯
楊壽枏
楊壽樞
鄒一桂
鄒升恒
鄒炳泰
鄒植行
鄒鳴鶴
趙　璟
蔡瓊枝
薛福成
薛福辰
嚴繩孫

華亭

王九齡
王時鴻
王頊齡
王圖炳
王興吾
王錫奎
王鴻緒
宋徵輿
李　愫
施維翰
高層雲
張仕遇
張起麟
張　照
張夢徵
黄之雋
雷補同
廖賡謨
蔡鴻業
嚴虞惇

荆溪

任啓運
吴廷選
潘曾起
儲麟趾

陽湖

史夢琦
左　輔
朱寶奎
吴光悦
吴蔭暄
吕佺孫
吕倌孫
吕耀斗
汪本銓
金國琛
洪亮吉
張鶴齡
(崔景儀)
莊受祺
陸爾熙
惲彦彬
(惲世臨)
(惲光宸)
惲祖翼
盛思本
盛惇崇
馮光遹
馮光勳
楊述曾
管幹貞
管遹羣
趙仁基
劉青照(一)
潘思榘
蔣和寧
蔣　炳

新陽

朱以增
李清鳳

李傳元
李德莪
李德儀
溧陽
王日曾
史　祐
史奕昂
史貽直
史貽謨
史　夔
任蘭枝
宋　晉
狄　敬
狄夢松
狄　聽
周　渼
陳大喻
陳名夏
彭會淇
(彭瑞毓)
潘允敏
潘從津
潘麒生
靖江
朱　勳
嘉定
王敬銘
王鳴盛
吴宗濂
金洪銓
孫致彌
徐　郙
徐致祥
時鈞轍
秦綬章
秦夔揚
張大受
張鵬沖
曹仁虎
廖文錦
廖壽恒
廖壽豐
錢大昕
銅山
李　衛
李　蟠
張亮基
儀徵
卞士雲
卞寶第
吴引孫
吴文鎔
吴駿昌
汪廷儒
阮　元
施朝幹
晏端書
張集馨
張雲藻
張暉吉
陳　倓
陳嘉樹
陳　彝
程贊寧
楊　凱
詹嗣賢
厲恩官
厲雲官
謝溶生
震澤
吴仁傑
吴舒帷
周　齡
費震勳
興化
李　柟
李爲霖
徐　炟
劉熙載
鎮洋
王　宬
王　璸
汪廷璵
汪彦博
汪學金
李汝嶠
畢　沅
聞　棠
寶山
李錫秦
劉人鏡
寶應
王凱泰
朱士彦
朱士達
朱克簡
朱壽鏞
成康保
成觀瑄
季　愈
陳大復
喬　萊
劉師恕
劉國黼
劉啓瑞
贛榆
許鼎霖
鹽城
徐　鐸

奉　天

奉天府
徐　琳
承德
孫曰秉
海城
王英楷
李秉衡
義州
王　猷
李鶴年
楊　捷
遼東
金聲桓
遼陽
徐起元
鐵嶺
塗應泰

河　南

上蔡
程元章
中牟
倉景恬
太康
郭　昌
劉　果(二)
劉郇膏
永城
王連瑛
吕　振
李允岳
李天馥
永寧
張鼎延
光山
胡季堂
胡　煦
曹登庸
光州
王嵩齡
吴士功
吴玉綸
吴保泰
吴敬修
吴鼎雯
李孟羣
李嘉樂
胡廷幹
馬佩瑶

葉廷杰
盧士杰
安陽
田鳳儀
朱靖旬
馬丕瑶
馬吉樟
許三禮
劉景宸
汝州
丁　浩
方碩輔
趙秉鈞
汝陽
吴孳昌
胡紹南
劉元琬
汜水
魏聯奎
西華
王遵華
考城
王貫三
延津
申啓賢
汲縣
景考祥
劉　鼎
杞縣
王震生
張發辰
陳大文
固始
王庭蘭
吴元炳
吴其彦
吴其泰
吴其濬
吴　烜
柯喬年

祝　曾
祝雲棟
祝慶承
祝慶蕃
秦樹聲
張仁黼
張星炳
曾述棨
閻錫爵
孟津
王無咎
王　鐸
王　鏞
李際期
陳　爌
閻廷謨
孟縣
薛所藴
河内
李棠階
楊運昌
劉世明
武安
王可大
武陟
毛昶熙
王化鶴
長葛
楊佩璋
封丘
李承緖
洛陽
李學裕
張彦珩
張　輶
黄　釙
董元醇
董篤行
洧川
楊篤生

柘城
李元振
高　玢
夏邑
李奕疇
李敏行
李敏第
彭　冠
彭家屏
彭樹葵
商水
李擢英
商丘
宋　至
宋　筠
宋　犖
宋　權
陳崇本
陳　淮
陳　壇
陸鍾吕
趙應奎
商城
沈一澄
周祖培
周祖植
易　貞
張緒楷
程家督
程國仁
黄銘先
黄彝年
楊式穀
蔣　艮
密縣
張汝梅
尉氏
靳　讓
祥符
王廷璧

王　廉
何裕承
何　樞
沈源深
李光座
李培元
周之琦
周亮工
徐　堂
張　桐
馮汝騤
楊捷三
裴維侒
劉　昌
劉　溥
顧　瑗
顧　璜
陳留
石去浮
鹿邑
王祖同
王　珊
王德固
徐廣縉
梁　遂
登封
傅景星
景日昣
項城
袁世凱
袁甲三
袁克定
袁保恒
高釗中
張鎮芳
劉永慶
睢州
王　紳
王澄慧
王　繻

袁鴻謨
湯之旭
湯　斌
劉士龍
蔣予蒲
蔣曰綸
遂平
徐　鼎
魏天賞
新安
呂守曾
呂履恒
呂謙恒
呂耀曾
李　方
裴　裘
新野
焦　榮
齊　慎
新鄉
張光祖
張縉彦
郭晉熙
郭祥瑞
楊毓蘭
衛榮光
虞城
耿之昌
許　容
葛俊起
滎陽
孫欽昂
磁州
張榕端
舞陽
張廷燎
儀封
尚金章
孫紹陽
張伯行

張師載
魯山
宋元醇
鄧州
馬殿甲
彭而述
彭始摶
盧氏
張易賁
莫瞻菉
濟源
李紹周
段昌祚
衛哲治
衛　肅
羅山
丁振鐸
呂序程
尚慶潮
劉家謨
黎世序
寶豐
吴　垣（一）
蘭陽
侯良翰
梁雲構
陳衷一
靈寶
薛書堂
（不明）
李　珣

直　隸

大名
成克鞏
姜順龍
崔維雅
元城
錢　綎
天津

牛　坤
沈兆澐
沈恩嘉
沈樂善
李士鉁
李國柱
李　煦
杜　彤
周人驥
邵玉清
金　相
俞金鼇
徐世昌
高淩霨
張抱奇
張虎拜
張夢元
張　毅
曹克忠
梁寶常
陳澤霖
陳　驤
焦佑瀛
華世奎
華金壽
華俊聲
華學瀾
齊承彦
齊嘉銘
劉彭年
劉嘉琛
劉學謙
韓大信
嚴　修
正定
王士珍
王定柱
王原膴
何　澄
張純熙

張　蓮
梁清標
梁清寬
梁清遠
郭繼昌
劉元慧
左衛
曹　鼐
永平
張學聖
冀如錫
永年
王　謙
李天祥
孟慶榮
胡景桂
冀　棟
玉田
孫晉墀
交河
王　瑄
王蘭生
蘇　銑
任丘
李士焜
李中簡
李儀古
高成齡
郭之培
劉　炳
劉　滋
邊廷英
邊浴禮
邊聲廷
邊繼祖
任縣
苗　澄
安平
張　倬
安州

于嗣登
陳悳華
陳悳榮
陳　筌
安肅
師若琪
梁仲衡
曲周
王　鄖
王顯祚
柴望岱
楊　晙
吴橋
劉子正
劉恩溥
完縣
董兆奎
趙守易
束鹿
馮聖兆
定州
王之樞
郝　浴
郝　林
定興
王太岳
鹿傳霖
鹿學良
承德
王廷相
昌黎
齊大勇
韓　超
魏元烺
魏元煜
易州
陳雲誥
河間
左敬祖
李　鈞

周壽椿
哈元生
哈國興
哈攀龍
東光
馬之腴
東明
袁　佑
武邑
楊書香
武强
張　渠
張　鎮
郭徽祚
劉　謙
祁州
刁承祖
長垣
李振世
徐謂弟
郜焕元
崔徵璧
阜城
多宏安
保定
許成麟
南皮
柴廷望
張之洞
張之萬
張曾敭
張端誠
張　鏻
劉有銘
南宫
宋文運
張光豸
杜　鎮
南樂
萬　愫

宣化
田　雄
張元懷
黄鼎楫
柏鄉
魏裔介
故城
祕丕笈
賈　臻
劉　梅
蔣書升
高邑
李　渭
高陽
王　鈞
李焜瀛
李殿圖
李鴻藻
李　霨
李龠通
董應徵
劉　霦
韓掄衡
深州
趙盛奎
深澤
李人龍
清苑
王　植(二)
王發桂
王爾禄
朱　岐
吴建勳
李孔揚
孫恩壽
*徐壽朋
張懸錫
許涵度
陳　正
陸　湘

郭　棻
傅慶貽
劉　斗
博野
尹會一
尹嘉銓
寧津
龐際雲
寧晉
高維新
景州
戈　岱
李孔嘉
李蔭鑾
張　衡
魏廷珍
開州
王　儀
雄縣
王企埥
常　紳
新安
高　景
崔蔚林
楊爾淑
新城
王樹枏
張文韜
滄州
吴　沂
李廷揚
李廷敬
張文炳
畢　誼
葉圭書
葉汝芝
劉大謨
戴明説
萬全
王天鑑

王　浚
王無黨
鄭魁士
鉅鹿
楊思聖
楊時薦
滿城
張德懋
趙之鼎
棗强
步際桐
鄭　端
趙州
王　懿
廣宗
鄭元善
撫寧
王瑞徵
張　霖
温如玉
樂亭
李　蘭
甯曾綸
盧龍
趙光祖
遵化
秦澍春
遷安
賀賢智
劉鴻儒
静海
元展成
王正志
高崇基
高爾儼
勵守謙
勵杜訥
勵廷儀
勵宗萬
冀州
陳宗彝
獲鹿
魏雙鳳
臨榆
李桂林
解　煜
穆廷栻
豐潤
李有倫
李國樑
谷應泰
張人駿
張印塘
張自德
張佩綸
曹首望
曹鼎望
鄭源璹
獻縣
戈　源
戈　濤
紀　昀
劉書年
蠡縣
張　萃
蔣式芬
鹽山
張葆元
劉若曾
靈壽
傅維鱗
灤州
石　申
汪　鑑
常發祥

浙　江

上虞
徐立綱
山陰
史致光
平　恕
平　遠
田軒來
何師儉
何裕誠
何　煟
吴壽昌
李堯棟
周金然
俞廉三
姜承爊
（胡昇猷）
徐聚倫
秦宗游
傅王露
湯壽潛
童鳳三
程儀洛
葛寶華
鮑　臨
鍾國義
譚廷襄
仁和
丁　澎
王文韶
王益朋
王楚堂
王積順
史逸裘
朱　智
朱學勤
吴　偉
吴隆元
吴　焯
吴　鴻
吴觀禮
成肇毅
汪　新
沈世煒
沈廷芳
沈祖懋
沈錫輅
李汪度
周元理
周玉章
周　蘭
邵吴遠
金　甡
*金德瑛
姚三辰
姚天成
姚文倬
姚世榮
姚立德
姚成烈
施肇基
柴　望
胡高望
胡　敬
范　咸
倪承寬
倪國璉
淩紹雯
孫士毅
孫廷槐
孫效曾
孫嘉樂
夏同善
徐宗溥
徐　琪
徐鑐芳
翁嵩年
翁　藻
高景蕃
馬履泰
張映辰
許乃濟
許有麟
許庚身

許彭壽
陳　琪
陳　戩
陸元鼎
陳顧瀓
傅感丁
湯右曾
湯　聘
童以炘
程　焘
費丙章
馮培元
黄騰逵
葉爾愷
葛方晉
葛景萊
鄒　瀚
趙大鯨
趙　佑
趙殿最
樊恭煦
蔡共武
蔡廷衡
蔡廷慈
蔡振武
蔡　鈞
蔡應彪
劉師崙
盧宏憙
諸以謙
錢　林
錢　栻
錢　琦
錢開宗
鍾駿聲
韓文綺
戴永椿
魏夢龍
關　槐
嚴　烺

顧　芝
龔守正
龔自閎
龔佳育
龔麗正

天台

齊召南

平湖

朱爲弼
沈　初
沈應奎
邵延齡
徐士芬
馬紹曾
張金鏞
陳嗣龍
陸蕃祚
陸堯松
陸　棻
錢福昌
嚴思位

永康

應寶時

石門

朱　雯
吴于宣
吴　涵
胡　枚
陳萬全
陳萬青
勞之辨

江山

柴大紀

西安

申　甫

吴興

丁乃揚
沈家本
胡惟德
章宗祥

秀水

王　緦
王　璣
朱　琦
朱善祥
朱彝尊
何元英
汪世樽
汪如洋
汪如淵
沈上墉
沈昌宇
沈　衛
杜　臻
唐　淮
徐嘉炎
張天植
陶葆廉
陶　模
曾王孫
黄自起
鄭虎文
諸　錦
錢受穀
錢　載
錢寶甫

定海

屠粹忠
虞二球

松陽

王汝棐

東陽

吴品珩
李品芳

武康

卓　彝
徐志晉

長興

張拜賡
張　鱗

錢　珏
鍾　衡

烏程

方大猷
王耀辰
朱　發
吴延熙
吴　巖
沈　焯
沈鎔經
周學濬
姚延著
姚淳燾
孫人龍
徐汝嶧
張映斗
張鳴鈞
陳義暉
費金吾
費南英
鈕福保
馮文蔚
鄭祖琛
戴　紱
戴鼎恒
戴　璐

浦江

戴　聰

海寧

王廷獻
王紹隆
朱佩蓮
朱錫恩
沈令式
沈　珩
沈翼機
俞兆岳
查嗣庭
查嗣瑮
（查　瑩）

徐元勳
徐嗣曾
祝萬年
祝德麟
張惟赤
張爲儀
許汝霖
陳之遴
陳元龍
陳世侃
陳世倌
陳世倕
陳用敷
陳邦彦
陳　詵
陳敳永
陳　論
陸元烺
陸宗輿
黄龍眉
楊中訥
楊存理
楊建雍
蔣德昌
鍾蘭枝
顧悦履

海鹽

支清彦
朱方增
朱丕烈
朱昌頤
朱彭壽
朱福詵
沈炳垣
俞兆晟
俞鴻圖
徐用儀
徐焕然
張元濟
彭孫遹
管式龍
顔宗儀

桐鄉

孔自洙
王應綵
石　杰
朱　荃
吴家麒
金鶴清
俞之琰
俞長策
袁　昶
陸費瑔
陸費墀
勞乃宣
屠嘉正
程同文
鈕玉麒
馮金鑑
馮　浩
馮景夏
馮集梧
馮　鈐
馮應榴

紹興

(徐壽朋)

富陽

董邦達
董　誥

寧海

錢夢虎

湯溪

貢　璜

象山

周明新
錢　捷

開化

方元啓
戴敦元

黄巖

羅鳳山

新昌

吕正音
陳　捷

會稽

(王文奎)
吴　傑
沈元泰
杜　聯
周長發
倪　杰
唐賡堯
孫念祖
(徐　垣)
(徐啓文)
茹　棻
馬光潤
梁國治
莫　晉
陳慶偕
陶大均
陶方琦
陶恩培
童欽承
聞人熙

瑞安

孫衣言
孫鏘鳴
許松年
黄紹第
黄紹箕
黄體芳

義烏

朱一新
朱之錫
樓　儼

遂安

方　猶
方象瑛

嘉善

朱一蜚
朱張銘
朱階吉
沈辰垣
孫　籀
浦文焯
浦　霖
張　茁
＊曹鑑倫
程鍾彦
黄安濤
＊楊爾德
錢以塏
錢能訓
錢紹隆
錢　樾
錢寶青
錢寶廉
謝　墉
魏學渠
顧耿臣

嘉興

王　庭
朱其鎮
吴昌壽
沈曾桐
沈曾植
沈維鐈
李維鈞
曹　溶
許王猷
許景澄
陸紹琦
陸開榮
馮光熊
趙　隨
錢　江
錢汝誠
錢陳羣
錢開仕

錢　楷
錢福胙
錢　臻
錢應溥
錢駿祥

慈谿

王　雅
周晉麒
姜宸英
陳邦瑞
陳　欽
馮佩實
楊家驥
楊泰亨

鄞縣

仇兆鰲
史大成
史在甲
左　峴
沈　烜
邵　洪
邵　基
胡　鑑
(范光宗)
范廷元
夏啓瑜
袁時中
張家驤
張嘉禄
章　鋆
童　華
童鎮陛
黄象雍
黄　斐
萬　經
趙佑宸
謝于道

德清

吴卜雄
俞奎垣
俞陛雲
俞　樾
胡彦穎
胡會恩
孫在豐
徐以升
徐元正
徐　倬
徐　端
戚蓼生
戚麟祥
許祖京
許　鎮
蔡之定
蔡升元
蔡啓僔
蔡賡揚
談九乾
談祖綬

縉雲

鄭載颺

諸暨

余文儀

錢塘

孔傳綸
方　墉
王際華
包　括
吴士鑑
吴振棫
吴若準
吴嗣富
吴嗣爵
•吴敬羲
吴福年
吴鳳藻
吴慶坻
吴緯炳
吴　璥
汪大燮
汪日章
汪永錫
•汪由敦
汪承霈
汪肇衍
•汪鳴鑾
汪潤之
汪　霦
沈文豪
沈兆霖
沈近思
沈學原
李本仁
周　霱
邵正笏
邵樹本
金保泰
金應麟
俞陳琛
姚丙然
姚祖同
洪昌燕
查　昇
范　棫
范　梁
孫詒經
孫寶琦
孫　灝
徐以烜
徐　本
徐旭齡
徐　杞
徐瑞雲
徐　潮
翁祖望
袁　鑑
高人鑑
張　湄
張　預
張興仁
張錫鑾
戚人鏡
梁肯堂
梁敦書
梁敬事
梁詩正
章　煦
許乃安
許乃釗
許乃普
許日琮
許鈐身
陳士璠
陳兆崙
陳　恂
陳桂生
陳嵩慶
陳憲曾
陳　鴻
陳寶禾
陸有仁
陸　言
陸宗楷
•湯金釗
費　淳
項景襄
黄　機
楊文瑩
潘恭辰
鄭　江
錢受祺
濮子潼
戴兆春
戴　熙
蘇　鐸
(顧祖榮)
顧　震

餘杭

壽以仁
褚成博

嚴　沆
嚴曾榘
餘姚
朱追然
朱爾漢
朱　蘭
邵日濂
邵友濂
邵晉涵
邵　瑛
邵　燦
翁元圻
張志緒
陳　元
馮恩崑
盧文弨
諸重光
龍游
余　恂
臨安
羅錦森
臨海
馮　甦
蕭山
王紹蘭
朱鳳標
何　煊
來謙鳴
周之麟
林國柱
郁　崑
高　枚
陳至言
陸以莊
(陸鍾琦)
(湯金釗)
鍾寶華
歸安
毛　謨
王以銜

王　丙
王思沂
朱祖謀
朱射斗
吴大受
吴　光
吴承璐
吴應枚
吴應棻
吴聯珠
沈秉成
沈家本
沈　涵
沈棣華
沈瑞麟
沈榮仁
姚文田
姚學塽
姚覲元
*倪師孟
張師泌
張師誠
章有大
陳廷樞
費元龍
費錫章
閔受昌
閔思誠
閔鶚元
慎毓林
葉佩蓀
葉紹本
葉紹楏
趙炳言
趙濱彦
鄭步雲
錢　恂
錢振倫
嚴民法
嚴我斯

嚴源燾
鎮海
王榮商
吴晉夔
蘭溪
唐壬森

陝　西

三原
王　治
王　倬
周元鼎
員鳳林
梁世勳
梁　鋐
梁鴻翥
山陽
吴懷清
程　豫
大荔
王庭華
路超吉
平利
李逢亨
*李聯芳
西安
潘紹周
西鄉
李文敏
延長
薛柱斗
宜君
楊素蘊
武功
耿獻忠
霍　達
長安
呼延振
段永福
烏大經

張連登
敖　成
梁化鳳
梁　鼐
路振揚
趙舒翹
薛允升
薛寶辰
南鄭
王　炳
咸寧
周承勳
席　式
張　勇
張雲翼
楊　鯤
董　芳
熊　焯
劉元勳
鄭之諶
鄭文焕
咸陽
李　麟
殷化行
洛川
董彩鳳
劉　紘
洵陽
李猶龍
洋縣
吉允迪
郃陽
王又旦
車順軌
*范光宗
張大有
城固
李可喬
高萬鵬
高樹勳

朝邑

張好奇

閻敬銘

涇陽

王承烈

徐法績

馬啓泰

張　芾

郭茂泰

劉　灝

高陵

白遇道

魚鸞翔

裴憲度

乾州

王　郡

清澗

王憲曾

白乃貞

富平

王象天

袁廓宇

張青雲

張　愫

趙兆麟

渭南

〔楊天縱〕

雷多壽

蔣兆奎

華州

王士棻

党振聲

秦　清

楊　顒

華陰

李　偲

榆林

胡茂楨

胡鼎彝

陳　福

綏德

馬如龍(二)

馬　豫

張　璨

漢陰廳

張成勳

温予巽

蒲城

王廷鉽

王　鼎

王　綜

周爰諏

原衷戴

張　瀛

衛執蒲

蘭惟謙

鄠縣

王　郁

梁　瀚

雒南

薛　韞

鳳翔

盧　熙

嚴自明

潼關

張澧中

澄城

張鳳儀

膚施

張　井

盩厔

李宗燾

路慎莊

臨潼

王孫蔚

任風厚

周　燦

張　坦

韓城

王　杰

王　篤

高辛印

張廷樞

張顧行

陳朝君

解幾貞

劉蔭樞

衛運揚

鎮安

晏安瀾

醴泉

宋伯魯

寶鷄

党崇雅

湖　　北

大冶

朱大任

余國柱

柯　瑾

天門

周樹模

胡喬年

胡聘之

程德潤

蔣立鏞

蔣祥墀

羅家彦

石首

鄭其儲

安陸

李紹芬

陳學棻

劉玉珂

江夏

王成璐

何金壽

吴正治

汪　錞

＊周兆基

洪調緯

胡孚宸

胡泰福

胡瑞瀾

張大維

張凱嵩

崔應階

曹澍鍾

戚宗彝

陳肇昌

陳　鑾

彭久餘

＊彭瑞毓

歐陽保極

江陵

宋學洙

洪之傑

胡在恪

張可前

張鳳成

均州

賈洪詔

孝感

余聯沅

沈維炳

武之亨

胡紹鼎

夏力恕

涂天相

高燮曾

喬用遷

喬遠瑛

屠之申

屠　沂

熊賜履

熊賜瓉

熊賜瓚

劉定裕

劉裕鈖

沔陽

李紱藻
陸建瀛
盧　靖
京山
查文經
松滋
彭承堯
枝江
楊引祚
武昌
王家璧
柯逢時
范鳴龢
張　謙
陳中孚
咸寧
雷以誠
恩施
陳天培
陳世凱
樊增祥
樊　燮
饒應祺
通山
胡　潤
麻城
(李聯芳)
程德楷
鄒士聰
鄒汝魯
景陵
曾元邁
譚　篆
荊門
江鼎金
周玉衡
胡作梅
楊佐國
雲夢
左　瑛

吴祿貞
許兆椿
黄安
李廷簫
張希良
鍾　琇
黄岡
王丕釐
王材任
王封濚
王毓藻
汪煉南
李鈞簡
周有堂
洪良品
曹本榮
萬年茂
黄陂
王澤宏
周恒祺
金國均
姚締虞
姜開陽
陳　毅
劉彬士
劉龍光
蕭良城
蕭廣運
黄梅
宋敏求
帥承瀛
帥承瀚
嘉魚
劉心源
駱養性
漢陽
史佩蒼
江　芑
朱啓昆
李昌祚

李哲明
易元善
易道沛
邱樹棠
孫　漢
袁希祖
張坦麟
郭一鶚
項一經
葉名琛
葉繼雯
熊伯龍
棗陽
孫長紱
監利
胡大任
蒲圻
馬之鵬
張國淦
賀壽慈
潛江
涂　銓
劉廣國
廣濟
金德嘉
興國
吴甫生
秦定三
潘光藻
鍾音鴻
鍾啓峋
襄陽
單懋謙
蔡成貴
鍾祥
李　潢
黄毓恩
楊　炳
劉　誼
羅田

周錫恩
蘄水
范思皇
畢保釐
陳　沆
陳曾佑
陳　澐
蘄州
李士彬
李本晟

湖　南

巴陵
方大湜
方　顯
謝維藩
平江
余虎恩
李元度
永明
周鑾詒
蔣雲寬
石門
王正雅
安化
陶　澍
黄自元
羅繞典
安鄉
張明先
江華
王德榜
攸縣
龍湛霖
東安
唐仁廉
席寶田
武岡
鄧仁堃
武陵

王以慜
周克寬
胡期恒
胡　焯
胡統虞
胡獻徵
陳啓邁
楊　紹
楊超曾
趙慎畛
劉昌臣
劉夢蘭
戴展誠
龔大萬
芷江
李成謀
茶陵
尹銘綬
周　燾
曹詒孫
彭維新
譚鍾麟
邵陽
車鼎晉
簡昌璘
魏光燾
祁陽
陳大受
陳輝祖
歐陽利見
長沙
王先謙
朱恩紱
余　集
余肇康
吴嘉端
李象鵾
周玉麒
周壽昌
周　鍔

徐樹銘
張百熙
張延閥
婁雲慶
曹廣楨
曹廣權
陳啓泰
陶茂林
彭清藜
彭舒蕚
趙開心
劉若瑑
劉校之
劉權之
鄭　沅
鄭敦謹
蕭晉蕃
羅源漢
保靖
胡興仁
桂陽
夏　旹
陳士杰
陳兆文
桃源
文志鯨
益陽
周開銘
胡林翼
胡祖蔭
胡達源
湯　鵬
乾州
鄧紹良
羅榮光
常寧
唐訓方
清泉
王之春
彭　述

楊　健
郴州
羅孝連
善化
(丁善慶)
汪貽書
沈秉堃
李朝斌
杜本崇
易　棠
俞東枝
唐仲冕
唐　鑑
孫宗錫
孫鼎臣
張敬修
勞崇光
賀長齡
賀熙齡
黄兆麟
黄　倬
黄　琰
黄瑞麒
黄錫彤
楊玉科
楊岳斌
瞿鴻禨
羅維垣
龔鎮湘
寧鄉
王世琪
周達武
胡澤潢
高連陞
湘陰
左宗棠
左孝同
李星沅
李　桓
周開錫

郭嵩燾
湘鄉
李續宜
李續賓
周寬世
胡中和
唐樹森
張運蘭
陳　湜
曾紀澤
曾紀鳳
曾國荃
曾國藩
黄翼升
楊昌濬
劉　典
劉松山
劉　蓉
劉錦棠
劉　蕭
劉嶽昭
潘效蘇
蔣益澧
鄧文泮
蕭孚泗
謝振定
羅長袴
羅國俊
湘潭
王明山
石承藻
周系英
袁樹勳
張九鈞
張九鎰
張　玢
陳樹萓
陳鵬年
郭松林
曾用璜

黄均隆
楊　度
趙啓霖
劉元燮
劉亨地
蔡揚宗
黎培敬
龍　瑛
羅正鈞
羅　典
羅修源
譚碧理
龔承鈞

慈利

孫開華
孫道仁

新化

游智開

新寧

江忠源
江忠義
江忠濬
劉坤一
劉長佑

道州

何淩漢
何紹基

漵浦

嚴正基
嚴如熤

鳳凰

張文德(二)

衡山

李輝武
陳　鼎
彭　浚
聶緝槼
聶鎬敏
譚尚箴

衡陽

常大淳
彭玉麐
譚上連

龍陽

易佩紳

黔陽

黄忠浩

臨武

杜學禮

瀏陽

李興鋭
歐陽中鵠
譚繼洵

鎮筸

田興恕

貴　州

平越

王士俊

平遠

丁道津
丁寶楨
丁體常
諶厚光

玉屏

王文雄

石阡

成世瑄

安化

郭石渠

安平

陳慶升

安順

黄卓元
劉春霖

松桃

楊　芳

威寧

李國棟

思南

程棫林

畢節

唐文淑
薛　陞

麻哈

朱定元
夏同龢

普安

鄧再馨

都匀

陶廷杰

貴筑

王　玥
王　瓚
石贊清
朱　澍
李泰交
李朝儀
李端棻
周起渭
周　頊
花　杰
花詠春
•張日晸
許澤新
陳　燦
陳夔龍
陳夔麟
傅壽彤
黄彭年
楊　培
翟錦觀
趙以炯
劉子章
蔣允焄
蘇鳳文

開州

何學林
蕭時馥

開泰

徐之銘

銅仁

徐如澍
張元臣

廣順

但明倫
李　臺
程仁圻
劉　清

興義

景方昶
景其濬

黔西

李世傑

遵義

王世仕
王青蓮
唐　炯
唐樹義
黎庶昌

鎮寧

黄桂鋆

鎮遠

李　勳
李錦麟
譚啓瑞
譚鈞培

雲　南

大關廳

唐友耕

元江

馬汝爲

元謀

陳時夏

太和

王人文
馬恩溥
張道淵
張端卿

張澐卿
永北
劉　慥
永昌
王宏祚
白鹽井
甘守先
石屏
朱　䕶
袁嘉穀
許應藻
楊名颺
盧　炳
羅士菁
安寧
張　琴
傅　綬
宜良
嚴　烺
昆明
尹壯圖
王思訓
何桂清
李　煌
周　樽
南天祥
施培應
夏毓秀
張晉熙
張　鍇
畢應辰
許希孔
陳榮昌
陸蔭奎
黄　琮
楊永斌
萬鍾傑
趙　光
錢士雲
錢炘和
錢學彬
錢　灃
謝履忠
謝履厚
龔　綬
昆陽
李文耕
趙　瑗
河陽
李發甲
趙士麟
阿迷
馬維騏
保山
劉樹堂
南寧
段　曦
建水
倪思淳
馬如龍(三)
陳世烈
傅爲詝
師宗
何桂珍
晉寧
何彤雲
李因培
李　浩
通海
孔繼尹
朱　嶟
董　玘
趙　城
寧州
朱家寶
景東
程含章
劉　崑
會澤
劉君輔
楚雄
池生春
周錫章
嵩峩
周於禮
蒙自
陸應穀
楊文鼎
龍濟光
趙州
李根雲
蘇霖渤
麗江
龔　渤
鶴慶
丁　槐
蔣宗漢

順　　天

大城
劉　楗
大興
丁士傑
毛永燮
*王天禄
王文雄
王祖光
王　勗
王　然
王夢齡
王　綬
王履謙(二)
王麟書
史榮椿
田志勤
朱之弼
朱　珪
何國宗
吕海寰
李天浴
李光涵
李奭棠
李嘉端
李録予
周廷棟
周道新
*周銘恩
林起龍
邵甲名
邵自昌
邵庾曾
邵　觀
金　溶
俞長贊
俞恒澤
施　杓
*胡昇猷
胡應泰
*范承典
*范　鏊
孫廷璧
孫承澤
徐　松
徐　炘
*徐　垣
*徐啓文
祝瀛元
翁方綱
高壽名
商　載
張元浚
張文浩
*張宏俊
張能鱗
張　曜
章欽文
陳　冕
陳慶松
*惲世臨
*惲光宸

程　銓
鈕玉庚
•黄良棟
黄叔琳
黄叔琬
黄　軒
黄登賢
黄爾性
楊廷璋
楊聲遠
董天弼
蒯賀蓀
劉漢儒
鄭錫瀛
薄有德
謝膺禧
鍾性樸
韓　鐩
戴三錫
•戴聯奎
羅　森
羅嘉福
蘇　靈
•顧　汧
龔寶蓮
龔　鐸

文安

紀　愈
陳　協

永清

李士瑜
張建基
劉源灝

玉田

桑開運
戴　璽

固安

卜景超
劉源澄

宛平

•丁善慶
王　堃
王崇簡
王景曾
王貽桂
王　熙
王　燕
史致蕃
史善載
史積容
田種玉
米漢雯
何天寵
沈桂芬
李昌垣
李　綬
•邵亨豫
•邵松年
•邱庭漋
邱桂山
•金士松
金　鋐
金　鎮
俞明震
姚祖顒
查　禮
胡開益
•徐仁鑄
•徐光文
徐有壬
•徐致靖
桑春榮
馬壽金
高　裔
張　模
張　灝
章雲鷺
許世昌
陳必成
陳庭學
•陳振瀛
陳　冕
陳　雲
•陳預
陸經遠
•陸鍾琦
傅　棠
傅　鼐(二)
楊　璥
劉芳躅
劉餘佑
盧憲觀
繆玉銘
瞿廷韶
瞿　昂
顏　敏
譚　元
•顧祖榮

昌平

王家賓
汪騰龍
孫纘功
徐化成
陳本忠
陳　浩
裘充善

武清

李　煒
趙廷珍
趙　冕
趙　珣

香河

袁懋功
袁懋德

涿州

朱一鳳
馮　銓
熊　葦
劉　湘
盧　坤

寧河

廉兆綸
高賡恩

通州

王大鶴
王芝祥
白　桓
白　鎔
李含中
張士甄
張世培
張鴻猷
楊正中
劉廷檢
劉錫嘏
韓　瑛

薊州

王　昕

寶坻

方　濤
王祖培
王　澎
王慶祺
李　菡
李　蒓
杜立德
芮永肩
胡　勝

霸州

吴邦慶
郝士鈞
郝士錞
郝惟訥
郝惟諤
郝　傑
崔之瑛
崔　侗
劉寶第

(不明)

吴維華

胡介祉
胡兆龍
劉　順

福　　建

上杭
鄧　瀛
仙游
鄭　遠
古田
佘正健
平和
唐朝彝
黄仕簡
永定
廖　瑛
永福
黄圖南
光澤
龔文焕
同安
李光顯
李廷鈺
李長庚
邱良功
胡　貴
陳化成
陳倫炯
陳桂洲
蔡攀龍
蘇廷玉
安溪
李天寵
李玉鳴
李光地
李光墺
李宗文
李清芳
李清時
李清植

李鍾僑
官獻瑶
陳科捷
黏本盛
長汀
黎致遠
長泰
吴一蜚
長樂
吴文焕
李南馨
林天齡
林開謩
柯賡昌
高而謙
高龍光
梁上國
梁章鉅
陳玉銘
陳學穎
潘炳年
鄭叔忱
侯官
王有齡
何逢僖
沈瑜慶
沈葆楨
李廷欽
林士傅
林則徐
林炳章
林泰曾
林　啓
林　紱
林肇元
林鴻年
林灝深
邵積誠
孫翼謀
張元奇

張亨嘉
陳　功
陳琇瑩
陳欽銘
陳與冏
陳夢球
陳夢熊
陳蘭疇
郭柏蔭
郭曾炘
楊慶琛
葉祖珪
廖鴻荃
趙　新
齊　鯤
劉步蟾
鄭任鑰
鄭開極
鄭際唐
鄭瓊詒
薛　澐
魏　瀚
嚴　復
饒廷選
龔文齡
南平
黄宫柱
南安
(洪承疇)
蔡仕舢
晉江
丁　煒
吴愈聖
吴　魯
林洪烈
許邦光
富鴻基
黄中通
黄日祚
黄志遴

黄宗漢
黄岳牧
陳萬策
萬正色
龔維琳
海澄
許　貞
浦城
吴　郡
祖之望
鄭　冕
崇安
萬培因
潘　錦
莆田
吴　英
林堯英
林揚祖
林麟焻
涂慶瀾
郭尚先
彭　鵬
程化甲
連江
楊鍾嶽
連城
楊　簧
寧化
伊秉綬
雷　鋐
寧洋
吴　相
惠安
林之濬
陳大珍
陳鳴夏
盧　易
嘉義
王得禄
漳浦

黄性震
蔡世遠
蔡長澐
蔡　新
藍元枚
藍廷珍
藍　理
藍應元
福清
余　甸
林枝春
林雲京
閩縣
王仁堪
王慶雲
何冠英
吴德章
李光雲
李宗寶
李　馥
周正思
孟超然
林紹年
林壽圖
金　鏡
陳子達
陳文翥
陳若霖
陳景亮
陳壽祺
陳　鑾
陳懋鼎
陳懋侯
陳　翼
陳霞蔚
陳　璧
陳寶琛
曾元海
葉大焯
葉申萬
葉在琦
葉觀國
葉觀潮
廖鴻藻
趙　晉
劉齊銜
鄭孝胥
鄭清濂
鄭藻如
薩鎮冰
謝道承
嚴宗溥
龔易圖
詔安
林　壬
德化
鄧啓元
龍溪
柯　願
孫全謀

廣　西

上林
張鵬展
平樂
何彤然
陳允恭
永安
馬盛治
蘇元春
永寧
韋業祥
全州
趙炳麟
蔣良騏
蔣啓敭
蔣琦淳
謝賜履
西林
岑春煊
岑春蓂
岑毓英
岑毓寶
武鳴
陸榮廷
宣化
唐椿森
馮贊勳
馬平
王　拯
陸川
李廷樟
貴縣
陳　璠
賀縣
于式枚
新寧
鄧廷枏
臨桂
于建章
王恩祥
吕　熾
周德潤
周　瓊
況　澄
張建勳
陳宏謀
陳繼昌
陸仁恬
楊嗣璟
劉名譽
劉福姚
駱朝貴
龍啓瑞
灌陽
唐景崇
唐景崧
時大杭
靈川
周　冠
周啓運
秦鍾簡

廣　東

三水
梁士詒
大埔
何如璋
張振勳
楊龢時
台山
温宗堯
吴川
林召棠
陳蘭彬
定安
張岳崧
東莞
尹源進
祁文友
張見陞
陳伯陶
楊　晟
花縣
駱秉章
長樂
魏大斌
南海
吴榮光
李可端
李可瓊
桂文燿
張蔭桓
康國器
陳如岳
陳錦濤
馮成修
劉錫鴻
潘衍桐
潘衍鋆

潘斯濂
戴鴻慈
羅文俊
譚宗浚
始興
林明倫
茂名
楊　頤
香山
何定江
何　璟
李翰芬
林福祥
唐紹儀
梁如浩
曾望顔
黄槐森
劉玉麟
海康
陳昌齊
陳　璸
高要
張國樑（二）
馮譽驥
蘇廷魁
龔驂文
從化
張德化
遂平
顔以燠
顔希深
顔伯燾

顔培瑚
顔　檢
顔鍾驥
揭陽
曾習經
曾華蓋
楊鍾岳
鄭大進
普寧
方　耀
程鄉
藍欽奎
番禺
丁仁長
史　澄
凌福彭
徐紹楨
張清華
張鼎華
張學華
曹秉哲
曹秉濬
梁同新
梁鼎芬
梁肇煌
梁　誠
莊有信
莊有恭
許其光
許秉琦
許祥光
許應騤

許應鑅
陸芝祥
潘寶鐄
蔡乃煌
欽州
馮子材
開平
司徒照
順德
吴全美
李文田
梁敦彦
梁耀樞
温汝适
黄玉堂
黄　統
黄　經
黄樂之
潘　楷
蔡錦泉
鄧華熙
黎兆棠
黎榮翰
龍元任
龍元僖
羅惇衍
新安
劉起龍
新會
伍光建
伍廷芳
伍銓萃

李朝鼎
張蔭棠
梁啓超
陳昭常
鄧　增
譚學衡
嘉應
宋　湘
李載熙
黄遵憲
楊仲興
楊　勳
德慶
何日佩
澄海
余志貞
李象元
林　孫
楊纘緒
樂昌
歐堪善
澳門
容　閎
歸善
鄧承修
龔　章
豐順
丁日昌
鶴山
勞肇光

榜名對照表

公　春	恭　泰	乾四三戊戌科	三甲六名①
王允謙	王憲曾	同元年壬戌科	二甲四九名
王景淳	王景澄	道二四甲辰科	二甲一名
王敦敏	王凱泰	道三十庚戌科	二甲三九名
史　仲	史申義	康二七戊辰科	二甲二二名
史　淳	史　澄	道二十庚子科	二甲十四名
陸　輿	史陸輿	康十八己未科	二甲二八名②(復姓名)
伊禮布	伊里布	嘉六年辛酉科	二甲七三名③(碑作禮)
伊崇額	宜　崇	嘉二四己卯科	三甲六十名
朱一貫	朱　襄	嘉二五庚辰科	二甲七四名
朱仕遇	張仕遇	雍元年癸卯科	二甲四十名(復姓張)
羊焕然	徐焕然	雍二年甲辰科	二甲四一名(復姓徐)
艾　秀	鄭　秀	順九年壬辰科	二甲七七名(復姓鄭)
何　牧	施何牧	康二七戊辰科	三甲三六名(復姓施)
佘黜雲	佘志貞	康十八己未科	二甲三九名
吴引祚	楊引祚	順十五戊戌科	三甲二二一名(復姓楊)
吴廷燮	吴光悦	嘉元年丙辰科	二甲十七名
徐延熙	吴延熙	雍二年甲辰科	二甲七名(復姓吴)
吴　昕	吴樹本	乾三六辛卯科	二甲十四名
吴　遠	邵吴遠	康三年甲辰科	三甲四十名
吴應楨	吴應棻	康五四乙未科	二甲三名
汪震基	汪振基	道十二壬辰科	二甲十三名
汪敍疇	汪樹烈	同四年乙丑科	二甲六四名
沈胤城	沈上墉	康十二癸丑科	三甲七名
沈師孟	倪師孟	雍元年癸卯科	二甲五名(復姓倪)
李甲先	李　榕	咸二年壬子科	二甲六四名
李　立	李贊元	順十二乙未科	三甲一四八名
李攀龍	李光涵	道九年己丑科	二甲三五名
李雲龍	李雲會	康十五丙辰科	三甲一〇五名
徐　臻	杜　臻	順十五戊戌科	二甲七三名(復姓杜)
周正峯	周正思	雍十一癸丑科	二甲十四名
周允欽	張允欽	順九年壬辰科	三甲二名④(詞林姓張)
金　然	周金然	康二一壬戌科	二甲二四名(復姓周)
周　堃	范　周	順六年己丑科	二甲五名(改姓名)
趙　璟	季　璟	雍八年庚戌科	三甲一〇四名(復姓季)

武天亨	武新亨	道十三癸巳科	二甲十三名
俞陳琛	陳　琛	康九年庚戌科	二甲五名(碑名陳琛)
黄元衡	姜元衡	順六年己丑科	二甲二九名(復姓姜)
苟華南	敬華南	乾十三戊辰科	三甲三二名("特旨"改姓敬)
范朝瑛	陸朝瑛	順四年丁亥科	二甲四七名⑤(江南通志作陸)
范鳴璠	范鳴龢	咸二年壬子科	三甲八六名
倉景恬	倉景愉	道七八戊戌科	二甲四一名
鄒自式	孫自式	順四年丁亥科	三甲五七名(江南通志作孫)
管昂發	徐昂發	康三九庚辰科	二甲二名(復姓徐)
徐經遠	陸經遠	康二一壬戌科	二甲十二名(復姓陸)
祝孝承	祝慶承	乾五四己酉科	二甲二四名
馬燁曾	馬紹曾	順六年己丑科	二甲三二名
馬　鑄	馬金壽	順二十庚子科	二甲四十名
高　琯	高一琯	康十五丙辰科	三甲九二名(碑名高一琯)
張世恩	張仁黼	光二年丙子科	二甲二六名
張玉麒	張　輶	嘉六年辛酉科	二甲五一名
張能照	張暉吉	乾三七壬辰科	二甲二八名
張祖棨	顧祖棨	康十二癸丑科	二甲二六名(復姓顧)
董　鉞	張　鉞	康五七戊戌科	二甲二七名(碑姓董)
崔　珺	崔　紀	康五七戊戌科	二甲六名
許汝龍	許汝霖	康二一壬戌科	二甲二十名
陳宗楷	陸宗楷	雍元年癸卯科	三甲六八名(復姓陸)
陳筆鋒	陳學穎	乾四十乙未科	三甲二一名
顧　濰	陳顧濰	乾十年乙丑科	二甲三五名(復姓陳)
陸式龍	管式龍	康五二癸巳科	三甲三四名(復姓管)
傅　敏	福　敏	康三六丁丑科	三甲七三名
慧　端	惠　端	嘉七年壬戌科	三甲一二六名
曾世琮	曾用璜	康四八己丑科	三甲一七三名⑥
程贊采	程楙采	嘉十九甲戌科	二甲二六名
賀霖若	賀壽慈	道二一辛丑科	二甲八名⑦
馮　纘	馮　芝	嘉十三戊辰科	三甲六二名
錢良棟	黄良棟	乾三一丙戌科	二甲五二名(復姓黄)
黄桂清	黄桂鋆	光九年癸未科	二甲八一名
廉師敏	廉兆綸	道二十庚子科	二甲四名
楊以曾	楊以增	道二年壬午科	二甲八三名(碑作增)
楊際春	楊慶琛	嘉二五庚辰科	二甲五一名
楊　鏞	顧　鏞	順四年丁亥科	二甲七名(江南通志作顧鏞)
廖金城	廖鴻荃	嘉十四己巳科	榜眼
趙有淳	趙佑宸	咸六年丙辰科	二甲三名
潘汝桐	潘衍桐	同七年戊辰科	二甲五三名

蔣志淳	蔣志章	道二五乙巳科	二甲六名
蔣琦淳	蔣琦齡	道二十庚子科	
蔣雲官	蔣雲寬	嘉四年己未科	二甲十八名
錢昌齡	錢寶甫	嘉四年己未科	二甲六七名
錢福元	錢振倫	道十八戊戌科	二甲十七名
錢　鋑	錢寶廉	道三十庚戌科	二甲九名
蕭晉卿	蕭晉蕃	同四年乙丑科	二甲二六名
鍾　裕	鍾　格	道九年己丑科	二甲四九名(碑作鍾格)
戴有禧	嚴有禧	雍元年癸卯科	三甲一二三名(復姓嚴)
藍　玆	藍　潤	順三年丙戌科	三甲二九名
龔昌齡	龔文齡	嘉二五庚辰科	二甲六二名

附注:

① 前面是榜名,後面是改名。

② 改姓或改姓名應考,後來恢復原姓或原姓名的,注明"復姓名"或"復姓某"。這種情況相當普遍,本表所列尚只係有關的一部分。

③ 清代歷科進士題名碑録(簡稱録)和歷科進士題名碑(簡稱碑)本應一致,但名次順序間有不同,文字也有互歧。本表均據録,人名的文字有互歧的,注明"碑作某"或"碑作某某"。

④ 朱汝珍編詞林輯略(中央刻經院本)所載,亦有文字上的個别出入,有關的歧異則注明"詞林姓某"。

⑤ 凡江南通志所載不同的,均予注明。

⑥ 李元度所撰事略(亦見耆獻類徵卷一四三)作"曾世琮原名用璜"。

⑦ 王定安所撰神道碑銘(見續碑傳集卷十五)作"初名于逵,繼名霖若"。

改名對照表

王　雄　戴　雄(復姓)
五靈阿　伍齡安(改名)
文　祥　文　祺(原名)
吴樹本　吴敬輿(改名)
邵吴遠　邵遠平(改名)
柏　葰　松　葰(原名)
書　銘　書明阿(改名)
馬如龍　馬　現(本名)
張谷貞(甘肅)　張國樑(改名)
張德地(康七仍用原名)　劉　格(改名)
張德彝　德　彝(又名)
張德彝　德　明(本名)
楊岳斌　楊載福(原名)
程含章(原姓程)　羅含章(復姓)
瑚素通阿(雍十改)　瑚圖靈阿(原名)
附注:
　　本表所列改名(包括復姓),和原名都較常見,故予並存。

罕見曾用名對照表①

王　拯　王錫振(初名)
王　賡　王揖唐(改名)
何　煊　何　炳(初名)
吴榮光　吴燎光(原名)
沈炳垣　沈　潮(原名)
周　藺　周玉麒(原名)
武新亨　武雲衢(改名)
邵友濂　邵維埏(初名)
孫廷銓　孫廷鉉(原名)
恭阿拉　恭　煦(原名)
張國樑　張嘉祥(初名)
陸費瑔　陸費恩洪(原名)
傅維鱗　傅維楨(初名)
曾國藩　曾子城(原名)
賀熙齡　賀永清(原名)
賀壽慈　賀于逵(初名)
鄂樂舜　鄂　敏(原名)
陽　春　陽春保(原名)
楊重雅　楊元白(本名)
裕　謙　裕　泰(原名)
管幹貞　管幹珍(曾改)②
裴　裘　裴　衮(又作)
樊　廷　王　剛(原名)
蔣赫德　蔣元恒(本名)
黎世序　黎承惠(原名)
錢　林　錢福林(原名)
錢福昌　錢攀龍(原名)
嚴　復　嚴宗光(初名)
嚴樹森　嚴澍森(初名)

附注:

① 本表所列曾用名,和上表性質不同,並非出於文字寫法上的歧異,而是改易。所注“原名”、“本名”、“初名”以及“又作”等等,均依原處所述。這些異名均不常用,故不收入人名録中。

② 成進士時,禮部改“貞”爲“珍”,乾隆六十年仍用“貞”字,榜名亦同。

附記:人名録及各種附表中,收入一人共有三個名字的,凡八人,其相互關係如下:

吴　昕(榜名)　吴樹本(改名)　吴敬輿(改名)
吴　遠(榜名)　邵吴遠(改名)　邵遠平(改名)
武天亨(榜名)　武新亨(改名)　武雲衢(改名)
書　銘(本名)　書明阿(改名)　書　敏(又作)
張德彝(改名)　德　明(本名)　德　彝(又名)
賀霖若(榜名)　賀于逵(初名)　賀壽慈(改名)
傅　敏(榜名)　福　敏(改名)　富　敏(又作)

别號歧字表

丁日昌	禹(雨)生
王　塝	覺(爵)生
世　續	伯軒(仙)
白　潢	近微(薇)
汪由敦	師敏(茗)
李昌祚	過庭(廬)
姚啓聖	熙止(之)
洪良品	右丞(臣)
柏　謙	蘊皋(高)
范文程	輝(煇)嶽
唐景崧	維(薇)卿
孫玉庭	佳(嘉)樹
恩　順	子誠(澄)
涂逢震	驚(京)伯
秦蕙田	樹峯(澧)
袁世凱	慰亭(庭)
張廷玉	硯(研)齋
張英麟	振清(卿)
常大淳	蘭(南)陔
梁如浩	孟(夢)亭
梁國治	堯(瑶)峯
陳步瀛	凌(麟)洲
陳蘭彬	麗(荔)秋
陸徵祥	子欣(興)
曾璧光	樞垣(元)
萬年茂	少槐(懷)
鄒一桂	元(原)褒
劉　蓉	霞仙(軒)
劉　繹	詹(瞻)巖
劉躍雲	服(伏)先
慶　裕	蘭圃(譜)
蔣蔚遠	濂孫(生)
薛　煥	覲唐(堂)
顔伯燾	魯輿(余)
龔心湛	仙洲(舟)

改籍對照表

甲、原籍對照①

丁善慶	順宛平	湘善化
王天祿	順大興	蘇丹徒
吴敬義	浙錢塘	皖休寧
汪由敦	浙錢塘	皖歙縣
汪鳴鑾	浙錢塘	皖休寧
汪　瀣	皖休寧	皖歙縣
李聯芳	陝平利	鄂麻城
周兆基	鄂江夏	蘇吴江
周銘恩	順大興	蘇丹徒
邵亨豫	順宛平	蘇昭文
邵松年	順宛平	蘇昭文
邱庭瀣	順宛平	蘇元和
金士松	順宛平	蘇吴江
金德瑛	浙仁和	皖休寧
查　瑩	魯海豐	浙海寧
胡昇猷	順大興	浙山陰
范光宗	陝郃陽	浙鄞縣
范承典	順大興	蘇江寧
范　鏊	順大興	蘇江寧
倪師孟	浙歸安	蘇吴江
徐仁鑄	順宛平	蘇宜興
徐光文	順宛平	皖歙縣
徐　垣	順大興	浙會稽
徐致靖	順宛平	蘇宜興
徐啓文	順大興	浙會稽
徐壽朋	直清苑	浙紹興
張日晸	黔貴筑	蘇吴縣
張宏俊	順大興	蘇宜興
崔景儀	晉永濟	蘇陽湖
曹鑑倫	浙嘉善	蘇婁縣
陳振瀛	順宛平	蘇吴江
陳　預	順苑平	蘇吴江
陸鍾琦	順宛平	浙仁和
嵇曾筠	蘇無錫	蘇長洲
彭瑞毓	鄂江夏	蘇溧陽
惲世臨	順大興	蘇陽湖
惲光宸	順大興	蘇陽湖
湯金釗	浙錢塘	浙蕭山
黄良棟	順大興	蘇元和
楊仙枝	晉晉寧	晉澤州
楊爾德	浙嘉善	蘇婁縣
戴聯奎	順大興	蘇如皋
顧　汧	順大興	蘇長洲
顧祖榮	順宛平	浙錢塘

乙、入籍對照②

楊天縱	陝渭南	改入川成都
樊　廷	甘武威	改入川潼川

附注:

① 前項係改籍,即應考和出仕所用籍貫;後項係原籍,有時仍在兼用,故予並存。

② 籍貫亦偶有互歧的;如秦聯奎,録作江南如皋,碑作順天大興,可能由於改籍的緣故。這種情況只是個别的,均不收入。

館　職　表

甲、博學宏詞

(一)康熙十八年己未科

彭孫遹	一等一名	順十六己亥進士	主事授編修
汪　霦	一等四名	康十五丙辰進士	行人授編修
喬　萊	一等五名	康六年丁未進士	中書舍人授編修
王頊齡	一等六名	康十五丙辰進士	太常博士授編修
秦松齡	一等八名	順十二乙未進士	原任檢討仍授
周清原	一等九名	監生	授檢討
徐嘉炎	一等十一名	監生	授檢討
陸　棻	一等十二名	康六年丁未進士	内閣典籍授編修
汪　楫	一等十五名	教諭	授檢討
袁　佑	一等十六名	拔貢	中書舍人授檢討
朱彝尊	一等十七名	布衣	授檢討
湯　斌	一等十八名	順九年壬辰進士	參議道授侍講
沈　珩	二等三名	康三年甲辰進士	中書舍人授編修
施閏章	二等四名	順六年己丑進士	參議道授侍講
米漢雯	二等五名	順十八辛丑進士	行取主事授編修
黄與堅	二等六名	順十六己亥進士	知縣授編修
李　鎧	二等七名	順十八辛丑進士	知縣授編修
周慶曾	二等十名	順十八辛丑進士	候補主事授編修
方象瑛	二等十五名	康六年丁未進士	候選評博授編修
李澄中	二等十六名	拔貢	授檢討
吴元龍	二等十七名	康三年甲辰進士	郎中授侍講
錢金甫	二等二十名	康十八己未進士	授檢討
曹　禾	二等二五名	康三年甲辰進士	中書舍人授編修
邵遠平	二等二九名	康三年甲辰進士	光少授侍講
嚴繩孫	二等三十名	布衣	授檢討

(二)乾隆元年丙辰科

劉　綸	一等一名	
諸　錦	一等三名	
于　振	一等四名	
陳兆崙	二等二名	雍八庚戌科進士
劉　藻	二等三名	舉人
沈廷芳	二等四名	

夏之蓉　二等五名　　雍十一癸丑科進士
汪士鍠　二等六名
陳士璠　二等七名
齊召南　二等八名
周長發　二等九名

乙、特授改補館職

劉清泰　順二，擢宏文學士。
尼滿　順二，筆帖式授編修。
周有德　順三，貢生授編修。
王崇簡　順三，明崇禎十六年進士補選庶吉士散館授編修。
魏天賞　順三，明崇禎十六年進士補選庶吉士散館授編修。
郎廷佐　順六，内院筆帖式擢授秘書院學士。
劉兆麒　順七，官學生授編修。
張長庚　順八，官學生授編修。
靳　輔　順九，官學生授編修。
王繼文　順十，官學生授編修。
達哈塔　順十三，順六年繙譯進士授侍讀。
巴海　順十四，佐領授讀學。
張允欽　順（？），順九進士、郎中改侍讀。
喀爾圖　康元，工部副理事官擢詹事。
哈占　康二，督捕郎中擢秘書學士。
格爾古德　康三，筆帖式擢侍讀。
明珠　康五，内務府總管授宏文學士。
傅達禮　康六，郎中授讀學。
杜　鎮　康九，順十五進士授編修。
庫勒納　康十，吏員改侍講。
顧八代　康十四，吏郎遷講學。
佛倫　康十五，兵主改中允。
王士禛　康十七，順十五進士、郎中改侍講。
阿山　康十八，户員改侍講。
勵杜訥　康十九，生員食六品俸特授編修。
王原祁　康十九，康九進士，由給事中改中允。
哈山　康二三，吏員遷右諭德。
開音布　康二五，内閣中書擢少詹。
二格　康二六，理藩院郎中遷少詹。
尹泰　康二七，内閣侍讀授侍講。
唐孫華　康二七，進士、吏主在翰林院行走。
常鼐　康三十，内閣中書遷侍講。
揆敍　康三三，二等侍衛授侍講。

華顯　康三八，宗人府理事官遷講學。
錢以塏　康（？），康二七進士、左通政授少詹。
魏學誠　康四二，康二一進士、内閣中書改編修。
趙申季　康四四，康三六進士授編修。
邁柱　康四六，御史遷講學。
趙殿最　康四二進士、按察使改少詹。
伊都立　雍元，康三八舉人、内務府郎中遷詹事。
陸宗楷　雍三，雍元進士授檢討。
黄岳牧　雍三，雍元進士授檢討。
姜穎新　雍三，雍元進士授檢討。
康五瑞　雍四，康三六進士、工給改侍讀。
方　苞　雍九，康四五貢士（未殿試）特授中允。
陸錫熊　乾三八，乾二六進士、刑郎改侍讀。
鐵保　乾三七進士、吏郎改少詹。
孫士毅　乾四五，乾二六進士特賞編修。
瑚素通阿　乾五二進士、刑員改侍讀。
黄　鉞　乾五五進士、户主改右贊善。
廉善　嘉四進士、禮主遷侍講。
那丹珠　嘉十進士、户主遷洗馬。
那清安　嘉十進士、户主遷侍講。
特登額　嘉十進士、刑主遷侍讀。
麟慶　嘉十四進士、兵主遷右中允。
惟勤　嘉十四進士、宗人府筆帖式擢贊善。
昇寅　嘉五舉人、御史改右庶子。
廣林　嘉十九進士、詹事府主簿擢贊善。
功普　嘉二二進士、禮員改庶子。
宜崇　嘉二四進士、主事遷中允。
赫特賀　道三進士、工主遷中允。
吉明　道三進士、户員改侍讀。
愛仁　道六進士、工主遷中允。
阿彦達　道十二進士、吏員遷講學。
德齡　道十三進士、工主遷中允。
德英　道十五繙譯進士、考授侍讀。
訥爾濟　道十五繙譯進士、工主遷中允。
玉山　道十六進士、刑主遷贊善。
琦琛　道十六，嘉二三舉人、理少授詹事。
鄂爾端　道十七，嘉二四進士、通副遷詹事。
如山　道十八進士、筆帖式擢贊善。
寶鋆　道十八進士、禮主遷侍講。
勝保　道二十舉人、順天府教授擢左贊善。

蘇勒布　道二一進士、國子典簿擢贊善。
寶珣　道二一進士、兵主遷左贊善。
麒慶　道二一進士、工主遷右庶子。
文祥　道二五進士、僕少遷詹事。
文奎　道二六繙譯舉人、國子助教遷右贊善。
琦昌　道三十，道三進士、閣讀學遷詹事。
常恩　道三十進士、户主遷左中允。
慶麟　咸元繙譯舉人、國子助教遷右贊善。
繼格　咸二進士、户主遷右庶子。
興廉　咸二繙譯舉人、國子助教遷右贊善。
恩承　咸三進士、刑主遷中允。
烏拉喜崇阿　咸六進士、刑主遷右庶子。
成琦　咸八，道三十進士、通副遷詹事。
魁齡　同三，咸二進士、理少遷詹事。
永順　光元，咸二進士、兵主遷中允。
福錕　光五，咸九進士、吏員遷右庶子。
裕祥　光六，光二進士、内閣中書遷贊善。
霍穆歡　光八，咸六進士、宗人府理事官遷左贊善。
岳琪　光十，同四進士、工郎改右庶子。
麟書　光十一，咸三進士、正紅蒙都、工尚兼翰掌。
良弼　光十三，同十進士、御史遷右庶子。